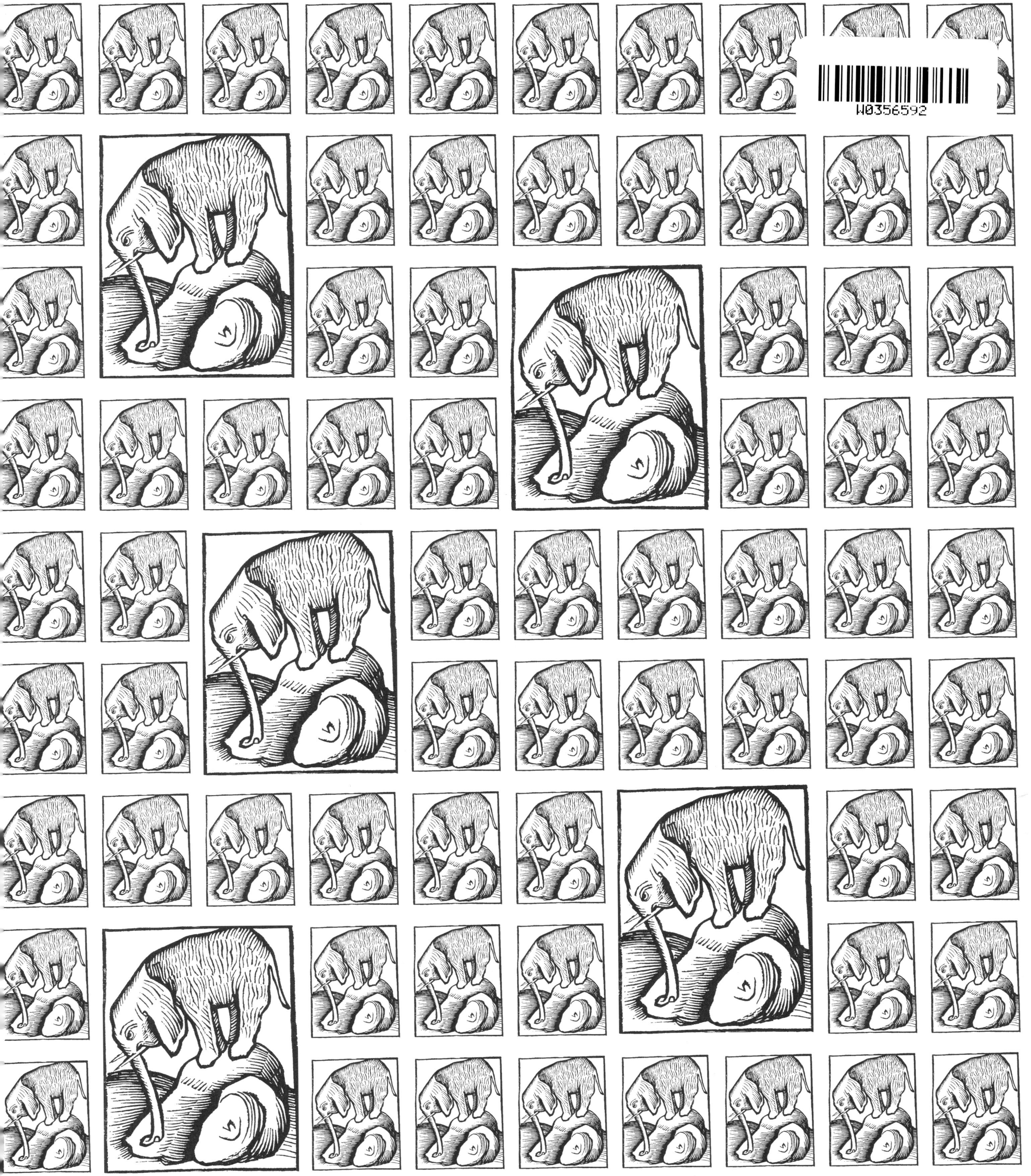

Der Elefant

in Natur und Kulturgeschichte

Karl Gröning
Text: Martin Saller

KÖNEMANN

Inhalt

Der Elefant in freier Wildbahn 80

Der Elefant im Altertum 108

Indiens Elefantenkultur 120

Der ›weiße Elefant‹ in Südostasien 162

Elefantenmacht in hellenistischer Zeit 196

Kämpfer und Transportmaschinen in antiken wie modernen Zeiten 216

Inhalt

Vorwort

Der Elefant, das gewaltigste und großartigste Landtier, steht auf der Liste der in ihrer Existenz bedrohten Arten – ein Alarmzeichen, das an den Zustand unseres Planeten erinnert. Die Warnung ist unüberhörbar.
Unter den Großtierarten des Festlands haben die grauen Kolosse, deren Ahnenreihe 50 Millionen Jahre zurückreicht und deren Anatomie der Wissenschaft immer noch Fragen aufgibt, besonderen Rang. Mit Titanenkräften ausgestattet, sind sie ihrem Wesen nach sanfte Geschöpfe, die ihre Stärke nicht mißbrauchen und die es behutsam vermeiden, anderen Lebewesen Leid zuzufügen. Seit der Mensch, ein später Abkömmling der Evolution, die Szene betrat, begleiten Elefanten seinen Weg. Die Fleischberge des Mammuts ernährten während der letzten Eiszeit die ersten Jäger. Mit Beginn der großen Kulturen in Fernost und im Mittelmeerraum trat der gutmütige Dickhäuter gezähmt in den Dienst des Menschen, lernwillig, klug und treu. Er wurde königliches Reittier, und seine Muskelkraft ersetzte Großmaschinen.
Man hat die friedlichen Riesen als lebende ›Panzer‹ bei den Kriegsschlächtereien der Völker mißbraucht und in Gier nach dem Elfenbein der Stoßzähne unendlichen Frevel an ihnen begangen. Aber die Bewunderung für die urweltlichen Kolosse dauerte fort.
Der römische Sittenschilderer Plinius meinte überschwenglich, daß »Elefanten empfänglich für Liebe und Ruhm« seien und daß ihnen »in höherem Maß als den meisten Menschen die Tugenden der Ehrlichkeit, der Rücksicht und Gerechtigkeit eigen« seien.
Der Riesenwuchs, die so menschlich anmutenden Eigenschaften und eine besondere Ausgewogenheit der animalischen Instinkte haben den Elefanten zu einer Symbolfigur in Mythen und Religionen, zu einem Künder königlicher Größe werden lassen, verewigt in zahllosen Bildwerken.
Die Inder haben den Elefanten zum heiligen Tier im Dienst der Götter erhoben. In Ganesha, dem dickbäuchigen hinduistischen Glücksgott, verbindet sich sein Rüsselkopf sogar mit dem Leib des Himmelssohns. Prunkvoll bemalt, wird er im Tempeldienst selbst zum Kunstwerk.
Im frühen nördlichen Europa, wo der Elefant noch nicht leibhaftig zu bestaunen war, eilten dem Tier abenteuerliche Berichte voraus, die sich in wunderlichen Phantasiebildern niederschlugen.
Später wurden Elefantenskulpturen auch zu christlichen Symbolfiguren. Das Bild des Rüsselriesen war im Mittelalter Beispiel für Besonnenheit und Beständigkeit, für gezügelte Kraft und Maß.
In der nüchternen Konsumwelt leiht der sympathische Dickhäuter sein anrührendes Erscheinungsbild dem Poeten und dem bildenden Künstler, dem politischen Anspruch und humoriger Karikatur, der Bilderbuchfabel und graphischer Werbung…
So führt dieses Buch auf den Spuren des Elefanten quer durch die vieltausendjährige Kultur- und Kunstgeschichte der Menschheit.

Wanderer aus Urwelten

Wie ein Wesen aus den Urzeiten der Schöpfung zieht die gewaltige Elefantenkuh mit ihrem Kalb in den neuen Tag. Der gereckte Rüssel sichert gegen die Gefahr, die überall lauert seit der Vertreibung aus dem biblischen Garten Eden – aus einer Welt ökologischen Gleichgewichts, in der Harmonie unter den Lebewesen herrschte. Eine fast unwirkliche Szene in unserer lärmenden Maschinenwelt! Der Elefant ist ein Wunder der Natur. Seine Ahnenreihe läßt sich über die unvorstellbare Zeitspanne von 50 Millionen Jahren zurückverfolgen; sie vermittelt tiefe Einblicke in das kreatürliche Werden und Vergehen seit Anbeginn der Zeiten. »Die Idee des Elefanten ist unvergänglich«, vermerkte mit Bewunderung Arthur Schopenhauer (1788–1860). Als beispielloser Überlebenskünstler hat sich der graue Koloß alle Vegetations- und Klimazonen der Erde erschlossen. Nun sieht er sich auf unserem geschundenen Planeten abgedrängt in schmale Nischen und überall bedroht. Hat der sanfte Wanderer aus Urwelten abzutreten, weil der späte Homo sapiens mit absolutem Anspruch allen Raum und alle Ressourcen für sich einnimmt?

Im Verlauf der Jahrmillionen experimentierte die verschwenderische Natur mit über 300 Arten von Rüsseltieren, die mit anderen urtümlichen Tiergesellschaften frühe Erdenwelten bevölkerten. Im ewigen Wandel der Umweltverhältnisse und Lebensformen blieben am Ende nur die uns heute vertrauten Elefanten.

Der Elefant im Garten Eden

Nach der Schöpfungsfabel der Bibel, die die Entwicklung von Jahrmilliarden in eine Woche rafft, schlug die Geburtsstunde der Festlandstiere erst nach der Belebung der Gewässer und der Lüfte, die Gott am vierten Tag befahl:

»Es errege sich das Wasser mit lebenden und webenden Tieren, und Gevögel fliege auf Erden unter der Feste des Himmels. Und Gott schuf große Walfische und allerlei Getier, das da lebt und webt, davon das Wasser sich erregte, ein jegliches nach seiner Art, und allerlei gefiedertes Gevögel ...«

Die Meere, die Gewässer, sind Urquelle allen Lebens. So entspricht die Chronologie der Schöpfungsgeschichte des 1. Buches Mose durchaus den Erkenntnissen der Wissenschaft. Erst am fünften Tag sprach Gott:

»Die Erde bringe hervor lebendige Tiere, ein jegliches nach seiner Art: Vieh, Gewürm und Tiere auf Erden, ein jegliches nach seiner Art. Und es geschah also ... Und Gott sah, daß es gut war ...«

In der poetischen Schilderung des göttlichen Schöpfungsbefehls wird der Riese der Meere, der Wal, namentlich genannt. Dem Giganten des Festlands, dem Elefanten, wird die Ehre besonderer Erwähnung nicht zuteil. Er ist einbegriffen in der unendlichen Vielzahl der Arten, die die Erde bevölkern sollen. Dem Elefanten war freilich auch keine biblische Sonderrolle vorbestimmt wie dem Wal, der später den Propheten Jonas zu verschlingen und wieder auszuspeien hatte, damit dieser seinen göttlichen Auftrag erfüllen und den Bewohnern Ninives den bevorstehenden Untergang ihrer Stadt verkünden konnte – worauf diese rasch Buße taten und gerettet wurden.

Die Würde und Sonderheit des Elefanten bedurfte der besonderen Hervorhebung nicht. Schon nach Statur und Wesensart zählte er zu den Prachtgeschöpfen des Garten Eden. Als Eva den verhängnisvollen Griff nach dem verbotenen Apfel tat und die Austreibung des ersten Menschenpaares aus den lieblichen Gefilden, in denen alles Getier harmonisch zusammenlebte, erfolgte, rettete der Rüsselriese wenigstens für seine Art ein Stück paradiesischer Friedfertigkeit hinüber in den rauhen Daseinskampf der sündigen Welt.

Maler und Bildhauer des Mittelalters und der Renaissance, die sinnenfroh die paradiesischen Zustände im Garten Eden nachträumten, haben den sanften Riesen inmitten himmlischer Szenerie immer wieder in Farbe und Stein verewigt.

Raffael und Werkstatt
Die Erschaffung der Tiere (Detail)
um 1518/19
Fresko
Loggien des Vatican, Rom

Jan Breughel d. Ä.
Das Paradies (Detail), um 1600
Öl auf Kupfer, 46 x 67cm
Musée du Louvre, Paris

Adam gibt den Tieren Namen
Brüssel, 16. Jh.
Tapisserie
Galleria dell' Accademia, Florenz

Die Bibel erzählt, daß Gott im Garten Eden, den er gegen Osten hin pflanzte, alle Tiere zum Menschen brachte, den er gemacht hatte, damit er sähe, wie dieser sie nannte: »... denn wie der Mensch jedes Tier nennen würde, so sollte es heißen. Und der Mensch gab einem jeden Vieh und Vogel unter dem Himmel und Tier auf dem Felde seinen Namen ...« (1. Buch Mose 2, 19). Demnach hat Gott schon dem ersten Menschen, Adam, mit dem Recht der Namensgebung die Herrschaft über alle Kreatur übertragen. Auch der Riese unter den Tieren hatte von Anbeginn die Bürde mitzutragen.

Die Urzeugung

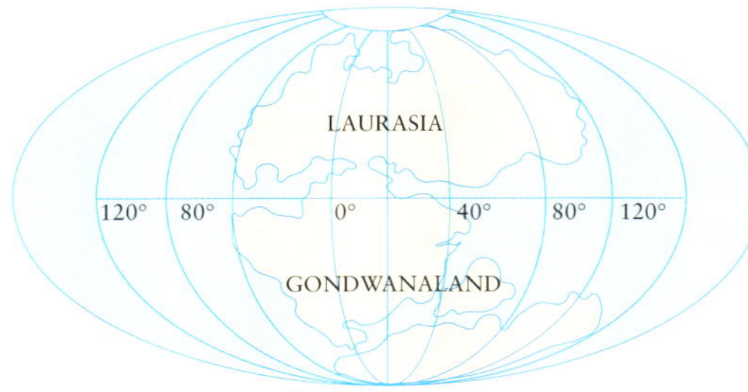

vor 135 Millionen Jahren

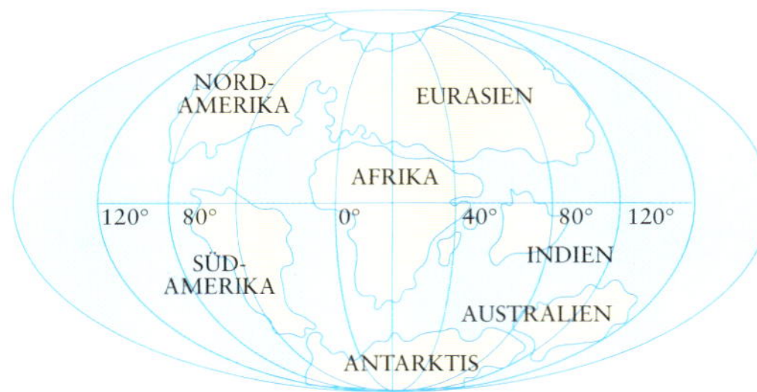

vor 65 Millionen Jahren

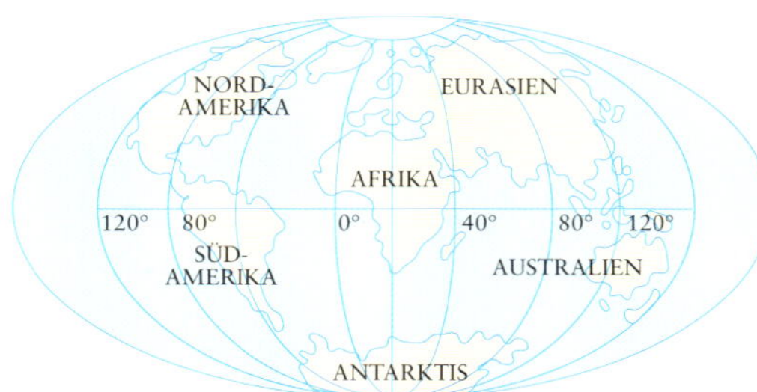

Gegenwart

Die Erde wandelt ihr Gesicht. Im Laufe von Millionen von Jahren entwickelte sich die Lage der Kontinente, so wie wir sie heute kennen: von den beiden Land-Blöcken Laurasia und Gondwanaland drifteten einzelne Platten ab, wie zum Beispiel Australien, die Antarktis oder Südamerika. Auch das Festlandgebiet Afroarabia war einst ein Teil von Eurasiens Südflanke.

Eine Zwischenform der Evolution waren die Phiomia, die vor etwa 35 Millionen Jahren auftraten. Sie waren nur etwa 1,40 m groß. Eine Rekonstruktion von Prof. Zdenek Burian

Aufgrund der berechenbaren Zerfalldauer radioaktiver Materialien, der jüngsten Methode annähernder erdgeschichtlicher Zeitmessung, wird das Alter unseres Planeten auf etwa 5 Milliarden Jahre geschätzt. Vor etwa 3 Milliarden Jahren überzog sich der flüssige Glutball mit einer festen Kruste. Als sich Kontinente und Meere bildeten, entstand nach wissenschaftlicher Hypothese das Leben durch ›Urzeugung‹. In einer brodelnden Atmosphäre aus Wasserstoff, Methan und anderen Gasen seien durch die Einwirkung ultravioletter Sonnenstrahlen, radioaktiver Zerfallsprozesse und Entladungen von Urgewittern Kohlenstoffverbindungen entstanden: Bausteine allen organischen Lebens.

Die Möglichkeit solch chemisch-physikalischer Prozesse haben Laboratoriumsversuche bestätigt. Die Fügung der Bausteine, der Molekularketten, zu lebenden Organismen muß die Wissenschaft freilich dem Spiel des Zufalls in kosmischen Zeitläuften überlassen. Der wissenschaftlichen Erkenntnissen stets nachhinkenden Theologie erlaubt es die bildhafte, auslegbare Schöpfungsgeschichte der Bibel, der Forschung zu folgen und an den Anfang allen Seins die göttliche Urzeugung zu stellen.

Alles Leben auf der Erde hat sich aus primitiven Urformen entwickelt. Durch Spezialisierung auf bestimmte Lebensbereiche bildeten sich im Pflanzen- und Tierreich Hauptgruppen, die im evolutionären Prozeß vieler Jahrmillionen auffächerten zu Hunderttausenden von Gattungen und Arten. Die Paläontologie hat durch das vergleichende Studium versteinerter Fossilien und physischer Strukturen heute lebender Tiere die großen Entwicklungslinien nachgezeichnet. Die Liste der Zufallsfunde aus erdgeschichtlichen Unendlichkeiten ist freilich nicht vollständig. So wird die wissenschaftliche Hypothese in der Vorzeitforschung weiterhin unentbehrliche Hilfsbrücke sein. Nach Funden von Fossilien, die durch ihre Einbettung in geologische Schichten zeitlich einzuordnen sind, kann man die Geschichte des Evolutionsprozesses vereinfachend in drei Phasen einteilen.

Im Erdaltertum (Paläozoikum), in der Zeit von etwa 545 bis 250 Jahrmillionen, bildete sich in den Gewässern eine vielfältige Fauna fischähnlicher Wirbeltiere.

Das Erdmittelalter (Mesozoikum), das zwischen 250 und 65 Jahrmillionen die geologischen Formationen Trias, Jura und Kreide einschließt, war die Ära der Wasser und Land bewohnenden Kriechtiere, der Reptilien, deren Stammesgeschichte mit den gigantischen Dinosauriern einen Höhepunkt erreichte. Auch die ersten Säugetiere und Vögel begannen sich zu entfalten.

In der Erdneuzeit (Känozoikum), die das Tertiär und Quartär umfaßt (65 Jahrmillionen bis 10 000 Jahre), entwickelten sich die heutigen Lebensformen. Es war die Phase des Tertiär, die Zeit der explosionsartigen Entwicklung und Ausbreitung der Säugetiere, in der schon sehr früh, vor etwa 50 Millionen Jahren, auch die ersten Frühformen der Rüsseltiere auftraten.

Das Moeritherium

Ein tiefer Einblick in die vorzeitliche Stammesgeschichte der Elefanten öffnete sich in Afrika, in der rund 100 km südwestlich von Kairo gelegenen Oase Al Faijum, wo Forscher auch interessante Aufschlüsse über die Frühzeit anderer Arten gewannen.

Das 1780 km^2 große Einbruchbecken ist bis 50 m tief unter Meeresspiegelhöhe abgesunken und macht so die übereinanderliegenden Gesteinsschichten der Tertiär-Zeit zugänglich, in der sich weitgehend das heutige Weltbild formte, Pflanzen und Tiere sich den vertrauten Formen der Gegenwart näherten.

Das üppige tropische Fruchtland der Oase birgt einen heute nur noch etwa 30 km langen und 9 km breiten See, den ein Kanal mit dem Nil verbindet. Zu Zeiten der Pharaonen bedeckte die Wasserfläche noch den Großteil der Senke. Das Wasserreservoir diente im alten Ägypten bei Niedrigwasser im Nil der Regulierung des Wasserstandes im Stromtal. Über den ›See von Moiris‹, wie die alte Bezeichnung lautete (heute Karun-See), berichtete schon im 5. Jahrhundert v. Chr. der reisefreudige Vater der griechischen Geschichtsschreibung: Herodot.

An den Bruchrändern des Beckens entdeckte 1871 der deutsche Forscher Georg Schweinfurth eine Fülle von Versteinerungen in den verschiedenen Schichten. Die Kunde führte 1901 den britischen Wissenschaftler Charles Andrews in die Oase, wo er während dreijähriger Ausgrabungsarbeiten Überreste einer Vielzahl vorzeitlicher Tiere freilegte. Er stieß dabei auf die Knochen eines merkwürdigen Tieres, das keinem bekannten Lebewesen glich und viele Rätsel aufgab. Nach der alten Bezeichnung des Oasensees wurde es ›Moeritherium‹ benannt (griech. therion = Tier).

Das Geschöpf hatte etwa die Größe eines Schweins. Augen und Ohren lagen hoch oben am Kopf – beim schwimmenden Tier somit über der Wasserlinie – und der Knochenbau ließ auf einen robusten, plumpen Körper schließen. Der Vergleich mit einem Zwergflußpferd drängte sich auf. Aber ein genaues Studium der Überreste führte zu der aufsehenerregenden Erkenntnis, daß es sich um eine primitive Frühform eines Rüsseltiers handelte, um einen Urverwandten des Elefanten, der vor rund 50 Millionen Jahren in Sumpfgebieten wühlte. Das Gebiet der heutigen Faijum-Oase war damals noch Küstenzone des ›Thetys-Meeres‹, eines Ausläufers des Indischen Ozeans, der Eurasien und Afrika trennte. Im Alt-Tertiär wurde das Thetys-Meer durch tektonische Vorgänge stark eingeengt. Es entstanden die jungen Faltengebirge Eurasiens. Das heutige Mittelmeer ist ein Rest der einst Kontinente trennenden Thetys-See.

Nach dem Schädelbau hatte das Moeritherium noch keinen Rüssel; es war allenfalls mit einem tapirartigen Rüsselansatz ausgestattet. Die Zuordnung zur ›Ordnung Rüsseltiere‹, der ›Proboscidea‹ (lat. proboscis = Rüssel), ermöglichte die Bezahnung, die bei der Rückverfolgung der Ahnenkette besonders aussagekräftig ist. Der Oberkiefer wies neben Backen- und Eckzähnen beiderseits je 3 Schneidezähne auf, von denen jeweils der mittlere hauerartig vergrößert war. Auch bei den Stoßzähnen des Elefanten handelt es sich um gewaltig vergrößerte Schneidezähne und nicht um Eckzähne, die bei anderen Säugetierarten zu Hauern ausgebildet sind. Das Moeritherium hatte auch im Unterkiefer beiderseits je 2 Schneidezähne, wobei der äußere hauerartig vergrößert war.

Das Moeritherium wurde zunächst der direkten Ahnenreihe des Elefanten zugerechnet. Es handelt sich jedoch nur um einen Urverwandten, der mit den anderen Rüsseltierarten einen unbekannten, im Alt-Tertiär noch amphibisch lebenden gemeinsamen Vorläufer hatte. Die Moeritherien waren eine Seitenlinie, die im Oligozän verschwand.

Anfang des 20. Jahrhunderts entdeckten französische Forscher auch in Westafrika Reste eines Moeritheriums, das noch kleiner war als der Vetter von Al Faijum und dessen versteinerte Knochen in noch älteren Schichten lagerten. Weitere Funde belegen, daß die Moeritherien oder ihnen ähnliche Zwischenformen der Evolution (Moeritherioidea) weite Gebiete des Schwarzen Kontinents bevölkerten.

Der schweinegroße Urahne der Ordnung Rüsseltiere lebte vor 50 Millionen Jahren in Sumpfgebieten. Gemälde: Z. Burian

Hier stand vielleicht die Wiege der Elefanten: an der Oase Al Faijum am Nil wurde die älteste Elefantenart, Moeritherium genannt, gefunden.

Die Seekuh – nächste Verwandte des Elefanten

Steppenschliefer
Maasai Mara, Kenia
›Kleine Brüder des Elefanten‹ nennen einige afrikanische Völker die possierlichen Tiere, die viele anatomische Gemeinsamkeiten mit dem Elefanten haben.

In den geologischen Schichten, die die Knochen des Moeritheriums bargen, fand man auch Überreste von heute noch lebenden Verwandten der Elefanten, die auf den ersten Blick nicht das geringste mit dem gewaltigsten Landtier zu tun zu haben scheinen: Skelette der Ordnung Seekühe, der legendären ›Sirenen der Morgenröte‹. Man ist geneigt, eher Nashörnern und Flußpferden Verwandtschaft mit dem Elefanten zu unterstellen als den walzenförmigen Seekühen. Doch typische Merkmale des Skeletts und des Körperbaus belegen, daß die Seekühe nahe Verwandte der heutigen asiatischen und afrikanischen Rüsseltiere sind; etwas ferner verwandt sind auch die murmeltierartigen Schliefer.

Die Ordnungen Rüsseltiere, Seekühe und Schliefer haben 2 Milchdrüsen an der Brust; das Herz ist ähnlich gebaut und vor allem besteht Parallelität in der Anlage des Gebisses. Wie beim Elefanten schieben sich bei den Seekühen die Backenzähne nach vorne, bis sie scheibchenweise abbrechen und nachrückende sie ersetzen.

Von der Gattung der Rundschwanz-Seekühe leben die Manatis an den Ostküsten Mittelamerikas sowie im Amazonas- und Orinocobecken; eine weitere Art, die Lamantine, bevölkert seichte Küstenstriche Westafrikas. Die Gattung der Gabelschwanz-Seekühe lebt in einer einzigen Art, den Dugongs, in den flachen Küstengewässern des Indischen Ozeans. Zwei zu Stoßzähnen umgebildete Schneidezähne erinnern an den Elefanten.

Die beiden Gattungen, die sich friedlich von Wasserpflanzen in Flachgewässern warmer Meere ernähren, bergen in ihrem Leib immer noch rudimentäre Knochenreste der Hinterbeine ihrer Urahnen. Die Seekühe stammen offensichtlich von Landsäugern ab, die wieder ins Meer zurückkehrten. Auch das Knochengerüst ihrer zu abgeplatteten Flossen umgewandelten Vordergliedmaßen läßt Rückschlüsse zu auf den Bauplan ihrer Ahnen zu Lande. Es waren dies primitive, amphibisch lebende ›Huftiere‹, die mit den Seekühen, den Rüsseltieren und Schliefern schon die hochspezialisierte Ausbildung der letzten Zehenglieder, das heißt der Zehenspitzen, zu kleinen Hufen oder Krallen gemeinsam oder wenigstens im Ansatz gemeinsam hatten.

Es verwundert nicht, daß die nächste Verwandtschaft der Elefanten im Meer heimisch ist, dem Born allen Lebens: Weibliche Elefanten besitzen wie die Seekühe die für Meeressäuger typische, tief zur unteren Bauchdecke hin gelagerte Geschlechtsöffnung.

Die etwa kaninchengroßen Schliefer sind, wie die Elefanten, Sohlengänger mit bekrallten vierzehigen Vorder- und dreizehigen Hinterfüßen. Die schmiegsamen, durch tiefe Spalten getrennten Schwielenpolster an den Sohlen funktionieren wie Haftnäpfe, die es den Tieren ermöglichen, auch senkrechte Felswände zu nehmen oder sich mit größter Sicherheit auf Baumästen zu bewegen. Die Schliefer sehen wie kleine Nager aus. Ihre Bezahnung unterscheidet sich jedoch grundlegend von einem Nagergebiß. Im Oberkiefer sitzen zwei kleine Hauer, die gleich den Stoßzähnen des Elefanten aus Schneidezähnen hervorgegangen sind.

Die Heimat der Schliefer ist Afrika. Man findet die possierlichen Tiere, die sich von Pflanzen ernähren, aber auch in Vorderasien. Drei Gattungen sind zu unterscheiden: Die Klipp- oder Wüstenschliefer, die Busch- oder Steppenschliefer sowie die Baum- oder Waldschliefer.

Die Seekühe sind das Urbild der legendären Seenixen und Sirenen, die einst Odysseus durch ihren Liebreiz und Gesang ins Verderben locken wollten. Die Tiere können sich eine Weile senkrecht erheben, wobei ein Drittel der walzenförmigen Körper aus dem Wasser ragt. Aus der Ferne vermag man mit viel Phantasie aufgerichtete Weibchen, deren stark entwickelte Milchdrüsen an Frauenbrüste erinnern, für halbmenschliche Wesen halten.
Zeichnung: Gisela Pferdmenges

Die Seekühe, die nächsten Verwandten des Elefanten, leben in verschiedenen Gattungen in flachen, warmen Küstengewässern. Die massigen Gabelschwanz-Seekühe oder Dugongs sind an den Küsten des Indischen Ozeans und Australiens beheimatet. Sie können bis zu 2,80 m lang und 170 kg schwer werden.

Von der Gattung der Rundschwanz-Seekühe leben die Manatis an den Küsten Mittelamerikas sowie in den Gewässern des Amazonas- und Orinocobeckens. Die Seekühe bergen in ihrem Leib noch die rudimentären Knochenreste der Hinterbeine ihrer Urahnen: Landsäugern, die wieder ins Meer zurückkehrten.

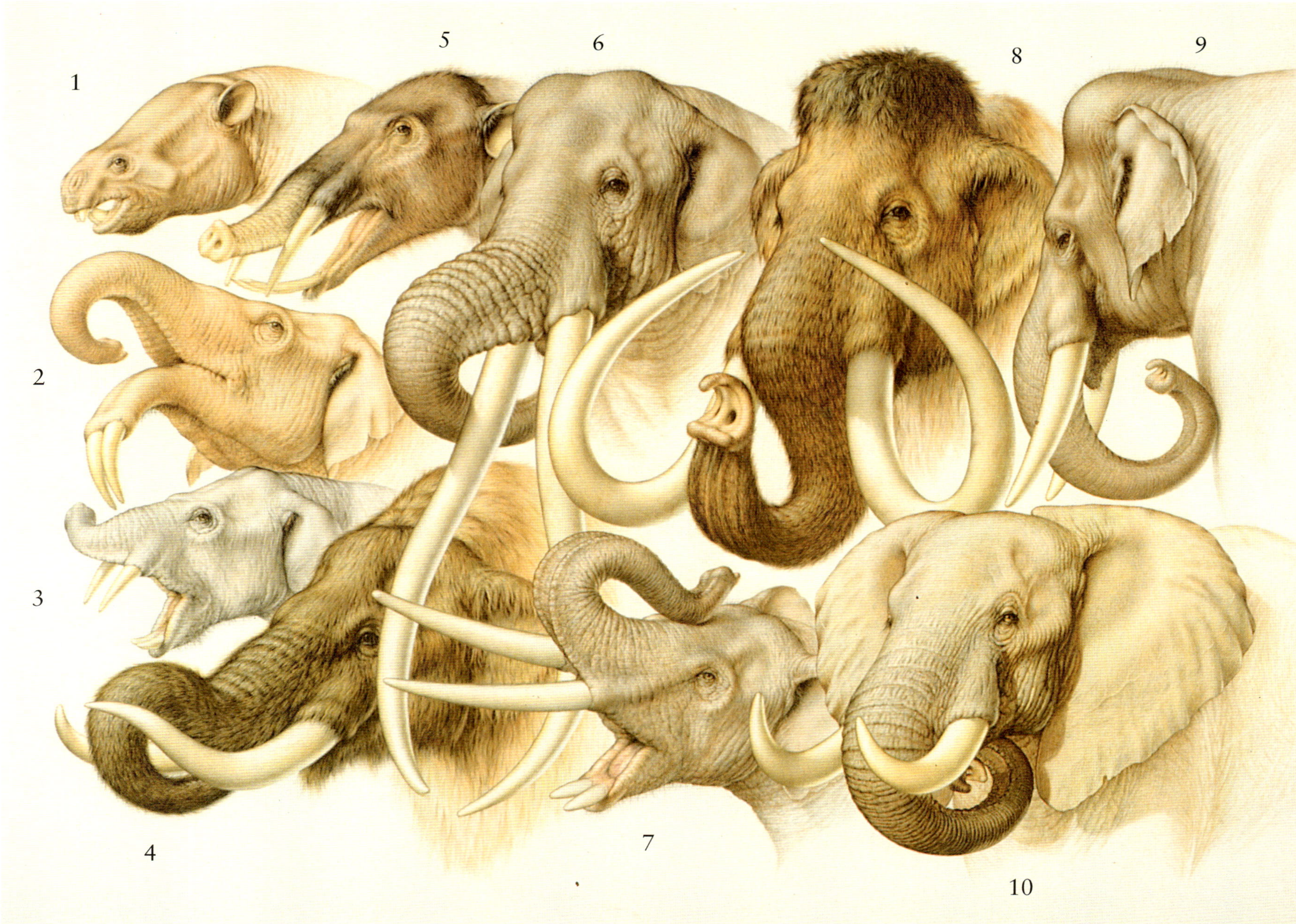

Rüsselriesen erobern die Kontinente

Das Bild zeigt die Köpfe einiger Prototypen der im Verlauf der Evolution vielverzweigten Arten der Ordnung Rüsseltiere (Proboscidea).
Zeichnung: Karel Havlicek

1) Moeritherium, frühester Urverwandter des Elefanten
2) Deinotherium
3) Paläomastodon
4) Mastodon
5) Gomphotherium
6) Stegodon
7) Primelephas
8) Mammut
9) Asiatischer Elefant
10) Loxodont

Der Werdeprozeß der Ordnung Rüsseltiere – vom primitiven, noch amphibisch lebenden Urahnen über die vor rund 35 Millionen Jahren auftretenden ›Elefantenartigen‹ (Elephantoidea) bis hin zu den Elefanten (Elephantidae) – verlief nicht geradlinig. Die verschwenderische Natur experimentierte mit über 300 Arten von Rüsseltieren, um jeweils die Lebenstüchtigsten bestehen zu lassen.

Im Evolutionsprozeß der Rüsseltiere bildeten sich sehr rasch und sehr früh massige Körper mit Säulenbeinen, wuchtigen Stoßzähnen und zu Greiforganen verlängerten Rüsseln. Zu Giganten heranwachsend, verbreiteten sie sich von der afrikanischen Urheimat über die Kontinente – das abseits gelegene Australien ausgenommen, wo sich eine besondere Fauna entwickelte.

Ihre wachsende Zahl zwang zur Suche nach immer neuen Futterplätzen und Lebensräumen. Die Tiere besiedelten die feuchtschwülen Regenwälder tropischer Zonen, trockene Steppen unter brennender Sonne und die gemäßigten Zonen mit ihren Schneewintern. Sie drangen bis in die unwirtlichen nördlichen Breiten Eurasiens vor, und sie eroberten, über die zeitweise bestehende Bering-Landbrücke weiterwandernd, auch Amerika.

Die massigen Dickhäuter bewiesen eine erstaunliche Anpassungsfähigkeit an die verschiedensten Klima- und Umweltverhältnisse. Durch Akklimatisation und Auslese wuchs ihnen die jeweils zweckmäßigste physische Ausstattung für das Überleben zu.

An die 20 Millionen Jahre bevölkerten Elefanten vieler Arten die Erde. Erst während der jüngsten Eiszeit ging ihre Blütezeit zu Ende.

Durch Auswertung zahlloser fossiler Funde hat die Paläontologie im Zusammenwirken mit der Geologie die jahrmillionenlange Geschichte der größten Landsäuger weitgehend geklärt, wenn auch letzte Gewißheiten im erdgeschichtlichen Dunkel bleiben werden.

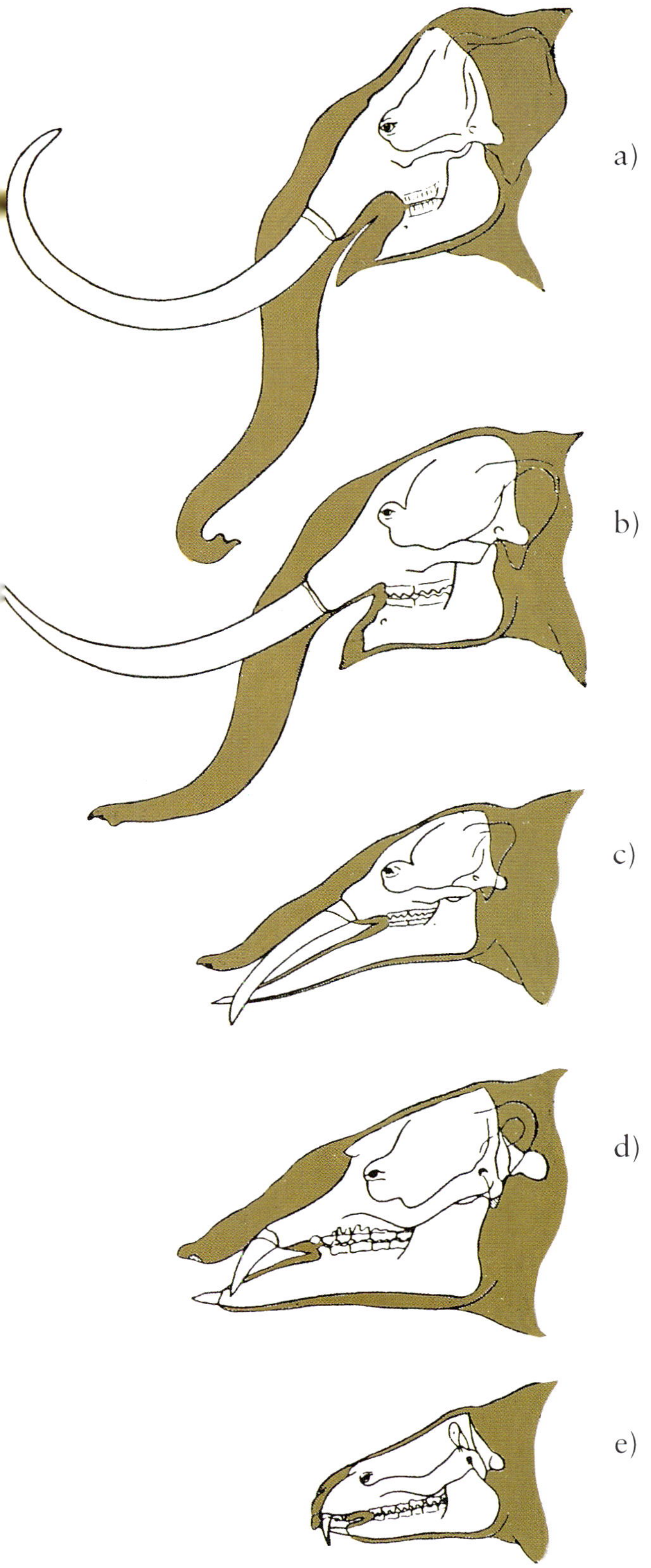

Die Entwicklung der Schädelform im Verlauf der Evolution, von oben:
a) Elephas columbi
b) Mastodon oder Mammut americanus
c) Tetrabelodon angustidens
d) Paläomastodon
e) Moeritherium

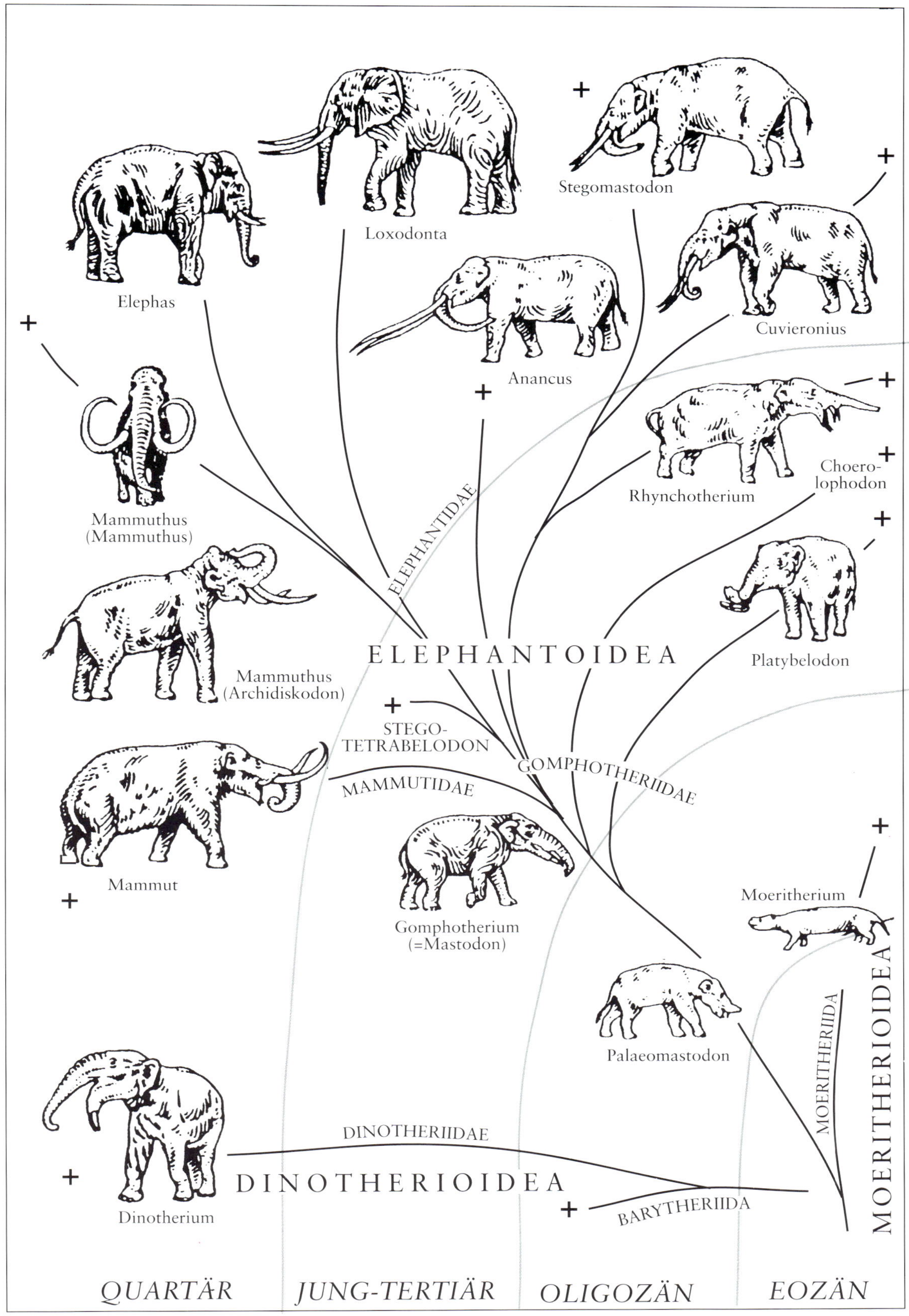

Vereinfachter Stammbaum der eigentlichen Elefanten (Familie Elephantidae). Die kräftigen Linien zeigen die verwandtschaftlichen Beziehungen, die gestrichelten Linien die zeitliche Einordnung. Alle ausgestorbenen Verwandtschaftszweige sind am Ende mit einem Kreuz markiert.

Der Stammbaum der Elefanten

Das Deinotherium mit den typischen, nach unten gerichteten Stoßzähnen im Unterkiefer. Der Koloß zählt zu den Verwandten, nicht zu den direkten Vorfahren des Elefanten.
Gemälde: Z. Burian

Der Stammbaum der Elefanten ist vielverästelt. In der Fülle der Sonderentwicklungen zeichnen sich vier Hauptgruppen ab:

Die Gomphoterien, die Mammutiden, die Stegodonten und die Elephantiden, die jüngste Auslese der Evolution. Daneben entwickelte sich eine ganz eigenständige Familie: die Deinotherien.

Die Deinotherien

Die Deinotherien, die seit dem Oligozän, vor etwa 25 Millionen Jahren, nachgewiesen sind, entwickelten sich in Afrika. Sie waren ein früher Seitenzweig der Stammesgeschichte der ›Elefantenartigen‹ (Elephantoidea).

Im Unterschied zu allen anderen Rüsseltieren trugen die Deinotherien keine Stoßzähne im Oberkiefer. Die Stoßzähne im verlängerten Unterkiefer waren abwärts gerichtet und nach hinten gebogen. Sie waren geeignet zum Ausbaggern von Wasserpflanzen. Von Afrika aus verbreiteten sich die Deinotherien über Europa und Südostasien. Amerika erreichten sie nicht. Vor etwa einer Million Jahren starben sie aus.

Die Gomphotherien

Die Gomphotherien waren im Miozän, in viele Spielarten verzweigt, die am meisten verbreiteten Rüsseltiere. Sie gelten als Nachfahren einer Zwischenform der Evolution: der vor 35 Millionen Jahren auftretenden ›Phiomia‹, die im Oberkiefer des langgestreckten Schädels zwei nach unten gekrümmte und im Unterkiefer zwei gerade Stoßzähne trugen. Ihre Nachfahren, die Gomphotherien, erreichten in einigen Entwicklungslinien schon Schulterhöhen bis zu 3 m. Im Oberkiefer saßen zwei lange, leicht abwärts gebogene Stoßzähne und kürzere im Unterkiefer. Skelette von Tieren dieser Entwicklungslinie wurden in Afrika, Eurasien und Amerika gefunden.

In einer anderen Entwicklungslinie bildeten sich die Stoßzähne im Unterkiefer zurück und verschwanden schließlich ganz, während sich die Stoßzähne im Oberkiefer stark verlängerten. Bei einigen Spielarten der Evolution erreichten die Oberkiefer-Stoßzähne solche Ausmaße, daß sie (mit Kopf) fast der Rumpflänge gleichkamen. Der typischste Vertreter dieser Richtung ist der gewaltige ›Anancus‹.

Die ›Phiomia‹, eine Zwischenform der Evolution. Die frühen Rüsseltiere mit Stoßzähnen im Ober- und Unterkiefer des langgestreckten Kopfes gelten als Vorfahren der ›Gomphotherien‹, einer bis in historische Zeiten weitverbreiteten Gruppe vielgestaltiger Entwicklungsformen.
Gemälde: Z. Burian

Die Mammutiden

Aus Gründen wissenschaftlicher Einordnung hat die Paläontologie die Gattung der ›Mastodontidae‹ in ›Mammutidae‹ umbenannt, was beim Nichtfachmann zu Verwechslungen führen kann. Die Mammutiden der neuen Einordnung sind zu unterscheiden von dem jedermann vertrauten ›Mammut‹ der Eiszeit, von der Wissenschaft ›Mammuthus primigenius‹ benannt.

Überreste der ersten Mammutiden, deren Ahnherr das Paläomastodon war, fanden sich in Afrika und Eurasien in 25 Jahrmillionen alten Schichten des Oligozäns. Vor rund 7 Millionen Jahren eroberte diese Rüsseltierfamilie auch Nordamerika, wo zahlreiche fossile Überreste gefunden wurden. Als sich vor einigen Millionen Jahren die mittelamerikanische Landbrücke bildete, drangen sie bis nach Südamerika vor.

Die Mammutiden hatten etwa die Größe der heutigen Elefanten; sie waren aber massiger gebaut, und der Körper war behaart. Bei einzelnen Spielarten gab es auch Riesenwuchs. Im Oberkiefer saßen zwei wuchtige, leicht abwärts gebogene Stoßzähne; zwei kleine, gerade Stoßzähne im Unterkiefer verschwanden im Verlauf der Evolution ganz.

Es gab auch Entwicklungszweige, die für ein Leben in Kältezonen ausgestattet waren. Typischer Vertreter ist das ›Mammut americanum‹, das zur Familie der Mammutiden gehört.

Die Stegodonten

Die Stegodonten waren in Asien weit verbreitet, wo sie im Oligozän erstmals in Erscheinung traten. Sie glichen nach Körperbau und Kopfform etwa den Mammutiden; die Bezahnung unterschied sie indes. Die Familie gliederte sich in zwei Gruppen: das Stegodon, Dachzähner genannt nach den giebelartigen Leisten der Backenzähne, und das Stegolophodon. Während der pleistozänen Eiszeiten (650 000–10 000), die zu massiven Absenkungen des Meeresspiegels führten, konnten sie bis Japan, Taiwan, den philippinischen und indonesischen Inselgruppen vordringen. Dort entstanden in den Phasen der Isolierung nach Wiederanstieg des Meeresspiegels auch Zwergformen.

Stegodonten erschlossen sich asiatische Lebensräume. Sie drangen bis Japan vor und besiedelten, als zeitweise Landverbindung bestand, indonesische Inselbereiche. Als Familienidyll legte der Maler Maurice Wilson seine Rekonstruktion des asiatischen ›Stegodon ganesa‹ an.

Das ›Mammut americanum‹ wurde im Laufe der Evolution für ein Leben in Kältezonen ausgerüstet. Der Maler Robert Larson stellt ihn in seiner Rekonstruktion in eine mittelamerikanische Szenerie.

Die Elephantiden

Die Sonderentwicklung der Elephantiden, des Mammuts und der heutigen Elefantengattungen, des asiatischen Elefanten (Elephas maximus) und des afrikanischen ›Loxodonta‹, begann vor etwa 16 Jahrmillionen im mittleren Miozän. Der Stammvater, der ›Primelephas‹, hatte nur kleine untere Stoßzähne, die allmählich ganz verschwanden. Die Stoßzähne im Oberkiefer verstärkten und verlängerten sich. Vor allem vollzog sich als besonders wichtiger Evolutionsschritt ein Umbau der Kauwerkzeuge. Die Höcker der Backenzähne verschmolzen zu Querleisten, überzogen mit hartem Schmelz. Die Vertiefungen dazwischen füllte weicherer Zahnzement, was unterschiedliche Abnützung gewährleistete und ein Glattschleifen verhinderte. Die Kauflächen blieben rauh und damit härterem Nahrungsangebot wie Steppengras und Astwerk angepaßt. So konnten auch kargere Lebensräume erschlossen werden.

Nach fossilen Funden lebten vor etwa 3 Millionen Jahren die ersten Vertreter der Gattung ›Mammuthus‹ in Afrika. Sie waren noch nicht Bewohner von Kältezonen; sie besiedelten Buschsteppen und Wälder. Ihr Körperbau ähnelte dem der heutigen asiatischen Elefanten; sie waren jedoch größer, erreichten Schulterhöhen von über 4 m, und sie hatten längere, wuchtigere Stoßzähne.

Erst vor etwa 120 000 Jahren erschlossen sich die Riesen über Zwischenformen auch kalte Zonen. Das Wollhaarmammut (Mammuthus primigenius) eroberte Eurasien und Nordamerika bis in subpolare Tundren. Ein dickes Zottelfell schützte das Tier bei Schnee und Kälte. Es war kleiner als sein Vorgänger, das Steppenmammut (Mammuthus trogontherii).

Gleichzeitig mit dem Mammut entwickelte sich in Afrika die Gattung ›Elephas‹, deren Linie zum heutigen asiatischen Elefanten führt, zum ›Elephas maximus‹. Der Elephas breitete sich über den ganzen Südteil Eurasiens aus. Eine besonders erfolgreiche Art war der ›Elephas antiquus‹, der sogenannte Waldelefant. In der Zeitspanne von vor

Der Archidiscodon meridionalis, der ›Südelefant‹, zählt zu den ältesten Elephantiden. Er verfügte bereits über die verbesserte Kauausstattung, die dem Elefanten die Erschließung karger Lebensräume mit hartem Nahrungsangebot ermöglichte. Er trat im frühen Pleistozän auf und lebte etwa 100 000 Jahre.

Er war erheblich größer als das Wollhaarmammut, ziemlich hochbeinig und hatte mächtige, am Ende leicht gebogene Stoßzähne: der Waldelefant (Paläoloxodon antiquus). Während der warmen Interglazialzeiten bevölkerte er in Mitteleuropa baumbestandenes Grasland und Wälder. Bei Abkühlung des Klimas zog er sich nach Süden zurück. In Mitteleuropa wurde er dann vom Steppenelefanten (Mammuthus trogontherii) und später, bei Ausdehnung des nördlichen Eispanzers, vom Mammut (Mammuthus primigenius) abgelöst. Seine letzten Vertreter starben während der frühen Würm-Eiszeit in Spanien aus. Gemälde: Z. Burian

etwa 500 000–70 000 Jahren besiedelte er während der Wärmeperioden zwischen den Eiszeiten den ganzen Süden Eurasiens, das noch weithin bewaldet war. Auch in England lebte er. Als die letzte Eiszeit begann und die Gletscher wieder vorrückten, verschwand der Waldelefant vom europäischen Kontinent.

Der ›Loxodonta africana‹, die jüngste eigenständige Elefantenart, die sich in wesentlichen Merkmalen vom asiatischen Elefanten unterscheidet, trat vor etwa 1,5 Millionen Jahren in Erscheinung. Neben dem mächtigen Steppenloxodonten lebt in den Regenwäldern der kleinere Wald- oder Rundohrloxodont (Loxodonta africana cyclotis). Einst bevölkerten Loxodonten den ganzen Schwarzen Kontinent. In Nordafrika, in den Berggebieten der Länder des heutigen Maghreb, lebten noch vor 2000 Jahren Loxodonten, wahrscheinlich Waldloxodonten. Heute findet man sie nur noch südlich der Sahara.

Die Sintflut-Sage

Die Arche Noah (Detail), Glasfenster, 12.–13. Jh. Kathedrale Chartres

Auf welche WËise verschwanden ganze Zweige aus der Familie der Rüsseltiere? Die biblische Sintflut deutet die Umweltkathastrophen der Evolution.

Als beim Abklingen der letzten Eiszeit vor etwa 10 000 Jahren durch das Abschmelzen des gigantischen Eispanzers der Meeresspiegel anstieg – begleitet von tektonischen Umbrüchen und Klimaschocks – vollzogen sich dramatische Umweltveränderungen auf der Erde. Sie wirkten tiefgreifend auf den evolutionären Prozeß in Fauna und Flora, woran ein rätselhaftes Sterben in der Tierwelt erinnert. Die urzeitlichen Katastrophen fanden in der historischen Zeit ihren Nachhall in den Sintflut-Sagen zahlreicher Völker. Eine der ältesten ist das Gilgamesh-Epos, auf das die biblische Geschichte von der großen Flut zurückgeht.

Der Elefant in Noahs Arche

Die in aller Welt geläufige Sage von der Sintflut erzählt das Alte Testament der Bibel. Es ist die im 1. Buch Mose überlieferte Geschichte vom zürnenden, ganz menschlich empfindenden Gott, der die alles verschlingende große Flut über die verderbte Menschheit hereinbrechen ließ.

Von Zorn erfüllt über die Bosheit der Menschen, so heißt es, reute es Gott, sie gemacht zu haben. Und so sprach er:

»... Ich will die Menschen vertilgen von der Erde bis auf das Vieh und bis auf das Gewürm und bis auf die Vögel unter dem Himmel ...«

Doch Noah, der einzig Gerechte unter den Menschen, fand mit seiner Sippe Gnade vor dem Herrn. Gott befahl Noah, für die Tage der großen Flut eine Arche zu bauen – einen ›Kasten‹, wie Luther in seiner Bibelfassung übersetzte:

»Mache dir einen Kasten von Tannenholz und mache Kammern darin und verpiche ihn mit Pech inwendig und auswendig ... Denn siehe, ich will eine Sintflut mit Wasser kommen lassen auf Erden, zu verderben alles Fleisch, darin ein lebendiger Odem ist ...«

Die Sintflut-Geschichte der Bibel war ein großes Filmthema. Auf der Kinoleinwand geleitet Noah die Tierpaare mit Flötenspiel in die rettende Arche. 2 Szenen aus dem Film ›Die Bibel‹ von John Huston, 1965. Die einem Zirkus entliehenen Elefanten verleihen der Szene besondere optische Wirkung.

Noah tat, wie ihm geboten. Und als die Zeit nahte, »da aufbrachen alle Brunnen der großen Tiefe und sich auftaten die Fenster des Himmels«, sprach der Herr zu Noah:

»Gehe in den Kasten, du und dein ganzes Haus, denn ich habe dich gerecht ersehen vor mir zu dieser Zeit. Aus allerlei reinem Vieh nimm zu dir je sieben und sieben, das Männlein und sein Weiblein; von dem unreinen Vieh aber je ein Paar, das Männlein und sein Weiblein. Desgleichen von den Vögeln unter dem Himmel je sieben und sieben, das Männlein und sein Weiblein, auf daß Same lebendig bleibe auf dem ganzen Erdboden. Denn von nun an über sieben Tage will ich regnen lassen auf Erden, vierzig Tage und vierzig Nächte und vertilgen von dem Erdboden alles, was Wesen hat, was ich gemacht habe. Und Noah tat alles, was ihm der Herr gebot ... Und das Gewässer stand auf Erden hundertundfünfzig Tage.«

So geschah es, daß im ›Kasten‹ Noahs, der schließlich auf dem Berg Ararat landete, auch unser Elefant überlebte.

Eine alte jüdische Legende erzählt von aufregenden Zwischenfällen in der auf den Flutwassern hintreibenden Arche: Durch die Anhäufung von Mist hatte der Kasten Schlagseite bekommen. Verzweifelt erbat Noah vom Herrn Rat, und der gebot ihm, den Elefanten auf die andere Seite der Arche zu stellen. Doch unter dem nun entlasteten Misthaufen kamen Scharen von Ratten und Mäusen hervor, die begannen, Löcher in die Holzwände zu nagen. Und Noah wandte sich wieder hilfesuchend an den Herrn, der ihm gebot, dem Löwen auf die Nase zu schlagen. Er tat so, und der Löwe nieste zwei Katzen aus, die die Ratten und Mäuse unter Aufsicht nahmen. Es waren die ersten Katzen, die es auf Erden gab ...

Die Sintflut-Sage, die in der Kulturgeschichte der Menschheit immer wieder aufklang, hat vielfachen literarischen und bildnerischen Niederschlag gefunden. Schon das Wort ›Sintflut‹ ist im Alltagsbegriff der Umgangssprache Synonym für elementare Naturgewalt, die das menschliche Genie immer wieder auf seinen Platz verweist.

In der christlichen Kunst ist der symbolische Zug der Geschöpfe in die rettende Arche ein häufiges Motiv, wobei das Urbild des Elefanten besondere Akzente setzt. Erinnert sei beispielsweise an das großartige Mosaik in der Kirche San Marco in Venedig. Michelangelo hat das Thema in einem Fresko der Sixtinischen Kapelle dargestellt. In unseren geschäftstüchtigen Zeiten schließlich kommerzialisierte der Film die biblische Sintflut-Geschichte.

Gewölbe-Mosaik in der Vorhalle von San Marco, Venedig, 13. Jh. Nach dem großen Regen schickt Noah die Taube aus, die Ausschau nach festem Land halten soll.

Die grosse Flut im Gilgamesh-Epos

Die älteste überlieferte Version der Sintflut-Sage entstand im südlichen Mesopotamien, wo die Sumerer, die Erfinder der Keilschrift, seit Ende des 4. vorchristlichen Jahrtausends eine frühe Hochkultur entwickelten. Um 1700 v. Chr. übernahmen die Babylonier die Sage, die ihren Niederschlag im Gilgamesh-Epos fand, das uns bruchstückhaft auf Keilschrift-Tontafeln erhalten ist. Der Elefant findet in ihm nur eine kurze, etwas unfreundliche Erwähnung: »... ein Elefant, der da abreißt seine Decke«.

In der sumerisch-babylonischen Sintflut-Sage, die den Juden aus der Zeit ihrer Babylonischen Gefangenschaft wohl vertraut war, wurzelt auch die des Alten Testaments, dessen erste Teile wohl um 1000 v. Chr. entstanden sind.

Nach dem Gilgamesh-Epos waren die Himmlischen erzürnt über ihr Geschöpf, den Menschen, der – wie in der Bibel – durch göttliche Wunderkraft aus Lehm geformt worden war. Und so verhängten sie eine große Flut, um das Menschengeschlecht zu tilgen. Doch der Gott des Süßwassers und der Weisheit, Ea, empfand Mitleid, und er beschloß, wenigstens einen Gerechten zu retten: Utnapishtim und seine Sippe. Nach Eas Anweisungen baute Utnapishtim eine Arche, in die er »allerlei Lebenssamen« lud sowie das »Wild des Feldes«.

Als dann die Fluten die Menschheit verschlangen, bereuten die Götter erschreckt ihren Beschluß, »und sie klagten und weinten«. Utnapishtim aber überstand mit seiner Sippe in der Arche die Flut. Auf dem

Berg Nisir gelandet, sandte er Vögel zur Erkundung aus; als ein Rabe festes Land fand und nicht mehr zurückkam, stieg Utnapishtim aus der Arche und brachte den Göttern ein Dankopfer dar, »... und die Götter rochen den wohlgefälligen Duft.«

Links: Elefanten ziehen mit anderen Tierpaaren in die Arche. Illumination aus der Bilderhandschrift ›Histoire universelle en français de la création du monde jusqu'à César‹. Die frühe enzyklopädische Schrift wurde um 1210 in Lille, Nordfrankreich, von einem Mönch verfaßt.

Das rätselhafte Massensterben

Der Bericht über die Eiszeit liest sich in der Bibel so: »Also war die Erde ganz trocken am siebenundzwanzigsten Tag des zweiten Monats. Da redete Gott mit Noah und sprach: ›Geh aus dem Kasten, du und dein Weib, deine Söhne und deiner Söhne Weiber mit dir. Allerlei Getier, das bei dir ist ... das gehe hinaus mit dir ...‹ Noah aber baute dem Herrn einen Altar und nahm von allerlei reinem Vieh und von allerlei reinem Geflügel und opferte Brandopfer auf dem Altar. Und der Herr roch den lieblichen Geruch und sprach in seinem Herzen: Ich will hinfort nicht mehr die Erde verfluchen um der Menschen willen; denn das Dichten des menschlichen Herzens ist böse von Jugend auf. Und ich will hinfort nicht mehr schlagen alles, was da lebte, wie ich getan habe. Solange die Erde steht, soll nicht aufhören Saat und Ernte, Frost und Hitze, Sommer und Winter, Tag und Nacht.« (1. Buch Mose 8)

Die erdgeschichtlichen Fabeln der Bibel überblenden die Jahrmillionen von der Entstehung des Lebens bis zum strafenden Gottesgericht der Sintflut. Sie überlassen es der modernen Wissenschaft, die alte Flutlegende zu deuten, die an ein rätselhaftes Massensterben in der Tierwelt erinnert.

Vor rund einer Million Jahren bevölkerten noch an die 11 Arten von Rüsselriesen die Kontinente. Dann verschwanden innerhalb einer relativ kurzen Zeitspanne zwei Drittel davon. Nur 3 Arten überlebten: das Mammut, das vor 3000–4000 Jahren auch ausstarb, sowie der asiatische Elefant und der afrikanische Loxodont. In Europa, wo das Mammut den Steinzeitmenschen noch Jagdbeute war, gab es vor 5000 Jahren, in der Bronzezeit, keine Rüsseltiere mehr. Um zwei Drittel schrumpfte weltweit das Verbreitungsgebiet der Elefanten, die fortan nur noch in Südasien und Afrika lebten. Wie kam es dazu? Die Wissenschaft hat bis heute keine eindeutige Erklärung für das große Sterben. Eine wesentliche Ursache waren sicherlich gewaltige Naturkatastrophen.

Die rund 70 Millionen Jahre umfassende Zeitspanne des Tertiärs, vom Ende der Kreidezeit bis zum Pleistozän, scheint eine geologisch verhältnismäßig ruhige Phase der erdgeschichtlichen Entwicklung gewesen zu sein, wie aus dem Zustand der Gesteinsschichten zu schließen ist. So erklärt sich auch die kontinuierliche evolutionäre Entwicklung der großen Säuger in dieser Zeit.

Doch dann wurden weite Regionen des Erdballs von gewaltigen Erschütterungen heimgesucht: von elementaren Vulkanausbrüchen und von Verschiebungen der Erdkruste, die zur Auffaltung von Gebirgen führten und tiefgreifende klimatische Veränderungen bewirkten. Vulkanische Staubmassen, die in der Stratosphäre die Sonnenstrahlung dämpften, mögen zu plötzlichen, tödlichen Kälteeinbrüchen geführt haben. Vor etwa einer Million Jahren begann auch eine Folge von Eiszeiten. Während der Kältephasen froren gigantische Wassermassen zu starrem Eis, was zur Folge hatte, daß der Kreislauf von Niederschlägen und Verdunstung abgeschwächt wurde, der Meeresspiegel absank und Trockengebiete sich ausweiteten.

In Europa bedeckte das Eis Skandinavien, das nördliche Deutschland bis zur Elbe, weite Teile Englands und einen Gürtel im nordwestlichen Rußland. Die sibirischen Tundren jedoch blieben von Eis verschont, was das lange Überleben der Mammuts in diesen Regionen erklärt.

Während der interglazialen Phasen, der warmen Zwischeneiszeiten, schmolz der mächtige Eispanzer, der Meeresspiegel stieg gewaltig an, und riesige Wassermassen überfluteten weite Küstenbereiche und Inlandssenken. Besonders verheerende Über-

Die Landschaft des Züricher Sees während der Eiszeit (Quartär); Farbdruck nach einem Gemälde von Ernst Heyn.

schwemmungen dürfte es im Mittelmeerraum gegeben haben, der während der letzten Eiszeit Regenzone war.

Mit den elementaren tektonischen Erschütterungen und klimatischen Veränderungen hat in den nördlichen Erdregionen das Massensterben der Rüsselriesen eingesetzt, die bei ihrer Größe und ihrem gewaltigen Futterbedarf besonders anfällig für plötzliche Umweltveränderungen waren. Verschiedene Faktoren mögen zusammengewirkt haben: Kälteeinbrüche, Isolierung ganzer Tierstämme durch Gebirgsauffaltung in unwirtlich gewordenen Regionen, verheerende Überschwemmungen und plötzliche elementare Naturgewalten, auf deren Vernichtungskraft Funde von gehäuften Elefantenknochen im Norden Amerikas schließen lassen. Es ist auch möglich, daß Seuchen das Aussterben von Arten verursachten oder zumindest beschleunigten.

Ein Zwergelefant in prähistorischer Inssellandschaft, anschaulich gemacht nach vergleichenden Studien von Skelettfunden mit lebenden Tieren. Inselisolierung, Futtermangel in langen Dürreperioden und Inzucht mögen zu den Zwergformen geführt haben, die es auch bei vielen anderen Inseltieren wie Hirschen usw. gab. Gemälde: Z. Burian

Zwergelefanten bevölkern Mittelmeerinseln

Während der klimatischen und tektonischen Umwälzungen, die während der jüngsten erdgeschichtlichen Phase die Strukturen der Kontinente veränderten, entwickelte sich eine Nebenlinie von Rüsseltieren: die Zwergelefanten, die nur etwa die Größe von Shetland-Ponys erreichten. In vielen Weltbereichen wurden fossile Zeugnisse des geheimnisvollen Mutationsprozesses entdeckt, der vom Riesenhaften wieder zurück zu Zwergformen führte. Eine Fülle von Überresten fand sich vor allem auf Mittelmeerinseln wie Sizilien, Malta, Kreta, Zypern, Tilos usw. Auf Malta wurden die Knochen eines Mini-Elefanten ausgegraben, der nur eine Schulterhöhe von 90 cm aufwies, das heißt nur etwa die Größe eines Rehs besaß.

Die Zwergformen entstanden wahrscheinlich, als durch das Ansteigen des Meeresspiegels oder durch Erdbewegungen Festlandteile zu Inseln wurden und die dort nun isoliert lebenden Rüsseltiere sich einem beschränkten Futterangebot auf schmalem, insularem Raum anpassen mußten – überdies den unberechenbaren Folgen jahrtausendelanger Inzucht ausgeliefert. Es dürfte sich dabei vor allem um Restbestände des erfolgreichen ›Paläoloxodon antiquus‹, des sogenannten prähistorischen Waldelefanten gehandelt haben, der vor rund 70 000 Jahren, als die Gletscher der letzten Eiszeit vorrückten, mit anderen Rüsseltierarten und Großsäugern vom europäischen Kontinent verschwand.

Besonders interessante Aufschlüsse über den Entwicklungsprozeß von Zwergelefanten brachten Anfang der siebziger Jahre die Ausgrabungen auf der Insel Tilos. In den Ablagerungen einer heute 120 m über dem Meeresspiegel liegenden Höhle fanden sich neben Überresten anderer längst ausgestorbener Tiere zahlreiche Knochen zweier Formen von Zwergelefanten verschiedener Altersstufen sowie kleine Stoßzähne. Auch einige nur 4 cm lange und 1 cm dicke embryonale Stoßzahnansätze waren darunter – ein besonders ungewöhnlicher Fund.

Die oberen, jüngeren Ablagerungsschichten bargen die Überreste einer sehr kleinen Zwergform, der Art ›Paläoloxodon falconeri‹, die eine Schulterhöhe von etwa 1,20 m aufwies. Eine Radiokarbondatierung ergab ein Alter der Knochen von etwa 4500 Jahren. In den tieferen, älteren Sinterablagerungen fanden sich die Überreste einer erheblich größeren Zwergform des Elefanten, die nach wissenschaftlicher Datie-

Auf heutigen Urlaubsinseln im Mittelmeer lebten in prähistorischer Zeit Zwergelefanten. Die letzten Mini-Dickhäuter starben vor rund 4500 Jahren aus.

Skelettabgüsse von Zwergelefanten, deren Überreste 1958/60 neben vielen anderen Fossilien in der Höhle von Spinagallo bei Syracus, Sizilien, gefunden wurden. Es sind Skelette von ausgewachsenen Tieren, eines Bullen und einer Kuh.
Senckenberg-Museum, Frankfurt

rung vor rund 45 000 Jahren lebte. Die besonders kleine Zwergform dürfte also das Endergebnis eines Anpassungsprozesses an zunehmend schlechtere Umweltbedingungen gewesen sein.

Die letzten der besonders kleinwüchsigen Zwergelefanten sind vor etwa 4000 Jahren ausgestorben. Ihren Untergang kann eine Klimaverschlechterung bewirkt haben, eine Trockenperiode im Mittelmeerraum. Auch Seuchentod ist möglich – oder Ausrottung durch den Menschen, der in den etwas jüngeren Ablagerungen der Fundstelle von Tilos seine Spuren hinterließ: Steingeräte und grobe Tonscherben, die der Bronzezeit zugerechnet werden.

Zwergformen von Rüsseltierarten entwickelten sich auch in anderen Inselbereichen der Erde, die während der Absenkung des Meeresspiegels in Kältephasen mit dem Festland verbunden waren und in Zwischeneiszeiten durch die ansteigenden Fluten isoliert wurden. So fand man unter anderem auf der indonesischen Insel Celebes Überreste von Zwergelefanten. Auf der Insel Santa Rosa vor der kalifornischen Küste wurde ein vollständig erhaltenes Skelett eines Zwergmammuts in einer wegbrechenden Küstendüne gefunden. Das Tier hatte eine Schulterhöhe von nur etwa 1,70 m. Santa Rosa war während einer Absenkung des Meeresspiegels in der letzten Eiszeit mit dem Festland verbunden gewesen.

Zu den Forschern, die Fossilien auf Malta entdeckten und studierten, zählte der englische Chirurg Andrew Leith Adams. In seinen ›Notes of an Naturalist in the Nile Valley and Malta‹ hat er auf einer Tafel das Erscheinungsbild der heute allesamt ausgestorbenen prähistorischen Inseltiere anschaulich zu machen versucht. Sie zeigt:
1) Paläoloxodon mnaidrensis, Schulterhöhe 1,88 m
2) Zwergelefant Paläoloxodon melitensis, Schulterhöhe 1,38 m
3) Paläoloxodon falconeri, kleinster Zwergelefant mit einer Schulterhöhe von 0,88 m
4) Flußpferd
5) Riesenhaselmaus
6) Schwäne
7) große Süßwasser-Schildkröte

Polyphem, die Bibel und die wahre Natur der Fossilien

Mammutschädel
Musée Nationale d'Histoire Naturelle, Paris

Im elefantenfernen mittelalterlichen Abendland gab es zahlreiche Zufallsfunde von fossilen Mammutüberresten. Das unheimliche, gewaltige Gebein konnten die Finder keinem vertrauten Tier zuordnen.
So wucherten phantastische Geschichten von Riesen, Ungeheuern und Fabelwesen. Tiefgläubig-bibelenge Vorstellungen, die das Alter der Welt nach den alttestamentarischen Geschlechterfolgen bemaßen, ließen ein Denken in geologischen Zeitaltern nicht zu, auch nicht in Gelehrtenstuben.

Schon in frühgeschichtlicher Zeit kannten die Menschen in Erdschichten bewahrte oder versteinerte Überreste von Rüsselriesen. Aber es lag ihnen noch fern, sie als Zeugen für das Leben in vergangenen Erdzeitaltern zu sehen, deren Unendlichkeiten jenseits des Vorstellungsvermögens waren. Zufallsfunde waren Begegnungen mit unerklärlichen Phänomenen, mit dem Unheimlichen. Die alles Maß sprengende Größe der Elefantenschädel, der mächtigen Knochenbalken führte die Phantasie in Zauber-, Geister- und Götterwelten. So entstanden bei den alten Kulturvölkern die bis heute lebendigen Sagen und Legenden um Riesen, Drachen und Fabeltiere.

In der altgriechischen Sagenwelt läßt der nur mit einem Auge auf der Stirn bedachte schreckliche Zyklop Polyphemos in Homers »Odyssee« an eine Besonderheit des Elefantenschädels denken: an das große Nasenloch beim Rüsselansatz, das man mit einiger Phantasie als Augenhöhle deuten könnte. Im 8. Jahrhundert vor unserer Zeitrechnung, als die auf alten Überlieferungen beruhende Heldensage um den Trojanischen Krieg und die abenteuerliche Heimkehr des listigen Odysseus entstand, haben vielleicht fossile Schädel mit dem wunderlichen Stirnloch die Poetenphantasie in die Fabelwelt stirnäugiger Riesen schweifen lassen.

Noch zu Beginn der Neuzeit begleiteten die Geschichten von Riesen und Fabelwesen die Zufallsfunde von Rüsseltier-Überresten. Die massigen Knochen, die Stoßzähne wurden in Raritätenkabinetten der feudalen Landesherren bewahrt und bestaunt. Knochen wurden auch als Glücksbringer oder zur Abwehr böser Geister an Stadttore und Haustüren genagelt. Es waltete viel Aberglaube und religiöse Einfalt.

Die Frage nach dem Alter der Welt, nach der Herkunft der Menschen und der Tiere stellte sich der gläubigen Christenheit nicht; sie war in der Schöpfungsgeschichte der Bibel beantwortet. In England errechnete der 1625 von König Jakob I. zum Erzbischof ernannte Theologe James Ussher sogar den genauen Zeitpunkt der Erschaffung der Welt: das Jahr 4004 v. Chr. In seiner »Weltgeschichte von den Anfängen bis Vespasian« kam er durch schlichtes Addieren der Geschlechterfolgen der Bibel zu dem allgemein anerkannten oberhirtlichen Ergebnis.

Als dann in Gray's Inn Lane bei London neben Mammutknochen auch Steinwerkzeuge vorzeitlicher Menschen gefunden wurden, machte man, um im biblischen Zeitrahmen zu bleiben, das Mammut zu einem Elefanten des Römer-Kaisers Claudius, der einst einen Englandfeldzug unternommen hatte; die Steinwerkzeuge wurden ignoriert ...

In der Schweiz wurden 1577 unter einer Eiche bei Luzern ›Riesengebeine‹ gefunden, die man in der Annahme menschlichen Ursprungs zunächst christlich beerdigen wollte. Man sah jedoch davon ab, als der Arzt Felix Platter nach gründlichem Studium der Gebeine erklärte, es handele sich um die

Der Gesichtssinn (Detail), Bildteppich aus der Serie ›Die Dame mit dem Einhorn‹
Südl. Niederlande, Ende 15. Jh.
370 x 355 cm
Musée Nationale de l'Hôtel de Cluny, Paris

Bis weit ins 19. Jahrhundert hinein geisterte im christlichen Abendland der Glaube an die Existenz des Fabeltieres Einhorn, dem der gewundene Narwalzahn zugeordnet wurde – und auch mancher fossile Mammutstoßzahn. Nach der Sage verliert das Einhorn seine Wildheit, wenn es seinen Kopf einer Jungfrau in den Schoß legt. Daraus wurde in spätmittelalterlichen Darstellungen ein marianisches Symbol der Keuschheit. Pulver von Einhorn-Hörnern sollte gegen Tierbisse und Vergiftungen helfen, vor allem als Aphrodisiakum Wirkung tun. So verwahrten fürstliche Schatzkammern in kostbaren Behältern Narwalzähne, die man für Stirnhörner des Einhorns hielt und die das Zehnfache ihres Gewichts in Gold wert waren. In Apotheken wandelten sich viele fossile Mammutstoßzähne in wundertätige Einhorn-Pülverchen.

Überreste eines 6 m großen Riesen, und einem solchen stand christlicher Totensegen nicht zu …

Es handelte sich um Mammutknochen, wie 200 Jahre später der deutsche Zoologe Friedrich Blumenbach nach Begutachtung des im Luzerner Rathaus bewahrten Fundes feststellte.

Im Frühjahr 1700 wurde bei Cannstadt am Neckar ein ganzer Haufen von Mammutfossilien gefunden, darunter an die 60 Stoßzähne. Der württembergische Herzog Eberhard Ludwig verlangte ein »hochvernünftiges Gutachten« von Gelehrten, wie Herbert Wendt in seiner »Entwicklungsgeschichte der Lebewesen« berichtet, »ob diese Hörner und Beine nur als ein Spiel und Werk der Natur in der Erde gewachsen oder ob sie von lebendigen Tieren im Mutterleib geboren sind oder ob man alles Menschenbeinen zurechnen kann …« Nach drei Jahren Forschung und Gelehrtenstreit verbrannte der Arzt Samuel Kern Stücke von Stoßzähnen und schloß aus dem ›tierischen Gestank‹, daß es sich um organische Reste handeln müsse …

Immerhin fing man im frühen 18. Jahrhundert an, sich um die wahre Natur, um die naturgeschichtliche Aussage der fossilen Funde zu bemühen. Noch ganz im Bann wörtlicher Auslegung bildhafter Bibeltexte glaubte man zunächst, es handele sich um Überreste von Tieren, die bei der Sintflut umgekommen wären. Auch die Existenz des Einhorns frommer Legenden, dem man Stoßzähne von Elefanten zuordnete, wurde nicht in Frage gestellt.

Über die Natur und biologische Einordnung des Mammuts, das die meisten fossilen Spuren hinterließ, herrschte bis Ende des 18. Jahrhunderts Unklarheit. Erst 1799 stellte der deutsche Zoologe Friedrich Blumenbach fest, daß es sich bei dem Mammut um eine besondere, eigenständige Rüsseltierart handelt, die sich von dem in Asien und Afrika lebenden Elefanten unterscheidet. Auf Blumenbach soll die wissenschaftliche Bezeichnung für das Mammut zurückgehen: ›Mammuthus primigenius‹ (erstgeborenes Mammut).

Johan Sluperius, 1572
Kolorierter Holzschnitt
Bibliothèque des Arts Décoratifs, Paris

Aus Homers einäugigem Zyklopen Polyphemos zauberte mittelalterlich-abendländische Phantasie ein besonders abstruses Ungeheuer, das auch als höllischer Beelzebub taugte.

Ausgrabungsfieber in Europa

Die wissenschaftliche Paläontologie, das forschende Bemühen um die Aussage von Fossilien über ferne erdgeschichtliche Entwicklungen, begann erst um die Wende vom 18. zum 19. Jahrhundert. Es entstanden tastende Beschreibungen, die sich noch in biblischen Vorstellungswelten bewegten. Aber ein breites Interesse für die rätselhaften Überreste ausgestorbener Tiere und das wirkliche Alter der Menschen, deren Gebeine oder Werkzeuge man bei den Tierknochen fand, war geweckt. In ganz Europa brach plötzlich Ausgrabungsfieber aus. Schon während der ersten 60 Jahre des 19. Jahrhunderts wurde eine Fülle von fossilen Überresten ausgegraben, so daß die alte wörtliche Auslegung der biblischen Schöpfungsgeschichte ins Wanken geriet. Die Forscher – Zoologen, Prähistoriker und Geologen – begannen zu schwanken zwischen obrigkeitsgenehmer Bibeltreue und den dagegenstehenden neuen Beweisstücken der Ausgrabungen.

Die sogenannte ›Katastrophentheorie‹ des französischen Prähistorikers Georges Cuvier (1769–1832) bot die Möglichkeit, die alte Bibelauslegung neuen Erkenntnissen etwas anzupassen. Danach soll das Leben auf der Erde durch eine Abfolge von Katastrophen immer wieder vernichtet und anschließend neugeschaffen worden sein. Nach der letzten Katastrophe, der Sintflut, seien der Mensch und die jetzt lebenden Tiere entstanden ... Das entrückte den Menschen den fernen, ›vorsintflutlichen‹ Erdzeitaltern der ausgestorbenen Tiere und wahrte seine biblische Sonderstellung in der Schöpfung. In England wurde die ›Katastrophentheorie‹ unter anderem vom Geologieprofessor William Buckland (1784–1856) in Oxford vertreten.

Im Jahr 1823 fand Buckland in einer Höhle in Paviland (Wales) menschliche Gebeine neben Überresten von Mammuts, Wollnashörnern, Höhlenlöwen usw. Da die menschlichen Gebeine mit rotem Ocker bemalt waren, wurden sie einer Frau zugesprochen, die man die ›Red Lady‹ nannte (es waren Knochen eines Mannes). Bibeltreu verkündete Buckland, die Frau habe nicht in der gleichen Zeit wie die ausgestorbenen ›vorsintflutlichen‹ Tiere gelebt; und da sich in der Nähe einst ein römisches Heerlager befunden hatte, wurde die ›Red Lady‹ kurzerhand als Lagerdirne der römischen Legionäre ausgewiesen.

Einen entscheidenden Schritt voran brachten die junge Paläontologie die Ausgrabungen und Fundanalysen des Pioniers der französischen Vorgeschichtsforschung, Boucher de Perthes (1788–1868). Bei Abbeville an der Somme stieß er in Kies- und Sandablagerungen auf zahlreiche Überreste von Mammuts und anderen urzeitlichen Großtieren sowie auf Steinwerkzeuge von Menschen. Boucher erkannte, daß die Menschen schon zu Zeiten der Mammuts gelebt haben mußten und möglicherweise diese Riesentiere auch schon gejagt hatten. Die Aussage brachte ihm von den Zeitgenossen nur Hohn und Spott ein. Er vertrat seine Meinung indes weiter in einer fünfbändigen Abhandlung »De la création: essai sur l'origine et la progression des êtres«. Nach jahrelanger weiterer Ablehnung wurden 1859 seine Erkenntnisse von französischen und englischen Naturwissenschaftlern bestätigt. Es begann die wissenschaftliche Erforschung der Altsteinzeit.

Einen bildhaften Beleg für Bouchers Erkenntnisse brachte ein sensationeller Fund in den ›Cavernes de la Madeleine‹ im Département Dordogne, wo auch an vielen anderen Plätzen fossile Überreste aus der Altsteinzeit ausgegraben wurden. Zwischen Knochen und Steingeräten fand sich ein Stück Mammutzahn mit feiner Umrißzeichnung eines Mammuts mit typischem Nackenbuckel. Die lebensnahe Darstellung zeigt, daß Rüsselriesen dem Steinzeitkünstler vertraute Tiere waren.

Auch in der Nähe des mährischen Dorfes Predmost wurden Mitte des 19. Jahrhunderts unter einem Lehmhügel Massen von Mammutüberresten und Menschenknochen gefunden. Der Wiener Prähistoriker Heinrich Wankel und die Geologen der Brünner Akademie waren sich sicher, auf ein Lager steinzeitlicher Mammutjäger gestoßen zu sein.

Baron Georges von Cuvier
um 1850, nach einem Gemälde aus dem Jahre 1826 von Nicolas Jacques (1780–1844)
Stahlstich

Der Franzose Georges Cuvier (1769–1832) zählt zu den Pionieren der Paläontologie, der wissenschaftlichen Fossilienforschung. Er betrieb vergleichende anatomische Studien an lebenden Tieren und fossilen Skeletten, Knochenresten. Aus Tausenden von Einzelknochen setzte er urzeitliche Lebewesen zusammen. Er ist der Begründer der ›Katastrophentheorie‹.

Bei den archäologischen Ausgrabungen im 19. Jahrhundert wurde noch sehr robust und amateurhaft vorgegangen, wobei viel zerstört wurde. Die Darstellung aus dem Jahr 1835 zeigt die Bergung des berühmten Deinotherium-Schädels von Eppelsheim. Der Leiter der Grabung, J. J. Kaup, achtet in der Grube auf behutsamen Umgang mit dem Urzeitgebein.

Darwins Erkenntnisse begegnete zunächst herbe Ablehnung und bissiger Spott. Man unterstellte ihm in Fehlinterpretation seiner Evolutionstheorie, daß er die Abstammung des Menschen vom Affen postuliere. In der Karikatur der Londoner satirischen Zeitschrift ›Punch‹ führt der Evolutionsprozeß des Menschen vom Wurm über den Affen, der seinen Schwanz verliert, zum zeitgenössischen englischen Victorianer. Darwin behauptete nicht, daß der Mensch vom Affen abstamme; er führte die verschiedenen Entwicklungslinien von Menschen und Menschenaffen auf einen gemeinsamen Urvorfahren zurück.

Charles Robert Darwin
Kolorierter Holzstich nach einer Fotografie, um 1865

Charles Robert Darwin (1809–1892), Begründer der Selektionstheorie, der revolutionierenden Lehre vom Ausleseprozeß im Lebenskampf. Seine Abstammungslehre war bahnbrechend für die Vorzeitforschung.

Darwins Abstammungslehre

Neue Horizonte erschloß der Vorzeitforschung die bahnbrechende Abstammungslehre des englischen Biologen Charles Robert Darwin (1809–1892), des Begründers der Evolutionsbiologie. Seine noch heute gültigen Thesen von der Veränderlichkeit der Merkmale der Lebewesen im Wechsel der Umweltverhältnisse und im Ausleseprozeß des Lebenskampfes (struggle for life), der die Lebenstüchtigsten (the fittest) bestehen läßt, revolutionierte die bisherige Weltansicht und die Methoden der prähistorischen Forschung. Darwins 1859 veröffentlichtes Buch »Über den Ursprung der Arten« wirkte wie ein Schock und löste schärfsten Widerspruch aus. Zu fest verankert war in Fachkreisen die Vorstellung von der Unveränderlichkeit der Arten in der Natur, die nun Ergebnis eines langen Evolutionsprozesses sein sollten. Die bürgerliche Welt sah sich in ihrer Bibelgläubigkeit getroffen; sie verwahrte sich gegen den Angriff auf die (biblische) Sonderstellung des Menschen, der nun miteinbezogen wurde in den verkündeten stetigen Evolutionsprozeß aller Lebewesen.

Im Volksbewußtsein änderte sich nur langsam das überkommene, in naiver Bibelauslegung entstandene Bild von der Entstehung der Welt und der Lebensformen. Beharrende Theologie bekämpfte noch bis in unser Jahrhundert den ›Darwinismus‹ und bemaß zum Beispiel das Alter der Menschheit nach der Genealogie der Bibel auf nur rund 6000 Jahre.

Über zahllose Teilaussagen fossiler Überreste verschiedener Rüsseltierarten, die überall in der Welt zuhauf ausgegraben wurden, ordnete sich die Ahnenreihe unserer heute noch lebenden Elefanten, die 50 Jahrmillionen zurückreicht. Kein anderes Tier hat so viele Spuren seiner prähistorischen Körperlichkeit in so dichter, über viele Jahrmillionen reichender Folge hinterlassen und tiefere Einblicke in evolutionäre Abläufe während der erdzeitlichen Unendlichkeiten eröffnet wie der Elefant.

Das Mammut:
der Elefant Europas und Amerikas

Während der letzten Eiszeit war das der Kälte trotzende Wollhaarmammut der Elefant Europas, Sibiriens und Nordamerikas. Die Symbolfigur für animalische Urkraft und perfekte Kältebeherrschung ist Jahrtausende nach dem Aussterben der Art immer noch jedem vertraut.

Bis zu 5 m lang waren die gewaltigen, halbrund eingebogenen Stoßzähne des Wollhaarmammuts, die in Kältezeiten zum Freischürfen von Gräsern und Kräutern aus dem Schnee dienen mochten. Gemälde: Z. Burian

Unsere Steinzeitvorfahren haben den Riesen mit dem rötlichen Zottelfell und den halbrund geschwungenen, mächtigen Stoßzähnen noch gejagt. Zahllose Zufallsfunde seines Gebeins beschäftigten seit Jahrtausenden die Phantasie der Menschen, und immer wieder faszinieren neue Entdeckungen. Von allen ausgestorbenen Rüsseltierarten ist uns auch nur das Mammut in lebensechter Anschaulichkeit und Körperlichkeit erhalten. Anfang des 20. Jahrhunderts gelang es in Sibirien, den bisher am vollständigsten erhaltenen Körper eines Eiszeitriesen zu bergen: das Mammut von Beresowka. Neue Funde in der Tundra ergänzten inzwischen weiter das Wissen um diese Tierart und um die Welt, in der sie lebte.

Nachbildung eines ›Mammuthus primigenius‹
Royal British Columbia Museum, Kanada

Nur der Schädel des Mammuts ragte aus dem Permafrostboden, als die Bergungsexpedition am 14. September 1901 den Fundort am Ufer der Beresowka erreichte.

Die abenteuerliche Bergung des Beresowka-Mammuts

Im Frühjahr 1901 erhielt die Kaiserliche Akademie der Wissenschaften in St. Petersburg die telegrafische Nachricht, daß in Nordsibirien der voll erhaltene Kadaver eines Mammuts gefunden worden sei. Ein Jäger des Lamutenstammes war in der Tundra nahe des nördlichen Polarkreises auf einen Kadaver des Vorzeitriesen gestoßen, dessen Kopf und Rücken aus dem Geröll ragten. Auf solch eine Entdeckung hatten die russischen Zoologen seit Jahren gehofft.

Seit dem 17. Jahrhundert waren Stoßzähne und Knochen, auch teilerhaltene Kadaver, in Fülle gefunden worden. Aber nie war es gelungen, einen ganzen Körper zu bergen. Bevor bei den riesigen Entfernungen Expeditionen an Fundorten eintrafen, waren die durch Erdabbrüche freigelegten Körper zerfallen oder von Wölfen gefressen. Jetzt ermöglichte die Eisenbahn eine schnellere Anreise.

Über dem Mammutkadaver wurde eine Hütte errichtet. Der steinhart gefrorene Boden mußte schichtweise aufgetaut werden, um den Kadaver in Stücken bergen zu können.

Die Akademie setzte sogleich eine Expertengruppe mit Hilfsmannschaft in Marsch: den deutschen Oberpräparator Pfizenmeyer, der, wie viele Deutsche damals, in russischen Diensten war, den Zoologen Dr. Herz und den jungen russischen Geologen Sewastianow. Ende Mai 1901 ging es mit der Eisenbahn nach Irkutsk und von dort aus mit Flußschiffen, Pferde- und Rentiergespannen weiter in die unwirtliche Tundra. Als die Gruppe nach vier Monaten schließlich mit ihrer Ausrüstung am Fundort eintraf, schlug ihr penetranter Aasgeruch entgegen. Es war inzwischen doch Schaden angerichtet worden. Von den freiliegenden Körperteilen des Mammuts, dem Kopf und dem Nackenhöcker hatten Raubtiere die Haut weggefressen. Der Rüssel fehlte und auch ein Stoßzahn; den hatte ein Jäger mitgenommen.

Der Körper des Mammuts war im mehrschichtigen Steilufer der Beresowka, eines Nebenflusses der Kolyma, etwa 30 m über dem Wasserspiegel eingelagert: zuoberst eine etwa 50 cm dicke Erdschicht des Sumpfwaldgeländes, darunter eine mit Eis durchsetzte Ton-Lehm-Schicht und schließlich eine mächtige fossile Eisdecke. Der Dauerfrostboden, ein Gemisch aus tiefgefrorenem Erdreich und eingelagerten Eiskristallen, war hart wie Beton. Drei Wochen dauerten bei einsetzendem sibirischem Winter die komplizierten Bergungsarbeiten, die der Präparator Pfizenmeyer fachmännisch leitete. Der Kadaver mußte zerlegt werden. Stück um Stück wurde mit der Abzugshitze von Kaminen aufgetaut, freigelegt, abgetrennt und dann der Frostkonservierung des sibirischen Winters bei Temperaturen um minus 25 Grad Celsius überlassen.

Etwa 70 cm unter der Erdoberfläche fand man einen abgewinkelten Vorderfuß. Das Tier war wohl in eine erst dünn überwachsene Gletscherspalte gestürzt und hatte vergeblich versucht, freizukommen. Schultern sowie Vorder- und Hinterfüße waren an einigen Stellen abgeschürft; das Becken war zweimal gebrochen. Der Körper trug ein Fell mit 20 bis 30 cm langen rotbraunen Zotteln über dichter Unterwolle. Etwas heller behaart war der Bauch. Der nur 36 cm lange, auch rotbraun behaarte Schwanz endete in einer 30 cm langen Zottelquaste. Auf dem Unterkiefer fanden sich noch Grasteilchen; im Magen wurden sogar 25 Pfund relativ gut erhaltene Futterreste gefunden, die Rückschlüsse erlaubten auf die Vegetation vor einigen zehntausend Jahren. Es handelte sich um Pflanzenarten, die heute noch in Sibirien vorkommen.

Das sehnige, mit Fett durchsetzte Fleisch an Schultern und Leib sah in tiefgefrorenem Zustand so appetitlich nach Rindfleisch aus, daß die Wissenschaftler an eine Kostprobe dachten. Aber aufgetaut wurde es welk und roch widerlich. Man überließ diese Fleischstücke den Hunden, die sie ohne Zaudern fraßen. Russische Kältetechniker meinen, daß tiefgefrorenes Fleisch höchstens zehn Jahre haltbar und genießbar bleibe, Fleisch und

Haut schrumpften dann; das Gewebewasser werde nach außen in Kristallen abgeschieden. Das Fleisch erfahre eine Art Gefriertrocknung, wobei zwar die Struktur erhalten bleibe, aber nicht der wasserabhängige Geschmack ... Man könnte also das in Dauerfrostboden tiefgefrorene Mammut eine ›Eismumie‹ nennen.

Das Skelett und die Haut- und Körperteile wurden in Tierhäute eingenäht und auf Schlitten verladen. Mit Rentieren ging es dann im mühseligen Wintertreck zurück nach Irkutsk, wo ein Kühlwagen bereitstand. Am 18. Februar 1902 traf die Expedition mit der kostbaren Fracht in St. Petersburg ein. Das Skelett wurde in wochenlanger Arbeit zusammengefügt und aufgestellt. Außerdem fertigten Präparatoren in meisterlicher Arbeit eine naturgetreue Nachbildung des Mammuts mit Originalhaut. Fehlende oder zu sehr beschädigte Teile wurden mit anderen sibirischen Fundstücken ersetzt. Das Skelett und die lebensechte Nachbildung des Beresowka-Mammuts stellte man im Zoologischen Museum St. Petersburg aus. Verschiedene Fleischteile und die inneren Organe des Riesen waren auf lange Zeit Gegenstand eingehender wissenschaftlicher Untersuchungen.

Eine lebensechte Nachbildung des Kälbchens mit aufgesetzten rötlichen Zottelhaaren eines Moschusochsen ist im St. Petersburger Zoologischen Museum ausgestellt.

Das Mammutkälbchen Dima wurde 1992 im Rahmen einer steinzeitlichen Wanderschau in europäischen Ländern und in den USA gezeigt.

Das Kälbchen Dima

In jüngster Zeit gab der sibirische Dauerfrostboden auch einen sensationellen Blick in die Mammut-Kinderstube frei. Bei Baggerarbeiten für eine Goldmine stieß man 1977 auf den vollständig erhaltenen Körper eines Mammutkalbes, dessen Alter auf etwa 6 Monate geschätzt wird. Man nannte es Dima. Die Milchstoßzähne des kleinen Tieres waren noch nicht ganz durchgebrochen; die Zottelhaare waren vom Körper weggefault und mußten gesondert aus der Erde geborgen werden. Das Kälbchen, das vor etwa 40 000 Jahren lebte, war in ein Schlammloch gefallen – worauf Schlammspuren im Maul hinwiesen – und dann von Sedimenten begraben worden.

Im Labor des Zoologischen Museums von St. Petersburg (damals noch Leningrad) konservierten Wissenschaftler das Kälbchen in einem Paraffinbad, das auch den Riß festigte, den die Baggerschaufel in den Körper geschrammt hatte. Die inneren Organe wurden dem Körper entnommen und in Alkohol eingelegt.

Im Jahre 1991 unterzogen zwei japanische Anatomen das konservierte Herz des Kälbchens einer genauen radiographischen Untersuchung. Mit Senkrechtschnitten öffneten sie das Herz an einigen Stellen und stellten eine dreidimensionale Rekonstruktion am Tomographen her. Trotz der Gewebeschrumpfung waren die wesentlichen Strukturen im Herzinneren noch gut zu erkennen. Die Untersuchung belegte unter anderem die enge Verwandtschaft des Mammuts mit den asiatischen Elefanten unserer Zeit.

a)

b)

c)

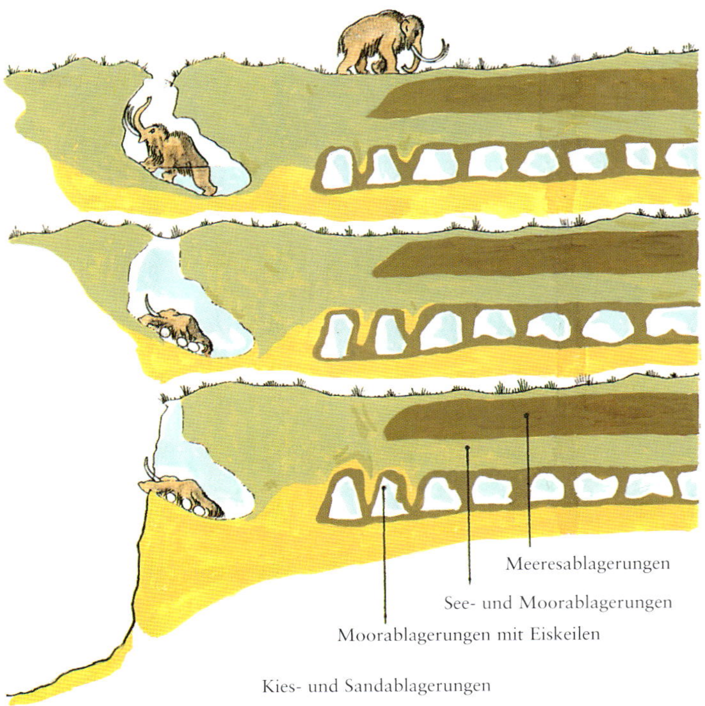

Tod eines Mammuts und Konservierung des Kadavers im sibirischen Permafrostboden:
a) Das Tier ist in eine überfrorene Eisspalte gefallen.
b) Eis und Erdablagerungen füllen allmählich die ›Eisfalle‹ mit dem gefrorenen Kadaver.
c) Ein Fluß hat im Verlauf von Jahrtausenden die Seitenwände des Steilufers abgespült. Der Kadaver wird in der Ufersteilwand sichtbar.

Auch extremer Kälte gewachsen

Das Wollhaarmammut hatte etwa die Größe des asiatischen Elefanten, jedoch einen kürzeren, gedrungeneren Körper. Es gab aber auch Riesen von der Größe des afrikanischen Steppenloxodonten. Kurze Hinterbeine gaben dem Mammut die charakteristische, wie bei einer Giraffe steil abfallende Rückenlinie, die noch unterstrichen wurde durch massige Höcker auf Kopf und Schultern, in denen Fettreserven für nahrungsarme Kältezeiten gespeichert waren. Ähnlich dem Zottelfell des Yaks, der in den zentralasiatischen Steppen und tibetanischen Hochlanden extremen Wetterverhältnissen trotzt, schützte das Mammut ein rötlichbraunes Haarkleid mit 30–40 cm langen Zotteln und einer dichten Unterwolle. Die Haut war wesentlich dicker als die des Elefanten, und darunter saß eine 7 cm dicke Fettschicht. Die Ohren waren klein, was die Wärmeabstrahlung verminderte. Riesenausmaße erreichten manchmal die kreisförmig eingebogenen Stoßzähne der Bullen. So wurde ein Zahn in Sibirien ausgegraben, der längs der äußeren Krümmung 5 m maß. Lamellenbestückung der Backenzähne ermöglichte die Aufbereitung derber, harter Nahrung. So wiesen Mageninhalte von kältekonservierten Kadavern neben Gras und Kräutern auch rauhe Tundragewächse sowie Reste von Birken- und Kiefernastwerk auf. Das Mammut, das riesige Futtermengen benötigte, wich arktischen Wintern aus. Im Spätherbst, während die Herden südwärts zogen, mochten die gewaltigen, spiralenförmig eingebogenen Stoßzähne des Bullen als Schneepflüge dienen, um Futterplätze freizulegen. In wärmeren Jahreszeiten ließen sich mit den Zahnrammen Pfade durch Gestrüpp und Unterholz brechen, wobei der Bulle – wie auch bei Elefantenherden zu beobachten – den nicht so kräftig bezahnten Kühen und Jungtieren den Weg bahnte und Futterzugang verschaffte.

In zentraleuropäischen Bereichen erreichte das Mammut Schulterhöhen von 3–3,50 m. In den rauheren, nahrungsärmeren subarktischen Regionen Nordamerikas und Sibiriens lebte eine etwas kleinere Spezies mit Schulterhöhen um 2,70 m.

Das ›Mammuthus primigenius‹ ist aller Welt vertrautes Symbol perfekter Kältebeherrschung. Bis zu 5 m lang wurden die spiralförmig nach innen gebogenen Stoßzähne des Zottelfell- Riesen, der erst in historischer Zeit, vor etwa 3–4000 Jahren ausstarb.
Gemälde: Z. Burian

»Ein unter der Erde lebendes Wesen«

Die sibirischen Naturvölker kannten seit Jahrtausenden fossile Mammutreste, die Eis und Dauerfrostboden freigaben oder das Meer an den nordöstlichen Küsten freispülte. Die gewaltigen Schädel, Knochen und Körperteile ließen sich nicht einordnen in die Fauna der Umwelt. So geriet das rätselhafte Tier in der von Naturgeistern belebten Vorstellungswelt der Jakuten, Tungusen usw. zu einem Wunderwesen mystischer Bereiche.

Sibirische Fabeln erzählen von einer Art »Ratten, so groß wie Elefanten, die in der Erde leben, und wenn die Luft sie berührt oder das Sonnenlicht sie trifft, so sterben sie sofort.« Kadaverreste waren immer tief unter der Erde gefunden worden, bei Bodenabbrüchen an Ufersteilhängen etwa. Schamanen bezogen das Wundertier ein in ihre Geisterbeschwörungen. Es entstanden Kulthütten, geformt aus Mammutknochen und Stoßzähnen.

Auf sibirische Legenden geht die heute in aller Welt gebrauchte Bezeichnung für den Eiszeitriesen zurück. Das Wort ›Mammut‹ ist zusammengesetzt aus den estnischen Wortstämmen ›Mas‹ = Erde und ›mutt‹ = Maulwurf. Nach ursprünglicher Wortbedeutung heißt Mammut also Erdmaulwurf.

Chinesische Händler, die aus dem unwirtlichen Norden zurückkamen, haben die sibirischen Fabeln auch im Reich der Mitte verbreitet, wo Mammutelfenbein von alters her ein begehrtes Material der Kunsthandwerker war. Eine im 16. Jahrhundert entstandene Naturgeschichte beschreibt das wunderliche Wesen der eisigen Nordregion, ›Tien-schu‹ genannt, entsprechend der sibirischen Legenden, und präzisiert dessen Größe: es sehe aus wie eine Maus, habe aber die Dimension eines Büffels.

In China, das während der Eiszeiten des Pleistozäns von Mammuts bevölkert war, werden seit alters fossile ›Drachenknochen‹ gesammelt und zu medizinischen Pülverchen zerrieben, die gegen allerlei Gebrechen und gegen Impotenz helfen sollen. Es handelt sich dabei um Überreste von Großsäugern wie Mammuts, Wollnashörner, Riesenhirsche usw. und nicht um fossile Überreste von Sauriern der Kreidezeit.

Da manchmal mit den ›Drachenknochen‹ auch Hirschgeweihe gefunden wurden, wird der mythologische Drache, glücksbringendes Wesen in China und seit der Sung-Dynastie (960–1279) auch Symbol kaiserlicher Würde, oft gehörnt dargestellt.

Die Welt der Mammuts, wie sie vor 20 000 Jahren ausgesehen haben mag. Bei kargem Futterangebot durchstreiften kleine Familienverbände die herben Weiten der Tundren.

Begehrte Jagdbeute der Steinzeitmenschen

Den Menschen der Altsteinzeit in Eurasiens unwirtlichen nördlichen Breiten war die Feuerstelle, der ›Herd‹ in den Erd- und Felsunterkünften, Mittelpunkt des Lebens. Die Frauen sammelten Beeren, Wurzeln, Körner und Kräuter; die Männer jagten mit Keulen und primitiven Speeren, die sie mit Knochen- oder geschliffenen Steinspitzen versahen. Auch mit Pfeil und Bogen wußten sie schon recht früh umzugehen. ›Werkstattplätze‹, an denen Gerätschaften zurechtgeschlagen und geschliffen wurden, hat man auf allen Kontinenten gefunden.

Besonders begehrte Jagdbeute war den Steinzeitmenschen während der letzten Eiszeit das Wollhaarmammut. In der gefahrvollen Umwelt, in der auch urzeitliche Raubtiere wie Höhlenbären, Säbelzahntiger und Wölfe mit mörderischen Fängen lauerten, war die Jagd auf den Giganten eine Herausforderung für die ganze Horde.

Die Jagd ordnete sich ein in den natürlichen Prozeß des Werdens und Vergehens der Organismen und Arten. Das unter Lebensgefahr und mit unendlicher Mühsal erlegte Mammut war ein Himmelsgeschenk für die Horde. Die Fleischberge boten für eine Weile Nahrung in solchem Überfluß, daß die beim Festschmaus vollgeschlagenen Leiber wieder über Hungerzeiten kamen.

Aus den weichgeklopften rötlichbraunen Zottelfellen ließen sich Wetterschutz und Fellkleidung fertigen. Die Sehnen dienten als Bindfaden und Zwirn; die Stoßzähne und Knochen ließen sich zu Gerätschaften und Waffen formen oder als Material für Hüttenbau verwerten.

Es war eine grimmige Zeit, die den nördlichen Frühmenschen und den Tieren das Leben schwermachte. Mit Beginn der letzten, der Würm-Eiszeit vor rund 70 000 Jahren breitete sich die arktische Eiskappe über die nördlichen Breiten Eurasiens und Amerikas aus. Die Gletscher, die auch von den Hochalpen ins Flachland leckten, schoben sich von Skandinavien her tief in die norddeutschen Weiten vor. Es herrschten Umweltverhältnisse wie heute in den kargen Tundren und Sumpfwaldgebieten Nordsibiriens.

Nur während des knapp drei Monate, von Ende Mai bis Ende August dauernden Sommers konnten die primitiven Wildbeuter, den Tieren folgend, ihr Lager in eisfreien Regionen aufschlagen. Es gab nur Moose, Gräser und Buschwerk sowie windzerzauste Krüppelkiefern und Zwergbirken, wie heute in Lappland – ein dürftig gedeckter Tisch für die Mammute und die neben ihnen lebenden Wollhaarnashörner, Moschusochsen und Rentiere, die den kleinen, schweifenden Horden der Steinzeitmenschen Lebensgrundlage waren. Im Winter, wenn die Temperaturen absanken und das Land unter einer Schneedecke verschwand, wichen Tier und Mensch in mildere Gebiete südwärts aus.

Das dramatische Ende einer steinzeitlichen Mammutjagd, die freischweifende Künstlerphantasie in eine freundliche, warme Kulturlandschaft projizierte. Das von der ganzen Horde gehetzte, mit Speeren und Pfeilen schwerverletzte Tier ist zusammengebrochen und wird zu Tode gebracht. Es waren wilde und grausame Jagdschlachten.

Die Ahnen des Kälteriesen

Spezialisiert für das Leben in subarktischen Räumen steht das Mammut, dessen Urahnen aus der Wärme Afrikas kamen, am Ende der evolutionären Ausformung einer Sonderart. Durch eine recht dichte Kette fossiler Funde in Mitteleuropa und Nordamerika sind uns die unmittelbaren Vorgänger oder Zwischenformen ihrer Struktur nach bekannt und wissenschaftlich eingeordnet. So bietet der Stammbaum des Kälteriesen besonders interessante Einblicke in jüngere erdgeschichtliche Abläufe.

Der direkte Ahne des Mammuts war der Steppenelefant (Mammuthus trogontherii). Er lebte während der Riß/Würm-Zwischeneiszeit, die vor rund 130 000 Jahren einsetzte und bis zum Beginn der letzten, der Würm-Eiszeit vor etwa 70 000 Jahren dauerte. In Europa und Nordamerika dehnten sich trockene Grassteppen; die jahreszeitlichen Temperaturen waren etwas niedriger als in unserer gemäßigten nördlichen Klimazone heute. Diese herbe Welt bevölkerten nach fossilen Funden (unter anderem in Südhessen bei Darmstadt/Mosbach) neben Tieren gemäßigter Zonen auch schon einige typische Vertreter von Kälteregionen wie Rentiere und Moschusochsen.

Der Steppenelefant war behaart, aber keineswegs schon für subarktische Temperaturen ausgestattet. Er war ein Gigant, viel größer als der heutige afrikanische Steppenloxodont. Wissenschaftler schätzen seine Schulterhöhe auf 4–4,5 m.

Der Steppenelefant war der erste Rüsselriese, der sich bei allmählich kälter werdendem Klima dem kargen Leben in den Steppen Eurasiens und Nordamerikas anpaßte. Er ist der direkte Vorfahre des Mammuts. Die Schädelwölbung erinnert schon an das Mammut, auch die gewaltigen, spiralförmig nach innen gedrehten Stoßzähne des Bullen. Die Kühe hatten kleinere, nur leicht eingebogene Stoßzähne. Der Steppenelefant war ein Riese von Gestalt, viel größer als die heutigen afrikanischen Steppenloxodonten. Gemälde: Z. Burian

Ein ›Archidiscodon imperator‹, dargestellt an einem Flußufer. Ein gut erhaltenes Skelett wurde in Teersümpfen bei Los Angeles gefunden.

Eine Rekonstruktion des ›Kaisermammuts‹, dessen gut erhaltenes Skelett in den Teersümpfen von Rancho la Brea bei Los Angeles mit vielen anderen vorzeitlichen Fossilien gefunden wurde. Der Riese, ein Vertreter der nordamerikanischen Steppenelefanten, hatte eine Schulterhöhe von 4,20 m und 5 m lange Stoßzähne.

Der nordamerikanische Steppenelefant, meist ›Kaisermammut‹ (Mammuthus imperator) genannt, hatte eine Schulterhöhe von 4,20 m. Bis zu 5 m lang waren die gewaltigen Stoßzähne. Die Backenzähne wiesen bereits dichte Lamellenkauflächen auf, was auf zunehmende Spezialisierung für die Aufnahme harter Nahrung schließen läßt.

Die fossilen Überreste des Steppenelefanten zeigen je nach dem Alter der geologischen Schichten, in die sie eingebettet waren, verschiedene evolutionäre Entwicklungsstadien.

Die in alten Schichten lagernden Skelettreste wiesen noch eine größere Nähe zu dem älteren Ahnen des Mammuts auf: zum Südelefanten (Archidiscodon meridionalis), der im Zuge der erdgeschichtlichen Nordwanderung der Rüsseltiere das südliche Europa bevölkerte. Je jünger die geologischen Schichten waren, in denen Überreste des Steppenelefanten lagerten, desto mehr näherte er sich in Einzelheiten seines Körperbaus dem späteren Mammut.

Bedrängende Nahrungskonkurrenz mag den Steppenelefanten immer weiter in kältere nördliche Lebensräume gedrängt haben, wo sich in geologischen Zeiträumen, die in Zehntausenden von Jahren zu bemessen sind, die allmähliche Kälteanpassung und Kälteausstattung des Mammuts entwickelt haben dürfte.

Das Mammut in der Neuen Welt

Der ›Mammuthus columbi‹ (Falconer).
Der Koloß lebte im jüngeren Pleistozän mit Kamelen und Bisons in warmen Savannen des amerikanischen Südostens.
Ein Exemplar wurde bei Melbourne in Florida gefunden. Das Tier hatte eine Schulterhöhe von 3,70 m und eigenartig eingedrehte Stoßzähne. Gegen Ende des Pleistozäns starb der ›Mammuthus columbi‹ aus.
Gemälde: Z. Burian

In Nordamerika lebte das Mammut schon Zehntausende von Jahren friedlich in den weiten Steppen und Savannen, bevor die ersten Menschen aus Nordasien in die Neue Welt kamen, etwa zwischen 20 000 und 25 000 Jahren vor unserer Zeitrechnung. Amerika besaß keine eigene, originäre Bevölkerung. Wie die Mammuts vor ihnen und die vielen anderen Rüsseltierarten schon Jahrmillionen davor, kamen die Einwanderer über die zeitweise bestehende Landverbindung zwischen der Kamtschatka-Halbinsel und Alaska. Während der strengsten Phasen der erdgeschichtlichen Eiszeiten sank der Meeresspiegel 100 bis 140 m ab; die nur 45 m tiefe und an der engsten Stelle 85 km breite Beringstraße lag dann über Hunderte von Kilometern trocken.

Es waren kleine Menschengruppen nordasiatischer Stämme, aus denen sich später die mongolischen Völker entwickelten, die sich auf die große Wanderung machten. Nach geologischen Forschungen war das Gebiet um die Beringstraße, und in Kanada auch das Yukontal, während der letzten Eiszeit gletscherfrei. Der bis zu den Großen Seen der heutigen USA reichende kanadische Eispanzer ließ breite Korridore frei. Der Durchzug der Einwanderer nach Süden ging relativ rasch vonstatten. Bereits vor 18 000 Jahren lebten indianische Jäger und Sammler in Pennsylvania, wie eine Fundstelle bei Meadowcroft beweist. In Südamerika, in Chile, wurden Höhlen entdeckt, die bereits vor 15 000 Jahren bewohnt waren.

Vom Rand der Eiskappe bei den Großen Seen bis nach Mexiko bevölkerte das Mammut mit anderen steinzeitlichen Großtieren die Weiten der heutigen USA. Auch das Mastodon war noch bis etwa 8000 v. Chr. vertreten. Die Umweltverhältnisse waren relativ günstig. Ohne bedrohliche Feinde konnten sich die Rüsselriesen ungestört und ungefährdet ausbreiten. Überall auf dem Halbkontinent fanden sich Überreste von Mammuts.

Um 12 000 v. Chr. traten die ersten Clovis-Jäger auf, benannt nach einem mexikanischen Dorf, in dem die ersten, die Kulturstufe eines Stammes anzeigenden Steinspitzen für Speere gefunden wurden: lanzenförmige, zwischen 2,5 und 19 cm lange Abschlag-Steinspitzen. Steinspitzen dieser Art wurden auch zwischen fossilen Knochenresten von Mammuts gefunden, die von Jägern verwundet wurden.

Steinmesser und (links unten im Bild) eine typische Abschlag-Steinspitze für einen Speer, die Hauptwaffe der ersten indianischen Mammutjäger, der sogenannten Clovis-Jäger.

Das gewaltige Skelett eines ›Mammuthus imperator‹, eines ›Kaisermammuts‹, aufgestellt im Naturhistorischen Museum von Lincoln, Nebraska.

Der sensationelle Fund ist einer Hühnerschar zu verdanken, die immer wieder in einer Bodensenke Kalk pickte. An der Stelle lagerte, nur von einer dünnen Erdschicht bedeckt, der Haufen riesiger Knochen.

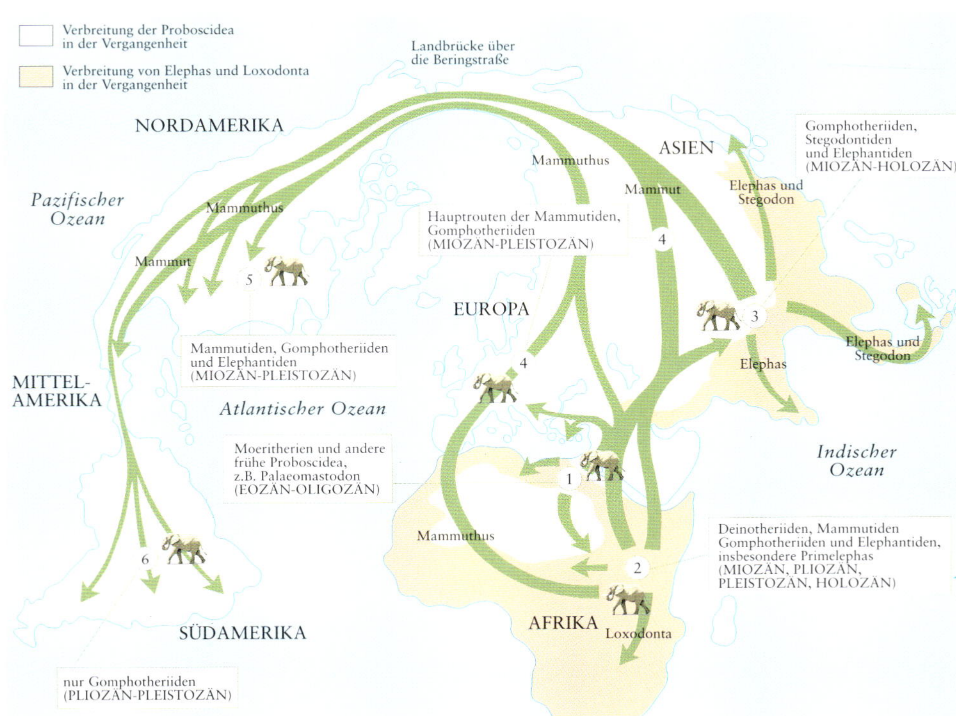

Die Landbrücke über der Beringstraße bestand zwar nur kurz, war aber eine wichtige Verbindung auf der nicht nur (menschliche) Völkerstämme sondern auch das Mammut den Weg in die ›neue Welt‹ fanden. Außer in Australien war das Mammut somit einst auf dem gesamten Festlandgebiet der Erde verbreitet.

Der europäische Homo sapiens betritt die Szene

Mammut, ca. 30 000 Jahre alt
Elfenbein, Länge 4,9 cm
Institut für Urgeschichte, Universität Tübingen

Dieses Elfenbeinfigürchen eines Mammuts wurde 1931 in der ›Vogelherd-Höhle‹ in der Schwäbischen Alb gefunden, 35 km nordöstlich der ›Geißenklösterle-Höhle‹.

Inmitten der letzten Eiszeit vollzog sich auf dem europäischen Kontinent unter bis heute ungeklärten Umständen die Ablösung der altsteinzeitlichen Neandertaler durch einen fortschrittlicheren Menschen. Der Homo sapiens europäischen Typs betrat die Szene.

Es waren die Neandertaler, die während der ersten Hälfte der Würm-Eiszeit, vor etwa 70 000 –27 000 Jahren, in Europa als Jäger und Sammler schweiften und das Mammut hetzten: etwa 1,60 m groß, breit und starkknochig gebaut, der Schädel flachgewölbt, die Stirn niedrig, das Kinn leicht fliehend. Das für sie typische Merkmal der starken, von Knochenleisten gebildeten Augenbrauenwülste teilten sie noch mit älteren Hominiden, dem Homo erectus. Sie gingen leicht vornübergebeugt, wie aus dem etwas nach vorn gerückten Wirbelansatz zu schließen ist. Das Gehirnvolumen entsprach aber schon dem des heutigen Menschen.

Der Name Neandertaler ist abgeleitet vom ›Neandertal‹, einer Flußsenke der Düssel zwischen Düsseldorf und Wuppertal, wo 1856 im Abraum der ›Höhle Feldhofer Kirche‹ das erste bruchstückhafte Skelett des Altsteinzeit-Menschen entdeckt wurde. In der Folge sind überall in Europa (außer England) und auch in vielen anderen Weltregionen Überreste von Neandertalern gefunden worden, die ihre Toten sorglich begruben, oft in den eigenen Höhlenbehausungen. Die interessantesten Aufschlüsse brachten Skelettfunde in Südwestfrankreich, an der Dordogne, wo auch das Mammut reichlich Spuren hinterlassen hat.

Einige zehntausend Jahre lang bevölkerten die Neandertaler in verschiedenen Zweigen unterschiedlicher Entwicklungsformen auch weite Gebiete des Nahen Ostens, Afrikas und Asiens. Vor 35 000–27 000 Jahren verschwanden sie auf bis heute ungeklärte Weise. Der Neandertaler wurde vom ›Cro-Magnon-Menschen‹ verdrängt.

Der neue Menschentyp wurde benannt nach der Höhle Cro-Magnon bei Les Ezyies an der Dordogne, wo 1868 in steinzeitlichen Siedlungsresten zusammen mit Fossilien von Mammuts und Wildpferden fünf menschliche Skelette – drei Männer, eine Frau und ein Fötus – gefunden wurden: Menschen mit schmalem Gesicht, steiler Stirn, schmaler Nase und schlankerem Körperbau; Menschen ohne die besonderen Merkmale des Neandertalers.

Im klimatisch freundlicheren, vom Eis verschonten Raum des heutigen Frankreich erfolgte die Ablösung des Neandertalers so schnell und unvermittelt, daß der neue Menschentyp nicht als evolutionäre Weiterentwicklung des Neandertalers vermutet werden kann. Eine jüngste vergleichende gentechnische Untersuchung von DNA-Ketten neuzeitlicher Menschenrassen und den aus einem Neandertalerknochen isolierten Genen bekräftigt die These, daß es sich beim Neandertaler um einen Sonderzweig der Evolution handelt.

Es bleiben aber Fragen. In den warmen Regionen Vorderasiens und des Nahen Ostens existierten Neandertaler, die sich weniger vom Erscheinungsbild des Homo sapiens unterschieden. So fand man 1957 bei Schanidar im nordirakischen Bergland in einer Höhle ein voll erhaltenes Skelett eines Neandertalers, dessen Knochenwülste über den Augen nur schwach ausgeprägt waren.

In der 8 m tiefen Felsenhöhle ›Geißenklösterle‹ bei Blaubeuren in der Schwäbischen Alb, die Unterschlupf von Steinzeitmenschen war, sind Elfenbein-Tierfigürchen und Schmuckplättchen gefunden worden, die zu den ältesten Zeugnissen menschlichen Kunstbemühens zählen. Die Untersuchung der Knochenkohle des Feuerplatzes nach Radiokarbonmethode ergab ein Alter von etwa 31 000 Jahren. Die minutiösen Ausgrabungen begannen 1974. Die geborgenen Steinwerkzeuge, fossile Überreste von Jagdbeute usw. brachten interessante Einblicke in das Leben vor 30 000 Jahren, als in Südwestdeutschland Mammuts, Wollhaarnashörner und Moschusochsen weideten.

Verbreitung des Inlandeises in Nordeuropa während der Würm-Eiszeit, vor etwa 70 000–27 000 Jahren.

Der Artentod des Mammuts

Dem mysteriösen, fast schlagartigen Verschwinden des altsteinzeitlichen Neandertalers vor etwa 40 000 Jahren folgte mit dem Abklingen der letzten Eiszeit auch das Aussterben des Mammuts in einer nach erdgeschichtlichen Zeitmaßstäben recht kurzen Spanne – und zwar gleichzeitig in Eurasien und in Amerika. Die genauen Ursachen, die zu dem schnellen Verlöschen dieser Spezies geführt haben, sind bis heute noch ungeklärt. Man hat lange angenommen, daß die Eiszeitriesen vor rund 10 000 Jahren ausstarben; sie überlebten aber erheblich länger. Russische und amerikanische Forschungen haben ergeben, daß auf der Wrangel-Insel vor der nordsibirischen Küste noch vor etwa 3000 bis 4000 Jahren eine Mammutrestgruppe lebte. Im äußersten Nordosten Sibiriens und auf der Kamtschatka-Halbinsel, dem letzten Rückzugsgebiet des sibirischen Mammuts, gab es noch vor rund 6000 Jahren einige Herden. Auf dem amerikanischen Kontinent wurden sogar sehr weit südlich, im mexikanischen Hochland bei Santa Isabel Iztapan, fossile Überreste von zwei Mammuts gefunden, zwischen deren Rippen noch Feuerstein-Speerspitzen steckten.

Das Verlöschen der Art dürfte verschiedene Ursachen haben. Abrupte Erwärmung nach der Kälteära der Eiszeit, verbunden mit Veränderungen der Vegetation und damit des Nahrungsangebots, kann die Anpassungsfähigkeit des Mammuts überfordert haben. Tiefenbohrungen im Grönlandeis haben unter anderem ergeben, daß in prähistorischen Zeiten Klimawechsel in sehr schnellen Abläufen erfolgten.

Es ist auch möglich, daß gewaltige Naturkatastrophen, die Großtiere besonders treffen, oder Seuchen zur Ausdünnung der Mammutbestände geführt haben und daß die überlebenden Herden in Sibirien und Nordamerika den immer effektiver werdenden Jagdmethoden der sich schnell vermehrenden Menschen erlegen sind. In Amerika verschwanden Mammuts zuerst aus Regionen, in denen Speerspitzen der schon an anderer Stelle erwähnten ›Clovis- Jäger‹ gefunden wurden.

Artentod ist im Grunde ein normaler Vorgang im erdgeschichtlichen Evolutionsprozeß, wenn er in einem ökologisch intakten System eintritt. Wenn Arten in Fauna und Flora unfähig sind, sich ausreichend schnell Umweltveränderungen anzupassen, wenn sie durch Überspezialisierung anfällig werden und gegen stärkere Konkurrenz versagen, verschwinden sie, und andere Arten treten an ihre Stelle. Erst der die Natur beherrschende moderne Mensch gefährdet die Gesetzlichkeiten der Evolution und des ökologischen Systems.

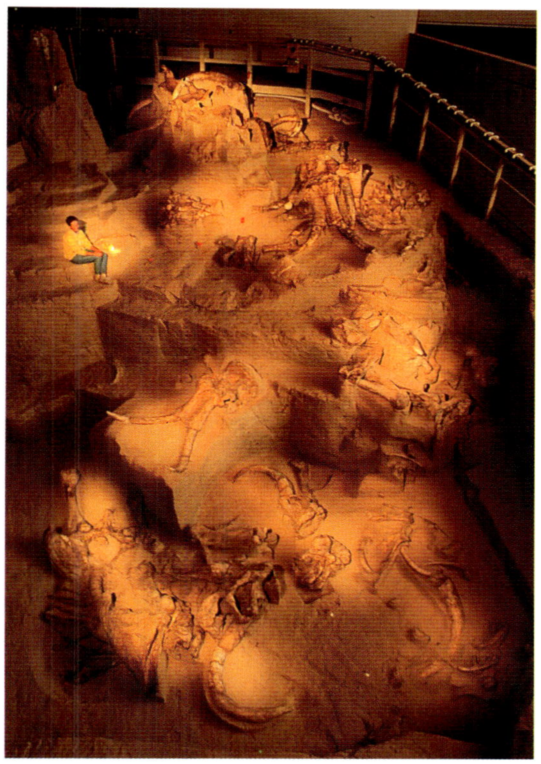

Im amerikanischen Städtchen Hot-Springs (South Dakota) ist 1975 ein Mammut-Massengrab entdeckt worden. In einem großen Einsturztrichter, in dem auch im harten Eiszeitwinter das warme Thermalwasser nicht gefror, wurden Skelette und Stoßzähne von über 40 Mammuts freigelegt. Das lockende warme Quellwasser war den Tieren zum Verhängnis geworden. Es war leicht, die steilen Böschungen hinabzugleiten; aber der Wiederaufstieg gelang den tonnenschweren Kolossen in der glitschigen Senke nicht mehr. Sie ertranken oder verhungerten und wurden schließlich verschüttet. Im Laufe der Jahre füllte sich der riesige Friedhof mit immer neuen Opfern.
Untersuchungen ergaben, daß es sich vor allem um junge, noch unerfahrene Tiere handelte, die die Gefahr verkannten.

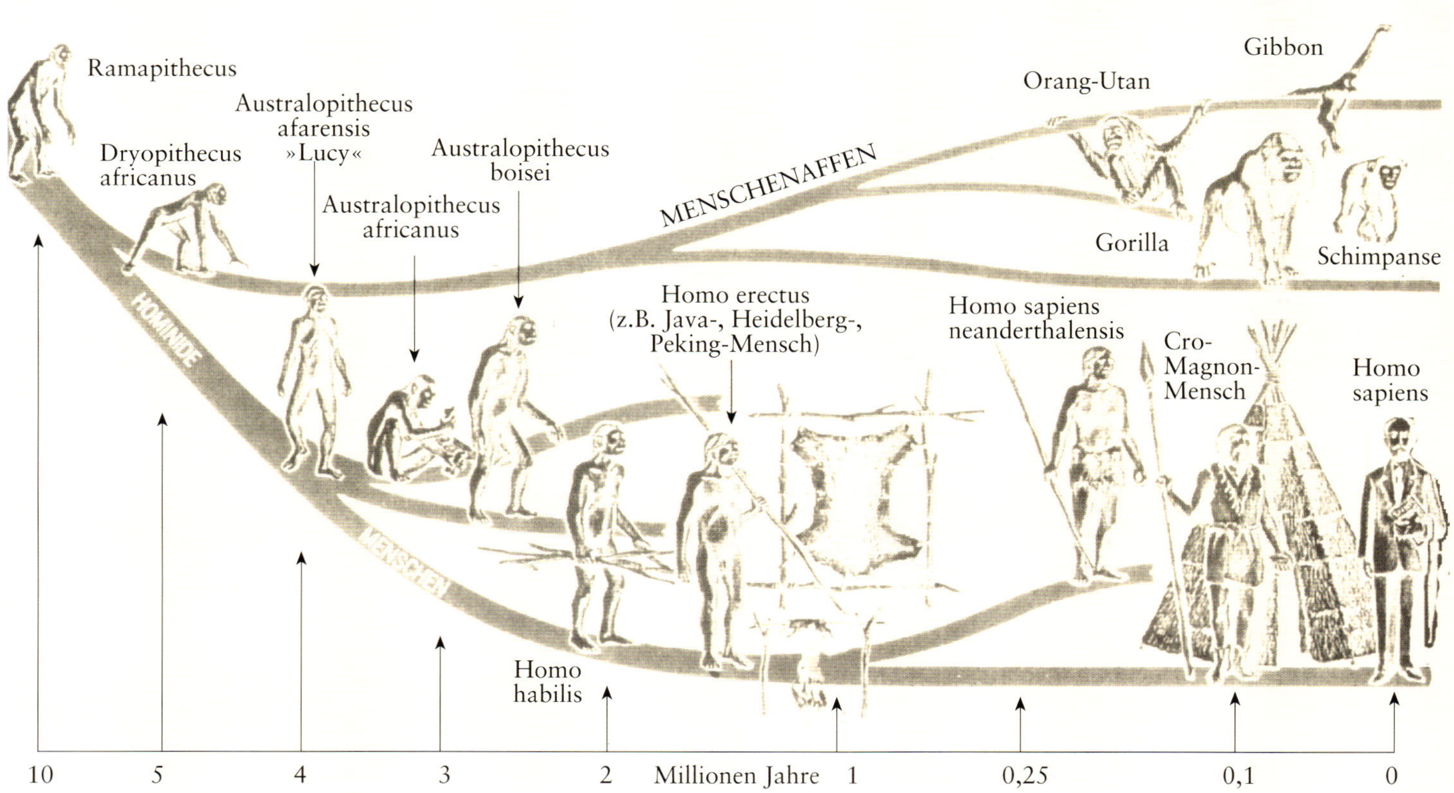

Der Stammbaum der Primaten, der ›Herrentiere‹. Amerikanische Anthropologen schließen aus jüngsten Fossilienfunden, daß die Entwicklungslinien zum Menschen und zu den Menschenaffen erst vor viel kürzerer Zeit auseinanderliefen, als bisher angenommen wurde.

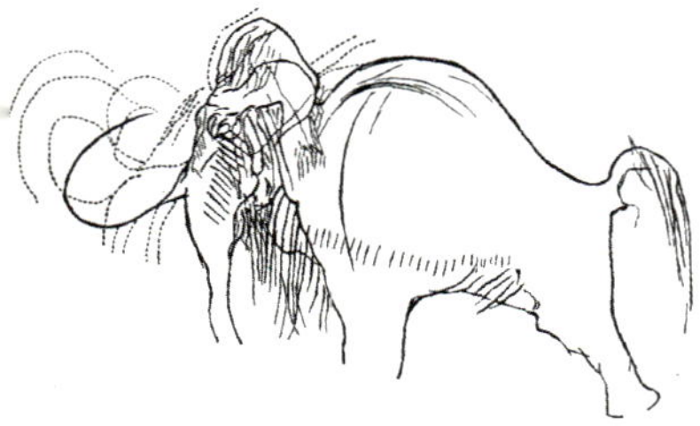

Mammut, ca. 15 000 Jahre alt
Nachzeichnung einer Felsgravierung
Höhle von Font-de-Gaumes, an der Dordogne

Diese Darstellung eines Mammuts hat man in einer Höhle bei dem Dorf Les Eyzies an der Dordogne im Südwesten Frankreichs gefunden. Rüssel und Stoßzähne sind sorgfältig ausgeführt.

Mammut, ca. 12 000 Jahre alt
Felsmalerei
Grotte von Pech Merle, Cabreret

Der Elefant in der Steinzeitkunst

Vor 30 000 Jahren, als der Mensch die Herstellung einfacher Gerätschaften beherrschte und künstlerische Gestaltungskraft zu entfalten begann, waren Rüsselriesen ein immer wiederkehrendes Motiv erstaunlich lebensnaher Tierdarstellungen. Eine Fülle von Funden in Südfrankreich und Nordspanien, wo die Eiszeitkunst eine Hochblüte erreichte, sowie in Nord- und Südafrika, aber auch in den nördlichen Regionen Eurasiens, zeugt von der weltweiten Verbreitung des Elefanten und des Mammuts in der Frühzeit des Menschengeschlechts und vom verblüffenden künstlerischen Zugriff unserer Urahnen.

Die Tiergestalt wurde zunächst im linearen Umriß an den Felswänden der Höhlenbehausungen und Kultgrotten durch Einritzen mit dem Feuersteinstichel oder Meißel festgehalten und meist mit schwarzer Farbe nachgezogen.

Ein Beispiel dafür ist die bei El Catillo in Nordwestspanien entdeckte Umrißzeichnung eines Mammuts, die zu den ältesten Tierdarstellungen der Geschichte zählt. Mit dem Steinmesser wurden Tierbilder auch in Geräte aus Horn, Knochen oder Elfenbein gekerbt und sogar schon halbplastisch oder plastisch herausgearbeitet. Die naturwissenschaftlichen Museen in aller Welt bewahren zahllose Fundstücke aus der ersten Phase der zivilisatorischen Entfaltung des Homo sapiens.

Im Verlauf der zweiten Hälfte der letzten Eiszeit (30 000–10 000 v. Chr.) vollzog sich dann der Übergang zu einer mehr malerischen Darstellung der Tiergestalt. In dieser Periode sind die großartigen Tierbilder und Jagdszenen der Höhlen von Altamira bei Santander in Nordwestspanien und von Lascaux an der französischen Dordogne entstanden – Höhepunkte eiszeitlicher Kunst, die modernen Malern wie Picasso und Franz Marc wesentliche Anregung gaben.

Die eiszeitlichen Künstler benutzten Farbstoffe aus pulverisierten Mineralien: Braun- und Roteisenstein,

Mammut, ca. 11 000 Jahre alt
Nachzeichnung einer Ritzung auf einem Knochenstück
Musée de l'Homme, Paris

Dieses Mammut, in ein Knochenstück geritzt, wurde in der Höhle ›La Madeleine‹ gefunden, die ebenfalls an der Dordogne liegt. Charakteristisch ist der abfallende Mammutrücken.

Fundorte steinzeitlicher Höhlenmalerei und plastischer Tierdarstellung im Südwesten Europas.

Mammut, ca. 12 000 Jahre alt
Rötelzeichnung nach einer Felsmalerei in der Höhle von Pindal, Nordwestspanien

Bei dem weltweit verbreiteten Elefantenbild von Pindal handelt es sich um eine Rötelskizze, die Abbé Breuil von dem 42 x 44 cm großen, nicht mehr gut erhaltenen Felsbild machte. Beim Kopieren markierte er einen ovalen rötlichen Fleck auf der Brust des Elefanten, einen Rest verblichener Farbschattierung oder einer übermalten früheren Darstellung. Er dachte dabei nicht an ein Herz. Als ihm aber ein Elefantenjäger sagte, daß der Fleck das anzuvisierende Tierherz darstellen könnte, machte er sich diese Meinung zu eigen. So entstand durch eine kleine Retusche das berühmte ›Lebkuchenherz‹, das sogar Anlaß gab zu gelehrten Spekulationen über einen möglichen Herzkult der Eiszeitmenschen. In der Höhle von Pindal hält man vergeblich Ausschau nach dem ›süßen‹ Symbol.

Eisenocker und schwarze Manganerde. Auch Kohle und Kalk wurden verwendet. Zubereitete Farbvorräte und Stampfmörser fand man in verschiedenen Höhlen. In Schwarz-Weiß-Technik ist das bei Cabreret im französischen Département Lot entdeckte Felsenbild eines Mammuts gestaltet. In Rotbraun ist das berühmte Bild des ›Elefanten mit dem Herzen‹ ausgeführt, das in einer Felsenhöhle bei Pindal an der nordwestspanischen Atlantikküste entdeckt wurde und das der französische Archäologe Abbé Breuil (1877–1961) weltbekannt machte. Die Gestalt des Dickhäuters ist in genialer Vereinfachung von Meisterhand geschaffen. Mit dem roten Herzen des Elefanten von Pindal, der zahllose Bücher ziert, der auf Schautafeln mancher naturhistorischer Museen prangt und der auch moderner Warenwerbung seine Anziehungskraft leiht, ist es freilich so eine Sache ... (siehe Bildlegende)

Gegenstand bildnerischer Darstellung waren fast ausschließlich Jagdtiere, die Lebensgrundlage der schweifenden Horden: Auerochsen und Rentiere, Hirsche und Nashörner und immer wieder das Mammut. Das Hetzen des Beutetiers schulte das Auge des Jägers für das Wesentliche der Tiergestalt; der Mensch lebte in engster Partnerschaft mit dem Tier. Der Jahreslauf mit seinen wechselnden Lebensformen bestimmte das Weltbild. Die mystisch-religiösen Vorstellungen der Menschen kreisten – bis tief in die historischen Zeiten der Antike – um göttliche, tiermenschliche Wesen. So diente die Darstellung der Tiere und Jagdszenen wohl vorwiegend kultischen Zwecken: dem Jagdzauber oder Versöhnungsriten, die aus dem Skrupel über die Tötung der Tiere erwuchsen, wobei der steinzeitliche Künstler wie der Schamane der Naturvölker der Neuzeit Mittler zur Geisterwelt, zu den in der Unterwelt wiedererstandenen Tieren sein mochte.

Die Legenden, die bis in jüngste Zeit um den Elefanten kreisen, worauf später eingegangen wird, mögen ein Nachklang urzeitlicher mystischer Vorstellungen sein.

Mammut, ca. 17 000 Jahre alt
Felsmalerei
Vallon Pont d'Arc

Die Anatomie des Urzeitriesen

Der Elefant, der Titan der Tierwelt, ist ein Wunder der Natur, seit alters her ungläubig bestaunt wie ein Fabelwesen. Millionen Jahre haben ihn geformt. Ein einzigartiger Körperbau, besondere Intelligenz und erstaunliches Sozialverhalten haben den sanften Koloß zu einem Lebens- und Überlebenskünstler gemacht. Zoologen haben seine Physis eingehend studiert, ohne sie ganz ergründen zu können. Ein Blick auf die Anatomie des Urzeitriesen mag in dieser kulturgeschichtlichen ›Elefantographie‹ dazu beitragen, ihn besser zu verstehen.

Typisch für den Elefanten ist der Rüssel – ein Wunderorgan, in dem Zehntausende von Muskeln zusammenspielen. Der Rüssel ist dem Riesen Hand, Nase, Orientierungshilfe und Waffe in einem; er kann mit Titanenkraft zupacken und im Zoo auch kleine, zugeworfene Geldstücke erkennen, greifen und dem Wärter zureichen.

Bei allen Unterschieden, die Elefant, Wald- und Steppenloxodont in ihrer jeweiligen Anatomie aufweisen: Gemeinsam verkörpern sie ein Urbild der Tierwelt aus einer Zeit, da der Mensch sich noch einfügte in die Natur, bevor er begann, sie sich ›untertan‹ zu machen ...

Nur zwei Arten überleben: Elefant und Loxodont

Asiatische Elefanten (oben und unten) sind erheblich kleiner als ihre afrikanischen Vettern in der Steppe. Sie unterscheiden sich von diesen augenfällig durch ihren gewölbten Rücken, zwei Höcker auf dem kastenförmigen Kopf und kleine Ohren.

Die heute in Asien und Afrika lebenden Elefanten sind nur ein kleiner Rest der vielen Arten von Rüsseltieren, die während Jahrmillionen die Kontinente bevölkerten. Sie sind ein weiter schrumpfender Restbestand einer Elefantenpopulation, die vor 100 Jahren noch Millionen zählte. An die 40 000 mögen es in Asien noch sein und etwa eine halbe Million in den Steppen und Urwäldern des Schwarzen Kontinents.

Ob asiatischer oder afrikanischer Dickhäuter: im allgemeinen Sprachgebrauch sind beide einfach Elefanten. Es handelt sich indes um zwei verschiedene Arten. Die vom griechischen ›Elephas‹ abgeleitete Bezeichnung ›Elefant‹ wird in der Zoologie nur dem asiatischen Zweig zugeordnet. Der wuchtigere afrikanische Vetter wird gesondert als ›Loxodonta‹ (Schrägzahner) ausgewiesen. Die Hauptunterschiede zwischen beiden Arten sind augenfällig:

Der asiatische Elefant (Elephas maximus) hat einen hochgewölbten Rücken, einen kastenförmigen Kopf mit steiler Stirn, recht kleine Ohren und eine relativ glatte Haut, die häufig mit sommersprossenähnlichen Flecken übersät ist. Der Rüssel hat nur einen elastischen Fortsatz oder ›Finger‹.

Der afrikanische Steppenloxodont (Loxodonta africana) hat dagegen einen von den Schultern abfallenden, sattelartigen Rücken, einen langgestreckten Kopf mit etwas fliehender, gerundeter Stirn, gewaltige, fächerförmige Ohren, die Hals und Schulter bedecken, und er ist hochbeiniger, gestreckter. Sein Rüsselende ist mit zwei ›Fingern‹ bestückt.

Augenfällig sind auch die Größenunterschiede. Der Loxodont ist das gewaltigste aller Landtiere. Ausgewachsene, etwa 50jährige Bullen erreichen bei einem Gewicht um 6 Tonnen Schulterhöhen um 3,50 m, gelegentlich sogar 3,75 m und mehr. So wurde 1955 am Kuando-Fluß in der einstigen portugiesischen Kolonie Angola ein Riesenbulle abgeschossen, der eine Schulterhöhe von rund 4 m hatte und an die 10 Tonnen gewogen haben soll. Loxodontenkühe sind kleiner; bei Schulterhöhen um 3 m sind sie etwa 3–4 Tonnen schwer. Asiatische Elefanten sind kleiner. Der Bulle erreicht nur Schulterhöhen von 2,50 m bis allenfalls 3 m. Kühe sind im Schnitt um einen halben Meter kleiner.

Steppenloxodonten sind auch mit mächtigeren Stoßzähnen ausgerüstet als die asiatischen Elefanten. Es wurden schon Zähne eingebracht, die über 2,50 m lang waren und um die 100 kg je Zahn wogen. Das Durchschnittsgewicht der Zähne erwachsener Bullen beläuft sich auf je 50–80 kg. Auch Loxodontenkühe tragen recht ansehnliche Stoßzähne, wenn sie auch nicht wetteifern können mit der Elfenbeinwehr der Bullen. Die asiatischen Elefanten sind bescheidener ausgerüstet. Sie tragen meist nur 40–50 kg schwere Stoßzähne. Weibliche Tiere haben keine Stoßzähne oder nur kurze Ansätze, die kaum die Unterlippe überragen. Eine Besonderheit, jedoch keine Sonderart sind die auf der Insel Ceylon, dem heutigen Sri Lanka, lebenden Elefanten. Dort trägt auch die Mehrzahl der Bullen keine Stoßzähne. Es dürfte sich um das Ergebnis eines Ausleseprozesses in Inselisolierung handeln, bewirkt durch Elfenbeinjäger, die jahrhundertelang Bullen mit besonders großen Stoßzähnen abschossen und als Erbträger ausschalteten.

Eine Unterart des afrikanischen Steppenloxodonten ist der sehr viel kleinere Waldloxodont

Afrikanischer Steppenloxodont an einem Wasserloch. Bis zu 4 m groß und 6 bis 7 Tonnen schwer können die Kolosse werden. Okawango-Delta, Botswana

(Loxodonta africana cyclotis), der die äquatorialen Regenwälder West- und Mittelafrikas bevölkert, vor allem die riesigen Urwald- und Sumpfgebiete des Kongobeckens. Bullen erreichen nur Schulterhöhen von 2–2,40 m. Typisch sind die kleinen, gerundeten Ohren und die dunklere Haut, die auch etwas stärker behaart ist als die des Steppenloxodonten, vor allem an Kinn und Rüssel. Die Stoßzähne, die der Steppenloxodont stolz nach vorn gerichtet trägt, sind bei der Waldspezies dünner, aber besonders stabil und steil nach unten gerichtet, was beim Durchbrechen von Dschungeldickichten dienlicher ist.

Elefant, Steppenloxodont und Waldloxodont unterscheiden sich auch durch eine Besonderheit der Fußstruktur: Der Steppenloxodont hat an den Vorderfüßen je vier und an den Hinterfüßen je drei behornte Zehenstummel (Hufe); der asiatische Elefant und überraschend auch der afrikanische Waldloxodont haben dagegen je fünf an den Vorder- und je vier an den Hinterfüßen. Auch die Oberflächenausformung der Backenzähne, besonders wichtig bei der Abgrenzung von Elefantenarten, ist bei asiatischen und afrikanischen Rüsselriesen unterschiedlich: parallele Lamellen beim asiatischen Elefanten und rautenförmige Lamellen beim afrikanischen Vetter.

Steppen- und Waldloxodonten treten in Randgebieten von Regenwaldzonen manchmal in gemischten Herden auf. Kreuzungen von Elefanten und Loxodonten, die sich in zoologischen Gärten durchaus vertragen, galten bis in jüngste Zeit als nicht möglich. 1978 wurde jedoch im Tierpark von Chester, England, ein asiatisch-afrikanisches Mischlingskälbchen geboren, das aber schon nach 14 Tagen starb. Es handelte sich um eine Frühgeburt (siehe auch Kapitel »Asyl im Zoo«).

Der vertraute und allgemein übliche Sammelbegriff ›Elefant‹ wird weiterhin für die Dickhäuter Asiens und Afrikas verwendet. Von ›Loxodonten‹ wird dagegen die Rede sein, wenn es um zoologische Unterscheidung geht.

Hand, Nase und Radar in einem: der Rüssel

Zehntausende von Muskeln wirken zusammen, wenn der Rüssel, des Elefanten Universalorgan, bei der Nahrungssuche zugreift. Der ›Finger‹ an der Rüsselspitze meistert den zähesten Bambushalm. Die massige, rundgefurchte Röhre dreht und windet sich, wenn Äste zu brechen oder Kräuter zu entwurzeln sind. Mit nach hinten gerollter Rüsselspitze werden Gräser und Astwerk gebündelt und ins Maul geschoben, oder mit der dreieckigen Unterlippe festgehalten, bis die schon kauenden Mahlzähne frei sind und die fleischige Zunge das Bündel nachschieben kann. Der Dickhäuter kann gleichzeitig wandernd äsen, Nahrung mit der Unterlippe festhalten und kauen.

Das wundersamste, für den Elefanten typische Organ ist der Rüssel, der Hand, Nase und Radar in einem ist. Der Riese muß den Kopf nicht senken, um zu erkennen, was zu seinen Füßen liegt oder geschieht. Die feinen Nervensysteme der Rüsselspitze, des fingerartigen Fortsatzes und der zu Röhren verlängerten Nasenöffnungen informieren ihn über Beschaffenheit, Geruch und Genießbarkeit jeden Gegenstandes. Im Zoo erkennt er zwischen zugeworfenen Leckerbissen mühelos das kleinste Geldstück, das er aufnimmt und dem Wärter in die Tasche steckt. Wie die Finger der menschlichen Hand fassen die kleinen Greiforgane an der Rüsselspitze zu: der eine Finger des asiatischen Elefanten und die zwei des afrikanischen Loxodonten.

Beim Rüssel handelt es sich um eine enorme Verlängerung von Oberlippe und Nase, die zu einem Organ verschmolzen sind. Er ist anatomisch ein höchst komplexes Gebilde von übereinanderliegenden, in verschiedenen Richtungen laufenden Muskelschichten und einem feinverzweigten Gerüst von Nervensträngen. Stirn-, Nasen-, Oberlippen- und Wangenmuskeln wirken im Verbund zusammen, was dem Rüssel äußerste Elastizität und Beweglichkeit verleiht.

Dem Elefanten ist der Rüssel vor allem unentbehrliche Hand bei der Nahrungsaufnahme. Er rupft oder entwurzelt damit Grasbüschel, die er mit leicht nach hinten gerollter Rüsselspitze bündelt, durch Schlagen an Beine und Brust von Erde befreit und sie ins verhältnismäßig kleine Maul schiebt, oder sie mit der dreieckigen Unterlippe festhält, bis schon kauende Mahlzähne frei sind und die fleischige Zunge das Bündel nachschieben kann.

Der Riese kann alles gleichzeitig: wandernd äsen, Nahrung mit der Unterlippe festhalten und kauen. Wenn er sich auf die Hinterbeine erhebt, tut er es mit hochgestrecktem Rüssel fast der Giraffe gleich, der die Natur für luftige Futterquellen einen superlangen Hals bescherte. Er erreicht Äste in 5–6 m Höhe.

Trinken kann der Elefant nur mit dem Rüssel. Er saugt das Wasser in die Röhre, die an die 5 Liter faßt, schiebt das Rüsselende tief in den Rachen und spült die Flut in sich hinein. 70–100 Liter braucht er täglich. Ohne Mühe erreicht der Rüssel das Naß von Tümpeln und Rinnsalen in der Steppe. Auch beim Badevergnügen und bei der Staubkosmetik ist er unentbehrlich. An heißen Tagen übersprüht sich der Elefant gern mit kühlenden Wassergüssen, gefolgt von Staubbädern gegen die Insektenplage.

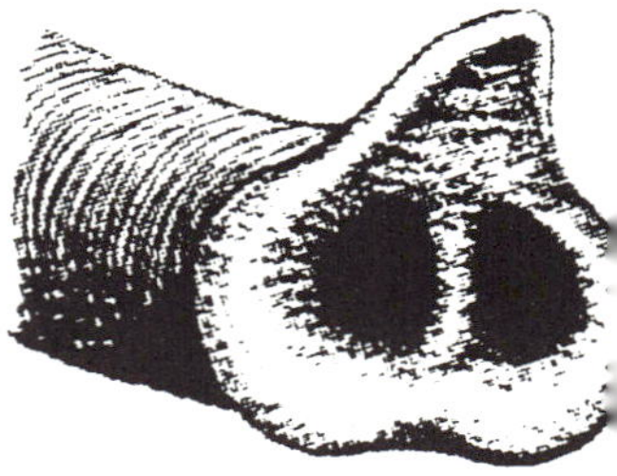

Es wird immer wieder berichtet, daß gehetzte Elefanten manchmal Wasser aus dem Magen würgen und damit den überhitzten Körper kühlen. Skeptiker meinen freilich, daß es sich um ausgepustete Rüssel-Kondensflüssigkeit handelt, die in zoologischen Gärten unliebsam-neckende Besucher wie ein feiner Sprühregen treffen kann. Der Elefantenkenner I. T. Sanderson (geb. 1911) berichtet jedoch, daß ihm selbst zweimal ganz unvermittelt Güsse schmutzigen, mit Futterresten durchsetzten Wassers, das nur aus dem Magen habe kommen können, ins Gesicht gespritzt worden seien.

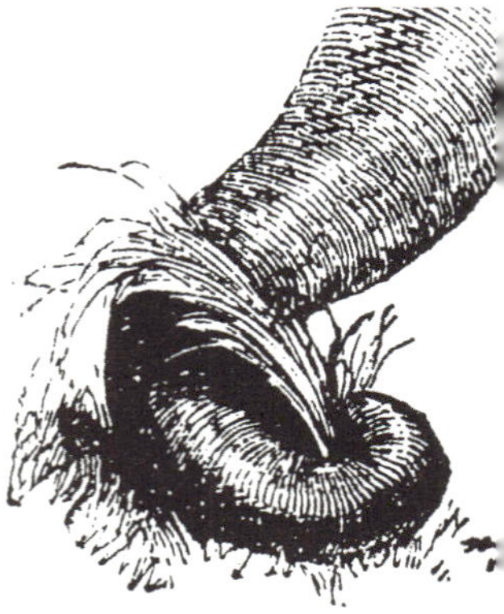

Der Verlust des Rüssels durch Bisse von Krokodilen oder Raubkatzen oder durch grausame Wilderer-Verletzung bedeutet für den Riesen das Todesurteil. Er ist außerstande, mit dem Maul am Boden zu äsen oder zu trinken und an ausreichend Laubwerk zu kommen.

Die Nasenöffnungen am Rüsselende sind ein höchst sensibles Geruchsorgan. Wenn der Elefant in freier Wildbahn mit hocherhobenem Rüssel wie mit einem Radargerät sichernd die Umwelt ortet, kann er 20 km entfernte Wasserstellen ausmachen oder bei Artgenossen den jeweiligen Zustand im Fortpflanzungszyklus von weitem riechen. Es ist der Rüssel, der dem Elefanten bei Nacht sichere Bewegung und Orientierung im Gelände ermög-

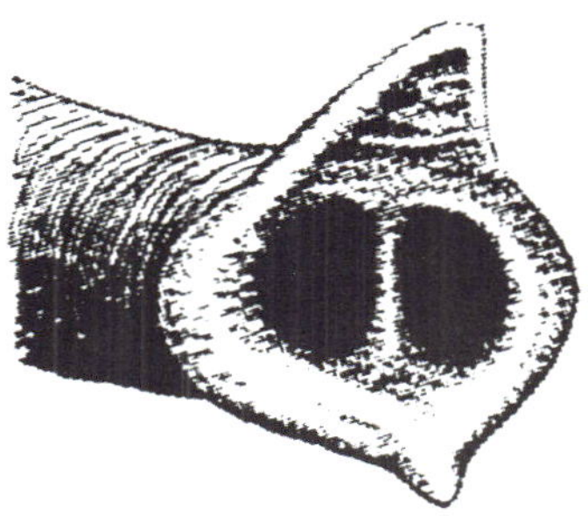

Die Rüssel- oder Nasenöffnung des asiatischen Elefanten mit einem fingerartigen Fortsatz (links) und des afrikanischen Loxodonten mit zwei ›Fingern‹ (oben). Die Feinfühligkeit der kleinen Greiforgane ist vergleichbar mit dem Tastgespür eines Blinden. Sie können dünne Grashalme fassen und rupfen, auf dem Boden liegende kleinste Gegenstände ertasten und aufnehmen, aber auch kräftig zupacken.

Im Ngorongoro-Reservat, Tansania, bedient sich ein Elefant in den höheren Astlagen einer Akazie. Auf die Hinterbeine erhoben, Körper und Rüssel gestreckt, erreicht der Elefant Futterbereiche in 5–6 m Höhe, die sonst nur der mit einem superlangen Hals ausgestatteten Giraffe zugänglich sind.

licht. Seine nicht sonderlich guten Augen sind für die Nacht nicht eingerichtet. Im Herdenverband bewegen sich sogar blinde Tiere mit Rüsselhilfe sicher. Doch das ist ein Feld, auf dem die Wissenschaft noch einiges zu klären hat.

Der Rüssel, dessen Sensibilität Tasthaare am Schaft noch verstärken, ist dem gutmütigen Riesen liebkosende Hand bei der Werbung und ebenso schützende und helfende bei der Betreuung des Nachwuchses, der zuweilen auch derbe Zurechtweisung nötig hat. Der feinfühlige Rüssel ist gleichzeitig ein robuster Greifarm mit Titanenkraft. Der Elefant vermag damit dicke Äste abzureißen oder im Dienst des Menschen ganze Baumstämme zu wuchten. Gereizt oder in Notwehr kann er mit dem Rüssel tödliche Schläge austeilen. Schon manche vorwitzige Raubkatze ist im Dschungel von Elefantenrüsseln gefaßt und zerschmettert worden.

Der kluge Kopf des Riesen

Der Elefant hat einen wuchtigen Kopf mit sehr stabiler Knochenstruktur: kastenförmig mit zwei Stirnhöckern bei der asiatischen Spezies und langgestreckt mit einer Stirnwölbung bei der afrikanischen. Der Rüssel, die schwergewichtigen Stoßzähne sowie die gewaltigen Hals- und Nackenmuskeln bedürfen eines soliden Halts. Der Schädel ist dennoch viel leichter, als es den Anschein hat. Die Hirnschale besteht nicht aus einer massiven Knochenmasse; sie ist durchsetzt mit Hohlräumen, die dem Schädel bei geringem Gewicht das nötige Volumen geben und außerordentliche Stabilität gewährleisten. Eine massive Knochenmasse würde den Kopf zu schwer machen für müheloses Bewegen oder eine unverhältnismäßige Verstärkung der ohnehin schon gewaltigen Halsmuskulatur bedingen.

Der Schädel birgt das größte Gehirn aller Landsäugetiere. Es hat, wie das des Menschen, viele Windungen. Wissenschaftler haben versucht, aus dem Gewichtsverhältnis zwischen dem Neuhirn der Säugetiere und dem ursprünglichen Stamm- oder Althirn der Reptilienphase einen Intelligenzindex zu errechnen. Danach erreichen Wildschweine einen Wert von 14, Paviane von 48, der Elefant von 104, Delphine von 121 und der Mensch von 170. Es ist dies eine recht theoretische Rangordnung, die aber ungefähr mit den Erkenntnissen praktischer Intelligenztests übereinstimmt. Delphine und Elefanten sind sicherlich die intelligentesten Tiere.

Elefanten, die verschieden ›begabt‹ sind wie Menschen auch, haben meist ein ausgezeichnetes Langzeitgedächtnis. Sie erinnern sich manchmal noch nach Jahrzehnten an eine Person, die Versuche mit ihnen durchführte. Gute und üble Erlebnisse bewahren sie über lange Perioden im Gedächtnis, und oft reagieren sie entsprechend, wenn ihnen ein Freund oder Übeltäter wieder begegnet. Bezeichnend ist ein Vorfall, der sich im Dresdner Zoologischen Garten ereignete: Der afrikanische Bulle Jumbo, der mit zwei asiatischen Kühen zusammenlebte, hatte Darmbeschwerden und verweigerte die Nahrungsaufnahme. Nur wenn den Gefährtinnen Leckerbissen angeboten wurden, versuchte er, ihnen diese zu entreißen; gierig verschluckte er eroberte Stücke. Man nutzte seinen Futterneid, um ihm ein bitteres Medikament zu verabreichen. Den Kühen wurde ein Brotkanten, der die verabscheute Medizin barg, so vorgehalten, daß Jumbo zupacken konnte. Prompt stopfte er sich die Beute eilig ins Maul. Zu spät merkte er die Täuschung – und war beleidigt. Der behandelnde Wohltäter wurde ihm zum Feind, der sich fortan nicht mehr blicken lassen durfte. Sah der nachtragende Elefant den Pfleger auch nur aus der Ferne, nahm er mit dem Rüssel Steine auf und warf sie nach ihm.

Das Elefantengehirn wiegt zwischen 5 und 6 kg. Es ist ungefähr vier- bis fünfmal so schwer wie das des Menschen. Gehirn und Körpergewicht stehen im Verhältnis 1 : 800 beim Elefanten, 1 : 50 beim Menschen und 1 : 18 000 beim Wal.

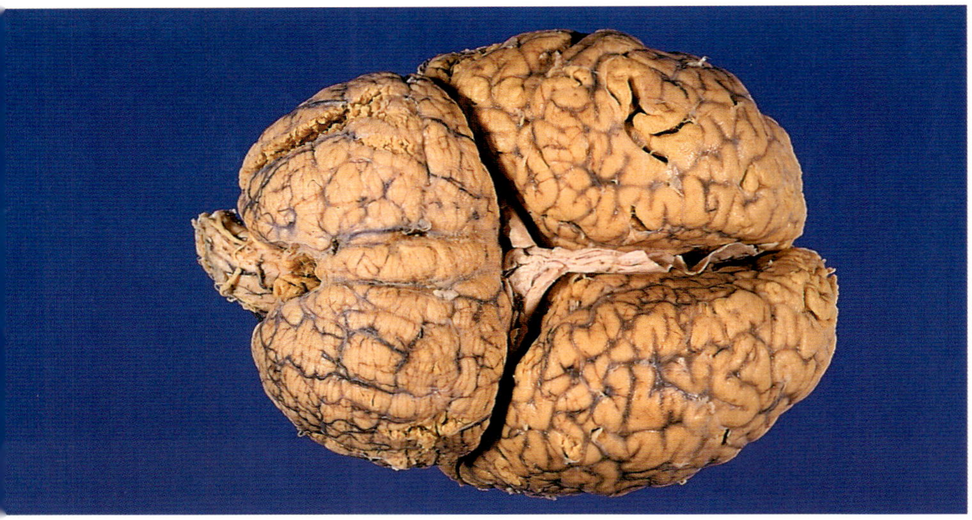

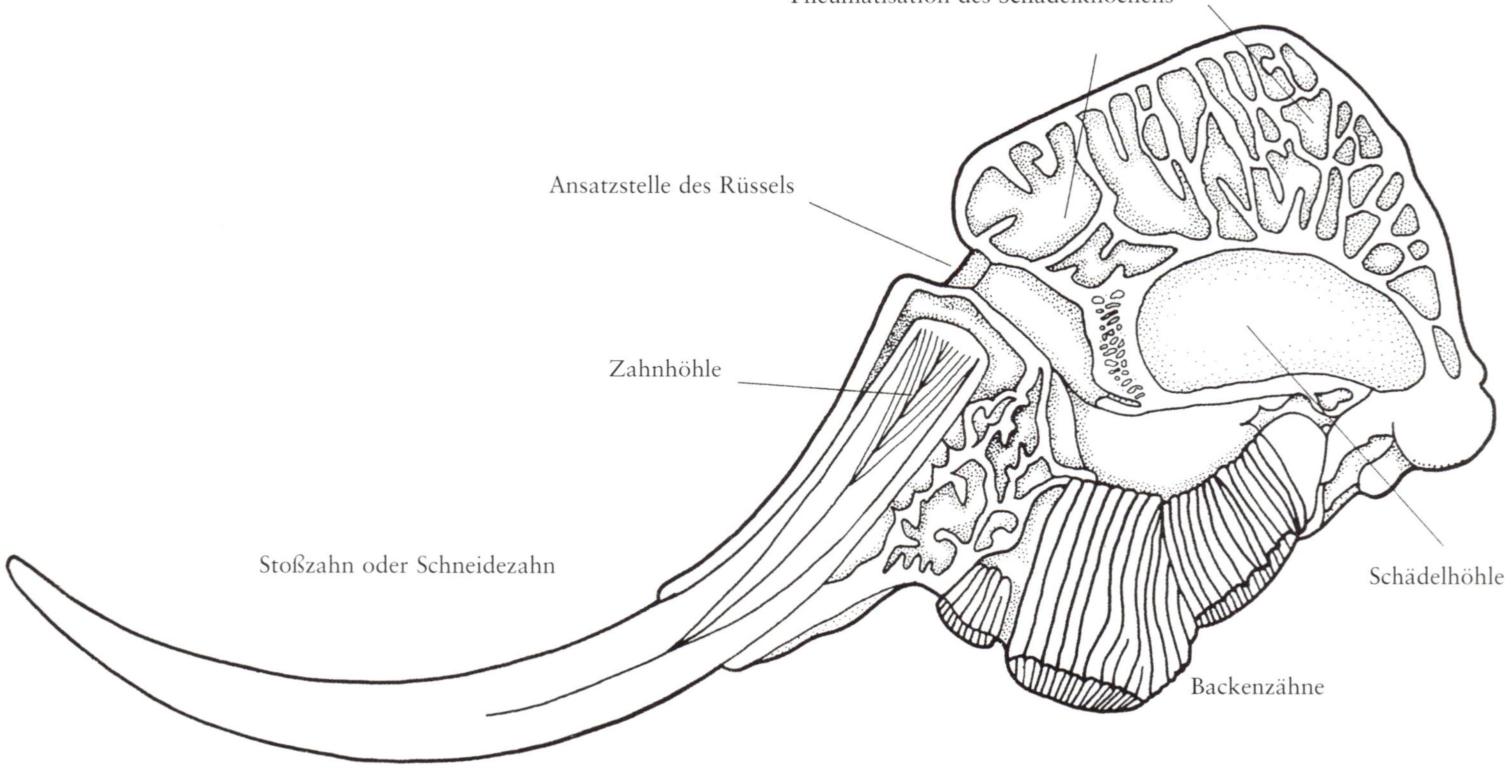

Durch Hohlräume erhält der Elefantenschädel bei vermindertem Gewicht hohe Festigkeit und das nötige Volumen für den Ansatz der mächtigen Rüssel- und Nackenmuskeln.

Des Loxodonten Kühlmaschine: die Riesenohren

Die gewaltigen Klappohren des afrikanischen Elefanten haben mit dem Hörvermögen wenig zu tun. Sie dienen als sehr leistungsfähige Kühleinrichtungen in der Sonnenglut, die Elefanten ziemlich zusetzt. Die ausladenden Ohrlappen sind mit einem dichten Netzwerk von Blutgefäßen überzogen, über die ein rascher Austausch von arteriellem und venösem Blut erfolgt. Wenn sie wie Fächer bewegt oder mit Wasser übersprüht werden, vollzieht sich eine erhebliche Wärmeabgabe. Die Ohren des Steppenloxodonten kommen einem Sechstel der Körperoberfläche gleich. Asiatischen Elefanten und den rundohrigen afrikanischen Waldloxodonten, deren Lebensraum schattige Tropenwälder sind, genügen sehr viel kleinere Ohren.

Der Elefant hört sehr gut, aber in anderen Frequenzbereichen als der Mensch. Während Fledermäuse Töne bis zu 80 000 Hertz, Hunde und Affen bis zu 40 000 und Menschen bis zu 20 000 Hertz wahrnehmen können, liegt nach Versuchen der amerikanischen Universität von Kansas die obere Hörgrenze des indischen Elefanten bereits bei 12 000 Hertz. Elefanten können jedoch Baßtöne in Schwingungsbereichen von 14 bis 16 Hertz hören und erzeugen, die weit unter der menschlichen Hörschwelle von 20 Hertz liegen. Wenn sich Elefanten verständigen und in freier Wildbahn oft über große Entfernungen Verbindung halten, kann der Mensch nicht immer ›mithören‹.

Aus den Ergebnissen von Hör- und Stimmtests schließen Wissenschaftler, daß bei Säugetieren die Hörgrenzen von der Größe des Kopfes, des Resonanzbodens, abhängen. Nach anderen Versuchen scheinen Elefanten unfähig zu sein, die Richtung zu erkennen, aus der Geräusche kommen. So schritten Versuchstiere sogar über verborgene Schallquellen hinweg, ohne sie zu orten. Für präzise Orientierung sorgt verläßlicher der Rüssel. Aber Töne, Tonfolgen oder Rhythmen vermögen Elefanten sehr wohl zu unterscheiden.

Das Gesicht des afrikanischen Loxodonten: die Stirn flach, nach hinten geneigt; das Schädeldach leicht gewölbt; wie Segel gebreitete Riesenohren und ein Rüsselansatz, der urweltliche Kraft ahnen läßt. Krüger-Nationalpark, Südafrika

Die Stoßzähne einer Kuh (links) und eines Bullen

Des Elefanten kostbare Elfenbeinwehr: die Stoßzähne

Die kostbaren Stoßzähne aus Elfenbein, die dem Elefanten seit Jahrtausenden habgierige Verfolgung eingebracht haben, sind enorm verlängerte Schneidezähne des Oberkiefers. Der hohle Schaft, in dem ein Nerv liegt, nimmt etwa ein Drittel der Stoßzahnlänge ein und ist wurzellos im Oberkieferknochen verankert. Bricht ein Zahn bei Überbeanspruchung und wird der Nerv freigelegt, so bereitet das dem Tier heftige Schmerzen, die es gereizt und gefährlich machen können.

Schon bei der Geburt haben Elefantenbabys kleinfingerlange, aus dem ersten Schneidezahnpaar gebildete Milchstoßzähne. Nach etwa einem Jahr werden sie von fortan bleibenden Stoßzähnen aus dem zweiten Schneidezahnpaar abgelöst. Die Stoßzähne wachsen dann lebenslang: bis zu 10 cm jährlich bei männlichen und bis zu 8 cm bei weiblichen Tieren. Das Gewicht je Stoßzahn beträgt bei den männlichen Tieren Afrikas im Schnitt etwa 8 kg während der ›Pubertät‹ und rund 50–80 kg bei 50–60jährigen Bullen. Die Stoßzähne weiblicher Tiere wiegen bei Geschlechtsreife an die 4 kg, am Lebensende 18–20 kg.

Die zwei Stoßzähne eines Elefanten sind meist verschieden geformt, ungleich lang und ungleich beansprucht, je nachdem das Tier ›Rechts-‹ oder ›Linkshänder‹ ist. Beschädigungen werden im ständigen Wachstumsprozeß wieder ausgeglichen. So fand man im Zahn eines afrikanischen Dickhäuters eine völlig umwachsene Speerspitze. Im hohen Alter können die Stoßzähne eines afrikanischen Bullen so wuchtig und schwer werden, daß der sonst hoch getragene Kopf nach unten gedrückt wird. Die schwersten bisher eingebrachten Zähne wogen je über 100 kg. Bei asiatischen und afrikanischen Dickhäutern gibt es auch ›Einzähner‹, sogenannte ›Ganeshas‹. Auch ›Vielzähner‹ kommen bei beiden Arten vor. So wurde 1952 in Uganda ein Loxodont abgeschossen, der auf einer Seite fünf und auf der anderen acht Stoßzähne hatte.

Die Stoßzähne sind dem Elefanten wichtiger als Werkzeug denn als Waffe. Im Zusammenwirken mit dem Rüssel helfen sie, Wurzelwerk freizulegen und in Dürrezeiten Baumrinden aufzureißen; sie unterstützen den Rüssel und die Vorderbeine beim Aufwühlen von Wasserlöchern; sie schaffen Hindernisse aus dem Weg, und sie dienen in Gefangenschaft dem Menschen als Hebearme, die zusammen mit dem Rüssel-Greifarm ganze Baumstämme wuchten können.

Stoßzähne eines Giganten: der eine wiegt 101,9 kg, der andere 96,3 kg. Die stolze Wehr stammt von einem gewaltigen, schon altersschwachen Bullen, der 1899 am Kilimandscharo vom Sklaven eines Suaheli-Händlers erlegt wurde. Die Zähne wurden im Jahr 1900 in Sansibar für 5000 Dollar verkauft.

Die ziegelsteingroßen Backenzähne sind für den Kauprozeß aufgerauht durch Querleisten rautenförmiger Lamellen. Sechsmal erneuern sich die Kauwerkzeuge im Verlauf eines vollen Elefantenlebens. Tsavo-Nationalpark, Kenia

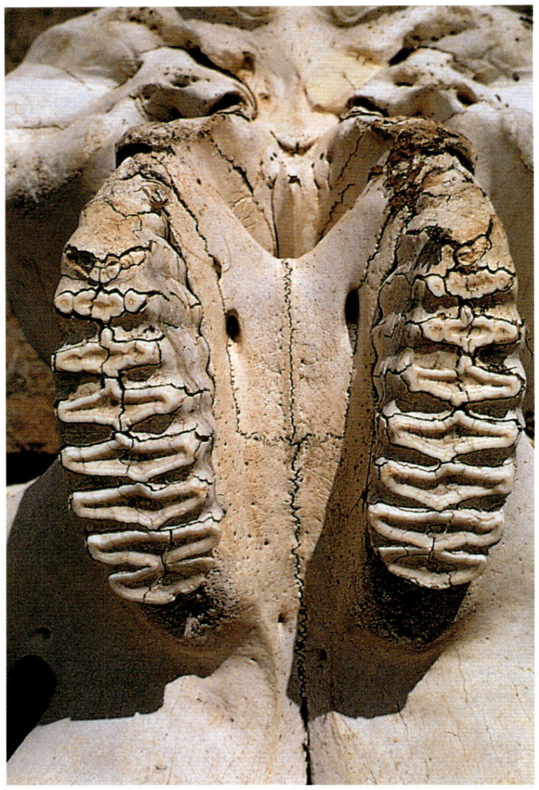

Der geöffnete Mund des Elefanten scheint zu lachen. Die dreieckförmige, geschmeidige Unterlippe mit der auffälligen Randbehaarung nimmt und hält die derbe Pflanzennahrung, die vom Rüssel gereicht wird.

Ziegelsteingroß: die Backenzähne

Die Backenzähne erwachsener Elefanten sind zu mächtigen, bis zu 30 cm langen Platten verschmolzen, deren Oberfläche bei asiatischen Dickhäutern mit parallelen Lamellen aufgerauht ist, bei den afrikanischen Vettern mit rautenförmigen. In jedem der vier Kieferäste sitzt jeweils ein ziegelsteingroßer, 4–4,5 Pfund schwerer Backenzahn. Beim Kauen werden die mächtigen Platten allmählich abgenutzt und langsam nach vorne geschoben, wo sie scheibchenweise abbrechen und schließlich durch die nachrückende Backenzahngarnitur ersetzt werden. Sechsmal erneuert sich während eines Elefantenlebens das wuchtige Mahlwerk, das durch Vor- und Rückschieben des Unterkiefers bewegt wird und das harte Kost wie Wurzeln, Rinde, Äste mühelos zerreibt, wenn auch ziemlich grob und flüchtig.

Schon bei der Geburt haben die Elefantenkälber neben kleinen Milchbackenzähnen den ersten und zweiten richtigen Backenzahn in jedem Kieferast. Der erste Backenzahn fällt bis zum zweiten Lebensjahr aus; der etwas größere zweite im Alter von 3–4 Jahren. Mit der dritten Garnitur kaut der Elefant dann bis zum 10. mit der vierten bis ungefähr zum 25. Lebensjahr. Dann rückt schon der fünfte, vorletzte Plattensatz nach. Im Alter von etwa 45 Jahren folgt schließlich der sechste und letzte Wechsel. Die letzten Backenzähne können an die 20 Jahre halten. Die wenigsten Elefanten erreichen freilich ein solches Alter. Der Ausfall der letzten lebenswichtigen Zahngarnitur kündigt den Alterstod des Riesen an.

Jeder nachrückende Satz von Backenzähnen ist, dem Wachstum entsprechend, ein wenig größer als der ausgeschobene und weist auch mehr Querleisten oder Lamellen auf, die wie Raspeln wirken. So hat beim asiatischen Dickhäuter ein Backenzahn der ersten Garnitur im Schnitt nur 4 Lamellen, eine Platte des letzten Wechsels an die 24. Beim afrikanischen Vetter mehrt sich die Lamellenzahl weniger: von 3 bei der ersten Platte auf etwa 10 bei der letzten.

Die Kauflächen bestehen aus hartem Zahnschmelz; die Zwischenräume füllt weicherer Zahnzement, was ungleichmäßige Abnutzung gewährleistet. Vorgebeugt ist damit einem Glattschleifen der Kauflächen, das die Verarbeitung harter Nahrung unmöglich machen würde.

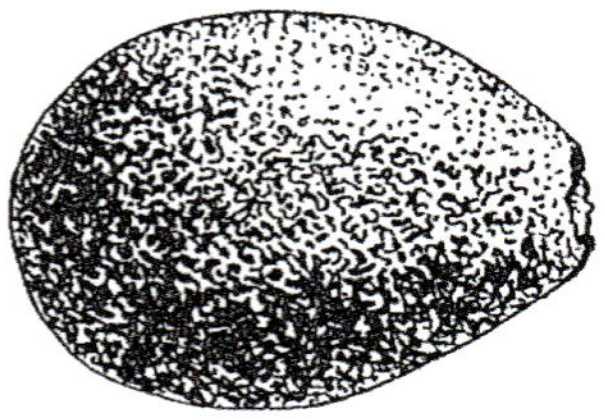

Parinari excelsa – Mampat

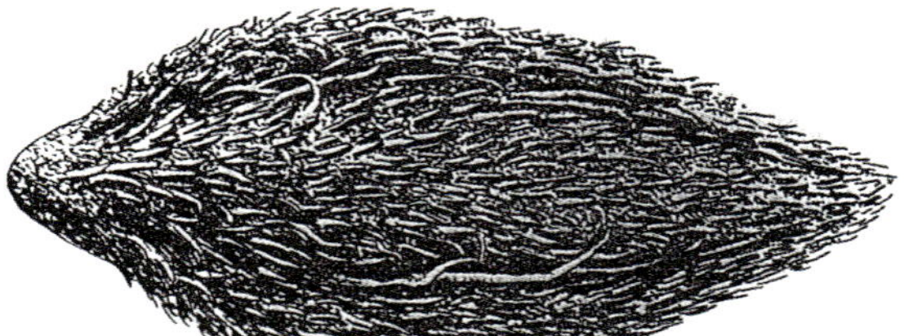

Balanites wilsoniana – Jochblattgewächs

150–170 kg Grünfutter stopft ein grauer Riese täglich in sich hinein. Samburn-Nationalpark, Kenia

Unten: Beispiele einiger Tropenfrüchte aus dem Speisezettel des afrikanischen Elefanten.

Ein schlechter Futterverwerter: der Verdauungstrakt

Der Elefant ist ein gewaltiger Fresser, aber ein schlechter Futterverwerter. 150–170 kg Pflanzennahrung benötigt er täglich. Er hat zwar eine Vorliebe für Beeren und Früchte, aber er ist nicht wählerisch. Alles stopft er flüchtig kauend in sich hinein: Gras und Wurzeln, Steppenheu am Halm und Kräuter aller Art, Buschwerk, Geäst und sogar Dornengestrüpp. Dazu trinkt er 70–150 Liter Wasser täglich. Nach einer Verdauungszeit von etwa 22–46 Stunden verlassen um 60 Prozent der aufgenommenen Nahrung den 35,5 m langen Darm unverdaut. Pferde und Schafe verwerten 60–70 Prozent.

Der Dünndarm des Dickhäuters mißt 25 m, 6,50 m der Dickdarm und 4 m der Enddarm. Anders als Wiederkäuer und Nager hat der Elefant in seinem Verdauungstrakt zu wenig ›symbiontische Bakterien‹: artverschiedene Organismen, die mit zelluloseabbauenden Zellulase-Enzymen bei der Aufschließung der pflanzlichen Zellwände zusammenwirken.

Eine Besonderheit im Verdauungssystem des Elefanten ist der 1,50 m lange Blinddarm, der größer ist als der Magen und in dem sich die Hauptmenge der für die Pflanzenverdauung erforderlichen Bakterien der Darmflora befindet. Im Blinddarm und Dickdarm werden auch Eiweiß, Stärke und Zucker verdaut.

Die zur Hälfte unverdauten Nahrungsreste im Elefantenmist – etwa zwei Zentner täglich – sind ein vorzüglicher Nährboden für die mitausgeschiedenen Baum- und Pflanzensamen sowie für die Eiablagen von Käfern und Insekten, die ihre besondere Funktion haben im Wundergarten der Natur. In neun von zehn Elefantendunghaufen fanden sich bei Tests irgendwelche Samen. So streut der unentwegt wandernde Rüsselriese weithin Aussaat von Gräsern, Kräutern, Büschen und Bäumen.

Die Samen von einigen Bäumen und Lianengewächsen der tropischen Regenwälder scheinen nur von Elefanten weiterverbreitet zu werden. So kommt in Afrika der Makoré-Baum, dessen hartes Rotholz gesuchter Exportartikel ist und den man heute selten findet, nur längs der Elefantenstraßen vor. Bisher wurden Samen der tennisballgroßen, von anderen Tieren verschmähten Früchte des afrikanischen Holzapfel-Baums nur im Elefantenkot gefunden. Elefantenkiefer vermögen selbst die dicksten und härtesten Schalen von Tropenfrüchten aufzubrechen und die Samenkerne freizusetzen.

Panda oleosa – Panda

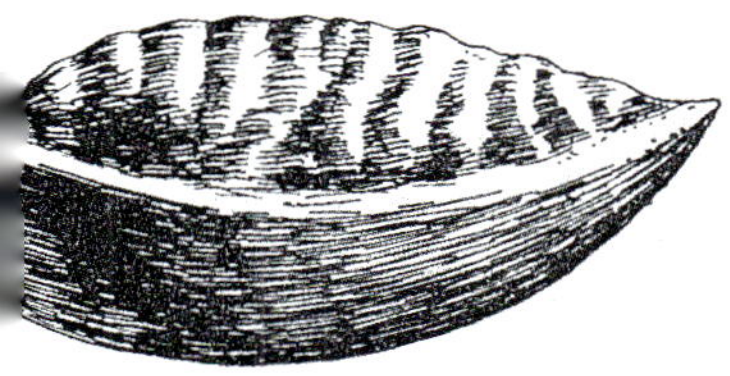

ghemella heckelii – Makoré

Wenn Elefanten in Panik fliehen, können sie über kurze Strecken auch Geschwindigkeiten von bis zu 40 km/h erreichen. Der Kopf wird dann hochgehalten, die Ohren schlappen und der Rüssel schwingt. Auch ein sehr sportlicher Läufer entkäme kaum einem wütend angreifenden Bullen.

Die Säulenbeine

Der junge Dickhäuter hat Mühe, mit dem Rüssel das Naß in einem tiefen Wasserloch zu erreichen. So geht er mit erstaunlicher Beweglichkeit auf die Knie. Die so stelzenhaft steif anmutenden Säulenbeine sind in den Knien beweglich wie die Beine und die anatomisch entsprechenden Arme des Menschen

Der tonnenschwere, von einem wuchtigen Knochengerüst gestützte Körper des Elefanten ruht auf etwas plump wirkenden Säulenbeinen mit breiten Sohlentellern, die weiches, lautloses Auftreten gewährleisten. Das Fußskelett ist schräggestellt; der Dickhäuter bewegt sich elastisch auf Zehenspitzen. Ein Polster aus fetthaltigem Bindegewebe unter der Ferse federt ebenfalls ab und verteilt das lastende Körpergewicht gleichmäßig auf die behornte breite Fußsohle. Messungen haben ergeben, daß ein asiatischer Bulle mit 2,90 m Schulterhöhe und 4200 kg Gewicht jeden Quadratzentimeter der Sohle nur mit 600 g belastet. So kann sich der Elefant sicher in sumpfigem Gelände bewegen. Die Beine des Elefanten sind in den Kniegelenken beweglich wie die des Menschen. Das macht ihn im Berggelände zu einem hervorragenden Kletterer. Schwierigkeiten hat er dagegen beim Abstieg, da die Vorderbeine in der Wegschräge durch die Last der Nackenmuskulatur, des Schädels, des Rüssels und der Stoßzähne besonders beansprucht werden. Der Elefant nimmt Steilabschnitte nach Möglichkeit rutschend. Die schwergewichtigen Riesen sind unfähig zu einem noch so kleinen Sprung. Bereits ein 2 m breiter, tiefer Graben ist ihnen ein unüberwindliches Hindernis.

Afrikanischer Elefant, Botswana
Wie Säulen ragen die hohen Beine des afrikanischen Steppenloxodonten, die ein Körpergewicht von 4–6 Tonnen zu tragen haben. Sie sind geschaffen für gemessenes Schreiten. Wenn die Riesen äsend bummeln, bewegen sie sich mit einer Geschwindigkeit von etwa 4 km/h voran. Steuern sie ein lockendes Ziel an, eine Wasserstelle etwa, dann verfallen sie mit ruhig hängendem Rüssel, angelegten Ohren und wippendem Kopf in einen ›Nickgang‹.

Die Zehennägel am Elefantenfuß sind zu kleinen Hufen ausgebildet. Der afrikanische Loxodont hat an den Vorderfüßen je vier und an den Hinterfüßen je drei Hufe; der asiatische Elefant hat an den Vorderfüßen je fünf Hufe und an den Hinterfüßen je vier.

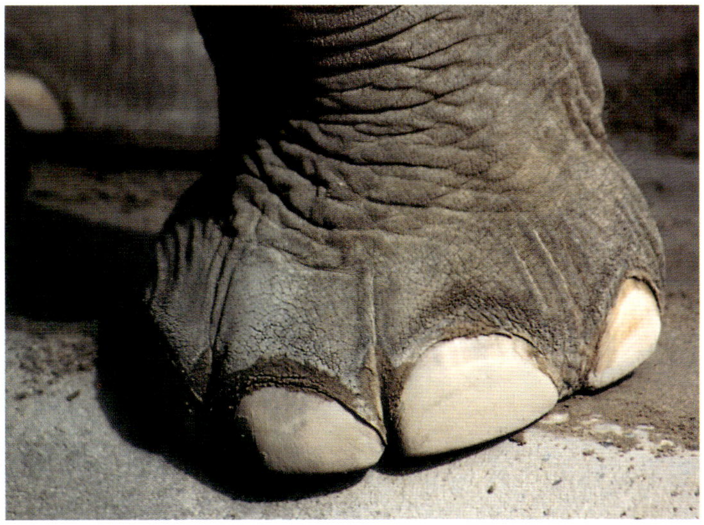

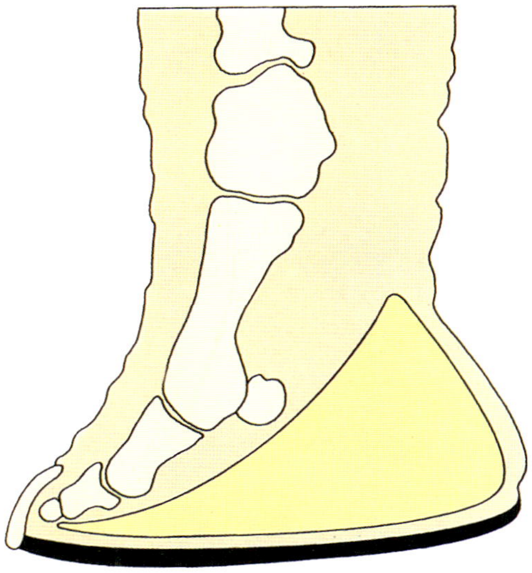

Das Knochengerüst des Elefantenfußes ist schräggestellt. Der Riese bewegt sich auf Zehenspitzen, was geschmeidiges Auftreten ermöglicht. Das fetthaltige Gewebepolster hinter der Ferse verteilt das Körpergewicht gleichmäßig auf die behornte Fußsohle.

Der Schwanz

Die Schwanzquasten von Elefanten in Gefangenschaft sind häufig sehr ausgedünnt, zerrupft und manchmal von rivalisierenden Kühen auch abgebissen. Kälber zerren ebenfalls gern an den Schwanzhaaren von Müttern und ›Tanten‹.

Hut mit Schwanzhaaren
Höhe 55 cm
Privatsammlung

Hut der Mitglieder der Bwani-Gesellschaft, die im Volk der Lega, Kongo-Republik, großen Einfluß hat. Der mit Kauri-Schnecken besetzte Kopfschmuck wird von den Mitgliedern des Bundes immer getragen. Die aufgesetzte Elefantenschwanzquaste weist höchsten Rang aus.

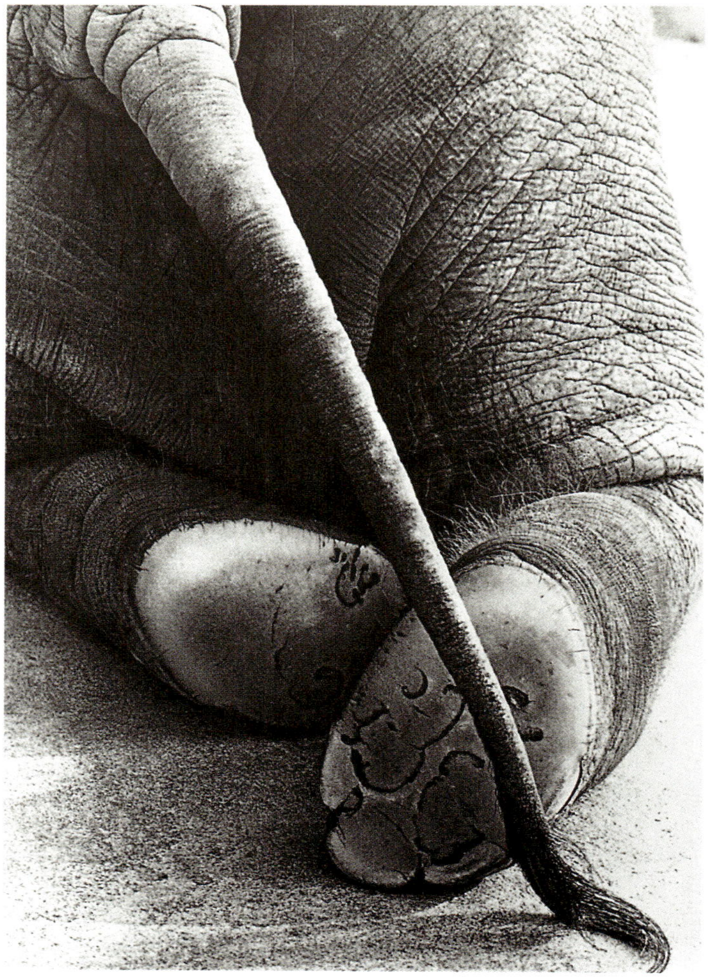

Die kräftige Schwanzwurzel bietet Aufzäumungsgeschirr Halt.

Der Schwanz des Elefanten, die Zierde des gewaltigen, derben Hinterteils, ist fast unbehaart und endet in einem Büschel langer, schwarzer Borstenhaare. Von größerem Nutzen ist der Schwanz dem Tier nicht. Er taugt auch nur schlecht als Fliegenwedel. Wirksamer sind belaubte Zweige, die der Rüssel als Hilfsgerät zu nutzen weiß. Bei afrikanischen Völkern sind die schwarzen Borstenhaare der Schwanzquaste, die auch zu Armbändern geflochten werden, als Liebesamulett sehr geschätzt.

Die Urlandschaft Haut

Jahrmillionen scheinen die tiefen Falten und Runzeln in die Hautlandschaft des gewaltigen afrikanischen Steppenriesen gekerbt zu haben. Die Furchen vergrößern erheblich die Oberfläche der Körperhaut, die die Kühlfunktion der fehlenden Schweißdrüsen – der Elefant kann nicht schwitzen – ersetzen muß. Der weniger dem Sonnenbrand ausgesetzte, in Wäldern beheimatete asiatische Elefant und der dunkler getönte afrikanische Waldloxodont haben einen glatteren Körper.

»Dickhäutig wie ein Elefant«, sagt man leichthin und meint es wörtlich und im übertragenen Sinn. Die Unterstellung derber Robustheit des Körpers wie des Gemüts geht dabei fehl. Die Haut ist zwar entsprechend der Massigkeit des Körpers dick, an manchen Stellen sogar bis zu 4 cm. Aus der Dicke darf aber nicht auf lederartige Unempfindlichkeit geschlossen werden. Die Haut des Elefanten ist sogar sehr empfindlich. Sie kann bei Bremsenstichen bluten. Überdies sind die spärlichen Haare feine Tastorgane. Stechmücken und Fliegen können den Riesen in Harnisch bringen. So ist er stets auf Hautpflege bedacht. Baden ist ihm höchster Genuß, und die Staubduschen gegen die Insektenplage sind ihm unentbehrlich.

Um die Hinterbeine der Tiere hängt die Haut ein wenig in schweren Falten, ›Elefantenhosen‹ genannt, was den gelassen hinschreitenden Philosophen unter den Tieren ein rührend-liebenswertes Aussehen gibt.

In warmen Breiten zu Hause und nur mit einer dünnen Fettschicht unter der Haut ausgestattet, erträgt der Elefant doch auch Kälte. Ohne Schaden zu nehmen, bewegt er sich in kalten Berggebieten. So sind am Kilimandscharo Dickhäuter in Höhen von über 4500 m beobachtet worden, und in den nördlichen Regionen bewegen sich Zirkuselefanten ganz unbekümmert im Schnee.

»Fremdartige, intelligente Geschöpfe, die uns, was Familienzusammenhalt, Loyalität und Liebe betrifft, auf irritierende Weise ähnlich sind ...«
Der Zoologe Jan Dougles-Hamilton konnte Ende der 80er Jahre bei seiner großen Bestandsaufnahme in Afrika das Zusammenleben und Sozialverhalten der Elefanten in vielen Details studieren.

Die ›Umgangssprache‹ der Elefanten

Argwöhnisch, mit warnend ausgestellten Ohren, sichert der graue Koloß, während die Herde ungestörte Badefreuden genießt. Es wird immer Kontakt gehalten. Elefanten verständigen sich auch über weite Entfernungen in Tieftonbereichen, die vom menschlichen Ohr nicht wahrzunehmen sind.

Die Lautäußerungen des Elefanten werden im Kehlkopf erzeugt und im Rüssel durch schwingende Luftsäulen verstärkt und moduliert. Er ›trompetet‹, sagt man, wenn es blechern aus hochgerecktem Rüssel dröhnt. So nennen die Franzosen den Rüssel ›la trompe‹, was unter anderem auch Jagdhorn bedeutet.

Elefanten haben eine recht reiche ›Umgangssprache‹, eine breite Skala von Lauten, die Stimmungen und Empfindungen ausdrücken: schnurrende Freudenlaute, wenn sie Artgenossen begrüßen; tiefrumpelnde Kehlgeräusche, wenn Schmerz sie plagt; leise jammerndes Quieken, wenn sie in Gefangenschaft an Isolierung und Langeweile leiden; zischendes Grollen drückt Unwillen aus. Elefanten können auch recht melodisch flöten oder ›singen‹, wie Betreuer sagen. Dabei mag die schmale, etwa 10–13 cm oberhalb der Rüsselöffnung liegende Querverbindung zwischen den zwei Nasenröhren modulierend mitwirken. Elefanten können bei Lautäußerungen die Rüsselöffnung mit den fingerartigen Fortsätzen ganz oder teilweise verschließen, wodurch die Schwingungen der Luftsäule im Rüssel zu variieren sind. Die genaue Rolle des Rüssels bei der Lauterzeugung ist bis heute nicht eindeutig von der Forschung geklärt.

Das ›Elefantenzittern‹

In diesem Zusammenhang ist das geheimnisvolle ›Elefantenzittern‹ zu erwähnen, über das einst Großwildjäger in Asien manche Gruselgeschichte zu erzählen wußten.

1985 erlebte die amerikanische Zoologin Katy Peyne im Zoo von Portland/Oregon das Phänomen am eigenen Körper. Die kleine Elefantenherde, die sie beobachtete, war nicht ›gesprächig‹; sie hörte kaum Lautäußerungen. Aber dann spürte sie eine merkwürdige ›vibrierende Spannung‹ in der Luft. Peyne, die schon die Verständigung zwischen Walen studiert hatte, führte das Vibrieren zurück auf nicht hörbare Lautäußerungen der Tiere in untersten Schwingungsbereichen, was sie durch Aufnahmen mit einem speziellen Tonband auch belegte.

Im Extremfall können starke Niederfrequenzschwingungen in den vom menschlichen Ohr nicht mehr wahrnehmbaren Tieftonbereichen körperlich spürbar werden. Die alten Geschichten vom unheimlichen ›Elefantenzittern‹, das in kritischen Situationen auch kaltblütigen Jägern Schauer über den Rücken gejagt haben mag, waren nicht immer Jägerlatein.

Freundliche Begegnung und Begrüßung in der Steppe. Elefanten bedienen sich einer breiten Folge von Tönen, um ihre Stimmungen und Empfindungen auszudrücken.

Bullen ›in Musth‹: die rätselhaften Schläfendrüsen

Über dem Jochbogen, zwischen Augen und Ohren, haben Elefantenbullen Drüsen, deren Funktion im Lebensrhythmus noch nicht ganz geklärt ist. Sie scheiden einmal jährlich ein dunkles, öliges, nach Moschus riechendes Sekret aus. Die Drüsen sind entzündet, die Schläfen geschwollen, und es verändert sich in merkwürdiger Weise das Temperament und Verhalten der Tiere: sie sind ›in Musth‹, wie man den geheimnisvollen Zustand nennt, der nach einigen Tagen wieder abklingt, aber auch länger andauern kann. Die Tiere sind nervös, erregbar, unberechenbar und können gefährlich werden.

Musth tritt bei Elefantenbullen etwa drei Jahre nach der Geschlechtsreife auf, die zwischen dem achten und fünfzehnten Lebensjahr erreicht wird. Die Intensität des Drüsenausflusses steigert sich allmählich bis zum vierten Lebensjahrzehnt, um dann wieder abzuklingen. In abgeschwächter Form kann Musth auch bei afrikanischen Kühen (nicht bei asiatischen) auftreten; meist bleibt der Drüsenfluß aber aus. Zoologen vermuten, daß Sekretgeruch bei Kühen in Musth dem Herdenzusammenhalt dient und keineswegs Paarungsbereitschaft ankündigt.

Die geheimnisvolle Drüsenfunktion ordnet sich auf ungeklärte Weise ein in den Geschlechtsrhythmus. Bei einer wissenschaftlichen Untersuchung des Musth-Verhaltens von Arbeitsbullen auf Sri Lanka ergab sich: In einem Vorstadium, das sich durch Anschwellen der Schläfendrüsen ankündigte, zeigten Bullen Hypersexualität mit Erektionen während der Arbeitspausen. Bei dann plötzlich einsetzendem Sekretfluß stieg der Testosteronspiegel rapide an, was auf eine Verstärkung der Virilität hinweist. Es erfolgte andauerndes Harnträufeln. Der Penis blieb im Präputium (Vorhaut).

Während der Hochphase der Musth besteht keine Paarungsmöglichkeit. Die meisten Väter von Elefantennachwuchs in zoologischen Gärten waren noch nicht alt genug, um in Musth gekommen zu sein. Musth sagt also nichts aus über die Zeugungsfähigkeit.

Musth tritt nur bei kräftigen, gut ernährten Tieren auf. Inder halten das Ausbleiben der Musth für ein Zeichen schlechter Gesundheit. Sie verordnen dann Schonung und besondere Kräuterkost.

Nach Beobachtungen kommen Bullen in Freiheit sehr viel später als in Zoos ›in Musth‹. Die amerikanische Zoologin Joyce Poole meinte nach einer Langzeitbeobachtung, daß im kleinen Amboseli-Nationalpark am Kilimandscharo noch kein Bulle unter 30 Lebensjahren einen Fortpflanzungsbeitrag geleistet habe. In Freiheit nehmen heiße Kühe Jungbullen im allgemeinen nicht an, während in Zoos 12–15jährige Bullen Väter wurden.

In freier Wildbahn ist der Geschlechtsrhythmus von Bullen in Musth schwierig zu ergründen. Nach Beobachtungen von Zoologen und Wildhütern folgen in der afrikanischen Steppe Weibchen in Hitze einem Bullen in Musth, dessen Drüsenduft, verändertes Benehmen und besonders tiefe Lautsprache Kraft und Schutz signalisieren. In der Musth-Phase dominieren die Bullen die Herden und zeigen besondere Kampfbereitschaft bei der Abwehr von Rivalen. Paarung erfolgt nach Abklingen der Musth. Es wurde auch beobachtet, daß Musth-Bullen Drüsensekret als Duftmarken an Bäume reiben, um Herrschaftsanspruch zu markieren.

In der Enge und im psychischen Streß von Gefangenschaft zeigen sich Bullen in Musth besonders erregt und unberechenbar; sie vergessen, was ihnen beigebracht wurde, und es kann zu gefährlichen Attacken kommen. Wenn Drüsenfluß sich ankündigt, werden Bullen vorbeugend isoliert und meist angekettet.

Die Fortpflanzungsorgane des Elefanten unterscheiden sich augenfällig von denen anderer Landsäugetiere. Die weibliche Geschlechtsöffnung liegt – wie bei den verwandten Seekühen und anderen Meeressäugern – am Hinterbauch. Die stark entwickelte Klitoris kann bis zu 40 cm lang und wie ein Penis auch versteift werden, was bei Elefanten leicht zur Fehleinschätzung des Geschlechts führt. Bei Bullen liegen die Hoden nicht in einem Hautsack außerhalb des Körpers, sondern tief in der Bauchhöhle. Der leicht S-förmige Penis ist, entsprechend der weiblichen Anatomie, ungewöhnlich lang.

Jungbullen werden zwischen dem achten und fünfzehnten Lebensjahr geschlechtsreif, Elefantenkühe zwischen dem sechsten und achten Lebensjahr, bei schlechter Ernährung später. Alle 3 Wochen wird ein reifes Ei ausgestoßen. Aber hormonelle Vorgänge bewirken, daß die Kuh nur viermal jährlich für jeweils etwa 3–5 Tage in Brunst kommt. Die Tragzeit beträgt 20–22 Monate. Das Elefantenbaby, das bei der Geburt etwa 100 kg wiegt, wird ungefähr 2 Jahre lang gesäugt.

Die Drüsen zwischen Augen und Ohren scheiden jährlich einmal ein öliges, stark riechendes Sekret aus.

Die Paarung ist ein komplizierter Vorgang; er dauert nur etwa 10 bis 15 Sekunden, wird aber mehrfach wiederholt.

Ungewöhnlich lang – über einen Meter – ist der Penis des Bullen, der weiblichen Anatomie entsprechend.

Nur mäßiges Sehvermögen

Das oben abgebildete Auge zeigt eine Besonderheit, die manche Elefanten aufweisen: einen weiß opalisierenden Ring, der die Iris kreisförmig umschließt. Bei einer histologischen Untersuchung stellte 1992 Dr. E. Schäfer vom Institut für Pathologie der Gesellschaft für Strahlen- und Umweltforschung (München) fest, daß es sich um eine ähnliche Ringbildung handelt, wie sie beim alternden Menschen als ›arcus lipoides‹ oder ›Greisenbogen‹ auftreten kann, ohne Beeinträchtigung der Sehfähigkeit.

Die bei der Körpermasse klein wirkenden Augen des Elefanten, die jedoch einen erstaunlich großen Durchmesser von 4 cm haben, blicken unter langen Wimpernbüscheln sanft und ein wenig melancholisch aus Urweltgesichtern. Es können sich in ihnen Gemütsbewegungen ausdrucksstark spiegeln: Angst, Langeweile, Spott, Feindseligkeit und Kampfentschlossenheit. Nie erweckt jedoch der Elefant den Eindruck, als ob er beobachte. Der Rüssel windet und dreht sich; er scheint alles wahrzunehmen, nicht das Auge.

Die Sehfähigkeit des Riesen ist mäßig entwickelt; sie dürfte nach neueren Tests der eines Pferdes nahekommen. Mit halbgeschlossenen Lidern zieht der Elefant durch Steppe und Buschgelände, steuert er auf Bäume zu und greift mit dem Rüssel ohne Sichtkontrolle zielsicher ins Gezweig. Bei Kontrollabschüssen in Wildreservaten stieß man sogar auf erblindete Leitkühe, die offenbar ihre Führungsaufgaben noch voll erfüllt hatten. Bei den nächtlichen Wanderungen der Riesen sind die Augen wenig dienlich.

Die beschränkte Sehkraft der Tiere ermöglicht die Beobachtung der Herden aus nächster Nähe, sofern sorgfältig auf die Windrichtung geachtet wird. Im Nahbereich haben die seitlich am Kopf liegenden Augen einen weit nach hinten reichenden Sehwinkel. Eine zarte Besonderheit in der Anatomie des Urweltriesen: Außer dem oberen und dem unteren Augenlid besitzt der Elefant noch ein drittes, die ›Nickhaut‹, die sich seitlich über die Augäpfel schiebt.

Die sanften melancholischen Augen hinter den langen Wimpernbüscheln sind dem Elefanten nur eine beschränkte Hilfe, wenig dienlich vor allem nachts. Das eigentliche Orientierungsorgan ist der Rüssel, der bei den Wanderungen die Richtung weist und wahrnimmt, was die Augen gar nicht erfassen.

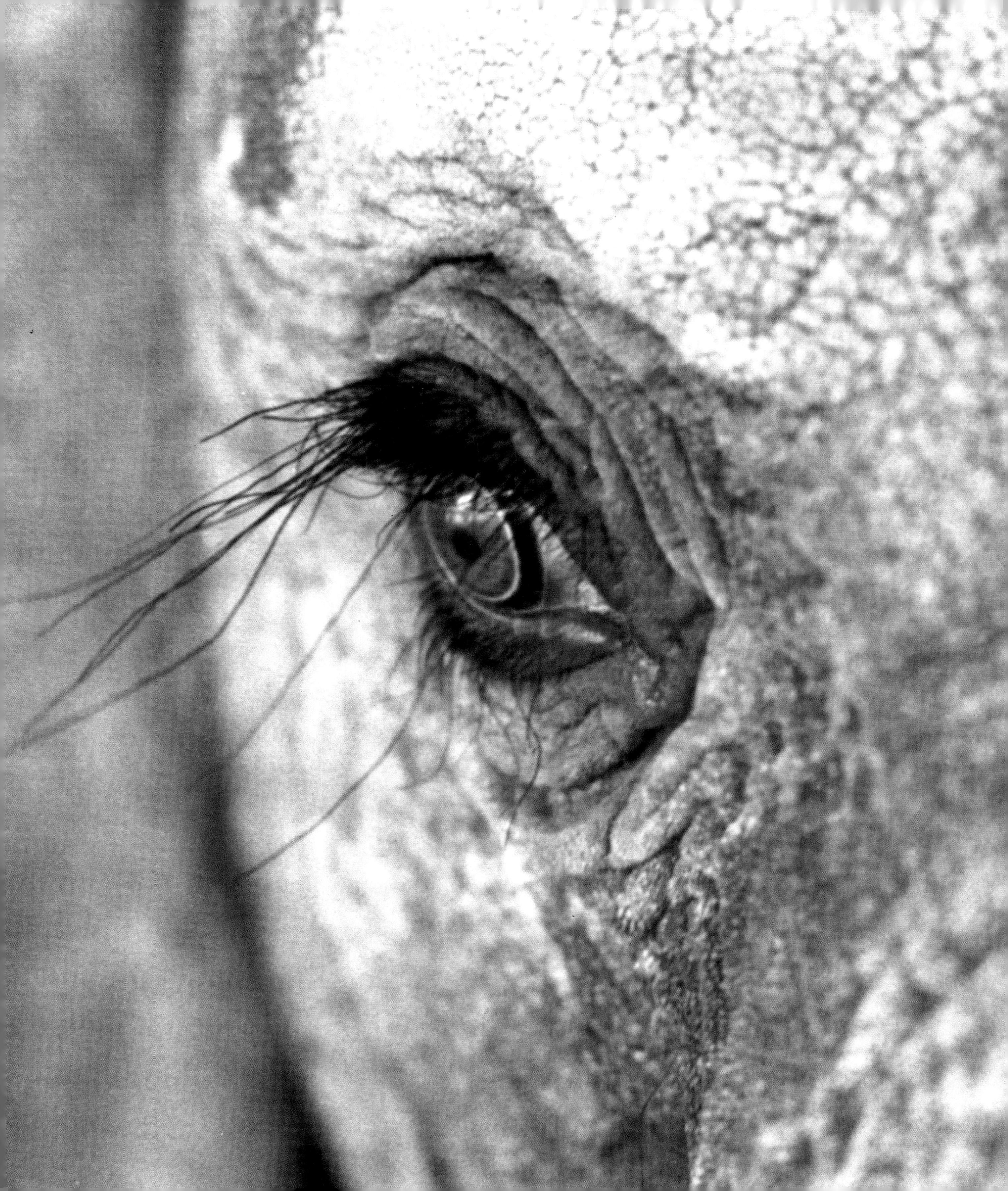

Der Elefant in freier Wildbahn

Ruhepause einer Elefantenfamilie im kleinen, 150 km² umfassenden Amboseli-Nationalpark, Kenia.

Elefanten sind Herdentiere. In freier Wildbahn führen sie ein erstaunlich harmonisches und solidarisches Wanderleben. Die ausgewogene Sozialordnung der Familien- und Sippenverbände ist ohne Beispiel in der Welt der Säugetiere. Mit matriarchalischer Autorität regieren erfahrene Muttertiere. Sie führen, sie beschützen und erziehen den Nachwuchs. Den besten Einblick in den Lebensrhythmus der Rüsseltiere bieten die Herden in den offenen Savannen Ostafrikas, wo der Vegetationszyklus, der Wechsel von Regen- und Dürrezeiten, alljährlich zu großen Wanderbewegungen zwingt. Die Vettern in den Dschungeln und Regenwäldern Asiens sowie die afrikanischen Waldloxodonten führen hinter dem schirmenden grünen Vorhang der Natur ein vergleichbares Familienleben.

Das Elefantenmatriarchat

Das Herdenleben der Elefanten ist matriarchalisch bestimmt. Alle Autorität in der Familie und Sippe liegt bei den erfahrenen, Respekt heischenden und von der Gruppe als Leitkuh akzeptierten Muttertieren. Sie allein behüten und führen die heranwachsende Kälberschar; sie sorgen für Ordnung und harmonisches Zusammenleben, und wenn Gefahr droht, stellen sie sich mutig und streitbar jedem Feind. Die gewaltigen, stolzen Bullen sorgen zwar auch für Sicherheit, doch beständiges Familienleben ist ihnen zuwider. Über lange Perioden gehen sie in männlichen Wandergruppen ihre eigenen

Wege. Nur zeitweise, in Paarungsperioden, gesellen sie sich zu den Kuhherden. Der Kernverband der Elefantenvölker ist die ›Kuheinheit‹: eine Gemeinschaft von zwei oder drei Muttertieren mit Nachwuchs, die auch in größeren Wanderverbänden zusammenbleibt und fest zusammenhält.

In der Regel zählen die Familiengruppen an die 20–30 Tiere verschiedener Altersstufen. Die Leitkühe sind häufig Schwestern, die in Lebensgemeinschaft zusammenstehen. Doch auch nichtverwandte Kühe können dazustoßen, wenn sich freundliches Einvernehmen ergibt.

Weiße Reiher befreien die Kolosse von quälenden Parasiten. Nach Langzeitbeobachtungen der Zoologin Cynthia Moss lebte 1990 im Amboseli-Park eine Elefantenpopulation von 50 Familien, die im Schnitt je 14 Tiere zählten.

Eine Elefantenherde durchquert den Linyante-Sumpf im Okawango-Delta, Botswana.

Periodische Wanderungen auf angestammten Wegen

Mit einsetzender Trockenheit, etwa zwischen Juni und November, verlassen die Elefantenvölker alljährlich auf gleichen Wanderwegen ihre Weidegründe in den ausdörrenden Steppen und suchen freundlichere Gebiete in der Nähe von Flüssen und Wasserstellen auf, die nicht ganz versiegen. Die ›Kuheinheiten‹ sondern sich dann ab. Bei dem beschränkten Nahrungsangebot in den Ausweichzonen kommen sie allein besser zurecht. Eine Kuh führt wachsam an der Spitze der ziehenden Gruppe, eine zweite macht Nachhutsicherung, wobei die Rollen wechseln, wenn schneller Rückzug geboten ist. Die Jungtiere bleiben dazwischen in Deckung und unter Aufsicht. Zählt noch ein drittes Muttertier zum Familienverband, so sorgt es, den führenden Gefährtinnen im Rang nachgeordnet, für Ordnung und Ruhe unter dem verspielten Nachwuchs. Manchmal ziehen einzelne Kühe mit ihren Kälbern. Doch solches Einzelgängertum entspricht nicht ihrem Wesen; es erschwert Aufsicht und Sicherung in den Fährnissen der Wildnis. Allein mit ihren Kälbern äsende Kühe sind besonders scheu und argwöhnisch, und ihre Nervosität überträgt sich leicht auch auf die Jungtiere.

Oft schließen sich zwei bis fünf ›Kuheinheiten‹ zu größeren Verbänden zusammen, es sind häufig sippenverwandte Tiere. Die Kühe teilen sich dann nach Alter, Erfahrung und Temperament die Führungs- und Aufsichtspflichten. Im größeren Verband, der mehr Sicherheit verbürgt, lassen die Leittiere den heranwachsenden Jungbullen mehr Bewegungsfreiheit. Diese ziehen der Herde voraus oder neben ihr her, wobei sie Gelegenheit haben, Selbständigkeit in der Wildnis zu üben. Verbände von ziehenden ›Kuheinheiten‹ werden manchmal von Bullengruppen begleitet, die jedoch meist auf abseitigen Weideplätzen äsen.

Wenn sich bei anbrechender Regenzeit – zwischen Oktober/Dezember und März/Juni – die ausgedörrten Steppen wieder in saftiges Grünland

Die weitläufigen Naß- und Steppengebiete im Norden Botswanas und im angrenzenden Simbabwe sind ein idealer, freilich auch schon gefährdeter Lebensraum für Elefanten. Die Tiere können dort noch ein artgemäßes Wanderleben führen, das der Natur in abgeweideten Bereichen Pausen zur Regeneration verschafft.

verwandeln, wandern die Elefantenvölker zurück in ihre alten Weidegründe. Dann schließen sich die Bullengruppen und alleinziehende alte Bullen, für die nun die Zeit des Werbens um die Gunst der Kühe kommt, mit den Kuhsippen zu Großverbänden zusammen, die einige hundert Tiere umfassen können. Kurzfristig ballen sich manchmal ganze Elefantenpopulationen zu gemeinsamer Wanderung. Es ist ein Bild von phantastischer Großartigkeit, wenn ein Treck von 500 Steppenriesen dahinzieht (siehe folgende Doppelseite) und eine Spur in die Savanne walzt, als wäre ein Wirbelsturm mit Urgewalt über sie hinweggebraust. Die regelmäßigen Wanderungen der Elefantenherden verschaffen der Natur in abgeweideten Regionen Pausen zur Regeneration. Die immer größer werdenden und zusehends ortsfester gehaltenen Nutz-Rinderherden beanspruchen die kargen, empfindlichen Savannen-Böden zu einseitig – ein gravierendes Umweltproblem für die Länder Schwarzafrikas.

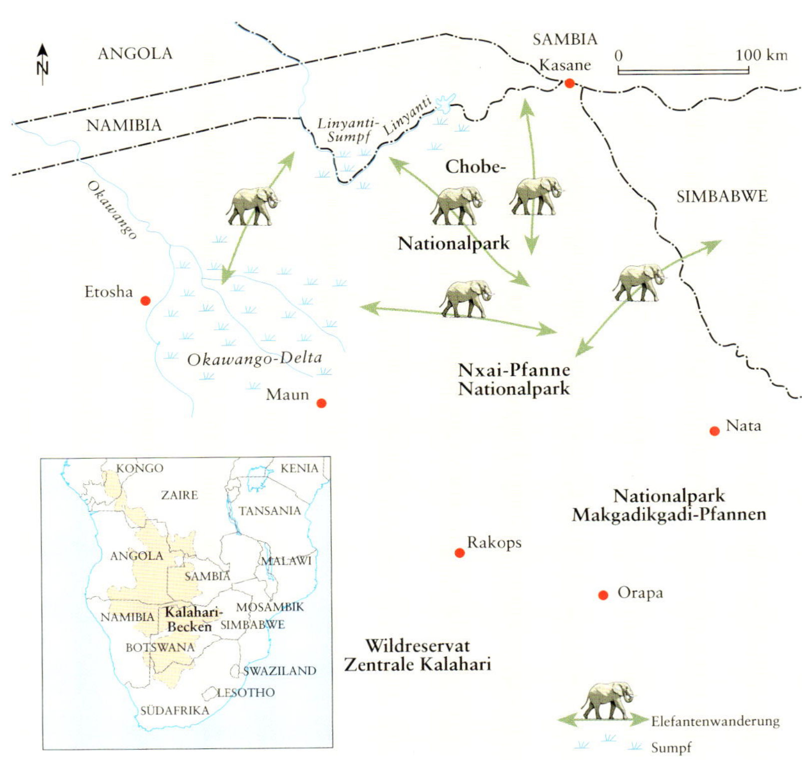

Es dauert, bis 150–170 kg Pflanzenkost im Magen sind. Bis zu 18 Stunden wird täglich hinbummelnd gefressen und dazwischen etwas geruht.

Ein unablässiges Fressen

Der Elefantenalltag geht hin mit unablässigem Fressen. Es braucht Zeit, bis dem Magen eines ausgewachsenen Riesen 150–170 kg Grünfutter, die Tagesration, zugeführt sind. An die 16–18 Stunden täglich äsen die Dickhäuter, hinbummelnd und dazwischen kurze Strecken wandernd. Auch die halbe Nacht hindurch wird gefuttert.

Der Elefant ist nicht eingestimmt auf bestimmte Pflanzenkost wie viele andere Säugetierarten, die im Garten der Natur recht wählerisch sind; er verleibt sich auch ein, was etwa Büffel oder Gazellen verschmähen. Gras und Kräuter aller Art, Buschwerk und Steppenheu am Halm, Früchte und Astgezweig, Baumrinden und Wurzeln nimmt sein Magen auf. Der Koloß hat natürlich seine Vorlieben; reife Früchte ortet er über weite Entfernungen. Wenn aber die bevorzugte Nahrung in Dürrezeiten knapp wird, ändert er gelassen sein Freßverhalten. Die robuste Futterverträglichkeit ermöglichte es schon den Vorfahren des Elefanten während der verflossenen Jahrmillionen, sich die verschiedenen Biotope zu erschließen. Täglich spült der graue Riese auch bis zu 150 Liter Wasser in sich hinein.

Die Ruhezeiten sind erstaunlich kurz. Nur an die vier Stunden täglich dösen die Kolosse stehend unter Bäumen, vor allem während der sengenden Mittagshitze. Zum Schlafen legen sie sich spät nachts lediglich zwei bis drei Stunden in Seitenlage hin, pustend und oft in gemächliches Schnarchen verfallend. Mit Sonnenaufgang sind die Kurzschläfer wieder auf den Beinen; die mächtigen Verdauungsapparate befreien sich rumpelnd von den Leibesdämpfen, und die Herde zieht äsend in den neuen Tag.

Die Salzlecke

Besonders gesucht sind Wassertümpel, die mit Mineralstoffen angereichert sind, wofür der Rüssel ein ganz feines Gespür hat. Steppengras deckt nicht ganz den Bedarf an Spurenelementen. So wandern Elefantenherden regelmäßig zu Stellen, wo sie salzhaltige Erde ausgemacht haben. Die Stoßzähne wühlen den Boden auf, und die Rüssel stecken die herausgebrochenen Brocken ins Maul. Im Laufe der Zeit werden mancherorts metertiefe Löcher geschürft. Die Elefanten erschließen so Salzlecken und damit lebenswichtige Mineralstoffe auch für andere Tiere.

In Kenias Mount Elgon-Nationalpark ziehen Elefanten seit Jahrhunderten zu den Lava-Höhlen des Vulkanberges an der Grenze zu Uganda, wo Salze und Mineralstoffe locken. Im Laufe der Zeit haben sie tiefe Kavernen in den Berg gebohrt. Auch in Asien, in Südindien und auf Sumatra, haben salzhungrige Elefanten ganze Hügel zerschnitten.

Der Jungbulle ist auf die Knie gegangen, um mit Rüssel und Vorderbeinen tiefer nach Grundwasser wühlen zu können. Auf Knien, die Vorderbeine vorgestreckt, werden auch Steilböschungen rutschend genommen.

Mit Stoßzähnen und Rüssel erschließen sich die Steppenelefanten lebenswichtige Mineralstoffe oder Grundwasser. Tarangire-Nationalpark, Tansania

Bis zu 150 Liter Wasser spült ein Steppenriese täglich in sich hinein.

Baden – des Elefanten höchste Lust

Baden ist höchster Genuß für den Elefanten. Die Schritte der Herdentiere werden schneller, wenn nach stundenlangem Fressen und Hinbummeln in der Sonnenglut die Rüssel die Nähe der angesteuerten Wasserstelle fühlen: einen Fluß, einen See oder einen Tümpel. Noch während des Trinkens zieht es die Kolosse ins Wasser. Tonnenschwere Körper werfen sich prustend hinein und wälzen sich; der Nachwuchs planscht und balgt.

Baden ist unerläßliche Körperpflege für den Elefanten. Die faltige, runzelige Haut ist keineswegs so derb, so abschirmend und unempfindlich, wie es scheinen mag. Es sickert Blut, wenn Parasiten zubeißen und stechen. Gegen die lästigen Quälgeister hilft nach dem Bad eine auf der nassen Haut schnell verkrustende Staubdusche oder ein Suhlen im Schlamm. Beim anschließenden Scheuern der gepeinigten Hautpartien an einem Felsblock oder Baum läßt sich ein Gutteil der Blutsauger mit der Kruste abschmirgeln.

Elefanten haben in der Vogelwelt gern geduldete Helfer gegen die Parasitenplage, wie Schildraben, die auf den Kolossen spazieren und Blutsauger aus den Hautfalten und von den Augenrändern picken. Kleine Sumpfschildkröten befreien Nashörner, die gleiche Parasitennöte und ähnliche Suhlgewohnheiten haben wie Elefanten, beim Hindösen in Schlammtümpeln gelegentlich von Blutsaugern. Vielleicht können sich auch Elefanten in Suhltümpeln gleicher Dienste erfreuen.

Die kargen Steppen Ostafrikas haben nicht jeden Tag das so nötige Bad für die Rüsselriesen bereit. In Dürrezeiten muß es ihnen oft genügen, wenigstens den Durst in einem mit Stoßzähnen, Rüssel und scharrenden Vorderbeinen selbstgegrabenen Wasserloch stillen zu können.

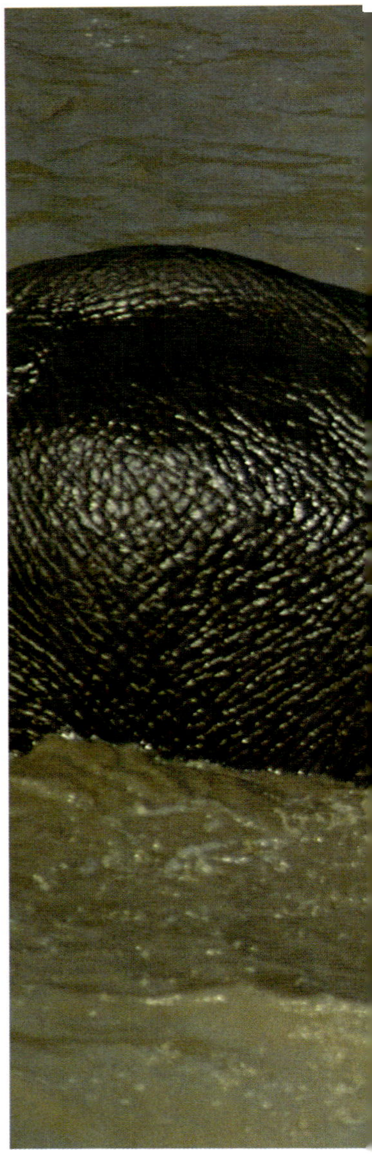

Elefantenkälber spielen wie Kinder in den Fluten.

So unentbehrlich wie wohltuend: die Staubdusche nach dem Bad.

Jeder Tümpel ist gut für eine Planschpause beim Dahinwandern und für spielerische Schlamm-Kosmetik.

Nach dem Bad gibt es eine Staubdusche, die gegen Blutsauger schützt. Elefanten haben eine empfindliche Haut, die bluten kann, wenn Mücken stechen. Namibia

Die Kraftturniere der Bullen

Die erwachsenen Bullen, die sich nur während der Paarungszeit bei den Kuhherden aufhalten, haben keineswegs nur die Funktion, Nachkommenschaft zu zeugen. Ihre Größe und Kraft sowie ihre überlegene ›Bewaffnung‹ mit mächtigen Stoßzähnen macht sie zu Achtung gebietenden Schutzherren angestammter Weidegründe und ziehender Herdenverbände. Sie sind zur Stelle, wenn ein Rückzug gedeckt werden muß oder wenn Artgenossen in Not geraten. Sie führen in männlicher Gemeinschaft ein ruhiges, exklusives Herrenleben abseits der unruhigen Kinderstuben, und sie wollen nicht gestört werden. Die Kühe wissen das und halten vorsichtige Distanz. Wenn ein Jungtier einen bärbeißigen Koloß mit Spielversuchen belästigt, kann es schnell eine kräftige ›Ohrfeige‹ beziehen.

In den Bullengruppen herrscht stramme, hierarchische Rangordnung, die immer wieder durch Kraftturniere neu geregelt und eingependelt wird, wenn ein fremder Bulle dazustößt. Die Zusammensetzung der Gruppen wechselt; sie sind nicht Lebensgemeinschaften wie die Kuhsippen. Die Kraftproben, die schon Jungbullen bei spielerischem Kopfschieben üben, werden fast immer maßvoll und unblutig ausgetragen. Wenn ein Rivale bei einem Schiebeduell zurückweichen und abdrehen muß, folgt der Sieger meist nur ein paar Schritte. Eindeutig schwächere, weniger virile Tiere vermeiden häufig die Kraftprobe durch demütige Unterwerfungsgebärden. Mit gesenktem Kopf und angelegten Ohren stecken sie dem überlegenen Gefährten den Rüssel ins Maul oder unter das Kinn. Der ranghöhere, selbstbewußte Bulle zeigt seine Überlegenheit, indem er den Kopf stolz erhoben trägt, die Ohren warnend aufstellt, den Rüssel ruhig hängen läßt oder damit an die Schläfendrüse des Unterlegenen faßt.

›Baumumstoßer‹ können in zu kleinen Lebensräumen, wo natürlicher Nachwuchs durch Überweidung nicht mehr gewährleistet ist, schwere Vegetationsschäden verursachen. Ein oder zwei Bullen einer Herdengruppe sind oft auf Umstoßen spezialisiert und entfalten dabei wahre Meisterschaft.

In Bullengruppen wird die Rangordnung in Kraftproben, die meist maßvoll und unblutig ausgetragen werden, immer wieder neu geregelt. Wenn der Rivale bei einem Schiebeduell zurückweichen muß, folgt der Sieger nur ein paar Schritte. Amboseli Nationalpark, Kenia

Es kommt freilich hin und wieder vor, daß zwei bösartige Bullen wütend gegeneinander rennen und einen Kampf auf Biegen und Brechen austragen. Wenn einer dabei unglücklich abdrehen muß und einen Augenblick den ungeschützten Leib den mörderischen Stoßzähnen des Rivalen bietet, bezahlt er mit einem grausamen Tod.

Auch Bullengruppen werden von Leittieren geführt, die vorausziehen und für Nachhutsicherung sorgen. Zu diesem Spitzenrang führen nicht nur rohe Kraft oder Alterswürde. Oft führen auch jüngere Bullen, die sich durch Selbstsicherheit, Mut und Umsicht auszeichnen. Ruhige, friedsame Bullen drängen nicht nach Führungsfunktionen; sie sind stabilisierendes Element in der Gruppe, wo manchmal störrische, aggressive Tiere die Ordnung gefährden. Weniger gesellige Tiere ziehen lieber allein als Einzelgänger.

Junge, kräftige Bullen versuchen sich gern im Baumumstoßen. Kleinere Bäume bis zu einem Umfang von 5 cm kann jeder mit Kopf- und Rüsseldruck brechen oder mit einem Vorderbein umtreten; aber nur ein oder zwei Bullen einer Gruppe pflegen sich darauf zu spezialisieren. Sie bringen es zu wahrer Meisterschaft. Selbst Stämme von mehr als 1,50 m Umfang kann ein ›Baumumstoßer‹ bei geschicktem Vorgehen schaffen. Er schiebt zunächst von verschiedenen Seiten prüfend gegen den Stamm. Dann bringt er den Baum mit kräftigen Drückstößen ins Schwingen, bis er krachend umbricht. Die Gefährten kommen dann eilends herbei, um sich an dem besonders beliebten Laub und feinen Geäst zu laben. Der Recke, der das Werk vollbrachte, duldet es gelassen. In den Baumgruppen und kleinen Wäldchen der Savannen richten auch ›Rindenschäler‹ reichlich Schaden an. Ein Stoßzahn kerbt die Rinde auf, dann reißt der Rüssel meterlange Streifen ab, die von den Backenzähnen grob zerkleinert werden. Die gern verspeisten Rinden enthalten Kalzium und für die Verdauung wichtigen Ballast. Nicht selten wird Baumrinde von Jungtieren in Spiellaune mutwillig aufgerissen. In Asien, wo die weiblichen Tiere keine Stoßzähne haben, leisten oft Bullen Kavaliershilfe beim Rindenschälen.

Der Einzelgänger

In freier Wildbahn gibt es immer wieder Einzelgänger, die sehr gefährlich werden können. Es sind meist alte Bullen, die im Rivalitätskampf mit jüngeren, stärkeren Rivalen verloren haben und aus angestammten Revieren weichen mußten. Es kann sich auch um störrische Charaktere handeln, die in Herdenverbänden stören und abgedrängt werden.

Besonders gefährlich sind Bullen, die durch Fehlschüsse von Jägern oder Wilderern schwer verwundet wurden. Sie bleiben in unübersichtlichem Gelände argwöhnisch in Deckung, wo sie, Meister der Tarnung, blitzschnell zuschlagen könnnen. Sie sind die gefürchteten ›Rogues‹.

Aber auch friedliche Einzelgänger, Philosophen, finden sich unter den Dickhäutern, die die Einsamkeit lieben und das Alleinsein genießen. Nicht alle Bullen drängen nach Rang und Herrschaft.

Mit ausgestellten Ohren und argwöhnisch sichernd stampft ein Einzelgänger durch ein verwüstetes, kahlgefressenes Waldstück.
Okawango-Delta, Afrika

Die Elefantenhochzeit

Elefanten sind keine animalischen Draufgänger, die in wildem Ungestüm geradewegs der Paarung zustreben. Sie durchleben die Freuden und Spielchen anschmiegsamer Zusammengehörigkeit, eine romantische Verlobungszeit gewissermaßen, bevor der Tag der Hochzeit kommt. Vor allem asiatische Elefanten scheinen mit besonderer Gemütstiefe zu lieben.

Bereits vor dem Einsetzen der weiblichen Brunftzeit – bei asiatischen Elefanten meist zwischen Dezember und Februar – finden sich Bullen und Kühe in ganz individueller Zuneigung und Freundschaft. Sie scheinen unzertrennlich und halten ein wenig Abstand von der Herde. Während der Ruhepausen, die das Äsen und Wandern unterbrechen, verlieren sie sich in anmutigen Spielereien. Sie streicheln sich mit den Rüsseln, versetzen sich neckische Stöße, verschlingen Kopf an Kopf die Rüssel wie zu einem urweltlichen Kuß.

Mit dem Rüssel prüft der Bulle den Urin einer Kuh und bläst sich den Geruch in den Mund, wo eine Drüse den Hormongehalt, das heißt den Zustand der Partnerin im Geschlechtszyklus, feststellt. Amboseli-Nationalpark, Kenia

Elefantenbullen sind rücksichtsvolle, zartbesaitete Liebhaber. Rivalitäten unter werbenden Bullen werden in freier Wildbahn durch meist harmlose Kraftproben Stirn an Stirn entschieden, wobei der Verlierer, der zurückweichen muß oder dem der Kopf niedergedrückt wird, schnell das Feld räumt. In Elefantenherden ist die Rangfolge der Tiere ohnehin nach Kraft, Temperament und Führungsstärke in allgemeiner Harmonie eingependelt. Nur in seltenen Fällen, wenn etwa ein gleichstarker fremder Bulle zur Herde stößt und herausfordernd als Mitbewerber auftritt, kann es dann und wann zu einem brutalen Machtkampf kommen, manchmal auf Leben und Tod. Dann donnern die tonnenschweren Kolosse aufeinander, und Stoßzähne, Rüssel und tretende Säulenbeine werden zu gefährlichen Waffen. Die umworbene Kuh pflegt friedlich äsend in aller Gelassenheit den Ausgang des Rivalenstreits abzuwarten – um dann dem Sieger ihre Gunst zu bekunden. Die Kühe sind während der drei Wochen anhaltenden Hitze nur 3–5 Tage lang empfängnisfähig. Wenn der hormonale Stoffwechsel im weiblichen Körper einsetzt, verfällt die Elefantenkuh, ein raffinierter Vamp unter den Tieren, in ein zielstrebiges Wechselspiel von aufreizender halber Verweigerung und verführerischer Lockung. Das Vorspiel, das lange dauern kann, führt dann urplötzlich zur Paarung.

Die Zoologin Cynthia Moss, die jahrelang die Elefantenpopulation im Amboseli-Nationalpark, Kenia, beobachtete, war Zeugin einer Elefantenhochzeit im Freiland. Sie erzählt: »... Er stützte das Kinn auf ihrem Hinterteil ab, hievte sich auf die Hinterbeine und legte seine Vorderfüße direkt hinter ihre Schultern. Sein 1,2 m langer Penis, der sich aufgrund von speziellen Muskeln steuern läßt, hatte sich S-förmig gekrümmt. Er legte die Spitze seines Penis in ihre Vagina und stieß sein langes Organ mit einem einzigen Ruck tief in sie hinein. Odette [die Kuh] hielt still, und wir konnten in den 45 Sekunden, bis er abstieg, keine sichtbare Bewegung erkennen. Die Aufregung fing erst hinterher an. Odette ... stieß tiefe, pulsierende Laute aus. Im selben Moment kam ihre Familie zum sogenannten ›Paarungs-Spektakel‹ angerannt, ... sie schrien, trompeteten, kollerten und brüllten in den höchsten Tönen. Sie streckten ihre Rüssel nach Odettes Mund, nach ihrer Vulva und nach den Flüssigkeiten auf dem Boden aus, während Odette sich umdrehte und Patricks [des Bullen] Penis mit dem Rüssel berührte ...«

Der Zeugungsakt wiederholt sich abseits der Herde noch einige Male; Elefantenkühe nehmen Bullen noch über einen längeren Zeitraum an. Es sind dann nicht immer dieselben Liebhaber, denen die Kuh ihre Gunst gewährt. Einen Bund fürs Leben schließen Elefantenpaare nicht.

Der Bulle folgt der Kuh im erregenden Wechselspiel von Lockung und Verweigerung.

Die Herde nimmt Anteil am Vollzug der Hochzeit – eine Lebenserfahrung für die nachwachsenden Jungtiere.
Amboseli-Nationalpark, Kenia

Die Geburt

In freier Wildbahn gebären Elefanten fast immer nachts. Hier sieht man den Ablauf einer seltenen Taggeburt in der afrikanischen Savanne:
Zuerst rutschen die Vorderbeine aus der Scheide ...

Nach wenigen Sekunden folgt das ganze Kalb, noch in die Fruchtblase gehüllt, die beim Fall auf den Boden schützt.

Mit Rüssel und Vorderfuß beginnt die Mutterkuh, das Kalb von der Fruchtblase zu befreien.

Schließlich ist die Zeit der Liebesspiele vorüber. Wieder sich selbst genug, widmen sich die werdenden Elefantenmütter dem Äsen in der Herdengemeinschaft weiblicher Tiere. Die Bullen wählen die männliche Wandergesellschaft in der Steppe.

Die Elefantenkuh geht 20–22 Monate trächtig. Wenn der Tag der Niederkunft naht, schließt sie enge Freundschaft mit einer Gefährtin, die schützend bei ihr bleibt, sobald die Wehen einsetzen. Nach Berichten von Wildhütern soll bei afrikanischen Steppenelefanten die Herde zuweilen einen Kreis um die gebärende Mutter bilden und trompetend und schnaubend nach allen Seiten sichern.

Die Geburt, die unter gewaltigem Keuchen stehend vor sich geht, dauert nur wenige Minuten. Die ›Tante‹ steht schirmend hinter der Gebärenden. Das Elefantenkalb, das meist mit Kopf und Vorderbeinen zuerst erscheint, kann sich mit stützender Hilfe der Mutter und der ›Tante‹ schon nach wenigen Minuten auf die noch wackligen kleinen Säulenbeine erheben.

Die Nachgeburt wird oft von der Mutter aufgefressen, damit nicht Räuber angelockt werden. Alle Spuren werden sorgfältig beseitigt. In Asiens Wäldern fällt etwa ein Fünftel der hilflosen Babys Tigern zum Opfer. In Afrika lauern Hyänenrudel. Löwen fallen Elefantenkälber meist nur an, wenn andere Beute nicht zu schlagen ist.

Ein neugeborenes Elefantenkind ist 90 cm–1 m groß und stark behaart; es wiegt etwa 100 kg. Der Rüssel ist noch ein kurzes, nicht zu gebrauchendes Anhängsel. Der Elefantensäugling, der schon bald nach der Geburt zu den zwei Zitzen des Gesäuges der Mutter drängt, das sich zwischen den Vorderbeinen befindet, trinkt mit dem Maul. Zwei Tage nach der Geburt ist das Kalb schon kräftig genug, um mit der Mutter der Herde zu folgen, die in der Zwischenzeit in der Nähe blieb. Zwillingsgeburten kommen vor, sind aber höchst selten.

Während der ersten 6 Monate leben Elefantenkinder nur von der Muttermilch, die sehr fetthaltig ist und einen hundertfach höheren Eiweißgehalt hat als die Kuhmilch. Sie trinken etwa 10 Liter täglich. Wegen der besonderen Zusammensetzung der Elefantenmilch gelang es lange Zeit nur selten, verwaiste Kälber am Leben zu erhalten, bis man schließlich auf eine Mischung kam, die sehr verträglich war und alle nötigen Aufbaustoffe für den täglichen Bedarf enthielt: 4,5 Liter ungekochte Kuhmilch, 0,28 Liter Rahm, Eiweiß von 24 Hühnereiern und 4 Pfund verkochter Reisschleim. Eine asiatische Legende erzählt auch von einer anderen lebensrettenden Kost:

Zum König von Birma wurde ein wundersamweißes, als heilig verehrtes Elefantenkalb gebracht, das seine Mutter verloren hatte und schon schwach und hinfällig war. Tief besorgt befahl der König, täglich 24 junge Frauen als Nährmütter in den

Nun eilen die Familienmitglieder herbei und helfen mit, das Kälbchen von den Häuten zu befreien und auf die Beine zu bringen.

Palast zu führen. Es geschah, und siehe, das Elefantenkind gedieh an den Frauenbrüsten, die ihm, wie es heißt, fünf Jahre lang geboten wurden ...

Wenn der Mutter eines Elefantensäuglings etwas zustößt, nehmen häufig, jedoch nicht immer, andere säugende Kühe das Kalb an. Findet in der Wildnis ein verwaistes Kleintier, das auch Menschen wie ein Hündchen folgt, keine nährende Pflegemutter, so ist es leichte Beute für Tiger, Hyänen und Löwen.

Zwischen dem vierten und sechsten Monat fangen die Jungtiere an, mit dem schnell wachsenden, beim Saugen an der Mutterbrust schon hinderlichen Rüssel auch Gras und Blätter zu rupfen und ins Maul zu stopfen. Es beginnt die allmähliche Entwöhnung. Etwa ein Jahr nach der Geburt kann eine Elefantenkuh wieder trächtig werden und somit im Verlauf ihres Lebens bis zu 12 Kälbern das Leben schenken.

Rechts: Geburtsdrama in der Steppe: ein Neugeborenes hat nicht überlebt. In rührender Hingabe trägt die Mutter das tote Kalb weg vom Unglücksort und behält es noch eine Weile bei sich.

Die Kinderstube

In der matriarchalischen Kuhgemeinschaft hüllt nicht nur aufopfernde Mutterliebe die kleinen Kälber ein. Der Nachwuchs verschiedenen Alters ist umsorgt von der ganzen Herde. In anrührendem, harmonischem Zusammenwirken von Müttern, Tanten und Schwestern werden die Jungtiere über Jahre behütet, erzogen und auf den Daseinskampf vorbereitet.

Das noch hilflose Milchkalb ist in ständiger Obhut der Mutter, die mit dem Rüssel stützt, leitet und umkost. Sie ist da, wenn ihr Kalb eine Steilböschung nicht ohne schiebende Hilfe schafft; sie drängt das noch wasserscheue Kleintier ins Bad, duscht und bestäubt es; und sie hilft bei Flußüberquerungen in zu starker Strömung.

Die Mutter erträgt es mit unendlicher Geduld, wenn das Kalb in wachsender Spielfreude und Lebensneugierde anstrengend wird, sich zwischen ihre Säulenbeine schiebt und mit noch ungelenkem Rüsselchen die Ruhe stört. Die Leitkuh einer Herde bemißt das Wandertempo stets so, daß jedes Tier folgen kann. Von den Kühen lernen die Kälber im Speisezettel der Natur zu wählen und auf Gefahren zu achten. Wenn Jungtiere im Flegelalter zu wild tollen und zu neugierig abseits der Herde abenteuern – was leicht ins Verderben führen kann –, setzt es derbe, erzieherische Rüsselschläge.

Bis zu einem Alter von etwa acht Jahren, bis zu beginnender Geschlechtsreife, bleiben auch Jungbullen unter Aufsicht und Führung der Muttertiere im Kuhverband. Erst dann werden sie in die Selbständigkeit verwiesen und abgedrängt. Oft halten sie sich noch eine Weile in der Nähe der Herde auf, in der sie so geborgen waren. Dann schließen sie sich einer vorbeiziehenden Bullengruppe an und gehen fortan ihre eigenen Wege.

In Kuhverbänden mitziehende Jungbullen sind kaum von den Muttertieren zu unterscheiden. Schon mit fünf Jahren erreichen sie die Größe 15–20jähriger Kühe und ihre Stoßzähne haben bereits eine vergleichbare Länge.

Die Mutter hält fürsorglichen, kosenden Rüsselkontakt mit dem noch hilflosen Milchkälbchen. Auch eine Tante steht bereit zu helfen.

Auch beim Hinwandern der Herde stützt, lenkt und schützt der mütterliche Rüssel. Der Kuhverband bemißt das Tempo stets so, daß auch der jüngste Nachwuchs folgen kann (siehe auch folgende Doppelseite).

Zwei Jahre lang ist das Gesäuge der Mutter Lebensquell' für das Kleinkalb, das den Rüssel noch nicht zu gebrauchen weiß. Es erfordert viel Zeit und Übung, bis es gelingt, Gräser und Kräuter zu rupfen, zu bündeln und ins Maul zu stopfen.

Von den Müttern und Tanten lernen die Kälber, was im Garten der Natur genießbar und zuträglich ist; und stets kontrolliert der mütterliche Rüssel.
Alle Fotos: Amboseli-Nationalpark, Kenia

Vor Krankheit nicht gefeit

In freier Wildbahn erfreuen sich Elefanten einer robusten Gesundheit. Vor Krankheit gefeit sind aber auch sie nicht. Die verschiedensten Leiden können die Tiere quälen und töten. Eine breite Literatur befaßt sich mit den Behandlungsmethoden. Schon bei den alten Indern gab es ein umfangreiches Schrifttum über Elefantenheilkunde. Abgesehen von mancherlei Quacksalberei wußten die Hindus gut Bescheid über wirksame Naturheilmittel. Ihrem Weltbild entsprechend begleitete stets auch Götter- und Dämonenbeschwörung die praktischen Kuren und Heilverfahren.

Die für Elefanten mörderischste Seuche ist der Milzbrand (Anthrax), dem immer wieder Hunderte von Tieren zum Opfer fallen. Ein stabförmiger Bazillus in der Blutbahn bewirkt hohes Fieber, Schüttelfrost, blutigen Ausfluß aus Blase, Magen und Darm, Geschwüre und Schwellungen. Das erschreckend qualvolle Leiden führt fast immer zum Tod. Ganze Elefantenfamilien und Sippen sind von der Seuche schon ausgelöscht worden.

Es gibt auch typische Elefantenkrankheiten wie Rüssellähmung und Elefantenpocken, die in den Elefantenhäusern der zoologischen Gärten besonders gefürchtet sind. Pusteln bilden sich im Mund, am Rüssel und auf den Schenkeln, Eiter und Faulstellen zwischen den Zehen. Sogar Fußsohlen können sich ablösen. Wenn nicht schnell geholfen wird, droht der Tod.

Auch die Maul- und Klauenseuche sowie verschiedene durch Stechmücken übertragene Tropenkrankheiten bedrohen Elefanten in freier Wildbahn. Sie können von einer ganzen Reihe Krankheiten gepackt werden, die ebenso den Menschen heimsuchen: von Darmkolik, Nesselfieber, Lungenentzündung und ähnlichem. Hinzu kommen harmlosere Beschwerden wie Verstopfung und sogar Schnupfen.

Für in Gefangenschaft erkrankte Tiere hat die pharmazeutische Industrie heute Heilmittel bereit. Wenn Elefanten merken, daß man ihnen helfen will, ertragen sie geduldig recht schmerzhafte Prozeduren, wie etwa das Öffnen von Abszessen. Es muß nur schnell gearbeitet werden, damit nicht Angst aufkommt.

In freier Wildbahn garantiert der Instinkt sinnvolles Verhalten bei Verletzung oder Krankheitsbeschwerden. Bei Verdauungsstörungen machen Elefanten Hungerkuren durch, oder sie füllen sich den Magen mit heilsamen bitteren Kräutern und Rinden, auch mit alkalischer Erde. Wunden baden sie ausgiebig und bestreichen sie mit Lehm, was die Fliegenplage und den Würmerbefall eindämmt. Wenn ein Abszeß an einem Stoßzahn quält, dann schlägt und hebelt das Tier oft stundenlang an einem Baumstamm, bis der Zahn herausbricht.

Begegnung mit den Gebeinen eines Artgefährten. Der Elefant verweilt wie in stiller Ehrfurcht; betastet den Schädel. Manchmal tragen Elefanten einen Knochen oder Stoßzahn noch eine Weile mit sich.

Der tote Riese – im Garten der Natur, in dem nichts verkommt, wird er zu Nahrung für anderes Leben: für Geier und Hyänen, die ›Gesundheitspolizei‹ der Steppe.

Mutter und ›Tante‹ versuchen, das in der ausgebrannten Steppe zusammengebrochene Kalb wieder auf die Beine zu stellen.

Der alte Ahmed, einst mächtigster Bulle im Marsabit-Nationalpark, Kenia, ist müde geworden. Dem Endpunkt seiner Wanderungen nahe, sucht er Erfrischung und Kühlung im Wasser ...
1974 starb Ahmed im Alter von 55 Jahren.

Eine alte Kuh hat sich lebensmüde abgesetzt von der Herde, die wendet und eine Weile besorgt abwartet.

Der Elefant ist kein Methusalem

Noch gegen Ende des 19. Jahrhunderts wurde in Europa angenommen, daß dem Elefanten entsprechend seiner urweltlichen Größe und Kraft eine besondere Lebenszähigkeit innewohne und daß er ein sagenhaftes Alter erreiche; 100 Jahre und mehr. Dem Koloß ist es indes nicht gegeben, dem biblischen Urvater Methusalem zu entsprechen, der nach dem 1. Buch Mose ein Wunderalter von 969 Jahren erreichte.

Mit 60 Jahren ist ein Elefant ein Greis, leicht zu erkennen an der faltigen Haut, dem mageren Kopf und den eingefallenen Schläfen- und Augenpartien. Die meisten Dickhäuter sterben schon erheblich früher. Besonders robuste Tiere können hin und wieder 70 oder 80 Jahre alt werden.

Die Lebensspanne jeglicher Kreatur hängt sehr von den Umweltverhältnissen ab. Für heutige Elefanten werden die Lebensräume in freier Wildbahn immer enger und dürftiger. In Gefangenschaft, im Zirkusstreß und im psychischen Elend von Stallenge sieht es noch trüber aus.

In einem indischen Lobgesang auf den Elefanten heißt es sinngemäß: Freiheit von Beschränkungen ist das höchste Glück des Elefanten ... Wozu es ihn treibt, das tut der Elefant; er wählt frei Aufenthalt und Nahrung ... Aus Wunscherfüllung erwächst ihm Freude, und aus Freude unweigerlich Kraft. In Kraftfülle erglüht das Lebensfeuer hell, und alle Leibesstoffe sind im Gleichgewicht. Aus der Harmonie der Leibesstoffe folgt, daß Krankheiten keine Macht haben ... Alles kehrt sich ins Gegenteil, sobald die Elefanten der Wildnis zu den Wohnstätten der Menschen gebracht werden ...

Elefantengreise oder todkranke Tiere sterben meist in Einsamkeit, abseits der Herde, von der sie sich in ihrer Gebrechlichkeit abgesondert haben. Wenn ein grauer Koloß aber im Herdenverband nach Ausfall der letzten Backenzähne der Altersschwäche, einer Verletzung oder Krankheit erliegt, umgibt ihn eine rührende Anteilnahme der Gefährten. Inder und Wildhüter in Afrika haben vielfach beobachtet, wie die Herde vor dem Weiterziehen

Bildreihe: Die Kühe eilen herbei, um der Gefährtin beizustehen. Die Freundinnen versuchen, sie zum Weitergehen zu drängen. Die sieche Kuh bricht zusammen. Wie in stummer Trauer steht die Herde eine Weile still vor der toten Gefährtin. Die Herde hat Abschied genommen; sie setzt ihre Wanderung fort. Das Elefantenleben geht weiter.

bei dem unglücklichen Artgenossen verweilte, wie versucht wurde, ihn zum Aufstehen zu bringen, wenn er noch atmete, und wie Rüssel sich sanft über ihn legten, als Todesstarre ihn umfing. Wenn Elefanten bei geräuschvollem Hinbummeln auf Skelette von Artgenossen stoßen, verweilen sie in plötzlicher Stille, betasten mit den Rüsseln die Überreste und tragen manchmal Stoßzähne oder Knochen beim Weiterziehen eine Weile mit.

In das Reich der Fabel gehören Erzählungen von geheimnisvollen Elefantenfriedhöfen, in die sich altersschwache oder tödlich verletzte Tiere zurückziehen, um allein und von Menschen ungestört und unbeobachtet in Würde zu sterben: Unzugängliche, verschwiegene Sümpfe sollen es sein, in denen die entseelten Riesenkörper spurlos verschwinden. Damit das angesammelte Gebein von Elfenbeinjägern nicht geborgen und geschändet werde, sorge das Elefantenvolk für Abschirmung, so daß jeder sein Leben riskiere, der zu den Friedhöfen vorzudringen versuche ...

Nun, der Elefant stirbt, wo immer ihn bei seinen Wanderungen das Schicksal ereilt.

Der Elefant im Altertum

Elefant mit Reiter, Indien, um Christi Geburt
Mathurastein, 32 x 10 x 30 cm
Russek-Collection, Schweiz

Im Stromgebiet des Indus, wo sich um 3500 v. Chr. die erste ostasiatische Hochkultur zu entfalten begann, ist die Zähmung des Elefanten zuerst gelungen. Es liegt im Dunkeln, wie es geschah und ob seßhafte Bauern die Zähmung eingefangener Jungelefanten erprobten oder jagende Waldvölker. In jenen Zeiten lebten die Menschen in enger Partnerschaft mit den Tieren, die ihren Platz in den Naturreligionen und Fruchtbarkeitskulten hatten, verehrt als heilige Wesen und als mystische Symbole. Schon vor mehr als 10 000 Jahren hatte sich auf der vorderasiatischen Landbrücke die bahnbrechende zivilisatorische Entwicklung von der Jagd zu Ackerbau und Haustierhaltung vollzogen: Errungenschaften, die mit der Vervielfachung der Nahrungsmittelerzeugung auch die Weltbevölkerung sprunghaft ansteigen ließen. Große Städte entstanden als Zentren aufblühender Hochkulturen. An Nil und Euphrat, am Indus und an Chinas Gelbem Fluß wuchs dem Elefanten eine Sonderrolle im Alltag und im religiösen Kult zu. Der graue Koloß wurde gezähmt, dressiert, aber nicht domestiziert; er wurde nicht Haustier, nicht der Zuchtwahl der Menschen unterworfen. Der Elefant blieb auch in Gefangenschaft ein Wildtier. Die Bestände an gezähmten Elefanten ergänzte man bis in jüngste Zeit durch den Fang junger Wildtiere.

Suwala
Gefangene Elefanten (Detail)
Mughal, Indien, 1564
Gouache auf Papier
Victoria & Albert Museum, London

Die Elefantensiegel von Mohenjodharo

Die ältesten Darstellungen zahmer Dickhäuter stammen aus dem 3. vorchristlichen Jahrtausend. Es sind kleine Siegel, die bei Ausgrabungen im Stromgebiet des Indus, heute Pakistan, gefunden wurden, wo sich aus bäuerlichen Anfängen eine frühe städtische Hochkultur mit den Zentren Mohenjodharo und Harappa entwickelte. Es war die Zeit der ersten sumerisch-babylonischen Reiche in Mesopotamien, von wo aus sich mit aufblühendem Handelsverkehr der Gebrauch von Siegeln zur Eigentumsbekundung und zur Bekräftigung von Geschäftsabsprachen auf der ganzen kleinasiatischen Landbrücke verbreitete.

Oben: Elefantensiegel
Mohenjodharo, 2./3. Jtsd. v. Chr.
Speckstein, geschnitten
ca. 2,5 x 2,6 cm
Pakistanisches National-Museum, Karachi

Elefant mit Satteldecke, in die Stempelfläche eines Specksteinsiegels geschnitten: archäologische Kostbarkeiten aus Mohenjodharo, einem Zentrum der frühen Hochkultur am Indus.

Die in der imposanten Ruinenstadt Mohenjodharo gefundenen, meist in weichen Speckstein geschnittenen Siegel zeigen neben anderen Tiersymbolen immer wieder Elefanten, einige davon vor Futtertrögen. Ein sehr fein und lebensecht gestalteter asiatischer Elefant ist mit einer Satteldecke und einer nicht entzifferten Bilderschriftleiste darüber auf einem besonders interessanten Fundstück dargestellt.

Es sind unübersehbare Zeugnisse für die wohl schon beherrschte Kunst der Elefantenzähmung oder -haltung in Tiergehegen. Weiter nordöstlich in Harappa fanden sich nach Siegelmustern geformte Elefantenstatuetten. Der graue Riese scheint auch schon in die Mythenwelt animistischer Kulte eingegangen zu sein. In Mohenjodharo fand man ein Siegel, dessen Stempeloberfläche ein mysteriöses Mischwesen zeigt. Es hat den Hinterleib eines Tigers, den Vorderkörper eines Stiers sowie den Kopf und Rüssel eines Elefanten.

Das weitläufige Ruinenfeld von Mohenjodharo zeugt von einem ungewöhnlich hohen Entwicklungsstand der städtischen Gesellschaft, deren ethnische Herkunft unbekannt ist. Die zweistöckigen, aus gebrannten Ziegeln gebauten Häuser wohlhabender Kaufleute hatten schon Abwasseranlagen, gemauerte Fußböden und oft auch Bäder. Rechtwinklige Straßensysteme gliederten die Stadt; auffallend ist das Fehlen von Tempeln und Palastanlagen, die das Bild der Städte im Zweistromland prägten. Es gab nur Getreidespeicher und ein großes öffentliches Bad.

Am Indus verstand man sich schon auf die Tuchherstellung aus Baumwolle; man benutzte feste Maße und Gewichte, und es gab eine Bilderschrift, die bis heute nicht entziffert werden konnte. Der erstaunliche Wohnkomfort läßt auf eine recht breite Oberschicht von Kaufleuten schließen, die regen Fernhandel mit den Regionen am Persischen Golf trieben, vor allem mit den Städten im südlichen Mesopotamien, wo Siegel aus Mohenjodharo gefunden wurden. Sklavenwirtschaft war hier vorherrschend.

Zu Beginn des 2. vorchristlichen Jahrtausends setzte Verfall ein. Die großen Städte, die viele Jahrhunderte bestanden hatten, wurden verlassen. Es ist nicht bekannt, warum es dazu kam, ob Naturkatastrophen, Dürreperioden oder kriegerische Verheerungen den Exodus verursachten. Der Schwerpunkt der wirtschaftlichen und kulturellen Entwicklung auf dem indischen Halbkontinent verlagerte sich ins Stromgebiet des Ganges, wo um 500 v. Chr. erste große Städte und Königreiche entstanden.

Das Ruinenfeld von Mohenjodharo, dessen für die Zeit ungewöhnliche rechtwinklige Anlagen in dieser Luftaufnahme deutlich zu erkennen sind.

Mohendjodharo und Harappa – zwei Zentren der städtischen Hochkultur, die sich im 3. Jahrtausend v. Chr. am Indus, im heutigen Pakistan, entwickelten. Sie unterhielten Handelsverkehr mit ersten sumerisch-babylonischen Reichen in Mesopotamien.

Der weiße Elefant des Donnergottes Indra

Die arischen Hirtenkrieger, die um 1800 v. Chr. Nordindien eroberten, haben während ihrer ersten Herrschaftsphase noch dem Pferd den Vorrang vor dem Elefanten gegeben. Ihr Blitze schleudernder Donnergott Indra stürmte wie ein Feldherr auf goldenem Streitwagen, mit wehenden blonden Haaren Rösser lenkend, durch Himmelsweiten. Später übernahmen sie den vorgefundenen urgewaltigen Rüsselriesen in ihre Mythen.

Als die arischen Kriegerstämme in Nordindien einfielen, war die Hochkultur am Indus schon verfallen. Es dürften aber festgebaute Siedlungen und Befestigungen vereinzelt weiterbestanden haben. So ist in dem um 1200 v. Chr. entstandenen »Rigveda«, dem ältesten schriftlichen Zeugnis, über den Siegeszug der Arier und ihres Donnergottes Indra zu lesen: »Mit dem alles überwältigenden Wagenrad hast Du, o Indra / Du Weltberühmter, die zweimal zehn Menschenherrscher gestürzt. / Mit sechzigtausend neunundneunzig Gefährten / schreitest Du von Kampf zu Kampf, ohne zu zittern./ Zerstörst Du Burg um Burg, hier, voller Kraft...« Die vierteiligen, auf mündlichen Überlieferungen basierenden »Veden« sind Sammlungen religiöser Hymnen, Anweisungen für priesterliche Opferrituale und Zaubersprüche, die gewisse Einblicke in das Volksleben während jener Jahrhunderte bieten. Auch vom Elefanten ist in dem kanonischen Werk der arischen Priesterschaft, der Brahmanen, die Rede.

Die großgewachsenen, hellhäutigen und langgesichtigen Eroberer kamen mit Pferd und Streitwagen und ihren Göttern aus den Steppenweiten Turkestans. Sie waren eine Teilgruppe der großen indogermanischen Völkerfamilie, deren Urheimat in Zentralasien oder Südrußland vermutet wird. In einer über Jahrhunderte gestaffelten Folge von Wanderungsschüben besetzten sie, nach allen Seiten ausstrahlend, die Siedlungsräume ihrer historischen Nachfahren: der Inder und Perser, der Griechen und Römer, der Kelten, Germanen und Slawen.

Entlang der Stromsysteme des Indus und Ganges rückten die Eroberer weiter vor. Die vorgefundenen dunkelhäutigen Volksgruppen nannten sie verächtlich die ›Schwarzen‹ (Dasyu) oder die ›Nasenlosen‹ (Anasah). Überall trafen sie auf Elefanten, erfuhren sie von den Praktiken der Zähmung. So konnten die entstehenden arischen Königreiche schon sehr früh Kriegselefanten bei Rivalitätskämpfen ins Feld führen, neben den adeligen Kriegern in doppelbespannten Streitwagen. Über das Geschehen in diesen dunklen Jahrhunderten fehlen überlieferte Zeugnisse. Die alten Inder hatten keinen Herodot. Eine Geschichtsschreibung wurde nicht gepflegt. Religiöse Schriften in klassischem Sanskrit erwähnen nur beiläufig den Elefanten, der wild sei, aber dem Menschen treu ergeben und vor dem sich sogar der Tiger im Dschungel fürchtet.

Indra reitet auf Airavata
Mogul-Periode, 16. Jh.
Gouache auf Papier
Museum Neu-Delhi

In bildlichen Darstellungen reitet Indra auf dem weißen Elefanten Airavata, der vier Stoßzähne hat, durch die Wolkenregionen. Airavata, der in den Urzeiten des Kosmos dem Milchozean entstieg, aus dem die Götter den Nektar ihrer Unsterblichkeit butterten, ist der Stammvater des Elefantengeschlechts.

Aus dem harten Rassengegensatz zwischen den hellhäutigen Eroberern und den dunkelhäutigen, verschiedenen ethnischen Gruppen zuzurechnenden Altbewohnern formte sich die soziale Struktur der indischen Gesellschaft, das unverwechselbare ›Gesicht Indiens‹. Es entstanden die ersten vier Kasten, durch rituelle Reinheitsvorschriften streng gegeneinander abgegrenzt und nach Rang abgestuft: die arischen Brahmanen (Priester); der arische Adel (Kshatriya); Kaufleute, Handwerker und Bauern (Vaishya) und die unterste verachtete Paria-Kaste (Shudra). Das Kastenwesen, inzwischen durch zahllose Unterteilungen aufgefächert, hält Indiens Gesellschaftsstruktur in starrer Unbeweglichkeit. Die Zugehörigkeit zu einer Kaste wird unwiderruflich durch Geburt bestimmt.

Es waren indische Lehrmeister, die in den folgenden Jahrhunderten die Kunst der Zähmung und der Dressur von Elefanten den Nachbarvölkern Südostasiens vermittelten.

Der Elefant im Zweistromland

Fragment mit Händen
8. Jh. v. Chr., Elfenbein
Länge 5 cm, Nimrud
Nordwestpalast
British Museum, London

Der Elefant war für die assyrischen Herrscher begehrtes Jagdtier – vor allem wegen des Elfenbeins, an dem sich früh assyrische Kunstfertigkeit erwies.

Zu Beginn der geschichtlichen Zeit reichte das Verbreitungsgebiet des asiatischen Elefanten vom südlichen China bis nach Syrien, wo er noch bis ins 8. vorchristliche Jahrhundert in freier Wildbahn lebte. Wälder bedeckten damals die heutigen Trockenzonen. Der graue Riese war schon den Sumerern bekannt, einem schöpferischen Volk unbekannter Herkunft, das seit Ende des 4. vorchristlichen Jahrtausends im südlichen und mittleren Mesopotamien unter Priester- und Fürstenherrschaft eine Hochkultur entwickelte, die auch über eine Schrift verfügte: die Keilschrift. Es waltete Tempelwirtschaft und Tempellagerhaltung in Regie einer mächtigen Priesterschaft.

Unter den Ausgrabungsfunden in den einstigen Zentren sumerischer Königtümer wie Uruk, Ur, Kisch usw. befindet sich auch eine um 2000 v. Chr. entstandene Terrakotta-Darstellung eines Elefanten mit Reiter. Es kann daraus nicht geschlossen werden, daß im Zweistromland Elefanten domestiziert wurden. Dafür fehlen überlieferte Zeugnisse. Möglich ist, daß es sich bei der Figur um eine Arbeit aus dem Indus-Kulturbereich handelt, die durch Handelsaustausch nach Mesopotamien kam. Vor allem die Stadt Ur, damals noch Hafenplatz am Persischen Golf, pflegte regen Warenaustausch mit den frühgeschichtlichen Gemeinwesen am Indus. Vereinzelt wurden Elefanten, die noch in nördlichen Bergwäldern lebten, gefangen und in Tiergärten gehalten. Eine besondere Rolle spielte der graue Riese jedoch nicht in dieser Kultur.

Zwischen Euphrat und Tigris entwickelten die Sumerer eine Hochkultur, deren Zeugnis, die Keilschrift, bis heute Bewunderung hervorruft. Zwar kannten die Sumerer den Elefanten, doch wissen wir nicht, ob sie ihn sich auch dienstbar machten: Ausgrabungen in den Zentren ihrer Kultur, etwa in Kisch oder Ur, brachten Figuren von berittenen Elefanten zum Vorschein – doch diese weisen eher die Handschrift eines Meisters aus Harappa auf und belegen den Handelsverkehr zwischen beiden Kulturen im 3. Jahrtausend v. Chr.

Für die späteren Könige Babylons, das seit Beginn des 2. Jahrtausends v. Chr. das bestimmende Kulturzentrum ganz Vorderasiens war, sowie für die im 8. und 7. vorchristlichen Jahrhundert dominierenden assyrischen Herrscher war der Elefant vor allem ein hochgeschätztes Jagdtier. Begehrt war das Elfenbein der Stoßzähne, aus dem Künstler schon sehr früh kleine Skulpturen und allerlei Luxuszierat fertigten. Es ist überliefert, daß der assyrische König Tiglatpilesar I. um 1100 v. Chr. mächtige Elefantenbullen erlegte.

Weiter heißt es: »Vier Elefanten fing ich lebend« – wohl für seine Tiergärten. Elefanten zählten auch zur Kriegsbeute, die der assyrische König Salmanassar III. (859–824 v. Chr.) von einem siegreichen Feldzug nach Syrien heimbrachte. Seine Kriegstaten und Triumphe verherrlicht der berühmte, 2 m hohe ›Schwarze Siegesobelisk‹, der heute im British Museum, London zu sehen ist Unter den Darstellungen der fünf umlaufenden Reliefbänder findet sich auch ein Elefant.

Die Kunst der Elefantenzähmung und -dressur wurde den Völkern der vorderasiatischen Landbrücke und am Mittelmeer erst nach dem revolutionierenden Indienfeldzug Alexanders des Großen im 4. vorchristlichen Jahrhundert vertraut. Die indischen Mahouts (Elefantenführer) der Kriegselefanten seiner großen Armee trugen ihre Erfahrung auch in die Teilreiche der Diadochen, der Nachfolger des großen Königs: der Seleukiden in Syrien und der Ptolemäer in Ägypten vor allem.

Der Elefant war den Dynastien der Diadochen – und später auch den Karthagern – vor allem ›Kriegsmaschine‹. Dieser Phase der Leidensgeschichte des friedsamen Tieres ist ein eigenes Kapitel vorbehalten.

Detail aus: *Der Schwarze Obelisk Salmanassars III.* (858–824 v. Chr.)
Nimrud, um 825 v. Chr.
Diorit, Höhe 202 cm
British Museum, London

Die in Bändern umlaufenden Reliefs mit je vier Szenen berichten von den siegreichen Syrien-Feldzügen des assyrischen Königs. Oben: Zu den Tributleistungen der unterworfenen Völker zählte auch ein Elefant.

Der ›abu‹ der Pharaonen

Tributszene aus dem Grab des Rechmire
Neues Reich, 18. Dynastie
um 1450 v. Chr.
Wandmalerei
Grab des Rechmire, Theben-West, Ägypten

Zu den größten Beamtengräbern der thebanischen Nekropole gehört die Anlage des Rechmire, der unter Thutmosis III. als Wesir amtierte. Zu den Aufgaben dieses höchsten Staatsbeamten gehörte auch die korrekte administrative Abwicklung der gewaltigen Tributleistungen, die in der 18. Dynastie nach Ägypten gelangten. Eine ganze Wandpartie in seinem Grab ist diesem Thema gewidmet und zeigt die verschiedenen ausländischen Delegationen mit ihren landestypischen Abgaben bzw. Waren. Die Mitglieder der nubischen Tributszene sind anhand der Physiognomie, Haartracht und Fellschurzen eindeutig als Männer aus dem Süden zu erkennen. Sie haben unter anderem Elefantenzähne geschultert und führen exotische Tiere wie einen Geparden und einen Mantelpavian mit sich.

Im Reich der Pharaonen war der Elefant ein wohlbekanntes Wesen, das aber im Alltag und in der Mythologie keine Rolle spielte. Noch nach der Staatsgründung, um 3100 v. Chr., und bis weit in die Zeit des Alten Reiches hinein, lebten kleinere Bestände des afrikanischen Elefanten im Bereich der Ostwüste von Oberägypten. Eine Klimaverschlechterung um die Mitte des dritten vorchristlichen Jahrtausends zwang die Dickhäuter zur Abwanderung in die von spärlichem Baumbestand geprägten Savannen Nubiens. Im Laufe der Geschichte wurden die Elefanten dann immer mehr nach Süden abgedrängt, so daß sie in der Ptolemäerzeit (3.–1. Jh. v. Chr.) schließlich erst beiderseits des 20. südlichen Breitengrades anzutreffen waren.

Im Einflußbereich Ägyptens bildeten sich am Oberlauf des Nil wechselnde Kulturen mit eigenen staatlichen Strukturen aus. Erst die Pharaonen des Neuen Reiches (um 1550–1070 v. Chr.) erlangten die vollständige Kontrolle über den nubischen Großraum und stellten ihn unter die Verwaltung eines Vizekönigs, des sogenannten ›Königssohns von Kusch‹. Die Bezeichnung Kusch wurde seit dieser Zeit synonym für Nubien schlechthin gebraucht. Die Griechen und Römer nannten das ferne, geheimnisvolle Land, wie alle Gebiete südlich des Pharaonenreiches, pauschal Äthiopien (griechisch aithiopia).

Das Königreich Kusch war den alten Ägyptern Hinterland, das vor allem Gold, Elfenbein und Ebenholz lieferte. Auch die militärische Präsenz und häufig notwendige Strafexpeditionen dienten letztlich nur der Absicherung der wirtschaftlichen Interessenslage. Ausgangspunkt der ägyptischen Unternehmungen in Nubien war die befestigte Stadtanlage auf der Nilinsel gegenüber dem heutigen Assuan, ›Elephantine‹ genannt, dem traditionellen Einfalltor Richtung Süden.

Schon während der 6. Dynastie (um 2230 v. Chr.) zog der Gaufürst von Elephantine, Herchuef mehrfach mit Karawanen südwärts. Nach einer Inschrift in seinem Grab erreichte er bei seinem dritten Vorstoß die Gebiete jenseits des zweiten Katarakts, von wo er Weihrauch, Elfenbein und andere Güter zurückbrachte.

Die Königin Hatschepsut (1479–1457) schickte Schiffe zum Lande ›Punt‹, ein Gebiet an der Küste des Roten Meeres im Bereich des heutigen Eritrea, von wo sie neben Weihrauch auch Elfenbein holen sollten. Die Sockelinschrift des großen Obelisken der Pharaonin im Reichstempel des Gottes Amun-Re überliefert Tributleistungen in Form von 700 Elefantenzähnen aus Libyen.

Unter den Nachfolgern der Hatschepsut wurde neben Elfenbein als Rohmaterial auch fertiges Mobiliar mit Elfenbeinauflagen angeliefert. Die Verwendung des Luxusmaterials war den Herr-

Links:
Zeichnung nach einer Tributszene aus dem Grab des Rechmire: ein asiatischer Kleinelefant als syrischer Tribut an Thutmosis III

Elfenbeintruhe
Theben-West, Tal der Könige, Grab des Tutanchamun (KV 62)
18. Dynastie
um 1325 v. Chr.
Holz, Elfenbein, Bronze
Höhe 48,5 cm
Länge 72 cm
Breite 53 cm
Ägyptisches Museum, Kairo

schern und der hohen Beamtenschaft vorbehalten und gehörte entsprechend zu den wichtigen Grabbeigaben, wie die Funde aus dem Grabschatz des Tutanchamun (um 1330 v. Chr.) unterstreichen.

Wie schon sein Großvater Thutmosis I. ging auch der große Pharao Thutmosis III. (1457–1425 v. Chr.), unter dem Ägypten zur Hegemonialmacht im Nahen Osten aufstieg, während eines Feldzugs in Syrien bei Nija auf Elefantenjagd. Er soll dabei mit seinem Gefolge »der Stoßzähne wegen« 120 Dickhäuter erlegt haben, wobei der König persönlich mit dem größten Tier der Herde kämpfte.Ein Wandbild im Grabe seines Wesirs Rechmire zeigt einen syrischen Elefanten als Bestandteil einer Tributszene.

Die ägyptische Bezeichnung für den Elefanten, das Elfenbein und den Ort Elephantine lautet in der Hieroglyphenschrift der alten Ägypter einheitlich: ›abu‹, dem das Deutzeichen in Gestalt eines Elefanten oder seines Stoßzahns hinzugefügt wurde. Die Römer haben daraus das lateinische ›ebur‹ abgeleitet, woraus wiederum das französische ›ivoire‹ und das englische ›ivory‹ entstanden.

Adrien Guignet (1816–1854)
Kambyses und Psammetich
(Detail), 1841
Öl auf Leinwand, 114 x 211 cm
Musée du Louvre, Paris

In der Schlacht bei Pelusium wurde 525 v. Chr. der Pharao Psammetich III. vom Perserkönig Kambyses geschlagen und entthront. Ägypten wurde Satrapie des persischen Großreiches. Guignets Gemälde erinnert an eine Episode, die sich am Rande des dramatischen Geschehens zugetragen haben soll und die der griechische Geschichtsschreiber Herodot im 3. Buch ›thaleia‹ überlieferte. Da die Ägypter persische Unterhändler ermordet hatten, statuierte Kambyses ein Exempel. Er ließ Töchter vornehmer Ägypter in Sklavenkleidern am Pharao vorbei zum Wasserholen führen. Dann wurden die Söhne der ägyptischen Prominenz, die getötet werden sollten, vorbeigetrieben. Der Pharao (links oben im Bild) sitzt vor einem Schandpfahl. Ein Grab ist schon geplündert.

Ritualbronze aus der Zeit der Westlichen Chou-Dynastie (1100–771 v. Chr.)
Bronze, 24 x 28 cm
City Museum, Baoji, China

Das Opfergefäß wurde 1974 in einem Doppelgrab gefunden. Man barg auch neun in einfachen Särgen mitbestattete Menschenopfer. Die plump-skurrile Form der Tiergestalt läßt darauf schließen, daß der Künstler noch keinen Dickhäuter gesehen hatte: Zur Zeit der Westlichen Chou-Dynastie waren Elefanten bereits von Zentralchina nach Süden abgewandert. Elefanten-Bronzen aus früherer Zeit, als es dort noch Elefanten gab, waren naturgetreuer gestaltet.

Elefanten im alten China

Während der Bronzezeit haben noch Elefanten in den Wäldern am Gelben Fluß gelebt. In der Ära der Shang-Dynastie (16.–11. Jh. v. Chr.) scheint der Koloß gelegentlich gezähmt und als Arbeitstier eingesetzt worden zu sein. Die Gestalt des Elefanten taucht im Reliefdekor erster Ritualbronzen auf; auch vollplastisch wurde er in der Zeit der Shang-Dynastie mit sicherem Formgefühl dargestellt. Mit zunehmender Bevölkerungsdichte wurden die Rüsselriesen in die von Viets und anderen Fremdvölkern bewohnten Gebiete südlich des Jangtsekiang abgedrängt. Mit diesen Völkerschaften, in deren Alltag der Elefant integriert blieb, trieben die Chinesen regen Warenaustausch. So war der Dickhäuter schon im werdenden ›Reich der Mitte‹ ein vertrautes Wesen.

Das aus einer bildhaften Vorform entwickelte abstrahierte chinesische Wortzeichen ›Elefant‹.

Zu Wasser und zu Land kamen allerlei Elefantenprodukte in die nördlichen chinesischen Stammlande: das vom Kunsthandwerk begehrte Elfenbein, das fein geschabt und in Wein gekocht auch Heilmittel gegen vielerlei Gebrechen war; Elefantenhäute, aus denen pfeilsichere Kriegerrüstungen gefertigt wurden und die man aufgeweicht als heilende Wundverbände benutzte, und Elefantenfleisch. Der Rüssel galt als Leckerbissen. Am kaiserlichen Hof wurden seit alters exklusive Tiergärten unterhalten, die dem Herrscher und allerhöchsten Höflingen vorbehalten waren. Erste historische Erwähnungen zoologischer Anlagen datieren aus der Zeit um 1400 v. Chr. Besondere Prunkstücke der ›Tiersammlungen‹ dürften immer wieder Elefanten gewesen sein.

Die Chinesen hatten für den grauen Koloß sehr früh ein Wortzeichen, dessen ursprüngliche, naturalistische Figürlichkeit im Laufe der Jahrhunderte zu dem klassischen Zeichen abstrahiert wurde, das für den Elefanten steht.

In der Folge der Dynastien wurde der Süden allmählich von chinesischen Händlern und Siedlern unterwandert und schließlich unter den Han-Kaisern (206 v.Chr.–220 n.Chr.) in das ›Reich der Mitte‹ eingegliedert und sinisiert. Der Elefant, auf dessen Zähmung sich die Völkerschaften an der südlichen Reichsgrenze, die Viets und die Thaistämme, verstanden, blieb jedoch bis ins Mittelalter exotische Randerscheinung im chinesischen Bauern- und Beamtenstaat.

Elefant mit Pagode, die als Räuchergefäß diente
5./6. Jahrhundert
Bronze

Ritualbronze mit Spiralen und Hakendekor aus der späten Shang-Periode, 12./11. Jh. v. Chr.
Bronze
Provinz-Museum, Hunan, China

Während dieser frühgeschichtlichen Periode lebten in Zentralchina noch Elefanten, was die realistische Darstellung erklärt. Fortschreitende Besiedlung begann die Tiere jedoch nach Süden über den Jangtsekiang abzudrängen.

Ein von Elefanten gezogener Wagen, in dem vermutlich eine Konkubine sitzt, ist Teil einer kaiserlichen Prozession.
Malerei auf Seide

»Wo Elefanten, da Sieg ...«

Für Kriegszwecke wurden Elefanten zuerst in Indien eingesetzt. Ihre Hilfe war gefordert, wenn es im Gemetzel der Völkerschaften um Leben oder Tod ging. Um die friedlichen Tiere an den Schlachtenlärm zu gewöhnen und um ihre animalische Wut angesichts anbrandender feindlicher Heerhaufen zu mobilisieren, wurden sie einem besonders brutalen Training unterzogen. Sie wurden wider ihre Natur gezwungen, Menschen zu zertrampeln, mit den Stoßzähnen zu durchbohren und mit dem Rüssel todbringend zu greifen und zu schlagen.

Später trugen die Kriegselefanten, die mit einer ›Rüstung‹ aus feuergehärteten Lederüberwürfen gegen Pfeilbeschuß geschützt wurden, große Körbe und Kästen – darin saßen Bogenschützen, Lanzenwerfern oder Schleuderer. Oder aber hohe Turmgerüste wurden ihnen aufgeladen, wenn Festungsmauern bezwungen werden mußten. Ihre Riesenkraft war gefordert, wenn es galt, Palisaden und Wehranlagen des Gegners einzureißen.

Fragment eines Kriegselefanten
1. Jh. v. Chr.
Sandstein, Großer Stupa von Senehi, Indien

Der Kriegselefant trägt eine Schutzdecke. Hinter dem Mahout sitzt der Pfeilschütze. Die Skulptur ist über einem Tor der Umfriedung des Großen Stupa von Senehi, Zentralindien, angebracht.

Elefantenkorps waren der Stolz der Könige. Überschwenglich rühmen die altindischen Lehrbücher der Kriegskunst den überragenden Kampfwert der Giganten. Über deren Schwächen auf dem Kampffeld wird euphorisch hinweggesehen:

»Der Sieg der Könige beruht vornehmlich auf den Elefanten. Unmäßig groß zermalmen sie, zum Töten abgerichtet, Schlachtreihen, Heerhaufen, Festungen und Heerlager der Feinde...

Die Reiche der Herrscher beruhen auf den Elefanten, die, wie dunkle Wolken schimmernd, von duftendem Brunstsaft triefend, mit den Schlägen ihrer Stoßzähne Mauern zerbrechen ...«

In der viergliedrigen indischen Schlachtordnung – Elefanten, Streitwagen, Reiterei und Fußvolk – stehen die Elefanten in der vordersten Linie. Ihr Ansturm in der offenen Feldschlacht soll »das festgeschlossene Heer des Feindes ... zersprengen und wenn der Feind durch Angriff von vorn zum Wanken oder zur Flucht gebracht ist, mit der Reiterei vereint ihn im Rücken ... fassen.« Im Bewegungskrieg erfüllen die Elefanten nach den Lehrbuchregeln auch Aufgaben der Kavallerie.

Gerühmt wird auch die Schnelligkeit der Elefanten. Die besten männlichen Tiere könnten, heißt es in kräftiger Übertreibung, eine Spitzenmarschleistung bis zu 10 yojana (rund 100 km) am Tage erreichen, mittlere 7 und geringe 5 yojana. Für weibliche Tiere werden 4 bis 7 yojana angegeben. Die Tagesmarschleistung des gesamten Heeres mit Troß, Kriegsschatz und Harem des Königs ist auf nur 1–2 yojana veranschlagt.

Elefanten meistern auch Geländebereiche, die für Pferde nur schwer oder gar nicht gangbar sind. Sie sind im Dschungel zu Hause, wo sie Dickicht niedertrampeln und Wege bahnen. Auch Sümpfe und Wasserläufe überwinden sie leichter als Pferde. Und sie sind hervorragende Kletterer: ohne zu scheuen, bewegen sich die Giganten mit erstaunlicher Geschicklichkeit auf schwindelnden Bergpfaden.

In der Schlacht galten Elefanten als verläßlicher Rückhalt für wankende Heerhaufen, vor allem, wenn sie sich, nach allen Seiten abwehrbereit, zu einem Ring formierten, zu einem ›Topf‹, wie es in den alten Lehrbüchern heißt. Die ›Unvergleichlichkeit‹ und ›Großartigkeit‹ des Kriegselefanten besingt vor allem das Buch der Elefantenheilkunde:

»Erbarmungslos und gewaltig sind die Elefanten als Schwert; sie allein beschirmen, kämpfen und tragen zugleich an der Spitze der Schlachtreihen ... Ein gerüsteter, kraftglühender Elefantenheld, auf dem ein Kämpfer sitzt, besiegt ganz allein 6000 Pferde.

Mühsam geben sie ihr Leben auf; Elefanten haben herrliche Leiber. An einem Axthieb sterben Pferd und Mann; hundert Axthiebe hält wohl ein Elefant in Schlachten aus. Den Pfad zur Hölle, den der Mörder eines Brahmanen, des Vaters oder der Mutter geht, den geht, wer ein Mädchen betrügt, eine Frau mordet oder das Bett des geistlichen Lehrers entweiht; den geht auch ein Krieger, der einen Elefanten in der Schlacht im Stich läßt. Wo Wahrheit ist, ist Recht; wo Recht ist, waltet Gutes; wo Schönheit, da edles Wesen, und wo Elefanten, da Sieg ...«

Es war gewiß bekannt, daß Elefanten, deren Kampfwert die altindische Kriegskunde mit dem von 5 Reitern oder 15 Fußsoldaten gleichsetzt, zur Gefahr für die eigenen Reihen werden konnten: wenn ihre Lenker, die Mahouts, getötet wurden und sie wie steuerlose Schiffe in der Schlacht trieben; oder wenn sie von Pfeilen oder Wurfspießen gemartert in Panik gerieten und fliehend das eigene Heer ins Chaos rissen. Dies wurde aber ignoriert, um nicht das Unheil zu beschwören. Die westlichen Völker der Antike bewerteten den Kampfwert von Kriegselefanten nüchterner als die Asiaten.

Indischer Kriegselefant in Rüstung, 18. Jahrhundert
Eisenverstärktes Bast-und Ledergewebe, Gewicht 118 kg
Tower, London

Die oft eisenverstärkten Panzer wurden aus schweren Bastgeweben und feuergehärtetem Leder gefertigt. Bei dem Prunkmodell sind auch Kopf und Rüssel geschützt. Ein verlängertes schweres Eisengeflecht um den Rüssel konnte auch als Schlagwaffe dienen.

Indiens Elefantenkultur

Die europäische Tierdarstellung gipfelt seit der griechisch-römischen Klassik im Bild des Pferdes. In Indien konnte es das Pferd nicht gleichtun mit dem Elefanten, mochten auch die arischen Eroberer auf Pferderücken den Halbkontinent unterworfen haben. Ihr Hirtenkriegertum verschwand schnell im Meer der Ackerbau und Handel treibenden Urbevölkerung. Als im 6./5. Jahrhundert vor der Zeitenwende erste Königreiche in Indien entstanden, war der Elefant schon ein Symbol für Größe, Macht und Würde der Herrscher, Stolz der dominierenden Kasten des Adels und der brahmanischen Priesterschaft. Der graue Riese wurde einbezogen in religiöse Kulte, in denen polytheistische Vorstellungen der arischen Eroberer verschmolzen mit dem vorgefundenen Fruchtbarkeitszauber um weibliche Gottheiten. Den indischen Olymp bevölkerten vermenschlichte Götter, denen auch der Elefant zu Diensten war.

Raja Ram Singh, um 1855
Sammlung Kota, Rajasthan, Indien

In verschwenderischem Prunkgehabe auf Elefantenrücken thronend und begleitet von dienendem Hofgefolge, pflegten Indiens Maharajas ihre Macht und Herrlichkeit vor dem Volk zu demonstrieren. Prächtig aufgezäumte Elefanten, denen altindische Überlieferungen »Wesensgleichheit mit Königen« zuschrieben, verliehen offiziellen Auftritten besonderen Glanz.

Elefant mit Howdah, 19. Jh.
Elfenbein, teilweise bemalt und vergoldet
Höhe ca. 60 cm, Länge ca. 41 cm
Staatliches Museum für Völkerkunde, München

Die kostbare indische Schnitzarbeit zeigt den Prunk, der Staatselefanten einhüllte. Auch die aufgesattelte Howdah, in der zwei Würdenträger unter säulengestützten Kuppelbaldachinen sitzen, ist zu einem Kunsthandwerk ausgestaltet.

Von den Göttern in himmlischen Dienst genommen

In keinem anderen Land ist der Elefant so in den Alltag, in die Arbeitswelt, in das Prunkgehabe der Festlichkeiten und in die Mythen der religiösen Kulte integriert worden wie in Indien. Und niemand weiß bis heute einfühlsamer mit diesem Tier umzugehen, ihm Gebieter und gleichzeitig beständiger Freund zu sein, als der indische Elefantenlenker alter Schule, der Mahout. Auf dem Halbkontinent herrscht ein freundlicheres Klima zwischen Mensch und Tier als anderswo. Der westliche Mensch will die Natur, die belebte und die unbelebte, beherrschen, und er kann sich dabei auf die Bibel berufen. Als Gott den Menschen ›als Mann und Weib‹ geschaffen hatte, sprach er: »... seid fruchtbar und mehret euch und füllet die Erde und machet sie euch untertan und herrschet über die Fische im Meer und über die Vögel unter dem Himmel und über das Vieh und alles Getier, das auf Erden kriecht ...« (1. Buch Mose)

Gewiß soll der zivilisierte Mensch unnötige Grausamkeit gegenüber dem Tier vermeiden; aber er kann nach Belieben darüber verfügen, das Tier verwerten, wie immer es ihm nützlich ist. Nach dem Zivilrecht gilt das Tier nur als Sache.

Den Indern haben die großen Religionen, der Hinduismus und der Buddhismus, mit ihrem Gesetz der Gewaltlosigkeit und der Lehre von der Reinkarnation, der Seelenwanderung, tiefe Ehrfurcht vor der Natur in allen ihren Erscheinungsformen eingeprägt. Tiere und Menschen sind nur verschiedene Manifestationen der alles bewegenden kosmischen Kraft – auch die verwirrende Götterschar, die sich um die hinduistische ›Dreifaltigkeit‹ ordnet: um Brahma, den Weltschöpfer, Vishnu, den Welterhalter, und Shiva, den Zerstörer und Neuschöpfer, den Gott des ewigen Werdens und Vergehens.

Indern ist stets gegenwärtig, daß sie von der Natur kommen und nach dem Tod wieder in sie eingehen; die Seele kann auf dem langen Weg zu vollkommener Läuterung auch in einem Tierkörper wiedergeboren werden, je nach der bisherigen Lebensführung höher oder tiefer eingestuft. Alles Leben gilt als heilig, wie immer sich der Mensch daran versündigen mag. Die verehrten Kühe genießen im Verkehrsgewühl der modernen Großstadt absoluten Schutz, was nicht ausschließt, daß man sie in Verwahrlosung auch hinsiechen läßt. Selbst für Ratten und Schlangen haben Hindus in ausufernder Gläubigkeit Tempel errichtet. In Großstädten gibt es Asyle, wo alte und kranke Tiere ihr Gnadenbrot erhalten; sie zu töten ist verboten. Auch Arbeitselefanten, die der Traktor in den Wäldern arbeitslos gemacht hat, werden weiterhin versorgt.

In der tierfreundlichen religiösen Grundstimmung wurzelt die besondere Wertschätzung und Verehrung, die der Elefant genießt, den sogar die Götter in himmlischen Dienst genommen haben.

Für einen Festzug in Jaipur prunkvoll aufgeputzte Elefanten. Bis zur Rüsselspitze wurden bunte Ornamente aufgemalt.

Die geflügelten Elefanten der Hindu-Mythologie

Indra und Sacki reiten auf dem Elefant Airavata, Rajasthan, Indien, ca. 1740
Gouache, Gold und Silber auf Papier, 27 x 42,5 cm
County Museum of Art, Los Angeles

Der Kriegsgott Indra mit einer Gefährtin auf dem göttlichen Elefanten Airavata. Die Darstellung zeigt das himmlische Reittier mit fünf Köpfen statt mit den sonst typischen vier Stoßzähnen.

Die ersten Elefanten hatten der Sage nach Flügel, und sie paarten sich mit den Wolken. Eines Tages jedoch ließen sich einige Elefanten auf einem Baum nieder, unter dem ein heiliger Mann seine Schüler unterwies. Da brach unter dem Gewicht der gewaltigen Tiere ein Ast, der einige Schüler erschlug. Voller Zorn flehte der heilige Mann zu den Göttern, den Elefanten die Flügel zu nehmen. Die Himmlischen erfüllten die Bitte. Die Elefanten blieben weiterhin mit den Wolken gut Freund: zum Trost wurde ihnen das Recht belassen, von den Wolken Regen zu erbitten. So wurden sie zu Fürsprechern der Menschen, die unter Dürre litten und vom Himmel Regen erflehten.

Eine andere Legende führt den Ursprung des Elefanten auf Brahma zurück, den die indische Priesterschaft auf der Suche nach einem einzigen Weltenherrscher zeitweise zum Gestalter des Universums erhob. Eines Tages sang Brahma, in jeder Hand eine halbe Eierschale haltend, eine heilige Melodie. Da entwuchs der Schale in seiner rechten Hand zuerst der heilige weiße Elefant Airavata, gefolgt von sieben weiteren Elefantenbullen, und aus der Schale in seiner Linken kamen acht Elefantenkühe. Von diesen himmlischen Urahnen stammen alle Elefanten ab. Die acht Stammväter wurden nach der Legende zu Trägern und Wächtern des Kosmos.

In beispielloser Beharrung, die auch das Kastenwesen bestehen läßt, halten die Inder an ihren Götter-Mythen fest, von den Anfängen ihrer Kultur bis heute. Die Legenden um die Götter sind lebendiger Glaubensbestandteil der verschiedenen religiösen Richtungen und Sekten. Bemühungen von Priestern und Philosophen um ein pantheistisches oder monotheistisches System führten nicht weiter. Indiens verwirrender Götterhimmel füllte sich im Lauf der Zeiten immer mehr mit überirdischen Wesen, die in Bildwerken überall gegenwärtig sind. Die sinnlich vorstellbaren, in Naturkräften waltenden und dem Menschlich-allzu-Menschlichem nicht entrückten Gottheiten und deren dämonische Widersacher werden bis heute verehrt. Man fleht sie inbrünstig an und bittet oder beschwichtigt mit Opfern. In den blumigen Götterlegenden ist immer wieder der Elefant für besondere himmlische Dienste ausersehen.

Der Liebesgott Kama

Der vom schöpferischen Geist zum Liebesgott gewandelte Kama wechselt zuweilen von seinem angestammten Reittier, dem Papagei, auf den Elefantenrücken. Er wird begleitet von seiner Frau Rati (der Leidenschaft), seinem Freund Vasanta (dem Frühling) und verführerischen Nymphen, den Apsaras. Der Schönste der Himmlischen verschießt vor allem im Frühling seine Blumenpfeile des Begehrens auf junge Mädchen, Ehefrauen und Asketen, wobei ihm Vasanta die jeweils passende Blume sinnlichen Begehrens reicht.

Als er einmal auf den meditierenden Gott Shiva schoß, den großen Zerstörer und Neubeleber, den Herrn des ewigen Werdens und Vergehens, verbrannte ihn dieser mit dem Strahl seines dritten Auges zu Asche. Da jedoch mit Kama die Liebe von der Erde verschwand und das Leben zu verdorren begann, baten die anderen Götter Shiva um Nachsicht für den Übeltäter.

Der beleidigte göttliche Asket erlaubte schließlich, daß Kama wiedergeboren wurde. Der ziellos umherschweifende Liebesgott hat im sinnenfrohen Indien die Phantasie der Künstler, der Maler besonders, beflügelt.

Der Kriegsgott Indra mit Flammendolchen
Victoria & Albert Museum, London

Malerei aus dem alten südindischen Kunstzentrum Trichinopoly (heute Truchirapalli)
Victoria & Albert Museum, London

Frauenleiber fügen sich zum Körper eines Elefanten, auf dem Kama, der Gott der Liebe, thront.

Eine andere Darstellung des indischen ›Amor‹, des Liebesgottes Kama, der im Frühling Blumenpfeile des Begehrens verschießt.

Der tanzende Ganesha
Nordindien, 8. Jh.
Grauer Stein
Russeck-Collection, Schweiz

Ganesha ist eine der universellsten Gottheiten Indiens. Am Sockel ist die Ratte Akhu dargestellt, die ihm auch als Reittier dient.

Der elefantenköpfige Ganesha

Inder halten den Elefanten für das klügste aller Tiere, und die Götter ihres Olymps teilen diese Wertschätzung. So ergab es sich nicht von ungefähr, daß der Schirmherr der Weisheit, der Gelehrsamkeit und des Wohlstands einen klugen Elefantenkopf auf die Schultern gesetzt bekam: der volkstümliche, behäbige Ganesha. Es ist gut, ihn, den »Herrn der seligen Scharen«, vor jedem Unternehmen und Beginnen anzurufen, ob in Geschäften oder am Schreibtisch.

In unzähligen Bildwerken ist Ganesha dargestellt: dickbäuchig, der schwere Rüsselkopf mit nur einem ausgebildeten Stoßzahn über einem elefantenplumpen Menschenkörper, vierarmig und meist in Gesellschaft eines erstaunlichen Reittiers und Begleiters, der Ratte. Das gewaltigste der Tiere teilt mit dem kleinen Nager die Fähigkeit, Hindernisse zu zerteilen. Er, der Gigant, bricht und tritt nieder, was ihm in den Weg kommt; die Ratte beißt und windet sich durch Barrieren, die der Riese nicht schafft. Die üppige Leibesfülle ist seinen Verehrern Glückssymbol satter Wohlhabenheit; der rundgewölbte Bauch zeugt von seiner gar menschlichen Empfänglichkeit für Opfergaben, für die er in himmlischer Gegenleistung Hilfe leiht.

Ganesha, Madras, 20. Jh.
Malerei auf Stoff
Privat-Sammlung

Ganesha ist der Sohn des kosmischen Bewegers Shiva, dessen Heerscharen er führt, und der schönen Parvati. Über die Herkunft seines Elefantenkopfes liefern die Mythen der Hindus zahlreiche phantasievolle Erklärungen.

Nach einer Legende hatte sich Parvati, von ihrem asketischen Gemahl vernachlässigt, lange vergeblich nach einem Sohn gesehnt. Als schließlich durch das Eingreifen des Liebesgottes Kama, der mit einem Blumenpfeil Shivas Begehren weckte, ihr Wunsch erfüllt wurde, war sie so stolz auf das schöne Kind, daß sie alle Götter drängte, es zu bewundern. Nur Sani (Saturn) blickte mit gesenktem Kopf zur Erde, da durch einen Fluch seiner Gattin alles, was er ansah, zu Asche verbrannte. Doch Parvati nötigte ihn so sehr, daß auch er aufblickte – und sogleich zerfiel der Kopf des Kindes zu Asche. In ihrem Schmerz verfluchte nun auch Parvati den unglückseligen Sani. Von Mitleid gerührt, versprach ihr der weise Schöpfergott Brahma, das Kind wieder zu beleben, sobald ein neuer Kopf gefunden wäre. Sogleich machte sich Shiva auf die Suche. An einem Flußufer fand er einen schlafenden Elefanten, dem er den Kopf für seinen Sohn abschnitt ...

Nach einer anderen Legende pflegte Shiva, vom Blumenpfeil Kamas getroffen, Parvati im Bad zu überraschen, was dieser sehr mißfiel. So schabte sie eines Tages den Erdenschmutz von ihrem Körper, mischte ihn mit Öl und geheimen Zutaten, formte Ganesha daraus und belebte ihn durch das Besprengen mit Gangeswasser. Dann beorderte sie ihn als

Zwei Brahmanen verehren Ganesha, Tanjore, Tamilnadu
Marathen-Schule, frühes 19. Jh.
Hinterglasmalerei mit Stuckdekoration auf Glas, Glasmosaik
Privat-Sammlung, Madras

Oben: Ganesha-Relief aus dem Karni-Mata-Tempel in Deshnoke, Rajasthan, Indien
Getriebenes Silber

Rechts: Der elefantenköpfige Ganesha unter einem stilisierten Flammenbogen. Der Gott der Weisheit und des Wohlstands, der Hindernisse überwinden hilft, wird vor wichtigen Vorhaben angerufen.
Aus der Sammlung des Maharajas von Mysore

Links: Figur der elefantenköpfigen Hindu-Gottheit Ganesha, Kupferstich aus Kuyperts ›De elephantis in nummis obviis‹, Hagae Comitum, 1719
Collection of the American Numismatic Society, New York

Wächter vor die Tür ihres Badehauses. Als nun Shiva wieder zu einem unerwünschten Rendezvous kam, versperrte Ganesha ihm den Weg, was den mächtigen Gott so erzürnte, daß er dem Wächter den Kopf abschlug. Parvati versank ob des Mißgeschicks ihres Geschöpfs in solches Herzeleid, daß Shiva gerührt Boten aussandte, einen neuen Kopf für Ganesha zu suchen. Diese begegneten einem Elefanten, hieben ihm den Kopf ab und eilten damit zurück zu Shiva, der Ganesha das Rüsselhaupt auf die Schultern setzte ...

Warum Ganesha nur einen ausgebildeten Stoßzahn besitzt, erklärt eine andere Legende: Eines Tages wollte Parasu-Rama, dem als sechster Inkarnation des Bewahrer-Gottes Vishnu die Ausrottung der tyrannischen Adelskaste aufgetragen war, den in seinem Palast schlafenden Shiva besuchen. Doch Ganesha verwehrte ihm den Eintritt. Es kam zum Streit, und Parasu-Rama schleuderte seine Streitaxt auf den Widersacher. Ganesha fing die Waffe, die er als die Axt seines Vaters erkannte, respektvoll mit einem Stoßzahn auf, der brach. Darüber war seine Mutter Parvati, die hinzukam, so erzürnt, daß sie Parasu-Rama verfluchen wollte. Doch Brahma gebot ihr Einhalt und versprach ihr zum Trost, daß Ganesha als Entschädigung für seinen Verlust göttliche Ehrung zuteil werden sollte ...

Rechts: Die 4,5 m hohe Ganesha-Skulptur aus dem 16. Jh. ist vielbesuchtes Pilgerziel in Hampi, Andra Pradesh, Indien. Sie befindet sich in einem Schrein am Hang des Hemakuti-Hügels und ist aus dem Granitfelsen gehauen.

Unten: Ganesha auf einem dreiköpfigen Elefanten reitend. Der vierarmig dargestellte Patron der Wissenschaftler, Kaufleute und Diebe hält symbolische Kultobjekte in Händen: Peitsche, Gabel, Dolch und Totenkopf.

Buddhas Elefanten-Inkarnation

Elefantenlegenden umranken auch Gautama Siddharta, genannt Buddha, der Asien ein halbes Jahrtausend vor Christus eine neue, sanfte Heilslehre predigte: die Befreiung aus der Gewalt, dem Elend und der Nichtigkeit des irdischen Daseins, die Erlösung aus dem ewigen Kreislauf von Geburt, Tod und Wiedergeburt durch Beschreiten des ›edlen, achtteiligen Pfades‹, der durch rechten Glauben, rechtes Sichentschließen, rechtes Reden, rechtes Tun, rechte Lebenshaltung, rechtes Sichbemühen, rechtes Sichbesinnen und rechtes Sichversenken zur Ruhe, zur Erleuchtung und in die kühle Stille des Nirvana führt, das sich jeder irdischen Erklärung

Der Bodhisattva Padmapani
6. Jh. n. Chr.
Wandmalerei
Höhle I, Ajanta, Indien

Nach der Geburtslegende Buddhas sind Bodhisattvas Wesen, deren Ziel die Erleuchtung ist. Es können dies Götter, Menschen oder Tiere sein, die als frühere Inkarnationen Buddhas angesehen werden. Auch der historische Buddha war ein Bodhisattva, bevor die Erleuchtung über ihn kam.
In der Glaubensrichtung des später dominierenden Mahajana-Buddhismus, der sich zu Beginn der christlichen Zeitrechnung entwickelte, gelten Bodhisattvas als gütige himmlische Wesen, die zwar schon die Erleuchtung erreichten, aber auf die Buddhaschaft verzichteten, um den Menschen zu helfen, das Heil zu erreichen.

entzieht – für den weltlichen Menschen ein Nichts, für den Heiligen Erfüllung und höchste Seligkeit.

Der Glaube an die Seelenwanderung von einem Leben zum anderen ist Gemeingut der verschiedenen Glaubensrichtungen Indiens. So mußte auch Buddha in einer Folge von Verkörperungen den langen Weg zu immer größerer Seelenstärke durchmessen, bis ihm schließlich nach vollkommener Weltabkehr und Läuterung die Erleuchtung zuteil wurde.

Nach einer Erzählung der frommen Legendensammlung ›Jataka‹ war der heilige Mann in einem früheren Leben im legendären schneeweißen Elefanten Chaddanta verkörpert, der sechs Stoßzähne hatte und eine Herde von 8000 Tieren führte, die, mit Wunderkräften ausgestattet, fliegen konnten. Chaddanta hatte zwei Frauen. Von Geltungssucht verzehrt, erbat die eine von den Göttern, als Prinzessin wiedergeboren zu werden. Als sie nach Erfüllung ihres Wunsches die Gattin des Königs von Benares wurde, verlangte sie von diesem, er solle Jagd machen lassen auf einen Elefanten mit sechs Stoßzähnen, welche sie zu besitzen wünsche. Es geschah, und der Jäger Sonuttara verwundete Chaddanta mit Pfeilen und fing ihn in einer Grube. Der Elefant flehte um Schonung. Als er aber hörte, daß die Königin von Benares die Jagd auf ihn veranlaßt hatte, unterwarf er sich in frommer Ergebenheit seinem Schicksal. Mit dem Rüssel half er dem Jäger sogar beim Absägen seiner Stoßzähne. Dann brach er tot zusammen ...

Nach der Legende ging die überweltliche Wesenheit des künftigen Buddha, des ›Erleuchteten‹, in der Verkörperung eines weißen Elefanten in den Leib der Mutter ein, die ›unbefleckt‹ empfing: Schon 20 Jahre war der König Suddhodana, der ein Land am Fuße des Himalaya regierte, mit seiner Gattin Maya verheiratet, ohne daß sich Kindersegen einstellte. Da träumte Königin Maya eines Nachts, daß aus Himmelshöhen ein weißer Elefant über sie kam, der sie mit einer weißen Lotusblüte, die er im Rüssel hielt, an der Seite berührte. Sie wurde schwanger, und ihr Körper durchsichtig wie ein Kristallgefäß. Als der Tag der Geburt näherrückte, hatte sie den Wunsch, ihre Eltern im Nachbarland zu sehen, und sie machte sich auf den Weg. Als sie bei einer Rast im Lumbini-Hain die Hand nach einem Blütenzweig ausstreckte, entsprang ihrer rechten Hüfte ein kleiner Prinz.

Die Freude am Hof wurde bald getrübt. Schon sieben Tage nach der Geburt starb Königin Maya. Der Prinz, Siddhartha genannt, kam in die Pflege der jüngeren Schwester des Königs, Prajapati. Da erschien am Hof ein frommer Eremit aus den Bergen, der ein Leuchten über dem Palast gesehen hatte, und prophezeite dem König: Wenn dieser Prinz über seine Jugendjahre hinaus im Palast bliebe, dann würde er ein großer König werden und über viele Länder herrschen; wenn er aber dem höfischen Leben entsage, um ein religiöses zu wählen, würde er ein Buddha (altind. ein Erleuchteter) werden und der Heilbringer der Welt.

Besorgt, daß sein einziger Sohn nach der Weissagung ein mönchisches Leben wählen könnte, bot der König dem heranwachsenden Prinzen allen Glanz und alle Freuden höfischen Lebens, und er war sorglich bedacht, daß Siddhartha das Leid und den Tod der Kreatur nicht zu Gesicht bekam. Der Prinz heiratete seine Kusine Yasodhara, lebte in Liebesglück und Freuden und übte sich auch im Waffengebrauch. Doch er wurde der Armut und des Elends in der Welt gewahr, und die bohrende Frage nach dem Sinn des Lebens ließ ihn nicht mehr los. Nachdem ihm die geliebte Gattin einen Sohn geboren und er das 29. Lebensjahr erreicht hatte, verließ er eines Nachts mit einem getreuen Diener den Palast, vertauschte seine Prunkgewänder mit dem Bettelrock und gab sich sieben Jahre lang Übungen strengster Askese und Meditation hin, die

Der Traum der Maya
Bharhut, 2. Jh. v. Chr.
Roter Sandstein
Indian Museum, Kalkutta

Der Traum der Maya: Ein weißer Elefant kommt aus Himmelshöhen über sie, und die in ihm verkörperte überweltliche Wesenheit des künftigen Buddha geht in ihren Leib ein ... Relief an einem Pfeiler der Steinumfriedung des Stupa von Bharhut, 150 km von Allahabad, die sich heute im Indian Museum von Kalkutta befindet.

ihm schließlich die Erleuchtung brachten. Dann begann er als Verkünder des Weges zum Heil, zur Erlösung, sein großes Lebenswerk.

Bald entstanden ihm Feinde und Neider. So erzählt in indischer Fabulierlust eine Legende, die Buddhas spirituelle Kraft verklärt, von Mordversuchen, bei denen wieder ein Elefant eine Rolle spielt:

Devadatta war von Haß gegen den heiligen Mann verzehrt, mit dem er in Jugendjahren neidvoll rivalisiert hatte, und er suchte ihn zu vernichten. Er schickte 31 Gefolgsleute aus, die Buddha töten sollten; doch dieser bekehrte die Mordgesellen. Dann ließ Devadatta einen Felsblock von einem Berg herabrollen, um Buddha zu zermalmen; doch der Fels spaltete sich vor dem heiligen Prediger in zwei Teile, die seitlich auswichen. Schließlich sollte ein trunken gemachter Elefant Buddha zertrampeln. Alles Volk floh vor dem rasenden Tier. Buddha jedoch näherte sich furchtlos, und der Elefant hielt inne, ging auf die Knie und legte vor ihm ehrfürchtig Kopf und Rüssel auf den Boden. Daraufhin bekehrten sich alle Anhänger Devadattas. Ihn selbst ereilte das verdiente Schicksal, als er, Reue und Einkehr vortäuschend, mit Mordabsicht Buddha im Kloster aufsuchen wollte. Als er vor dem Tor stand, schossen Flammen aus dem Boden, die ihn verzehrten ...

In späteren Jahrhunderten wurde der historische Buddha, der sich selbst nur als Wegweiser zum Heil verstand, in Umkehr seiner reinen Tugendlehren zu einem Himmelswesen erhoben, zu einer Gottheit, die das Wohlergehen der Menschen fördert, umgeben von künftigen Buddhas (Bodhisattvas). In verherrlichenden Darstellungen huldigen ihm selbst die Götter, die auch der Erlösung bedürfen und die ihm aus dem hinduistischen Pantheon beigesellt werden.

Und immer wieder findet sich in den unzähligen spätbuddhistischen Bildwerken der symbolische Elefant der Mythen. Die wuchtige Fußspur des Elefanten, in der die Spur jeden anderen Tieres Raum findet, ist zu einem Symbol der buddhistischen Lehre geworden, die alle anderen um Erkenntnis bemühten Lehren in sich aufhebt.

Die Zähmung des tobenden Elefanten Nalagiri, Großer Stupa von Amaravati, 2.–3. Jh. n. Chr.
Kalkstein
Government Museum, Madras

Die Legende erzählt, daß Devadatta einen Anschlag auf seinen Vetter Gautama plante. Gautama sollte durch einen wilden Elefanten zu Tode kommen. Mit einem Zeichen seiner Hand befriedete Gautama jedoch den wilden Elefanten, der sich zu seinen Füßen niederließ. Auf diesem Relief sind zwei Szenen dargestellt: Links der wilde Elefant Nalagiri in Raserei; rechts beugt sich Nalagiri in Verehrung vor dem Buddha.

Der helle und der dunkle Elefant
Aus der Indien-Bildreihe des schweizer Malers Willy Fries, geb. 1907

Der Maler der Vergessenen der Gesellschaft, der Parias, hat die Szene auf einer Indienreise 1970/71 skizziert. Der helle oder weiße Elefant, ein Glücksbringer, und der sich bäumende dunkle symbolisieren den Gegensatz und Lebenskonflikt zwischen reich und arm; zwischen Glückskindern unergründlicher Schicksalsfügung und Parias, wofür die junge Schönheit rechts und die ausgestoßene Bettlerin links stehen.

Elefanten huldigen Buddha vor seinem Heiligtum, dem Großen Stupa von Amaravati
2. Jh. n. Chr.
Steinrelief
British Museum, London

Der Regenbringer

Nach einer weiteren Legende durchmaß Buddha ein früheres Erdendasein als Sohn eines Königs, bevor er als Prinz Siddhartha zu einem letzten Leben wiedergeboren und als Erleuchteter der Welt ein Wegweiser zum Heil wurde. Als er in dieser früheren Verkörperung geboren wurde, erzählt die Legende, habe eine fliegende Elefantenkuh einen jungen weißen Elefanten zum väterlichen Leibelefanten gesellt. Fortan habe es im Lande nie mehr an Regen gemangelt. Die Felder hätten Jahr für Jahr reichen Ertrag gebracht und den Menschen allgemeinen Wohlstand beschert.

Als der Prinz herangewachsen war, kam über ein Nachbarland verheerende Dürre. In seiner Not schickte das hungernde Volk zu dem sanftmütigen Prinzen, um den regenspendenden weißen Elefanten zu erbitten. Der künftigen Erleuchtung nahe, fühlte der Prinz schon den welterlösenden Heilsauftrag in sich. Beseelt von Mitleid mit allen Wesen und der weltlichen Begierde des Eigennutzes schon enthoben, erfüllte er in »vollkommener Freude am Schenken« die Bitte. Aber der Verlust des weißen Elefanten führte zu Dürre und Elend im eigenen Land. Die Menschen murrten und es kam zum Aufruhr. So mußte der König seinen Sohn verbannen, der in seiner unermeßlichen Güte das Land um das Unterpfand des Gedeihens gebracht hatte.

Gautama Buddha erhält von einem Elefanten und einem Affen Geschenke, Thailand, 19. Jh.
Hängerolle, Gouache auf Stoff
Museum Rietberg, Zürich

Im Leben von Gautama Buddha gibt es auch nach seiner Erleuchtung Erlebnisse, die für ihn unerfreulich sind: Am Ende seines Erdenlebens wird er von einer schönen Hetäre verleumdet, zerstreiten sich seine Mönche, so daß sich Buddha in den Wald von Parileyyaka zurückzieht. Ein Elefant, ebenfalls vom Verhalten seiner Artgenossen angewidert, wird dort sein treuer Gefährte.

»Mit Königen wesensgleich ...«

Der kaiserliche Elefant Ganesh Gaj, um 1660/70
Gouache, Tinte, Gold auf Papier
32 x 48,8 cm
Collection of Howard Hodgkin, London

In den Ställen des Mogul-Kaisers Aurangzeb (1658–1707) standen die edelsten Elefanten des Reiches. Ihre Einzigartigkeit mehrte den Ruhm des Herrschers. Auf dem Rücken des kaiserlichen Prachtelefanten schrumpft der Reiter zur Beiläufigkeit.

»Ein Elefant, auf dem ein König sitzt, strahlt, auf einem Elefanten sitzend glänzt der König«, heißt es im Buch der altindischen Elefantenheilkunde; »keiner von beiden hat vor dem andern etwas voraus, mit Königen wesensgleich sind Elefanten ...«

»Das ist kein Gewinn, wobei der Mensch an Wert verliert, das ist kein Weiser, der nicht in glühender Askese glühte; das ist kein Mann, dem Frauen nicht hold sind, das ist kein König, dem Elefanten nicht hold sind ... Zum Heile der Welt schuf der Schöpfer der Welt die königlichen Elefanten, in denen Kraft und Glanz sich majestätisch breitet. Ein König, der innig darauf bedacht ist, ihr Wohl zu fördern, hält den Sieg in Fingern ... Drum sollen Elefanten behütet werden, wie das Leben der Könige ...« Der Elefant, der mit den Königen gleichgestellt und – wie sie – durch die Jahrhunderte hymnisch besungen wurde, hatte seit Urzeiten Anteil an dem verschwenderischen Prunk, mit dem indische Herrscher vor dem bewundernd-dienenden Volk ihre Macht, ihre Herrlichkeit und Gottgefälligkeit darzustellen pflegten.

Haidar 'Ali und Ibrahim Khan
Sultan Muhammad Adil Schah von Bijapur und Iklas Khan reiten einen prunkvoll aufgezäumten Elefanten
Bijapur, um 1645
Gouache und Gold auf Papier
32 x 44,5 cm
Collection of Howard Hodgkin, London

Der Sultan hält einen Elefantenhaken, Ankush, in der Hand. In dieser Prunkausführung war der Ankush zugleich eine Insignie königlicher Macht und Würde – ein Sinnbild der Stärke, sowohl über Elefanten wie über einen Staat herrschen zu können; hinter ihm sein Premierminister, ein ehemaliger äthiopischer Sklave.

Der Staatselefant

Silberne Ringe an den Stoßzähnen vollenden den Festschmuck des Reitelefanten des Maharajas von Mysore. Dann ist der Rüsselriese bereit, königliche Huldigungen entgegenzunehmen. Am neunten Tag des Desara-Festes ehren die Hindus die ihnen dienenden Tiere.

Die Elfenbeinstoßzähne mit Gold und Silber beringt, die Gigantenleiber bemalt und mit golddurchwirkten Schabracken behängt, die Säulenbeine mit Silberketten geschmückt und mit Glocken ihr Erscheinen kündend, entrückten die prunkenden Staatselefanten bei allerhöchsten Ausritten und Aufzügen den thronenden Fürsten und sein Hofgefolge den Niederungen der Welt. Den erlesenen Tieren, die vieltausendfach in Bildwerken dargestellt wurden, wuchs besonderer Rang zu, der sie heraushob aus der Masse der dienstbaren Arbeitselefanten, denen nur harte Fron beschieden war wie dem einfachen Volk; die auserwählten Elefanten wurden selbst zum Kunstwerk.

Nicht anders noch heute, wenn sich die religiöse Inbrunst hinduistischer und buddhistischer Gruppen in pompösen Prozessionen entfaltet, wenn prunkvoll aufgezäumte Elefanten Götterbilder, Pagoden, Tempeltänzerinnen und priesterliche Künder der Glückseligkeit tragen. Kultisches Gepränge kam und kommt in allen Religionen der Massensehnsucht nach sehr irdisch erträumten himmlischen Paradiesen entgegen.

Orientalische Phantasie und naiver Glaubenseifer zauberten um den sanften Riesen allerlei blumige Mythen und eine Fülle von Legenden, die sich mit dem Buddhismus und Hinduismus in ganz Südostasien verbreiteten.

In der Provinzhauptstadt Kandy wird jedes Jahr das größte Elefantenfest Sri Lankas gefeiert. Über 100 prunkvoll geschmückte Elefanten ziehen wie in einer Märchenprozession durch die Menschenspaliere der nächtlichen Straßen.

Festlich geschmückter Elefant
6. Jh. n. Chr.
Wandmalerei
Höhle XVII, Ajanta, Indien

Der Körper ist mit Schabracken und glitzerndem Zierrat bedeckt; Kopf, Rüssel und Beine sind bunt bemalt.

Prunkelefant mit Howdah auf der Weltausstellung in London (Detail), 1851
Aus Dickinson: ›Views of the Exhibition‹, London, 1851
Kolorierte Lithographie
44,4 x 59,8 cm
Victoria & Albert Museum, London

Die Pracht der Howdahs

Oben links:
Von Weinlaub umrankte Vögel schmücken die Außenseiten der Howdah, die aus Elfenbeinteilen gefügt ist. Zwei Löwen flankieren den mit rotem Samt überzogenen Nobelsitz. Bei Umzügen hielten die Frauengestalten Fächer, Symbole fürstlicher Macht.

Oben rechts:
Eine Prunkhowdah, die Elefanten bei besonderen Anlässen oder Festlichkeiten aufgelegt wurde. Der Holzrahmen ist mit vergoldetem Kupfer verkleidet; die Sitze sind mit Seide bezogen. Auf der Vorderseite ein Sonnenrad, von Sphingen flankiert. Die hier gezeigten Prunkstücke waren im Besitz der Maharajas von Benares.

Bei Elefantenausritten saßen die indischen Maharajas und Hofgesellschaften in aufwendig gearbeiteten, zu Kunstwerken ausgestalteten Howdahs (Tragegestellen), mit vergoldetem Kupfer und Seide ausgeschlagen.

Reitelefant, Indien, 19. Jh.
Elfenbein, teilweise bemalt und vergoldet
Höhe 53 cm, Länge 41 cm
Staatliches Museum für Völkerkunde, München

Elefantenhaken, Jaipur um 1870
Gold, Diamanten, Email
Länge 54,5 cm
Victoria & Albert Museum, London

Dieser Elefantenhaken, Ankush, aus emailliertem Gold, besetzt mit Diamanten und geschmückt mit Email, wurde 1870 für den Maharaja von Jaipur gefertigt; er beschenkte damit einen treuen Gefolgsmann. Dem Maul eines Elefanten entspringen Reptilien, die Stahlspitzen halten.

Der Prince of Wales besteigt bei seinem Indien-Besuch im April 1876 einen prunkvoll aufgezäumten Staatselefanten. In der Prachthowdah ist ein pompöser Sesselthron für ihn bereitet.
Aus: ›The Illustrated London News‹

Der Elefant im Mogulreich

Bitschitr
Mogul-Kaiser, um 1630
Gouache, Gold auf Papier
Chester Beathy Library, Dublin

Die drei bedeutendsten Mogul-Kaiser Indiens auf ihren Thronen: in der Mitte Akbar, rechts sein Sohn Dschahangir und links sein Enkel Schahjahan, der die Miniatur malen ließ. Er ist Erbauer des Tadj Mahal.

Die Wertschätzung des Elefanten vererbten die Hindus den moslemischen Eroberern, die im 16./17. Jahrhundert das gewaltige Mogulreich schufen. Nie wurde pompöserer Staatsaufwand mit den verständigen Riesen getrieben als unter den neuen Herren, die in Indien bis zu Beginn der britischen Kolonialära herrschten.

Die prunkenden Mogul-Herrscher, die in Agra nahe Delhi residierten, waren Nachfahren des berüchtigten, Schrecken verbreitenden Eroberers Timur (1360–1405), der bei seinen Plünderungszügen zwischen Wolga und Mittelmeer Zerstörung und Leichenfelder zurückließ. Timur selbst stammte aus einem türkisierten Zweig der Nachfahren des mongolischen Welteroberers und Nomadenherrschers Dschingis Chan. Die Bezeichnung ›Mogul‹ ist eine Ableitung des persischen Wortes ›Mughul‹ für Mongole.

Als Timur 1398 Delhi angriff, boten die Inder gegen ihn neben 30 000 Fußsoldaten und 10 000 Reitern eine wuchtige Phalanx von Kriegselefanten auf, die den mongolischen Reiterverbänden großen Schrecken einjagten. Timur wußte die Gefahr zu bannen: Er ließ mit Heubündeln bepackte Büffel und Kamele gegen die Reihen der Kriegselefanten treiben und im letzten Augenblick das Heu anzünden. Die schmerzgepeinigten, wild umherlaufenden Tiere verbreiteten sogleich Panik unter den Rüsselriesen, die nun Chaos ins eigene Heer trugen. Ein furchtbares Blutbad auf dem Schlachtfeld und in Delhi folgte. An die 50 000 Inder verloren ihr Leben. Handwerker und Künstler verschonte Timur; er brachte sie mit 120 erbeuteten Elefanten als Sklaven in seine Residenz Samarkand, wo er prachtvolle Moscheen, Grabmäler und Akademien für islamische Studien errichten ließ.

Ikhlas und Madhu
Akbar durchquert auf einem Elefanten den Ganges (Detail)
um 1590
aus der ›Akbarnama‹ (Geschichte des Akbar) von Abul Fazl
Gouache auf Papier
35,1 x 22,3 cm
Victoria & Albert Museum, London

Die Ställe des Kaisers Akbar

Berühmt sind vor allem die Elefantenställe Mohammed Akbars (1556–1605), des dritten und größten der Mogul-Kaiser, der mit eiserner Faust und kluger religiöser Toleranz gegenüber den Hindus fast den ganzen Halbkontinent unter seine Kontrolle brachte.

Akbar wurde 1556 als 13jähriger Knabe auf den Thron gehoben, den auch nach Herkunft gleichberechtigte Rivalen in Kabul, dem alten Stammsitz der Familie, beanspruchten. Der Vater war vom Dach seiner Bibliothek in den Tod gestürzt. Ein glücklicher Sieg des Vormunds von Akbar, Bairam Khan, über ein gewaltiges Heer des Hindu-Usurpators Hemu und Machtzuwachs durch die Siegesbeute von 1000 Kriegselefanten sicherten die Stellung des kaiserlichen Knaben schon im Jahr der Inthronisierung. Der Kopf Hemus, der schon gegen die Residenz Agra im Vormarsch gewesen war, wurde als Warnung vor weiterem Familienstreit in die alte Mogul-Zentrale Kabul geschickt, der Körper zur Abschreckung in Delhi aufgehängt. Die Köpfe niedergemetzelter Hindus wurden, mit dem Gesicht nach außen, in eine Siegessäule eingemauert, wie es einst Timur zu halten pflegte ...

Akbar blieb zeit seines Lebens ein Freund der Elefanten. Er kümmerte sich persönlich um die Pflege und Schulung der grauen Riesen. Auf seine Anweisung hat sein Sekretär, Berater, späterer Vertrauter und Chronist, Abul Fazl, ein Kompendium über Elefantenhaltung am Hof und im Reich geschrieben. Akbar verfügte in seinem Reich über Tausende von Elefanten, die in Trupps von 10, 20 und 30 Tieren eingeteilt und in den Provinzen den Kommandeuren größerer Verbände unterstellt waren. Den höchsten Rang hatten die Befehlshaber über 1000 Tiere. Jeder Oberaufseher eines Trupps hatte regelmäßig Bericht zu erstatten über Ausbildungsstand und Eigenschaften der einzelnen Tiere, über Neuzugänge und Vorfälle aller Art.

In besonderen Stallungen standen 100 der edelsten Elefanten zur ausschließlichen Verfügung des Kaisers, der die Tiere in sieben Rangklassen ordnete. Höchste Wertschätzung genossen die ›Vollblüter‹. Jedem dieser Rassetiere waren fünf gutbesoldete Stallwärter zugewiesen. Für die geringeren Tiere waren nur je zwei bis drei Bedienstete vorgesehen. Die erlesenen Elefanten der kaiserlichen Ställe erhielten neben Gras, Blattwerk und Heu auch besonderes Kraftfutter: täglich an die 165 Pfund Getreide, Reis, Hülsenfrüchte, Milch und Gewürzkräuter sowie 30 Pfund Zuckerrohr.

Nach festem Zeitplan musterte der Kaiser die Tiere seiner Stallungen, die in Prunkaufzäumung vorzuführen waren, sowie die Elefanten der Prinzen und der hohen Würdenträger am Hof. Mit der allerhöchsten Schenkung eines Dickhäuters pflegte er besondere Verdienste zu belohnen und erlauchte Gäste zu ehren. Dafür wurden immer qualifizierte Tiere bereitgehalten. Auch den Elefantenhandel hielt er unter Kontrolle.

Der Kaiser liebte die Jagd, waghalsigen körperlichen Einsatz und zuweilen fahrlässiges Risiko. Er setzte sich wider alle Warnungen auf den Rücken von Elefantenbullen, die über eine halbhohe, tödlichen Verletzungen vorbeugende Mauer hinweg miteinander kämpften. Er wagte auch Ritte mit Bullen in Musth, was sein Chronist Abul Fazl mit Unverständnis vermerkte: »Selbst wenn die Tiere von der Wut der Paarungszeit befallen sind, setzt er den Fuß auf die Stoßzähne und besteigt sie, was viele erfahrene Leute erstaunt ...«

Alle Elefanten des Hofes und der Armeen wurden so geschult, daß sie im Kanonen- und Musketenlärm nicht scheuten. Jagdelefanten wurde die Furcht vor Tigern und Löwen abgewöhnt: Man stopfte Tiger- und Löwenhäute mit Stroh aus und bewegte sie beim Training mit Stricken. Der Mahout mußte den Elefanten zur Attrappe drängen, die dieser zu zertrampeln und mit Stoßzähnen und Rüssel in Stücke zu reißen hatte.

»Wenn der Kaiser auf Reisen geht«, schrieb Abul Fazl, »werden bequeme Aufbauten auf den Rücken der besten Tiere befestigt, die während des Marsches als Schlafkojen dienen ... Der größte und stärkste der kaiserlichen Elefanten trägt den Titel ›Elefantengeneral‹. Wenn er, aufgeputzt mit kostbaren Schabracken, am Hof erscheint, wird er in einer pompösen Schau von einem Elefantenspalier erwartet und mit Flöten-, Trompeten- und Cymbalmusik sowie großem Flaggengepränge geehrt ...«

Jedem kaiserlichen Elefanten waren nach Abul Fazl zehn Betreuer zugewiesen: zwei Mahouts, die ihn zu lenken hatten; zwei zum Anlegen der Ketten; zwei Lanzenträger; zwei Feuerwerker, die bei auftretenden Schwierigkeiten eingreifen konnten; ein Mann, der den Mist zu beseitigen hatte, und ein weiterer, der dem Elefanten Wasser zum Trinken und zur Kühlung bringen mußte. Diese Betreuer erhielten zur Versorgung ihres Elefanten täglich 25 Rupien; ihre eigene monatliche Entlohnung betrug nur 4 Rupien pro Mann – »abgesehen von dem, was jeder von den Futterrationen seines Elefanten stehlen und beiseite schaffen kann«, vermerkte Abul Fazl.

Außer den 100 Elefanten des Kaisers wurde am Hof noch eine ansehnliche Zahl von ausgewählten Tieren gehalten, die den Haremsdamen, den Prinzessinnen, den Prinzen und deren Konkubinen zur Verfügung standen. Sie dienten bei Ausritten und Reisen auch als Packtiere für die Zelte, das Gepäck und die Küchengerätschaften. Abul Fazl vermerkte auch noch: »Jeder Elefant trägt beim Ausritt Glocken. Diese sollen die Leute warnen und veranlassen, zeitig den Weg freizumachen, denn ein Elefant, der läuft oder auch nur geht, ist nicht sogleich zum Stehen zu bringen wie ein Pferd ...«

Basawan und Tschitra
Akbar bezwingt den wilden Elefanten Hawa'i (Detail)
um 1590
Aus der ›Akbarnama‹ (Geschichte des Akbar) von Abul Fazl
Gouache auf Papier
34,5 x 21,6 cm
Victoria & Albert Museum, London

Als junger Mann scheute Akbar kein Risiko. Die Miniatur aus der von seinem Sekretär Abul Fazl verfaßten Biographie erzählt von einer besonders aufregenden Episode. Kaum 19jährig bestieg der Kaiser den ungestümen, gefürchteten Elefanten Hawa'i, den ›Windschnellen‹, und ritt trotz warnender Beschwörungen zu einem tollkühnen Kräftemessen mit dem fast ebenso starken Bullen Ran Bagha, den er schnell zur Flucht nötigte. Bei der wilden Verfolgung gerieten die Elefanten auf die Schiffsbrücke über den Fluß Dschamna. Panik brach aus; Boote kenterten; Menschen stürzten in die Fluten. Schließlich konnte Akbar Hawa'is wildes Temperament zügeln, und der besiegte Ran Bagha kam mit dem Leben davon.

Akbars Kriegselefanten

Königlicher Elefant mit Mahout
Mogul-Periode, um 1660
Gouache auf Papier, 24 x 28,5 cm
Collection of Howard Hodgkin, London

Elefantenverbände waren das Rückgrat der Armeen Akbars. »Das wundervolle Tier ist in seiner Massigkeit und Kraft gleich einem Berg«, schrieb Abul Fazl, »und an Mut und Wildheit gleicht es einem Löwen. Es trägt wesentlich bei zu nobler Darstellung der Königsmacht und zum Erfolg eines Eroberers; und es ist von größtem Nutzen für die Armee. Erfahrene Hindus setzen den Wert eines guten Elefanten gleich 50 Pferden.«

Die Rüsseltiere sicherten Akbar in vielen Schlachten den Sieg. Er setzte sie sogar ein, als er im Oktober 1567 die schwer zugängliche, riesige Bergfestung Tschitor angriff, den Hauptstützpunkt der kriegerischen Stammeskaste der Rajputen, die immer noch, alter hinduistischer Tradition verpflichtet, eine gewisse Unabhängigkeit Rajputanas vom moslemischen Mogulreich behaupteten. 8000 Rajputen und 1000 dienende Musketiere trotzten monatelang den

Kanonen, dem Riesenaufgebot des Kaisers. Musketenbeschuß aus der Burg verhinderte das Vorrücken über die Steilhänge. Schließlich ließ Akbar von Arbeitern, die furchtbare Verluste erlitten, vom Fuß des Festungsberges bis hoch zu den Burgmauern einen mit Balken überdeckten, leidlich gegen Beschuß sichernden Gang aufmauern, eine sogenannte ›Sabah‹. Der Gang war so groß, daß auch Elefanten hochgebracht werden konnten. Als erste Breschen in die Mauern gesprengt waren, mußten die Dickhäuter mit ihren Stoßzähnen die Lücken erweitern und wurden anschließend getrieben, den Angriff in die Festung zu tragen.

Die Rajputen verbrannten nach alter Hindutradition erst ihre Frauen; dann kämpften sie bis zum Tod. Mit Schwertern und Spießen griffen sie die vordringenden Kriegselefanten an. Tollkühne Männer klammerten sich an die Stoßzähne der Kolosse und brachten ihnen schwere Wunden bei, die aber wenig bewirkten. Die wütenden Tiere zerstampften die todesmutigen Kämpfer; Rüssel packten sie, warfen sie hoch in die Luft oder zerschmetterten sie an Hauswänden.

Wütend über die schweren Verluste seiner Verbände befahl Akbar wider sein übliches maßvolles Verhalten ein allgemeines Massaker. Die niederen Soldaten, deren Beschuß so verheerend gewirkt hatte und an denen er vor allem Rache nehmen wollte, entkamen jedoch durch eine List. Sie stießen inmitten des Gemetzels ihre Frauen und Kinder gefesselt vor sich her aus der Festung, als zählten sie zu Akbars Leuten und führten übliche Sklavenbeute weg. Dem Massaker fielen Tausende von Bauern zum Opfer, die in der weitläufigen Festung Schutz gesucht hatten.

Chitor, dessen Befestigungsanlagen Akbar schleifen ließ, war die Residenz des Rana von Mewar, Udai Singh, des Oberhaupts des ältesten Rajputenhauses. Der Fürst war während der Belagerung nicht in der Festung; er organisierte die Verwüstung des Umlandes, um die Versorgung der Akbar-Armee zu erschweren. Nach dem Fall der Festung gründete er rund 100 km südwestlich eine neue Residenzstadt – das nach ihm benannte Udaipur.

Mit seinen Söhnen hatte Akbar, der die Künste und freie Gelehrtendiskussion liebte und als Moslem in seinem Palast sogar hinduistische Rituale zuließ, allerdings wenig Glück. Zwei starben trotz aller Bemühung um gute Erziehung in Trunksucht und Verkommenheit. Der älteste, Salim, opponierte in dem ihm überlassenen Reichsteil jahrelang aufsässig gegen den Vater. Er wagte sogar eine äußerste Herausforderung: Er ließ den mächtigen Sekretär und Vertrauten des Vaters, Abul Fazl, heimtückisch ermorden.

Vor dem Zorn des Kaisers rettete Salim nach vielgeübtem Mogulbrauch die Fürsprache der älteren Damen der Familie. Die Großmutter veranlaßte Salim, sich dem Kaiser zu Füßen zu werfen und um Vergebung zu bitten. Akbar nahm schließlich von Salim ein Bußgeschenk von 350 Elefanten an, was dessen militärischer Entwaffnung gleichkam. Im Oktober 1605 trat Salim unter dem Namen Djahangir (Welteroberer) die Nachfolge des Kaisers an, der alles getan hatte, ihn zu einem guten, toleranten Herrscher zu erziehen. Trotz seines wenig rühmlichen Vorlebens erwies sich Djahangir als fähiger Herrscher. Unter ihm erlebte das Mogulreich eine kulturelle Hochblüte. Berühmt ist das Tagebuch, das er hinterließ.

Ausritt eines Fürsten mit großem Gefolge, Mogul-Periode, um 1570 Gouache und Gold auf Baumwolle, 34 x 39,8 cm Collection of Howard Hodgkin, London

In Stein gehauen und gemeißelt

In Stein gehauen ziert der Elefant, als heiliges Tier verehrt, die Fassaden und Portale von Tempeln und Palästen. Im Alltagsleben ist er als Glücksbringer tausendfach abgewandeltes Motiv. Den Weltentsagung predigenden Buddhisten ist er Symbol für die alles überwindende Kraft der Erkenntnis; in den Mythen der Hinduisten dient er Göttern und Göttinnen, die den kosmischen Urkräften und sinnenhafter Lebenswirklichkeit bildhaften Ausdruck verleihen.

Die indische Bildhauerei begann sich erst im 3./2. vorchristlichen Jahrhundert unter dem belebenden Einfluß des Buddhismus zu entfalten. Im Jahrtausend davor, während der arischen Adels- und Priesterherrschaft der ›vedischen Periode‹, dienten keramische Kultobjekte und Idole bei religiösen Feiern; die Epoche prägten Religion, Philosophie und Literatur. In Verehrung Buddhas entstanden nun Stupas und Klöster, in deren Architektur Kultskulpturen einbezogen wurden.

Im 7. Jahrhundert n.Chr. begann mit dem fortan vorherrschendem Hinduismus eine neue Kunstepoche. Gewaltige Tempelanlagen wurden getürmt, aus Felsbergen geschnitten und mit einer Fülle von Skulpturen und Reliefs übersponnen.

Prunkelefant an einer Hausfassade in Jaisalmer, Rajasthan

Gajendramoksa, Gupta, 6. Jh. National-Museum, Delhi

Steinerner Wächterelefant vor einem Tempel in Jaisalmer, Rajasthan, 17./18. Jh.

Ganze Heere von Bildhauern überzogen die hinduistischen Tempelanlagen mit einer Fülle von Skulpturen und Reliefs.

Wächterelefanten am Maharana-Palast von Udaipur, der am Ostufer des Pichola-Sees in Rajasthan errichtet wurde.

Der Elefant, aus einem Felsblock gemeißelt, wacht im Hof des Sonnentempels, der sogenannten Schwarzen Pagode, die der König Narasimhadeva I. Ganga (1259–1264) errichten ließ. Orissa, Konarak, Indien

Skulptur im Vorhof des Kailasanatha-Tempels von Elura in Zentralindien, des magischen Abbildes des Berges Kailasa, des ›Olymp‹ der indischen Götterwelt. Tausende von Steinmetzen haben im 8. Jahrhundert einen gigantischen Felsblock mit einer Grundfläche von 47 x 84 m aus einem Berg geschnitten und daraus einen 33 m hohen Tempel mit gestaffelten Terrassen, Pfeilern, Türmen, Gängen und einer sinnenverwirrenden Fülle von voll- und halbplastischen Bildwerken gemeißelt. Elefanten tragen den zentralen Stupa.

Skulpturenschmuck über dem östlichen Tor der Umfriedung des Großen Stupa von Saci, 1. Jh. n. Chr., einer frühbuddhistischen Pilgerstätte. Eine Fruchtbarkeit verkörpernde Baumgöttin (yaksini) greift in einen stilisierten Mangobaum. Ihre barocken Formen sind Ausdruck typisch indischer Ästhetik.

Rechte Seite: Ein Wächterelefant vor dem Tempel Ranakpur, der zu dem Komplex von Jaina-Tempeln gehört, die zwischen 1367 und 1432 in einem abgelegenen Tal der Aravilli-Berge in Rajasthan gebaut wurden.

Unten: Flachreliefs mit Elefanten
am Karni-Mata-Tempel
Deshnoke, Rajasthan

Links: Wächterelefanten vor dem Rattentempel in Deshnoke, Rajasthan, der Ziel großer Pilgerscharen ist. Der Tempel ist der Schutzgöttin Karni Mata geweiht.

Die Herabkunft der Ganga
Die Riesengestalt des Elefanten, der den Göttern nahe ist, beherrscht das im 7. Jahrhundert geschaffene phantastische Mosaik von Mamallapuram, das die Legende von der Herabkunft der heiligen Wasser des Ganges auf die Erde darstellt. Die Bildhauer nutzten die natürliche Rinne eines umgeleiteten Gießbachs in einer 10 m hohen Felswand. Das sich herabwindende, Menschenköpfe tragende Schlangenpaar Naga und Nagina symbolisiert die lebensspendenden heiligen Wasser, zu denen beglückt Götter, Geister, Menschen und Getier drängen.

Badefreuden, Rajputen-Stil, 17. Jh.
Gouache auf Papier
County Museum of Art,
Los Angeles

Indische Malanleitungen empfehlen, bei Umrißzeichnungen Raster mit 120 Feldern zu verwenden. Der unbekannte Maler des spontan auf Papier gebrachten Bildes hat darauf verzichtet.

Meisterwerke der Miniaturmalerei

Die besten und lebendigsten Elefantendarstellungen schufen die Künstler des 16./17. Jahrhunderts in der Ära der moslemischen Mogul-Kaiser. Vor allem die indo-islamische Miniaturmalerei kam zur Hochblüte. Ein besonderer Förderer der Künste war der große Kaiser Akbar, der ständig persische und Hindu-Maler beschäftigte. Er veranstaltete an seinem Hof auch regelmäßig Ausstellungen ihrer Werke, die stilbildend ausstrahlten und den Tatenruhm des Kaisers mehrten.

Königlicher Elefant mit Mahout
Moghul-Periode, um 1600
Gouache auf Papier, 24 x 28 cm
Collection of Howard Hodgkin,
London

Der Aufmarsch der Reiterei und Elefanten bei einer Prozession in Puri, aus ›Die Perlenkette dem Geliebten‹, Orissa, um 1800
Palmblatt
Museum Rietberg, Zürich

Die höfische Malkunst pflegte im Schatten der Mogul-Kaiser auch die Kriegerkaste der Rajputen, die im 6. Jahrhundert in Indien eingefallen waren und weite Landesteile im Nordwesten des Subkontinents erobert hatten. Die schnell hinduisierten aristokratischen Herren, die man mit dem feudalen Adel des europäischen Mittelalters vergleichen kann, vertrieben sich an ihren Höfen in der Radjputana die Zeit mit Jagd und Elefantenkämpfen, mit Musik, Tanz und Pflege der schönen Künste. Das luxuriöse Treiben spiegelte sich in einer Fülle meisterlicher, sinnlich-zarter Miniaturen.

Die Hindu-Maler gehörten wie die Bildhauer, Juweliere und Schmiede zur niederen Shudra-Kaste, wurden aber von den kunstverständigen Herren hoch geschätzt. Der Shudra, heißt es in einer alten Schrift, könne nichts anderes anstreben, als den drei höheren Klassen zu dienen, das heißt der Priesterkaste (den Brahmanen), dem Kriegeradel sowie Bauern und Kaufleuten. Die Maler, meist des Lesens unkundig, arbeiteten oft mit Schreibern zusammen, die ihnen aus den zu illustrierenden Texten oder Mythen vorlasen und darauf achteten, daß die hinduistische Symbolik beachtet wurde.

Zwei Elefanten laufen aus einem Zelt, Kota, Rajasthan, um 1720
Gouache auf Papier, 24 x 49 cm
Museum of Western India, Bombay

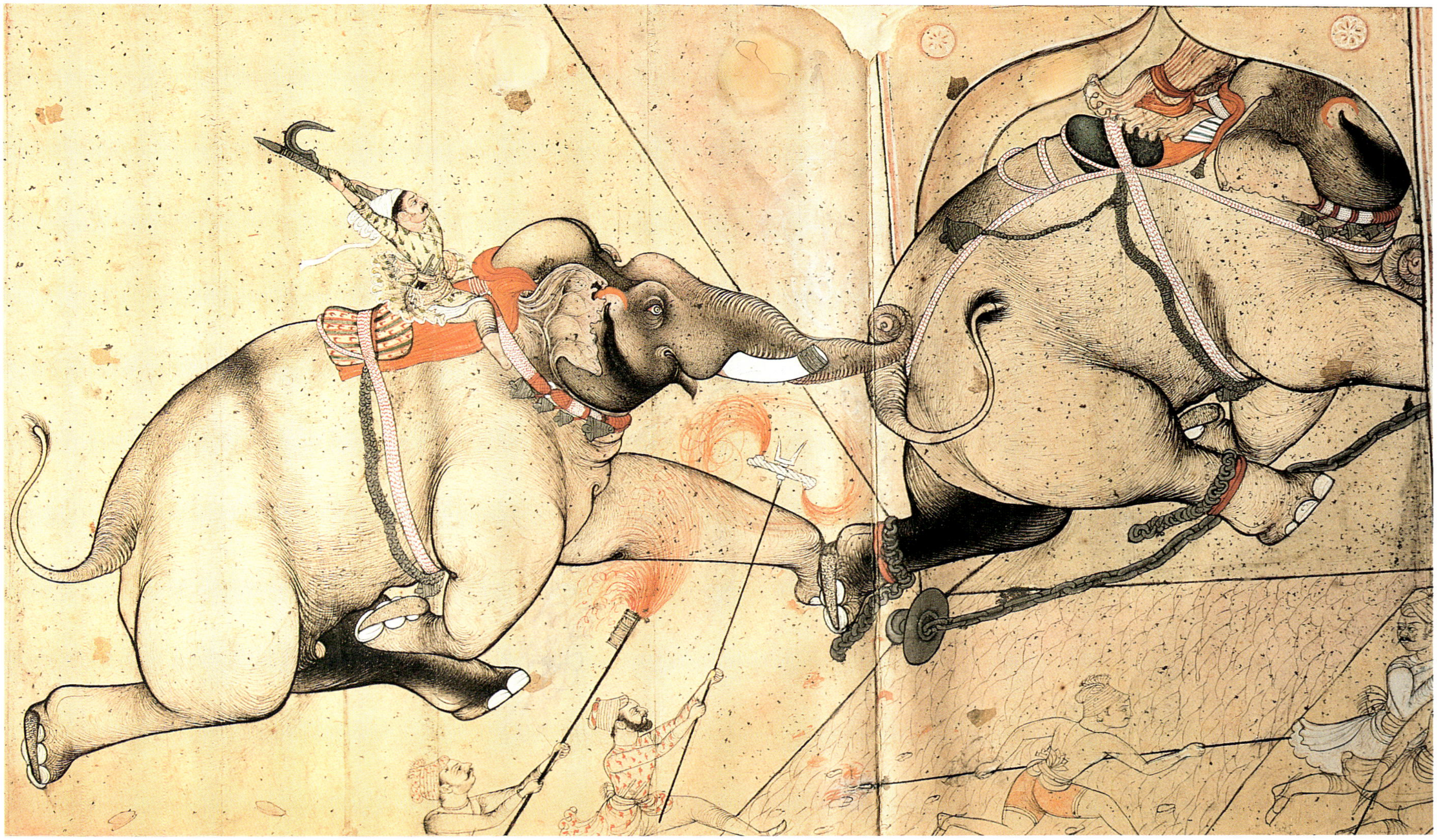

Der Elefant – Erhabenes Reittier für Würdenträger

Khem Karan
Ein Edelmann reitet einen Elefanten, Mogul-Periode, ca. 1600
Gouache auf Papier, 31 x 47 cm
The Metropolitan Museum of Art, New York

Rechts oben:
Colonel James Tod auf einer Forschungs- und Vermessungsexpedition in Rajasthan, Udaipur, Westindien, um 1820
Victoria & Albert Museum, London

Rechts unten:
Einzug des Maharadjas Ram Singh II. (Detail), Kota, ca. 1850
Gouache auf Papier
Victoria & Albert Museum, London

Raja Ram Singh II. (1826–1866) vom Kota-Staat in Rajasthan während einer Prozession mit seinen Gefolgsleuten und Dienerinnen des Palastes.

Das Elefantenbild an Hauswänden

Oben: In vielen Orten Rajasthans beleben die Bewohner kahle Hauswände mit bunten Tierbildern. Ein vielgestaltetes Motiv ist der Elefant, dessen freundliches Bild zuweilen originelle dekorative Lösungen ermöglicht: der schreinartige Aufbau, den der Prunkelefant auf dem Rücken trägt, ist Umrandung eines kleinen Hausfensters, in dem schemenhaft das Gesicht einer Bewohnerin zu sehen ist.
Jaisalmer, Rajasthan

Unten: Frauen im Staat Bihar bemalen ihre Wände mit Bildern vom Elefanten, die der Göttin Lakshmi zu Divala gewidmet sind.

Links: Im Bezirk Gorakhpur bemalen die Ehefrauen der Bauern und Fischer ihre Wände für die Göttin Lakshmi mit stilisierten Figuren von Elefanten, von denen sie glauben, daß sie ihr gefallen werden.

Der Mahout des Reitelefanten mit der prächtigen, mit vier Personen besetzten Howdah ist der Affengott Hanuman. Er hält einen Zierwedel und den Elefantenhaken. Navalgarh, Rajasthan

Der Ort Navalgarh ist berühmt wegen der vielen, mit Tierfresken bemalten Häuser aus dem frühen 20. Jahrhundert.

Die elefantenköpfige Frau

Der hinduistische elefantenköpfige Ganesha hat im tantrischen Buddhismus Nepals eine weibliche Entsprechung in Ganipatihardaya, einer Manifestation der Muttergöttin Shakti, der Verkörperung kosmischer weiblicher Kraft.

Die Lehre Buddhas floß um die Zeitenwende in zwei Glaubensrichtungen auseinander: die ältere Linie, das ›Kleine Fahrzeug‹ (Hinayana), breitete sich als Mönchsreligion auf Ceylon, in Burma, Thailand, Kambodscha und Java aus. Die dominierende neue Richtung, das ›Große Fahrzeug‹ (Mahayana), wurde – ausstrahlend von Nordindien – von Nepal, China, Korea, Japan und Vietnam übernommen. Der Mahayana-Buddhismus verkündete in Abwandlung der Entsagungslehre des Erleuchteten, die keine Idole kannte, den Glauben an die Heil und Erlösung vermittelnde Gnade himmlischer Buddhas, künftiger bzw. werdender Buddhas (Bodhisattvas) und von Göttinnen, den Taras.

Wohin die großen Religionen Indiens auch vordrangen und in welcher Form sie sich entfalteten: überall verbreitete sich in der religiösen Symbolik das Bild des Elefanten. In Indien verlor der Buddhismus gegen Ende des 1. vorchristlichen Jahrtausends schnell an Boden. Viele Klöster kehrten zum Hinduismus zurück. 1193 beseitigte die moslemische Invasion die Lehre des Propheten im Ursprungsland fast restlos.

In der Abgeschiedenheit der himalayischen Bergwelt erwuchs in der zweiten Hälfte des 1. nachchristlichen Jahrtausends aus dem Mahayana-Buddhismus die Glaubensrichtung des ›Diamantfahrzeugs‹ (Vajrayana), nach der überirdisches Heil und irdisches Wohlergehen auch durch das Ritual zu erreichen sind, durch Zauberformeln und heilige Silben sowie durch magische Zeremonien und Praktiken. Gebetsmühlen bringen die Kraft der segenspendenden Formeln zu besonderer Wirkung.

Die hinduistischen und buddhistischen Kulte flossen im Tantrismus ineinander, einer Mischung von Mystizismus, Götter- und Dämonenglauben, magischen Zeremonien und rituellen Übungen. Das buddhistische Pantheon füllte sich mit Hindu-Göttern. Große Verehrung genoß Ganesha. Magische Verbindungen wie Mensch–Tier, Frau–Baum und Mann–Frau waren vielgestaltete Motive in der tantrischen Kunst. Der Rüsselkopf des Elefanten fügte sich an Fabelwesen. Ein beherrschendes Thema ist die kosmische Dualität der Geschlechter. Im Gebälk von nepalesischen Tempeln fanden die Riten sakralen Liebesgenusses in plastischer Ausformung ihren Niederschlag.

Phantastische Mischwesen, halb Mensch, halb Tier oder aus Tierleibern zusammengesetzt, geistern durch die Mythen und Märchen aller Völker. Sie schützen oder bedrohen die Menschen wie übernatürliche Erscheinungen aus Götter- und Dämonenwelten. In Indien und Südostasien haben fabulierende Künstlerhände vor allem den unvergleichlichen Rüsselkopf des Elefanten mit den Körpern von Menschen und von Tieren aller Art verschmolzen. Im Mittelalter tat es das Abendland der fernöstlichen Fabulierkunst gleich, wie u. a. Hieronymus Bosch (1450–1516) demonstrierte.

Die elefantenköpfige Ganipatihardaya, Taleju Bhavani Tempel, Nepal, 17. Jh. n. Chr.

Die Elefant-Frau des tantrischen Buddhismus Nepals entspricht dem Hindu-Gott Ganesha. In Tanzstellung dargestellt, hält sie in einer Hand eine Kette, in der anderen ein Beil. Die Haupthände deuten die Geste des Gesprächs an.

Taleju Bhavani Tempel, Nepal 17. Jh. v. Chr.
Ungewöhnliche Darstellung eines Lokapala in Gestalt eines Elefant-Vogels, der die Hörner eines Bullen und die Mähne eines Pferdes hat. Die Ohren sehen wie Flossen aus. Die Lokapalas sind 8 Gottheiten, die die Welt aus 8 Richtungen stützen. Jedem Lokapala ist ein Elefant zugeordnet. Das Stück war Teil eines Thronsockels.

Elefantenköpfiger Riesenvogel
Fabelwesen einer alten singhalesischen Legende, Sri Lanka

Elefantenfisch, Indien, 1. Jh.

Geflügelter Elefantentiger nach einer Holzskulptur aus Udaipur, Indien

Skulptur eines anthropomorphen Elefanten, Quizil, Turfan
ca. 700 n. Chr.
Luftgetrockneter Lehm
Höhe 63,5 cm
Museum für indische Kunst, Stiftung Museen Preußischer Kulturbesitz, Berlin

Wächterelefanten vor dem Changu-Narajan-Tempel in Nepal

Metall-Relief im Jokhang-Tempel in Lhasa

Links: Wächterelefant vor einer Tempelanlage in Bodnath, einem religiösen Zentrum in der Nähe der alten nepalesischen Königsstadt Patan (bei Katmandu). Ein 40 m hoher Stupa ist der heiligste Bau der Tibeter in Nepal.

Elefantensymbole in Tibet

In Tibet, im Gottesstaat des Lamaismus, findet sich in Tempelanlagen das Bild des Elefanten als heiliges Symbol Buddhas, des Erleuchteten. Der Mahayana-Buddhismus kam im 6. nachchristlichen Jahrhundert aus Bengalen in die Himalayaregion, wo sich daraus eine reine Mönchsreligion entwickelte, die sich auch über die Mongolei ausbreitete.

Die Lamas suchen durch Meditation, Yogaübungen und das Ritual Erlösung. Im 14. Jahrhundert übernahmen die Mönche auch die politische Macht. Laien üben ihren Glauben aus durch das Umschreiten von Tempeln, die Verehrung von Reliquien sowie durch den Kauf von Amuletten, und sie verstärken die segenspendende Wirkung der heiligen Formel ›om mani padme hum‹ durch Betätigung der Gebetsmühlen. Die heilige Formel hat zentrale Bedeutung für die Buddhisten. ›Om‹ gilt als heilige Silbe. Bevor der Sturm der ›Kulturrevolution‹ Maos über Tibet wegging, zählte das Land an die 3000 Klöster, denen ein Großteil der Äcker gehörte. Die Zahl der Mönche wurde auf etwa 300 000 geschätzt, bei einer Gesamtbevölkerung von 3–4 Millionen Tibetern.

Rechts: Tibetanische Malerei im Jokhang-Tempel (Haus der Meister) dem bedeutendsten Heiligtum des Landes in Lhasa. In der Mitte des 17. Jh. erhielt der Tempel seine heutige Gestalt.

Der ›weiße Elefant‹ in Südostasien

Legende von Vishnu und dem weißen Elefanten
links wahrscheinlich Garuda
Puri, Orissa, Mitte 20. Jh.
Lackfarben auf Leinwand
Privatsammlung

Die Kultur Indiens hat die angrenzenden Länder Südostasiens tiefgreifend geprägt. Vom großen Nachbarn, mit dem seit alters enge Handelsbeziehungen bestanden, kam der Buddhismus, der vor allem in Thailand, Burma und Kambodscha tiefe Wurzeln trieb, und kam auch die Verehrung des Elefanten. Die geduldigen grauen Riesen liehen Königen und religiösen Kulten ihre Würde, und sie dienten im Volk als helfende Schwerarbeiter. Jahrhundertelang leisteten sie auf der indochinesischen Halbinsel auch blutige Kriegsdienste bei den Machtkämpfen rivalisierender Reiche.Ein besonderer Kult ist in Siam, wie sich das Land der Thais über lange Perioden nannte, um den ›weißen Elefanten‹ entstanden. Schon 1548 vermerkte der portugiesische Jesuiten-Missionar Fernão Mendes Pinto, daß der König Siams den Titel ›Phra Chao Chang Phuk‹, ›König des weißen Elefanten‹, trug. Später nannte man auch Siam, das nie unter koloniale Herrschaft kam, das ›Land des weißen Elefanten‹.

Wächterelefant mit zwei Kälbern vor einem wiederaufgebauten Tempel im ausgedehnten Ruinenfeld der früheren Thai-Hauptstadt Ayuthya, die 1767 bei einem verheerenden Einfall der Burmesen zerstört wurde. Seit langem laufende Wiederaufbau-Arbeiten ließen inmitten von Ruinen schon viele Pagoden neu erstehen. Ayuthya, etwa 50 km nördlich der neuen Hauptstadt Bangkok gelegen, ist vielbesuchtes Touristenziel.

»Schön wie ein weißer Elefant ...«

Der ›weiße Elefant‹, der äußerst seltene Albino unter den Rüsselriesen, galt in Südostasien seit Jahrhunderten als unschätzbare Kostbarkeit, die zu besitzen Königen und Fürsten vorbehalten war. In seiner Besonderheit offenbarte sich augenscheinlich der wunderbare himmlische Ursprung. Ahnherr ist der mythische Elefant Airavata, der vier Zähne hat,

Weißer Elefant im Palastbezirk des thailändischen Königs, Bangkok, um 1910
Museum für Völkerkunde, München

Die gefeierten weißen Elefanten Siams strahlten keineswegs in dem makellosen Weiß ihres himmlischen Ahnen Airavata. Zoologisch gesehen handelte es sich um Halbalbinos, um Tiere, denen Hautpigmente fehlten. Bei den historischen weißen Elefanten der Königshöfe von Siam und Burma bestand die größte Annäherung an Weiß in blassen, lachsfarbenen Hauttönen bzw. Flecken sowie gelbbraunen bis rötlichen Augen. Für Uneingeweihte unterscheiden sich die weißen Elefanten nicht augenfällig von gewöhnlichen Tieren. Wirklich weiße Elefanten gibt es nicht. Für kultische Zwecke oder öffentlichen Königsprunk ließen und lassen sich aber auch Halbalbinos mit etwas Farbe in wundersame, wirkliche weiße Elefanten verwandeln, wie sie auch Staatswappen zieren.

weiß ist wie der Schneegipfel des Götterberges Kailasa und der dem Donnergott und Weltenordner Indra, der auch Regen beschert, als Reittier dient. Galten Elefanten, die sich in kosmischen Urzeiten mit den Wolken paarten, gemeinhin als Fürsprecher für ersehnten Regen, so bot der wundersame weiße Artgenosse ganz besondere Gewähr gegen Dürre und Hungersnot.

Weiße Tiere genießen in vielen Regionen der Welt besondere Wertschätzung und auch Verehrung, vor allem bei den asiatischen Völkern, die dem Glauben an Seelenwanderung nach dem Tode anhängen. Im Zyklus der Reinkarnationen kann die Seele auch in Tierkörper eingehen, wobei weiße Tiere von höherem Läuterungsgrad künden. Als nobelstes, Königen, Helden und Heiligen vorbehaltenes ›Kleid der Seele‹ gilt dabei der weiße Elefant, der auch Buddhas Seele auf dessen langsamem, über vollkommene Weltentsagung führendem Weg zur Erleuchtung eine Weile edle Hülle war.

Vor allem in Siam und Burma war der weiße Elefant schon sehr früh ein heiliges Symbol. Wurde einer gefangen, so mußte er sogleich dem König abgeliefert werden. Nicht einmal der König durfte im mittelalterlichen Burma seinen Rücken besteigen, da der weiße Elefant als ebenso großer Herr galt wie er selbst: der weiße Elefant konnte ja die Seele eines Königs bergen.

In Bangkok entwickelte sich ein pompöser, exklusiver Hofkult um den Außenseiter seiner Art. Bei Empfängen stand stets ein prächtig aufgeputzter weißer Elefant als Künder königlicher Größe und Würde am inneren Palasttor. In den königlichen Stallungen waren über den ranggemäß ausgestatteten Standplätzen weißer Elefanten Tafeln mit überschwenglichen Huldigungen und Lobpreisungen angebracht, die ihn poetisch beschrieben als vollendet in Gestalt – gleich einem Kristall von höchstem Werte – eine Quelle der Macht und der Anziehung von Regen. Allgemeine Verehrung und Ehrerbietung bedeutete für die meist angebundenen, in Langeweile unter Baldachinen repräsentierenden Tiere freilich nicht Elefantenglück.

Ein Vetter des Königs, der Mitte des 19. Jahrhunderts eine siamesische Delegation nach London geführt hatte, berichtete nach der Rückkehr über seine Eindrücke am englischen Hof und über die ›wundervolle Erscheinung‹ der Königin Victoria: Es sei unmöglich, nicht gefesselt zu sein von der Ehrfurcht gebietenden Erscheinung der erhabenen Königin von England, und es sei nicht zu übersehen, daß sie erlauchter Abkunft sei von edlen und kriegsgewaltigen Königen und Herrschern über die Erde. Sie hätte Augen, einen Teint und vor allem eine Haltung wie ein schöner und majestätischer weißer Elefant ...

Auch heute noch genießt der weiße Elefant in Thailand hohe Wertschätzung und kultische Verehrung. 1987 sollen in den streng abgeschirmten königlichen Stallungen sechs weiße Elefanten gestanden haben, und es besteht immer noch die Vorschrift, jeden weißen Elefanten dem König zu melden, der wohl weiß um die staatserhaltende Kraft alter Traditionen.

Die hochgeschätzten weißen Elefanten werden von den Thais in vier Ränge eingestuft. Neben dem Hauptkriterium, der Hautfarbe und den Hautflecken, werden gewertet: die Form von Stirn und Brust; die Ausbildung, Länge und Farbe der Stoßzähne; die Formung und Länge des Rüssels; Farbe und Form der Hufe usw. Eine alte Thai-Schrift rühmt blumig die Eigenschaften, die den königlichen weißen Elefanten auszeichnen sollen und die seine besondere Schönheit ausmachen.

Danach sollen Rüsselspitze und Penis, Zunge und Lippen rötlich sein, die Ohren glatt an den Rändern. Die Stoßzähne sollen honigfarben schimmern; fließend soll der Körper sein und glatt die rötlich getupfte Haut. Die Fußnägel sollen mondfarben sein, gleich einer Schildkröte. Ein weißer Elefant, der die acht Kampfregeln beherrscht, der mutig ist und auch bereit zum Töten, ist des Königs Reittier in der Schlacht. Für asiatische Kenner sind auch kleine Farbnuancen oder helle Flecken wichtig wegen ihrer mehr oder weniger Glück verheißenden Bedeutung.

Ein weißer Elefant der königlichen Ställe in Bangkok.
Allgemeine Verehrung bedeutete und bedeutet für die dem König vorbehaltenen Tiere, die in Langeweile hindämmern oder als Repräsentationsobjekte unter Baldachinen stehen, freilich nicht Elefantenglück.

In Burma entzaubert

Unter Burmas Gründerkönig Anavratha und seinen Nachfolgern wurde Pagan, das sich über 13 km am Ufer des Irawadi hinzog, zu einer prachtvollen Stadt mit 1000 Pagoden, Terrassen und reichem Skulpturenschmuck ausgebaut. Bei den gewaltigen Bauarbeiten waren Hunderte von Arbeitselefanten eingesetzt, deren Gestalt auch die buddhistische Symbolik bereicherte. 1287 wurde die prächtige Königsstadt von den Mongolen zerstört. Es blieb ein riesiges Ruinenfeld.

In den folgenden 500 Jahren ging Burma durch Phasen von Chaos, Bürgerkriegen und friedlichen Wohlstandsperioden. Eine neue kulturelle Hochblüte erlebte das Land im 16./17. Jahrhundert. Erlesene Werke der Malerei, der Holzschnittkunst und Bildhauerei sind erhalten. Wie im benachbarten Land der Thais gab es am Königshof in Dala (heute ein Vorort von Rangun) einen pompösen Staatskult um den ›weißen Elefanten‹. Die Ställe der ›weißen‹ Wundertiere sollen mit Gold ausgeschlagen gewesen sein.

Eine allzu turbulente historische Entwicklung, die Burma zu Beginn des 19. Jahrhunderts in Konflikt mit England brachte und 1886 in koloniale Abhängigkeit führte, hat viele alte Überlieferungen ausgedünnt und gelöscht. Heute ist der Elefant in Burma entzaubert, nur noch Arbeitstier, das auf Teakholz-Einschlagplätzen Baumstämme schleppt.

Die Einholung seiner Majestät des ›weißen Elefanten‹

Einen farbigen Bericht über die einstige märchenhafte höfische Prunkentfaltung um einen glücklich eingefangenen weißen Elefanten überlieferte die Engländerin Anna Leonowens, die der siamesische König Somdech P'hra Paarmendr Maha Mongkut 1862 als Gouvernante seiner Kinder einstellte:

»Wenn ein siamesischer Provinzgouverneur Nachricht vom Auftauchen eines weißen Elefanten erhält, gibt er sogleich Befehl, in allen Tempeln zu beten und zu opfern, während er selbst ein enormes Aufgebot von Jägern und Sklaven ausschickt, um das kostbare Tier einzufangen. Sobald ihm der geglückte Fang gemeldet wird, schickt er einen Kurier an den Hof, der dem König genauen Bericht über das Geschlecht des Elefanten, sein Alter, seine Größe und Hautfarbe, sein Benehmen und seinen Charakter erstattet. Der Überbringer der glücklichen Botschaft wird in Gegenwart seiner Majestät einer schmerzhaft-angenehmen Prozedur unterzogen: mit Gold werden ihm Ohren, Mund und Nase vollgestopft. Auch der Glückspilz, der als erster das illustre Ungeheuer erspäht hat, wird verschwenderisch belohnt ... An die Vorsteher der Bezirke, die der Elefant passieren muß, ergeht Befehl, ihn mit königlichen Ehren zu empfangen. Durch Wälder, die er auf dem Weg in die Hauptstadt durchqueren muß, werden breite Schneisen geschlagen.

An den Rastplätzen wird der Elefant fürstlich betreut. Eine Schar von Dienstleuten, die zu seiner Unterhaltung singen, tanzen und Musik machen, geleitet ihn zum Ufer des Mae-nam, wo ihn ein prunkvoll überdachter und rot drapierter schwimmender Pavillon erwartet. Am Dach sind Blumenarrangements angebracht, die Symbole und Leitsprüche darstellen, und alle Welt glaubt, daß das Tier den Sinn wohl zu erfassen vermag. Der Boden des Pavillons ist mit golddurchwirkten Matten belegt, in deren Mitte seine vierfüßige Hoheit steht, umgeben von einer unterwürfigen entzückten Menge armseliger Zweifüßler, die ihn baden, parfümieren, ihm Kühlung zufächeln, ihn füttern, ihm vorsingen oder vorspielen und ihm schmeicheln. Sein Futter besteht aus den zartesten Kräutern, dem saftigsten Gras, dem süßesten Zuckerrohr, den mürbsten Früchten und den leckersten Weizenfladen, die ihm auf riesigen goldenen und silbernen Tabletts serviert werden ...

So fährt er in mehr als fürstlicher Pracht den Strom hinunter bis zu einer etwa 70 Meilen von der Hauptstadt entfernten Stelle, an der ihn der König mit seinem Hofstaat, den höchsten Würdenträgern und einem gewaltigen Aufgebot von Priestern, buddhistischen wie brahmanischen, sowie Schauspielern und Musikanten erwartet, um ihn mit allen Ehren zu seinem Stallpalast in der Haupt-

Miniatur von Behzad
Aus einer Sammlung indischer, türkischer und persischer Malereien, Indien, 16./18. Jh.
Bibliothèque Nationale de France, Paris

Der von einem Mann mit Dolch gerittene Elefant unterscheidet sich von einem gewöhnlichen Tier nur durch weiße beziehungsweise helle Flecken.

Illustration aus einer Abhandlung über mythische und natürliche Elefanten, Thailand, 19. Jh.
Malerei auf Papier

Bilder von 24 Gottheiten schmücken Körper und Stoßzähne des Elefanten; eine Schlange bildet den Rüssel.

Der weiße Elefant, 19. Jh.
Fresko
Großer Palast, Bangkok

Die Legende vom ›Weißen Elefanten‹, dem himmlischen Reittier des Hindu-Gottes Indra, zeigt dieses Wandbild in den Säulengängen von Bangkoks Großem Palast, die König Rama III. (1824–1851) bei höfischen Malern in Auftrag gab.

Ein weißer Elefant zerrt in den Stallungen des Königspalastes in Bangkok an seinen Fußfesseln. Königlichen Rang verleihen ihm physische Perfektion und vom Nichtfachmann kaum wahrnehmbare Farbnuancen und Flecken, die auch als Glückssymbole gedeutet werden.

Rechts: Der ›Weiße Elefant‹ des amerikanischen Zirkuskönigs Barnum mit seinem Betreuer, aus ›The Illustrated London News‹ vom 4.12.1886

Zwei Jahre nach dem Zirkus-Kassenschlager Jumbo (siehe auch das Kapitel »Der Zirkus-Jumbo«) sollte der königliche Weiße Elefant in New York Sensation machen. Agenten Barnums hatten 1864 das weiße Wundertier dem burmesischen König Thibau für 6000 Dollar abgekauft. Der Rüsselriese strahlte freilich nicht im erträumten Weiß. Er war aschgrau mit blassen Ohren und hellen Flecken an Kopf, Hals und Rücken.

stadt zu geleiten. Taue werden am schwimmenden Pavillon angebracht, die von den Booten der Begleitflotte übernommen werden. Seidene Seile sind für den König und seine Würdenträger, die sie mit eigenen Händen an ihren goldprunkenden Barken festzurren. Und so wird der große ›Chang Puk‹, der weiße Elefant, unter Jubel, Trommelschlag und Trompetengeschmetter, Böllerschüssen und klingender Musik im Triumph in die Hauptstadt gebracht.

In einem provisorisch erstellten, üppig ausgestatteten Pavillon wird der Elefant mit feierlichem Zeremoniell von den Hofbeamten und den Persönlichkeiten des königlichen Haushalts willkommen geheißen. Der König, die Höflinge und die Oberpriester versammeln sich um das Tier und bringen Dankopfer dar. Dann wird der Elefant nach altem buddhistischen Ritus durch Besprengen seiner Stirn mit geweihtem Wasser aus einer Muschelschale in den Ritterstand erhoben ...

Sieben oder neun Tage, je nach Umständen, wird der weiße Elefant im provisorischen Pavillon gefeiert und mit Aufführungen von Heldendramen unterhalten. Während dieser Tage feiert das ganze Land. Dann wird der Elefant mit großem Pomp zu seinem verschwenderisch ausgestatteten Stall im königlichen Palastbezirk geführt, wo er von seiner Offiziersgarde, seinen Dienern und Sklaven empfangen wird, die sogleich beginnen, ihn zu schmücken. Der Hofjuwelier bringt an seinen Stoßzähnen goldene Ringe an, krönt ihn mit einer Krone aus getriebenem Gold und legt ihm eine schwere goldene Kette um den Hals. Dann legen ihm seine Diener eine mit Goldfransen gerahmte, purpurne Schabracke über. Nach dieser feierlichen Handlung wirft sich sein ganzer Hofstaat zu Boden und huldigt ihm wie einem König ...«

Elefantenumfassung der Ruanweli-Dagoba in Anuradhapura
2. Jh. v. Chr., Sri Lanka

Eine imposante Reihe von 344 lebensgroßen Elefanten-Skulpturen umgürtet den mächtigen Rundbau der Ruanweli-Dagoba, die der König Dutthagamani nach indischem Vorbild in Anuradhapura errichten ließ. Die alte Hauptstadt ist heute ein riesiges Ruinenfeld. Der einstige Königspalast, der ›Eherne Palast‹, war nach der Überlieferung ein auf Granitsäulen ruhender, mit vergoldeten Kupferplatten belegter Holzbau. Der Thron war in Elfenbein und Bergkristall gearbeitet.

Die Elefanten Ceylons

Eine besondere Rolle spielte der Elefant stets auf Ceylon, heute Sri Lanka, das im Bannkreis indischer Kultur und religiöser Kulte eigene insulare Wege ging. Schon im 3. Jahrhundert v. Chr., zu Zeiten des Indienfeldzugs Alexanders des Großen, belieferten Inselfürsten die Königreiche des Südkontinents über See mit Kriegselefanten. Im 3. vorchristlichen Jahrhundert verbreiteten Missionare des berühmten Königs Ashoka (272–232 v. Chr.) des indischen Maurya-Großreichs den Theravada-Buddhismus, der als ursprüngliche Form der Lehre des Erleuchteten angesehen wird, auf der Insel. Auch Sohn und Tochter Ashokas missionierten auf Ceylon (siehe auch Kapitel »Elefantenmacht in hellenistischer Zeit«). Im 5. Jahrhundert v. Chr. errichteten die Singhalesen, die aus Nordindien kamen, die ersten Königreiche. Im Ruinenfeld der ersten Hauptstadt Anuradhapura, deren Tempelanlagen, Klöster und Paläste eine Fläche von rund 9 km^2 bedecken, finden sich imposante Zeugnisse der antiken Elefantenkultur Ceylons. Das Abbild der Rüsselriesen, die zu Tausenden ihre Kraft liehen bei der Türmung der Großbauten, ist vielfach in Stein verewigt.

Erwähnt sei nur die Ruanweli-Dagoba, die der im 2. vorchristlichen Jahrhundert regierende König Dutthagamani errichten ließ. 344 mächtige Elefanten, die Stirn dem Beschauer zugewandt, tragen den Rundbau der ›Dagoba‹, wie der die Reliquien bergende buddhistische Kultbau genannt wird, der dem ›Stupa‹ Indiens und der ›Pagode‹ Chinas entspricht. Eine Mönchschronik überliefert, daß während der Bauarbeiten besonders kräftige Elefanten, deren Füße mit Lederschuhen geschützt waren, das Fundament stampften.

Die ceylonesische Königschronik erzählt vom heldenhaften Kriegselefanten Kandula, der Dutthagamani half, die zeitweilige Fremdherrschaft des südindischen Tamilen-Fürsten Elala zu brechen. Mit seinem mächtigen Schädel sei Kandula gegen das eisenbeschlagene Tor der Festung Elalas gerannt. Als die Feinde glühende Eisenkugeln von der Mauer auf ihn warfen und siedendes Pech schütteten, sei er zu einem nahen Teich getrabt, um seine Wunden zu kühlen; dann habe er das Tor mit doppelter Wucht gerammt, bis es aus den Angeln gesprungen sei.

Im 11. Jahrhundert verlegten die singhalesischen Könige unter dem Druck von Tamilen-Einfällen aus Südindien den Regierungssitz in ihre Sommerresidenz Polonnaruva, das sich zur neuen Hauptstadt entwickelte. In vielfältiger Gestaltung findet sich das Abbild des Elefanten auch im verbliebenen Ruinenfeld des zweiten Reichs- und Kulturzentrums.

Nach 1235 wurde das Königreich von Polonnaruva geteilt. Den Norden der Insel beherrschten die Tamilen. 1505 begann die koloniale Ära mit dem Zugriff der Portugiesen, denen die Holländer und schließlich die Engländer folgten.

Dem Beschauer zugewandt ein meisterhaft gemeißelter steinerner Riese aus der berühmten Elefanten-Umfassung der Ruanweli-Dagoba im Ruinenfeld von Anuradhapura.

Ziegel mit Elefantenrelief
Sri Lanka, 10./11. Jh.
Terrakotta, 21 x 12,1 x 1,3 cm
County Museum of Art,
Los Angeles

Elefantenfries auf dem Mondstein des Tempels ›Vatadage‹
(Oben links Detail)
Polonnaruva, Sri Lanka, 12. Jh.

Einer der vier ›Mondsteine‹, die vor den Eingängen des Tempels ›Vatadage‹ in Polonnaruva, der zweiten historischen Hauptstadt Sri Lankas, lagen. Um den Rundtempel, der eine Dagoba umschloß, war ein erhöhter Prozessionsweg angelegt.

Kriegselefant, Detail eines Reliefs an der äußeren Galerie des Tempels ›Bayon‹, Angkor Thom um 1200

Kriegsaufmarsch mit Elefanten (Detail), 1. Hälfte 12. Jh.
Relief
Historische Galerie, Angkor Vat

Teil einer rund 100 m langen Relief-Wandfüllung im Westteil des Tempels ›Angkor Vat‹. Es zeigt einen Kriegsaufmarsch der Khmer-Armee des Königs Suryavarman II. mit siamesischen Hilfstruppen.

Schlachtenrelief (Detail)
1. Hälfte 12. Jh., 2. Ebene des Tempels Angkor Vat

Südende der ›Elefantenterrasse‹
Tempelpalast Bayon, um 1200
Angkor Vat

Das Bayon war im 13. Jahrhundert Machtzentrale des Khmer-Reichs und dessen symbolisches Abbild. Wuchtige Elefantenreliefs schmücken auf 300 m Länge die Wände der Galerien, die um das zentrale Heiligtum und die königlichen Palastanlagen führen. Die Kolosse ziehen hin wie in ihrem einstigen Alltagsdienst. Bei festlichen Anlässen diente die Terrasse dem König und der Hofgesellschaft als Tribüne.

Die Wunder von Angkor

Die großartigsten mittelalterlichen Zeugnisse der Elefantenkultur Südostasiens finden sich in Kambodscha, in der gewaltigen Ruinenstadt Angkor, der einstigen Hauptstadt des Reiches der Khmer. Zu Beginn des 9. Jahrhunderts gegründet, entwickelte sich Angkor trotz mehrfacher Kriegsverwüstungen zur glanzvollsten Zentrale Südasiens. 1431 erlag das Khmer-Reich einem verheerenden Einfall der Thais. Das verwüstete, von der überlebenden Bevölkerung verlassene Angkor überwucherte der Dschungel; es wurde vergessen und erst im 19. Jahrhundert wiederentdeckt. Die wuchtigen Tempel- und Palastanlagen, die der Zerstörung und selbst dem Dschungel trotzten, zählen zu den erhabensten Kulturdenkmälern der Menschheit.

Auf dem Höhepunkt der Khmer-Macht war Angkor eine grandiose Stadtlandschaft, gegliedert durch ein schachbrettartiges Kanalsystem, das über riesige Staubassins mit Flußwasser gespeist wurde. In dieser Szene verwandelter Natur errichteten vergöttlichte Herrscher mit unfaßbarem Aufwand gigantische Tempel und Paläste.

Die gewaltigste bauliche Anlage Südasiens, Angkor Vat, entstand unter dem König Suryavarman II. (1113–1150), der zu den mächtigsten Herrschern Asiens zählte. 1500 x 1300 m mißt die rechteckige, von einem 200 m breiten Wassergraben gegürtete Umfriedung des heiligen Bezirks, in dem sich der riesige Tempelbau in Basis-Abmessungen von 215 x 197 m erhebt, gekrönt von einem 45 m hohen Mittelturm. Drei zum Wassergraben abfallende Terrassengalerien sind vorgelagert. In einer phantastischen Fülle gemeißelter Vollplastiken und in kilometerlangen Reliefs an Wänden und Friesen, die typisch für die Khmer-Kunst sind, ist vielfach die Symbolgestalt des Elefanten verewigt.

Der Elefant war königliches Reittier, Kampfgefährte im Krieg und Helfer im Alltag; er hatte auch seinen Platz im Ritual der übernommenen indischen Religionen und in den Welten himmlischer Legenden. Der Elefant gesellte seine Riesenkraft nicht zuletzt den Heeren von Sklaven, Arbeitern und Bildhauern, die in Rekordzeit die gigantischen, goldschimmernden Tempel und Paläste, die flammenden Türme und Terrassengalerien im Netz der Kanäle errichteten, die der Trinkwasserversorgung, dem Schiffsverkehr und einer ausgeklügelten Bewässerung des Hinterlandes dienten. Die geometrische Gesamtanlage versinnbildlichte das kosmische Weltbild der Khmer.

Vom 9. bis ins 15. Jahrhundert war das Khmer-Reich Großmacht in Südostasien. Khmer-Kunst war stilbildend auf der ganzen indochinesischen Halbinsel.

Nach einem verlorenen Krieg gegen die Vietnamesen wurde Angkor verwüstet. König Jayavarman VII. (1161–1219) gestaltete den Stadtkern in einer gewaltigen Bauanstrengung neu. Er schuf sein Angkor Vat, umfriedet mit Befestigungsanlagen; er ließ den riesigen Tempelpalast Bayon errichten. Die dem Tempel vorgelagerte, 300 m lange ›Elefantenterrasse‹ mit großen Elefantenreliefs diente dem König und seinem Gefolge bei Festlichkeiten als Tribüne.

Links:
Festlich geschmücktes Elefantenmonument am Ruinenfeld von Ayuthya, der Hauptstadt der Thais bis zur Zerstörung durch die Burmesen 1767. Heute sind einzelne Tempelanlagen Ayuthyas, das Ausflugsziel von Bangkok-Touristen ist, wieder restauriert.

Das im 13. Jahrhundert errichtete buddhistische Heiligtum Vat Chang Lom in Si Satchanalai wird von 29 Stuckelefanten gesäumt, nach denen die Kultstätte auch benannt ist: ›Von Elefanten umgebener Tempel‹. Die Thai-Künstler arbeiteten wenig in Stein; man pflegte auch Ziegelbauweise.

Der Elefant in der Kunst der Thais

Eine Kampfszene aus der thailändischen Version des Ramayana-Epos. Fresko im ›Tempel des Smaragd-Buddha‹ (Vat Phra Keo), der sich im Bezirk des ›Großen Palastes‹ befindet und Meisterwerke thailändischen Kunsthandwerks birgt.

Die Thais, die 1431 Angkor zerstörten, nahmen um 600 n. Chr. den von indischen Mönchen verkündeten Buddhismus als Staatsreligion an. Wie in allen buddhistischen Ländern wurde das Abbild des Elefanten, der im Arbeitsalltag und im Krieg zu dienen hatte, zum religiösen und mythischen Symbol.

Die ersten Großreiche von Sukhodaya und Ayuthya waren geprägt vom Einfluß der Khmer-Hochkultur. In Rückbesinnung auf die Monumentalbauten Angkors entstanden – nicht mehr in Naturstein, sondern in Ziegelbauweise – hochragende Turmheiligtümer (prang), von kleinen Stupas umgebene Zentralstupas, Klöster, Versammlungshallen und großräumige Tempelanlagen mit Wächterelefanten.

1767 wurde Ayuthya während einer Phase der Hochblüte bei einem verheerenden burmesischen Einfall zerstört. Neues Reichszentrum wurde Bangkok, wo in den verspielten königlichen Palastanlagen, Tempeln, Pagoden und übereinanderliegenden, mit buntglasierten Ziegeln gedeckten Stapeldächern chinesische Einflüsse sichtbar werden.

Unten links:
Elefantenrelief am Tempel ›Vat Phra That Doi Suthep‹ in Chian Mai, 16. Jh.

Unten rechts:
Die ›Elefantenbäume‹ von Bang Pain. Thailändische Gartenkunst zauberte eine ganze Elefantenherde aus wuchernder Natur.

Das Pantheon der ›Nats‹

Rund 80 Prozent der Bevölkerung Burmas (heute Myanmar) bekennen sich zum Buddhismus. Wie in ganz Südostasien verbindet sich aber in der Volksphantasie mit der reinen Lehre des Erleuchteten der uralte Glaube an Götter, Geister und Dämonen. Im 9. Jahrhundert brachten tibeto-burmesische Eroberer, die aus Gebieten an der tibetanisch-chinesischen Grenze kamen, den animistischen Kult der ›Nats‹ ins Land: die Verehrung von Geistergottheiten, die sich in der Natur und in vielfältigen Phänomenen manifestieren.

Die Invasoren brachten die reichen Reisanbaugebiete Oberburmas unter ihre Herrschaft sowie die Stadt Pagan am Irawadi-Fluß, einen Knotenpunkt von Haupthandelsstraßen. Sie gründeten ein Königreich, das im 11. und 12. Jahrhundert auf dem Höhepunkt der Macht und kulturellen Blüte war. Der in den nahen Bergwäldern beheimatete Elefant war überall zu Diensten, im Krieg und auf den Bauplätzen. 1044 erhob König Anavratha (oder Anuruddha) Pagan zur Hauptstadt seines ausgreifenden Reiches.

Wie die eingewanderten animistischen Burmesen zu Buddhisten wurden, erzählt eine alte Fabel: Sobald dem König ein Sohn geboren wurde, tauchte eine Dämonin aus dem Meer auf, um das Kind zu verschlingen. Als Leibwächter begleitete sie eine Schar von Teufeln, von denen jeder zwei Löwenkörper und einen Kopf hatte. So geschah es wieder, als gerade indische Missionare die Lehre Buddhas predigten. Die Mönche riefen doppelt so viele Ungeheuer, so daß die Dämonen die Flucht ergriffen. Bei solcher Überlegenheit ihrer Zauberkraft hatten es die Prediger nicht schwer, das staunende Volk für Buddhas Lehre zu gewinnen – und die sanften Mönche verwehrten es den Leuten nicht, ihre ›Nats‹ weiterhin zu verehren.

Das Pantheon der ›Nats‹ bevölkert neben einer Vielzahl von Gottheiten der Elemente und Naturkräfte, von Bäumen und Tieren, von Wasser und Feuer eine sehr heterogene Gesellschaft von Geistern legendärer Personen, von Guten und von Bösewichten, die durch dramatische Umstände ums Leben kamen. Zu den bedeutendsten ›Nats‹ zählen Baumgeister, die auf dem erloschenen Vulkan Popa verehrt wurden. Dort fand einst jährlich ein großes orgiastisches Fest mit Tanz bis zur Ekstase statt. Die hier gezeigten ›Nats‹, von Elefanten als Stützen des Firmaments getragen, sind Beispiele alter Darstellungen in Faltbüchern.

Alle Abbildungen aus ›The Thirty-Seven Nats, A Phase of Spirit-worship prevailing in Burma‹ London W. Griggs, Chromo-Lithographer to the King, 1906

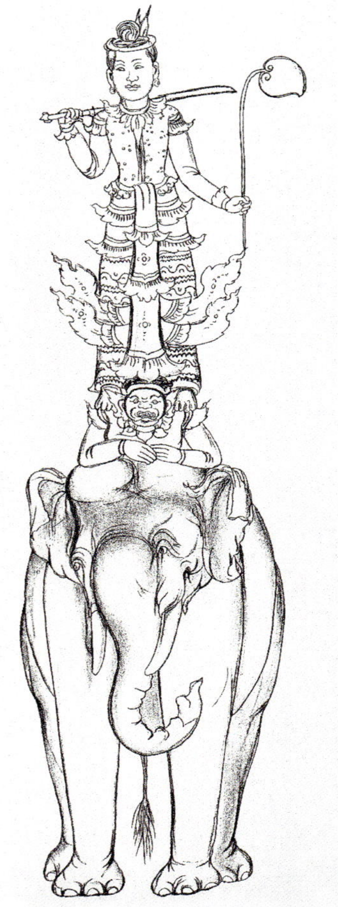

Der als ›Hüter des Heims‹ verehrte Mahagiri Nat wird auch in dieser Verkörperung verehrt: auf den Schultern eines Kobolds stehend, getragen von einem Elefanten.

Unten links: Als Tonban Hla Nat verehrt wird die über alle Maßen schöne Königin Okkalabu, die vom König vernachlässigt und gezwungen wurde, ihren Lebensunterhalt als Weberin zu verdienen. Sie starb aus Kummer, im Tode mit ihrer Tochter vereint. Sie wird von einem elefantenköpfigen Ganesha getragen.

Thagya Nat ist der kosmische Gott des Firmaments. Sein Abbild wird getragen von vier weißen Elefanten, die die vier Himmelsrichtungen symbolisieren und das Himmelszelt zu tragen haben.

Links: Die Schwester des Schmieds und Frau des bösen Königs, Ma Savme, warf sich zum Bruder in den brennenden Jasminbaum und wurde nach dem Tod Hnamadavgyi-Nat. Sie trägt höfische Kleidung und wird von einem Kobold gehalten.
Als Nats lebten die Geschwister mit einem Jasminbaum und verbreiteten viel Unheil im Volk. So ließ der König den Jasminbaum fällen und in den Irawadi werfen, aus dem er geborgen und auf den Vulkan Popa gebracht wurde. Dort wurde den Geschwister-Nats jeweils im Dezember bei großen Feierlichkeiten geopfert.

Rechts: Der als ›Hüter des Heims‹ verehrte Mahagiri-Nat: der vergöttlichte Geist des Schmieds Nga Tinde, der nach einer Volksfabel den König durch Werkstattlärm störte, sich nach Vorladung verspätet stellte und dem Feuertod überantwortet wurde, an einen Jasminbaum gebunden. Er wird mit gezogenem Schwert und Fächer dargestellt. Drei Kobolde, auf einem knieenden Elefanten hockend, tragen ihn.

Links: Ngazishin Nat, ein Königssohn, der fünf weiße Elefanten übers Meer ins Land brachte. Er thront mit vier Schirmen, Burmas königlichen Insignien, auf einer Lotosblüte, getragen von einem fünfköpfigen Elefanten.

Rechts: Aungbinle Sinbyushin Nat war ein Königssohn, der getötet wurde. Er thront in Hofkleidung auf einem Elefanten, begleitet von Kobolden.

Auf Java in Stein verewigt

Im Bereich des indonesischen Archipels gibt es heute nur noch auf Sumatra einen Bestand von etwa 3000 Elefanten in schrumpfenden, zerschnittenen Tropenwäldern. Die Zähmung wilder Elefanten für den Arbeitseinsatz auf Holzplätzen wird nur noch beiläufig betrieben. Auf Java, mit rund 100 Millionen Menschen überbevölkert, hat der graue Riese schon lange keinen Platz mehr. Im frühen Mittelalter gab es in den mächtigen Reichen, die auf den beiden Großinseln unter prägendem indischen Kultureinfluß entstanden, noch große Elefantenpopulationen in riesigen Waldzonen und eine reiche Elefantenkultur.

Die ältesten Zeugnisse stammen aus dem 7. und 8. Jahrhundert. Das Bild des Rüsselriesen ist vor allem in den zahlreichen, aus beständigem Naturstein errichteten Tempelanlagen Mittel-Javas verewigt, bei deren Bau er Schwerarbeit geleistet hat. Auf Sumatra, wo Ziegelbauweise vorherrschte, sind nur wenige Ruinen alter Großbauten erhalten.

Aus Indien kamen der Buddhismus und der Hinduismus. Javas Hinduisten huldigten in ihren Tempeln dem Zerstörer- und Schöpfergott Shiva und dessen Sohn, dem elefantenköpfigen Ganesha. Das javanisch abgewandelte Kultbild Ganeshas, des Glücksbringers und Beseitigers von Hindernissen, ist vielerorts erhalten, auch auf Sumatra. An den Elefanten erinnern auch Masken von Meeresungeheuern mit Rüsseln über Türen.

Eine Hochblüte erlebte die indo-javanische Kultur vom 8. bis 10. Jahrhundert, während der Ära des großen Seereichs ›Shrivijaya‹, das unter den Shailendra-Kaisern die Meeresstraße von Malakka beherrschte und den Handelsweg von Indien nach China kontrollierte. Um 800, einer Zeit wachsender Macht und einträglichen Handels, entstand in Zentral-Java das gewaltigste buddhistische Heiligtum außerhalb Indiens, der Hügeltempel Borobudur. Der siebenstufige Terrassenbau, der einen Hügel umschließt, ist mit Seitenlängen von 123 m quadratisch angelegt. Quadratisch staffeln sich auch die ersten, von Balustraden gesäumten Terrassen. Dann erfolgt ein Wechsel in kreisförmige Stufen. Ein Stupa krönt den Bau.

An den Terrassenmauern erscheint immer wieder das gemeißelte Bild des Elefanten als buddhistisches Glaubenssymbol. In umlaufenden Reliefs wird der Heilsweg aus den Niederungen irdischen Begehrens zu Weltentsagung und befreiender Erleuchtung dargestellt. Andere Zyklen erzählen vom Leben Buddhas. Die gewaltige Anlage erlitt ein ähnliches Schicksal wie Angkor Vat in Kambodscha. Im Jahre 1006 wurde Borobudur bei einem Ausbruch des nahen Vulkans Merapi zerstört, von der flüchtenden Bevölkerung aufgegeben, dem Dschungel überlassen und von wuchernder tropischer Vegetation eingesponnen. Erst 1814 entdeckte man die Ruine

Der Hindu-Gott Ganesha, der Widerstände überwinden hilft, wurde auf Java und Sumatra viel verehrt. Regionaler künstlerischer Einfluß wandelte etwas sein Erscheinungsbild. Der plumpe Körper lastet über einer umlaufenden Galerie von Schädeln. Die vier Arme halten eine Axt, einen Rosenkranz, ein Gefäß und den eigenen abgebrochenen Stoßzahn, den er einer Legende zufolge gegen den Mondgott warf.

Szene aus einem umlaufenden Relief am Borobudur-Tempel auf Java, dem gewaltigsten buddhistischen Heiligtum außerhalb Indiens, errichtet im 9. Jh. Das Leben Buddhas wird erzählt. Hier ein Hofelefant mit Kriegerbegleitung – Erinnerung an die königliche Herkunft des Erleuchteten, an seine Zeit als Prinz Siddharta.

Wasssergefäß, Ostjava
1. Jh. v. Chr.
Bronze, Höhe 32 cm
Museum Mpu Tantular, Surabaya

Ein Wassergefäß in Elefantenform, das vielleicht bei Kultzeremonien benutzt wurde. Der 32 cm hohe Bronzeelefant aus dem 1. Jahrhundert v. Chr. befand sich in einem großen Kesselgong, der 1974 in Ostjava gefunden wurde.

wieder. Es gab einige kleine Restaurierungsversuche, die nicht weit führten. Heute läuft die Restaurierung in großem Stil, finanziert durch die UNESCO, die Borobudur auf die Liste des zu schützenden Kulturerbes der Menschheit setzte.

Als sich im 13. Jahrhundert über Sumatra der Islam auf der indonesischen Inselwelt verbreitete, erst friedlich, dann erobernd, bedienten sich die Moslem-Herrscher der entstehenden, zeitweise auch einen Teil der malaiischen Halbinsel umfassenden Großreiche ebenfalls der Dienste der Elefanten. Im 17. Jahrhundert traten die Holländer auf den Plan. Die 1602 gegründete ›Niederländisch-Ostindische Kompanie‹ erwarb durch Verträge und Eroberungen immer weitere Gebiete, bis sie schließlich fast den ganzen indonesischen Archipel kontrollierte. Der Elefant wurde nun in koloniale Regie genommen. Er half bei der Erschließung von Dschungelgebieten für die neue Plantagenwirtschaft, und er diente in der holländischen Armee, die immer wieder Aufstände niederwerfen mußte. Erst nach dem zweiten Weltkrieg, nach einer letzten vergeblichen ›Polizeiaktion‹ zur Wiedergewinnung ihrer von den Japanern gebrochenen Herrschaft, entließen die Holländer am 27.12.1949 Indonesien in die Unabhängigkeit.

Das Relief aus dem Buddha-Zyklus von Borobudur zeigt den Prinzen Siddharta in höfischem Festgeleit, dem ein prächtig aufgezäumter Elefant vorauszieht. Noch huldigt der Prinz den Freuden und Genüssen des Lebens; noch war er nicht dem Elend und Leiden begegnet, das ihn schon bald zu völliger Weltentsagung bewog.

Wächterelefant mit ornamentalem Dekor vor dem Tempel ›Pura Puseh‹ in Batubulan auf der Insel Bali.

Südostasiens Schattenfiguren

Schattenspiel- und Marionettenaufführungen, immer noch ein beliebtes Vergnügen in Südostasien, wahren uralte Traditionen. Unerschöpflichen Erzählstoff bieten hinduistische Göttermythen und der Ramayana-Sagenkreis, jeweils regional eingefärbt, ferner Heldengeschichten und dramatische historische Episoden. Unterhalten wird mit viel aufregendem Kampfgeschehen, wobei der Kriegselefant seinen Platz auf den Lichtschirmen der Regionen behalten hat, in denen es schon lange keine Elefanten mehr gibt. Künstlerische Phantasie entfaltete sich bei der Gestaltung der verwirrenden Vielfalt farbenprächtiger Bildscheiben und Figuren.

Berühmt sind vor allem die javanischen Schattenspiele (wayang) mit ihren feinsinnig gestalteten bunten Bildscheiben, die an Stäbchen bewegt werden. Die Spieler, die mit oder ohne Orchesterbegleitung das Legendengeschehen erzählen, sitzen hinter einem Lichtschirm, auf den die Figuren projiziert werden. In anderer Darstellungsform sitzen die Spieler vor dem Schirm und bieten dem Publikum die ungebrochene Farbenpracht der Bildscheiben.

Spielfiguren aus massivem Holz
19. Jahrhundert
Puppentheater-Museum im Stadtmuseum München

Bewegte Elefantenspielfiguren eines burmesischen Marionettentheaters. Der heilige weiße Elefant kämpft gegen einen bösen schwarzen.

Wajang-Figur, Hindu-balinesische Schattenspielfigur, Indonesien
Geschnittene, gestanzte und bemalte Büffelhaut
Privatsammlung

Thailändische Schattenspielfigur
Geschnittene, gestanzte und bemalte Büffelhaut
Puppentheater-Museum im Stadtmuseum München

Die Bildscheibe mit dem Elefanten, die mit Stäbchen bewegt wird, ist Spielfigur einer Kampfszene aus dem hinduistischen Ramayana-Sagenkreis.

Nang-Schirm, Szene aus dem Ramakien (Ramaana), Kampfszene mit dreiköpfigem Elefanten
Geschnittene und gestanzte Büffelhaut, eingefärbt
Puppentheater-Museum im Stadtmuseum München

Ein javanischer Schattenspielelefant. Die Bildscheibe wird nach dem Legendengeschehen, das der Spieler erzählt, an einem Stab bewegt.

Asiatische Elefantenmasken

In Ostasien wird im Tanztheater und bei religiösen Kultveranstaltungen eine bunte Vielfalt von Masken getragen: von Göttern und fratzenhaften Dämonen, von Tieren und menschlichen Wesen. Einen besonderen rituellen Rang nimmt im Brauchtum der Völker der Rüsselkopf des Elefanten ein. Der graue Riese, der nach Hindu-Mythen einen himmlischen Ahnherrn hat, genießt religiöse Verehrung. Ein Gott, der von Indien bis Java gefeierte Ganesha, hat sogar den Kopf eines Elefanten. Im thailändischen Theater verkörpern Tänzer mit Elefantenmasken den freundlich-behäbigen Gott, den Schutzherrn der Gelehrsamkeit und Helfer in den Widrigkeiten des Daseins. Elefantenmasken sind königliche Symbole, die von Macht, von Kraft künden und Schutz verheißen. Bei Kulttänzen wird das in der Maske verkörperte überirdische Wesen gegen die Mächte des Bösen aufgeboten; der Tänzer hinter der verbergenden Elefantenmaske glaubt sich selbst erfüllt von übersinnlicher Kraft.

Die Götter und Dämonen des vielschichtigen hinduistischen und buddhistischen Pantheons, die wie der Mensch einem ewigen Weltgesetz unterworfen sind, verkörpern kosmische Erscheinungen, elementare Naturkräfte und ethische Prinzipien. Die Sonne, die Erde, das Wasser – die ganze Welt in allen ihren Erscheinungen ist eine Manifestation der Götter und Dämonen, die sich in zahllosen Inkarnationen offenbaren und im kultischen Maskentanz ihre symbolischen Attribute haben. Im hinduistisch-buddhistischen Weltbild haben das himmlische und das kosmische Geschehen im Weltall ihre Entsprechung im Mikrokosmos unserer Erde und im Leben der Menschen, die sich mit der Maske das Erscheinungsbild und die geheimnisvollen Kräfte überirdischer Wesen ausleihen.

›Phikhánêt‹, der thailändische Ganesha, hat die ursprüngliche hinduistische Gestalt. Die Tanzmaske ist nur regional eingefärbt. Phikhánêt verkörpert Sanftheit und Versöhnlichkeit in der Fülle göttlicher Kraft. Im Tanztheater der Thais tritt er als Gott und Beschützer der Kunst auf.

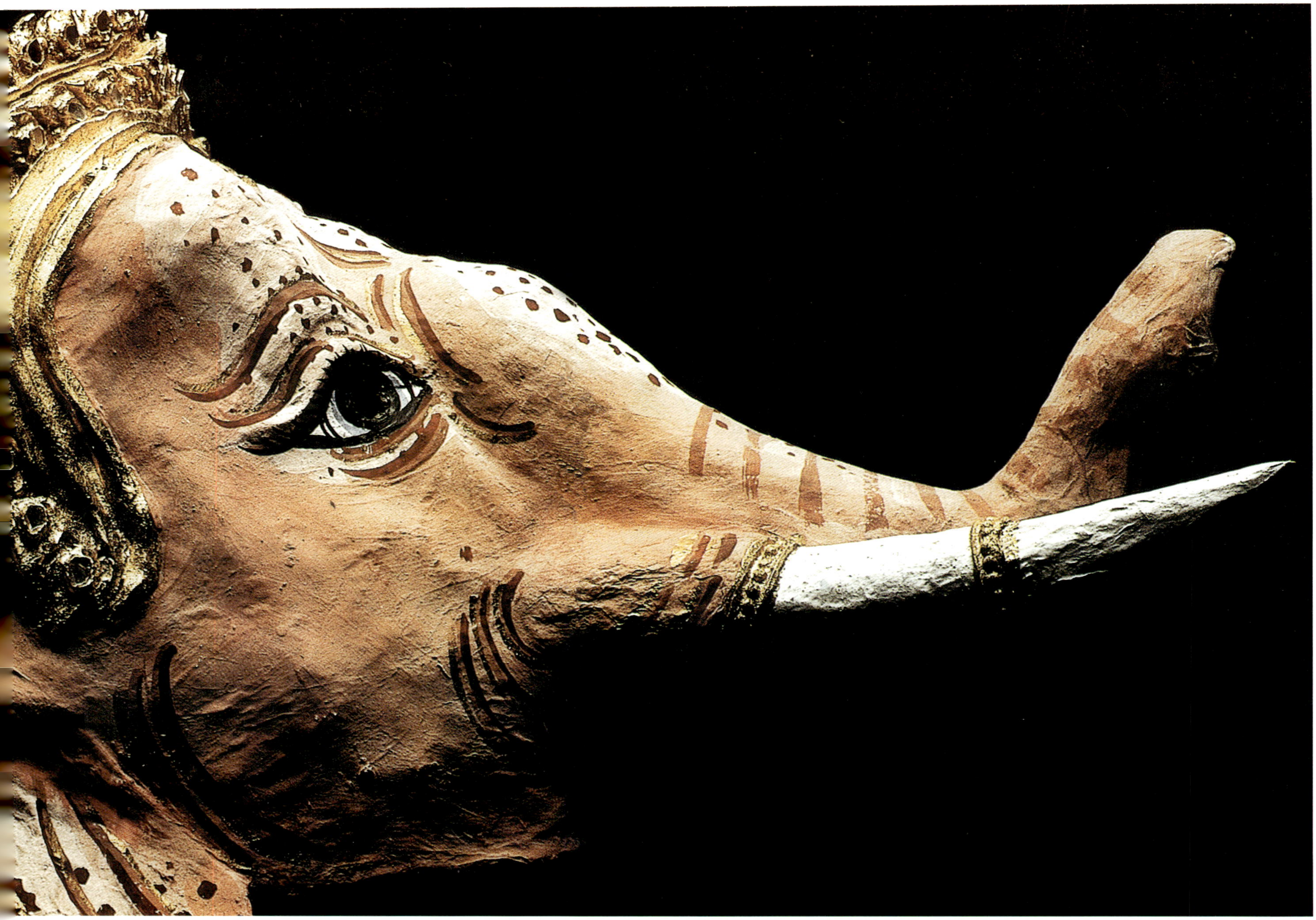

Der stilisierte, mit kräftigen Farben bemalte Elefantenkopf des ›Pulukisi‹, des nepalesischen Ganesha. In der von Geistern belebten Himalaya-Bergregion, wo sich göttliche Kraft in der Urgewalt der Elemente äußert, hat der gutmütige Gott der indischen Hindus dämonische Züge. Er hat drei Augen, um die sich Schlagen winden.

Rechts oben: Die Maske krönen verschlungene Tierkörper und fratzenhafte dämonische Fabelwesen, deren dunkle Kräfte sich im Kulttanz, im ewigen Ringen himmlischer Mächte mit dem Bösen symbolhaft entfalten.

›Gesichter‹ aus Indiens Geister- und Götterwelten. Für Indiens Hinduisten sind auch Tiere Inkarnationen von himmlischen Wesen und Dämonen. Eine Vielzahl von Tempeln wurde ihnen errichtet, und man dankt ihrer Hilfe oder besänftigt ihren Zorn mit Opfergaben und Festen.

Langstreckenschwimmer im Golf von Bengalen

Die sensationelle Unterwasseraufnahme gelang im Golf von Bengalen: ein Elefant ›im Tauchgang‹ im offenen Meer. Unter Wasser geht es schneller voran. Die gelenkigen Säulenbeine paddeln; der massige Körper, der im Wasser trägt, streckt sich nach vorn.

Elefanten lieben das Wasser; sie baden gern, und sie zählen zu den besten Langstreckenschwimmern unter den Säugetieren. In Regionen, wo es an Flüssen und Seen nicht mangelt, führen sie ein Wasserleben, das an ihre engsten lebenden Verwandten erinnert: die Seekühe, die in Ufernähe warmer Meere weiden. An Südostasiens Küsten bereitet es den Kolossen keine Schwierigkeit, über freies Meer zu festlandsnahen Inseln zu schwimmen oder von Insel zu Insel zu kommen, wie auf den Andamanen im Golf von Bengalen. Der Meeresforscher Jacques Cousteau (1910–1997) hat dort schwimmende Elefanten gefilmt.

Das Wasser trägt den massigen Körper der Kolosse; die Säulenfüße paddeln, und der Rüssel dient bei schnellerem Schwimmen unter Wasser als Schnorchel. Die größte von Elefanten zurückgelegte Strecke, die bisher beobachtet wurde, betrug etwa 48 km. Das Schwimmtempo wurde mit 2,70 km/h gemessen. Auch im indonesischen Küstenbereich haben sich Sumatras Elefanten als vorzügliche Schwimmer im Meer erwiesen. Doch fortschreitende Besiedlung sowie Kahlschlag in den Tropenwäldern und ruinöse Brandrodungen, die 1997/98 außer Kontrolle gerieten und Südasiens Himmel mit Rauch verdunkelten, lassen die restlichen Elefantenbestände der Insel schnell wegschmelzen.

Gegen Ende des 19. Jahrhunderts, als es in Indien noch große Elefantenpopulationen gab, beobachtete der Elefantenforscher G. P. Sanderson die Bewältigung der gewaltigen Mündungsarme des Ganges durch eine Herde von 79 Tieren. Dabei mußten die Rüsselriesen sechs Stunden ununterbrochen schwimmen. Nach einer Pause auf einer Sandbank mußten sie noch einmal drei Stunden lang durch die Fluten des Stroms paddeln, bis sie endlich festen Boden erreichten.

Ein unter Wasser schwimmender Rüsselriese. Bei schnellem Schwimmen unter Wasser wird der Rüssel zum Atmen ausgefahren wie ein Schnorchel. Der Elefant zählt zu den besten und ausdauerndsten Schwimmern unter den Säugetieren.

Begegnung unter Wasser mit Elefantenbeinen: ein ungewöhnliches Touristenerlebnis auf den Andamanen. Die Dickhäuter scheinen in Ufernähe dösend ein Bad zu genießen.

Zwei kämpfende Elefanten
Mogul-Periode, ca. 1625
Gouache auf Papier
Bibliothèque Nationale de France, Paris

Das Kräftemessen auf freiem Feld ist außer Kontrolle geraten. Helfer halten an langen Stangen krachende Feuerwerkskörper zwischen die in Wut geratenen Tiere, um sie zu trennen.

Elefantenschaukämpfe

Elefantenschaukämpfe, die es schon im alten Indien gab, waren während der Mogul-Herrschaft im 16./17. Jahrhundert regelmäßig veranstaltete Hofunterhaltung. Ursprünglich ein kaiserliches Privileg, wurde das Spektakel aufeinanderkrachender Giganten auch ein beliebter Nervenkitzel an den Rajputen-Fürstenhöfen. Die Schaukämpfe waren den Elefanten Anleitung und Training für den Kampfeinsatz im Krieg. Mit Drogen wurde die Aggressivität der Tiere hochgepeitscht.

Die Schaukämpfe fanden meist in Höfen statt, damit Fürst und Hofgesellschaft von den Palastfenstern zusehen konnten. Auch auf freien Flächen außerhalb des Hofbereichs wurden die Kolosse gegeneinander getrieben. Meist wurde die Kraftprobe über eine trennende Mauer oder einen 2 m hohen Erdwall hinweg ausgetragen. Die Stoßzähne rissen oft böse Verletzungen. Manchmal brach die Lehmmauer unter dem wilden Verfolgungsdrängen des siegreichen Bullen, der leicht außer Kontrolle geraten konnte. Wenn ein Reiter abgeworfen wurde, war er in höchster Gefahr; mancher wurde von einem rasenden Tier zertrampelt.

Wenn sich kämpfende Elefanten zu sehr verkeilten und sich ein Kampf auf Leben und Tod entwickelte, wurden Feuerwerkskörper dazwischen geworfen. Unter Kaiser Akbar hielt man mit Schießpulver gefüllte Bambusrohre, die sich mit Höllenlärm drehten, zwischen die wild schiebenden Tiere.

Manchmal mußte ein Elefant gegen ein Nashorn antreten, dessen spitzes Horn dem stärkeren Rüsselriesen schwere Verletzungen an Brust und Hals beibringen konnte.

Traditionelles Kampfspiel bei einem thailändischen Elefantenfest. Altüberliefertes Brauchtum wird in den Elefantenländern Südostasiens mehr und mehr zu kommerzialisierter Touristen-Folklore.

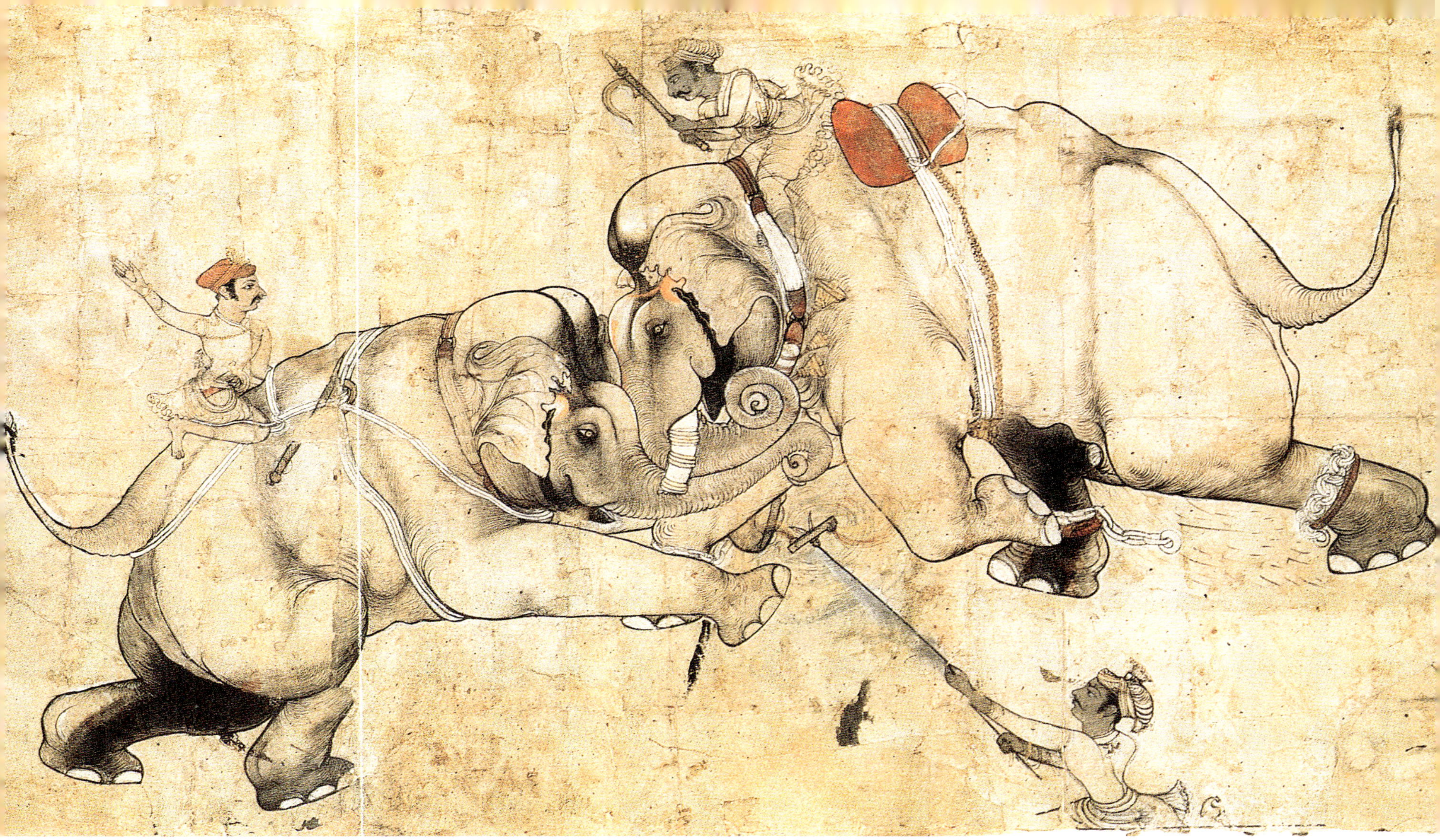

Zwei kämpfende Elefanten, Kota
Rajasthan, ca. 1670
Gouache, Tinte auf Papier
34,2 x 69 cm
Bibliothèque Nationale de France,
Paris

Darstellung eines Elefantenkampfes in Mogul-Buchmalerei. Wie auf der Seite gegenüber soll ein Feuerwerkskörper den ausufernden Kampf beenden.

Tausende von Zuschauern verfolgen am 3. Dezember 1931 diesen Elefantenkampf in Baroda, Indien.

Das größte Elefantenfest Asiens

Alljährlich am 17. November findet im Städtchen Surin rund 400 km nordöstlich von Bangkok das größte Elefantenfest Asiens statt. An die 200 Elefanten kommen jeweils von den Teakholz-Einschlagplätzen der Wälder und aus Elefantenzuchtstationen zum friedlichen Wettbewerb zusammen. Höhepunkt ist ein Rennen der schwergewichtigen Kolosse.

Bei Surin und bei Lampang im Süden des Landes bestehen große, von der Regierung geförderte Zucht- und Trainingszentren für Arbeitselefanten. Es besteht zwar kaum Bedarf an Arbeitstieren auf den Holzeinschlagplätzen (dort gibt es auch Nachwuchs von zumeist wilden Bullen); aber die überlieferten Methoden der Elefantenschulung sollen bewahrt und die Erfahrungen der alten Elefantenclans, die – wie das Volk der Suay – mit und von den Elefanten lebten, an junge Elefantenmänner weitervererbt werden, die vom Staat oder von privaten Unternehmen Lohn beziehen.

Aus der erfreulichen Initiative ist ein lohnendes Geschäft geworden. Die Elefanten der Stationen üben nun für Touristen Baumstämme schleppen und stapeln, tauziehen, fußballtreten und in Kampfspielen als Kriegselefanten drohen. Da Tiere für den Menschen interessant werden, wenn sie Nutzen bringen, ist der Erfolg Anreiz für weitere Zuchtbemühungen.

In der Nähe der Touristenzentren Bangkok und Pattaya sind bereits kleine Anlagen für Schautraining von Rüsselriesen mit je 1–2 Dutzend Tieren entstanden. Die Eigentümer sind jedoch zu sehr auf schnellen Gewinn bedacht; sinnvolle Zucht ist kaum möglich.

Ein Zeichner fabuliert über ein Elefanten-Hindernisrennen, das 1858 in Rangun stattgefunden haben soll. Elefanten, die wie Pferde über eine Heckenbarriere springen, gibt es nur im Märchen. Die Kolosse sind zwar hervorragende Kletterer, die sogar hohe Eisengitter meistern können, aber sie schaffen nicht den kleinsten Sprung.

Touristenshow auf der Crocodile Farm, Bangkok, Thailand
In Pose auf Elefantenrücken.
Das Souvenirfoto für Touristen ist willkommener Verdienst für die Mahouts, die in den Wäldern immer weniger gebraucht werden.

Elefantenrennen, Surin, Thailand
Höhepunkt der Elefantenwettkämpfe in Surin ist das spektakuläre 100-Meter Rennen der schwergewichtigen Dickhäuter, die nicht für schnelle Gangart gebaut sind. Der Boden dröhnt; die Massen sind begeistert.

Elefantenfestival in Surin
Thailand
Die massigen, geduldigen Riesen haben auch als Fußballstars aufzutreten. Altes Brauchtum und Festgepränge verflacht zum Massenspektakel und Geschäft.

Der Elefant im ›Reich der Mitte‹

K'anghsi (1662–1722)
Porzellanschale mit Elefantendekor, Ch'ing-Periode
Porzellan
Sammlung Reemtsma, Museum für Kunst und Gewerbe, Hamburg

In China, wo der Elefant schon in der Jungsteinzeit aus den zentralen Regionen verschwunden war, wurde der graue Koloß erst im 13./14. Jahrhundert zu einer vertrauten Erscheinung staatlicher Macht- und Prunkentfaltung. Es waren die erobernd ausgreifenden mongolischen Kaiser der Yuan-Periode (1276–1368), deren Reiterheere auf der indochinesischen Halbinsel den furchterregenden Elefantenkorps der Könige von Annam, Burma und Ostindien begegneten und Elefanten zu Tausenden ins Land holten.

Der berühmte venezianische Asienreisende Marco Polo (1254–1324), der erste genauere Berichte über das geheimnisvolle ›Reich der Mitte‹ ins Abendland brachte, erzählt von einer pompösen Elefantenparade anläßlich eines religiösen Festes in Kambalu (Peking), der Residenz des großen Kaisers Kublai Khan:

»... An diesem Tage werden auch alle Elefanten aus dem Besitz des Großkhans – etwa fünftausend an der Zahl – mit Tüchern bedeckt, die wunderbar mit goldenen oder seidenen Tier- oder Vogelgestalten geschmückt sind, und am Herrscher vorbeigeführt; diesen folgt in gleicher Weise ein Zug von Kamelen; das aber ist ein sehr schönes Schauspiel ...« Wenn der Venezianer von 5000 Elefanten berichtet, so meint er damit nur eine große Zahl. Phantasievolle Überhöhung entsprach der üblichen Erzählweise seiner Zeit.

Elefant mit Reiter und Kette
China, 18. Jh.
Elfenbein, Länge 5,6 cm
Simon Kwan Collection

Eine Kostbarkeit chinesischer Kleinkunst: Kettenanhänger mit Reiter. Auf der Satteldecke ein Drachenmotiv in typischem Wolkendekor.

Vase, China, 19. Jh
Kupferkorpus mit Cloisonné-Email
Staatliches Museum für Völkerkunde, München

Diese Vase mit Elefantenkopfhenkeln wiederholt in ihrer Form die Kalebasse, die zur Ausstattung taoistischer Heiliger gehörte; sie diente als Medizinbehälter.

Dachreiter, Ch'ing-Periode, 17. Jh
Zweifarbige Keramik
Staatliches Museum für Völkerkunde, München

Auf dem Elefanten, einem buddhistischen Symbol der Weisheit und Beständigkeit, reitet der Bodhisattva Samantabhadra. Im Mahajana-Buddhismus werden viele Bodhisattvas verehrt. Bodhisattvas haben die Erleuchtung zwar schon erlangt, aber sie verzichten auf die Buddhaschaft, um den Menschen zu helfen, auch das Heil zu erlangen. Der historische Buddha war ebenfalls Bodhisattva, ehe über ihn unter dem Bodhi-Baum die Erleuchtung kam.

Ein Tempelelefant des 17./18. Jh. in der ›Verbotenen Stadt‹ in Peking (Beijing), einer umfriedeten, streng abgegrenzten Stadt in der Stadt, die mit ihren prächtigen Palästen und Gartenanlagen allein dem Kaiser und der Hofgesellschaft vorbehalten war.

Keramikelefant als Kandelaber
China, Sui-Dynastie (589–617)
Keramik
Museum Rietberg , Zürich

Die ›Geisterallee‹ der Ming-Kaiser

Auch im China der Ming-Dynastie, die nach der Vertreibung der Mongolen 1368–1644 herrschte, war der Elefant ein allbekanntes Wesen, wenn auch nicht einbezogen in das Alltagsleben des Bauern- und Beamtenstaates. In der Kunst, die eine Hochblüte erlebte, wurde er zum vielgestalteten Motiv, zumal sich mit dem Buddhismus auch die indischen Elefantenmythen verbreitet hatten.

Der graue Koloß erscheint auf alten Bildrollen und als plastischer Schmuck an Bauwerken; er wurde in Stein gehauen und aus Elfenbein geschnitzt. Mit Riesenstatuen von Menschen und anderen Tieren säumen auch gewaltige steinerne Elefanten die berühmte ›Geisterallee‹, die zu den Hügelgräbern der Ming-Kaiser bei Peking führt. Es sind friedliche, in Positur gesetzte Rüsselriesen, die da stehen und liegen, nicht abschreckende Ungeheuer, die sonst an Tempeln und Gräbern böse Geister abzuwehren hatten.

Heute gibt es in China nur noch etwa 250 Elefanten, die in einem kleinen Waldgebiet an der Grenze zu Laos und Myanmar leben.

Humorige, altchinesische Tuschskizze. Der rundliche Koloß, der Gutmütigkeit ausstrahlt wie der volkstümliche Dickbauchbuddha, scheint zu lächeln über das ängstliche weibliche Wesen auf seinem Rücken.

Die Steinelefanten der ›Geisterallee‹ sind chinesischen und internationalen Reisegruppen willkommenes Motiv für ein Erinnerungsfoto.

In friedsamer Ruhe hingestreckt, zeitlos stilisiert aus einem Felsblock gehauen, hält der Koloß stille Wache.

Während der Ming-Zeit war der Elefant, den die erobernden Mongolenheere der vorausgegangenen Yüan-Periode ins Reich der Mitte brachten, ein vielgestaltetes Kunstmotiv. Die wuchtigsten Elefantenmonumente stehen neben Riesenskulpturen anderer Tiere an der berühmten, um 1435 geschaffenen ›Geisterallee‹, die zu den Hügelgräbern der Ming-Kaiser bei Peking führt.

Ein zahmer, aus Indien eingeführter Elefant wird von chinesischen Betreuern mit langstieligen Besen geschrubbt. Skurrile Darstellung aus dem 7. Jahrhundert.

Kublai Khans Kommandostand

Marco Polos China-Reise
Im Jahre 1271 brachen 3 Venezianer, die Brüder Maffeo und Nicolo Polo sowie Nicolos Sohn Marco zu einer Entdeckungsreise nach Fernost auf. Sie nahmen den Landweg über unbekannte Regionen Zentralasiens. Nach 1000 Abenteuern gelangten sie nach ›Kathai‹, wie China damals genannt wurde, wo sie vom großen Mongolenkaiser Kublai Khan freundlich aufgenommen wurden. Bis 1292 blieben die Polos im Reich der Mitte, dann kehrten sie über die Sundainseln, Vorderindien und Persien nach Venedig zurück, wo Marco Polo während einer Kriegsgefangenschaft seine Reiseerinnerungen niederschrieb. Viele Zeitgenossen nahmen ihn nicht ernst; doch sein Reisebericht ist eine recht verläßliche Dokumentation über die mittelalterlichen Verhältnisse in Fernost.

Im Mittelalter, während der Mongolen-Herrschaft in China (1260–1368), machte der große Kaiser Kublai Khan Bekanntschaft mit der Kampfkraft südasiatischer Kriegselefanten, als er nach Annam (Vietnam), Burma und Ostindien ausgriff. Seinen tapferen Steppenreitern aus Innerasien waren die Riesen nicht gewachsen. So vernichtete 1283 ein Reiterheer des Kaisers die Armee des mächtigen Königs von Burma, der 60 000 Mann und Hunderte von Kriegselefanten gegen eine nur 12 000 Mann starke Truppe des kaiserlichen Feldherrn Nestardin aufgeboten haben soll. Vom Schlachtgeschehen überlieferte Marco Polo eine anschauliche Schilderung.

Angesichts der Unterlegenheit seiner Reiterverbände und beeindruckt von der dräuenden Masse der Kriegselefanten hatte Nestardin geschickt Stellung zwischen zwei Wäldchen bezogen, um sich Rückzugsmöglichkeiten zu sichern und die volle Entfaltung der gegnerischen Übermacht zu verhindern. Erst als die feindliche Streitmacht vorrückte, befahl er seiner Reiterei den Gegenangriff, der aber scheiterte, weil die Tatarenpferde vor den Rüsseltieren scheuten. Marco Polo schreibt:

»Als der König von Mien [chinesische Bezeichnung für Burma] sah, daß die Tataren in die Ebene hinabgestiegen waren, setzte er seine Armee sofort in Bewegung, rückte bis ungefähr eine Meile an den Feind heran und führte seine Truppen in Schlachtordnung auf. Er stellte die Elefanten an die Front und die Reiterei und das Fußvolk in zwei ausge-

Der Großkhan auf der Jagd
Miniatur aus dem ›Livre des Merveilles du Monde‹, um 1400
Buchmalerei
Bibliothèque Nationale de France, Paris

Das Geschehen im fernen Wunderland China ist in die mittelalterliche abendländische Welt versetzt. Der Großkhan wird im Stil der dominierenden religiösen Malerei wie ein alttestamentarischer Patriarch präsentiert. Vom Elefanten wußte der Künstler nur vom Hörensagen.

dehnten Flügeln dahinter auf ... Darauf gab er Befehl, die Kriegsinstrumente erschallen zu lassen, und rückte kühn mit seiner ganzen Armee gegen die Tataren vor, welche keine Bewegung machten, sondern sie an die Verschanzungen herankommen ließen. Dann brachen sie hervor, aber bald sah man, daß die tatarischen Pferde, die den Anblick solch ungeheurer Tiere mit Türmen nicht gewohnt waren, zurückschreckten, kehrtmachten und zu fliehen suchten ... Als der kluge Nestardin diese unerwartete Unordnung bemerkte, ergriff er sogleich die richtigen Maßregeln. Er befahl seinen Leuten, abzusteigen und ihre Pferde in den Wald zu führen, wo sie an den Bäumen festgebunden wurden. Sobald die Tataren abgestiegen waren, rückten sie, ohne Zeit zu verlieren, zu Fuß gegen die Elefantenlinie vor und schossen rasch ihre Pfeile gegen sie ab, während die feindlichen Soldaten in den Elefantentürmen und auch die anderen das Schießen heftig erwiderten. Doch waren ihre Pfeile nicht so wirksam wie die der Tataren, deren Bögen von kräftigeren Armen gespannt wurden. Die letzten schossen so unermüdlich, vor allem auf die Elefanten, daß diese bald mit Pfeilen bedeckt waren, plötzlich kehrtmachten und sich auf die eigenen Leute stürzten, die hinter ihnen standen.«

Das besiegte Burma wurde dem Großkhan tributpflichtig wie auch das benachbarte Annam. Die Mongolen beließen es aber bei einer lockeren Oberaufsicht: sie richteten keine eigene Verwaltung ein. Marco Polo vermerkte noch, daß die siegreichen Tataren 200 Kriegselefanten der zerschlagenen burmesischen Armee eingefangen hätten. »Seit dieser Zeit«, schreibt er, »führt der Großkhan immer Elefanten in seinen Armeen mit ...« Bevor Kublai Khan Kriegselefanten in die Armee eingliederte, hatte er die Giganten bereits als Übersicht gewährenden Kommandostand für seine Heerführer in so mancher Schlacht benützt.

Marco Polo erzählt davon in einem Bericht über die Niederwerfung des Aufstands eines Provinzgouverneurs: »Kublai nahm in einem großen hölzernen Aufbau Platz, der von vier Elefanten getragen wurde, deren Leiber mit Panzern von dickem, im Feuer gehärtetem Leder gedeckt waren; auf den Panzern aber trugen sie Decken von golddurchwirktem Tuch. In dem Aufbau waren noch viele Armbrust- und Bogenschützen aufgestellt, und darüber wehte die kaiserliche Fahne, geschmückt mit den Bildern der Sonne und des Mondes.«

Der von vier Elefanten getragene Befehlsstand des Mongolen-Kaisers Kublai Khan, dessen Reiterheere im 13. Jahrhundert China eroberten und das zerfallene Reich der Mitte wieder zusammenzwangen.

Kublai Khan (1214–1294)
Holzschnitt, 18. Jh.

Kublai Khan, ein Enkel Tschingis Khans, eroberte 1264 nach langem Kämpfen Peking (damals Hanbaligh) und verlegte seine Residenz von Karakorum dorthin. Er ist der Ahnherr der mongolischen Yüan-Dynastie, die China bis 1368 beherrschte. Erobernd ausgreifend gliederte er die Länder Hinterindiens seinem Riesenreich ein. Seine Versuche, über Korea auch Japan zu erobern, scheiterten zwischen 1274 und 1281. Von 1275 bis 1292 lebte Marco Polo an seinem Hof.

Bemalter Paravent aus dem Schatzhaus Shosoin in Nara, der Residenz der japanischen Kaiser 710–794. Das vollständig erhaltene, in strenger Balkenkonstruktion errichtete Shosoin, das im 8. Jahrhundert eine Weile als Warenlager diente, dann Schatzhaus der Kaiser wurde, bewahrt bis in unsere Zeit eine Fülle von Kunstwerken und kunsthandwerklichen Objekten, die auch typisch sind für das China der T'ang-Zeit. China, das seinerseits indische und persische Einflüsse aufnahm, war das prägende Vorbild des Inselreiches, das jedoch die kontinentalen Stilrichtungen mit außerordentlicher Assimilationskraft japanisierte.

Elefantenlegenden in Japan

Den Japanern ist der Elefant, der nicht zur einheimischen Fauna zählte, im 6./7. Jahrhundert durch die Chinesen vertraut geworden, die den befruchtenden Anstoß für die kulturelle Entfaltung des Inselvolkes gaben. Wie fossile Funde belegen, war der asiatische Elefant nur in einem früheren Zeitalter, im jungen Quartär, als Landverbindung bestand, vorübergehend auf der Inselwelt vertreten. Später, während der Eiszeit, lebte das Mammut in Nordjapan.

Mit der chinesischen Schrift, Literatur, Kunst und Lebensart kam in der frühen Kaiserzeit auch die buddhistische Religion mit ihren Mythen ins Land, in denen der Elefant einen besonderen Platz hat. Neben Sammlungen chinesischer Legenden, die am kaiserlichen Hof in Kyoto jedem vertraut waren, entstanden auch japanische Elefantengeschichten, unter anderem um die berühmte Kurtisane Tayu. Sie wurde häufig reitend auf einem weißen Elefanten mit sechs Stoßzähnen, der aus den Wolken kommt, dargestellt – eine frivole Abwandlung buddhistischer Legenden.

Verbreitet war im alten Japan auch eine chinesische Legende um die Urfeindschaft zwischen Elefant und Schlange beziehungsweise Drache:

Räuchergefäß
Meiji-Zeit, um 1900
Bronze mit Resten von Vergoldung, Höhe 63 cm, Länge 50 cm
Privatsammlung

Der Elefant mit dem hochgereckten Rüssel und den hauerartigen Stoßzähnen trägt eine zweistöckige Pagode, die ein Drache krönt. Die Pagode, heiliger Kultbau des Buddhismus in Ostasien, diente als Räuchergefäß. Der Bronzeelefant, der Reste von Vergoldung aufweist, ist mit Perlenbehängen geschmückt; auf dem Kopf trägt er ein symbolisches Perlenkleinod. Die Schabracke ziert ein Drache.

Elefantenfigur als Opiumpfeife
Japan, 18./19. Jh.
Bronze und Messing, Höhe 23 cm
Staatliches Museum für Völkerkunde, München

Der verlängerte Rüssel dient als Mundstück.

Elefant aus Elfenbein
Shibayana-Stil, Japan, um 1900
Privatsammlung

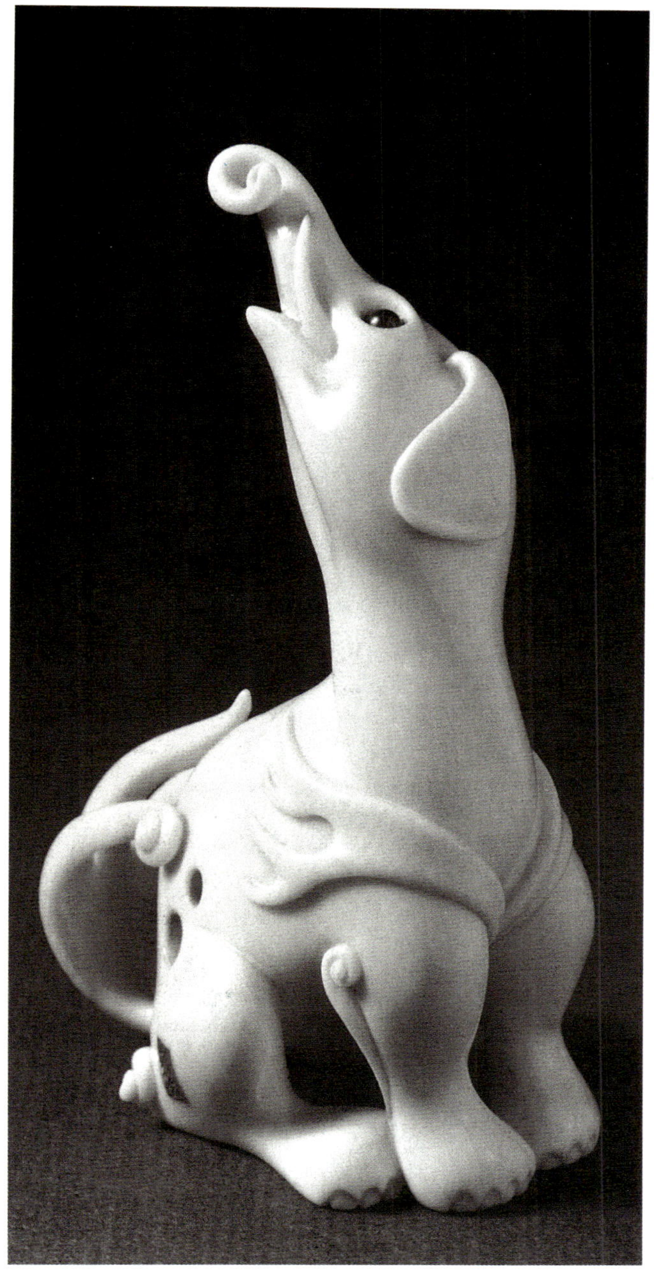

Elefant, Netsuke
8,8 cm
Privatsammlung

Die Netsukes sind eine eigentümliche Form japanischen Kunsthandwerks. (siehe auch »Elfenbeinkunst in Asien und Afrika«)

Während der chinesischen T'ang-Dynastie weckte eines Nachts ein Gnom den berühmten Krieger Wu. Er komme von den Elefanten, sagte er, die Hunderte von Meilen entfernt lebten und um Hilfe gegen einen furchtbaren, riesigen Drachen bäten, der im Wald Elefanten ergreife und fresse. Wu machte sich gleich auf den Weg, fand den Drachen am Eingang einer Höhle liegend, mit Zähnen gleich Schwertern, funkelnden Augen und Hörnern auf dem Kopf. Wu ging hinter einem Felsen in Deckung und schoß in jedes Auge des Drachen einen vergifteten Pfeil. Brüllend und feuerspeiend ging das Ungeheuer zuckend zugrunde. In der Höhle fand Wu Berge von Elefantenknochen. Die Elefanten waren glücklich und schenkten Wu zum Dank einen Berg von Elfenbein-Stoßzähnen.

Auf die Geschichte geht die fernöstliche Redensart zurück: »Die Schlange frißt den Elefanten, und nach drei Jahren kommt das Gebein des Elefanten wieder aus der Schlange.«

Der Elefant ist auch in Japan eine buddhistische Symbolfigur. Er trägt den Erleuchteten oder eine Pagode. Er leiht dem sehr auf das Diesseits bezogenen Volk auch sein urzeitliches Erscheinungsbild für skurril gestaltete Gebrauchsartikel.

Von 1635 bis 1867, während der rigorosen Absperrung von der Außenwelt, als außer Chinesen nur die Holländer auf der künstlichen Insel Deshima im Hafen von Nagasaki ein Handelskontor unterhalten durften und Japanern die Ausreise bei Todesstrafe verboten war, verflüchtigte sich das Bild des Rüsselriesen im Volksbewußtsein. Nur einige alte, in Nagasaki entstandene Farbholzschnitte zeigen einen von den holländischen Händlern importierten, bizarr gestalteten Elefanten mit einem holländischen Reiter.

Elefantenmacht in hellenistischer Zeit

Die Miniatur aus der frühmittelalterlichen französischen Handschrift ›Secrets de l'Histoire Naturelle‹ (Geheimnisse der Naturwissenschaft) entführt in das »glückliche Indien, das reich an Elefanten ist«. Illustriert wurde die kostbare Rarität zwischen 1480 und 1500 von einem unbekannten Meister, genannt Maître Charles d'Angoulême.

Hoher Blutzoll ist dem Elefanten im Krieg abgefordert worden, zuerst in Indien. In Zeiten, als noch Auge in Auge mit Muskelkraft gekämpft werden mußte, verstärkte der Kraftberg die Schlachtreihen. Der Rüsselriese war der ›Panzer‹ der Antike und zudem ein wirksames Instrument Schrecken und Verwirrung stiftender psychologischer Kriegsführung.

Zur ersten Kraftprobe eines westlichen Kriegsherrn mit einer orientalischen Elefantenstreitmacht kam es im 4. Jahrhundert v. Chr. bei der blutigen Schlacht am Hydaspes, die der makedonische Eroberer Alexander der Große (336–323) in Indien zu bestehen hatte. Über das Geschehen, das die Welt veränderte, sind uns eingehende Schilderungen antiker Historiker überliefert, denen noch die bis auf Bruchstücke verlorenen Augenzeugenberichte von wissenschaftlichen Begleitern Alexanders zur Verfügung standen. Nach Alexanders Tod gliederten seine Generäle, die sich das eroberte Riesenreich aufteilten, auch Kriegselefanten in die Armeen ihrer Vielvölkerstaaten ein, in denen die Weltkultur des Hellenismus aufblühte.

François Louis Joseph Watteau (1758–1823), *Alexander besiegt Porus* (Detail), 1802
Öl auf Leinwand, 86 x 140 cm
Musée des Beaux-Arts, Lille

Die Siege Alexanders des Großen öffneten der westlichen antiken Welt das Tor zum Orient. Der Elefant erschien auf der abendländischen Kriegsszene. Der Maler des bewegten Historienbildes, das auf Seite 200 ganz wiedergegeben wird, ist ein Neffe des Hauptmeisters der französischen Malerei des 18. Jahrhunderts, Antoine Watteau (1684–1721).

Vorder- und Rückseite der Alexander-Gedenkmünze, die nach dem Sieg über König Poros geschlagen wurde.

Lucas van Leyden (1494–1533)
Hector, Alexander und Cäsar
1515
Holzschnitt
National Gallery of Art, Washington

Im Holzschnittzyklus ›Die neun Helden‹ hat der niederländische Meister Lucas van Leyden Alexander den Großen auf einem Elefantenrücken dargestellt. In der Kavalkade der phantastisch aufgeputzten Helden und Reittiere ist der Rüsselriese auf Pferdegröße reduziert. Es mangelte dem scharfen Beobachter noch an eigenem Augenschein.

Alexanders Elefantenschlacht

Im Frühjahr 334 war der jugendliche, erst 22 Jahre alte makedonische Feuerkopf mit einer Streitmacht von 30 000 Fußsoldaten und 5000 Reitern aufgebrochen, um die Perser zu bezwingen, die 480 Athen niedergebrannt hatten und eine ständige Bedrohung für Griechenland waren. Vom Perser-König Darius III. zunächst völlig unterschätzt, eilte er in einem beispiellosen Eroberungssturmlauf von Sieg zu Sieg. Nach vier Jahren waren die persischen Kernlande in Kleinasien sowie Ägypten und Mesopotamien erobert und auch die prächtige Perser-Zentrale Persepolis, wo Alexander gewaltige Gold- und Silberbeute machte, die seine finanzielle Basis völlig veränderte.

Nachdem der geschlagene Darius von seinen eigenen Leuten ermordet worden war, bestieg Alexander, die Weltherrschaft im Auge, selbst den persischen Thron und übernahm zum Ärger seiner makedonischen Kampfgefährten auch das autokratische persische Hofzeremoniell. Nach Ordnung der Machtverhältnisse bereitete er die Rückgewinnung der den Persern entglittenen Länder am oberen Indus vor, die 100 Jahre zuvor Darius I. der Große erobert und als 20. Satrapie seinem Reich eingefügt hatte. Inzwischen kontrollierten drei rivalisierende indische Regionalkönige, Taxiles, Poros und Abisares, die Gebiete. Einen der drei, Taxiles, gewann Alexander als nützlichen Verbündeten.

Im Frühjahr 327 brach er mit seiner Armee in Afghanistan auf, beflügelt von dem Traum, das sagenhafte Indien zu erobern und den Orient mit dem Okzident zu vermählen. In unwiderstehlichem Siegeszug machte er sich die nordwestlichen Hindu-Fürstentümer des Halbkontinents dienstbar, führte das Heer auf einer kühn errichteten Schiffsbrücke über den gewaltigen Indus und zog trotz der Regenfluten der beginnenden Monsun-Periode landeinwärts weiter, um den König Poros in Vasallenpflicht zu nehmen. Doch dieser stellte sich an der Grenze seines Landes, am Hydaspes, mit überlegener Heeresmacht dem Eindringling entgegen. Man schrieb das Jahr 326 v. Chr.

Poros erwartete Alexander hinter der Wasserbarriere des Hydaspes, den der Monsunregen zu einem reißenden Strom verwandelt hatte. Er sperrte die allgemein benutzte, auch bei Hochwasser noch gängige Furt. Seine Streitmacht zählte 50 000 Mann Fußtruppen, 3000 Berittene, 300 Streitwagen und an die 200 Kriegselefanten.

Auf der Karte ist der beispiellose militärische Siegeslauf Alexanders des Großen nachgezeichnet, der die antike Welt veränderte. Vom Nil bis zum Indus entfaltete sich hellenistische Macht und Kultur.

Der jugendliche Held Alexander der Große mit Elefantenkappe. Mit nur 22 Jahren war der Schüler des Philosophen Aristoteles gegen das große Perserreich aufgebrochen. Nach 10 Jahren waren die Fundamente für ein Weltreich gelegt. Erst 33 Jahre alt, mußte er seine ausufernden Pläne mit ins Grab nehmen.

Tom Lovell
Die Elefantenschlacht am Hydaspes
Öl auf Leinwand
National Geographic Image Collection, Washington

Darstellung eines Historienmalers. »Die Elefanten schlugen mit den Rüsseln und trampelten nieder, was ihnen in den Weg kam, Freund oder Feind ...«, schrieb der griechische Historiker Arianos.

Zudem erwartete er noch Hilfstruppen des verbündeten Fürsten Abisares von Kaschmir, der im Eilmarsch heranrückte. Das Heer Alexanders, dessen makedonische Kernverbände nach verlustreichen Schlachten und unsäglichen Marschstrapazen bereits gelichtet waren, zählte samt leichtbewaffneten Hilfsvölkern nur an die 30 000 Mann. Überlegen war nur seine 5000 Mann starke Reiterei.

Wohl verfügte auch er über etwa 100 Elefanten. Ein Dutzend hatte er im Krieg gegen den Perser-König Darius erbeutet, der die aus Indien bezogenen Kolosse aber nicht in der Schlacht eingesetzt hatte. In Indien zählten zu den Tributleistungen der bezwungenen Fürsten auch gezähmte Elefanten. Der allem Neuen aufgeschlossene jugendliche Herrscher hatte das Wesen, die Zähmungspraktiken sowie die Verwendbarkeit der Dickhäuter bei der Jagd und im Krieg wohl studiert. Doch er verzichtete auf ihren Kampfeinsatz, zumal die Pferde seiner Reiterei nicht gedrillt waren auf ein Zusammenwirken mit den gewaltigen Rüsseltieren. Die Elefanten erschienen ihm nützlicher als Lasttiere im Troß. Angesichts der Übermacht auf dem Gegenufer konnte es Alexander nicht wagen, den Übergang an der Furt zu ertrotzen. So entschloß er sich zu einem verwegenen Umgehungsmanöver.

In einer stürmischen Regennacht zog er mit seiner Reiterei und dem Großteil der Fußtruppen unbemerkt 25 km flußaufwärts, wo er an einer leidlich passierbaren Stelle mit Flößen und Booten seine Verbände mit einigem Glück über den reißenden Strom in den Rücken des Feindes brachte. Zu spät erkannte Poros die Gefahr. Überstürzt zog er seine Armee vom Ufer des Hydaspes ab und formierte sie in neuer Schlachtordnung. Die vorderste Linie bildete eine furchterregende Kette aus in Abständen von etwa 30 m postierten Kriegselefanten, die aus der Ferne wie die Türme eines Stadtwalls aussähen, schrieb der im 1. vorchristlichen Jahrhundert lebende griechische Geschichtsschreiber Diodoros. Dicht hinter den grauen Riesen ballte sich das indische Fußvolk. Die Reiterei und die Streitwagen deckten die Flanken.

Alexander vermied den Frontalangriff. Er warf die Masse seiner überlegenen Reiterei gegen den linken Flügel des Feindes, wo gleich bedrohliche Verwirrung entstand. So beorderte Poros seine Reiterei, die den rechten Flügel schützen sollte, an den

François Louis Joseph Watteau
(1758–1823)
Alexander besiegt Porus, 1802
Öl auf Leinwand, 86 x 140 cm
Musée des Beaux-Arts, Lille

Wie Berge ragen auf dem Historienbild die nach römischer Art turmbewehrten indischen Kriegselefanten aus dem wilden Schlachtgetümmel.

Dramatische Bewegung bringt die Reiterei Alexanders in die Szene; die Reiterei erzwingt auch den Sieg.

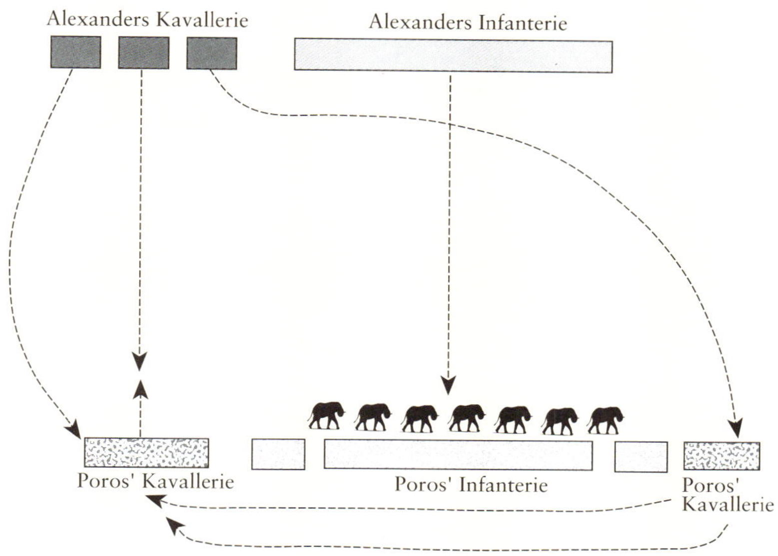

Die Schlacht am Hydaspes. Die Skizze zeigt den Aufmarsch der Armeen und die taktischen Manöver Alexanders und des Königs Poros. Die Entscheidung brachten die kühnen Flankenangriffe der griechischen Reiterei.

gefährdeten Abschnitt. Nun umritt ein makedonischer Reiterverband die entblößte rechte Flanke der Inder und griff von hinten an. Die schnell geschlagene indische Reiterei, die auch die pferdebespannten Streitwagen in den Strudel riß, wurde auf die Hauptmacht zurückgeworfen, die sich im Rücken angegriffen sah. Ein mörderisches Durcheinander entstand.

Allzuspät ließ Poros seine Kriegselefanten angreifen, die aber die Niederlage nicht mehr abwenden konnten. »Groß war der Schrecken, den die Untiere hervorriefen«, überliefert der römische Kriegsmann und Geschichtsschreiber Quintus Curtius Rufus, der im 3. nachchristlichen Jahrhundert lebte, aber noch über authentische Quellen verfügte. »Manche freilich, die den Tieren allzu heftig zusetzten, brachten sie durch die geschlagenen Wunden gegen sich selbst in Wut: von ihren Füßen zertrampelt, wurden sie für die anderen eine Mahnung, mit größerer Vorsicht vorzugehen. Fürchterlich war [sic] es vor allem mitanzusehen, wenn die Tiere mit ihrem Rüssel Männer und Waffen zugleich packten und den über ihnen thronenden Lenkern zureichten.«

Gegen die Kriegselefanten warf Alexander seine Bogenschützen. Sie überzogen die wild trompetenden Kolosse und ihre Lenker mit einem Hagel von Pfeilen. Er hatte auch Beile und Krummschwerter ausgeben lassen, mit denen kühne Einzelkämpfer den Tieren Rüssel und Fußsehnen durchschlugen. Der in römischen Diensten stehende Grieche Arrianus (etwa 95–175 n. Chr.), der noch die Aufzeichnungen des Truppenführers Ptolemaios kannte und dem Eroberungszug Alexanders sein Werk ›Anabasis‹ (Hinaufzug) widmete, berichtet:

»So kam es ... zu einem Blutbad: Man hatte die Führer der Elefanten zum großen Teil bereits abgeschossen, und die Tiere selbst, teils verwundet, teils erschöpft und ohne Lenker, waren nicht mehr geordnet in Einsatz zu bringen; sie fielen, durch das, was ihnen da an Üblem zustieß, vollends scheu geworden, wahllos über Freund und Feind her, wobei sie sich mit allen Mitteln ihren Weg zu bahnen suchten und alles niedertrampelten und töteten. Die Makedonier hingegen, die Platz genug hatten und sich ganz nach Belieben auf die Tiere einstellen konnten, wichen aus, sobald die Elefanten auf sie zukamen, und setzten nach, wenn sie umdrehten, wobei sie sie mit ihren Speeren beschossen.«

Die nun Schild an Schild vorrückenden makedonischen Kerntruppen vollendeten in einem blutigen Gemetzel die totale Niederlage der Inder, in deren chaotischer Masse die rasenden Elefanten besonders große Verheerungen anrichteten.

König Poros, der den stattlichsten Elefanten ritt, schlug sich mutig bis zuletzt. Verwundet mußte er sein Heil in der Flucht suchen. Um den getreuen Elefanten des geschlagenen Königs wucherten bald rührende Legenden. So überliefert Plutarch: Als der Elefant gespürt habe, wie der Verletzte auf seinem Rücken zusammenbrach, sei er auf die Knie gegangen und habe ihn schonend herabgleiten lassen. Dann habe er ihm mit dem Rüssel sanft die Pfeile aus dem geschundenen Körper gezogen ...

Alexander ließ den verletzten König herbeibringen, gewann ihn mit nobler Geste zum Verbündeten und bestätigte ihn mit vorausplanender Großzügigkeit in seinem Herrschaftsgebiet.

Aufsicht einer Dekadrachme
Alexanders des Großen
um 300 v. Chr.
Silber
British Museum, London

Das Münzbild zeigt den Lanzenangriff Alexanders auf König Poros, der auf dem größten, von einem Mahout geführten Kriegselefanten seiner Armee ritt.

Charles le Téméraire
Geschichte Alexanders des Großen 14. Jh.
Bibliothèque Nationale de France, Paris

Im Mittelalter beflügelte Alexanders Siegeslauf die Ritterträume. Eine Vielzahl von Alexander-Romanen wurde geschrieben. Diese Buchillustration ist einer im 14. Jahrhundert entstandenen Alexandergeschichte entnommen. Das Schlachtgeschehen im fernen Indien ist in die mittelalterlich-abendländische Vorstellungswelt übertragen. Die Kriegselefanten gerieten zu grotesken Fabelwesen.

Charles Le Brun (1619–1690)
Der Einzug Alexanders des Großen in Babylon, 1665
Öl auf Leinwand, 450 x 707 cm
Musée du Louvre, Paris

Vor antikisierendem Hintergrund kehrt der große Feldherr und Schlachtensieger in Cäsarenpose in die neue Residenz Babylon zurück, wo ihm früher Tod beschieden ist. Charles Le Brun war Hofmaler des Sonnenkönigs Ludwig XIV.; er leitete auch die Ausgestaltung des Schlosses von Versailles.

Der glänzende Sieg, der Alexander das Tor in neue unbekannte Fernen aufstoßen und zur Machtprobe mit dem Hindu-Reich Magadha am Ganges führen sollte, wurde ihm freilich zu einem Haltsignal. Seine erschöpften und von den Schrecken der Elefantenschlacht gezeichneten Truppen verweigerten den Weitermarsch. So begann der legendäre Rückzug des griechischen Heeres durch die grausamen persischen Wüsteneien ins Zweistromland. Ein Heeresverband folgte über See. Auf den neu erschlossenen Handelswegen ließ Alexander zahlreiche Elefanten aus der wiedergewonnenen indischen Satrapie nachbringen, so daß seine Armee schließlich über rund 200 Rüsselriesen verfügte.

Als der kühne Eroberer, der noch im mittelalterlichen Abendland die Heldenträume der Ritterschaft beflügelte (die frühe indische Überlieferung erwähnt ihn kaum!), im Jahre 323 v. Chr. in Babylon einer Seuche erlag, kaum 33 Jahre alt, wurden Elefanten als Wache um das Trauerzelt postiert. Alexanders Weltreich sollte von einer einheitlichen westöstlichen Kultur geprägt und von einem einheitlichen Volk getragen werden, das durch die Verschmelzung von Griechen, Makedoniern und Persern entstehen sollte. Ein Jahr vor seinem Tod war auf dem berühmten Hochzeitsfest in Susa die Vereinigung von Morgen- und Abendland durch die Massenheirat zwischen makedonischen und persischen Adelsfamilien und Soldaten eingeleitet und symbolisch gefeiert worden. Auch Alexander ehelichte, nun nach persisch-polygamer Gepflogenheit, zusätzlich die Tochter des Königs Darius, Stateira, und er befahl die Schulung von 30 000 persischen Knaben in griechischer Sprache und makedonischer Kriegskunst.

Die Großmachtträume waren nach Alexanders Tod dahin. Aber aus dem Erbe, das er hinterließ, erblühte die vorwiegend griechisch bestimmte Mischkultur des Hellenismus, in die orientalische und später auch römische Elemente einflossen und die eine ganze Epoche prägte.

Schlecht war es um Alexanders Nachfolge bestellt. Er hinterließ nur einen unmündigen Sohn, den ihm die Baktrierin Roxane geboren hatte. Die rivalisierenden Generäle schoben das Kind und den unfähigen Halbbruder Alexanders, Arrhidaios, unter der Schirmherrschaft des Truppenführers Antipater nach Makedonien ab. Antipater, der die Kontrolle über Makedonien und Griechenland übernahm, brachte im Troß seiner Truppe 70 Elefanten in die Heimat, wo sie bei den nach Antipaters Tod im Jahr 319 beginnenden Wirren blutigen Kriegsdienst leisten mußten.

Kopf-Fragment eines gepanzerten Kriegselefanten, um Christi Geburt, Nachzeichnung einer Bronzeskulptur
Staatliche Antikensammlung, München

Die Bronzeskulptur diente als Verzierung eines Bettpfostens. Die Adern in den Ohren wurden mit Silbereinlagen gestaltet.

Die Elefantenkorps der Diadochen

Nach dem Tod Alexanders übernahmen seine Generäle die Statthalterschaft in den Satrapien. Ptolemaios brachte den Leichnam des königlichen Freundes zu würdiger Beisetzung in dessen stolzeste Stadtgründung, Alexandria, und übernahm Ägypten. Seleukos, ein Führer der makedonischen Phalanx, erhielt die Satrapie Babylonien, Antigonos Kleinasien und Antipater Makedonien/Griechenland. Der Kampf der Generäle um die Macht begann.

Alexanders 70 griechische Stadtgründungen in den eroberten vorderasiatischen Gebieten boten aber die Gewähr, daß sich die hellenistische Kultur vom Nil bis nach Indien verbreitete. Mit den zurückströmenden Armeen hielt der indische Elefant Einzug in die Mittelmeerländer. Während der blutigen Kämpfe der Diadochen, der Nachfolger des großen Königs, hatten fortan Elefanteneinheiten gewichtigen Anteil am Schlachtgeschehen.

Perdikkas, der zunächst zum Reichsverweser bestellte ranghöchste Truppenführer Alexanders, war der erste, der nach der Alleinmacht griff. Er begann verräterisch: Während einer religiösen Feier der Armee erhob er Anklage gegen seinen Rivalen Meleager, ließ ihn ermorden und 30 seiner Unterführer in brutaler Massenhinrichtung von Kriegselefanten zerstampfen. Dann zog er nach Ägypten, um Ptolemaios niederzuzwingen, der sich das reiche Land am Nil gesichert hatte.

Als Perdikkas bei Memphis den Hochwasser führenden Nil erreichte, machte er besonderen Gebrauch von seiner Elefantenstreitmacht: Er postierte eine Kette von Rüsselriesen als Wellenbrecher in den reißenden Fluten, um seinen Truppen stromabwärts den Übergang zu erleichtern. Er brachte dennoch nur einen Teil seiner Armee unter

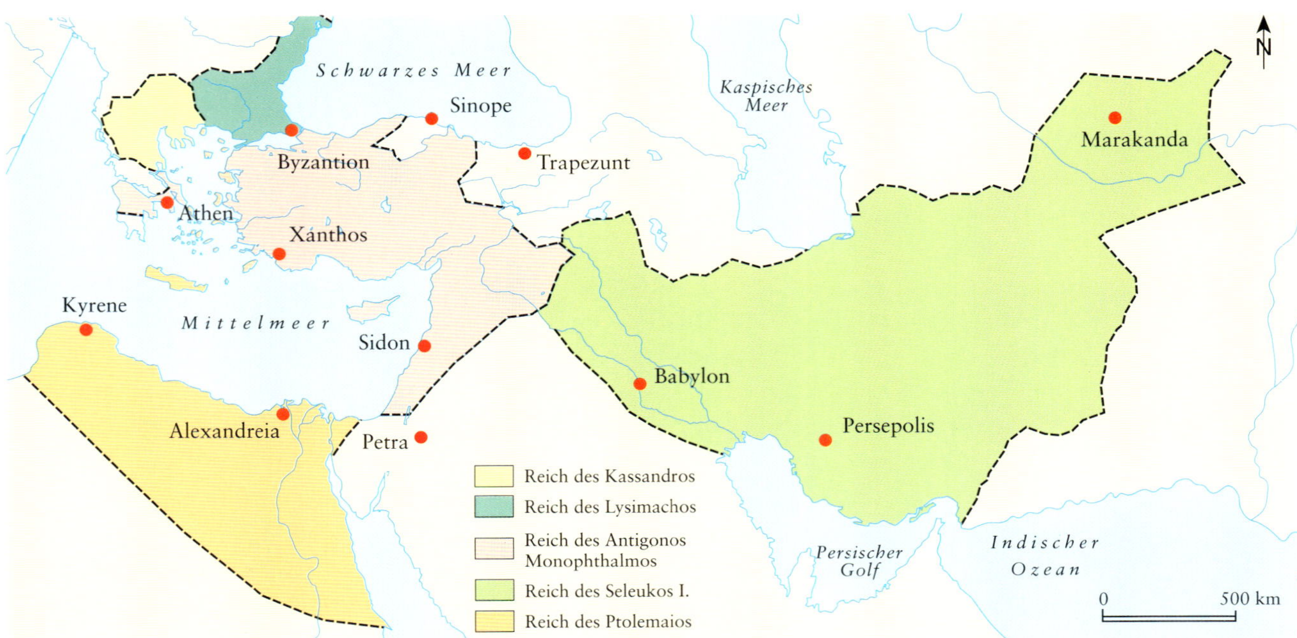

Nach blutigen Rivalitätskämpfen der Diadochen blieben am Ende nur drei Großmächte: die Reiche der Seleukiden und Ptolemäer sowie das Königreich Makedonien. Und es blieb im vorderasiatischen Großraum die griechisch bestimmte Mischkultur des Hellenismus.

Kriegselefant, farbige Nachzeichnung aus dem Bilderatlas von Friedrich Arnold Brockhaus, vor 1850

Darstellung einer antiken Elefantenschlacht. Der turmbewehrte Elefant trägt einen ungewöhnlichen Stachel-Kopfpanzer; auch der empfindliche Rüssel ist mit beweglichen Platten geschützt. Den ganzen Leib deckt nach Ritterart ein Schuppenpanzer.

schweren Verlusten ans andere Ufer, wo er eine Niederlage hinnehmen mußte. Zu schmählichem Rückzug gezwungen, wurde er von den eigenen Offizieren ermordet.

Nun strebte der Truppenführer Antigonos, der einen Teil Kleinasiens kontrollierte, die Statthalterschaft im Gesamtreich an. Nach zunächst erfolgreichen Schlachten gegen seinen Rivalen Eumenes, bei denen jede Seite Dutzende von Kriegselefanten aufbot, sah er sich einem von Seleukos geführten Bund von Rivalen gegenüber (Eumenes fiel schließlich). 301 kam es bei Ipsos in Phrygien zur großen Entscheidungsschlacht. Das 70 000 Mann starke Heer des Antigonos war an Fußtruppen und Reiterei leicht überlegen; er verfügte auch über 70 Kriegselefanten. Seine Niederlage bewirkte das sehr viel wuchtigere Elefantenkorps des Seleukos, das seine zu weit vorgepreschte Reiterei abschnitt und der Vernichtung durch die Kavallerie der Verbündeten zutrieb. Antigonos verlor die Schlacht und das Leben. Besiegelt war damit die Aufsplitterung des Alexanderreiches in drei Großmächte: Makedonien, das die ewig unruhigen griechischen Stadtstaaten disziplinierte, sowie die Reiche der Seleukiden in Kleinasien und der Ptolemäer, die sich neben Ägypten die Gebiete Südsyriens sicherten, was die Interessen der Seleukiden berührte.

So blieb auch nach der blutig erkämpften großen Machtaufteilung die Rivalität zwischen den neuen Dynastien in Vorderasien bestehen, bis die Römer mit imperialem Anspruch auftraten. Und stets hatten Kriegselefanten gewichtigen Anteil an den Schlachtentscheidungen.

Das Elefantengeschäft des Königs Seleukos

Im riesigen Diadochenreich der Seleukiden, das von Syrien bis Indien reichte und fast ganz Vorderasien einschloß, wurde der Elefant zu einem nützlichen Tier in Krieg und Frieden. Die Beziehungen mit dem Elefantenland Indien waren eng, wenn auch die Alexander-Nachfolger die eroberten Gebiete am Indus nicht halten konnten. Chandragupta Maurya (322–298), der Herrscher des mächtigen Hindu-Reiches Magadha am Ganges, dessen Bezwingung Alexander noch geplant hatte, drang immer weiter ein in die griechische Verwaltungszone.

305 zog schließlich der König Seleukos Nikator (Sieger) nach Eroberung Baktriens mit Heeresmacht nach Indien. Doch er und Chandragupta vermieden eine kostspielige Machtprobe und einigten sich auf ein beiden Seiten nützliches Geschäft: Gegen Lieferung von 500 Elefanten überließ Seleukos dem Hindu-König die Indus-Satrapie, die er ohnehin nicht hätte halten können. Die Rüsselriesen bedeuteten während der Diadochenkriege einen gewaltigen militärischen Machtzuwachs.

Chandragupta, der Gründer des großen Maurya-Reiches, und Seleukos tauschten auch freundschaftlich Gesandte. Seleukos schickte den Griechen Megasthenes in die prächtige Hindu-Hauptstadt Pataliputra am Ganges, von wo dieser erste verläßliche Berichte über die Organisation und Verwaltung des Maurya-Reiches, das den ganzen Norden des Halbkontinents umfaßte, nach Babylon schickte.

Silberne Drachme Seleukos I. geschlagen in der Reichsmünze von Seleukeia um 300 v. Chr. Bibliothèque Nationale de France, Paris

Elefantenschlacht, Illustration aus Ferdausis ›Buch der Könige (Shahnama)‹, indisch-persisch, Mogul-Schule, Mitte 17. Jh. Gouache auf Papier Victoria & Albert Museum, London

Die kostbare Buchmalerei, die von einem Mogul-Kaiser in Auftrag gegeben wurde, erinnert an eine Abwehrschlacht der Perser gegen turanische Reiterverbände, die aus den Steppen am Kaspischen Meer kamen.

Buddhistische Missionare in Griechenland und Ägypten

Nach Chandraguptas Tod gewann sein Enkel Ashoka, genannt der Milde, der 272 den Thron bestieg, legendären Nachruhm. Er weitete das Reich nach Süden aus. Dabei führte er 262 einen erbarmungslosen Vernichtungsfeldzug gegen das Draviden-Reich Kalinga an der Ostküste, der Hunderttausende von Opfern forderte. Unter dem Schock der Kriegsgreuel und Verheerungen wandelte sich Ashoka vom ›Saulus zum Paulus‹. Er versenkte sich ganz in Buddhas sanfte Lehren, die fortan seine Beamten zu verbreiten hatten. Schutzgesetze für Tiere schränkten das Schlachten und sogar den Fischfang ein. Die Hofküche wurde auf Pflanzenkost umgestellt. Krieg und jegliches Töten verdammte der König. Seine Kinder, der Mönch Mahendra und die Nonne Sanghamitra, missionierten mit Erfolg auf der Insel Ceylon.

Ashoka schickte sogar Delegationen mit dem Auftrag, Buddhas Lehren zu verbreiten, nach Kleinasien, Griechenland und Ägypten. In die vielfältigen religiösen, philosophischen und mystischen Strömungen der hellenistischen Epoche flossen gewichtige Elemente indischer Weisheit ein. Zwischen dem Indien Ashokas und dem Seleukiden-Reich gab es regen Handelsaustausch über Land und über See. Seleukidische Schiffe kontrollierten den Persischen Golf; sie liefen westindische Hafenplätze und die Elefanteninsel Ceylon an.

Reiterei gegen Kriegselefanten
Miniatur aus Mannuchis ›Geschichte Indiens‹
Bibliothèque Nationale de France, Paris.

Panzer aus feuergehärtetem Leder und massiven Geweben schützen die grauen Kolosse.

Eine Welt im Wandel

Der Eroberer, Entdecker und Städtegründer Alexander der Große hat die antike Welt von Grund auf verändert. In den neuen Staaten, in die sich sein kurzlebiges Riesenreich aufgliederte, verwischte die Mischkultur des Hellenismus die nationalen Unterschiede in Sprache, Religion und Lebensart. In einem Klima kosmopolitischer Weltoffenheit, das freien Austausch von Ideen und Informationen gewährleistete, war der Wandel überall spürbar.

Aus dem erbeuteten persischen Goldschatz hatte Alexander Münzen schlagen und in Umlauf bringen lassen, was einen gewaltigen Aufschwung von Geldwirtschaft, Gewerbe und Handel bewirkte. Als Alexander die Schatzhäuser des Orients geöffnet hatte, schrieb der Grieche Athenaios, brach der Tag des Reichtums für die Welt an.

Alexander hatte an die 70 Städte für griechische Kolonisten gegründet. Die Diadochen taten es ihm als Bauherren nach. Seleukos I. Nikator soll ebenfalls an die 70 Städte gegründet haben, in denen griechische Kaufleute und Handwerker, Söldner und Beamte, Ärzte und Philosophen griechische Bildung und Lebensart verbreiteten. Viele Neugründungen wuchsen zu Großstädten heran, wie Seleukeia am Tigris und Alexandria an der Nilmündung.

Aus Nubien, Äthiopien und von der eritreischen Küste kam der Elefantennachschub für die Armeen der ptolemäischen Könige in Ägypten. Verladeplatz war der Hafen Adulis.

Die Macht der absolut herrschenden, allmählich vergöttlichten Könige basierte auf Söldnerheeren, in denen der Kriegselefant seinen besonderen Platz hatte. Seine Kraft war im verbesserten Belagerungswesen gefordert, wo neuartige, schwere Maschinen zu bewegen waren; und bei dem andauernden Bauboom in Vorderasien wurde der Arbeitselefant gebraucht.

Die Seleukiden, die Kleinasien beherrschten, bezogen ihre Kriegs- und Arbeitselefanten aus dem befreundeten hinduistischen Maurya-Reich. Handelszentrale war die Neugründung Seleukeia am Tigris, die zu einer Großstadt mit 60 000 Einwohnern wuchs, zu einem weithin ausstrahlenden Mittelpunkt hellenistischer Kultur. In der Stadt arbeitete auch die Reichsmünze; moderne Geldwirtschaft verbreitete sich bis Indien. Die von Indien bezogenen, ausgesucht starken und gut geschulten asiatischen Kriegselefanten verschafften den Seleukiden eine gewisse Überlegenheit im andauernden Machtkampf mit den Ptolemäern. Diese sahen sich vom indischen Elefantenmarkt abgedrängt – also mußten sie für ihre Kriegsausrüstung auf die kleineren Waldelefanten aus Afrika zurückgreifen: die Ptolemäer ließen daher Elefanten aus Nubien und Äthiopien kommen, die jeweils über den Hafenplatz von Adulis verschifft wurden.

Ptolemäer-Könige auf Elefantenjagd in Äthiopien

Die Ptolemäer residierten in Alexandria an der Nilmündung, wo das Grab des großen Eroberers Alexander gehütet wurde. Vom griechischen Baumeister Deinokrates schachbrettartig in einer Längenausdehnung von 6 km und auf 1,5 km Breite angelegt und wehrhaft ummauert, entwickelte sich die Hafenstadt schnell zum Mittelpunkt hellenistischen Welthandels, zu einer Metropole mit 600 000 Einwohnern: rund 300 000 freien Bürgern und ebenso vielen Fremden und Sklaven. Zwei riesige Hafenbecken dienten der Schiffahrt und dem Warenumschlag.

Mit ihren luxuriösen Palästen, Gärten, vielstöckigen Häusern und fortschrittlichen Versorgungseinrichtungen war Alexandria die modernste und reichste Großstadt der Zeit. Kapitalgesellschaften betrieben Manufaktur-Produktion: Werften bauten schon 3000-Tonnen-Schiffe. So soll nach einer Schilderung des Griechen Athenaios die ›Syrakosia‹ 200 m lang gewesen sein und über 7 Decks verfügt haben; sie habe eine Ladung von 60 000 Scheffel Getreide und 10 000 Tongefäße mit gesalzenen Fischen aufnehmen können.

Großzügig wurden Wissenschaft und Forschung gefördert. Ptolemaios I. Soter (Retter) gründete 315 das Museion, eine Stätte der Gelehrsamkeit, der Forschung und Bildung, die über eine berühmte Bibliothek, ein anatomisches Institut und einen Tiergarten verfügte, in dem Zoologen neue Erkenntnisse gewannen.

Der Schöngeist Ptolemaios II. Philadelphos (Geschwisterliebender), der 285–247 regierte, machte Alexandria zum Mittelpunkt hellenistischer Weltkultur. Er begründete die von fast allen Ptolemäern ausgeübte, aus Pharaonenzeiten übernommene Sitte, die eigene Schwester oder nächstverwandte Prinzessin zu ehelichen.

Mit großem Aufwand bauten die Ptolemäer die Verbindungswege zu den afrikanischen Elefantengebieten an den Küsten des Roten Meeres und in Nubien aus. Der schon zu Pharaonenzeiten begonnene, vom Perserkönig Darius I. dem Großen um 490 vollendete, aber immer wieder versandete Kanal zwischen Niloberlauf und dem Roten Meer – ein bescheidener Vorläufer des Suezkanals – wurde wieder schiffbar gemacht und eine Karawanenstraße nach Arabien über palästinensisch-südsyrisches Gebiet angelegt. Verbessert wurde ferner die schwierige Oasenroute zum Lande Kusch in Nubien, mit dem seit Jahrtausenden alle Herrscher über Ägypten Handelsverbindung pflegten.

An der eritreischen Küste am Roten Meer unterhielten die Ptolemäer den Hafen Adulis (nahe dem heutigen Massaua), in dem Elefanten und Elfenbein aus dem Küstenhinterland und aus Äthiopien verschifft wurden. Auch das Königreich Kusch hatte bessere Landverbindung dorthin als durch unwirtliche Wüstenzonen nach Ägypten.

Größter Stoßzahnträger Sri Lankas. Die Aufnahme stammt aus dem Jahr 1997 – der gewaltige Bulle arbeitete, 53jährig, zu dieser Zeit in einem Sägewerk.
Vom Altertum bis ins 19. Jahrhundert wurden die Rüsselriesen der Insel besonders geschätzt. In der hellenistischen Zeit bezogen die Seleukiden-Herrscher ihre besten Kriegselefanten von dort. Die Seetransport-Route führte von der einstigen ›Elefanteninsel‹ entlang der südindischen Küste zu den Häfen am Persischen Golf.

Eine alte, in Adulis entdeckte Inschrift bezeugt, daß Ptolemäer-Könige in eritreischen Küstenwäldern und im äthiopischen Bergland auf Elefantenjagd gingen und den Elefantenfang organisierten. Es heißt da: »Der Großkönig Ptolemaios (III.) ... zog gegen Asien ins Feld mit ... troglodytischen und aithiopischen Elefanten, die sein Vater ... und er selbst als erste in diesen Ländern ... gefangen haben.« Es handelte sich um Ptolemaios III. (246–221 v. Chr.), der sein Reich erfolgreich gegen die Seleukiden verteidigte, und um dessen Vater, Ptolemaios II. Unter ›troglodytischen Elefanten‹ sind Dickhäuter aus Gebieten an der eritreischen Küste zu verstehen (nach antiker Ethnographie sind Troglodyten am Roten Meer lebende Primitivvölker). Über erfahrene Fachleute für Fang und Zähmung von afrikanischen Waldelefanten verfügten die Ptolemäer. Der Gründer der Dynastie, Ptolemaios I. Soter, einst Adjutant und Freund Alexanders, hatte mit erbeuteten asiatischen Kriegselefanten auch indische Mahouts und Betreuer in sein neues Reich gebracht. Sie konnten die Nubier, die seit alters Jagderfahrung mit Elefanten hatten, mit indischer Zähmungskunst vertraut machen – sofern im Königreich Kusch nicht schon Fang und Zähmung von Elefanten praktiziert wurde.

Oben links:
Kriegselefant, Miniatur aus einem englischen Bestiarium, 12. Jh.
Bodleian Library, Oxford

Im Schlachtgetümmel von allen Seiten bedrängt: die Krieger im Turmaufbau.

Asiatische gegen afrikanische Kriegselefanten

Gegen ausgesucht starke, in Indien ausgebildete Kriegselefanten hatten die kleineren afrikanischen Waldelefanten in offener Feldschlacht einen schweren Stand. Der ägyptische König Ptolemaios IV. (221–205) erfuhr es in der größten Elefantenschlacht seit Ipsos, die 217 v. Chr. südlich von Gaza geschlagen wurde.

Der große Seleukiden-König Antiochos III. (223–187), der sein Reich nach Rückschlägen noch einmal bis nach Indien ausdehnen konnte, führte 102 indische Kriegselefanten gegen 73 meist afrikanische des Ägypters ins Treffen. Der griechische Geschichtsschreiber Polybios, der im 2. vorchristlichen Jahrhundert lebte, überliefert:

»Auf ihrem Rücken lieferte die Besatzung der Türme einen tapferen Kampf, indem sie die Lanzen einlegten und sie zum Stoß aus der Nähe gebrauchten. Noch mutiger aber zeigten sich die Tiere, die mit aller Gewalt Stirn gegen Stirn aufeinander losgingen. Die Kampfesweise der Elefanten ist nämlich folgende. Die Zähne ineinandergeschoben drücken sie mit aller Gewalt vorwärts und versuchen sich gegenseitig vom Platz zu drängen, bis der Stärkere die Oberhand gewinnt und den Rüssel des anderen zur Seite stößt. Wenn der eine erst einmal nachgibt und seine Flanke bietet, dann verwundet ihn der andere mit den Zähnen so wie die Stiere mit den Hörnern. Die meisten Elefanten des Ptolemaios aber scheuten den Kampf, wie es die libyschen zu tun pflegen. Sie können den Geruch und die Trompetentöne der indischen nicht aushalten, haben wohl auch Angst vor ihrer Größe und Kraft und ergreifen vor ihnen schon aus der Entfernung sogleich die Flucht. So ging es auch in diesem Fall.«

Die Ptolemäer verloren die Schlacht und das lange erbittert verteidigte palästinensisch-südsyrische Gebiet. Als dann Antiochos nach Griechenland ausgriff, stellte sich ihm die aufkommende Großmacht Rom entgegen. Von den römischen Legionen 190 besiegt, mußte er auf Kleinasien und Westiran verzichten. Der Abstieg der Seleukiden-Dynastie begann.

Unten links:
Platte mit Kriegselefant, etruskisch-campanisch, 3. Jh. v. Chr.
Bemalte Keramik, Ø 29,5 cm
Museum Villa Giulia, Rom

Der Fund aus einem etruskischen Grab bei Capena zeigt wahrscheinlich einen von den Römern erbeuteten Pyrrhus-Kriegselefanten.

Unten rechts:
Der Hl. Jakobus und ein Elefant
1356, aus dem Stammbuch des Stadtviertels Porta Eburnea in Perugia, Collegio della Mercanzia
Malerei mit Gold auf Pergament

Der heilige Jakobus ist in einer wehrhaften Glaubensburg dargestellt. Ihm beigegeben ist ein Elefant mit Kastellaufbau, Symbol der Glaubensstärke.

Elefant mit Turm, Kapelle San Baudelio, Berlange, Kastilien
1. Hälfte 12. Jh.
Fresko
Privatbesitz, USA

Kriegselefant, 12. Jh.
Fresko
Basilika in Ventaroli

Der Kriegselefant der Antike wurde im Mittelalter christliches Symbol wehrhaften Beharrens im Glauben, woran auch die kastellartigen Turmaufbauten erinnern.

Elefant, 15. Jh.
Einlegearbeit in Marmor
Duomo S. Maria, Siena

Ein Feld des berühmten Fußbodens im Dom von Siena zeigt einen turmbewehrten Kriegselefanten als Sinnbild der Stadt Rom. Auf 56 Marmorfeldern, an denen 40 Künstler 3 Jahrhunderte lang vom 14. bis zum 16. Jahrhundert, arbeiteten, sind in verschiedenen Techniken biblische und geschichtliche Szenen dargestellt.

Nubier zähmen den afrikanischen Elefanten

Skizze von einem symbolischen Säulenrelief im Tempel von Apedemak. Ein König mit Doppelkrone reitet einen Elefanten. Hinter ihm die ägyptische Schlangengöttin Uatschit. Ein Sklave hält den Rüssel.

Das Königreich Kusch war stets im Machtschatten und kulturellen Strahlungsbereich des großen nördlichen Nachbarn Ägypten. Über Karawanenrouten wurde reger Handel getrieben. Trotz seiner Randlage war Kusch einbezogen in das Geschehen der antiken Staatenwelt.

Nach 1540 v. Chr. war Kusch unter direkter Kontrolle der Pharaonen. 712 okkupierten die Nubier ihrerseits den Pfauenthron und stellten bis 664 die 25. Dynastie. Als dann der Perserkönig Kambyses II. (529–522) Ägypten eroberte, geriet Kusch für 200 Jahre in den Einflußbereich des vorderasiatischen Großreiches, dem Darius I. der Große (521–485) auch das Indusgebiet einverleibte. Der Einfluß der Perser, die die Seewege im Roten Meer kontrollierten, reichte in dieser Zeit bis zum Elefantenland Äthiopien, der Nachbarregion der Nubier.

Nach dem griechischen Geschichtsschreiber Herodot soll das Königreich Kusch den Persern zwar nicht regulären Tribut gezahlt, aber alle drei Jahre ein ›Geschenk‹ an den König geschickt haben: jeweils 2 kg Gold, 200 Ebenholzstämme, fünf nubische Knaben und 20 Elefantenzähne ... Beim Bau der persischen Königsresidenz Susa in Kleinasien wurde auch Elfenbein aus Kusch verarbeitet. Nubische Bogenschützen dienten als Söldner im persischen Heer.

Man hatte im fernen Kusch sicher von indischer Elefantenhaltung und den Techniken der Zähmung gehört. Der Austausch von Waren, Wissen und Menschen war sehr rege während der bewegten Phase vor Alexanders Indienfeldzug. Überall in der damals bekannten Welt waren Griechen tätig, als Kaufleute, Lehrer, Architekten und Söldner, was Verbindungen schuf und den schnellen kulturpolitischen Triumph des Hellenismus nach Alexanders Sturmlauf erklärt.

Es ist nicht bekannt, wann die Nubier die Zähmung des afrikanischen Waldelefanten versuchten.

Öllampe in Elefantenform
Meroitisch, 2. Jh. n. Chr.
Bronze
Höhe 7,2 cm, Breite 18,6 cm
Nationalmuseum, Khartum

Die sorgfältig gearbeitete Bronzelampe wurde im Ruinenfeld der einstigen nubischen Hauptstadt Meroë gefunden, die um 300 n. Chr. von den Äthiopiern zerstört wurde. Ägyptische Stilelemente sind unverkennbar.

Anstoß gab jedenfalls die ›Elefantenaufrüstung‹ der neuen makedonischen Dynastie der Ptolemäer in Ägypten (siehe auch: »Eine Welt im Wandel«).

In den Ruinenfeldern der Hauptstadt Meroë und anderen Plätzen des Kusch-Reiches fanden sich zahlreiche Hinweise, daß Elefanten für den Krieg und für Königsgepränge gehalten wurden.

In den Resten eines im 1. nachchristlichen Jahrhundert erbauten Tempels bei dem Ort Musawwarat befindet sich ein Wandmosaik, das einen mit Schabracken aufgeputzten Elefanten zeigt, der mit dem Rüssel die Fesselstricke von Gefangenen hält. An anderer Stelle bildet ein mächtiger, teils aus Felsblöcken geschichteter, teils gemeißelter Elefant einen Mauerabschluß. In den umliegenden Ruinen lassen Rampen und dicke Mauerwälle auf Elefantenställe schließen.

Die Nubier, deren Hauptstadt Meroë um 300 n. Chr. von den Äthiopiern zerstört wurde, vererbten diesen die Kunst der Elefantenhaltung. Noch zu Zeiten Mohammeds führten die Äthiopier, deren Reich den Südteil der arabischen Halbinsel kontrollierte, afrikanische Elefanten bei ihren Kriegszügen mit, und nubische Elefantenlenker dienten neben indischen Mahouts in den Heeren der rivalisierenden Erben Alexanders des Großen.

Auf einem Fries des im 1. nachchristlichen Jahrhundert erbauten Löwentempels bei Musaw-warat im heutigen Sudan halten Elefanten die Fesselstricke von Kriegsgefangenen. Im Königreich Kusch war der Elefant Königstier und Herrschaftssymbol – in der Herrschaftsikonographie dem Löwen der Pharaonen vergleichbar.

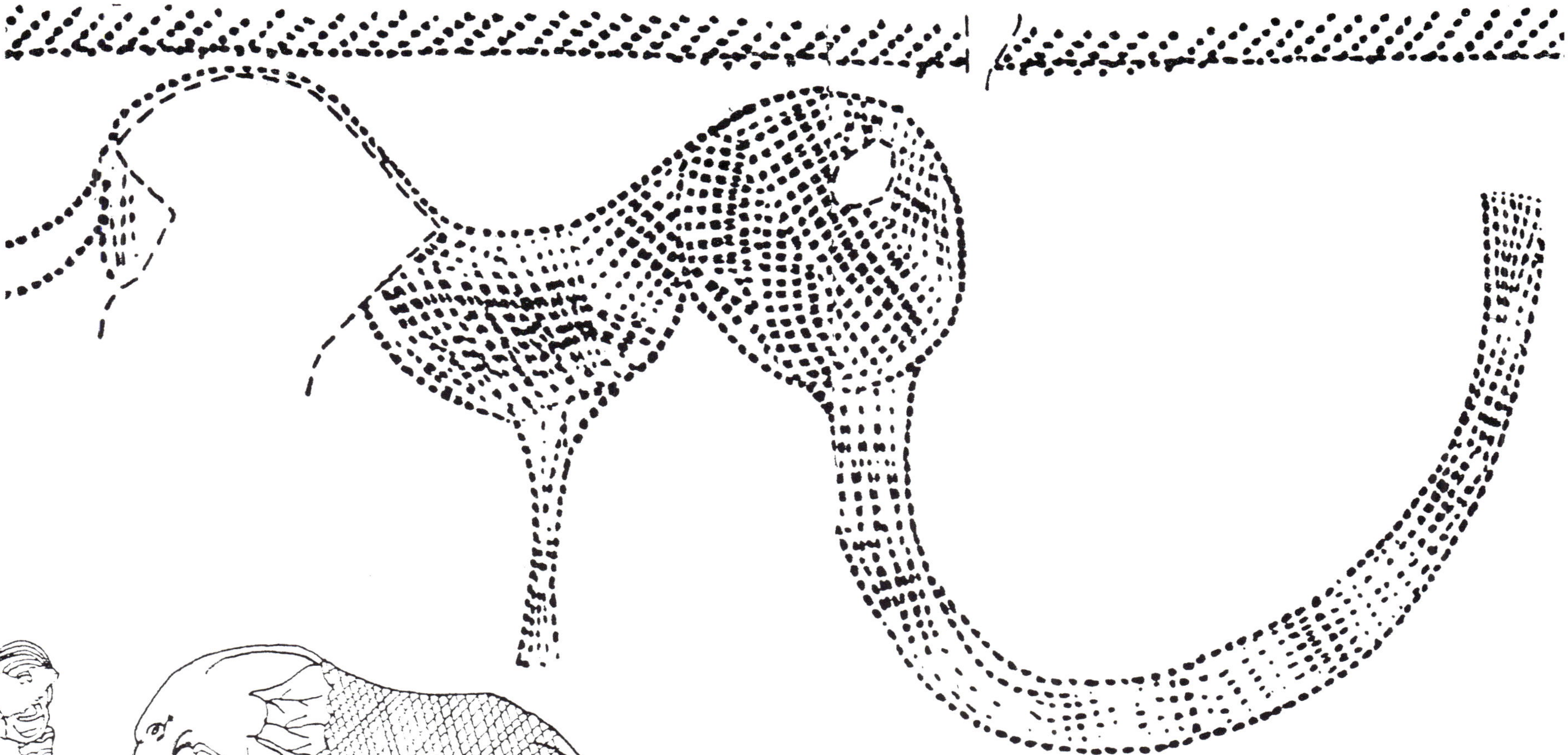

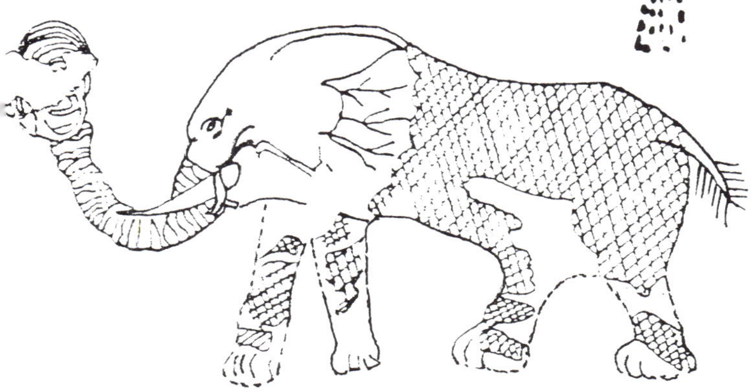

Zeichnung vom Fragment einer Elefantengravur, der Verzierung eines Bronzebechers aus Meroë, 1.–2. Jh. n. Chr.

Schematisierte Umrißskizze eines Elefanten. Zeichnung nach einem Fund in Meroë.

Elefantenkoloss, meroitisch
1.–2. Jh. n. Chr.
Sandstein
Tempelanlage von Musaw-warat, Sudan

Der teils aus Felsblöcken geschichtete, teils plastisch ausgearbeitete Koloß bildete im Tempelbezirk von Musaw-warat einen wuchtigen Mauerabschluß. Der Elefant war in Nubien Symbol königlicher Macht und Größe. Ob er auch in das Zeremoniell religiöser Kulte einbezogen war, ist unbekannt.

Brixener Malerschule
Eleazar unter dem Elefanten
um 1474
Fresko
Pfarrkirche St. Nikolaus, Klerant bei Brixen, Südtirol

Der Schrecken der Makkabäer

Auch das ewig umstrittene biblische Palästina, seit 200 v. Chr. unter der Oberhoheit der in Damaskus regierenden Seleukiden-Könige, mußte sich gegen Kriegselefanten schlagen, wobei sich der biblische Freiheitsheld Eleazar besonders hervortat. 168 hatte König Antiochos III. den Tempel in Jerusalem, der auch Hort des Staatsschatzes war, plündern lassen und ein Kultverbot verhängt, was einen Aufstand unter der Führung von Judas Makkabäus auslöste. Damaskus reagierte mit einer Strafexpedition, die der Reichsverweser Lysias für den jungen Sohn und Nachfolger des inzwischen verstorbenen Königs führte.

Über das Geschehen berichtet in orientalischem Überschwang das ›Erste Buch der Makkabäer‹, das zu den ›Apokryphen‹ (griech. apokryphos = verborgen) zählt: nach Anlage und Inhalt den biblischen Büchern vergleichbare Schriften, die jedoch nicht in die kanonische Textauswahl einbezogen wurden und in den frühchristlichen Kirchen der Öffentlichkeit vorenthalten waren. Luther hat auch sie übersetzt und seiner Bibelfassung beigegeben. Es heißt da:

»Als der König das hörte, wurde er zornig und ließ alle seine Fürsten zusammenrufen und die Hauptleute über das Fußvolk und über die Reiter und nahm fremde Söldner an aus andern Königreichen und von den Inseln und brachte zusammen hunderttausend Mann zu Fuß, zwanzigtausend Reiter und zweiunddreißig kriegsgewohnte Elefanten. Dies Heer zog durch Idumäa und belagerte Beth-Zur und kämpfte viele Tage lang und stellte Sturmblöcke auf; aber die Juden machten einen Ausfall und verbrannten die Sturmblöcke und kämpften tapfer.

Und Judas zog von der Burg ab und lagerte mit dem Heer bei Beth-Sacharja gegenüber dem Lager des Königs. Da brach der König morgens früh vor Tag auf und führte das Heer zum Angriff an die Straße nach Beth-Sacharja, stellte es in Schlachtordnung auf und ließ die Trompeten blasen und den Elefanten roten Wein und Maulbeersaft vorhalten, um sie zum Kampf anzureizen und wild zu machen; und sie verteilten die Elefanten auf die Abteilungen, so daß jedem Elefanten tausend Mann zu Fuß in Harnischen und eisernen Helmen und fünfhundert Reiter zugeordnet wurden. Diese standen schon vorher an der Stelle, wohin der Elefant geführt wurde; und wohin er ging, da gingen sie auch hin und wichen nicht von ihm. Und jeder Elefant trug einen starken hölzernen Turm ...

Und als die Sonne aufging und auf die goldenen und ehernen Schilde schien, glänzte das ganze Gebirge davon und leuchtete, als wäre es lauter Feuer. Und ein Teil des königlichen Heeres verbreitete sich über die hohen Berge, ein anderer unten in der Ebene, und sie zogen vorsichtig und in guter Ordnung heran ... Und auch Judas zog gegen sie in seiner Ordnung, und es fielen sechshundert Mann vom königlichen Heer.« In dieser Situation zeigt der biblische Freiheitsheld Eleazar wahren Mut: Er schlägt sich eine Bresche zu dem größten und prächtigsten Elefanten: in ihm erkennt er das Zentrum der Schlacht, den Sitz des Königs Antiochos. Es gelingt ihm, sich unter den Elefanten zu postieren und den Koloss mit einem gezielten Schwerthieb niederzustrecken. Der Bibel nach bricht das Tier augenblicklich tödlich getroffen zusammen und reißt den Märtyrer-Helden des Volkes Israel mit in den Tod.

Das Ende einer Ära

»Weil aber die Juden sahen, daß das Heer des Königs mit so großer Macht angriff, wichen sie vor ihnen zurück. Darum zog das Heer des Königs gegen sie nach Jerusalem und schlug in Judäa am Berg Zion das Lager auf.«

Unter den Nachfolgern des Königs Antiochos IV. bahnte sich die Auflösung des Seleukidenreiches an. 160 v. Chr. verloren sie das reiche Mesopotamien an die Parther. 128 erkämpften die Juden mit römischem Rückhalt ihre Selbständigkeit. Ein zerrütteter Rumpfstaat Syrien wurde schließlich 64 von Pompeius zur römischen Provinz gemacht.

Die Ptolemäer waren schon seit Mitte des 2. vorchristlichen Jahrhunderts unter römischer Kontrolle. Im Jahre 168 hatten sie eine schwere Niederlage durch den Seleukiden-König Antiochos IV. erlitten, der Teile Ägyptens besetzt hatte. Die Römer intervenierten, zwangen ihn zum Rückzug und stellten das geschwächte Ägypten unter ihre Vormundschaft. Die Ära der Dynastie klang aus im Strudel der tausendfach beschriebenen und ausgeschmückten römischen Macht- und Liebesdramen um die letzte Ptolemäer-Königin Kleopatra, die 30 v. Chr. während der Belagerung Alexandrias durch Oktavian, den späteren Kaiser Augustus, Selbstmord durch Schlangenbiß beging. Rom wurde nun Mittelpunkt antiker Weltkultur.

Gustave Doré (1833–1883)
Der Tod des Eleazar (Detail),
Illustration in: ›La Sainte Bible selon la Vulgate‹, Tours, 1866
Holzstich, 24,7 x 19,9 cm

Eleazar opfert sich. »... Und Eleazar Awaran merkte einen Elefanten, der war höher und besser gerüstet denn die andern, und dachte, der König wäre darauf ... und machte sich unter den Elefanten und stach ihn, und der umfiel auf ihn und starb und schlug ihn auch tot ...«
(1. Mak. 6, 43–46).

Kämpfer und Transportmaschinen
in antiken wie modernen Zeiten

Kriegselefant mit Turm
aus einer englischen mittelalterlichen Handschrift, 14. Jh.

Der Elefant scheint über ein gespanntes Seil zu balancieren. Es handelt sich um eine Buchvignette, in mittelalterliche Bestiarien und Handschriften oft zur Belebung der Seiten eingestreut, ohne direkten Bezug auf die jeweiligen Legenden.

Zu Beginn des 3. vorchristlichen Jahrhunderts machte die junge römische Republik Bekanntschaft mit orientalischen Kriegselefanten. Der berühmte König Pyrrhus (319–272) kam über das adriatische Meer mit kampferprobten asiatischen Rüsselriesen und bereitete römischen Legionen schwere Niederlagen. Rom lernte aus der Lektion. Man erkannte am Tiber schnell die Zweischneidigkeit der neuen ›Waffe‹, entwickelte Abwehrmethoden und vertraute im Krieg mit Elefantenmächten auf die geschulten Legionen und die Reiterei. Auch den säkularen Entscheidungskampf gegen die Elefantenkorps und Flotten der Seemacht Karthago bestritten die Römer ohne Rückgriff auf ›lebende Panzer‹. Die Perser hingegen setzten weiter auf die Elefantenkraft bei Eroberungszügen. Und auch in modernen Zeiten kam das Rüsseltier zum Einsatz.

Die Elefanten-Schlacht (Detail)
Römische Schule, 1521
Öl auf Leinwand, 144 x 209 cm
Staatliches Puschkin-Museum für Bildende Künste, Moskau

Die ›lukanischen Ochsen‹

In Griechenland, wo die makedonische Vormachtstellung in heillosen inneren Streitigkeiten zerbröckelte, entstand im Epirus, der italienischen Stiefelspitze gegenüber, eine neue beachtliche Militärmacht unter dem König Pyrrhus, dessen Name in keinem Geschichtslehrbuch fehlt. Er setzte erstmals Kriegselefanten gegen die republikanischen Bürger- und Bauernheere Roms ein, das nun zur Weltmacht aufstieg.

Pyrrhus war ein besessener Kriegsmann, ein glänzender Taktiker und Schlachtenlenker, der ohne politischen Weitblick abenteuerlichen Machtträumen huldigte. 280 v. Chr. setzte er mit 25 000 Mann und 20 Kriegselefanten über das adriatische Meer, um Tarent, dem größten griechischen Stadtstaat in Süditalien, gegen die Römer beizustehen. Es war das erste Invasionsunternehmen über See mit kampfgeschulten Elefanten.

Bei Hericlea kam es zur ersten Schlacht. Lange wogte der erbitterte, verlustreiche Kampf unentschieden, bis Pyrrhus seine Elefanten einsetzte. Vor den unheimlichen, wild trompetenden Giganten scheuten und flohen die Pferde der römischen Reiterei. Die todesmutig kämpfende römische Phalanx begann zu wanken. Der byzantinische Historiker Zonaras, der alte Quellen auswertete, berichtet, die einen seien von den Streitern in den Türmen, die die Elefanten auf dem Rücken trugen, getötet worden, andere von den Bestien, die viele mit den Rüsseln und Stoßzähnen vernichtet oder mit den Füßen zertrampelt hätten. Die griechische Reiterei vollendete die Katastrophe der römischen Phalanx, die – nur mit Kurzschwertern bewaffnet – ohnehin einen schweren Stand gegen das mit Lanzen ausgerüstete griechische Fußvolk hatte. Die von den unheimlichen Fabeltieren tief beeindruckten Römer nannten die Elefanten nach der Landschaft, in der die Schlacht stattfand: ›lukanische Ochsen‹.

Bodenmosaik (Detail)
3./4. Jh. v. Chr.
Villa Hericlea, Casale, Sizilien

Ein Kriegselefant wird auf ein Schiff gebracht.

Pyrrhus stieß bis kurz vor Rom nach Norden vor, mußte aber wegen des einbrechenden Winters wieder in den sicheren Süden zurückweichen. Im folgenden Jahr boten die Römer zwei Armeen gegen ihn auf. Als Abwehrwaffe gegen die Kriegselefanten führten sie ochsenbespannte Wagen mit, auf denen schwenkbare, mit Eisenstacheln bewehrte Balken montiert waren, mit denen Brandfackeln gegen die gefürchteten Tiere geschleudert werden sollten. Die plumpen Gerätschaften waren freilich von geringem Nutzen. Sie waren an den Flügeln postiert und nicht dort, wo Pyrrhus im kritischen Augenblick der Schlacht seine ›Tanks‹ einsetzte, und die Bedienungsmannschaften der Schwenkbalken waren in den lahmen Ochsenwagen dem Pfeilhagel der griechischen Bogenschützen ausgeliefert. Sie flohen und trugen noch Verwirrung in die eigenen Reihen. Pyrrhus siegte abermals, wenn auch unter schweren eigenen Verlusten. Die Vernichtung des römischen Heeres gelang ihm nicht.

Die Kartenskizze zeigt den fragwürdigen Triumphmarsch des Königs Pyrrhus in Süditalien. Am Ende stand – wie bei vielen großen Schlachtensiegern der Geschichte – der verlorene Krieg.

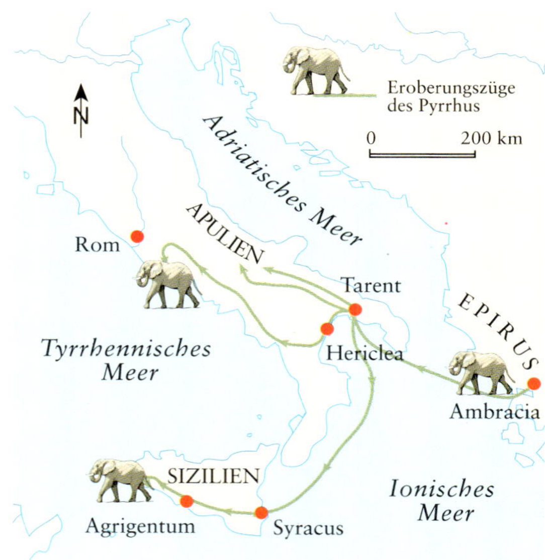

In Rom wucherten nun Schauergeschichten um die schreckenerregenden Riesen, die eine Schlange am Kopf trügen. Der Schriftsteller Frontius erwähnt einen Soldaten, dem es gelungen sei, einem Elefanten den Rüssel abzuhauen, was erwiesen habe, daß auch die Ungeheuer sterblich seien.

Pyrrhus setzte nach Sizilien über, um gegen die Karthager Front zu machen, die die griechischen Städte bedrängten. Nach erfolgreichen Gefechten, aber ohne durchschlagenden Erfolg, kehrte er 275 v. Chr. wieder nach Apulien zurück, wo die römischen Konsuln Curtius und Cornelius mit getrennt marschierenden Heeresgruppen gegen ihn anrückten. Um deren Vereinigung zuvorzukommen, befahl er ein nächtliches Überraschungsmanöver gegen Curtius' Lager. Bei dem Umgehungsmarsch über unwirtliches Gelände verirrten sich die Griechen. Als sie das römische Lager schließlich erreichten, war es Tag, und die alarmierten Legionen griffen ihrerseits die marschmüden, ungeordneten griechischen Verbände an.

Diesmal konnten die Kriegselefanten das Schlachtenglück nicht zwingen. Gegen sie jagten die Römer nun mit Fett und Pech bestrichene, in lebende Fackeln verwandelte Schweine, deren gellendes Todesgequieke die gewaltigen Dickhäuter in Panik versetzte und in die Flucht trieb.

So verbreitete sich die Meinung, daß Elefanten von Kleintieren, ja von Mäusen, in Schrecken ver-

Matthäus Merian d. Ä.
(1593–1650)
Schlacht bei Hericlea, 1630
Kolorierter Kupferstich
Illustration zu Johann Ludwig Gottfried: Historische Chronica
Frankfurt am Main, 1630

Den Schrecken verbreitenden Kriegselefanten des Königs Pyrrhus waren die Römer 280 v.Chr. in der Schlacht bei Hericlea noch nicht gewachsen. Sie erlitten eine vernichtende Niederlage.

setzt werden könnten. Seneca schrieb: »Elephantos porcina vox terret« – Schweinegekreisch erschreckt Elefanten.

Nach dem blutigen Gemetzel mußte sich Pyrrhus, hart angeschlagen, nach Tarent zurückziehen, von wo er mit dem Rest seiner Truppen und Elefanten über die Adria wieder in sein Königreich zurückkehrte.

Jahrelang hatte er in politischer Planlosigkeit Sieg um Sieg errungen, um am Ende fast alles zu verlieren. Man spricht bis heute von ›Pyrrhus-Siegen‹ – fragwürdigen Triumphen, die mit der Erschöpfung der eigenen Kräfte erkauft sind. Der ruhmlose Rückzug läutete das Ende der Machtstellung der griechischen Stadtstaaten in Süditalien ein.

Der Konsul Curtius erbeutete in der letzten Schlacht ein halbes Dutzend Kriegselefanten, die nach siegreicher Heimkehr die Sensation seines Triumphzuges in Rom waren. Pyrrhus stürzte sich in Griechenland gleich wieder in einen abenteuerlichen Machtkampf mit dem König von Makedonien Antigonos Gonatas (320–239 v. Chr.). Bei einem versuchten Handstreich gegen die Stadt Argos im Peloponnes endete dann 272 die schillernde Heldenepisode in einer Katastrophe, die seine eigenen Kriegselefanten heraufbeschworen. Man hatte den Tieren die Aufbauten für Bogenschützen und Lanzenwerfer abnehmen müssen, damit sie das enge Stadttor passieren konnten, das Vertrauensleute des Königs nachts öffneten. In den engen Straßen den Schrecken des nächtlichen Häuserkampfes hilflos ausgeliefert, gerieten sie in Panik und wüteten unter den nachrückenden eigenen Leuten. Pyrrhus selbst endete recht ruhmlos. Ein Ziegel, den eine Frau von einem Hausdach geworfen haben soll, streckte ihn nieder, und ein gegnerischer Soldat hieb dem Wehrlosen den Kopf ab.

Hannibals Elefantenmarsch über die Alpen

Flachrelief einer sakralen Verwendung dienenden Silberplatte aus Cales, Campania, das Hannibals Kriegselefanten zeigt
Musée du Louvre, Paris

Ein Ereignis in der Geschichte der Kriegselefanten hat in besonderem Maße die Nachwelt fasziniert und beschäftigt: Hannibals Marsch über die Alpen während des mehr als ein Jahrhundert währenden Machtkampfes der ausgreifenden Landmacht Rom und der See- und Handelsmacht Karthago, die das westliche Mittelmeer beherrschte.

Mochte es sich auch nur um eine beiläufige Episode des kühnen Vorstoßes der Karthager nach Italien handeln – die Bewunderung gilt der ungewöhnlichen Leistung.

Den Handelsherren Karthagos waren Rüsselriesen seit alters bekannt. In den weiten Waldgebieten der nordwestafrikanischen Küstenzone lebten Waldelefanten in freier Wildbahn. Sie waren wegen des Elfenbeins begehrte Jagdbeute.

Der Anstoß, sie zu zähmen, folgte erst nach dem Indienfeldzug Alexanders des Großen im Zuge der ›Elefantenaufrüstung‹ der jungen Diadochenreiche. Bereits während des Feldzugs von Pyrrhus in Sizilien hatten die karthagischen Söldnerverbände die Kampfkraft von Kriegselefanten kennengelernt.

Unter dem Druck der Machtprobe mit Rom gingen die Handelsherren daran, eine eigene Elefantenstreitmacht aufzubauen, und sie schafften es, in großem Stil afrikanische Waldelefanten zu zähmen. Sie konnten sich dabei die Erfahrungen der Ägypter zunutze machen, mit denen sie regen Handelsverkehr trieben. Über ihre phönikischen Vettern in den Stadtstaaten an der syrischen Küste mochten sie auch einige asiatische Elefanten vom Seleukidenreich samt indischen Lenkern erworben haben.

Schon bei Ausbruch des ersten Punischen Krieges im Jahre 264 v. Chr. konnten die Karthager einen Hilfsverband mit 50 Kriegselefanten nach Sizilien verschiffen, wo die Römer ihren Hauptstützpunkt Agrigent bedrohten. Dort unklug eingesetzt, wurden die meisten Rüsselriesen von außerhalb der Stadtmauern erfolgreich kämpfenden Römern eingefangen und für Zirkusspiele nach Rom gebracht.

Als dann die Römer einige Jahre später nach erfolgreichen Seegefechten Karthago mit einer Invasionsarmee unter Führung des Konsuls Marcus Atilius Regulus in Afrika angriffen, trafen sie auf eine neu rekrutierte Elefantenstreitmacht von rund 100 Tieren. Die Expedition endete mit einer verheerenden Niederlage des schwerfällig operierenden Heeres, das alle Schrecken eines geballten Elefantenangriffs erlebte. Regulus wurde gefangen; er starb später in Karthago.

Der Erfolg veranlaßte die Karthager, unter dem Kommando von Hasdrubal, Hannibals Bruder, eine neue Streitmacht mit nun 140 Kriegselefanten nach Sizilien zu verschiffen, wo sich der Krieg jahrelang hinschleppte. Als es 250 zur Schlacht kam, zerschlugen die Römer das gewaltige Aufgebot. Die

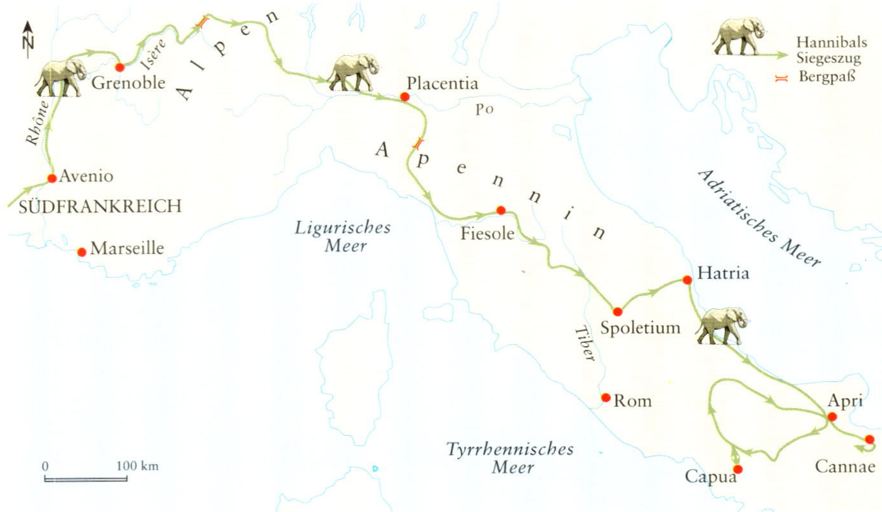

Hannibals legendärer Feldzug in Italien. Er reihte Sieg an Sieg, um am Ende zu scheitern.

Rechts:
Terrakottastatuette, 3. Jh. v. Chr.
Museo Nazionale Archeologico, Neapel

Der turmbewehrte Elefant wird von einem Afrikaner geführt.

Everaert Leyniers (1597–1680)
Die Niederlage des Marcus Atilius Regulus (Detail), 1652/54
Tapisserie
Palazzo Labia, Venedig

Dem Angriff von 100 Kriegselefanten erlag 255 v. Chr. eine römische Invasionsarmee unter dem Kommando des Konsuls Marcus Atilius Regulus, der die Karthager in Afrika bezwingen sollte.

angreifende Elefantenphalanx der Karthager stockte vor einer in aller Stille ausgehobenen, unüberwindlichen Grabensperre, hinter der Bogenschützen sie mit einem Pfeilhagel begrüßten. In Panik flohen die Tiere und rissen die nachrückenden karthagischen Söldnerverbände ins Chaos. Die Masse der Elefanten wurde von den Römern eingefangen – Nachschub für die Zirkusspiele in der Hauptstadt. Die Elefantenfänger und -ausbilder Karthagos sorgten aber schnell für Ersatz. Als im Jahre 242 ein mörderischer Aufstand der angeworbenen Legionäre und numidischen Hilfstruppen wegen ausbleibender Soldzahlungen ausbrach (die Bürger Karthagos kämpften nicht gern selbst), war wieder ein Elefantenkorps von rund 100 Tieren verfügbar, mit dem die Rebellion niedergewalzt wurde. Und schon ein paar Jahre später verfügte Karthago über 200 Kriegselefanten.

Schwindelfrei über Paßpfade

Hannibals Stern ging auf, als 218 v. Chr. der zweite Punische Krieg ausbrach. Er sollte die Römer in ihren italischen Stammlanden angreifen und zu einer Interessenabgrenzung zwingen. Mit einem Heer von etwa 30 000 Mann und 37 Kriegselefanten trat er den langen Marsch über Spanien und Südfrankreich an, immer wieder von feindlichen Stämmen bedroht. Er war bereits an der Rhône, als der römische Feldherr Scipio, der ihm schon in Spanien den Weg versperren sollte, drei Tagesmärsche westlich in seinem Rücken landete, was Hannibal in eine höchst kritische Lage brachte. Der Römer marschierte indes nicht zurück, um den Feind zu stellen; er zog auftragsgemäß nach Spanien weiter, um Hannibal den Nachschub abzuschneiden. Er glaubte wohl, den Karthager samt Elefantenkorps getrost seinem Schicksal in den unwirtlichen Alpen überlassen zu können – und den Angriffen aufgewiegelter Bergstämme.

Hannibal meisterte mit Booten und Flößen den schwierigen Rhône-Übergang. Dann strebte er mit seinem Heer stromaufwärts über das Isèretal den Alpenpässen zu. Welchen Übergang er wählte, ist im Nachhinein nicht mehr verbindlich auszumachen. Im Gebirge, so überliefert der hellenistische Geschichtsschreiber Polybios (um 200–120 v. Chr.), seien ihm die Elefanten von großem Nutzen gewesen: »Denn dort, wo diese sich in der Marschkolonne befanden, wagten sich die Feinde nicht nahe heran, aus Angst vor der ungewohnten Erscheinung der Tiere.« Die Elefanten erwiesen sich als vorzügliche Kletterer. Ohne zu scheuen, stapften

Gemälde von Henri Motte (1846–1922) *Hannibals Übergang über die Rhone*, 1878

Die Leitkuh wird zuerst auf das Floß geführt. Die anderen Tiere folgen. In der Flußmitte bricht plötzlich Panik aus. Elefanten fallen, springen in die Fluten. Doch alle erreichen schwimmend das Ufer.

Heinrich Leutemann (1824–1905)
Hannibals Übergang über die Alpen
Serie ›Bilder aus dem Altertum‹
Münchner Bilderbogen Nr. 438
um 1865
kolorierter Holzstich

Hannibals dramatischer Elefantenmarsch über die Alpen beflügelte über Jahrhunderte die Phantasie der Künstler. Die Dickhäuter erwiesen sich als schwindelfreie Kletterer. Hannibal brachte die Armee und alle 37 Elefanten über die Pässe.

sie über die an Abgründen vorbeiführenden Bergpfade, während die an das Galoppieren in weiten Ebenen gewöhnten Pferde oft größte Schwierigkeiten bereiteten. Die Kraft der Elefanten war immer wieder gefordert, wenn es galt, hinderliches Felsgestein aus dem Weg zu räumen.

Bedrohlich wurde die Lage, als mitten im Hochgebirge ein Erd- und Felsrutsch einen schmalen Pfad halb wegriß und verschüttete. Drei Tage dauerte es bei aufkommendem Schneesturm, bis wieder ein Weg gebahnt war. Die Elefanten bewiesen ganz ungewöhnliche Widerstandskraft. Sie ertrugen die Kälte, die Bergstürme und den Hunger, der sie sehr schwächte.

Schließlich erreichte Hannibal im Herbst 218 mit allen 37 Elefanten die Po-Ebene, wo seine erschöpften Truppen und Tiere in Ruhequartiere gingen, während die über die alpine Bravourleistung verblüfften Römer in aller Eile eine Armee aufstellten.

Die Elefanten waren dem großen Feldherrn nur noch beim ersten Zusammenprall mit dem Feind Helfer in der Schlacht. Bei eiskaltem Nebelwetter schaltete er an der Trebia, einem Nebenfluß des Po, in geschicktem Flankenmanöver die römische Reiterei aus und vollendete durch einen furchterregenden Elefantenangriff die totale Niederlage der schwerfällig Schild an Schild vorrückenden feindlichen Phalanx. Nur wenige Römer entkamen.

Die Unbilden von Regen, Schnee und Kälte waren jedoch zuviel für die geduldigen Riesen aus den heißen Regionen Nordafrikas. Sie siechten dahin. Als Hannibal, der bei der Schlacht an der Trebia ein Auge verlor, im Frühjahr 217 bei noch schneidender Kälte den Apennin überschritt, gingen außer seinem wuchtigen Reitelefanten die letzten sieben Kolosse zugrunde. Den berühmten Sieg bei Cannae über eine 80 000 Mann starke römische Armee im Jahr 216 erfocht er ohne den Rückhalt der Elefanten.

Die Elefantenschlacht bei Zama

Ein Jahrzehnt lang hielt Hannibal die Römer in deren eigenem Land im Würgegriff, um schließlich doch zu scheitern. Der erhoffte Aufstand italischer Völker blieb aus; die Römer lehnten Verhandlungen ab und übten hinhaltenden Widerstand. Im Jahr 204 wurde Hannibal nach Karthago zurückgerufen, das ein römisches Expeditionsheer unter Scipio bedrohte. Hannibal übernahm das Kommando im Heimatheer, das noch über ein Korps von 80 Kriegselefanten verfügte. Aber auch sein Feldherrngenie konnte die Niederlage nicht mehr verhindern. Er fand seinen Meister in Scipio, der durch eine Veränderung der üblichen Schlachtordnung die von den Kriegselefanten drohende Gefahr bannte. Er staffelte die drei Schlachtreihen so, daß freie Korridore entstanden, durch welche die im Speer- und Pfeilhagel gemarterten Tiere aus dem Kampfgewühl fliehen konnten. Rom diktierte nun den Frieden: Karthago mußte unter anderem auf alle auswärtigen Besitzungen verzichten, die Flotte und alle Kriegselefanten ausliefern.

Als 50 Jahre später der letzte Waffengang begann, verfügte Karthago bei der Verteidigung der Heimat über kein Elefantenkorps mehr. Die Handelsmetropole wurde dem Erdboden gleichgemacht. Rom war unbestrittene Weltmacht.

Die Römer hielten Kriegselefanten für eine zu zweischneidige ›Waffe‹, um auf sie zu setzen. Zwar führten sie bei den folgenden kolonialen Eroberungszügen auch erbeutete Elefanten ins Treffen. Aber sie vertrauten nur der überlegenen Kampfkraft ihrer gepanzerten, disziplinierten Kohorten

Jacopo Ripanda
tätig um 1490–1530
Hannibal in Italien (Detail)
um 1508
Fresko
Sala delle Guerre Puniche,
Konservatorenpalast, Rom

Auf dem Fresko von Jacopo Ripanda erscheint der große punische Feldherr wie ein zeitgenössischer Grandseigneur mit leicht türkisch anmutendem Aufputz. 10 Jahre lang bedrängte Hannibal die Römer im eigenen Land, ohne Frieden zu erzwingen.

Rechts: 1979 gelang eine abenteuerliche Alpenüberquerung mit Elefanten auf Hannibals Spuren.

und ihrer schnellen, schlagkräftigen Reiterei. Elefanten waren vor allem Imponierschaustücke der Triumphzüge siegreicher Feldherrn.

Als die Caesaren-Diktatur die Republik ablöste, begannen Kriegselefanten von den Schauplätzen römischer Schlachten zu verschwinden. Nur Claudius beorderte noch Elefanten nach Britannien, um widerspenstige Völkerschaften zu schrecken.

Auf den Spuren Hannibals

Im September 1979 gelang ein spektakulärer Nachvollzug der historischen Alpenüberquerung Hannibals. Mit zwei kräftigen Zirkuselefanten schaffte eine italienisch-amerikanische Mannschaft den beschwerlichen Marsch über Steilhänge, Saumpfade und Pässe. Man wählte eine Route, die nach Meinung mancher Historiker auch Hannibal eingeschlagen haben könnte: durch die Talsenke der Isère und der Arc in Savoyen zum gefährlichen Saumpfad von Crousta, zum St. Cenis-Paß und weiter zum 2482 m hoch gelegenen Clapier-Paß und dann hinunter in die norditalienische Ebene. Am schwierigsten erwies sich der Abstieg vom Col de Clapier.

Geraert van der Strecken / Jan van Leefdael, *Scipio und Hannibal in der Schlacht von Zama* (Detail)
17. Jh.
Tapisserie
Sala Regia, Palazzo Quirinale, Rom

Nach Schilderung der Geschichtsschreiber Polybios und Titus Livius sollen Hannibal und Scipio Africanus noch unmittelbar vor der Schlacht bei Zama ein letztes Gespräch geführt haben. Die kolportierte Legende wird auf dem Gobelin aus dem 17. Jahrhundert bildlich weitererzählt.

Persiens Kriegselefanten zerstören die Christenstadt Susa

Während im Mittelmeerraum die neue Weltmacht Rom in imperialem Glanz herrschte, erhoben sich die Völker des Orients, wo die überkommene Elefantenhaltung der Diadochenreiche weiterbestand. Unter der Dynastie der Sassaniden (224–651) entwickelte sich ein persisches Großreich. Benannt ist die Dynastie nach dem Ahnherrn Sassan, der Regent des kleinen iranischen Fürstentums ›Persis‹ und Hohepriester im Heiligtum der Fruchtbarkeitsgöttin Anahita in Istachir war. Gegründet hat das zweite persische Großreich der fähige Feldherr Ardashir (180–239), der sich im Jahre 224 gegen seinen Lehnsherrn, den Parther-König Artabanos V., erhob, der Schlacht und Leben verlor. Unter den Sassaniden wurden Elefantenkorps wieder zum Rückgrat der Armee.

Überliefert ist ein anschaulicher Bericht über die Armee des Königs Shapur II., der von 309 bis 379 Persien regierte. Er stammt von dem römischen Historiker griechischer Herkunft Ammianus Marcellinus, der selbst an einigen bewaffneten Auseinandersetzungen zwischen Römern und Persern teilgenommen hatte. Es heißt da:

»Beim ersten Anbruch des Morgengrauens schimmerte alles, soweit das Auge nur reichte, vom Glanz der Waffen, und Berg und Tal waren von gepanzerter Kavallerie erfüllt. Der König selbst, hoch zu Roß und alle übrigen überragend, ritt an der Spitze seines Heeres; an Stelle eines Stirnreifs trug er das goldene Bildnis eines Widderkopfes, das mit kostbaren Steinen besetzt war. Zudem hob er sich durch sein großes Gefolge von Männern höchsten Ranges und unterschiedlicher nationaler Herkunft ab ...

Sassaniden-Elefant
6./7. Jh. n. Chr.
Metropolitan Museum of Art, New York

Miniaturfigur eines Elefanten aus der Zeit des persischen Sassaniden-Reichs, in dem Kriegselefanten noch Rückgrat der Armee waren. Es handelt sich wahrscheinlich um eine Schachfigur. Über Persien verbreitete sich das in Indien aus Kriegsszenerien entwickelte Spiel auch im Abendland.

Fragment eines Seidengewebes mit Elefanten, Persien, 7.–9. Jh.
11 x 13 cm
Pfarrkirche St. Servatius, Siegburg

In Persien wurde seit den Anfängen der Sassaniden-Herrschaft Seidenweberei betrieben.
Erst im 6. Jahrhundert gelang es den Persern, Seidenspinnereier aus China zu schmuggeln, wo das Wissen um die Seidenherstellung rigoros gehütet und Verrat mit dem Tod bestraft wurde, und eine eigene Rohseidenproduktion aufzubauen.

Seidenstoff mit Elefantendekor
Persien, 9./10. Jh.
54 x 92 cm
Musée du Louvre, Paris

In der Spätphase der Sassaniden-Herrschaft und dann unter arabischer bzw. mongolischer Oberhoheit wurden bei verbesserter Webtechnik auch figürliche, pflanzliche und geometrische Muster eingewebt. Erhalten sind auch Gewebe mit Elefantenmotiven. In Europa wurden diese kostbaren Stoffe häufig zur Umhüllung von Reliquien verwendet. Der Elefant galt als Symbol christlicher Glaubensstärke. Dieser Stoff wurde in einem Reliquiar der Kirche Saint-Josse-sur-Mer (Pas-de-Calais) gefunden.

Die Perser schickten uns geschlossene Gruppen von gepanzerten Reitern entgegen, die so dicht beieinander ritten, daß das Schimmern ihrer mit genau übereinander gefügten Eisenplatten bedeckten Körper die Augen derer blendete, die auf sie blickten. Überdies waren alle Pferde mit Lederpanzern geschützt.

Der Kavallerie boten zahlreiche Fußvolkverbände Rückendeckung. Diese Soldaten hatten längliche, gekrümmte Schilde, die mit Flechtwerk und Häuten bedeckt waren, und sie rückten in engen Reihen vor. Dahinter befanden sich die Elefanten, die wie wandelnde Hügel aussahen und die schon durch ihre Körperbewegungen allen Verderben brachten, die in ihrer Nähe waren. Wegen der Erfahrungen, die man schon bei früheren Kämpfen mit ihnen gemacht hatte, waren sie allgemein gefürchtet ...«

Kriegselefanten setzte Shapur II. auch bei der Niederschlagung eines Aufstands von Christen in Susa ein. Die altpersische Stadt war neben der neuen Sassaniden-Hauptstadt Ktesiphon (bei Bagdad) ein Zentrum des Christentums in Persien. Der König brauchte Geld für den Unterhalt seines großen Heeres, und so verdoppelte er die Besteuerung der beargwöhnten Christen im Reich, was den Aufruhr auslöste. Da das Christentum im feindlichen Römerreich 311 durch Kaiser Konstantin zur Staatsreligion erhoben worden war und auch der rivalisierende König von Armenien dem Beispiel folgte, sah Shapur seine Reichsinteressen durch die neue Religion bedroht.

In religiöser Gegenbewegung gewann in Persien die um 600 v. Chr. von Zarathustra begründete, vom Polytheismus seiner Zeit abgehobene Lehre neue Kraft: Der Lichtgott Ahuramazda, Schöpfer alles Guten, des Himmels, der Wahrheit, des Lebens und der Engel, liegt in ewigem Kampf mit dem Gott der Finsternis, des Bösen, der Dämonen und der Hölle: Ahriman. Wer ein sittliches Leben geführt hat, geht ein in die Seligkeit; Sünder verfallen der Verdammnis. Am Ende der Welt wird Sohsan, der Heiland, die Toten zum Leben erwecken und sie zum Entscheidungskampf gegen die Mächte der Finsternis führen ...

König Shapur zog also mit Kriegsmacht gegen Susa, schlug mit großer Härte den Aufstand nieder und ließ mit Hilfe seiner gefürchteten Kriegselefanten die Stadt samt Befestigungsmauern dem Erdboden gleichmachen.

Königliche Wildschweinjagd
5. Jh.
Felsrelief in der Eingangshalle der Grotte von Taq-i-Bustan, Iran

Teilansicht des Reliefs auf der linken Seite der großen Grotte von Taq-i-Bustan. Dargestellt ist eine Saujagd mit Elefanten-Auftrieb. Links: Treiberelefanten (Detail)

Felsreliefs feiern den Tatenruhm der Sassaniden-Könige

Die Sassaniden-Könige ließen zu steter Erinnerung an ihre Krönung und ihre Kriegstaten, an Turniere und allerhöchste Jagden lebensgroße Reliefbilder in Fels hauen, meist in der Nähe ihrer bevorzugten Residenz. Die persischen Herrscher waren verschwenderische Städtebauer. Bisher wurden an die 30 Felsbilder gefunden, die meisten in der Provinz Fars, dem alten ›Persis‹. Es sind historische Zeugnisse, die alle Stürme der Zeit überdauerten, während die zahlreichen Prunkbauten aus Ziegel längst verfielen.

Von besonderem Interesse sind die Felsreliefs, die der späte Sassaniden-Herrscher Chosru II. (590–628) in einer Grotte in Taq-i-Bustan bei Kermandschah schaffen ließ und die u. a. den Einsatz von Reitelefanten bei der Saujagd zeigen.

Der in Fels getriebene sogenannte ›Iwan‹ – ein auf drei Seiten geschlossener, vorne offener, gewölbter Raum – befindet sich in einem ehemaligen Park oder Jagdgebiet. Die Wandreliefs fassen verschiedene Phasen des Geschehens in einer Bildszene zusammen. An den Seitenwänden Jagddarstellungen: links eine Jagd auf Eber; rechts auf Hirsche. Elefanten, von Mahouts geführt, scheuchen die Eber aus Verstecken in einer Sumpflandschaft und treiben sie vor den König, der in einem Boot steht. Der Herrscher, von Musikanten umgeben, ist zweimal abgebildet: beim Pfeilschuß auf einen angreifenden Eber und bei der Rast. Ähnlich wird die Hirschjagd dargestellt: Musikanten spielen auf einer Tribüne; der König ist dreimal verewigt.

An der hinteren Wand ist die Investitur des Königs zu sehen. Er steht zwischen Ahuramazda, dem Lichtgott Zarathustras, und Anahita, der Göttin der Fruchtbarkeit. Die zwei obersten Gottheiten des Landes überreichen Chosru einen Stirnreif als Zeichen der Königswürde. Unter der Krönungsszene: der König im Kriegspanzer und mit Lanze, der Ritterwaffe, auf einem Schlachtroß. Die offene Seite ist wie ein Palasteingang gestaltet.

Chosru II. überforderte auf dem Höhepunkt persischer Macht die Kraft des Landes mit Kriegszügen bis Ägypten. Er zerstörte Jerusalem, verfolgte die Christen. In den folgenden Wirren verlor er Macht und Leben. 642 erlag Persien schließlich dem Ansturm der Araber.

Die Perser, die ihre Kultur über den Hindukusch hinaus nach Osten verbreiteten und auch das spätere europäische Ritterwesen beeinflußten, übernahmen den Islam und die arabische Schrift, aber nicht arabische Sprache und Lebensstil. Unter toleranter arabischer Oberhoheit, und nach 1220 unter den Mongolen, übten sie weithin künstlerischen und kulturellen Einfluß aus.

Der Angriff auf Medina, aus dem türkischen Manuskript ›Siyer-i-Nebi‹ (Leben des Propheten) Topkapi Museum, Istanbul

Der Angriff der Mekkaner auf Medina, das Mohammed treu ergeben war, scheiterte im April 627 mit himmlischer Hilfe vor den Sperrgräben der Stadt. Ein gewaltiger Sturm verbreitete Chaos unter den Belagerern, die den Rückzug antreten mußten.

Mohammed und die Elefanten

Im Koran ist dem Elefanten in Erinnerung an ein legendäres Ereignis im Geburtsjahr des Propheten die 105. Sure gewidmet.

»Im Namen Allahs, des Allbarmherzigen. Hast du denn nicht gesehen, wie dein Herr mit den Führern der Elefanten verfuhr? Hat er nicht ihre verbrecherische List irregeleitet und einen Schwarm Vögel wider sie gesandt, der auf sie Steine aus gebranntem Lehm herabwarf? So machte er sie gleich abgeweideten Halmen.«

Die Sure, »offenbart zu Mekka«, spielt an auf eine fromme Legende mit historischem Kern, die den gläubigen Moslems vertraut ist: In Sana, der Hauptstadt des Jemen, das unter abessinischer Oberhoheit verwaltet wurde, ließ der christliche Vizekönig Abraha ibn Al-Saba eine prunkvolle Kirche errichten, geschmückt mit Gold, Silber und Edelsteinen. Dann forderte er die Wüstenstämme auf, Gott in seiner Kirche zu verehren, statt nach Mekka zur heiligen Kaaba zu pilgern. Viele folgten ihm, und es kamen immer weniger Wallfahrer nach Mekka. Darüber waren die geschäftlich sehr geschädigten Koreischiten, die reichen Handelsherren der Stadt, sehr erzürnt. So schickten sie den frommen Eiferer Nofail nach Sana, der in dunkler Nacht den Altar und die Mauern der Kirche mit Kot beschmierte. Die Schandtat versetzte den Vizekönig in große Wut, und er schwor Rache.

Mit einem Heer und 13 Kriegselefanten zog Abraha dann gegen Mekka, um die Kaaba zu zerstören. Als er vor der Stadt angelangt war, eröffnete er dem Unterhändler der Koreischiten, Abdal Muttalib, dem gotterkorenen Großvater des noch nicht geborenen Propheten, daß alle Einwohner Mekka zu verlassen hätten. In Angst und Schrecken floh alles Volk in die Berge, und der fensterlose, leere Würfelbau der Kaaba mit dem heiligen ›Schwarzen Stein‹ war schutzlos den Abessiniern ausgeliefert.

Als am Morgen des nächsten Tages Abraha an der Spitze seines Heeres in Mekka einzog und sich dem Heiligtum näherte, ging sein Elefant, dem Abdal Muttalib den Namen seines erwarteten Enkels Mohammed ins Ohr geflüstert hatte, auf die Knie und weigerte sich, weiterzugehen. Alle anderen Elefanten des Kriegsvolks folgten seinem Beispiel. Als man auf die Tiere einschlug, um sie zum Weitergehen zu zwingen, verdüsterte sich der Himmel, und ein großer Schwarm Vögel erschien, die gebrannte Lehmsteine auf das Heer warfen. Sogleich bedeckten sich die Gesichter der Krieger mit Aussatz, und die Glieder fielen von ihnen ab. Der Fluchtweg der wenigen Überlebenden, über die auch eine große Wasserflut kam, war mit Leichen übersät. So hielt Allah seine schützende Hand über die Kaaba, die das Heiligtum seines kommenden Propheten Mohammed und des Islam blieb ... Der historische Kern der bildhaft-morgenländischen Legende: Ein abessinisches Heer, das in die arabische Halbinsel vorstieß, schleppte die Pest ein und ging selbst daran zugrunde. Eine andere arabische Legende macht den ehrfürchtigen Respekt deutlich, den die frühen Moslems vor dem auch Allah wohlgefälligen Elefanten empfanden:

aus ›The Journal of Indian Art and Industry‹, 1914

Ein Elefant, geformt aus arabischen Schriftzeichen – ein Beispiel für die hochentwickelte Kunst der Kalligraphie im Islam.

Sternförmige Keramikkachel in Lackmalerei mit Elefant
Museo d'Arte Orientale, Rom

Die Abbessinier vor der Kaaba
Türkische Version des Siyer-i-Nebi (Leben des Propheten), 16. Jh.
Topkapi Museum, Istanbul

Als kurz vor Mohammeds Geburt Abessinier mit Elefantenaufgebot Mekka besetzten und versuchten, die Kaaba zu zerstören, sollen die Dickhäuter nach einer Legende vor dem Heiligtum angehalten haben. Eine türkische Darstellung des wundersamen Geschehens.

Zu Schiff ging der Kaufmann Abu-Abd-Allah al Kalamis mit Gefährten auf Pilgerfahrt nach Mekka. Als man die Höhe von Aden passiert hatte, erhob sich plötzlich ein furchtbarer Sturm, und alle glaubten das Ende nahe. Abu-Abd-Allah al-Kalamis betete inbrünstig und legte auf Eingebung Allahs das Gelübde ab, nie wieder Elefantenfleisch zu essen, wenn er gerettet würde.

Da wurde das Schiff an Land geworfen und zerschellte. Die Pilger überlebten, sahen sich aber dem Hungertod inmitten einer Wüstenei ausgeliefert. Plötzlich tauchte wie durch ein Wunder ein Elefantenkind auf. Die Gefährten Abu-Abd-Allahs töteten es sogleich und aßen sein Fleisch. Nur er enthielt sich, eingedenk seines Gelübdes. In der Nacht kam die Elefantenmutter und trampelte alle zu Tode, die vom Fleisch ihres Kindes gegessen hatten. Nur Abu-Abd-Allah al Kalamis verschonte sie. Sie legte ihn mit dem Rüssel auf ihren Rücken und trug ihn in die Nähe eines Dorfes, wo er von den Bewohnern gefunden und gerettet wurde …

Die seit dem 4. Jahrhundert einem christlichen Kult huldigenden Abessinier, die in der hellenistischen Zeit den Ptolemäern in Ägypten Elefanten geliefert hatten, fingen und zähmten auch in der Ära des islamischen Aufbruchs afrikanische Dickhäuter. Es verfügten wohl auch die Oasenstädte und Fürstentümer der arabischen Halbinsel über Elefanten. Sie konnten die Tiere von den abessinischen Handelspartnern erwerben oder aus Mesopotamien beziehen. So zeigt eine volkstümliche arabische Miniatur, die an den unglücklichen Kriegszug Mohammeds gegen Mekka erinnert, Kriegselefanten im Kampf mit Berittenen.

Nach dem Zusammenbruch des Römischen Reiches, als sich die europäischen Völkerschaften in gewaltigen Wanderungen neu mischten, verschwanden die grauen Giganten aus dem abendländischen Bewußtsein. Im Orient hingegen blieb der indische Elefant Reittier pompöser Fürstenherrlichkeit und Kampfmaschine in zahlreichen Kriegen.

Die Kaaba (arabisch Würfel) ist ein leerer, fensterloser Bau. In der östlichen Ecke ist der heilige schwarze Stein eingemauert, der schon in heidnischen Zeiten verehrt wurde. Die Kaaba ist das Hauptziel der Pilgerfahrt (Hadsch) nach Mekka.

Volkstümliche arabische Miniatur, die an den unglücklichen Feldzug Mohammeds gegen Mekka und die Niederlage bei Uhud (625) erinnert. Der Prophet hatte im Jahr 622 nach der Verfolgung seiner Anhänger und unter dem Druck der reichen Kaufleute Mekka verlassen müssen. Erst 630 konnte er nach wechselvollen Kämpfen mit einem 10 000 Mann-Heer die Rückkehr in die heilige Stadt erzwingen.

Die Elefantenbrigade in Englands Indien-Armee

Trotz moderner Waffenentwicklung leisteten Elefanten noch bis in jüngste Zeit Kriegsdienst in Südostasien. Die Dickhäuter waren jedoch nicht mehr selbst ›Kriegsmaschinen‹, ›Panzer‹ an der Front; ihre Dienste waren vielmehr gefragt im militärischen Transport- und Nachschubwesen sowie bei Pioniereinsätzen. Elefanten halfen beim Bau von Militärstraßen und Brücken; sie brachen Bahn durch Dschungeldickichte und schafften schweres Gerät über oftmals unwirtliches Berggelände. Hier waren sie von unschätzbarem Wert, denn sie kamen dort voran, wo Pferd und Motor versagten.

Im 19. Jahrhundert haben die Engländer in Indien Elefantenverbände in ihre Kolonialarmee eingegliedert. Während die englischen Kerntruppen etwa 50 000 Mann umfaßten, dienten in der indischen Einheit mehrfach so viele Soldaten; unter ihnen mangelte es nicht an erfahrenen Elefantenmännern. Bei Aufständen, regionalen Konflikten und besonders in der ständig unruhigen Nordwestprovinz an der Grenze zu Afghanistan erleichterten Elefantentrosse Befriedungsoperationen.

Besonders gefordert waren die geduldigen grauen Riesen bei den kriegerischen Auseinandersetzungen mit dem Königreich Burma, wo die Engländer konkurrierenden französischen Expansionsbestrebungen von Indochina her entgegentraten. Den ersten Krieg 1824/26 löste Burma in Verkennung der Machtverhältnisse durch einen Angriff auf Bengalen aus, um den Anspruch auf das Grenzland Assam durchzusetzen. Zu Lande waren die schlecht bewaffneten, mit großem Elefantentroß operierenden Burmesen ohne Chance gegen englische Kanonen, und über See führte eine englische Flottenoperation im Mündungsdelta des Irawadi zu vertraglicher Einigung. Burma verzichtete auf Assam und räumte der Ostindischen Handelsgesellschaft Sonderrechte ein.

Eine zweite kriegerische Auseinandersetzung 1852 führte zur Annexion Südburmas und ein dritter Krieg 1885/86 zur Einverleibung des ganzen Königreichs Burma in die indische Kronkolonie. Bei allen Waffengängen schleppten auf beiden Seiten Elefanten Kanonen, Munition, Pioniergerät und Truppenverpflegung über Bergpfade und durch sumpfige Dschungel.

Troßelefanten der englischen Indien-Armee mit aufgeschnallten Munitionskörben im Vormarsch während des 3. Burma-Kriegs 1885/86. Illustration aus ›The Illustrated London News‹

Aufbruch einer Elefanten-Batterie zum Fronteinsatz aus einer palastartigen Kaserne. Fotografie um 1890

Als Zugtiere in Artillerie-Einheiten bewährten sich Elefanten vor allem in schwierigem Sumpf- oder Berggelände, wo Pferde versagten. Fotografie um 1900

Reporterzeichnung in einem Bericht der ›Illustrated London News‹ vom 21. Oktober 1891 über die englische Armee in Indien.

Bewegte Szene bei Übungen einer Elefantenbatterie in schwierigem Berggelände bei Madras. Der englische Offizier befiehlt ›Halt!‹. Die Mahouts geben die Order mit Druck des Elefantenhakens auf die Stirn der Dickhäuter weiter: stummer Befehl zu sofortigem Anhalten.

Elefanten im Kriegswesen
Bildreihe aus ›The Illustrated London News‹, 1860
1) Geschützträger
2) Munitionselefant
3) Elefanten exerzieren im Fluß
4) Das Beladen mit einer Kanone

Siams Elefantenstreitmacht

Noch Mitte des 19. Jahrhunderts verfügte der König von Siam, wie sich das heutige Thailand damals nannte, über eine Elefantenstreitmacht von 400 kampfgeschulten Tieren. An die 100 waren der Artillerie zugeteilt. Sie trugen auf dem Rücken kleine Haubitzen. Mit Eisenplatten bestückte Leder- und Kautschukpanzer schützten ihre Leiber.

Der Elefant Jenny im deutschen Kriegsheer

Während des ersten Weltkriegs hat die deutsche Armee den Elefanten Jenny des Hamburger Zoos Hagenbeck mobilisiert, wie Eigel Wiese in seinem ›Hagenbeck-Buch‹ erzählt. Der Dickhäuter hatte beim Holzeinschlag für den Stollenbau im Schützengrabenkrieg zu helfen. Der schon zur Kriegsmarine eingezogene einstige Betreuer, Matthias Walter, bekam neuen Einsatzbefehl. Er brachte das Tier per Eisenbahn an die Front nach Frankreich. Die Landser trauten ihren Augen nicht, als ein Elefant, dem ein Marinesoldat in Uniform im Nacken saß, aus dem Bahngelände von Avesnes bei Maubeuge trottete.

Jenny schaffte täglich an die 50 schwere Baumstämme aus dem Wald zu einem Sägewerk. Sie pflügte auch einen Exerzierplatz um, der zu einem Acker werden sollte, und setzte ihre Kraft beim Verschieben von Waggons mit Kriegsnachschub ein, wofür es zur Belohnung manche Sonderration von Kommißbrot gab. Über zwei Jahre diente sie hinter der Front dem deutschen Heer.

Der Elefant Jenny aus Hagenbecks Hamburger Tierpark, mit dem Kriegselefantenreiter Matthias Walter, diente im ersten Weltkrieg in der deutschen Armee. 1916 an der Westfront.

Eine anglo-indische Gurkha-Elefantenschwadron 1878 im Kampfeinsatz gegen Afghanistan, das im 19. Jahrhundert umstrittenes Spannungsfeld zwischen England und Rußland war. Illustration aus ›The Illustrated London News‹

Eine kambodschanische Elefanteneinheit marschiert während des Vietnamkriegs in den Dschungel, um eingesickerte Vietkongs aus dem Land zu drängen.

Die Elefantenschwadron der Japaner

Im zweiten Weltkrieg haben die Japaner 1941/42 bei ihrem Blitzfeldzug gegen die Engländer in Burma eine Elefantenschwadron eingesetzt. Operationsziel war die Unterbrechung des Waffennachschubs für das bedrängte Chian Kai-shek-Regime in Chunking über die berühmte Burma-Straße, die durch das Irawadital über Mandalay in die südchinesische Provinz Yunnan führte. Mit Elefanten, die schweres Kriegsgerät durch unwegsame Dschungel schleppten, schafften die Japaner überraschende Umgehungsmanöver, die zur schnellen Niederlage der Engländer und zur Einnahme des Knotenpunktes Mandalay führten, wo die Sieger noch volle Versorgungslager vorfanden. Erst 1945 wurde Mandalay von den Alliierten nach zwölftägiger Belagerung zurückerobert. Große Teile der Stadt wurden dabei zerstört, unter anderem auch der großartige alte Königspalast mit unersetzlichen Kunstwerken.

Elefanten im Dschungelkrieg

Im französischen Kolonialreich Indochina, das Vietnam, Kambodscha und Laos umfaßte, mußten gegen Ende des 19. Jahrhunderts die Regionalkönige alle Kriegselefanten der Besatzungsmacht ausliefern. Den geduldeten, zur Zusammenarbeit verpflichteten Monarchen verblieben nur höfische Prunk- und Reitelefanten für die Jagd. So ritt Bao Dai, König im vietnamesischen Kernland Annam seit 1926, noch während der ersten Phase des jahrzehntelangen vietnamesischen Unabhängigkeitskampfes auf Elefantenrücken in den Dschungel. 1949 wurde Bao Dai zum Nominalkaiser von Vietnam bestellt; 1953 ging er nach Frankreich ins Exil.

Während der blutigen Kämpfe in Vietnam wurden Transport- und Arbeitselefanten immer wieder in das Kampfgeschehen einbezogen. Als der Vietkong seinen Nachschubweg nach Süden – den berühmten ›Ho-Chi-Minh-Pfad‹ – wegen der amerikanischen Luftangriffe ins neutrale Nachbarland Kambodscha verlagerte, wurde auch dieses friedliche Land in den Strudel gezogen. Um ihren Frieden besorgt und von Amerika bedrängt, versuchten die Kambodschaner, den Vietkong aus dem Land zu drängen. Auf Elefantenrücken drangen wenig kampfentschlossene Einheiten der Armee in die mißbrauchten Grenzdschungel vor, ohne etwas zu bewirken.

Kambodscha versank in der Folge im Chaos des revolutionären Blutregimes der Roten Khmer. Als 1972 der Krieg in Vietnam zu Ende ging und vietnamesische Panzerkolonnen gegen die Roten Khmer anrollten, setzten sich diese mit Elefanten in die unwegsamen Dschungel des Landes ab.

Schauopfer, Fabeltier und Staatsgeschenk

Der Hase und der Elefanten-König
Illustration einer ebenso benannten Fabel aus einer orientalischen Handschrift, Syrien, 1354 Bodlian Library, Oxford

Die Geschichte vom Hasen und dem Elefanten-König, die vor dem Spiegelbild des Mondes in einer Quelle sitzen, ist von der arabisch-islamischen Welt aus einer indischen Fabelsammlung übernommen worden. Zwei Schakale, Kalila und Dimna, sind die Haupthelden.

Nach der Festigung des römischen Weltreichs verschwand der Kriegselefant von den Schlachtfeldern der westlichen Welt. Die Kriegsherren am Tiber hatten nie viel gehalten von der exotischen ›Waffe‹. Dem friedlichen Koloß war es nun beschieden, zu allgemeiner Volksbelustigung und zur Mehrung des Ansehens der Mächtigen in Schaukämpfen der Amphitheater Roms zu verbluten, bevor er dem Blick der abendländischen Menschen entschwand und zu einem mysteriösen Fabeltier wurde. Erst durch die Seefahrtpioniere der beginnenden Neuzeit, die vergessene Welten wiederentdeckten, hat der Rüsselriese reale Gestalt zurückgewonnen: leibhaftig zu bestaunen in den Menagerien der Renaissance-Fürsten, denen der Elefant auch ein praktisches, überall gern genommenes und werbendes Staatsgeschenk war.

Elefantenjagd, um 1400, Seite aus dem ›Livre des Merveilles du Monde‹
Buchmalerei, 29 x 42 cm
Bibliothèque Nationale de France, Paris

Reiter des Groß-Khans sind in ein Tal im Königreich Burma hinabgeritten und machen Jagd auf zwei Elefanten und ein Einhorn.

la force des tartars. Mais se mistrent a desconfiture et tournerent a fuie. Et quant
les tartars les virent desconfis. si leur aloient derriere chassant et ociant et abatant
si malement que ce estoit une pitie a veoir. Et quant il les orent une piece chaciés
si ne les vouloient plus suivre. mais retournerent arriere es bois pour prendre des
oliphans qui estoient la fouis. Et leur couvenoit taillier les grans arbres
et mettre leur au devant pour avoir les. Et aucune tiesfoiz ce ne les pooi
ent avoir. se ne feussent les hommes meismes du roy qui avoient este pris en
la bataille qui mieux les savoient congnoistre que les tartars. Et ainsi les
prenoient. car les oliphans sont bestes qui ont trop plus grant entendement
que nulle autre beste. et en prisdrent plus de deux cens. Et de celle bataille en a
vant commenca le grant kaan a avoir moult doliphans. Et en ceste ma
niere fu desconfist ce roy par le sens et par la maistrie des tartars. si comme
vous povez avoir entendu cy dessus.

Comment len descent grant valee.

Quant len se part de ceste valee que je vous ay compte adonc
treuve len une grant descendue. Car sachiez que len chevauche
ij. journees et demie toutes fois a declin. Et en toute ceste desce
nte na chose qui a compter face. fors seullement que il y a
une grant place ou il tiennent aucune fois grant marche.
Car toutes les gens de ceste contree y viennent aucuns jours nommez. et tien
nent la leur marche trois jours la sepmaine. il changent or pour argent.
car il ont de lor assez. il donnent trois pois de fin or pour .v. pois dargent fin.
et pour ce y viennent marchans de plusieurs parties qui portent leur argent

Conrad Gesner
Elefant aus ›Historiae animalium‹ lib. 1, Zürich 1551, S 410
Kupferstich

Nicht viele Künstler hatten vor dem 19. Jahrhundert Gelegenheit, nach einem lebenden Elefanten zu zeichnen. Deshalb mußte auch ein so bedeutender Autor wie Conrad Gesner für sein Tierbuch von 1551 auf einen fast 100 Jahre alten Stich von Martin Schongauer zurückgreifen. Vor allem die gerippten Ohren und der wulstige Rüssel finden sich bei beiden Künstlern und stammen wohl aus noch älteren Bildquellen, die diese Merkmale immer wieder übernommmen haben.

Elefant (Detail)
Illustration in Francesco Petrarca: Artzney bayder Glück, des guten und widerwärtigen, Augsburg 1532
Holzschnitt
Privatsammlung

In einer deutschen Ausgabe von Petrarcas Buch ›De Remediis utriusque Fortunae‹ aus dem 16. Jh. findet sich im Kapitel ›Von Elefanten und Kameltieren‹ diese Szene.

Der ›Elephantus‹ der Königin Maria Stuart (1542–1587)
Seidenstickerei
Oxbourgh Hall, Norfolk

Die erste Zeit ihrer Gefangenschaft (um 1570) verbrachte die Königin Maria Stuart in Oxbourgh Hall in der Einöde von Norfolk. Dort soll sie über 100 Seidenstickereien ausgeführt haben, darunter auch diesen Elefanten. Es handelt sich um ein Stück der sogenannten ›Oxbourgh-Hangings‹, die Motive zeitgenössischer Bestiarien-Darstellungen zeigen.
Die Abbildung ist Conrad Gesners ›Historiae animalium‹, Zürich 1563, entnommen.

Ein absonderliches Fabelwesen

Nach dem Zerfall des römischen Imperiums im 4. nachchristlichen Jahrhundert verschwand der Elefant aus dem Gesichtsfeld und aus der Kunst der jungen abendländischen Völker, die ein neues Kapitel der Weltgeschichte aufschlugen. In den Stürmen der Völkerwanderung war auch das antike Schrifttum über den Elefanten verschüttet worden. Dessen Anatomie hatte schon Aristoteles im 4. vorchristlichen Jahrhundert überraschend genau beschrieben, mochte er dem Koloß auch eine Lebenserwartung von 200 Jahren zusprechen.

Das expandierende Christentum durchdrang, revolutionierte alle Lebensbereiche der Menschen, die in kriegerischen Turbulenzen neuen staatlichen Ordnungen zutrieben. Biblische Erzählungen, allem Volk vertraut, waren beherrschender Stoff künstlerischen Schaffens, das sich in neuen Ausdrucksformen entfaltete. Nur fabulierendes Hörensagen überlieferte Jahrhunderte hindurch die Kunde von der Existenz und der Statur des Elefanten.

Elefant aus dem
Codex Hamilton 407
Frankreich, um 1400
Buchmalerei auf Pergament
Deutsche Staatsbibliothek, Berlin

»Ein Tier, das keine Gelenke hat ...«

Elefant
Illustration aus ›Hortus Sanitatis‹ von Johannis de Cuba, Straßburg 1483
Holzschnitt

Der ›Hortus Sanitatis‹ (Garten der Gesundheit) zählt zu den verbreitetsten Schriften des späten Mittelalters. Das Arzneibuch beschreibt neben Heilkräutern auch Tiere. Der Elefant wird als friedlich und als leicht zu zähmendes Tier gerühmt.

Die skurrile mittelalterliche Vorstellung vom Elefanten prägte der ›Physiologus‹, ein volkstümliches Kompendium frühchristlicher Tiersymbolik. Die Ende des 2. nachchristlichen Jahrhunderts in Alexandria oder Syrien entstandene Schrift wurde aus dem Griechischen in viele Sprachen übersetzt und war im 1. Jahrtausend n. Chr. Wissensquelle mancher ›Bestiarien‹. Kein Buch außer der Bibel hatte damals größere Verbreitung. Ein nicht genannter Meister der Zoologie, der ›Physiologus‹, erzählt von bekannten und sagenhaften Tieren, deren Eigenschaften er in religiösen Allegorien deutet. Inbrünstiger Bibelglaube bezog die Natur in die Vorstellungswelt christlicher Heilserwartung ein. Die Abhandlung über den Elefanten ist ein Gleichnis des paradiesischen Keuschheitsglücks Adams und Evas vor dem Sündenfall. Es heißt da:

»Es gibt ein Tier, das heißt Elefant. In diesem Tier wohnt kein Geschlechtstrieb. Wenn es nun Kinder zeugen will, zieht es sich nach Osten zurück, in die Nähe des Paradieses. Dort wächst der sogenannte Mandragora-Baum. Dorthin gehen das Weibchen und das Männchen. Das Weibchen nimmt zuerst die Frucht von dem Baum, bietet sie auch seinem Gatten an und spielt mit ihm, bis auch er nimmt, und wenn er gegessen hat, vereinigt er sich mit dem Weibchen von hinten, deswegen weil sie keine Harmonie miteinander haben. Nur einmal hat er Verkehr, und sogleich wird sie trächtig. Wenn nun ihre Zeit zum Gebären kommt, geht sie an ein flaches Wasser und steigt hinein, bis ihr das Wasser bis zur Brust geht, und so bringt sie das Kind auf dem Wasser zur Welt, und es kommt an ihren Schenkeln hoch und trinkt an den Zitzen seiner Mutter. Wenn die Elefantenkuh gebiert, schützt sie der Bulle beim Gebären wegen der Schlange. Wenn er diese entdeckt, trampelt er sie mit seinen Füßen nieder und tötet sie so.«

Für den zoologisch interessierten Leser erzählt ›Physiologus‹ von einer anatomischen Besonderheit des Elefanten:

»Die Natur des Elefanten ist aber so beschaffen. Wenn er fällt, kann er nicht wieder aufstehen. Er hat nämlich keine Gelenke in den Knien wie die anderen Tiere. Wie bringt man ihn zu Fall? Wenn er schlafen will, lehnt er sich an einen Baum an und ruht aus, wenn er eingeschlafen ist. Die Jäger, die die Eigenart des Elefanten kennen, sägen heimlich den Baum an. Der Elefant will sich nun anlehnen und fällt mit dem Baum zusammen hin...«

Der im Wasser gebärende Elefant
Zeichnung aus einem süddeutschen Musterbuch, frühes 13. Jh.

Eine Umschrift erläutert das Physiologus-Motiv: »Im Flusse gebiert der Elefant seine Jungen, damit sie der Drache nicht töten kann.« Die christliche Moral: Damit der Teufel nicht räubern kann, schützt die Taufe die Seelen.

Elefanten und Fabeltiere huldigen einer Göttin, Detail des berühmten ›Kessels von Gundestrup‹
1. Jh. v. Chr.
Silber, getrieben, mit Vergoldungsspuren, 21 x 40 cm
Nationalmuseum, Kopenhagen

Der ›Kessel von Gundestrup‹. Die meisterliche Arbeit wurde im 4. Jahrhundert gefertigt.
Es handelt sich um das künstlerisch wohl bedeutendste Zeugnis der keltischen Eisenzeit. Wahrscheinlich war erst vage Kunde vom Elefanten und seinem Aussehen in den abendländischen Norden gedrungen.

Illustration aus einer mittelalterlichen Handschrift, 12. Jh.
Buchmalerei
British Museum, London

Ritter töten Elefanten, die frühmittelalterliche Phantasie in abenteuerliche Fabelwesen mit Klauenfüßen, Trompetenrüsseln und Wildschweinhauern verwandelt.

Aboû S'aid Oubayd Allâh ibn Baktîsh
Elefant behütet Junges, Illustration aus dem islamischen Bestiarium ›Vom Nutzen der Tiere‹ (Manifi'al-Hajawan) Maragha, Persien (Iran), um 1295
Gouache auf Papier
The Pierpont Morgan Library, New York

Vom Nutzen des Elefanten: ein arabisches Bestiarium

Die phantasievolle Tierdarstellung im abendländischen ›Physiologus‹ hat eine reizvolle Entsprechung in dem arabischen Bestiarium: ›Manafi'al-Hajawan‹ (Vom Nutzen der Tiere). Die Handschrift wurde im 11. Jahrhundert von einem Arzt des Kalifen in Bagdad zusammengestellt und 200 Jahre später ins Persische übersetzt und von persischen Künstlern mit 94 Miniaturen illuminiert. Im bunten Reigen von Fabelgeschöpfen und lebenden Tieren hat der Elefant einen besonderen Platz. Dargestellt sind in exotischer ornamentaler Stilisierung zwei verwobene, mit Glöckchen und Kappen aufgeputzte Dickhäuter.

Die Handschrift bemißt die Lebensdauer eines Elefanten auf 300 bis 400 Jahre. Der Riese, so heißt es, fürchte Schweine und gehörnte Widder; vor allem schreckten ihn Mücke und Maus. Das Bestiarium empfiehlt auch Elefantenheilkraft gegen allerlei Beschwerden – folgende Anwendungen versprechen Linderung: Der Rauch von verbranntem Elefantenfett vertreibt Kopfschmerz; ein Stück Elefantenhaut auf dem Körper dämpft Fieber, und Elfenbeinpulver soll gegen den gefürchteten Aussatz helfen.

Frühchristliche Elefantensymbolik

Erst um die Jahrtausendwende kamen mit dem beginnenden Orienthandel und mit reicher Kreuzzugsbeute wieder Anregungen und Vorlagen für die bildliche Gestaltung des urweltlichen Wunderwesens über das Mittelmeer. Der Elefant wurde zur mahnenden christlichen Symbolfigur für weise Besonnenheit und verläßliche Beständigkeit, für Keuschheit und gezügelte Kraft – für Tugenden, an denen es den derben, inbrünstig-frommen, abergläubischen und irdischen Genüssen frönenden Zeitgenossen gebrach.

Die ältesten Zeugnisse frühchristlicher Elefantensymbolik datieren aus dem 11. Jahrhundert; sie finden sich in Kirchen Italiens und Frankreichs, wo man in engerer Berührung mit der höher entwickelten Kultur des islamischen Morgenlandes war als in den Landen nördlich der Alpen. In ihrer massigen Verläßlichkeit tragen Elefanten Taufbecken; sie schmücken Kapitelle, Portale und Chorgestühl, und sie sitzen behäbig im Filigranwerk der Strebepfeiler himmelstürmender gotischer Kathedralen.

Da die frühmittelalterlichen Meister die Rüsselriesen nicht aus eigener Anschauung kannten, war ihrer Fabulierfreude keine Grenze gesetzt. Vor allem abseits der großen Handelsstraßen und Bildungszentren, wo man bessere Kunde hatte, geriet das nie gesehene Wesen ›Elefant‹ in der bildlichen Darstellung zu einem absonderlichen Fabeltier, das oft nur noch wenig mit dem leibhaftigen grauen Riesen zu tun hatte. Der Elefant war ein Wundertier, das sich der irdischen Wirklichkeit entzog wie das Einhorn.

Elefantenleuchter, 13. Jh.
Bronze

Der abenteuerliche Fabelelefant trägt einen als Turmaufbau gestalteten Leuchter.

Meister Romualdus
Erzbischofsthron, 11. Jh.
Marmor
S. Sabino, Canosa di Puglia

Meister Romualdus schuf diesen Thronsitz für Bischof Urso von Canosa, wie eine seitlich angebrachte Inschrift mitteilt. Elefanten tragen den Thron. Die ornamentalen Verzierungen sind nach byzantinischen Gestaltungsprinzipien ausgeführt.

Elefantenkapitell
Ehem. Prioratskirche St-Pierre-et-St-Benoît, Percy les Forges, Saône-et-Loire, 12. Jh.

Die Säulenkapitelle der frühromanischen Kirchen faszinieren durch ihre Formenfülle, ihre hintergründigen Figurenreliefs. Neben skurrilen Fabelwesen stützen Elefanten die Gewölbelast ab – Symbole der Kraft, Besonnenheit und verläßlicher Beständigkeit.

Elefantenkapitell
St-Pierre, Aulnay-de-Saintonge, Charente, 12. Jh.

Die halbplastischen Elefanten sind schon recht realistisch gearbeitet, von den Klauenfüßen abgesehen. Die Steinmetze hatten wohl genauere Kunde vom Aussehen der Rüsselriesen.

Bodenmosaik (Detail), 1163–1166
Santa Maria Annunziata, Otranto

Das Bodenmosaik mit Elefanten und Lebensbaum-Motiv wurde um die Mitte des 13. Jahrhunderts im Mittelschiff der Kathedrale von Otranto (Apulien) verlegt. Der Baum ist im alten Testament Symbol der Schöpfung und allen Lebens. Obwohl das Christentum dem ursprünglichen Baumsymbol, das vielen Völkern geläufig ist, das Kreuz als ›arbor vitae‹, als den wahren Lebensbaum gegenübergestellt hat, wurde in der christlichen Kunst das alte Lebensbaum-Symbol, mit dem oft Tiere als Zeugen beseelter Natur dargestellt werden, in stilisierter Form beibehalten.

Rüsselriesen auf Kathedralen

Links: Elefant, 13. Jh.
Kathedrale von Reims

Das Elefantenmotiv wurde von den mittelalterlichen Steinmetzen auch für den äußeren bauplastischen Schmuck der großartigen gotischen Kathedralen vielfach gestaltet. Unter den in gerüsthafter Leichtigkeit himmelwärts strebenden Türmen der hochgotischen Kathedrale von Reims, der Krönungskathedrale der französischen Könige, sitzt stolz und ein wenig der Weltenwirklichkeit entrückt dieser Koloß mit dem gewaltigen Röhrenrüssel.

Rechts: Elefant, 12. Jh.
Kathedrale Notre-Dame, Paris

Von der noblen frühgotischen Kathedrale Notre-Dame in Paris blickt der noch bekrallte Rüsselriese in weiser Gelassenheit über die Unrast der Stadt und die Eitelkeiten der Welt. Die Gotik, der eigenständigste Baustil des ganzen Abendlandes, entfaltete sich vor allem in Frankreich in bautechnischer Perfektion und Schönheit.

Medaillon mit Elefanten-
darstellung, 10. Jh.
Byzantinischer Seidenstoff
162 x 137,5 cm
Schatzkammer des Münsters,
Aachen

Lange noch blieben Motive der sassanidischen Ära Persiens (bis 651), wie solche Medaillons mit Elefanten, in der Textilkunst lebendig. Dieser Elefantenstoff zählt zu den großartigsten Werken byzantinischer Seidenweberkunst und könnte zum Brautschatz der oströmischen Prinzessin Theophanu, der Mutter Kaiser Ottos III., gehört haben. Als Otto III. im Jahre 1000 das Grab Karls des Großen öffnen ließ, diente der Stoff als würdige Umhüllung der Gebeine Karls, des ersten westlichen Kaisers seit der Antike.

Harun al-Raschids Geschenk an Karl den Großen

Erstmals seit Römerzeiten kam 802 wieder ein leibhaftiger Rüsselriese über die Alpen ins nördliche Abendland. Die Begegnung mit dem Koloß war indes zu flüchtig und für die naiven, abergläubischen Zeitgenossen zu unwirklich, zu unheimlich auch, um das skurrile mittelalterliche Bild vom Elefanten zu berichtigen.

Es handelte sich um den berühmten Elefanten Abul Abbas, der höchst ehrenvoll nach dem kriegerischen Ahnherrn der Abbasiden-Dynastie (750–1258) benannt war, den der mächtige Kalif von Bagdad, Harun al-Raschid, dem Franken-Herrscher Karl dem Großen schenkte, der soeben in Rom zum ›Kaiser und Augustus‹ gekrönt worden war und das Erbe des Weströmischen Reiches angetreten hatte. Die Schenkung eines Elefanten war eine besondere Freundschaftsgeste des Kalifen, den mit Karl die Gegnerschaft gegen das spanische Kalifat von Cordoba und gegen das oströmische Byzanz, das dem Franken-Kaiser immer noch die Anerkennung als Thronerbe des Westreiches verweigerte, verband. Trotz der Handelsbeziehungen zu Indien waren Elefanten damals auch im Vorderen Orient eine Rarität und ein höchst kostbarer Staatsbesitz.

Die Gesandtschaft Harun al-Raschids machte sich 801 mit dem grauen Riesen, wahrscheinlich einem ausgebildeten Kriegselefanten, auf den Weg. Per Schiff ging es über das Mittelmeer. Im Oktober landete die exotische Gruppe in Portovenere bei La Spezia. Überwintert wurde im Städtchen Vercelli, südlich des Lago Maggiore gelegen. Der Anführer der Gesandtschaft und Betreuer des Elefanten war der nordafrikanische Jude Isaak. Nach der Schneeschmelze überquerte die Gesandtschaft die Alpen. Im Juli 802 erreichte sie schließlich Aachen, die Residenz Karls des Großen, wo der bestaunte Rüsselriese mit anderen kostbaren Geschenken übergeben wurde. Bei seinen feierlichen Auftritten und Reisen ließ der Kaiser nun das exotische Wundertier mitführen, um seine Macht zu unterstreichen und um gebührend einzuschüchtern. 804 sollte der furchteinflößende Riese auch bei einem Feldzug gegen die aufsässigen Friesen seine Wirkung tun. Aber beim Rheinübergang ertrank er. Aus einem Stoßzahn soll ein mächtiges Jagdhorn gefertigt worden sein.

Die Chronisten der Zeit schenkten dem wundersamen Tier zwar eine Weile mehr Aufmerksamkeit als manchen Taten des Kaisers, aber in der frühen fränkischen Kunst hinterließ er kaum Spuren. Im einfachen Volk hatte der Koloß eher Angst und Schrecken verbreitet und auch Aberglauben bestärkt. Man unterstellte dem ›Popanz‹, der den Leuten vorgebliche Furcht und Grauen machte, wegen seiner Untaten vor Gott mit einem monströsen Leib geschlagen worden zu sein.

Hindu-König auf einem Elefanten
Indien, 8. Jh.
Elfenbein, Höhe ca. 10 cm
Cabinet des Médailles,
Bibliothèque Nationale de France,
Paris

Diese indische Figur war Teil eines Schachspiels. Sie kam in den Schatz der Kathedrale von St. Denis bei Paris als Geschenk Harun al-Raschids an den fränkischen Kaiser Karl den Großen.

Der Staatselefant Friedrichs II.

Die Erinnerung an den Elefanten Karls des Großen verblaßte schnell nach der Völkerwanderung, in den wilden Zeiten der Machtkämpfe und nötigenden Christianisierung. Der graue Riese blieb ein wunderliches Fabeltier. Es vergingen wieder 400 Jahre, bis abermals ein Rüsselriese als diplomatisches Herrschergeschenk über das Mittelmeer kam. Der Kairoer Sultan Al-Kamil untermauerte seine Freundschaft mit dem letzten, italienisch geprägten Staufen-Kaiser und König von Sizilien, Friedrich II. (1212–1250), mit der Übersendung eines kostbaren Elefanten.

Friedrich, ein in antiker Naturwissenschaft und arabischer Philosophie bewanderter Freigeist, ein Wanderer zwischen den Kulturen des Abend- und des Morgenlandes, hatte dem Sultan Rückendeckung wider dessen rivalisierenden Bruder Al-mu-Azzam gegeben, und als er 1227 widerwillig, vom Papst gedrängt – obwohl im Kirchenbann –, einen Kreuzzug zur Wiederherstellung der christlichen Herrschaft über Jerusalem unternahm, erreichte er kampflos einen freundschaftlichen Kompromiß mit Al-Kamil.

Nach einem Jahrhundert schlimmster Kreuzzugsbarbarei schrieb er versöhnlich an den Sultan: »Ruhe sollt Ihr haben vor den Christen und nicht gezwungen sein, das Blut Eurer Untertanen gegen uns zu vergießen ...«

Dank verständiger Pflege gelang es, Friedrichs Elefanten Jahrzehnte am Leben zu erhalten. Bei wichtigen Anlässen ließ ihn der Kaiser mitführen, um seine Macht gebührend darzutun. In den Annalen festgehalten ist vor allem der triumphale Einzug in Mailand nach Friedrichs Sieg über die mit dem Papst verbündeten lombardischen Städte bei Cortenuova im Jahre 1237. Der bestaunte und umjubelte Elefant, der einen Turmaufbau mit einem Trompeter trug und prächtig aufgeputzt war, zog den erbeuteten lombardischen Fahnenwagen.

Das Lieblingstier des Kaisers, der sich noch einige Elefanten beschafft haben soll, ging 1248 in Cremona ein, wo das Volk erwartete, daß sich seine Knochen in Elfenbein verwandeln würden.

André Durenceau
Die Übergabe des Elefantengeschenks Harun al-Raschids an Kaiser Karl den Großen
Illustration um 1950

Die Orientromantik des späten 19. Jahrhunderts ist in die historische Szene eingeflossen. Arabische Scheichs überbringen Karl dem Großen den berühmten Elefanten und die Geschenke Harun al-Raschids, den Schwarzafrikaner (aus den Kolonien) betreuen.

Handel vor der Stadt Ormuz
Stich nach einer Miniatur aus: ›Livre des Merveilles du Monde‹ um 1400
Buchmalerei, 16 x 10,5 cm
Bibliothèque Nationale de France, Paris

Diese Illustration aus dem kostbaren ›Livre des Merveilles du Monde‹ zeigt Händler vor der persischen Stadt Ormuz. Ormuz (Hormus) lag früher auf dem Festland und ist heute eine Insel im Persischen Golf. Die indischen Schiffe, die im Hafen angelegt haben, löschen ihre kostbaren Frachten, darunter auch ein Elefant.

Englands erster Dickhäuter

Erwähnt sei auch der Rüsselriese, den Frankreichs König Ludwig IX. der Heilige Mitte des 13. Jahrhunderts vom gescheiterten sechsten Kreuzzug mitbrachte.
Nachdem der Dickhäuter in Paris ausgiebig bestaunt worden war, schenkte Ludwig ihn 1255 seinem englischen Schwager, Heinrich III. Die Engländer waren begeistert. Seit den Tagen Caesars und des Kaisers Claudius, deren Legionen mit Elefanten über den Kanal gekommen waren, um die einheimischen Völkerschaften einzuschüchtern, war auf der Insel kein Elefant mehr zu sehen gewesen.

Dem Koloß wurde auf königliche Anweisung sogleich beim Tower von London ein Haus gebaut, wie zeitgenössische Quellen berichten, vierzig Fuß lang und zwanzig Fuß breit, und das Volk eilte zusammen, um das Wundertier zu bestaunen. Der Elefant starb aber schon 1258 in der Menagerie des Towers, wohl von wenig erfahrenen Händen betreut und dem rauhen Klima nicht gewachsen.

Über Englands ersten Elefant berichtet Matthew Paris (Matthaeus Parisiensis) in seiner ›Chronica majora‹. Eine beigegebene Illustration zeigt einen afrikanischen Elefanten. Es handelt sich um eine der ersten realistischen Elefantendarstellungen im nördlichen Europa, die aber im frühmittelalterlichen Abendland noch nicht Schule machte. Noch jahrhundertelang geisterten in bildlichen Darstellungen groteske Wesen mit Pferdekörpern und steif abstehenden Trompetenrüsseln, mit Schafsgesichtern, mit hochgekrümmten Wildschweinhauern und aufgestülpten Spitzohren herum. Über die Natur des Elefanten informierte weiterhin mit viel frommer Belehrung der ›Physiologus‹.

Erst als man sich im 14./15. Jahrhundert wieder auf das große Kulturerbe der Antike besann, als sich die Renaissance in Kunst und Leben mit diesseitsfroher Lebensbejahung entfaltete, wurde auch der Elefant wieder aus dem Reich der Fabel auf die Erde zurückgeholt.

Matthew Paris, Matthaeus Parisiensis, gest. 1259
Der Elefant des Königs, Blatt aus der Chronica majora, England 1255
Aquarellierte Federzeichnung 11,8 x 21,5 cm
Corpus Christi College, Cambridge

Der französische König Ludwig der Heilige schenkte den Elefanten 1255 Heinrich III. von England. Die Federzeichnung des Benediktinermönchs Matthew Paris, des bedeutendsten englischen Miniaturmalers des 13. Jahrhunderts, gilt als eine der ersten realistischen Tierstudien seit der Antike. Die Inschrift unter dem Bauch des Kolosses besagt: »Nach der Größe des Mannes ... magst Du Dir die Größe des hier dargestellten Tieres vorstellen.«

Elefant Hanno huldigt dem Papst

Der berühmteste graue Riese der feudalen ›Elefantendiplomatie‹ war Hanno, ein indischer Elefant, den 1515 Portugals König Manuel I. dem Medici-Papst Leo X. schenkte. Durch Gewürzhandel, koloniale Reichtümer und Tributzahlungen war das Seefahrerland Portugal zum reichsten Königreich Europas geworden. Zur Absicherung seiner ausgreifenden Politik suchte Manuel das Wohlwollen des Papstes, der ihn dann auch zu weiterem Vorgehen gegen die ›Ungläubigen‹ ermunterte; der König huldigte dem Pontifex mit Hanno, den eine pompöse Gesandtschaft mit einer Fülle anderer kostbarer Geschenke überbrachte.

Am 12. März 1515 traf das vom großen Seefahrer und Entdecker Tristan da Cunha geführte Elefantengeleit in Rom ein und wurde von einer Kardinalsabordnung feierlich begrüßt und zur Engelsburg begleitet. Dort ging Hanno, den ein Inder lenkte und ein prächtig gekleideter Mohr ritt, vor dem Papst auf die Knie – ein wundersamer Vorgang, zumal noch die Meinung des ›Physiologus‹ herumgeisterte, daß der Elefant keine Gelenke in den Beinen habe. Der hochbeglückte Papst ließ für den grauen Riesen, der ihm so ergeben huldigte, in den vatikanischen Gärten ein stattliches Quartier bereiten. Er schlug sogar seinem Neffen Lorenzo die Bitte ab, ihm den Elefanten für einen Festumzug in Florenz auszuleihen.

Aber schon nach zwei Jahren kam Hanno zu Tode; man habe ihn für eine prunkende Festlichkeit vergoldet, und er sei daran erstickt, wird überliefert. Nach einem anderen Bericht soll er bei einem turbulenten Umzug gescheut haben und mit schwerem Turmaufbau in den Tiber gestürzt sein. Der untröstliche Papst ehrte ihn mit einem (nicht erhaltenen) Nachruf, der an einer Außenmauer des Vatikans angebracht wurde. Sein Abbild ließ er nach einem (auch verlorenen) Entwurf Raffaels in einen Gobelin einweben.

Die ›Elefantendiplomatie‹ der Renaissance-Fürsten

Als Europas Seefahrtpioniere zu Beginn der Neuzeit Schwarzafrikas Küsten erkundeten und den Seeweg um das ›Kap der Guten Hoffnung‹ nach dem Gewürz- und Wunderland Indien erschlossen, das zu Lande die nahöstlichen muslimischen Reiche abriegelten, wurde der Elefant den Abendländern wieder allgemein vertraut. Mit Spezereien, Seide und Eroberungsbeute brachten die Windjammer auch schwergewichtige Rüsselriesen in die Heimat.

Die Begegnung breiter Volksschichten mit dem leibhaftigen Elefanten, der direkte Augenschein, korrigierte die phantastischen frühmittelalterlichen Vorstellungen. Die Künstler der von Italien ausstrahlenden Renaissance, die sich nach der sakralen Ära der Gotik der profanen Lebenswirklichkeit zuwandten und sich in engem Kontakt mit der Wissenschaft, mit humanistischer Aufklärung gründlicher anatomischer Studien befleißigten, stellten das Fabeltier zurück in den Garten der Natur. Die Erfindung des Buchdrucks und die Entwicklung der Graphik und der Kupferstichtechniken ermöglichten die Vervielfältigung und weite Streuung künstlerischer Darstellungen, was in ganz Europa abenteuerliche Vorstellungen zurechtrückte.

Es war die Zeit fürstlicher Prunkentfaltung, der Hofzwerge, pompöser Umzüge und erlauchter Sammelleidenschaft für Raritäten und Absonderlichkeiten aller Art, die stolz in ›Wunderkammern‹ gezeigt wurden. Besondere Schaustücke königlicher Repräsentation waren erste ›Menagerien‹ mit Käfighaltung teuer eingeführter exotischer Tiere, die auch – wie die Absonderlichkeiten der ›Wunderkammern‹ – zu geschätzten Geschenken von Fürst zu Fürst wurden. Höchsten Rang als Staatsgeschenk hatten Elefanten, die im 16./17. Jahrhundert häufiger in die Alte Welt verfrachtet wurden. Das exotische Wundertier galt – wie heute etwa Chinas seltener Panda-Bär – als kostbares und originelles Freundschaftspräsent, das dem Beschenkten in besonderer Weise schmeichelte und gleichzeitig auch die weltweiten Beziehungen, die Machtstellung des Spenders unterstrich.

Unbekannter Zeichner nach Raffael
Der Elefant Hanno, Mitte 16. Jh.
Feder laviert, 27,7 x 28,5 cm
Kupferstichkabinett, Stiftung Museen Preußischer Kulturbesitz, Berlin

Diese Zeichnung kopiert ein verschollenes Blatt Raffaels, der den Elefanten Papst Leos X. selbst gesehen hatte. Nach Raffaels Zeichnung wurde auch das Epitaph Hannos, das sich an der Mauer des Vatikans befunden hatte, gefertigt. In einer Inschrift war darauf zu lesen: »Unter diesem gewaltigen Berg liege ich gewaltiger Elefant begraben, den König Emmanuel, nachdem er den Orient überwunden hatte, als Gefangenen dem Zehnten Leo geschickt hat... Was die Natur hinweggerafft hatte, stellte mit seiner Kunst Raffael von Urbino wieder her.«

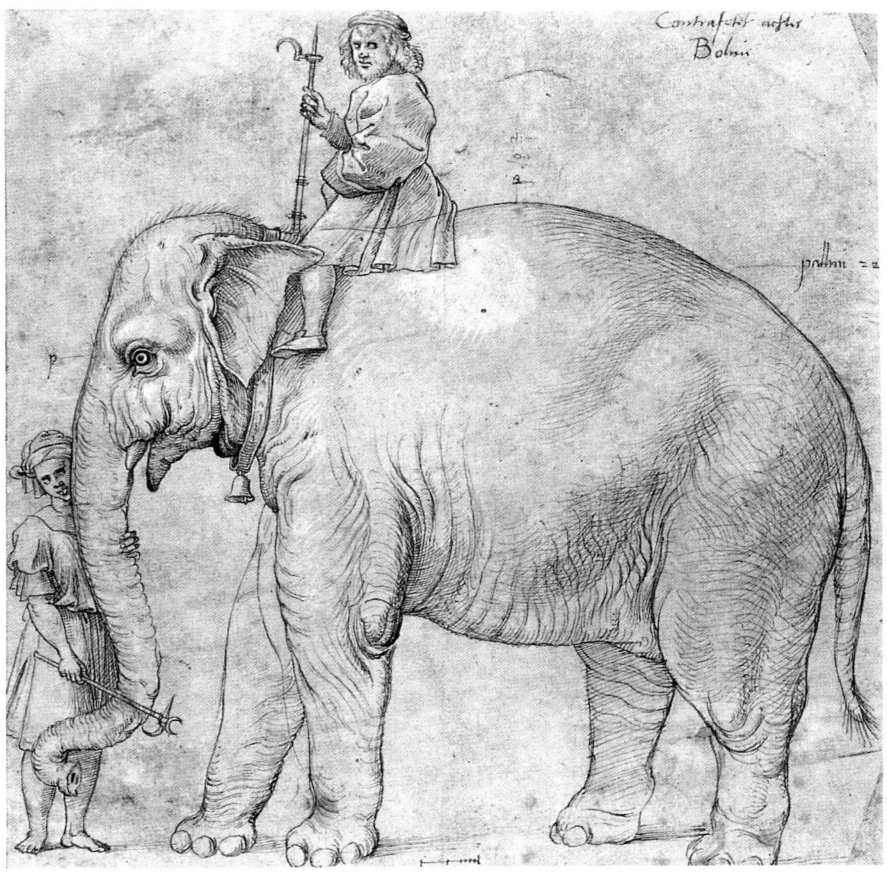

Skizze des Zeichners Paul Flora
Im Winter 1551/52 zog das Suleiman-Geleit durch Schnee und Eis über die Berge nach Innsbruck.

Der denkwürdige Marsch Suleimans von Genua nach Wien

Am 13. September 1548 heiratete der 21jährige Kronprinz Maximilian, der spätere Kaiser Maximilian II., in Spanien seine Kusine Maria, die Tochter des Kaisers Karl V., in dessen Reich ›die Sonne nicht unterging‹. Es war keine Liebeshochzeit zwischen dem lebenslustigen Maximilian und der blassen, ernsten und grenzenlos frommen Maria, sondern eine politische Heirat, die in Valladolid mit prunkvollen Festlichkeiten, Turnieren und Belustigungen gefeiert wurde. Die Verbindung sollte den schwelenden Hausstreit zwischen dem spanischen und dem österreichischen Zweig der Habsburger um künftige Machtverteilung entschärfen und vor allem dem leichtlebigen, mit dem Protestantismus liebäugelnden Prinzen soliden katholischen Rückhalt geben. Väterliche Absprachen zwangen den Prinzen, nach der Heirat noch gut zwei Jahre in dem ihm verhaßten steifen spanischen ›Exil‹ zu bleiben, bis der Ruf zur Rückkehr nach Wien kam.

Vor Antritt der Rückreise machte Maximilian noch einen Höflichkeitsbesuch am Königshof Portugals, das als See- und Handelsmacht auf dem Höhepunkt europäischen Ansehens war. In Lissabon war er so beeindruckt von der königlichen Menagerie, daß er dort täglich Stunden verbrachte. Vor allem faszinierten ihn die Elefanten. König Johann III., der die Könige Europas mit den begehrten exotischen Tieren versorgte, nutzte die Gelegenheit zu einer freundlichen Geste Richtung Wien. Er versprach dem Prinzen einen Elefanten, den er bei der Rückreise in Genua mit Betreuermannschaft in Empfang nehmen könne.

Als Maximilian im Sommer 1551 mit seiner Frau und großem Gefolge in Genua eintraf, konnte er zu seiner großen Freude den per Schiff angelieferten Elefanten gleich übernehmen. König Johann schrieb ihm dazu:

»Ew. Liebden werden mit diesem Andenken, das Euer wohlgeneigter Oheim für Euere und Euere Königliche Gemahlin Heimreise Euch zukommen läßt, hoffentlich zufrieden sein«. Er empfahl dann, dem Tier den Namen des Todfeindes des christlichen Abendlandes zu geben, des Sultans ›Suleiman‹, »damit dieser hierdurch gleichsam zu Eurem Sklaven und geziemend gedemütigt werde.«

Der Marsch mit dem Elefanten Suleiman, dem Lanzenträger voranschritten, ging quer durch Norditalien in Richtung Brenner. In Trient, wo gerade ein Konzil tagte, wurde eine hölzerne Nachbildung des Wundertiers angefertigt und das Ereignis mit einem Feuerwerk und großen Festlichkeiten begangen. Erst gegen Ende Dezember erreichte der allenthalben bestaunte Zug Brixen, wo man eine 14tägige Rast einlegte. An der Außenmauer der Herberge ›Am hohen Feld‹ die sich fortan ›Gasthof zum Elefanten‹ nannte, wurde das wunderliche Rüsseltier in einem lebensgroßen, etwas ›verrutschten‹ Bild verewigt.

Am 2. Januar 1552 zog der Treck, den das Winterwetter immer wieder zu Pausen zwang, über den verschneiten Brenner nach Innsbruck, und von dort über Wasserburg, Passau und Linz nach Wien. Wirtshausschilder ›Zum Elefanten‹ markieren noch heute die denkwürdige Marschroute Suleimans.

Am 7. März hielt Maximilian feierlichen Einzug in die Donau-Metropole, wo das staunende Volk dem Rüsselriesen mehr Aufmerksamkeit schenkte als der jungen Frau des Thronfolgers. Es wird auch überliefert, daß im Volksgedränge – alle Welt wollte das Wundertier berühren – ein Kind der mütterlichen Aufsicht entkommen und vor die Säulenfüße des Kolosses gefallen sei, und da habe es der Riese behutsam mit dem Rüssel aufgenommen und in die Arme der Mutter zurückgelegt ...

Elefantenstuhl, 1553
Elefantenknochen, Holz
Benediktinerstift Kremsmünster

Das Ende Suleimans: Aus dem Schulterblatt und den Knochen des rechten Vorderbeins ließ der Wiener Bürgermeister Sebastian Hütstocker einen makabren Stuhl anfertigen. In das Schulterblatt, das die Sitzfläche bildet, ist die Geschichte des Elefanten eingraviert. Der Stuhl kam dann in die Kunst- und Wunderkammer des Benediktinerstifts Kremsmünster.

Den Bullen, den ein indischer Mahout lenkte, bekamen auch bald die Budapester anläßlich der Krönung Maximilians zum König von Ungarn zu sehen. Er war das bestaunte Schaustück des großen Festzugs.

Allzusehr strapaziert starb Suleiman schon ein Jahr später, am 18. Dezember 1553, wie Historienschreiber aufmerksam vermerkten. Der Riesenkörper wurde präpariert und ausgestopft. Er war bis 1572 Schaustück auf Schloß Ebersdorf. Dann erhielt ihn der Kuriositätensammler Herzog Albrecht von Bayern als Geschenk. Bis 1941 war das ausgestopfte Tier als ›Brixener Elefant‹ im Münchner Nationalmuseum zu sehen. Im zweiten Weltkrieg verrottete er schließlich in einem feuchten Bombenschutzquartier, einem Bergwerksstollen.

Die Wiener schmückten viele Hauswände mit Elefantenbildern. So zeigt ein Kupferstich von Salomon Kleiner das ›Elefantenhaus‹ am Graben, das ein mächtiger Rüsselkopf mit noch ziemlich hauerartig gereckten Stoßzähnen schmückte. Auch eine Gedenkmedaille wurde geprägt, die den Elefanten Suleiman mit Reiter zeigt

... weitergeschenkt an Königin Elizabeth I.

Im Jahre 1591 beehrte der spanische König Philipp II., der auch Portugals Krone trug, König Heinrich IV. von Frankreich mit einem Elefanten, der per Schiff nach Dieppe gebracht wurde. Heinrich, der gerade kriegerische Händel zu bestehen hatte, befahl sorgliche Unterbringung und Betreuung des grauen Riesen, laut Meinung des Königs einer Kostbarkeit, wie in seinem Reich noch nie gesehen.

Als sich aber zeigte, wie teuer der Unterhalt für die schmale Staatskasse wurde, schenkte König Heinrich den Rüsselriesen an Englands Königin Elizabeth I. weiter.

Hans Burgkmair d. Ä. (1473–1531), *Das Volk von Calicut* aus dem Triumphzug Kaiser Maximilian I. 1526
Kolorierter Holzschnitt einer späteren Ausgabe des 18. Jh.
Privatsammlung

In Hans Burgkmairs berühmtem Holzschnittzyklus von 1526, der 137 Blätter umfaßte, huldigt auch eine indische Abordnung mit Elefanten der kaiserlichen Größe.

Der Zirkus-Jumbo

Jumbo ist die große Attraktion des englischen Black-Pool-Zirkus. Er ist sehr gelehrig und liebt Musik über alles.

Im Zirkus stellen Elefanten ihre Intelligenz und Gelehrigkeit am verblüffendsten unter Beweis. Keinem anderen Tier vermag Dressur so vielseitige Schaustücke abzuverlangen wie dem melancholischen Rüsselriesen, dessen gewaltiger Leib nur plumpen Trott zu erlauben scheint. Schon für die Römer der Antike waren Auftritte von Elefanten Höhepunkte zirzensischen Vergnügens; sie haben die sanften Dickhäuter freilich auch zu Hunderten in die barbarischen Tierkämpfe und Gladiatorengemetzel getrieben. Wenn ein Koloß in gutem Einvernehmen mit einem verständigen Dompteur gelernt hat und nicht überfordert, nicht mißhandelt worden ist, mag er seinen Spaß an den eingeübten Kunststücken haben. Elefanten leiden an Untätigkeit und Langeweile. Die Dickhäuter ertragen es auch in Würde und stoischem Gleichmut, wenn ihnen zur Ergötzung des Publikums die Narrenkappe aufgesetzt wird. Die staunenden Zuschauer, die hart erzwungene akrobatische Höchstleistungen wie den ›Handstand‹ beklatschen, ahnen nicht den Schmerz in den vom tonnenschweren Körper überlasteten Gelenken; sie wissen nichts von den vielen bitteren Dressurstunden hinter verschlossenen Zirkustoren.

Zirkusplakat des ›Circus Corty-Althoff‹, Druckerei Adolph Friedländer, Hamburg, 1913
Mehrfarbenlithographie
136 x 94 cm
Münchner Stadtmuseum

Zu den großen europäischen Zirkuspionieren zählte Pièrre Althoff, der schon als 18jähriger Leiter des Circus Corty-Althoff wurde. Er war selbst ein Jongleur auf Pferderücken. Nach seinem frühen Tod 1924 führte seine Witwe, die frühere Zirkusreiterin Adele Rossi, das Unternehmen weiter. Sie präsentierte auch die große Zirkusschau, zu der das Plakat mit den ›wundersamen musikalischen Elefanten‹ einlud.

CIRCUS
CORTY-ALTHOFF
A·ROSSI'S
marvellous musical elephants

Elefantenhetze in Amphitheatern

Die alten Römer haben die als Kriegsbeute eingebrachten Elefanten zu Schauakteuren in ihren Zirkusanlagen und den späteren Amphitheatern gemacht, den ersten westlichen Kultstätten der Sensationslust. Das klassische Rom der Republik und der Kaiser war stets eine Stadt der Spiele, der Pferderennen, der Schaustellung exotischer Wunderwesen, der Tierhetze und der Tierdressur. Die Anfänge des berühmten Circus Maximus im Tal zwischen Palatin und Aventin datiert die Fama sogar bis zum legendären Stadtgründer Romulus zurück. Zur Großanlage für fast 50 000 Zuschauer ist der Circus Maximus aber erst unter Caesar sowie den Kaisern Nero und Trajan geworden. Auf dem Marsfeld beim Kapitol war schon um 120 v. Chr. der Circus Flaminius errichtet worden. Amphitheater, deren gewaltigstes das 80 n. Chr. eingeweihte Kolosseum ist, entstanden später in fast allen Teilen des Weltreichs, wovon viele wuchtige Ruinen zeugen.

Die als Kriegsbeute eingebrachten Elefanten erhöhten zunächst als exotische Wunderwesen den Glanz der Triumphzüge heimkehrender Schlachtensieger, die ihren Tatenruhm in Volksgunst auszumünzen pflegten. Es begann 275 v. Chr. mit der öffentlichen Präsentation von vier Kriegselefanten, die beim Feldzug gegen Pyrrhus erbeutet worden waren. 20 Jahre später konnten die Römer schon 100 Elefanten bewundern, die auf Sizilien von den Karthagern preisgegeben werden mußten. Dunkelhäutige Lenker führten dem staunenden Volk schon kleine Marschbewegungen der behäbigen Dickhäuter vor. In der Folge wurden Elefanten, den Massen noch mehr zu Gefallen, in den Arenen in blutige Tierkämpfe und Gladiatorenschlachten getrieben.

Elefanten wurden zunächst mit Aufputschmitteln in Wut versetzt und gegeneinander gehetzt. Der Nervenkitzel aufeinanderkrachender Kolosse genügte bald nicht mehr. So ließ Pompeius, der spätere Rivale Caesars, im Jahre 55 v. Chr. anläßlich der Einweihung eines Venus-Tempels ausgehungerte Löwen und Leoparden gegen einige Elefanten in die Arena bringen. Als jedoch die Rüsselriesen von der Meute der Raubkatzen zerfleischt wurden, erhob sich auf den Rängen wütendes Protestgeschrei.

Die Massenseele, in der die Lust an grausamem Geschehen und rührseliges Mitleid eng zusammenwohnen, erbarmte sich der gemarterten Wesen. Der Elefant war für das Volk von Rom, dem Töten und Sterben in der Arena gewohnter Sensationsgrusel war, nicht ein Tier wie jedes andere; sein Hinschlachten rührte an verschüttete Gefühlsbereiche.

Als dann Pompeius trotz der bösen Zuschauerreaktion am letzten Tag der Spiele eine Schar kriegsgefangener Afrikaner mit Lanzen gegen 20 Elefanten kämpfen ließ, bejubelte es die Menge noch, wenn in erregenden Kampfszenen ein Koloß tödlich getroffen fiel und wenn schwarze Leiber von Elefantenrüsseln samt Schild und Lanze in die Luft geschleudert wurden. Als aber die von Speeren durchbohrten grauen Kolosse auf die Knie sanken und ihr jammervolles Trompeten, ihr Winden im Todeskampf wie ein Flehen um Schonung wirkte, schlug die Stimmung um. Abermals erntete Pompeius, der um Popularität bemühte Mäzen der Spiele, empörten Protest und wilde Beschimpfungen.

Der Sittenschilderer Plinius, der den Elefanten die Tugenden der Klugheit und Gerechtigkeit zusprach, an denen es seinen Zeitgenossen sehr gebrach, schilderte voller Mitgefühl den Vorfall. Auch Cicero meinte in einem Brief an einen Freund, das Volk sei von Mitleid überwältigt worden, weil Elefanten so menschliches Verhalten zeigten.

Elefantenschaukämpfe zählten aber weiterhin zu den Höhepunkten römischer Zirkusspiele. Caesar ließ Kriegsgefangene in Schlachtformationen gegen Elefantengruppen antreten, die Türme, besetzt mit Bogenschützen, trugen, was das blutige Kräftemessen der Rüsselriesen mit Fußvolk und Reiterei noch erregender machte. Auch Zweikämpfe eines Gladiators mit einem Elefanten würzten immer wieder die zirzensischen Vergnügungen.

Fußbodenmosaik, 6. Jh.
Musée du Louvre, Paris

Tierkampf in der Arena: Ein Löwe greift einen Elefanten an. Dieses byzantinische Fußbodenmosaik wurde auf dem Ruinenareal der ehemaligen kaiserlichen Residenz in Konstantinopel (Istanbul) gefunden.

Heinrich Leutemann (1824–1905)
Römer töten erbeutete Elefanten
Serie ›Bilder aus dem Altertum‹
Münchner Bilderbogen Nr. 507
um 1866
Kolorierter Holzstich

Im Krieg erbeutete Elefanten enden in einem Amphitheater-Schaugemetzel Roms.

Georges Gardet (1863–1914)
Ein Löwe im Rüsselgriff des Elefanten
Bronze

Affe auf einem Elefanten reitend
1.–2. Jh. n. Chr.
Römische Terrakottaplastik
Sammlung Mildenberg

Zeichenskizze eines römischen Staatswagens

Den vergötterten römischen Kaisern stand bei öffentlichen Anlässen ein von vier Elefanten gezogener prunkvoller, mit Gold und Elfenbein ausgeschlagener Staatswagen zur Verfügung. Man verteilte auch zu Lebzeiten und nach dem Tod von Kaisern Medaillen mit deren Standbild auf Staatswagen. So wurden zum Beispiel Augustus und der Tyrann Caligula dargestellt, wie sie in göttlicher Pose zu Zirkusspielen fuhren.

Elefantendressur im antiken Rom

In Roms Arenen gab es nicht nur blutige Tierhetze, mörderische Gladiatorenkämpfe und kriegsmäßige Gefechte – groben Nervenkitzel zur Freizeitbeschäftigung der ewig unruhigen Plebs; die Römer haben auch zuerst die Gelehrigkeit und Willigkeit des Elefanten für ganz modern anmutende Zirkusunterhaltung genutzt.

Das Wissen um die Kunst der Tierzähmung und praktische Anregungen für die Dressur kamen aus dem hellenistischen Alexandria, wo die erfahrensten Fachleute arbeiteten. Tierzähmung und -dressur machte man in Rom zur Profession. Gutartigen, nicht durch Kriegstraining verdorbenen Tieren, die beste Pflege erhielten, wurden in Dressurschulen allerlei Kunststücke beigebracht. Schriftsteller der Zeit wie Seneca, Plinius, Martial und der Kaiser-Biograph Sueton berichten von Dressurleistungen, die dem Vergleich mit neuzeitlichen zirzensischen Glanznummern standhalten.

Bei Spielen des Kaisers Domitian wurden Elefanten von den dunkelhäutigen Lenkern zum Knien gebracht; auf ihren Rücken zeigten Tänzerinnen ihre Kunst, wozu ein Elefant die Cymbal schlug; Elefanten nahmen nach römischer Tischsitte auf riesigen Liegen Platz und bedienten sich manierlich aus Schüsseln, die mit Leckerbissen gefüllt waren. Die Tiere trugen Kleider.

Bereits im alten Rom erlag der Mensch dem Drang, das Tier zum Clown zu degradieren. Gezeigt wurden auch Elefanten, die über gespannte Seile gingen. Als Caesar während der mehrtägigen Feier seiner Siege in Gallien bei einbrechender Dunkelheit zum Kapitol zog, beleuchteten Elefanten mit Kandelabern zu beiden Seiten des Festgefolges den Weg. Auch in der Zucht von Elefanten versuchten sich die Römer.

Die besondere Hochschätzung der gelehrigen, sanften Urwesen wurde durch die in den Amphitheatern waltende barbarische Grausamkeit nie ganz verschüttet. So war unter anderem der von vier Elefanten gezogene, prunkvolle Staatswagen, den Gedenkmedaillen der vergöttlichten Herrscher der Kaiserzeit zeigen, erhabenes Sinnbild imperialer Macht und Größe.

Venus wird von Elefanten gezogen, 1. Hälfte 1. Jh. n. Chr. Wandmalerei des 3. Stils, Pompeji

Die Göttin Venus auf einem von vier Elefanten gezogenen römischen Staatswagen. Wandbild in der Eingangshalle eines Hauses der ›Via dell' Abbondanza‹ in Pompeji.

Rechts:
Heinrich Leutemann (1824–1905)
Verbrecher werden wilden Tieren vorgeworfen
Serie ›Bilder aus dem Altertum‹
Münchner Bilderbogen Nr. 533
1870
Kolorierter Holzstich

In Rom begannen Zirkusspiele mit einem Festzug, der sich vom Kapitol zur Arena bewegte und der eine Elefanten-Quadriga vorauszog. Später ließ Caligula auch einen Gedenk-Geburtstag seiner toten Schwester Drusila mit einem Festzug begehen. Eine solche Szene zeigt das abgebildete Fragment eines etwas grob gemeißelten Sarkophags. Aus dem ›Dictionnaire des Antiquités‹ von Daremberg und Saglio

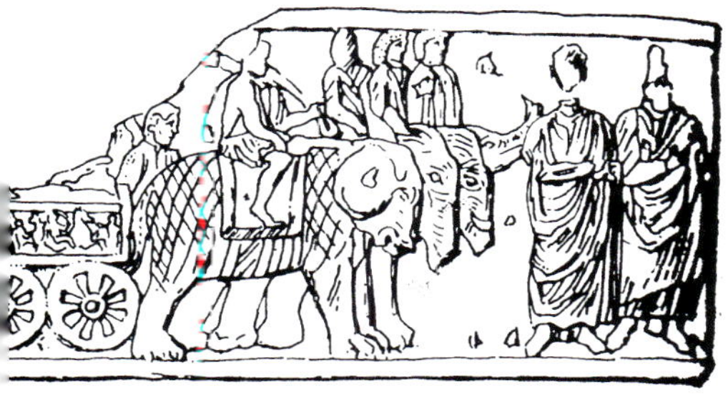

Unten rechts:
Dionysos auf Elefant (Detail)
Relief auf einem Sarkophag
Walters Art Gallery, Baltimore

Auf Elefantenrücken kehrt der Gott bacchantischen Genusses aus Indien zurück. Durch Alexanders des Großen Eroberungszug hatte sich der im Vorderen Orient entstandene Dionysos-Kult bis in das fernöstliche Wunderland verbreitet.

Europas erste Zirkusmanegen

Illustration aus Richard Caringtons ›Elefanten‹, Holzstich

Im Jahre 1830 gab es im Londoner Adelphi-Theater einen Elefantenauftritt, der allabendlich die Kassen füllte. In einer besonders gefeierten Szene verhalf der geduldige Rücken des Rüsselriesen einem Prinzen mit Gefolge zur Flucht aus dem Gefängnis.

Vom antiken Rom führt die Vorgeschichte des modernen Zirkus weiter zu den Menagerien des 17./18. Jahrhunderts, in denen dem exotischen Wundertier eine tolpatschige Schaurolle zuwuchs. So war im königlichen Tiergehege von Versailles in den Jahren 1665 bis 1681 ein afrikanischer Elefant aus dem Kongogebiet die große Sensation. Der Koloß trank über die Maßen gern Wein, gut 6 Liter täglich, und er verstand es, ganz manierlich Brot in Eimer mit leckeren Suppen zu tunken.

Als die feudale Herrlichkeit zerbröckelte, entwickelten sich aus den fürstlichen Menagerien die ›demokratisierten‹ und kommerzialisierten Schaugehege in bürgerlicher Regie. Die plumpen Fertigkeiten der umgänglichen Riesen, die in den noch sehr beengten Gittergehegen kleine Leckerbissen aus der Hand der Besucher entgegennahmen, wurden dann in Schauauftritten und auf Wanderschauen zu Geld gemacht. In Rußland, wo der Zarenhof eine Menagerie unterhielt, wurden schon im 17. Jahrhundert von ziehenden Tierbändigern, die sich im Volk besonderer Beliebtheit erfreuten, neben Tanzbären auch gezähmte Elefanten gezeigt, die aus Samarkand kamen.

Um die Wende zum 19. Jahrhundert wurde dann – zunächst in England – der erste Schritt zum modernen Zirkus getan, zur Volksunterhaltung mit Tierdressuren und akrobatischen Sensationen. Die in Europas Hauptstädten entstehenden festen Zirkusbauten beherrschten Kunstreiter, Amazonen auf Pferderücken; dazu gab es bewegte szenische Darbietungen. Der Elefant genügte noch als bloßes Schaustück oder Reittier, um Kassen zu füllen. Im berühmten Pariser ›Cirque Olympique‹ war zu Beginn des 19. Jahrhunderts neben dressierten Hirschen der Elefant Baba eine Hauptattraktion.

Noch zu Beginn des 19. Jahrhunderts war der Elefant in Europa und Amerika eine Rarität. Seit Anfang des 16. bis Mitte des 19. Jahrhunderts sollen nur um die 50 Dickhäuter in Europas Menagerien gehalten worden sein. Um die Mitte des 19. Jahrhunderts explodierte dann förmlich das Weltgeschäft mit Elefanten, die in den überall entstehenden Zirkusunternehmen eine aktive Rolle als dressierte Schauartisten zu übernehmen hatten. Ein bloßes Vorzeigen der exotischen Riesen genügte nicht mehr im aufkommenden Konkurrenzkampf, der das Angebot und die Erwartung des Publikums an Sensationen immer höher schraubte.

Das kontinentale Europa orientierte sich zunächst am französischen Zirkus, im letzten Jahrhundertdrittel dann am deutschen. Schon um 1850 waren in Berlin ortsfeste Zirkusse entstanden, die Unternehmen ›Renz‹ und ›Busch‹. Die Entwicklung zum Riesenzirkus, der mit ganzen Elefantenherden aufwartete, vollzog sich aber zuerst im ›Land der unbegrenzten Möglichkeiten‹, in Amerika.

Babas Kunststücke im Cirque Franconi, Paris, Anfang 19. Jh.
Kupferstich

Matthäus Merian d. Ä.
(1593–1650)
Indischer Elefant mit Reiter nimmt ein Brot aus dem Korb
Illustration aus ›Historiae Naturalis de Quadrapedibus Libri‹
Frankfurt am Main, 1650
Kolorierter Kupferstich
Privatsammlung

Elefant als Kunstschütze (Detail)
Blatt aus der vierteiligen
Folge: ›Gelehrige Dickhäuter‹
Paris, um 1800
Kolorierter Holzschnitt
41,8 x 61 cm
Privatsammlung

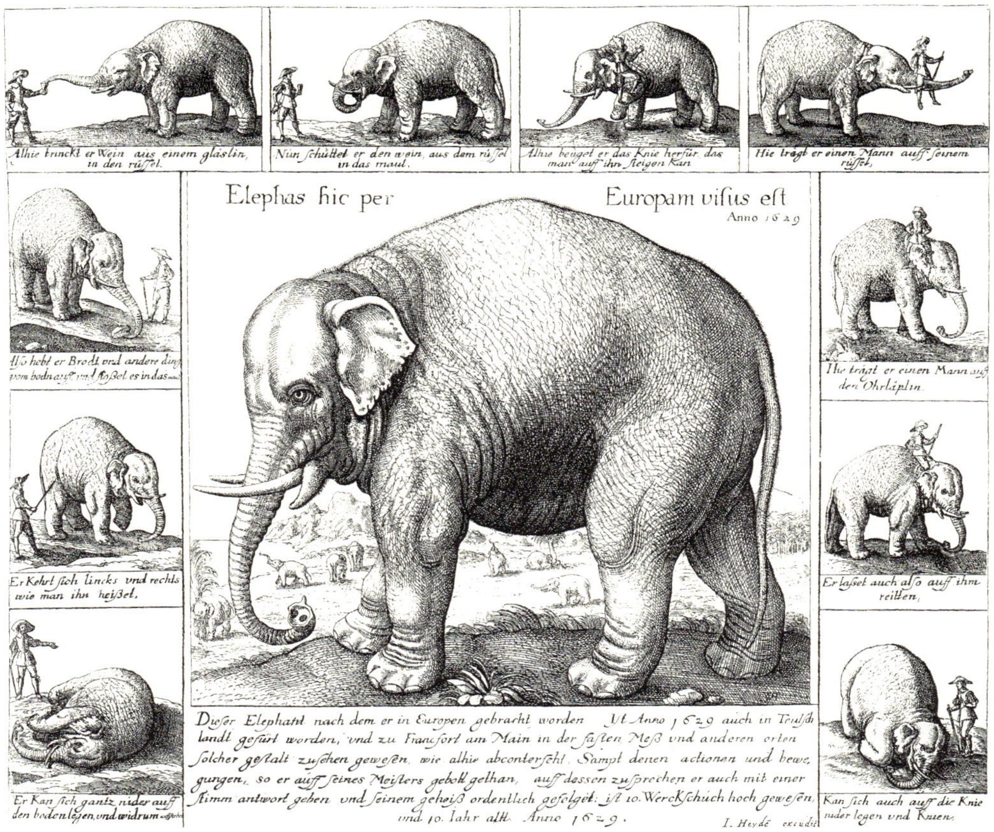

Wenzel Hollar (1607–1677)
Elephas hic per Europam visus est
1629
Radierung
Herzog-Anton-Ulrich-Museum, Braunschweig

Als dieser Elefant im Jahre 1629 über Amsterdam nach Europa kam, war er eine große Attraktion: »ganz Europa sah ihn«, wie Wenzel Hollar auf seinem Kupferstich vermerkt. Er gelangte 1630 nach Italien, wo große Künstler wie Pietro Testa und Bernini ihn zeichneten. 1962 hat der Prager Schriftsteller Johannes Urzidil dem Stich Hollars in seiner Erzählung ›Das Elefantblatt‹ ein literarisches Denkmal gesetzt.

England trauert um Jumbo

Mitte des 19. Jahrhunderts machte ein Elefant, Jumbo genannt, Schlagzeilen in England und Amerika. Sein Name ist zum liebevollen Synonym für jeden Rüsselkoloß geworden – und in unseren Tagen auch für die Massen-Luftfähren des Tourismus: die ›Jumbo-Jets‹.

Jumbo, ein afrikanisches Jungtier, kam 1865 im Austausch gegen ein Flußpferd in Besitz des Londoner Zoologischen Gartens. Der kleine Bulle, dem bald schon in der Nebenbox eine afrikanische Gefährtin namens Alice zugesellt wurde, wuchs in bestem Einvernehmen mit der Menschenwelt heran. Seine tolpatschige Komik entzückte die Zoobesucher, die ihn mit Leckerbissen verwöhnten. Auf seinem geduldigen Rücken genossen Kinder und Erwachsene das kleine Abenteuer eines Elefantenritts.

Doch 1881, kaum ausgewachsen, begann Jumbo plötzlich launisch zu werden. Er war wohl erstmals ›in Musth‹ gekommen, worüber man damals wenig wußte. In einem Wutanfall beschädigte Jumbo seine Box, nur noch sein Wärter konnte sich ihm nähern. Als Reittier schien er nicht mehr brauchbar zu sein. So sah sich der Zoodirektor Mr. Bartlett veranlaßt, den Verwaltungsrat der Zoologischen Gesellschaft über den kritischen Zustand des so populären Tieres zu informieren. In seinem von der ›Times‹ veröffentlichten Bericht bat er um die Mittel für eine vielleicht notwendige Tötung des Elefanten. Ganz London war alarmiert.

Da traf ein Angebot des amerikanischen Zirkusbesitzers Ph. Taylor Barnum ein, der sich vom Erwerb eines beim Londoner Publikum so geschätzten Tieres ein blühendes Geschäft versprach. Die Zoologische Gesellschaft sah die Chance, das Unvermeidliche mit dem Nützlichen zu verbinden, und forderte die gewaltige Summe von 2000 Pfund. Barnum war einverstanden.

Als aber im Januar 1882 in der ›Times‹ die Nachricht vom Verkaufsabschluß erschien, brach in der Öffentlichkeit ein Sturm der Entrüstung los. Die Londoner verteidigten ihren Jumbo wie ein Nationalheiligtum. Die Zoologische Gesellschaft wurde mit Schmähbriefen überschüttet; man warf ihr Sklavenhändlermoral vor.

Jumbo wird von seinem Betreuer Matthew Scott mit Leckerbissen belohnt, 1882

Ausritt auf Jumbos Rücken
Zoologischer Garten, London
um 1882

Hohe Standleitern waren nötig, um zu den Sattelsitzen auf dem Rücken des gewaltigen afrikanischen Steppenriesen zu kommen. Londons Gentlemen standen Schlange, um einmal einen exotischen Jumbo-Ausritt im Zoo genießen zu können. Für Kinder war es ein unvergeßliches Erlebnis. Jumbo war als junges Tier in Paris gegen ein Flußpferd eingetauscht worden.

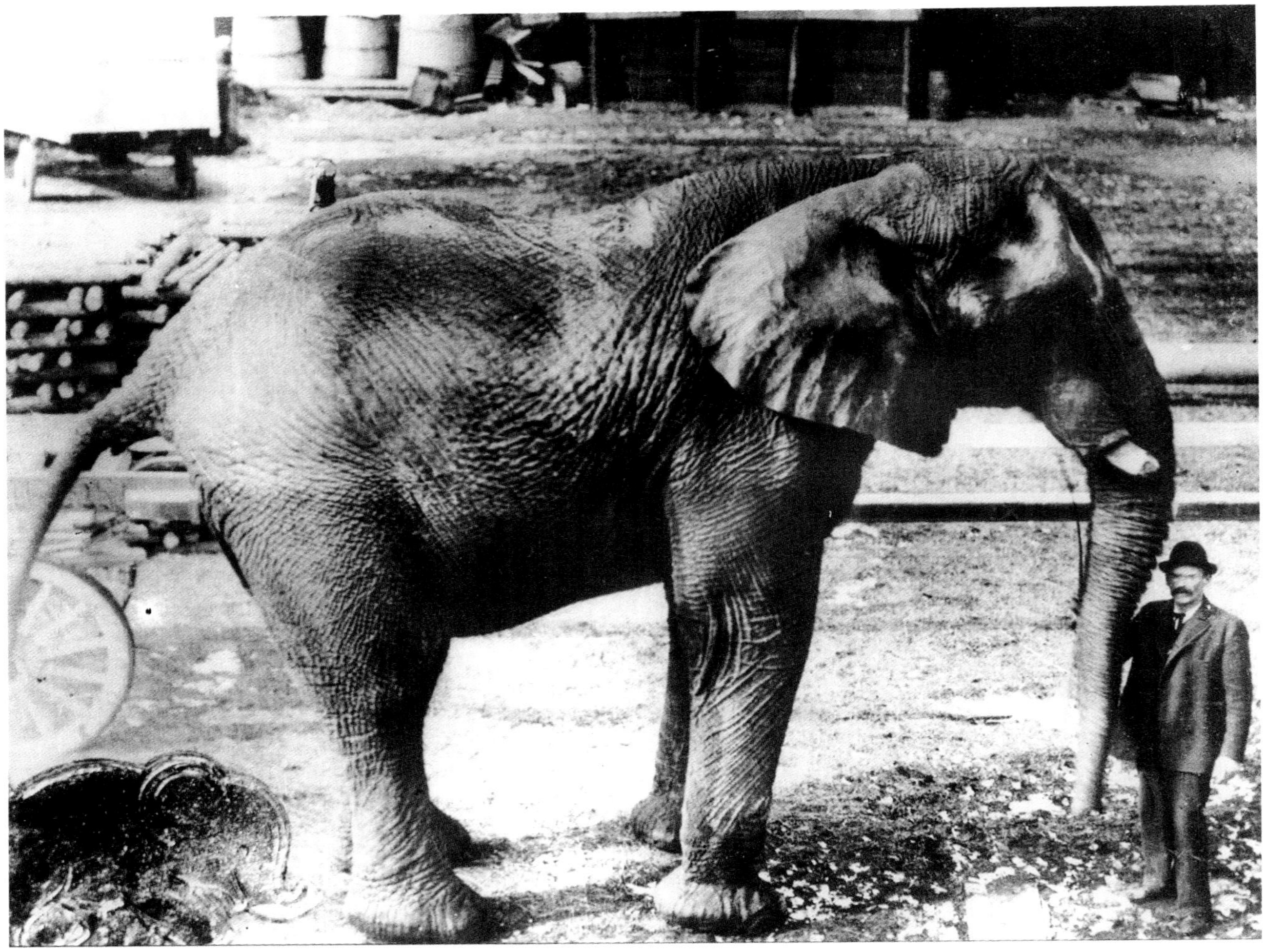

Jumbo in der Transportkiste. Ein mit meisterlicher Exaktheit erstellter Holzstich von Jumbos riesiger Transportkiste, dem nebenstehenden Foto nachempfunden.

Das einzige Foto, das Jumbo lebend mit seinem Pfleger Matthew Scott in Amerika zeigt. Der Zirkuskönig Barnum soll verboten haben, den Starelefanten zu fotografieren, um die Neugier des Publikums wach zu halten und den Zustrom zu den Kassen nicht zu beeinträchtigen.

Zeitgenössische Darstellung für ›The Illustrated London News‹: Ganz New York war auf den Beinen, als Jumbo am Ostersonntag 1882 an Bord der ›Assyrian Monarch‹ ankam. Vom Hafen bis zum Madison Square Garden, wo der Zirkus Barnum logierte, säumten jubelnde Menschenmassen die Straßen. Ein Gespann von 16 Pferden zog den Transportwagen mit dem 6,5 Tonnen schweren Koloß, und ein Dickhäuter schob.

Jumbo mit seinem Betreuer Matthew Scott vor der Transportkiste, in der er an Bord der ›Assyrian Monarch‹ gebracht wurde.

Jumbo begeistert Amerika

Am 25. März 1882 ging Jumbo an Bord der ›Assyrian Monarch‹ in See. Es hatte Tage gedauert, bis es gelang, ihn in die Box eines Kastenwagens zu locken. Und dann spielte er den Transporteuren noch einen letzten Streich. Er steckte den Rüssel durch das Gitter und riß einem Pferd Schwanzhaare aus, worauf das Gespann durchging. Nur durch die Geschicklichkeit des Kutschers konnte ein schwerer Unfall verhindert werden. England versank in Trauer.

Drei Jahre lang versetzte Jumbo die Amerikaner ebenso in Entzücken wie zuvor die Londoner, und das Geschäft im Zirkus Barnum florierte. Doch dann passierte ein tragischer Unfall. Beim Verladen des Zirkusgeräts am Bahnhof von St Thomas/Ontario wurde Jumbo von einem Zug angefahren und tödlich verletzt. Die Lokomotive entgleiste; der Lokführer kam ums Leben. Der zuständige Bahnwärter hatte beim Verladen zugesehen und dabei vergessen die Weiche umzustellen.

Barnum verklagte die Bahngesellschaft, die 10 000 Dollar zahlen und sich verpflichten mußte, den großen Wanderzirkus ein Jahr lang kostenlos zu befördern. Der Zirkusbesitzer lud auch zum Leichenschmaus. Die Gäste erhielten zum Gedenken Scheibchen von den Stoßzähnen Jumbos. Der Körper des Elefanten wurde präpariert, ausgestopft und dem Tufts College in Boston übergeben. Das Skelett übernahm das New Yorker Naturhistorische Museum.

Jumbo, der vor dem Unglück kränkelte, Nahrung verweigerte und sich nicht mehr hinlegte, wäre kein langes Leben mehr beschieden gewesen. Die Obduktion ergab, daß der Magen gefüllt war mit Münzen, Schrauben, Bleiverschlüssen, Draht, Steinen, Glas- und Metallstücken ...

Jumbo wirbt auf Plakatsäulen

Ankündigungsplakat für eine Tierschau des Zirkusunternehmens ›Barnum und Bailey‹. Im Vordergrund der ›größte und edelste Elefant aller Zeiten‹, gedruckt bei Stockbridge Lith. Co., Cincinatti, USA im Jahre 1896
Mehrfarbenlithographie, 210 x 290 cm
Deutsches Plakat-Museum, Essen

Auf einem marktschreierischen Werbeplakat bietet der Zirkus ›Barnum, Bailey & Hutchinson‹ der ganzen Welt eine 100 000-Dollar-Wette, daß Jumbo der größte und schwerste Elefant sei, den je ein Sterblicher zu Gesicht bekommen habe, sei es in der Wildnis oder in Gefangenschaft.

Der Elefant in Dollar-Regie

In die Neue Welt kam der erste Elefant 1796. Es war ein indischer Dickhäuter. Der geschäftstüchtige Kapitän John Crowninshield hatte das Tier, ein zweijähriges Weibchen namens Old Bet, für 450 Dollar in Kalkutta gekauft. Bei seiner Ankunft in Amerika veräußerte er es für die damals phantastische Summe von 10 000 Dollar an die Schausteller Pepin & Brechard, die mit dem exotischen Wunderwesen durch die Lande zogen und noch größeren Gewinn machten.

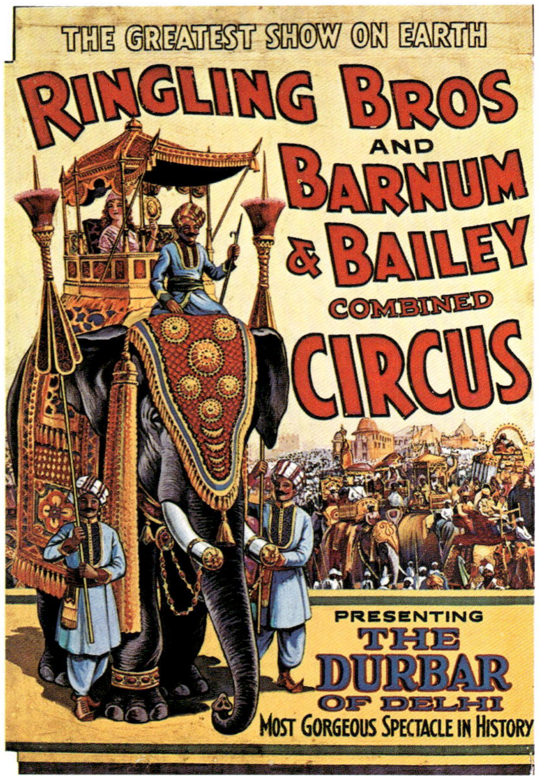

Plakate aus ›The Circus in America‹ von Charles Philip Fox und Tom Parkinson, Wisconsin

Der ›unbegrenzte Möglichkeiten‹ erschließende Dollar nahm nun den Elefanten in großem Stil in seine Regie. In der kulturellen Öde der rauhen Pioniergesellschaft, die sich den Kontinent in hemdsärmeliger Erfolgsjagd unterwarf, gierten die Menschen nach Unterhaltung und entspannendem Spektakel. So entstand das Riesenunternehmen ›Ph. Taylor Barnum‹.

Im Wettstreit mit anderen aufstrebenden Schauunternehmen wie ›Barly‹, ›Forepaugh‹ und ›Ringling‹ integrierte der ›größte Zirkus der Welt‹ in perfekter Organisation alles, was Sensation machte: von der Tierschau und halsbrecherischer Akrobatik bis zum grobschlächtigen Boxkampfrummel.

Der konkurrierende Zirkus ›Bailey‹, der sich später mit ›Barnum‹ zusammenschloß, kreierte den Typ des Wanderzirkus, der in Europa zuerst von den schnell wachsenden deutschen Zirkusunternehmen wie ›Sarrasani‹, ›Busch‹, ›Hagenbeck‹ und ›Krone‹ übernommen wurde.

Als Regelform setzte sich das Zwei- und das Viermast-Zelt mit kreisrunder Manege in der Mitte durch. Amerikanische Großunternehmen präsentierten ihre Dressur- und Artistenprogramme auch in Mammutzelten mit mehreren Manegen.

Um die Jahrhundertwende wanderten schon an die 200 große und kleine Zirkusse durch Europa. In der Neuen Welt eroberte der Wanderzirkus selbst entlegene Andenhochlande. Argentinien zählte vor dem ersten Weltkrieg 10 große und 20 kleine Zirkusse; Brasilien sogar an die 40 Großunternehmen. Im Wettlauf um Publikumsgunst und Marktanteile wurde ein phantastischer Aufwand getrieben. Der dressierte Elefant war nun Kassenmagnet. Er war

Der amerikanische Zirkuspionier Barnum sagte einmal, daß Elefanten und Clowns die Nägel seien, an denen die Zirkusse hingen. Er traf damit die Publikumserwartung seiner Zeit. Es brauste in den Zirkuszelten sogleich stürmischer Beifall auf, wenn Elefanten in der Manege erschienen. So begann ein Wettlauf der konkurrierenden Unternehmen, mit immer mehr Elefanten die Publikumsgunst für sich zu gewinnen.

Im Wettstreit um die Gunst des Publikums entwickelten die Zirkusunternehmer schon früh eine ›Werbetrommel‹ ganz eigener Art: Das Zirkusplakat, auf dem der Elefant gern als Kassenmagnet eingesetzt wurde.

nicht mehr eine kostbare Rarität, sondern diente in Massenauftritten dem Kommerz. Ganze Herden wurden aus Fernost und aus Afrika angeliefert.

1887 brachten die Unternehmen ›Barnum‹, ›Bailey‹ und ›Forepaugh‹ bei einem gemeinsamen Gastspiel im New Yorker Madison Square Garden 160 Elefanten auf einmal in die Manege. Als Karl Krone 1938 das 50jährige Zirkusjubiläum feierte, hatte er schon 70 Elefanten dressiert. Der Schweizer Nationalzirkus ›Knie‹ schulte zwischen 1927 und 1987 50 Rüsselriesen, und der französische Zirkus ›Bouglione‹ verfügte 1950 sogar über 70 Elefanten.

Den Massenaufwand an exotischen Tieren begleitete ein immer größeres Angebot an Nervenkitzel. Dem Elefanten wurden vielbeklatschte artistische Höchstleistungen abgefordert. Schon 1853 zeigte man den ersten Kopfstand sowie das aufrechte Stehen und Gehen auf den Hinterbeinen. Dem Koloß blieb schließlich auch der einarmige ›Handstand‹ nicht erspart. Es sind dies vielbewunderte Glanzstücke der Dressur, die freilich der Natur des Wildtieres völlig zuwiderlaufen und seinen Körper, seine Kraft überfordern.

In den Jahren 1900 und 1901 gastierte ›Barnum‹ in Europa. In drei Manegen unter einem gewaltigen Zeltdach, das 15 000 Zuschauern Platz bot, rollte zweimal täglich ein kunterbuntes Programm mäßigen Niveaus in präziser Folge ab. Die Europäer waren mit Vorbehalt beeindruckt. ›Ein großer Zirkus, aber amerikanisch‹, schrieb distanziert ein angesehenes holländisches Blatt.

Die Zirkuspioniere der Alten Welt übernahmen das technisch-organisatorische Rahmenkonzept der Amerikaner und füllten es mit mehr Qualität: mit kleinen Wundern der Tierdressur und ausgefeilter Akrobatik. So formte sich der Zirkus der jüngsten Zeit, in dem der Elefant eine wichtige Rolle spielt.

Willhelm Eigner (Entwurf)
Plakat Zirkus Krone, um 1933
Farblithographie, 65,4 x 43 cm
Museum für Kunst und Gewerbe, Hamburg

Der Zirkus ›Krone‹ wirbt auf dem von Wilhelm Eigner entworfenen Plakat mit seinem Wappentier: dem Elefanten. Aus seiner ›Menagerie Charles‹ der neunziger Jahre machte Karl Krone schon vor dem ersten Weltkrieg einen riesigen Zeltzirkus mit 4000 Plätzen. 1924 bot er 8000 Besuchern in einem Acht-Masten-Zelt Platz. Man nannte ihn den ›Herrn der Elefanten‹.

Die Elefanten des Zirkus Sarrasani baden in Dresden in der Elbe
Plakat aus dem Jahr 1920
Farblithographie, 65 x 89,5 cm
Museum für Kunst und Gewerbe, Hamburg

Der Zirkus ›Sarrasani‹, 1902 in Dresden gegründet, wurde schnell zu einem Großunternehmen und Konkurrenten des Zirkus ›Krone‹.

Willhelm Eigner (Entwurf)
Die Dompteuse Margaret Kreiser mit ihren Elefanten, Plakat des Zirkus ›Barum‹, 1931
Farblithographie, 66,8 x 89 cm
Museum für Kunst und Gewerbe, Hamburg

Ankunft von Casanovas Thierkarawane in Hamburg Nach der Natur gezeichnet von Heinrich Leutemann (1824–1905)

Den ersten Großtransport afrikanischer Wildtiere brachte 1866 der in Carl Hagenbecks Dienst stehende italienische Händler und Tierfänger Lorenzo Casanova nach Hamburg – ein Großereignis für die Stadt. Sammelpunkt der Tierkäufe im Sudan war der Handelsplatz Kassal an der sudanesisch-äthiopischen Grenze, von wo die Transporte über Land und per Schiff in 70 bis 80 Tagen Hamburg erreichten. Das Tiergeschäft blühte. 1872 besuchte der amerikanische Zirkuskönig Phineas T. Barnum Carl Hagenbeck und kaufte für 15 000 Dollar Tiere.

Das ›Riesenspielzeug‹, Ausschnitt eines Hagenbeck-Großplakats von Wilhelm Eigner.

Der Zirkus-Pionier Carl Hagenbeck

Ende des 19. Jahrhunderts hatte der Hamburger Carl Hagenbeck wesentlichen Anteil an der Ausformung des modernen Zirkuswesens und -stils. Sein Bemühen um die Psyche des Tieres mag die beginnende wissenschaftliche Verhaltensforschung mitangeregt haben.

Nur gestützt auf ein bescheidenes Fischgeschäft, gründete Gottfried Clas Carl 1848 eine kleine Menagerie mit einer Tierschau und einer Tierhandlung, die unter seinem Sohn Carl schnell zu einem Großunternehmen mit weltweiten Geschäftsverbindungen wurde. 1860 kaufte er den ersten afrikanischen Elefanten; 1865 erwarb er schon 3, 1866 dann 12 und wieder ein Jahr später 14 Elefanten, die alle aus dem Sudan kamen.

Als 1880 der Aufstand der fanatischen Glaubenskämpfer des Mahdi im Sudan den Elefantenbezug über die alte Handelsstraße nach Kairo blockierte, kaufte Hagenbeck asiatische Elefanten in Indien, wo englische Kolonialherren großzügig Exportlizenzen ausstellten. 1883 verschifften seine Einkäufer schon 65 Elefanten aus Ceylon nach Europa. Sein Tierhandelshaus war nunmehr das größte der Welt. Hauptkunden waren die amerikanischen Zirkusunternehmen ›Barnum‹ und ›Forepaugh‹. In den 20 Jahren zwischen 1866 und 1886 importierte das Hamburger Handelshaus an die 300 asiatische Elefanten.

Hagenbeck ging nun in das Schaugeschäft. 1886 zog er mit einer ›Ceylonesenkarawane‹, eine der ersten seiner berühmt gewordenen ›Tier- und Völkerschauen‹, durch Europa. Acht von singhalesischen Mahouts geführte Elefanten waren die vielbewunderten Stars. Dem einträglichen Handel mit Tieren aller Art gliederte Hagenbeck 1890 eine Dressurschule an, die bald mit Erfolgen überraschte und zusätzliche Einkünfte brachte.

Mit seinen Gewinnen baute er den ersten zoologischen Garten mit weitläufigen Freigehegen für die bis dahin meist in engen Käfiggefängnissen gehaltenen Tiere. Ein bald weltberühmter Zoo-Zirkus kam hinzu, in dem nur Tierdressuren gezeigt wurden, die neue Maßstäbe setzten. Aus dem Zoo-Zirkus wurde schnell ein Wander-Großzirkus. 1913, kurz vor Kriegsausbruch, gab ›Carl Hagenbecks Wonder-Zoo and Big Circus‹ ein hochgefeiertes Gastspiel in der Londoner Olympia-Hall. Am 14. April 1913 starb der Zirkus- und Zoo-Pionier Carl Hagenbeck. Seine Söhne Heinrich und Lorenz führten das Unternehmen durch die Nöte der Kriegs- und Nachkriegszeit.

Links:
Paradeaufstellung der Zirkuselefanten. Nach einer letzten Völker- und Tierschau-Tournee, die in England, Frankreich und der Schweiz Sensation machte, stieg Carl Hagenbeck in das Zirkusgeschäft amerikanischen Musters ein. Die teure Haltung der Elefantenherde zwang zur Erschließung neuer Einnahmequellen. Am 2. April 1887 gab es in Hamburg die erste Vorstellung in einem Großzelt, das 3000 Besuchern Platz bot und schon mit elektrischem Licht beleuchtet wurde. In Anknüpfung an die großen Völkerschauen wurde der erste Zeltzirkus ›Carl Hagenbecks Internationaler Circus und Singhalesen-Karawane‹ genannt.

Elefantenkälber spielen wie Menschenkinder. Die Aufnahmen entstanden nach dem ersten Weltkrieg. Der Betreuer auf den Knien hat seinen Spaß mit dem Elefantenkind August. Das ungelenke Rüsselchen greift um den Kopf; ein kleines Säulenbein schiebt sich über die Schulter, und schließlich ist der menschliche Spielgefährte ganz überwältigt.

Der Zirkus Hagenbeck ging 1934/35 auf große Ostasientournee. Das chinesische Plakat kündigte die Ankunft in Shanghai an.

Die ›zahme Dressur‹

Hagenbeck praktizierte neue, weichere Methoden der Dressur, die er aus seinen Erfahrungen mit Wildtieren entwickelte und in die Anregungen indischer Mahouts einflossen. Er ging aus von der Psyche und jeweiligen Individualität seiner Zöglinge, von ihren Instinkten und Reizreaktionen, die er bei der Dressurarbeit nutzte, statt nur mechanischen Gehorsam zu erzwingen. Seine ›zahme Dressur‹ wurde in aller Welt Leitbild der Dompteure.

Dem Elefanten im Zirkus brachten die hagenbeckschen Methoden zwar humanere Behandlung, aber nicht die nötige ›artgerechte Haltung‹, die unter den finanziellen Zwängen der wandernden Schauunternehmen schlechthin nicht möglich ist. Für das gesellige Herdentier, auf freier Wildbahn immer äsend in Bewegung, blieb abseits der Manege das Dauertrauma von der Anbindung an kurzer Kette, das kein anderes Wildtier zu erdulden hat, die Öde der Isolierung sowie der schlimme Pferch in Zeltställen und Transportboxen.

Bei der Dressur des in sein Schicksal ergebenen Elefanten ist besonderes Fingerspitzengefühl nötig – und viel Geduld. In einem langwierigen Prozeß muß sich das Tier an den Dompteur gewöhnen, der es ständig zu betreuen hat. Es muß Vertrauen zu ihm gewinnen, aber auch lernen, ihm bedingungslos zu gehorchen. Der Dompteur übernimmt die Rolle des Leittiers in der Herde. Er muß stets die individuelle Veranlagung des Tieres im Auge behalten und berücksichtigen. Es gibt, wie bei Menschen, intelligente und dumme, fleißige und faule, gutmütige und störrische Naturen. Letztere müssen, wenn sie die Gruppenarbeit stören, in Tiergärten abgeschoben werden. Asiatische Elefanten haben im allgemeinen ein gelassenes Gemüt; sie sind umgänglich und etwas dickfellig. Die hochbeinigen afrikanischen Vettern, die man seltener unter Zirkuszelten sieht, sind feinfühliger und besonders behutsam zu behandeln.

Beim Gruppentraining muß darauf geachtet werden, daß gleichrangige Tiere nicht nebeneinan-

Abseits der Manege lebt das gesellige Herden- und Wandertier im Dauertrauma ständiger Anbindung an kurzer Kette im Pferch des Stallzelts.

der stehen, was kritische Rivalität auslösen kann. Sanfte Tiere werden dazwischengeschoben oder junge Elefanten, die oft Halbstarkenallüren zeigen und von älteren Gefährten unter Kontrolle gehalten werden.

Die praktische Dressurarbeit beginnt mit Appellübungen. Der Elefant muß sich seines Namens bewußt werden, der kurz und im Klang prägnant sein soll. Dann hat er zu lernen, auf Zuruf zu seinem Meister zu kommen und wieder zurückzugehen. Ein Assistent gibt bei den ersten Versuchen Führungshilfe. Eingeschobene Belohnungen fördern das Bemühen des Riesen. Klappt es schließlich, darf eine besondere Belohnung mit Leckerbissen nicht ausbleiben. Aus dieser Grundübung können dann Tanzdrehungen durch den Abbruch von Vorwärtsbewegungen mit dem Gegenkommando ›go back‹ entwickelt werden sowie Marschübungen einzeln oder in Gruppe. Es ist aber ›sanfte Gewalt‹ nötig, um zum Beispiel einen Elefanten durch Rückwärtsdrängen zum Absitzen auf einer Tonne zu bringen und in weiteren Schritten zum Anheben der Vorderbeine, zum Aufrechtsitzen.

Auch bei ›zahmer‹ Dressurarbeit für Zirkusauftritte ist oft bemessene Härte nötig. Elefanten sträuben sich gegen Posen, die ihrem Naturell fremd und zuwider sind, auch wenn auf artistische Überforderung der Riesenkörper verzichtet wird. Schmerzhafte Stiche hinter die Ohren oder in den empfindlichen Rüssel schaffen dann Gehorsam. Maßvolle Strafen bei Verweigerung oder Fehlverhalten, die sofort bei Anlaß erfolgen müssen, geben Nachdruck. Unbeherrschtheit des Dompteurs schädigt das Verhältnis von Mensch und Tier. Elefanten wissen wohl zu unterscheiden zwischen gerechter und ungerechter Strafe.

Der Erfolgsdompteur Günther Gebel bei der Vorführung einer Glanznummer 1977 in Pittsburgh, USA.

Überforderte Kolosse

Artistische Höchstleistungen wie Kopf- oder ›Handstand‹ und aufrechtes Gehen auf den Hinterbeinen setzen langwieriges Training voraus. Es sind dies vielbewunderte Glanzstücke der Dressur, die freilich die Gelenke des schwergewichtigen Riesen sehr strapazieren und seine Kraft oft überfordern. Diese Übungen können nur sehr jungen, halbwüchsigen Tieren abgefordert werden; ältere Elefanten sind zu schwer. Die Muskelkraft eines Tieres wächst nicht proportional zur Größe und Körpermasse, ja sie wird im Verhältnis zu Gewicht und Größe um so geringer, je schwergewichtiger ein Tier ist. Gerade artistische Glanznummern verweisen auf die Grenzen des Zumutbaren.

Schon das Hinlegen auf Knie und Ellenbogen bedeutet für den Elefanten eine Strapaze für Gelenke und Bandscheiben. Der Riese schläft in Seitenlage. Wenn sich zudem ein tonnenschwerer Gefährte auf seinen Rücken zu stellen hat, bedeutet das Überlastung und bereitet Schmerz – den laut zu äußern dem Elefanten ›abgewöhnt‹ wird.

Jeder Dompteur hat bei der Einübung akrobatischer Perfektion, die das Publikum begeistert, seine kleinen Sonderrezepte, die er als Berufsgeheimnis hütet. Es werden allerlei Gerätschaften benutzt, Flaschenzüge etwa, um bei Kopfstand-Einübung tonnenschwere Elefantenhinterteile hochzuwuchten, wobei der gefürchtete Elefantenhaken nachhilft.

Es geht bei der Einübung extremer Schaunummern nicht immer sehr gemütlich zu; und Dompteure lassen sich während der kritischen Phasen des Trainings ebenso ungern in die Karten schauen wie Springreiter, die in abgeriegelten Hallen ihre Pferde, die in Freiheit jedes kleine Hindernis umlaufen, über mächtige Hürden zwingen.

Elefant lernt Kopfstand, Zirkus ›Ringling Brother, Barnum & Bailey‹
Wie es unter Zirkuszelten zugeht, beschreibt der Tierbeobachter Boris Brock, der den Dompteur Günther Gebel anläßlich eines Besuchs im amerikanischen Zirkus ›Ringling Brother, Barnum & Bailey‹ bei der Arbeit zusah: Titschi soll den Kopfstand machen. Gebel geht das nicht schnell genug. Er stößt ihr den Elefantenstock mit den scharfen Zacken hinters Ohr. Das tut Titschi weh. Ächzend drückt sie ihre runzelige Stirn auf den Boden, rollt den Rüssel vorsichtig ein und wuchtet ihr Hinterteil gen Himmel. Von unten schielt sie unterwürfig zu ihrem Herrn. Ein grotesker Anblick, der nicht fröhlich macht. Gebel belohnt sie mit einer Banane und sagt: »Meine Elefanten sind zu frech. Woanders gibt es viel mehr Strenge ...«

Ein Rüsselriese im Kopfstand (Bild links) oder mit hochgezwungenem Hinterteil auf Flaschen balancierend: Dressur-›Glanzstücke‹, die es nicht geben sollte! Es ist brutale Überforderung der Physis der Kolosse und Mißachtung ihrer Wesensart. Nur Angst vor scharfen Stahlhaken und rüden Prügelstrafen zwingt die sanften Riesen zu solcherlei Schaustücken.

Tusko, der meistgefesselte Elefant der Welt, um 1929.
Das Kettengehänge war nur Schau für das Publikum; sein Elend lebte der Bulle abseits der Manege und des öffentlichen Einblicks.

Shenka, Zirkus ›Alberti‹, Juni 1988
Der asiatische Bulle Shenka des Zirkus Alberti ist ein (seltenes) Beispiel guter Haltung in einem Wanderunternehmen. Der Besitzer Stefan Frank betreute den Koloß in engem persönlichen Kontakt; er ließ den Bullen in der Umgebung der Gastspielorte ohne Ketten frei laufen und weiden, wo immer es die Umstände erlaubten. Als Shenka 1993 erkrankte, wurde er im Zoo Erfurt gepflegt.

Das Leiden der Bullen

Elefantenbullen leiden im Zirkus besonders schlimm, wenn sie in Musth sind. In der Enge der Zirkusunterkünfte besteht keine Möglichkeit zu artgemäßer Bullenhaltung während dieser Phase des kritischen Erregungszustandes. So wurden und werden Bullen in Musth an allen vier Füßen mit Ketten, die bei verzweifelten Wutausbrüchen bis auf die Knochen einschneiden können, kurzgefesselt. Der berühmteste Elefant der USA im ersten Viertel dieses Jahrhunderts, der Bulle Tusko, ist ein Beispiel für schlimme Fehlbehandlung.

Als ›meistgefesselter Elefant der Welt‹ führte Tusko den Einzug der Elefanten in die Manege des Zirkus ›Barnes‹ an. Sein ganzer Körper war in einem Kettengeflecht, und auf dem Rücken thronte in einem Plüschsessel der Zirkusdirektor höchstpersönlich. Das Publikum liebte es, das Tier wie ein Monstrum gesichert zu sehen. Der Aufwand an Extraketten war nur für die Schau.

Wenn Tusko in Musth kam, wurde er zwischen Eisenbahnschwellen so eingezwängt, daß er zu keiner Bewegung fähig war, geschweige denn zum Hinlegen. Da sich bei ihm infolge ständiger Zwangshaltung die Musth überlang hinzog, stand er bis zu drei Monate in der Folterzwinge, in der er sich beide Stoßzähne brach. Als das versklavte, verhaltensgestörte Tier schließlich gefährlich wurde, sollte es für einen Dollar versteigert werden. Der verständige Pfleger George ›Slim‹ Lewis übernahm Tusko, der in guter Behandlung wieder ganz normal und friedlich wurde.

Gnadenlos wurde mit gepeinigten, verhaltensgestörten Bullen verfahren, die in Wutanfällen einen Menschen töteten. Mit Hilfe von Halsschlingen wurde 1902 der ›mankiller‹ Mandarin erdrosselt und fünf Jahre später auch seine Tochter Columbia, weil durch sie ebenfalls ein Mensch umgekommen war. Als 1929 der Bulle Black Diamond bei einem Marsch durch die Stadt Corsana, Texas, eine Frau tötete – der Pfleger hatte ihr fahrlässigerweise erlaubt, das scheue Tier zu streicheln – kam es zu einer Serientötung von Zirkusbullen, um die erregte Öffentlichkeit zu beruhigen. Black Diamond, der ›Mörder‹, wurde regelrecht hingerichtet. Texanische Scharfschützen feuerten 170 Schüsse auf ihn ab. 1941 nahmen sich Polizisten 45 Minuten Zeit, um den Bullen Teddy des Zirkus ›Lindermann‹ als ›mankiller‹ mit 107 Schüssen langsam zu Tode zu bringen. Im Jahre 1952 gab es nur noch zwei Bullen in amerikanischen Zirkussen! Im Jahre 1996 dienten in den USA wieder 21 asiatische Bullen neben 158 asiatischen Kühen sowie sechs afrikanische Bullen und 58 afrikanische Kühe in Zirkusmanegen.

Nach Ansicht der ›European Elephant Group‹ ist heute Elefantenhaltung in Zirkussen nicht mehr zu rechtfertigen, von wenigen Ausnahmen abgesehen. Es fehlt fast überall an erfahrenen Pflegern; die Tiere werden nicht ausreichend bewegt; die Haut- und Fußpflege ist unzureichend. Zu den seltenen Ausnahmen zählt der Schweizer Zirkus ›Knie‹, bei dem die Elefanten auf Tour in geräumigen Zeltställen leben und Freigehege zur Erholung haben.

Naturbegabung für Balancekünste

Skizze des amerikanischen Zeichners Bomar
Handstand auf einem Bein, 1959

Die hart erzwungene, bestaunte Dompteur-Spitzenleistung bedeutet für den schwergewichtigen Elefanten schmerzhafte, schädigende Gelenküberlastung. Verständig geführte Zirkusunternehmen verzichten heute auf solch rücksichtslose Überforderung.

Elefant auf Ball, Cirque ›Éléphants acrobates‹
Der massige Elefant überrascht mit elastischer Körperbeherrschung und feinem Balance-Sinn. Jeder Zoobesucher kann am Sperrgrabenrand eines Elefanten-Freigeheges akrobatische Streckszenen mit abenteuerlichen Fußstellungen beobachten, wenn der Rüssel nach einem hingehaltenen, besonders schwer zu erreichenden Leckerbissen tastet. So sind die Kolosse auch erstaunlich geschickte Balancekünstler auf Bällen und Trommeln.

Zeichnung von Willhelm M. Busch
Busch-Archiv, Hamburg

Große Gruppe, Holzstich eines unbekannten Künstlers, um 1900

Ein Elefant geht über gespannte Seile. In den vierziger Jahren zeigte diese Extremübung der Schweizer Zirkus ›Knie‹, der heute mit maßvoller Dressurkunst Beispiel gibt. Einen grauen Koloß über Seile zu zwingen, was der Natur der Elefanten völlig zuwiderläuft, ist schlimme Mißhandlung der Fußsohlen und barbarische Nötigung.

In Geduld und Würde spielt der Elefant den belachten Clown auf dem Fahrrad.

Raubtiere auf Elefantenrücken

Auch heute noch zählt der auf Elefantenrücken reitende Tiger zu den Spitzenleistungen der Zirkusdressur. Hier eine Paradenummer des Schweizer Zirkus ›Knie‹ aus dem Jahr 1975, der besonders hochqualifizierte Tierdressuren zeigt.

Lizzie fährt mit dem Löwen Prinz Veloziped, Werbeplakat für Carl Hagenbecks Zoologischen Zirkus, der während der Gewerbeausstellung in Berlin gastierte, 1895/96 Farblithographie, 75,6 x 56,9 cm Museum für Kunst und Gewerbe, Hamburg

Die meisterliche Dressurleistung des Dompteuers Wilhelm Philadelphia, der im Hagenbeckschen Zoologischen Zirkus ausgebildet wurde, war die Zirkussensation während der Chicagoer Weltausstellung von 1893.

Der Stardompteur Günther Gebel arbeitete auch mit Raubkatzen. 1975 überraschte er mit einer Sensationsnummer: sein altgedienter Elefant Thaila trottete mit dem Tiger Bengal auf dem Rücken durch die Manege, und auf dem Tiger saß Gebel!

In den 30er Jahren zeigte der Dompteur Rudolf Matthies eine neue Attraktion: ein Tiger auf dem Rücken eines indischen Elefanten, der auf einer Trommel balancierte.

Gebel posiert mit Partnerin auf den Schultern eines Elefanten, der tolpatschig auf einem Hocker sitzt. Foto aus dem Jahr 1976

Rutschen und Schaukeln

Elefantenrutsche, Druckerei Adolph Friedländer, 1904
71 x 95 cm

Mit der humorigen Darstellung sportlicher Elefanten-Akrobatik wirbt die Plakatskizze für Zirkusbesuch.

Eine ungewöhnliche Schaukel bilden diese grauen Riesen für ihre Dompteurin in einem amerikanischen Zirkus um 1930.

Die Elefantenrutschbahn im festen Haus des Zirkus ›Busch‹ in Hamburg. 1904 kam der Dompteur Wilhelm Philadelphia mit zehn Elefanten zum Zirkus ›Busch‹ und zeigte dort zum erstenmal, und bald auch im Londoner Hippodrom, den sensationellen ›Elefantenrutsch‹.

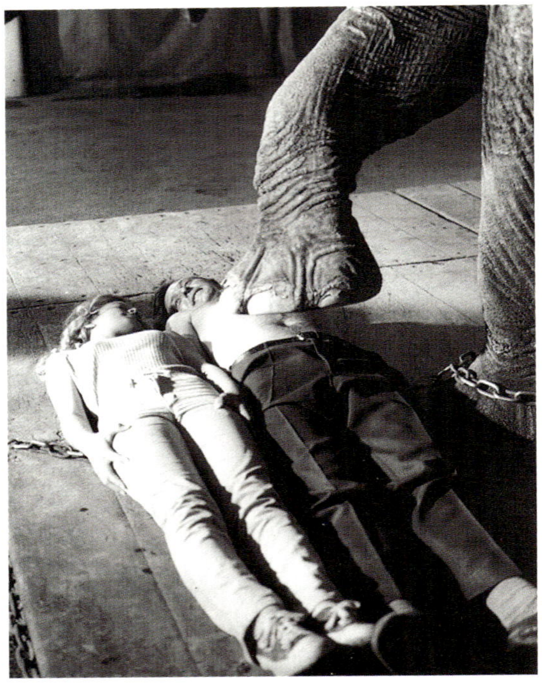

Der drohende Säulenfuß stoppt über der Brust. Elefanten töten nicht; auf freier Wildbahn weichen sie den kleinsten Lebewesen aus.

Zeichnung von Willhelm M. Busch, Busch-Archiv, Hamburg

Mit nachtwandlerischer Sicherheit schreitet der Elefant über die Menschenkette, ohne sie zu gefährden. Der Blickwinkel der Augen erlaubt kaum Kontrolle; sogar der ›Radar‹ des Rüssels, der einen Gegenstand halten muß, ist beeinträchtigt.

Einer der Elefanten des ›Hindu Village‹ in Paris trägt seinen Führer Vid-Hany an den Füßen. Die Inder haben im Bois de Boulogne ein kleines Schaustellerdorf errichtet.

Den Kopfhang im Elefantenmaul – Nervenkitzel im Zirkuszelt – kann nur ein Dompteur wagen, der ein freundschaftliches Verhältnis zu seinem Dickhäuter hat.

Rücksichtsvoll im Umgang mit Menschen

Elefanten sind rücksichtsvolle Tiere, überaus behutsam im Umgang mit Menschen. Wird einem Zirkuselefanten befohlen, einen Fuß auf die Brust eines vor ihm liegenden Menschen zu setzen, so verharrt er millimetergenau über dem Körper, auch ohne Rüsselhilfe. Soll er sich über einen Menschen legen, so hält er seine Leibesmasse zurück, sobald seine Körperhaare den Liegenden berühren. Wenn ein Elefant bei besonders engem Vertrauensverhältnis den Kopf seines Meisters vorsichtig in sein Maul nimmt und diesen vor staunendem Publikum im Kopfhang durch die Manege trägt, schiebt er rücksichtsvoll die Unterlippe zwischen Kopf und Backenzähne. Elefanten vermeiden es auch in freier Wildbahn, auf ein kleines Lebewesen zu treten, das sie wahrnehmen. Sie sind ihrem Wesen nach friedliche Tiere, die nicht töten. Bei Elefanten in Gefangenschaft, die schlecht gehalten und mißhandelt werden, die durch lange, peinigende Isolation psychisch gestört sind, ist freilich Vorsicht geboten. Gestauter Frust kann urplötzlich zu unvermuteten Wutausbrüchen führen. So kommt es immer wieder zu schweren, oft tödlichen Unfällen.

Plakat aus ›The Circus in America‹ von Charles Philip Fox und Tom Parkinson, Wisconsin
Schwierige Organisationsprobleme hatten die großen amerikanischen Wanderzirkusse bei der Eisenbahnverladung ihres massenhaften Tieraufgebots zu bewältigen.

Schiffsverladung mit dem Kran.
Ein unerfreuliches Erlebnis für den Koloß und stets ein heikles Unterfangen.
Royal Albert Docks, London

Ein böser Fehltritt. Drei Stunden dauerte es, bis die Elefantenkuh aus der Klemme befreit war. Die Gefährtin im ›Bull-Wagon‹ sah in Anteilnahme zu. Bull-Wagons waren die ›Elefantenhäuser‹ der Wanderzirkusse.

Plakat aus ›The Circus in America‹ von Charles Philip Fox und Tom Parkinson, Wisconsin Heimkehr des amerikanischen ›Cole Bros. Circus‹ von einer Europa-Tournee. Das Plakat informiert über den Tierverstau in den Zwischendecks des Ozeanriesen.

»Wenn Elefanten losgehen ...«

Im Zirkus ereignen sich die meisten tödlichen Unfälle nicht bei der Arbeit mit großen Raubkatzen, sondern beim Umgang mit Elefanten. Der psychische Dauerstreß in der Gefangenschaft kann spontane Wutausbrüche auslösen; Elefanten geraten leicht in Panik, wenn sie erschreckt werden, was bei Fußmärschen durch Städte große Umsicht erfordert. Für den Dompteur ist stets große Wachsamkeit geboten.

Der erfolgreiche deutsche Dompteur Günther Gebel, der Ende der sechziger Jahre mit spektakulären Tiger- und Elefantendressuren Aufsehen erregte, gestand einmal, daß wenn er nachts schlecht träume, dann von Elefanten. Bei der Arbeit im Käfig mit Tigern könne ihm selbst etwas zustoßen. Aber wenn Elefanten losgehen ... Gott sei Dank hätten die Leute keine Ahnung.

Die Chronik der von gezähmten Elefanten getöteten oder verletzten Menschen, der Amokläufe von Rüsselriesen ist lang. Schon in den ersten kleinen Menagerien zu Beginn des 19. Jahrhunderts kam es zu schockierenden Erlebnissen. Man sagt, daß statistisch auf jeden in Gefangenschaft gehaltenen Elefantenbullen ein getöteter oder schwerverletzter Mensch kommt.

Schon aus dem Jahre 1824 ist überliefert, daß der Bulle Hannibal der amerikanischen Menagerie von Isaac van Amburgh sieben Menschen tötete.

Im Juni 1866 erlebte das Schweizer Landstädtchen Murten, wo am Markttag der Schausteller ›Bell & Meyers‹ mit zwei Elefanten gastierte, dramatische Stunden. Nach normal verlaufener Abendvorstellung sollte der Zirkus am nächsten Morgen weiterziehen. Aber der Elefantenbulle verweigerte den Gehorsam. Als der Dompteur den Riesen auf die Knie zwingen wollte, um seine Autorität wiederherzustellen, packte ihn dieser mit dem Rüssel, drückte ihn mit den Stoßzähnen zu Boden und zertrampelte ihn. Man beschloß, den Bullen zu töten. Eine Sechspfund-Kanone wurde herbeigeschafft. Es dauerte dann Stunden, bis sich der wieder ruhige Bulle mit Leckerbissen aus der Unterkunft locken ließ und ein Ziel abgab. Dem tödlichen Kanonenschuß, bei dem einiges zu Bruch ging, folgten noch Gewehrsalven.

Der Berliner Zoo hatte gegen Ende des 19. Jahrhunderts seine ›Killerbullen‹.

Am 8. April 1921 erdrückte im Zirkus ›Sarrasani‹ die Elefantenkuh Ross den Dompteur Wilhelm Philadelphia an der Wand ihrer Box. Bald darauf stieß der Bulle Pikkolo seinem Besitzer H. St. Sarrasani die Stoßzähne in den Rücken. Zu den schweren inneren Verletzungen kamen noch komplizierte Arm- und Beinbrüche.

Ein besonders schrecklicher Unfall ereignete sich 1978 im kanadischen Städtchen Rock Forest bei Montreal. Die erfahrene und in Amerika viel gefeierte Dompteuse Eloise Berchtold führte drei asiatische Bullen des Zirkus ›Gatini‹ vor. Zwei der Bullen, Teak und Tunga, waren gerade in Musth und bedrängten sich nervös im Stall. Trotz eindringlicher Warnungen beschloß Eloise, die wohl Bescheid wußte über die Unberechenbarkeit von Musth-Bullen, die Tiere in der Manege vor einigen hundert Zuschauern vorzuführen. Dann geschah es: Die

Ein unberechenbarer blinder Elefant wird von seinen Pflegern mit scharfen Spießen auf Abstand gehalten. Er soll in Südostasien schon 20 Menschen getötet haben. Der 56jährige Bulle, zu dessen Betreuung 3 Pfleger nötig waren, erhält im Elefantenasyl Pinz Wela das Gnadenbrot.

Aufsehen erregte die Münchner ›Elefantenkatastrophe‹ vom 31. Juli 1888. Für einen Festzug hatte der Zirkus Hagenbeck acht Elefanten abgestellt. Als die Gruppe an einer als Drache aufgeputzten Straßenlokomotive vorbeizog, wurde zur Unzeit ein Funkenregen aus Drachennüstern ausgelöst. Erschreckt stoben die Kolosse auseinander. Allgemeine Panik brach aus. Hunderte stürzten; andere liefen über sie hinweg. Die Zeitungen berichteten von zahlreichen Schwerverletzten. Ein Elefant soll auch in den Biertempel ›Platzl‹ eingedrungen sein, wo sich, so heißt es, sowohl er als auch die Zecher ganz vernünftig benommen hätten.

Im Juli 1950 entzog sich im Ruhrgebiet der junge Zirkuselefant Tuffi der Aufsicht und sprang aus einer Schwebebahn aus 14 m Höhe in die Wupper. (Bildmontage)

Dompteuse stolperte und fiel dem Bullen Teak vor die Füße. Der ließ sich auf die Knie nieder, stieß beide Stoßzähne durch ihren Körper, riß den Bauch auf und schleuderte dann vor den entsetzten Zuschauern den aufgespießten Körper 10 m weit durch die Manege. Die Versuche der Wärter, den Bullen zu betäuben, scheiterten. So wurde das Tier schließlich von Polizisten erschossen.

Es sind dies nur einige Beispiele aus der umfangreichen Liste von tödlichen Unfällen, die sich unter Zirkuszelten und in zoologischen Gärten beim Umgang mit Elefanten ereigneten; und Jahr für Jahr verlängert sich die Liste. Elefanten sind friedliche Tiere. Aber wenn in Gefangenschaft ihre natürlichen Lebenstriebe unterdrückt werden, wenn sie in Ketten dahinvegetieren und oft auch noch mißhandelt, im Training gequält werden, dann stauen sich Aggressionen. Elefanten wird zu Recht ein gutes Gedächtnis nachgesagt.

Die Urweltriesen, denen in Gefangenschaft ihre Körpergröße eine besondere Belastung ist, dösen in Langeweile elend und dumpf; Kopf und Rüssel schwingen monoton: sie ›weben‹, heißt es. Wären sie Menschen, meint der Schweizer Zoologe und Elefantenexperte Fred Kurt, dann würde man sagen, sie seien verrückt geworden. Fast alle Grundsätze artgerechter Haltung würden verletzt, seit sich Zirkusse und Zoos mit den Riesen schmückten. Fred Kurt verweist auf eine deutsche Richtlinie, nach der 12 m² Lebensfläche für einen Zirkuselefanten ausreichen, was nicht einmal ein Hinlegen erlaubt.

Während der deutschen Belagerung von Paris im Krieg 1870/71 wurde der letzte Elefant, der noch in seiner Eingewöhnungsanlage war, bei einem Ausbruchsversuch erschossen.

Elefant läuft Amok, Kandy August 1959
Im August 1959 forderte der Amoklauf eines Elefanten in Kandy/Ceylon 14 Todesopfer. Bei einem religiösen Festzug war ein Elefant versehentlich mit einer brennenden Fackel berührt worden. Er brach erschreckt in die dichte Menschenmenge, wo eine Frau mit Kind durch ihn zu Tode kam. In allgemeiner Panik wurden weitere zwölf Personen von Menschen niedergetrampelt.
Es gelang, den Elefanten einzufangen und an einen Laternenpfahl zu binden (Foto). Als er sich wieder losriß, wurde er erschossen.

»Und dann und wann ein weißer Elefant ...«

Rainer Maria Rilke (1875–1926), einer der bedeutendsten deutschen Lyriker des 20. Jahrhunderts, hat 1907 mit seinem Gedicht ›Das Karussell‹ dem weißen Elefanten ein poetisches Denkmal gesetzt. Er kam 1902, nach den Betrübnissen der Trennung von der Bildhauerin Clara Westhoff, nach Paris, das ihn »in großes banges Erstaunen« versetzte, ihn erschreckte – aber zehn Jahre nicht mehr losließ. Abseits des Großstadtgetriebes im Idyll des Jardin du Luxembourg begegnete er dem Karussell, das ihn zu symbolischem Fabulieren bewog.

Mit einem Dach und seinem Schatten dreht
sich eine kleine Weile der Bestand
von bunten Pferden, alle aus dem Land,
das lange zögert, eh es untergeht.
Zwar manche sind an Wagen angespannt,
doch alle haben Mut in ihren Mienen;
ein böser roter Löwe geht mit ihnen
und dann und wann ein weißer Elefant.

Sogar ein Hirsch ist da, ganz wie im Wald,
nur daß er einen Sattel trägt und drüber
ein kleines blaues Mädchen aufgeschnallt.

Und auf dem Löwen reitet weiß ein Junge
und hält sich mit der kleinen heißen Hand,
dieweil der Löwe Zähne zeigt und Zunge.

Und dann und wann ein weißer Elefant.

Und auf den Pferden kommen sie vorüber,
auch Mädchen, helle, diesem Pferdesprunge
fast schon entwachsen; mitten in dem Schwunge
schauen sie auf, irgendwohin, herüber –

Und dann und wann ein weißer Elefant.

Und das geht hin und eilt sich, daß es endet,
und kreist und dreht sich nur und hat kein Ziel.
Ein Rot, ein Grün, ein Grau vorbeigesendet,
ein kleines kaum begonnenes Profil –
Und manchesmal ein Lächeln, hergewendet,
ein seliges, das blendet und verschwendet
an dieses atemlose blinde Spiel ...

Rilkes berühmtes Karussell im Jardin du Luxembourg, das der Erbauer der Pariser Oper, Charles Garnier, konstruierte. Doch wer heute den Ort aufsucht, an dem Rilke das Bild für seine nachdenkliche Poesie fand, kommt zu spät: Mitte der 90er Jahre wurde das besungene Karussel-Tier abmontiert und durch einen ›gewöhnlichen‹, grauen Elefantenbruder ersetzt (Bild links). Man sagt, seither stehe der berühmte ›weiße Elefant‹ im Garten des Karusselbetreibers ...

Karussellfigur, hergestellt von der Allan Hearschel Company in Amerika, 1915.

›Swinging Platform‹, Karussell gebaut von ›Dane‹. Bedient wurde es durch Hand, Pferd oder Dampf und war 1909 für 1050 Dollar zu haben.

Fang und Zähmung der Rüsselriesen

Der Rüssel greift wie eine Hand, hebt und hält; die Stoßzähne wuchten wie Kräne und stützen. Kein anderes Großtier ist geschickter als der Elefant – und keines anatomisch besser gerüstet, dem Menschen Helfer zu sein und in vielerlei Arbeitsbereichen mitzuwirken.

Von den Anfängen der Elefantenkulturen Südostasiens bis in die jüngste Zeit ist der Bedarf an gezähmten Riesen ausschließlich durch Fang im Dschungel gedeckt worden. Ausgewachsene Tiere im Alter von etwa 10 bis 20 Jahren konnten gleich nach der Zähmung in den Arbeitsprozeß eingegliedert werden. Mit der Aufzucht von Kälbern hielt man sich nicht auf. Zu teuer war den früheren feudalen Herrschern wie den modernen Kapitalgesellschaften der enorme Futterbedarf, die erforderliche intensive Pflege und der jahrelange Arbeitsausfall schonungsbedürftiger Elefantenmütter. So wurde auch die Paarung gezähmter Dickhäuter verhindert. Die altindischen Schriften über Elefantenheilkunde analysieren zwar die embryonale Entwicklung im Mutterleib; aber die Probleme der Aufzucht von Kälbern lassen sie beiseite. Die Frage der Zucht stellte sich nicht. Der Elefant ist nie ›Haustier‹ geworden; er ist Wildtier geblieben. Erst in jüngster Zeit hat die alarmierende Schrumpfung der Bestände zum Umdenken gezwungen.

Auf einem Holzeinschlagplatz in der thailändisch-burmesischen Grenzregion bringt der mit Fußdruck geführte Rüsselriese Ordnung in das Gewirr gefällter Stämme; er zieht – schonend für den Unterbewuchs – schwere Teakholzstämme aus dem Wald, stapelt und hilft beim Verflößen. Gut geschulte Elefanten-Teams erledigen ganze Arbeitsabläufe selbständig.

Ein Privileg der Könige

In frühgeschichtlicher Zeit haben die indischen Bauernvölker, die Begründer der ersten Elefantenkulturen, Rüsselriesen mit den gleichen Methoden gefangen, deren sich ursprüngliche Jägerstämme bei der Großwildhetze bedienten. Sie nutzten verdeckte Fallgruben, und sie legten auf Elefantenpfaden Bodenschlingen. Sie haben wohl auch mit einem großen Aufgebot an Treibern Jungtiere von der Herde abgedrängt und müde gehetzt, bis es mutigen Männern gelang, Fußfesseln anzubringen.

Fallgruben, die schon Menschen der Altsteinzeit für die Mammutjagd benutzten, bringen nur wenig Fangerfolg. Wie bei Schlingenhinterhalten können auch andere Tiere oder für die Dressur ganz ungeeignete Dickhäuter hineingeraten. Sehr groß ist die Verletzungsgefahr und entsprechend hoch die Verlustrate, wie Daten aus dem 19. Jahrhundert belegen. So überlebte bei Fangaktionen in Fallgrubensystemen, die die Maharajas von Mysore, Südindien, und die englische Kolonialverwaltung unterhielten, allenfalls ein Rüsselriese von zehn den Sturz in die 3 m tiefen Gruben.

Als gezähmte Elefanten verfügbar waren, entwickelten sich effektivere Fangmethoden. Elefanten wurden nun zu unentbehrlichen Helfern des Menschen beim Fang, der Bezwingung und Unterwerfung ihrer wilden Artgenossen und blieben es bis heute. Die ›Kumkies‹, so werden die willigen Helfer in Indien genannt, locken mit weiblichem ›Parfum‹ in Hinterhalte oder zwingen mit Bullen-Brachialgewalt die wilden Riesen der Wälder in Fesseln. Die Praktiken des Einzelfangs vererbten sich über die Jahrhunderte von Generation zu Generation.

Als um die Mitte des letzten vorchristlichen Jahrtausends die ersten hinduistischen Königreiche entstanden, wurden Elefantenjagd und -fang Privileg der Kriegerkaste und der Könige. Fänger und Dresseure der grauen Riesen, die Glanz und Macht der Höfe erhöhten und als Helfer im Krieg, als Schwerarbeiter beim Bau der Paläste und Tempel unentbehrlich waren, standen in ihren Diensten und unter strenger höfischer Kontrolle. Ebenso hielten es 1000 Jahre später, im 16./17. Jahrhundert, die moslemischen Großmogule, die Hunderte von Kriegselefanten unterhielten und fast den ganzen Halbkontinent unter ihre Herrschaft brachten. Der bäuerlichen Bevölkerung war es verboten, Elefanten zu töten; sie durfte sich nur mit Feuer und Trompetenlärm gegen Herden wehren, die in ihre Felder einbrachen.

Den ständig wachsenden Bedarf an Kriegselefanten, die in ganz Südostasien Rückgrat der Heere rivalisierender Könige wurden, sowie an Reit-, Tempel- und Arbeitselefanten konnten Einzelfänge nicht befriedigen. Zeugnisse aus dem 4./3. vorchristlichen Jahrhundert lassen auf bereits geübten Fang ganzer Herden in Umfriedungen schließen. Im 3. Jahrhundert v. Chr. belieferten Fürsten der ›Elefanteninsel‹ Ceylon über See indische Königreiche mit besonders wuchtigen Kriegselefanten, die hoch geschätzt wurden.

Elefantenjagd, Holzschnitt aus ›Cosmographia universelle‹ von André Thevet, Paris 1575

Der Fang in Fallgruben wurde noch bis Ende des 19. Jahrhunderts in Asien und Afrika praktiziert. Die Verlustrate beim Sturz der Tiere in 3 m tiefe Gruben war erschreckend hoch.

Ein eingebrochener Elefant wird durch Aufschütten der Fallgrube schrittweise hochgebracht, dabei gefesselt und mit Hilfe von Kumkies weggeführt. Die Aufnahme entstand während einer Fangexpedition für den Hamburger Zoo Hagenbeck.

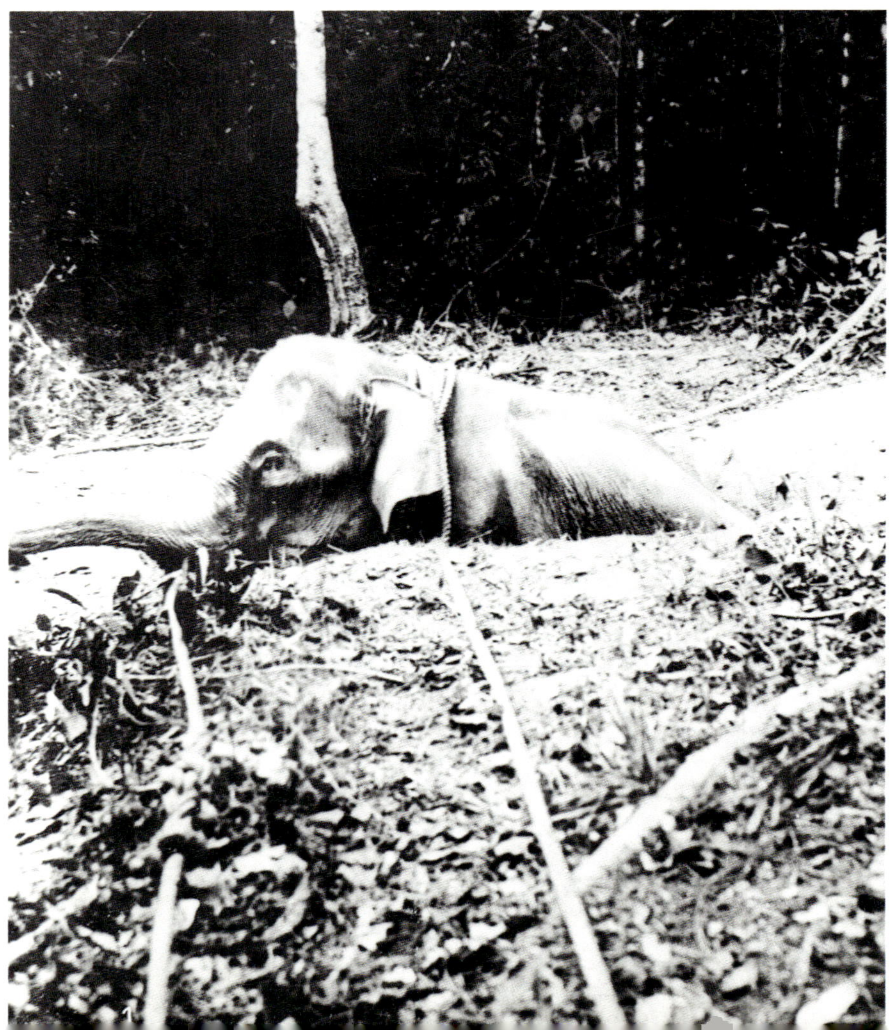

Miskin und Sarwan
Elefantenkampf, um 1590
Gouache auf Papier, 35 x 22 cm
aus dem ›Akbarnama‹
(Geschichte des Kaisers Akbar)
von Abul Fazl
Victoria & Albert Museum, London

Altindische Darstellung einer Elefanten-Fangaktion. Unten im Bild nehmen Kumkies eine gefangene wilde Gefährtin in die Zange. Darüber rechts im Hinterhalt gefangene Tiere. Ein mächtiger Reitbulle mit zwei Fängern und einer Lassorolle auf dem Rücken drängt in der Bildmitte eine wilde Elefantenkuh in Position für den Lassofangwurf. Die schon an einen Baum gefesselte Kuh oben scheint sich schon resigniert in ihr Schicksal ergeben zu haben.

Zwei Szenen aus einem Bilderbogen von 1746
Kupferstiche

»Im Nothfall wird der Wildfang an einen zahmen oder, so er sehr wild ist, an zwei gebunden ... und es an Rippstößen von zahmen nicht fehlt, wenn er nicht fromm werden will ...«

»Hier wird der Wildfang mit vier Füssen an Bäume gebunden ... bis das Band ganz im Fleisch eingeschnitten und das wilde Wasser herausgelaufen. Hernach wird er verbunden und geheilet. So denn ist er zahm.«

Mörderischer Massenfang auf Ceylon

Als vom 16. Jahrhundert an die Länder Südostasiens schrittweise unter die Oberhoheit europäischer Mächte gezwungen wurden, geriet auch der Elefant unter die Verfügungsgewalt der neuen Herren. Er hatte zur Erschließung der kolonialen Reichtümer beizutragen. Die fremden Verwaltungen und Handelsgesellschaften bestimmten immer tiefgreifender die Fangrechte und den Handel mit den grauen Riesen. Die ersten robusten Zugriffe europäischer Mächte erfolgten auf der Elefanteninsel Ceylon. Gezähmte Elefanten waren dort seit frühgeschichtlichen Zeiten Helfer im Alltag der Menschen und im Krieg. Singhalesische Fürsten haben bereits im 3. vorchristlichen Jahrhundert auf Spezialschiffen Kriegs- und Arbeitselefanten nach Indien exportiert.

Um 1505 gründeten die Portugiesen, die Gewürz- und Elfenbeinhandel betrieben und schon Stützpunkte in Ostafrika hatten, eine erste Handelsniederlassung auf Ceylon. Rund 100 Jahre später, 1612, ließen sie sich von einem singhalesischen Regionalfürsten ein Monopol für Fang und Handel mit Elefanten übertragen. Es berechtigte zu dem jährlichen Fang von 37 Dickhäutern. Der einheimische Elefantenfänger-Clan der Pannikiyas betrieb nun für die neuen Herren den üblichen Fang mit Schlingen weiter. Daneben ließen die Portugiesen in sogenannten ›corales‹ fangen: kleine Pferche, in die abgestellte zahme Kühe wilde Bullen lockten. Die Fänge verkauften sie nach Indien.

1638 kamen die Holländer und verdrängten die Portugiesen. Ihre mächtige ›Niederländisch-Ostindi-

»In Ceylon macht man einen großen Stall ...« Abendländische Vorstellung von einer Elefantenfanganlage (Detail)
Kolorierter Kupferstich.

Elefantenfang mit Fallgruben
Buchillustration von Peter Kolb
Nürnberg, 1719

Kopfüber stürzt ein rundlicher Koloß in eine Grube. Die Gefährtinnen trotten im Gänsemarsch arglos hinterher.

sche Kompanie‹ verlangte nach mehr Elefanten. Die Holländer führten den Massenfang in sogenannten Kralen ein, großflächigen Pferchen, die ausbruchsicher mit 4 m hohen massiven Palisaden umzäunt wurden. Hunderte von Treibern drängten ganze Herden in diese Zwinggehege. Bei einer einzigen Fangaktion brachte man an die 100–200 Rüsselriesen ein. Nach zeitgenössischen Aufzeichnungen wurden in den Jahren 1681–1690 in vier Fangaktionen jeweils 13, 104, 160 und 240 wilde Elefanten eingetrieben. Die Verluste bei diesen Massenauftrieben waren enorm.

Im Jahre 1796 wurden die Holländer von den Engländern verdrängt, die 1815 die ganze Insel Ceylon in ihr Weltreich eingliederten. Auch sie übernahmen die Aufsicht über Elefantenfang und -handel. Überall auf der Insel entstanden riesige Kaffee- und Teeplantagen der ›East India Company‹ – und Krale. Es begann rigoroser Massenfang und Massenvernichtung von Rüsselriesen, die in den Pflanzungen gewaltige Schäden verursachten. Bei manchen Fangaktionen wurden 300–400 Tiere in die Krale gehetzt. Streß und Verletzungen beim Auftrieb, die Zerstörung von Familienverbänden sowie rücksichtslose Praktiken bei der Fesselung und Brechung jeglichen Widerstands führten zu mörderischen Verlusten. Nach Zeitzeugen überlebte oft nur ein Drittel der eingetriebenen Tiere. Zuweilen wurden die für Dressur- und Arbeitseinsatz ungeeigneten oder nicht benötigten Elefanten erschossen.

Man brauchte zwar für Straßenbau, Transportaufgaben, auf Holzplätzen usw. eine große Zahl von Arbeitselefanten, doch bei den Fangaktionen ging es mehr um eine Reduktion der Elefantenbestände zur Absicherung der Plantagen. So wurde unbeschränkte ›Herrenjagd‹ auf Elefanten betrieben, worauf noch zurückzukommen ist. Wenig schonend behandelt wurden auch die Arbeitselefanten. Der englische Naturforscher Emerson Tennent registrierte, daß im Jahre 1861 von 138 gefangenen Elefanten 35 innerhalb eines Jahres starben; 37 lebten nur ein Jahr; 14 gingen im zweiten Jahr ein; nur 16 konnten länger als zehn Jahre gehalten werden.

Fangaktionen waren Schauveranstaltungen für die noble koloniale Gesellschaft. Während die Treiber eine Elefantenherde in tage- und wochenlangen Einkreisungsmanövern auf den Kral zudrängten, vergnügte man sich bei Pferde- und Elefantenrennen. Auf den Tribünen am Pferch genoß man dann das Spektakel des Eintriebs der verstörten Riesen.

Joel Bol und Pieter Galleus
Elefantenjagd, 18. Jh.
Kolorierter Kupferstich
Biblioteca Nazionale, Florenz

Rücksichtslose Massenfänge gerieten auf Ceylon oft zu Ausrottungsaktionen. Für Dressur und Arbeitseinsatz ungeeignete eingetriebene Tiere wurden einfach getötet. Die Elefantenbestände wurden zur Absicherung der Plantagen systematisch reduziert.

Alle Holzschnitte erschienen 1875 in ›The Illustrated London News‹. Ein Elefant schleppt im Sittang-Fluß eine Barkasse frei, die auf einer Sandbank festsaß. Ein Kanenboot sichert.

Unten links:
Während des anglo-russischen Afghanistankonflikts halfen 1885 Elefanten der englischen Indien-Armee in der Himalaya-Bergregion bei der Anlage einer militärischen Schmalspur-Versorgungsbahn. Die Abbildung unten links zeigt die Entladung von Bahngerät französischer Produktion, von Lokomotivteilen und Loren

Im Jahre 1875 ließ die englische Kolonialverwaltung die erste Lokomotive in die Stadt Indore, Zentralindien, bringen. Ein Gespann von 5 Arbeitselefanten zog den Schwerlast-Transportwagen.

Unter kolonialer Kontrolle

Auch in Indien nahmen die Engländer, die 1605 das erste Handelskontor eröffneten, die Arbeitselefanten in Regie. Das koloniale Forstamt übte die Oberaufsicht aus und erteilte die Genehmigungen zum Elefantenfang in den Tropenwäldern, ohne den Spielraum der zur Kontrolle der riesigen Territorien unentbehrlichen Maharajas zu sehr zu beschneiden.

Die englische Kolonialverwaltung, die besondere Sachkunde im Umgang mit Elefanten entwickelte, verfügte über Tausende von Arbeitstieren, deren Kraft bei der Verkehrserschließung des Halbkontinents, im Bauwesen und beim Teakholzeinschlag in den Wäldern dringend gebraucht wurde. Der Holzbedarf für Eisenbahnschwellen, Schiffbau, Export usw. war gewaltig. Das hochwertige, bei großer Festigkeit leichte Teakholz war ein begehrter Ersatz für die knappe Ware Eichenholz. So weiteten die Engländer in Rivalität zu den Franzosen ihren Einfluß auf Burma aus, wo unermeßliche Teakwälder lockten und der König über 6000 Arbeitselefanten verfügt haben soll.

Der hohe Bedarf an Arbeitselefanten wurde, wie auf Ceylon, durch Massenfänge in Palisadeneinfriedungen gedeckt, in Indien ›Kheddas‹ genannt. Bei verbesserten Fang- und Zähmungsmethoden waren die Verluste geringer als auf Ceylon; sie beliefen sich aber immer noch auf 15–20 Prozent der eingetriebenen Wildtiere. Vor allem Milchkälber und zu junge, noch von der Betreuung durch die Mutter abhängige Tiere wurden ihrem Schicksal in der Wildnis überlassen.

Bis zum zweiten Weltkrieg betrieben in Burma, das 1886 vollends englischer Kolonialverwaltung unterworfen wurde, mächtige Handelsgesellschaften extremen Teakholz-Raubbau mit Tausenden von Arbeitselefanten.

Nach der Entlassung in die Unabhängigkeit im Jahre 1948 hat das sozialistische Burma, heute Myanmar, die Elefanten nationalisiert. In Indien und anderen südostasiatischen Ländern dienen sie heute vor allem privaten Eignern und internationalen Gesellschaften.

Die Anlage einer englischen Zuckerplantage wird vorbereitet. Elefanten ziehen die schweren Pflüge.

Die Kheddas

Kheddas sind Palisadeneinfriedungen. Vom Eingang, der mit einer Falltüre verschlossen werden kann, stoßen zwei sich weit öffnende Palisadenarme in den Wald: ein getarnter, sich zum Nadelöhr des Pferchtors verengender Trichter, durch den die angetriebenen Tiere in die Falle geschleust werden. Eine Khedda soll ein Dschungelstück und eine Wasserstelle einschließen.

Es gibt verschiedene Kheddatypen: Einfache Anlagen mit einem Pferch, in dem gefesselt wird, oder doppelte Fanganlagen mit einem großen Vorgehege und einer kleinen zusätzlichen Einfriedung, in der bei Großfängen nacheinander kleine Gruppen von etwa 3–5 Elefanten leichter für den Abtransport zum Zähmungs- und Trainingsplatz gefesselt werden können.

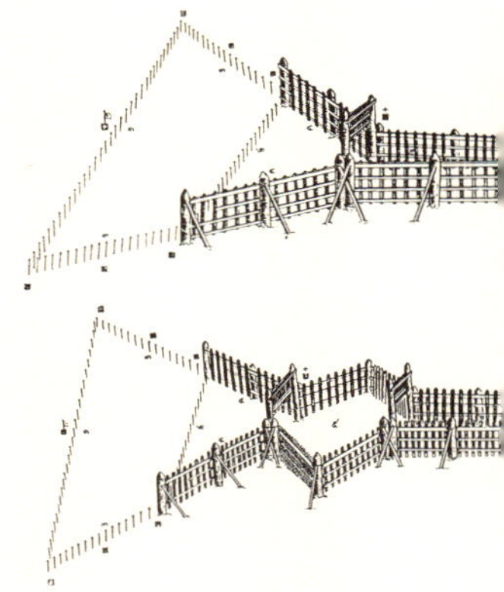

Wenn die herangetriebene Herde eine bestimmte Linie im Vorgelände passiert hat (markiert durch feine Linien), werden Fackeln angezündet und die Elefanten mit Höllenlärm in den Pferch, in die Khedda getrieben. Hier zwei Typen thailändischer Kheddas:
a) eine kleine, einfache Fanganlage, in der nur wenige Tiere in einen schmalen, mit Falltüren abschließbaren Palisadengang getrieben und dort gleich gefesselt und abgeführt werden;
b) eine erweiterte Fanganlage mit großem Kral und einer kleinen Nebenanlage, in der nacheinander kleine Gruppen von 3–5 Tieren gefesselt werden können.

Verzweifelt stürzt der junge Elefant kopfüber, um sich von der würgenden Halsschlinge zu befreien, die so geknüpft ist, daß sie sich nicht zuziehen kann.

In Panik drängen sich die Tiere an der Palisadenwand der Khedda zusammen. Nach einer Beruhigungspause werden auf Kumkies die Fänger mit den Fesselseilen einreiten.

Unten links: Im Januar 1890 beobachtete Prinz Albert Victor einen Khedda-Fang in Indien.

Unten rechts: Die Falltüre aus schweren Baumstämmen ist geschlossen. Die Herde ist in der Falle.
Aus ›The Illustrated London News‹

Auftrieb in die Khedda

Einer der letzten Khedda-Großauftriebe fand 1968 im Süden des indischen Bundesstaates Karnataka am Kabani-Fluß statt. Der Schweizer Zoologe und Experte für asiatische Elefanten Fred Kurt hat das Geschehen beobachtet und berichtet darüber in seinem Werk »Das Elefantenbuch. Wie Asiens letzte Riesen leben«.

Ein riesiger, 55 000 m^2 umfassender Palisadenpferch war in wochenlanger Arbeit errichtet worden. Hunderte von Arbeitern hatten mit langstieligen Schaufeln 1,5 m tiefe Löcher gegraben, in die Dutzende von Arbeitselefanten bis zu 6 m lange Teakstämme rammten, die mit Bambusstangen querversteift wurden. Auch eine Wasserleitung aus Baumstämmen war für die einzufangende Herde gelegt worden. Überdies hatte man an der Khedda Tribünen für 1700 teuer zahlende Touristen aus aller Welt errichtet. Das Großereignis einer ausklingenden Ära ließ sich im Touristengeschäft vorzüglich ausmünzen. Fred Kurt erzählt:

»Am 30. Dezember 1967 berichtete einer der Yajamans, der Spurenleser, eine große Elefantenherde sei südlich des Kabani im Begur-Staatswald aufgespürt worden. Diese Herde wird jetzt umstellt. 1500 Männer der Kurumbas, der Ureinwohner der südindischen Wälder, bilden ein lebendiges Netz um die Herde. Nachts entzünden sie alle zwanzig oder dreißig Meter große Feuer; tagsüber legen sie dann Laub und frische Äste darauf. Ein beißender Rauchvorhang soll die Elefanten am Ausbrechen hindern ... Offen ist es nur am Kabani. Hierher kommen die Elefanten nachts, um zu baden und zu trinken.«

Immer enger wurde das Netz, das sich am 10. Januar schließen sollte. Das ›Indian Tourist Bureau‹ hatte den Khedda-Termin weltweit ausgeschrieben und damit festgelegt.

»Am Fangtag bewegt sich frühmorgens eine lange Prozession an dem steinernen Abbild Mastiammas [der Waldgöttin] vorbei: Arbeitselefanten mit ihren Mahuts und Khotals, den Helfern, Forest Officers, Treibern. Lautlos verschwinden sie über den Kabani im Wald von Begur. Kurz darauf müssen die Touristen ihre teuren Plätze einnehmen, unter ihnen der letzte regierende Maharadscha von Mysore und sein Gefolge ...

Im Dschungel herrscht jetzt jene unheimliche Stille, wie es sie sonst nur vor Monsungewittern gibt ... stundenlanges Warten. Aber dann schlägt die Stille plötzlich um in einen unvorstellbaren Lärm: Tausendfaches Bambusstangenklappern, das Schreien der Treiber, Gewehrschüsse. Schrill trompeten die Wildelefanten, die nun, gehetzt von Arbeitselefanten und anderthalbtausend Menschen, einen Ausweg durch den Kabani suchen ... Die Herde rast zum Strom. Ein neugeborenes Kalb verliert den Kontakt, rennt plötzlich zwischen die heranstürmenden Arbeitselefanten. Seine Mutter bemerkt selbst in der Aufregung den Verlust. Sie wendet sich gegen die Phalanx der aufschließenden Treiberhorden. Schrotschüsse reißen Wunden in ihrem Gesicht und an ihren Ohren. Doch nichts hält sie von der Suche nach ihrem Kind ab. Sie findet es schließlich und hilft ihm mit dem Rüssel gegen die Fluten des Kabani ...

Die Elefanten sehen nur noch einen Ausweg, den Eingang zur Khedda. Zu zweit oder dritt durcheilen sie den trichterförmig zulaufenden Gang in die Stockade. Ein unscheinbarer Yajaman schwingt sein Beil und zerhackt ein Seil. Aus 18 Metern Höhe stürzen 100 Quadratmeter fest miteinander verflochtener Stämme wie eine Falltür knallend in die Verankerungen. Schlagartig lodern die Feuer außerhalb der Palisaden auf. 86 Elefanten sind gefangen ... Ein rundes Dutzend wird die Qual nicht überleben. ›Sie starben an gebrochenem Herzen‹, werden die Mahuts dann sagen ...«

Zwei Wochen dauerte es, bis der letzte Elefant gefesselt war. Zu leichterer Bändigung wurden Nacht für Nacht Gruppen von 5–8 Tieren mit Zuckerrohr in einen kleinen verschließbaren Seitenkral gelockt. Am Morgen konnten dort die Touristen auf den Tribünen das Schauspiel der Fesselung der verängstigten Riesen verfolgen und fotografieren. Fred Kurt erzählt:

»Die Kumkies kommen in die Arena. Jeder trägt außer seinem Mahut zwei oder drei Reiter, die die Wildfänge fesseln werden. Dicht gedrängt stehen die

Die letzten Khedda-Auftriebe in Indien wurden, weltweit ausgeschrieben, zu Spektakeln für zahlungskräftige Touristen. Internationales Publikum erlebte, wie ein wilder Elefant von willigen ›Kumkies‹ robust in die Mitte genommen und an der Palisadenwand vertäut wurde.

Die gefangenen Jungtiere werden zur Abführung in das Trainingslager an ›Kumkies‹ gebunden, die ihre wilden Artgenossen beruhigen und zum Gehorsam zwingen.

gefangenen ihren zahmen Artgenossen gegenüber ... Die Alte [Kuh] schreitet jetzt den Monitoren entgegen, begrüßt sie mit Rüsselkontakten am Maul, an den Schläfen und an den Geschlechtsteilen. Auch sie wird begrüßt. Die Kumkies umschließen den kleinen Trupp der Wildfänge. So geben sie ihnen das Gefühl der Sicherheit. Aber diese trügt. Denn wieselflink bewegen sich unter ihnen Männer... Hebt ein Tier einen Fuß an, so streift ihm einer der mutigen Männer die Seilschlinge darüber. Auch die Mahuts auf den Elefantenrücken sind mit Fesseln beschäftigt. Dicke Seile werfen sie auf die Hälse der Wilden. Die Rüssel der Arbeitselefanten helfen, bis das Lasso sitzt. Dann wird es fest zugezogen und so fixiert, daß es sich nicht öffnen kann ... Die Kumkies drängen jeden der Gefesselten an die Palisaden. Die alte Kuh wird zuletzt gefangen. Man will möglichst wenig Aufregung. Der mächtige Bulle, der sie vor einer Stunde noch begrüßt hat, stößt sie jetzt mit den Stoßzähnen an den Kopf und in die Flanke. Sie widersetzt sich, worauf er sie brutal an die Palisaden preßt.

Die Männer gönnen den Arbeitselefanten nun eine Ruhepause. Die wilden Tierriesen reißen an den Seilen, brüllen, stürzen kopfüber, schlagen mit den Rüsseln gegen Menschen, die sie durch die Palisaden sehen. Schließlich beginnt der Abtransport. Die Wilden werden an die Arbeitselefanten gebunden ... Die Kälber laufen frei mit. Anderthalb Kilometer mißt der Weg zum Trainingslager bei Mastigudi ...« Den verstörten Tieren stehen bittere Tage schmerzhaften ›Einbrechens‹ bevor, bevor sie in die ›Elefantenschule‹ kommen.

Das vergebliche, schmerzhafte Reißen an den Fesselstricken, die ins Fleisch schneiden, zermürbt; Hunger und Durst brechen den letzten Widerstand. Dem verzweifelten Aufbäumen folgt bald Resignation. Bestrafung und Schläge bei Widerstand, dann wieder beruhigende Worte und Leckerbissen. Der erziehende Mahout soll gefürchteter Meister bleiben und zugleich zum vertrauten Freund des Riesen werden.

Wenn die Beine nach hinten und nach vorn gestreckt werden und der tonnenschwere Körper auf schräggestellte Knie- und Ellenbogengelenke drückt, gibt jeder Elefant den Widerstand auf.

Das ›Einbrechen‹ auf dem Trainingsplatz

Die Elefantenzähmung erfolgt in den Ländern Südostasiens nach Methoden, die in Jahrtausenden entwickelt und verfeinert wurden. Die ausbildenden Mahouts kommen meist von Stämmen und Clans, denen Elefantenführung seit Generationen Lebensgrundlage ist und die in uralten Traditionen wurzelt. So haben thailändische und indische, ceylonesische und burmesische Mahouts alter Schule ein unvergleichliches Geschick bei der Schulung, Pflege und Führung der Dschungelriesen.

Wenn ein wilder Elefant im Zwangsgeleit von Kumkies auf dem Trainingsplatz eintrifft, beginnt für ihn die bittere, grausame Woche des ›Einbrechens‹, der völligen Unterwerfung unter den Willen des Mahouts, der aber zugleich vertrauter Freund und Kamerad des Rüsselriesen werden muß. Bewegungsunfähig an ein Balkengerüst gefesselt oder zwischen zwei Bäume gespannt, lernt der noch wild an den Stricken reißende und mit dem Rüssel schlagende Dickhäuter den Schmerz des bändigenden Elefantenhakens und strafenden Stocks kennen.

Bei jeder Widersetzung wird der Elefant bestraft, mit Stichen in den empfindlichen Rüssel, hinter die Ohren oder in andere der vielen Schmerzstellen. Schläge auf die Nase, wenn der Rüssel wütet; Schläge mit Stöcken, wenn er sich gegen die Berührung von Helfern wehrt, die um ihn herum lärmen und singen. Der vor dem gefesselten Riesen sitzende Mahout spricht immer wieder beruhigend auf seinen Schützling ein, der sich die Stimme und den Geruch des Führers einprägen soll; und er bringt des Nachts dem gepeinigten Tier, dessen Widerstandskraft auch Hunger und Durst brechen, Leckerbissen wie Bananen und Zuckerrohr.

Dann bei Tag wieder die Forderung nach bedingungsloser Unterwerfung. Dem noch rebellierenden Dickhäuter werden mit Hilfe von Kumkies die gestreckten Beine nach hinten und nach vorn gezogen, wodurch der tonnenschwere Körper schmerzhaft auf die Knie- und Ellenbogengelenke drückt – eine schockierende Szene.

In solcher Folter gibt jeder Elefant schnell jeglichen Widerstand auf. Nach jeder Tortur müssen beruhigende gute Worte kommen und Leckerbissen bei kleinen Fortschritten. Das Gute hat stets zu dominieren. Der strafende Zweibeiner muß zum Freund des Elefanten werden, der sich dann aus Zuneigung dem weiterhin gefürchteten Zwingherrn unterwirft. Rohe, brutale Behandlung erzwingt nur dumpfen Gehorsam aus nackter Angst; so behandelte Tiere werden leicht störrisch, hinterhältig und gefährlich.

Wenn sich der Elefant in sein Schicksal zu fügen beginnt, getrennt von der vertrauten Herde oder dem Muttertier, wird er täglich, zwischen zwei Kumkies gefesselt, zum Bad gebracht – beruhigender Genuß für das noch verstörte Tier. Nach einigen Wochen kann der leidlich friedfertig gewordene Dickhäuter, noch Schrittfesseln tragend, bereits ohne nötigende Begleitung zahmer Artgenossen zum Fluß geführt werden: der Mahout voraus, den gefürchteten Haken auf den Rüssel gerichtet, sowie zur Rechten und Linken Helfer, die ihre Stacheln sichernd zeigen. Bei solchen Ausflügen und nach Vorversuchen im Trainingslager muß der Elefant lernen, seinen Mahout auf dem Rücken zu ertragen, noch nicht auf dem Hals, dem späteren Führungsplatz, der in zu gefährlicher Reichweite des Rüssels ist.

Bei 4–8jährigen Kälbern nimmt die erste Gewöhnungsphase weniger Zeit in Anspruch; sie entfällt ganz bei Jungtieren, die in Gefangenschaft geboren und in der Menschenwelt herangewachsen sind.

Bewegungsunfähig zwischen Bäume gefesselt, erfährt der wilde, verstörte Koloß den bändigenden Schmerz.

Die Elefantenschule

Die Ausbildung des gebändigten Elefanten zu einem Helfer des Menschen dauert viele Monate. Sie erfordert viel Geduld. Grundregel ist, daß stets der gleiche Mahout das Training leiten und den Schützling betreuen muß. Der Elefant ist nicht wie ein Pferd, das jeden geübten Reiter hinnimmt; er gehorcht einem Herrn, dem er größte Anhänglichkeit bezeugen kann, den er aber auch an sein Elefantenleben bindet. Es ist ein hohes Maß an Erfahrung und Einfühlungsvermögen in die Tierpsyche vonnöten, um den Dschungelriesen zu einem gutmütigen und willigen Helfer des Menschen zu machen. Die Dressur unserer Haustiere ist eine sehr viel einfachere Angelegenheit.

Es ist ein kritischer Augenblick, wenn der Mahout zum ersten Mal vom Rücken eines zahmen Elefanten auf den Leitsitz, den Hals des Zöglings, überwechselt. Der Respekt vor dem drohenden Haken ist dann aber schon so groß, daß es der Riese bei allem Widerstreben nicht wagt, mit dem Rüssel hochzugreifen.

Während der ersten Phase der Grundausbildung, bei der zahme Elefanten Beispiel geben und zur Nachahmung nötigen, sind einfache Marschbefehle auszuführen. Das Tier muß dann lernen, auf Befehl Fuß oder Rüssel zu heben, sich auf Knie und Ellenbogen zu legen usw. Mit Leckerbissen, freundlichen Worten und Streicheln ist jeder einzelne Fortschritt zu belohnen.

Es dauert im Schnitt ein gutes halbes Jahr, bis der Dickhäuter an die drei Dutzend eingängige ein- und zweisilbige Befehlsworte versteht und sofort willig jede Weisung ausführt. Der Elefantenhaken hilft zuweilen etwas nach. Später genügt einem guten Mahout die bloße Drohung mit dem gefürchteten Stichel, wenn der Riese auf einen Befehl nicht reagiert oder wenn er die Ausführung unwillig hinauszögert.

Nach dem Grundtraining beginnt die Sonderausbildung, ausgerichtet auf die Aufgabe, die der Elefant künftig zu erfüllen hat. Soll er als Zugtier tonnenschwerer Lasten eingesetzt werden, so genügt die Vorschulung fast schon. Er hat sich nur noch an die Aufzäumung und die Arbeit zu gewöhnen. Die Schulung von Arbeitselefanten, die auf den Holzeinschlagplätzen Baumstämme stapeln und bei der Holzverflößung während der Regenzeit in reißenden Fluten arbeiten oder Stauungen zu beheben haben, dauert sehr viel länger, fordert die Tiere mehr.

Asiatische Elefanten sind sehr gutwillige, intelligente und willige Schüler, wenn sie einmal über die ersten schwierigen Lernhürden hinweg sind; wenn sie gelernt haben, zu lernen. Arbeitselefanten sind in der Regel nach 2–3 Jahren voll ausgebildet und erledigen dann auf den Holzplätzen in koordiniertem Zusammenwirken nahezu selbständig ganze Arbeitsabläufe.

Auf Befehl muß sich der Elefant auf Knie und Ellenbogen legen, Gegenstände mit dem Rüssel reichen, mit dem Vorderfuß eine Stufe zum Besteigen bieten und vieles mehr.

Mitte links: Einfache Marschbefehle gibt der Mahout mit den Füßen. Zehendruck hinter die Ohren links oder rechts heißt gehen in die entsprechende Richtung. Druck mit beiden Füßen: schnellere Gangart; klopfen mit den Fersen: langsamer oder stehenbleiben.

Unten links: Immer wieder sind kleine Gehorsamsübungen mit dem Mahout nötig. Leckerbissen und freundliche Worte müssen Fortschritte belohnen.

Arbeitselefanten in Städten müssen lernen, im dichten Straßengewühl gelassen zu bleiben. Vor allem dürfen Parade- und Tempelelefanten bei religiösen Feiern und Volksfesten im Getümmel, bei Lärm und Böllerkrachen nicht scheuen.

Unten links: Bei Arbeitselefanten, die Baumstämme zu stapeln und Holzstaus in Flüssen zu beseitigen haben, dauert die Ausbildung sehr viel länger als bei einfachen Zugtieren.

Unten rechts: Schauauftritte erfordern spezielles Training, die Einübung präziser gemeinsamer Befehlsausführung ganzer Elefantengruppen.

Die Mahouts führen ihre Elefanten täglich zum Baden. Die Tiere müssen von allen Seiten gründlich geschrubbt werden, damit sich nicht Parasiten festsetzen, vor allem in den Hautfalten, zwischen Beinen und Hufen, in den Ohren und an der Stoßzahnbasis.

Ausritt in den Dschungel. Die thailändischen Schulen für Arbeitselefanten in Lampang und Surin betreiben ein lohnendes Touristengeschäft.

Arbeit auf den Teakholzplätzen

Noch um die Jahrhundertwende bevölkerten Hunderttausende Elefanten die Tropenwälder Südostasiens. Heute sind es nach Schätzungen noch rund 35 000–50 000 Tiere. Allein in Thailand zählte man vor 100 Jahren an die 100 000 gezähmte Rüsselriesen. Heute gibt es dort etwa 4000 Arbeitselefanten, neben rund 3500 wilden Artgenossen in abgelegenen Wäldern. Die alarmierende Entwicklung hat die Regierungen der Elefantenländer veranlaßt, rigorose Schutzbestimmungen zu erlassen. Verboten wurde der seit Jahrtausenden geübte, verlustreiche Massenfang in Palisadenpferchen. Angestrebt wird in radikalem Umdenken eine möglichst weitgehende Deckung des Ergänzungsbedarfs an Arbeitselefanten durch die natürliche Vermehrung.

Es gibt bereits ermutigende Zuchterfolge, die aber den Tierbedarf keineswegs decken. Trotz des Vormarschs der Maschine sind in ganz Südostasien noch rund 10 000 Arbeitselefanten im Einsatz. Zur Deckung des vollen Bedarfs wird es neben der geförderten Aufzucht weiterhin beschränkten Fang wilder Elefanten in kleinen Waldkheddas sowie Einzelfang mit Hilfe von Kumkies geben. Heute ermöglichen Betäubungsgeschosse, aus sicherer Entfernung abgefeuert, gefahrlose und schonende Fesselung von der Herde abgedrängter Tiere.

Asiens grauer Riese hat den Konkurrenzkampf mit der Maschine noch nicht verloren. Neue Chancen eröffnen sich dem Elefanten in der Forstwirtschaft, die ein ihm besonders angemessenes Arbeitsfeld ist – und ihm als ›Nutztier‹ beste Überlebenssicherung bietet. Die Forstbehörden Thailands und Indiens bemühen sich, einen selektiven Teakholzeinschlag gegen die mächtigen internationalen Gesellschaften durchzusetzen, deren

Hart arbeitende Elefanten brauchen Zusatznahrung zu Grünfutter: mit Fett versetzte Reisballen, Zuckerrohr und Brot.

Kahlschlagpraktiken weite Gebiete schleichender Erosion ausliefern. Die Waldfläche Thailands ist zum Beispiel schon auf ein knappes Fünftel des ursprünglichen Bestands geschrumpft. Bei selektivem, den Wald erhaltendem Einschlag kann nur der Elefant, der ›Traktor‹ Asiens, die zur Fällung freigegebenen Einzelbäume kostengünstig und unterwuchsschonend durch weglosen Dschungel schleppen.

Die Verhältnisse für die Aufzucht von Elefanten sind auch nirgendwo günstiger als auf den Holzplätzen. Die Rüsselriesen verbleiben in ihrer angestammten Umwelt, im Walde; und das Arbeitsleben im Lager läßt ihnen die Möglichkeit zu freier Nahrungssuche im Dschungel. Die schwer arbeitenden Tiere benötigen nur Zusatzkraftnahrung: mit Fetten versetzte gekochte Reisballen, Brot, Zuckerrohr usw. Die Arbeitszeit ist auf sechs Stunden täglich bemessen, je drei Stunden vormittags und spätnachmittags. Dazwischen und abends ausgiebiges Baden und Schrubben: Hautpflege, die nicht vernachlässigt werden darf.

Nach der Arbeit und dem Baden werden die Dickhäuter regelmäßig in den Busch entlassen. Gegen zu weites Entfernen sichert das ›Hobbeln‹ der Tiere: das Verbinden der Vorderfüße mit einer Kette, die nur kleine Schritte erlaubt, oder eine Schleppkette an einem Hinterfuß. Kälber können Muttertiere frei begleiten. Umgebundene Glocken erleichtern das Auffinden bei Sonnenaufgang. Bei dem nächtlichen Äsen im Walde lockt das ›Parfum‹ einer deckungsbereiten Kuh zuweilen einen wilden, kräftigen Bullen an, der gesundes Erbgut weitergibt.

Das Anlegen der Fußfesseln, das ›Hobbeln‹, vor Entlassung in den Wald zu freier Futtersuche.

Auf den Holzplätzen haben die Elefanten bei selektivem Einschlag die Stämme aus dem Wald zu ziehen und für den Abtransport zu stapeln.

Das Zähmungsexperiment am Kongo

Den schwarzen Völkern des äquatorialen und südlichen Afrika war der Elefant stets nur Jagdtier. Seine Kraft und Geschicklichkeit wurden, anders als in Asien, nicht genützt. Daß er ebenso zähmbar ist wie der asiatische Artgenosse und daß sich seine Dienste durchaus rechnen könnten, hat ein Experiment am Kongo gezeigt.

Im Jahre 1879 ließ der belgische König Leopold II. vier asiatische Elefanten per Schiff nach Daressalam bringen, von wo sie den Fußmarsch zum Kongo antreten mußten. Mit Hilfe indischer Mahouts sollten afrikanische Jungtiere gezähmt werden, sollte die Keimzelle einer Elefantenbrigade für den Arbeitseinsatz in der riesigen Kolonie entstehen. Doch die vier indischen Elefanten gingen schon beim Anmarsch zugrunde. Erst um die Jahrhundertwende wurde ein neuer Anlauf gemacht. König Leopold beauftragte den afrikaerfahrenen Offizier Laplume, es gleich mit afrikanischen Jungtieren zu versuchen.

Im Nordwesten der Kolonie, am Uele-Fluß, wurde inmitten eines Elefantengebiets ein Militärlager errichtet, die ›Station Api‹. Die Mannschaft kam vom Stamm der Asandeh, der sich auf Elefantenfang verstand. Laplume ließ Dutzende Fallgruben anlegen. Schließlich fingen sich zwei Elefanten. Die sich wild wehrenden Tiere, mit denen die afrikanischen Mannschaften nicht zurechtkamen, überlebten nicht einmal den Abtransport.

Nun versuchte man es mit einem Palisadenpferch, in den eine Elefantenkuh mit Kalb getrieben wurde. Als das freigelassene Muttertier immer wieder zu seinem Kalb zurückkam, mußte es abgeschossen werden – und auch das Kalb starb.

Entnervt entschloß sich Laplume zu einem grausamen Radikalverfahren. Er ließ auf Treibjagden eine Anzahl von Muttertieren gleich abschießen und die hilflosen Kälber einbringen. Es gelang, wenigstens die Hälfte der noch nicht entwöhnten Kälber mit einer Mischung aus Kuhmilch und Reisschleim am Leben zu erhalten. So wurde allmählich ein Bestand von etwa 30 Jungtieren aufgebaut, die schon recht umgänglich waren. Dann brach der erste Weltkrieg aus: Laplume wurde zu den Fahnen gerufen. Alles war wieder in Frage gestellt.

Nach dem Friedensschluß begann Laplume von neuem, gefördert von König Albert I., der Leopold II. auf dem Thron gefolgt war. Endlich wurden Konsequenzen aus den Fehlschlägen und halben Erfolgen gezogen. Auf Ersuchen Brüssels schickte Indien sieben Mahouts, die die ›Elefantensoldaten‹ vom Stamm der Asandeh und die weißen Offiziere in die altbewährten Methoden des Elefantenfangs und der Dressur einführten. Sie vertrugen sich schlecht mit ihren afrikanischen Schülern, und sie sollen bis zu ihrer Heimkehr nach acht Monaten eine gewisse Scheu vor den temperamentvollen, feinfühligen Loxodonten bewahrt haben, die sie nach Zeitzeugen manchmal recht grob behandelten. Doch ihr Rat zeitigte Erfolg.

Bei Fangaktionen hörte das brutale Abschießen der Muttertiere auf. Jungkälber (bis zu vier Jahren), die hinter einer mit Schüssen und Lärm in panische Flucht getriebenen Herde zurückblieben, wurden von den Asandeh-Elefantensoldaten, ›Cornacs‹ genannt, im Lauf und zu Pferd eingeholt, mit Seilschlingen um die Hinterbeine gestoppt, an Bäume gebunden und am Abend mit Hilfe von zahmen Kühen ins Lager gebracht. Von ausdauernden,

Eine Gruppe von gezähmten Steppenelefanten in Paradeaufstellung in der Trainingsstation ›Gangala-na-Bodia‹ 1948. Unter belgischer Kolonialregie waren die ›Cornacs‹, die Elefantenmänner vom Volk der Asandeh, stramm militärisch organisiert.

Arbeitselefanten, von ›Cornacs‹ geführt, pflügen auf einer Plantage.
1928 standen in den Elefantenstationen von Api und Wando 103 zahme und trainierte Arbeitselefanten.

Ein gefangener Waldelefant wird mit schmerzhaft auseinander gezogenen Beinen mit äußerster Brutalität ›eingebrochen‹.

guten Läufern waren Jungtiere leicht einzuholen. Die schweren Körper der Elefanten ermüden schon nach 100 m schnellen Laufs. Den sportlichen Asandeh-Fängern drohte freilich große Gefahr, wenn Bullen oder Muttertiere kehrtmachten; und mancher verlor sein Leben.

Auch die Dressur gelang nach den Ratschlägen der indischen Mahouts. Die afrikanischen ›Cornacs‹ erwiesen sich als recht geschickte Elefantenlenker. Mitte der zwanziger Jahre leisteten schon über 20 zahme, leidlich abgerichtete Loxodonten nützliche Dienste als Zugtiere beim Holzeinschlag und auf umliegenden Farmen vor Pflüge gespannt. Dann verschwanden die Elefantenherden aus der näheren Umgebung, zu sehr bedrängt und gejagt. Jungtiere waren nicht mehr einzubringen. 1927 mußte die Station verlegt werden. Am Ufer des Dungu-Flusses inmitten des Garamba-Nationalparks wurde die neue Station ›Gangala-na-Bodia‹ errichtet. Beim Umzug leisteten die gezähmten Kolosse gute Dienste.

Die Kongo-Elefantenschule in der Krise

In der Elefanten-Station ›Gangala-na-Bodia‹, die sich zu einem zweiten Verwaltungszentrum des Garamba-Nationalparks entwickelte, war bald ein Bestand von 50 zahmen, gut geschulten und willigen Reit- und Arbeitselefanten aufgebaut. Die Tiere konnten schon zum Äsen ›gehobbelt‹ freigelassen werden wie ihre asiatischen Vettern auf den Holzplätzen im Dschungel. Einige Elefanten, die entliefen, kamen nach Monaten wieder zurück und folgten ihren ›Cornacs‹, als wäre nichts geschehen.

Die Zähmungsarbeit begleitete oft, ganz nach afrikanischer Art, rhythmischer Wechselgesang von Vorsänger und Mannschaft; im Takt Schläge mit Zweigen auf den Rücken des Jungtieres, um es zur Ausführung eines Befehls zu nötigen, und Belohnung mit Leckerbissen, wenn es gehorchte.

In den dreißiger Jahren leitete der belgische Offizier Raymond Lefevre die Station nach stramm militärischem Reglement mit Fahnenhissen am Morgen. Die Asandeh-›Elefantensoldaten‹ trugen Uniformen, die sie aber auszogen, wenn sie zu Fangaktionen ausrückten.

Es entstanden Unterkünfte für Besucher, denen man einen Ausritt in den Busch auf Elefantenrücken bieten konnte. Das Geschäft mit Touristen wurde angepeilt.

Die Station überstand die Turbulenzen des zweiten Weltkriegs gut. 1951 verfügte ›Gangala-na-Bodia‹ über 100 dressierte Elefanten. Doch dann kam es zu dramatischen Rückschlägen. Nach Entlassung der belgischen Kolonie in die Unabhängigkeit im Jahre 1960 brachen mörderische Bürgerkriegskämpfe im Kongo aus. Die Ordnung im Camp lockerte sich. Belgien verlor das

Die afrikanischen ›Cornacs‹ sitzen in Hockstellung auf dem Rücken der Elefanten, nicht auf dem Hals wie die asiatischen Mahouts.

Interesse an der Elefantenschule. Es gab wilde Abschüsse marodierender Soldaten. Kälber wurden nicht mehr gefangen. Schon 1964 war die Zahl der dressierten Elefanten auf 15 geschrumpft. Die alten, erfahrenen ›Cornacs‹ gingen fort. Ende der achtziger Jahre gab es nur noch vier zahme, nicht mehr verläßlich gehorchende Kühe und ein Kalb auf der Station.

Inzwischen wurde mit bescheidenen Mitteln ein neuer Anlauf genommen. Doch bei der labilen politischen Lage am Kongo ist eine ausgreifende Planung mit Hoffnung auf ein nennenswertes Safarigeschäft mit Elefanten kaum möglich.

Safari-Ausritt auf Loxodonten im Okawango-Delta

Interessante Erfolge in der Haltung und Schulung von Loxodonten erzielte der amerikanische Zoologe Randall Jay Moore in Botswana, im berühmten Okawango-Delta. Er hat vor zehn Jahren angefangen, afrikanische Rüsselriesen aus Tierparks überseeischer Länder wieder nach Afrika zurückzuholen und sie einzubinden in eine Herdengemeinschaft zahmer Reit- und Arbeitstiere. Heute kann er mit einem halben Dutzend von Afrikanern geführten Steppenriesen Ausritte in den Dschungel anführen.

Der riesige Leitbulle Abu war als Jungtier in die USA gebracht worden und dort aufgewachsen. Ein Koloß kam aus Kanada nach Afrika zurück, ein weiterer aus Sri Lanka. Ferner wurde unter anderem ein wilder Dickhäuter aus dem Krüger-Nationalpark Südafrikas eingereiht in die zusammengewürfelte Herde, die zu einer verträglichen Elefantenfamilie zusammenwuchs. Die Herde nahm auch einige Waisenbabys aus dem Krüger-Nationalpark an, die von den erwachsenen Tieren fürsorglich behütet werden. Sie laufen bei Ausritten mit; sie spielen, balgen und planschen wie Kinder. Die Mütter der kleinen Waisen waren bei kontrolliertem Abschuß ganzer Herden im Bereich zu groß gewordener Elefantenpopulationen getötet worden. Die großen Herdentiere können zur Futtersuche im Dschungelumfeld der Station auch freigelassen werden.

Ausflug in das noch weitgehend naturbelassene Tierparadies der Okawango-Feuchtgebiete auf dem Rücken afrikanischer Elefanten. Der Nachwuchs kann frei mitlaufen. Die riesigen Loxodonten, die lange fälschlich als nur schwer zähmbar apostrophiert wurden, eignen sich nicht minder zum Reiten als der asiatische Elefant. Sie im Touristengeschäft dienstbar zu machen, könnte sich rechnen und damit ihr Überleben sichern.

Ein Familienverband im Okawango-Delta auf Wanderung. Die Zonen regelmäßiger Überschwemmungen inmitten weiter Steppen sind idealer Lebensraum für die Rüsselriesen.

Das Okawango-Experiment demonstriert die Möglichkeit, gezähmte afrikanische Reitelefanten in größerem Stil im Touristengeschäft dienstbar zu machen, was sich rechnen könnte – und dem Elefanten ob seiner Nützlichkeit eine große Überlebenshilfe wäre. Würden sich die internationalen Holzgesellschaften, die in Afrikas wegschmelzenden Regenwäldern mit schnellem Laster-Abtransport verheerenden Kahlschlag betreiben, auf vernünftigen selektiven Einschlag verständigen, hätten auch afrikanische Arbeitselefanten eine Chance in den Wäldern.

Das Okawango-Delta zählt zu den letzten großen Rückzugsgebieten der bedrängten Wildtiere. Der über 1000 km lange, aus dem Hochland von Angola kommende Okawango erreicht das Meer nicht; er endet in der Steppenzone nördlich der Kalahari-Wüste in einem riesigen System von Seen und Inseln, von Kanälen, Sümpfen und Lagunen. Die Wassermassen, die der Strom während der Regenzeit in Angola aufnimmt, kommen Monate später, wenn in Botswana die von April bis September andauernde Trockenzeit herrscht, im größten Inlanddelta der Welt an. Inmitten ausgedörrter Steppen werden die Wasservorräte wieder aufgefüllt und weite Gebiete überschwemmt. Die Tiere wandern in die rettende Oase, um bei beginnender Regenzeit wieder zurückzukehren in die neubegrünte Steppe.

Für die Elefanten Botswanas – ihre Zahl wird auf etwa 24 000 geschätzt – ist das Okawango-Delta mit angrenzender Steppe ein idealer Lebensraum und Wanderbereich. Es droht aber akute Gefahr.

Bei unbegrenzter Bevölkerungsvermehrung drängen afrikanische Bauern in das Delta. Verheerende Brandrodungen schaffen Weideflächen für Rinderherden, die nach erfolgreicher Ausrottung der Tse-Tse-Fliege (einst Hüterin der Wildtiere!) in jedem Biotop gehalten werden können. Das Wilderer-Unwesen ist kaum unter Kontrolle zu bringen. Überdies drängt die Industrie in die Nähe der einzigen großen Wasserreserve des armen Staates. Zwei Diamanten-Tagebaubetriebe arbeiten bereits mit gewaltigem Wasserbedarf. Im Boden lagern Kupfer, Nickel, Kohle. Bewässerungsprojekte gefährden den fein abgestimmten Wasserhaushalt der Deltaregion; der Wegebau kommt voran. Es sieht nicht gut aus für die Zukunft der Elefanten und der Wildtiere insgesamt.

Jagdbeute und Helfer des Jägers

Elefantenjagd, Brüssel, um 1530
Tapisserie
Musée du Louvre, Paris

Der in einem flämischen Atelier entstandene Wandteppich atmet in seiner Bewegtheit und Farbigkeit das diesseitsfrohe Lebensgefühl der Renaissance. Das hingestreckte exotische Rüsselwesen ist eingewoben in eine höfische Jagdszene in einer Landschaft mit schon meisterhaft gestalteter, perspektivischer Tiefenwirkung.

Schon in der Antike kam die Elefantenjagd, bei der besondere Umsicht und Kaltblütigkeit geboten waren, der königlichen Mutprobe der Tiger- und Löwenpirsch gleich. Der hingestreckte Riese galt als augenfälliges Zeugnis bewährter Unerschrockenheit und stolzen Mannesmuts.
In Südostasien wurde der Elefant beschützender Helfer des Jägers, der auf dessen sicheren, weiten Überblick bietendem Rücken zur gefährlichen Pirsch auf den Tiger, den Löwen und das Nashorn in den Dschungel ritt. Eine besondere Herausforderung für den passionierten Jäger blieb bis in unsere Zeit der Urweltkoloß der offenen afrikanischen Savannen und Steppen. Tausend Geschichten ranken sich um die einsamen Pirschgänge wettergegerbter Männer, die das Abenteuer der Wildnis nicht mehr losließ. Eine gewinnsüchtige Safaribranche ließ die Elefantenjagd leider zum Abschußvergnügen verkommen.

Tigerjagd mit Elefant (Detail)
Patiala, Punjab, 1892
Gouache auf Papier
Victoria & Albert Museum, London

Dramatischer Tigerangriff während einer englischen Herrenjagd im indischen Dschungel. Zeitgenössische europäische Maltechnik überlagert hier schon altindische Darstellungsweise.

Der Prince of Wales, der 1876 auch Nepal besuchte, wurde bei einer Staatsjagd zu seinen Ehren Zeuge eines Tigerangriffs. Die Skizze eines Reporters veröffentlichte ›The Illustrated London News‹ am 1. April 1876.

Auf Elefantenrücken zur Tigerjagd

Seit Indiens frühgeschichtlicher Zeit sind die Könige und Regionalfürsten des Halbkontinents, die Maharajas (Großfürsten) und Rajas (Fürsten), auf Elefantenrücken zur Tigerjagd in den Dschungel geritten. Sie taten es, als der Pfeil, der Speer und das Schwert noch einzige Wehr des Menschen waren – und die Pirsch auf die Raubkatze ein riskantes Abenteuer.

Der Elefant blieb geschätzter Helfer, als das moderne Präzisionsgewehr die Tigerjagd zum exklusiven Nervenkitzel degradierte. Der Hochsitz auf seinem Rücken bot Sicherheit vor mörderischem Ansprung aus dem Hinterhalt sowie Übersicht und freies Schußfeld in hohem Gras, in den Bambusdickichten und dem wilden Gestrüpp der Dschungelniederungen. Vor allem meistert der Riese schwierigstes sumpfiges Gelände, in das selbst modernste Geländefahrzeuge nicht vordringen könnten.

Nur ausgesuchte, kräftige und furchtlose Bullen waren als Reittiere für Tigerjäger geeignet; und sie mußten eine langwierige, schwierige Sonderausbildung erhalten. Sie durften weder scheuen, wenn sie die Witterung einer Raubkatze aufnahmen, noch sich von Angriffswut gegen den Erzfeind hinreißen lassen. Sie mußten aufs Wort gehorchen, eine Fülle von Befehlen verstehen können und auch in unmittelbarer Tigernähe stillstehen, damit der Jäger zu sicherem Schuß kommen konnte.

In alten Zeiten, als sich der nur mit Speer und Pfeil ausgerüstete Jäger auch auf die Stoßzahnwehr und die Rüsselkraft seines Reitelefanten verlassen mußte, lernten die Tiere, Tigerattrappen zu durchbohren und zu zertrampeln. Dieses dem Elefanten widerstrebende Training ordnete sich auch ein in das Schulungsprogramm für den Krieg. Im Rivalitätsgerangel während der Zeiten der Königtümer und Fürstenherrschaft bestand stets großer Bedarf an geschulten Elefanten für die Jagd und den Krieg.

Maharao Durjan Sal und Shri Brijnathji jagen Tiger und Büffel
Rajasthan, Kotah, 18. Jh.
Malerei auf Baumwolle
102,4 x 191,3 cm
Collection of Howard Hodgkin, London

Ein gewaltiges Aufgebot an Treibern hat das Wild in einen Kessel gedrängt. Auf sicherem Elefantenrücken können die Maharajas die gefährlichsten Großtiere ins Visier nehmen. Sie haben den ersten Schuß.

Rajas bitten zum Dschungel-Dinner …

Gruppenbild der regierenden Maharajas, Indien, um 1905
Die Collage aus 40 Maharaja-Portraits stellte ein unbekannter Künstler zusammen. In der Mitte der vordersten Reihe der bekannte Nizam von Hyderabad.

Noch bis in die jüngste Zeit hinein hielten die Rajas Indiens fest an dem Privileg der verschwenderischen und äußerst aufwendigen Tigerjagd – auch wenn sie seit dem Ende der englischen Kolonialherrschaft in ihrer Macht eingeschränkt sind. Wie es bei einer dieser Tigerjagden zuging, schildert ein zeitgenössischer Bericht:

»Im Januar schickte der Raja Bahadur Visvesar Singh von Radschnagar 16 seiner besten Jagdelefanten mit Betreuern auf einmonatigen Voraustreck hinauf in die nördlichen Dschungel von Bihar. Einige Wochen später, bevor es zu heiß wurde, rief er zwölf Gefolgsleute, 20 Diener, vier Leibwächter und 28 Gäste zusammen, ließ sie einsteigen in seine privaten Luxus-Eisenbahnwaggons, und die Fahrt ging los in Richtung Dschungel.

Als er dort eintraf, hatten seine Leute 20 weitere Elefanten beschafft samt entsprechendem Personal. Die Jagdgesellschaft, die nun 200 Personen zählte, konnte losziehen. Da waren die Mahouts, die die Elefanten lenkten, und die ›Charkatas‹, die sie zu füttern hatten; da waren Köche, Musikanten, ein Privatsekretär des Rajas, ein Abhäuter und sogar Diener für höhergestellte Bedienstete. Eine tonnenschwere Ausrüstung wurde mitgeführt, darunter zwei Küchen für indische und für westliche Gerichte. Die Jagd selbst schien fast eine beiläufige Sache.

Nach üppigem Frühstück fuhren der Raja und seine Freunde täglich mit Autos zu den Elefanten. Auf deren Rücken warteten sie dann, bis ihnen eine Kette von Treibern Wild zuführte. Nach einigen Stunden gab es ein aus vier Gängen bestehendes Mittagessen, das aus dem Jagdlager gebracht und heiß serviert wurde. Nach der nächsten Jagdphase am Nachmittag Whisky und Soda, dann Abendunterhaltung und zu später Stunde ein luxuriöses Dinner.

In zehn Tagen wurden drei Tiger erlegt. Der Raja tötete einen und gab noch einem zweiten, der angeschossen war, den Fangschuß. Er hielt den Aufwand für angemessen, da ihn das Unternehmen ›nur‹ etwa 10 000 Dollar gekostet habe, trotz Inflation ebensoviel wie die vorjährige Jagd.

Es waren auch ›nur‹ drei Treiber verwundet worden: durch Jäger, die wild auf einen Leoparden schossen …«

Die Jäger besichtigen die Strecke im Dschungel von Bihar: 4 Tiger.

Nach dem Nervenkitzel der Großwildpirsch Entspannungspause der noblen Jagdgesellschaft bei einem Imbiß, von Dienern auf gedecktem Tisch im Dschungel improvisiert.

Der Elefant des Königs besiegt einen Panther, Rajasthan, Kotah
18. Jh.
Schwarze Tinte und Gouache auf Papier, 45,8 x 51,7 cm
Rao Madho Singh Trust Museum, Fort Kotah

Der Elefant Kisanprasad, der Stolz des Maharaja Durjan Sal, vernichtet, zerdrückt einen angreifenden Panther. Der dramatische Jagdzwischenfall ist skizzenhaft in leerem Raum festgehalten.

Königliche Elefantenjagd
Rajasthan, Kotah oder Bundi
um 1630
Gouache auf Papier
37,5 x 107,2 cm
Collection of Howard Hodgkin, London

Der Reiter des die Bildmitte beherrschenden, vorwärts stürmenden Jagdelefanten ist ein Fürst. Er greift allein mit Pfeil und Bogen die Löwin an, die wild ihre Jungen verteidigt. Die begleitende Jagdgesellschaft, die berittenen Krieger am linken Bildrand und die Jagdelefanten rechts, verharrt abwartend still ... Eine bewegte, in die Landschaft eingewobene Jagdszene aus Kotah, einem Zentrum der Buchmalerei in Rajasthan.

Löwenjagd in der indischen Buchmalerei

Für einen Fürsten der kriegerischen Rajputen, die im mittelalterlichen Mogulreich einen Teil der kaiserlichen Armee stellten, war es Ehrensache, bei der Großwildjagd als erster Kaltblütigkeit und Mut zu beweisen, der Begleitung voran den aufgespürten Tiger oder Löwen anzunehmen. Dabei konnte die plötzliche Begegnung mit Löwinnen, die im Familienverband Junge hüteten, in kritische Situationen führen. Die Meister der im 16./17. Jahrhundert blühenden indischen Buchmalerei haben in sinnlicher Anschaulichkeit dramatische Szenen festgehalten. Es sind anschauliche Zeugnisse der Zeitverhältnisse und altindischer feudaler Lebensart.

Die Maler, die zwar der niedersten, der Shudra-Kaste angehörten, aber an den Höfen in hohem Ansehen standen, begleiteten ihre Herren auf Reisen, im Krieg und bei der Jagd. Sie hatten deren Taten zur Mehrung von Ansehen und Ruhm festzuhalten, in Skizzen zunächst und nach erlauchter Begutachtung in Farbe. Die Fürsten konnten die Meisterwerke der sogenannten ›Buchmalerei‹ ihren Gästen zeigen oder als Beweis besonderer Gunst verschenken. Es handelte sich nicht um ›Bücher‹ westlichen Verständnisses, sondern um lose Blätter, die zwischen Lederplatten gesammelt und in Tücher gehüllt verwahrt wurden.

Wie für die Rajputen, die ›Ritter‹ Indiens, war den Mogulfürsten die Großwildjagd liebster, männlich-stolzer Zeitvertreib, Ersatz für den Krieg gewissermaßen. Der berühmte Kaiser Akbar (1556–1605) pflegte zuweilen große Treibjagden kriegsmäßig mit gewaltigem Aufgebot von Soldaten und nach militärischer Einkreisungstaktik aufzuziehen, was als Machtdemonstration potentiellen Gegnern auch Warnung sein konnte.

So ist überliefert, daß er 1567 ein riesiges Areal von 60 Meilen Durchmesser von 10 000 Soldaten umstellen ließ, die während zweier Monate alles Getier dazwischen auf einen engen Raum von nur einigen Meilen Durchmesser zusammendrängten. Einige Tage ritt Akbar allein durch den Auftrieb, nur begleitet von einigen Höflingen, und er tötete abwechselnd mit dem Schwert, mit Pfeil und Bogen, mit der Lanze und der Muskete. Vor allem waren Löwen und Tiger, das edelste Wild, seinem Tatendrang vorbehalten. Erst nach ihm durften sich, dem Rang nach, die Adeligen, die Hofbeamten und die Soldaten auch Beute erjagen.

Löwenjagd
Mogul-Schule, um 1605
Gouache auf Papier
15,8 x 18,8 cm
Victoria & Albert Museum, London

Der Elefant, der sich mit den Stoßzähnen selbst zu helfen weiß, und die Jäger sind in klarer Umrißzeichnung und realistischer Körperlichkeit ausgearbeitet. Die Landschaft tritt zurück.

Der Prince of Wales auf Tigerjagd

Im Frühjahr 1876 machte der Prince of Wales offiziellen Besuch in der Kronkolonie Indien. Zu seinen Ehren wurde eine pompöse Tigerjagd veranstaltet. Mit gewaltigem Elefantenaufgebot zog die erlauchte Gesellschaft in den Dschungel. Geschossen wurde auf alles, was vor die Flinte kam: Tiger, Bär oder Rhinozeros. Die ›Illustrated London News‹ informierte in der Ausgabe vom 25. März 1876 in einem Bildbericht über das Ereignis.

Der Prince of Wales, auf der Howdah stehend, feuert auf einen Bären. Großwild jeder Art wird ins Visier genommen.

Der Prince of Wales hat auf dem Hochsitz Platz genommen, den indische Helfer in der Astgabel eines Baumriesen anlegten. Links unten Prince Louis of Battenberg; rechts der indische Raja Sir Jung Bahadoor.
Die Bildfolge veröffentlichte ›The Illustrated London News‹ am 8. April 1876.

Ein erlegter Tiger wird auf den Rücken eines Elefanten gehievt und vertäut. Jagdelefanten müssen den Geruch ihres Todfeindes ertragen, ohne zu scheuen.

Königin Elizabeth II. reitet in den Dschungel

Englands Königin Elizabeth II. und Prinz Philipp machten 1961 einen Staatsbesuch in Nepal. Höhepunkt des pompösen Besuchsprogramms war ein Ausritt auf Elefantenrücken zur Tigerjagd. König Mahendra geleitete die hohen Gäste mit gewaltigem Aufwand in die Dschungelniederungen von Megauli. Dutzende von Jagdelefanten waren aufgeboten; 2000 Personen zählten Gäste und Dienerschaft. In der Wildnis, wo Soldaten eine 2 km^2 große Fläche von Schlangen und lästigem Ungeziefer gesäubert hatten, war für die Rast und das große Jagd-Dinner eine fürstliche Zeltstadt errichtet worden.

Beim Aufbruch führte Elizabeth die Elefantenkolonne an. Eigens dafür ausgebildete und verläßliche Elefanten begleiteten die Jagdgesellschaft zum Schutz gegen mögliche Tigerangriffe. Der Jagderfolg dieser aufwendigen Landpartie war indes eher bescheiden: Der begleitende Außenminister verfehlte seinen Tiger. Die Königin selbst fotografierte nur.

Prinz Philip schaut zu, wie ein erlegter Tiger von indischen Jagdhelfern auf dem Rücken eines Elefanten verzurrt wird.

Unter einem Sonnenschirm, auf einem Reitelefanten sitzend, führt Königin Elizabeth II. die Jagdkolonne an. Sie ist nur mit einem Fotoapparat ausgerüstet. Auf dem dritten Elefanten dahinter der jagdbegeisterte Prinz Philip, Herzog von Edinburgh.

Inmitten des Jagdgebiets stieg die Königin um in die goldfarbene Howdah eines Prachtelefanten, der freies Sichtfeld hat. Ein Geleit von einigen besonders verläßlichen Elefanten sichert sie ab gegen einen eventuellen Tigerangriff.

Im Jahr 1911 besuchte Elizabeths Großvater, König George V., Nepal, wo er drei Tage lang mit großem Gefolge im Dschungel jagte. Er schoß dabei eines der 18 Nashörner, die von der Jagdgesellschaft zur Strecke gebracht wurden, und einige Tiger.
Rechts: Die Strecke eines Tages, vier Tiger und eine Gazelle.

Jagd auf Büffel, Nashorn und Wildschwein

Tara Chand, *Der Raja Svarup Singh von Udaipur auf Wildschweinjagd* (Detail)
Udaipur, Rajasthan, 1855
Gouache auf Papier
Victoria & Albert Museum, London

Die Szene ist in volkstümlicher Malweise in eine weite Landschaft komponiert. Der Raja, der mit einem Vorderlader auf den Eber feuert, wird nach feudaler Gepflogenheit von Bewaffneten und Dienern begleitet.

Kaiser Babur erlegt ein Nashorn
Seite aus dem ›versprengten‹ Baburnama-Manuskript, dem Maler Bishan Das zugeschrieben um 1590
Sammlung de Bureltt
Basel, nach 1927
Geschenk Barbara und Eberhard Fischer

Ein wütender, gehetzter Büffel stürmt gegen einen Elefanten an, den solche Attacken nicht schrecken können. Die Bildskizze machte der Tiermaler Willhelm Eigner auf einer Indienreise.

Prinz Waldemar von Preußen auf Elefanten-Pirsch

Der Pirschgang des Prinzen Waldemar von Preußen auf Ceylon in romantisierender zeitgenössischer Darstellung, 1845

Im Jahr 1845 war Prinz Waldemar von Preußen mit Freunden Gast des Rekord-Elefantenjägers Major Rogers, der für die prominenten Sonntagsjäger den Pirschgang organisierte. Mit großem einheimischen Dienstgefolge, wie es koloniale Etikette verlangte, ging es zu Pferd bis zum Dschungel. »Wohl 50 bis 60 Mann stark pflegten wir gemeinschaftlich auszuziehen«, vermerkt der Prinz in seinem Tagebuch. »Jeder Reiter hinter sich einen Pferdehalter und zwei oder drei Männer, die die Gewehre trugen ...« Am Dschungelrand wurde abgesessen. Der Major gab den einheimischen Begleitern Anweisungen.

»Die nackten Führer wußten sich, gebeugt und oft auf den Händen kriechend, durch den verwachsenen Dschungel hindurchzuwinden. Auch wir mußten fortwährend in gebeugter Stellung gehen; das Gewehr in den Händen und damit Bahn brechend, war es für uns, in unseren Kleidern, mit breitkrempigen Hüten auf dem Kopf und fast bei jedem Schritt festhakend, keine leichte Aufgabe, ihnen zu folgen ... Im hohen Gras finden wir, ich und Graf Gröben, einen Elefanten. Ich schieße und verwunde ihn, und nun setzen wir im Trabe hinter ihm her. Er wird in seinem Lauf langsamer und schwankend; er sieht sich um, macht, als ob er sich besinne, mit den Ohren schlagend und den Rüssel erhoben, kehrt um ... und kommt auf uns losgetrabt. Wir erwarten ihn stehenden Fußes, und ich drücke, auf bester Distanz von 15 bis 20 Schritt. Mein Gewehr versagt; der eine Schuß ist heraus, und ich stehe ohne Waffe da ...«

Der Prinz sucht Deckung, fällt über einen Baum, springt weiter. Der waidwunde Elefant sackt auf den Baumstamm und wendet sich dann gegen Gröben, »welcher, von einem Baume gedeckt, ihm einen Schuß beibringt, der ihn seine Verfolgung aufgeben läßt ...«

Auch bei einem anderen Pirschgang gelang es dem Prinzen nicht, einen waidgerechten tödlichen Schuß anzubringen:

»Wir kriechen und kriechen mehrere Stunden lang. Plötzlich springt der vor uns schleichende Singhalese zurück: auf 15 Schritt vor dem Grafen Oriolla steht der Elefant. Oriolla schießt. Der Elefant stürzt, arbeitet sich aber wieder auf. Jener schießt nochmal. Der Elefant bricht abermals zusammen, kehrt aber um und kommt wütend auf uns los ... Ich drücke mein Gewehr ab; er stürzt wieder auf die Knie; ich drücke den zweiten Hahn los – er versagt! Der Koloß uns schon so nahe, da war weiter nichts zu thun als kehrt zu machen ... Wir springen hinter einen besonders dicken Strauch, um unseren Anblick dem Elefanten zu entziehen ... Wir hören es noch dicht neben uns in den Sträuchern toben und brechen. Doch der Lärm verhallt. Wir laden vorsichtig unsere Gewehre und suchen die Spur zu verfolgen. Auf allen Zweigen Blut, manche Wasserpfütze voll langer Blutfasern. Der Elefant aber über alle Berge ...«

Und der Prinz vermerkt: »Übrigens muß ich gestehen, daß von nun an die Elefanten in meiner Achtung stiegen, und ich sie nicht mehr, wie bisher, als davonlaufende Kühe ansah ...«

»Mühsam geben Elefanten ihr Leben auf ...«

Der vom Jäger schwer verletzte und in den Busch entkommene Elefant ist zu grausamem Hinsiechen verurteilt, das viele Stunden, aber auch Tage und Wochen dauern kann. Der Riese stirbt schwerer, qualvoller als verwundetes kleinwüchsiges Wild. Die enorme Lebenskraft seines gewaltigen Körpers ist dem waidwunden Elefanten eine bittere Bürde.

»Mühsam geben sie ihr Leben auf«, heißt es schon in einer alten indischen Elefantenheilkunde. Wie mühsam, schildert der englische Schriftsteller George Orwell (1903–1950) aus eigenem Erleben in seinem Essay ›Shooting an Elephant‹. Als er, ein junger Mann noch, kolonialen Polizeidienst in dem burmesischen Städtchen Moulmein leistete, wurde er eines Tages alarmiert. Ein Arbeitselefant war in Musth-Erregung ausgebrochen und in den Busch entlaufen, dann wieder in den Ort zurückgekehrt, wo er Verheerungen anrichtete und einen indischen Kuli tottrat. Der Mahout des Tieres suchte weitab in falscher Richtung. So hatte der weiße Polizeioffizier die Lage zu meistern.

Orwell hatte nicht die Absicht, den Bullen zu töten. Doch der Anblick des Gewehres, das er zum eigenen Schutz holen ließ, weckte bei der ihn umringenden Menschenmenge die entsprechende Erwartung. Orwell fühlte sich zum Schießen gezwungen. Die psychologische Nötigung durch eine erregte Menschenmenge ist das eigentliche Thema der Erzählung Orwells:

»Genau in dieser Minute, als ich mit der Büchse in der Hand dastand, wurde mir die ganze Brüchigkeit und Hohlheit der Herrschaft des weißen Mannes im Osten bewußt. Hier stand ich, der weiße Mann, mit einem Gewehr in der Hand, eine Masse von unbewaffneten Eingeborenen gegenüber, scheinbar der Held des Stückes, in Wirklichkeit eine Gliederpuppe, deren Bewegungen vom Willen der Gelbgesichter hinter mir bestimmt wurde. In dieser Minute wurde mir klar, daß der Weiße durch seine tyrannische Herrschaft sich selber zum Sklaven macht.«

Und so spürt er den Elefanten auf und versucht den tödlichen Schuß in das Gehirn des Elefanten zu setzen. Doch er verfehlt es:

» ... eine schreckliche, geradezu unheimliche Veränderung [ging] mit dem Elefanten vor. Er fiel nicht, er schwankte nicht einmal, aber mit dem ganzen riesigen Leib war eine Verwandlung vor sich gegangen, er sah plötzlich verfallen aus, in sich zusammengesunken, uralt ... Nach einer Zeit, die mir unendlich lang vorkam – in Wirklichkeit mögen es nur ein paar Sekunden gewesen sein –, ging er langsam in die Knie. Aus dem Maul troff schleimiger Speichel.« Orwell schießt ein zweites und drittes Mal: »Diesmal war es das Ende. Man sah, daß der Todeskampf einsetzte; seine Beine versagten. Fast im Fallen machte er noch eine letzte Anstrengung, um sich zu erheben. Während die Hinterbeine unter ihm nachgaben, bäumt er sich wieder auf wie ein riesiger stürzender Felsblock, der aufschnellt ... Zum ersten und letzten Mal stieß er ein lautes Trompeten aus, dann fiel er um.«

Doch noch immer ist der Elefant nicht tot.

»Schließlich feuerte ich meine beiden letzten Patronen auf eine Stelle ab, wo ich das Herz vermutete. Ein dicker Blutstrahl, rot wie purpurner Samt, schoß aus der Wunde, aber er war noch immer nicht tot. Sein Leib zuckte nicht einmal unter den Schüssen zusammen, ohne Unterbrechung dauerte das qualvolle Röcheln an. Er lag im Sterben, aber es ging sehr langsam ... Ich hielt es schließlich nicht länger aus und ging.«

Sein Verhalten sei – so Orwell – von den älteren Europäern für richtig befunden worden; die Jüngeren dagegen hätten den Wert des Elefanten über den des umgekommenen Kulis gestellt und deshalb seine Tat verurteilt. Er selbst sei froh gewesen, daß der Elefant einen Menschen getötet hatte, war das doch die gesetzliche Rechtfertigung für sein Vorgehen. Allerdings habe keiner den wahren Grund für sein Verhalten erraten: die Angst, sich lächerlich zu machen.

Der sterbende Riese
Zeichnung aus dem Buch ›Elephants‹ von John Groth London, 1976

Der Zeichner John Groth hat die Situation festgehalten. »... Nach einer Zeit, die mir unendlich vorkam, ging der Elefant langsam in die Knie ...«

Abschußrekorde auf Ceylon

Während der kolonialen Ära war die Elefantenjagd in Südostasien Privileg der britischen Herren, der Offiziere und der Verwaltungsbeamten, die meist aus der Armee kamen. Dem Koloß auf freier Wildbahn entgegenzutreten, war ein gefährlicher elitärer Sport, der Nervenkitzel bot und dem Sahib Respekt bei den Eingeborenen verschaffte. Die einheimischen Feudalherren taten es ihnen gleich.

Zu schlimmem Massentöten führte die Elefantenjagd auf der Insel Ceylon. Britische Handelsfirmen und private Pflanzer betrieben dort rigorose Kahlschlagrodung, vor allem im zentralen Hochland, um Platz für ausgedehnte Kaffee- und Teeplantagen zu schaffen. Vertriebene Elefantenherden kehrten immer wieder in ihre alten Lebensräume zurück und richteten gewaltige Schäden in den Pflanzungen an. Der Elefant war für den Farmer Feind, der abzuwehren und im Umkreis der zu schützenden Kulturen zu vernichten war.

Die Jagd zur Absicherung der einträglichen Monokulturen für den Weltmarkt entartete schnell zu bloßem Abschußsport. Die ›Herrenjäger‹, die keinerlei Beschränkung zu beachten hatten, konkurrierten um Abschußrekorde. Die technische Verbesserung der Gewehre, die bei größerer Reichweite auch treffsicherer wurden, ermöglichte mehrfachen Abschuß bei einem Pirschgang. So konnten auch die Herren nobler Jagdgesellschaften, die Partyluxus mit in den Dschungel nahmen, bei großen Hetzauftrieben zu einer Elefantentrophäe kommen.

Es entstand eine romantisierende Abenteuerliteratur um die Elefantenjagd, deren Ahnherr der berühmte Sir Samuel White Baker (1821–1893) war, der sich später um die nähere Erforschung der Nilquellen und als Streiter gegen den Sklavenhandel in Ostafrika verdient machte. Baker kam 1845 zur Elefantenjagd auf die Insel Ceylon, wo er sich auch als Pflanzer versuchte. 1855 erschienen in London seine Jagderinnerungen in Erstauflage: ›Eight Years Wanderings in Ceylon‹. Das Buch wurde ein Bestseller. Als es 1966 wieder aufgelegt wurde, schrieb der Verleger, Baker habe während seiner Zeit auf Ceylon mehr Elefanten erlegt, als es heute dort gebe.

Mit gewaltiger Elefantenbeute rühmten sich viele Offiziere der englischen Kolonialarmee. So soll unter anderem ein Major Rogers an die 1400 Elefanten erlegt haben, ein Major Skinner 700 Tiere. Wegen der wertvollen Stoßzahntrophäen wurden vor allem mächtige Bullen abgeschossen. Heute haben auf der Insel die meisten Bullen keine Stoßzähne mehr. Das mag, wie schon an anderer Stelle vermerkt, die Folge eines Ausleseprozesses in Inselisolierung gewesen sein, bewirkt durch die Ausschaltung der Erbträger besonders starker Bezahnung.

Bei aller Brutalität, deren der Mensch gegenüber dem friedlichen Rüsselriesen fähig ist: es waltet doch weltweit eine Grundstimmung stillen Respekts und humaner Zuneigung. In Indien gibt es sogar religiöse Jahresfeste, bei denen helfenden Arbeitstieren gehuldigt wird. Durch Traktoren ›arbeitslos‹ gewordene graue Riesen erhalten das Gnadenbrot bis zu ihrem Tod. Mit Blumen und Girlanden in letzter Ehrung geschmückt liegt der tote Riese. Um ihn ist die stille Trauer der Inder vor dem Freund, der lange seinen Dienst für die Menschen getan hat.

Die ersten Jäger in Schwarzafrika

Der Elefant ist im Süden des Schwarzen Kontinents, seiner Urheimat, seit vorgeschichtlichen Zeiten gejagt worden. Er war für die autochthonen Völker und Stämme stets nur Wildtier, nie gezähmt und einbezogen in das Arbeitsleben wie in Asien. Nutztier war er nur als hingestreckte Jagdbeute. Der ganze Körper fand Verwendung. Aus der Haut ließen sich Bespannungen für Schilder, Trommeln und Wetterschutz machen oder Gürtel und Riemen schneiden; die Sehnen dienten als Bindegarn; Schwanzhaare ließen sich zu zauberkräftigen Amuletten formen, und aus den Stoßzähnen konnte man allerlei Schmuck oder kultische Idole schnitzen. Nie haben die frühen Afrikaner den Elefanten nur wegen des Elfenbeins der Stoßzähne gejagt.

Die ersten Jäger des Schwarzen Kontinents waren die Buschmänner, die in der jüngeren Altsteinzeit, vor etwa 12 000–14 000 Jahren, in Südafrika einwanderten: kleinwüchsige, hagere Menschen mit braungelber runzeliger Haut, die von nachrückenden negroiden Wandervölkern in unwirtliche Trockenzonen abgedrängt wurden. Sie waren gute Fährtenleser, die mit vergifteten Pfeilen allein auf Pirsch gingen oder in Horden Großwild hetzten und zu Tode brachten. Die Jagd war ihnen elementarer Lebensunterhalt, ein glücklich erlegter Rüsselriese ein Himmelsgeschenk für die ganze Sippe. Restgruppen dieser Ethnie verkümmern heute in Randgebieten der Kalahari-Wüste.

Im ewigen Dämmerlicht unter den Baumkronen des äquatorialen Regenwaldes, der bei Mensch und Tier kleinwüchsige Formen entstehen läßt, jagten und jagen (noch) bis heute die zwergwüchsigen Pygmäen. Auch ihnen sind vergiftete Pfeile, mit Blasrohren präzise ins Ziel gebracht, Hauptwaffe; Speere werden seltener verwandt. Heute sind die wenigen Pygmäen durch die sich immer weiter ausbreitende Waldrodung in ihrer Existenz bedroht – wie auch der Waldelefant, der ihnen zuweilen Jagdbeute ist.

Als im 15. Jahrhundert die ersten Portugiesen mit ihren abendländischen Wertvorstellungen in West- und Ostafrika Fuß faßten und als Elefantenstoßzähne hochbegehrte Handelsware wurden, änderte sich das Jagdgebaren der autochthonen Völker und Stämme. Hauptzweck der Jagd wurde mehr und mehr die Erbeutung von Elfenbein.

Die Jägergeheimbünde

Nicht alle der zahlreichen Ethnien und Sprachgruppen Südafrikas betrieben selbst Elefantenjagd. Innerhalb einiger Stämme bildeten sich geheime Jägerbünde, die als Berufsjäger in weiten Regionen tätig waren und hohes Ansehen gewannen. Im Königreich Benin, das große Teile des heutigen Nigeria umfaßte und Kontakt mit dem Lissabonner Hof hatte, konnten nur die tüchtigsten jungen Männer Jäger werden. Sie mußten eine harte Schulung durchlaufen, Mut und Ausdauer in der Wildnis beweisen sowie Meisterschaft im Fährtenlesen, im Gebrauch von Speer, Blasrohr, Pfeil und Bogen erreichen, bevor sie in den Bund aufgenommen, in die geheimen Riten und Zeremonien eingeweiht wurden; bevor sie Zauberformeln erfuhren, die den Jäger vor dem Wild unsichtbar machen sollten.

Elefantenjagd war ein riskantes Unterfangen. Waidwunde Tiere konnten blitzschnell aus dem Hinterhalt zuschlagen. Giftpfeile töteten zwar sicher, aber nur langsam. Bei Erlegung eines Rüsselriesen bekam in Benin einen Stoßzahn der ›oba‹, der absolut herrschende König; den anderen der Jäger, der auch Kopf, Herz und Lunge behalten durfte.

Auch in anderen afrikanischen Königtümern standen Berufsjäger, die in Geheimbünden mit jeweils eigenem Ritual organisiert waren, im Dienst der regionalen Herrscher. Sie trugen oft besondere Narbenzeichnung, Kleidung oder Amulette, die ihre Sonderstellung und Zugehörigkeit zu einem Bund auswiesen. Berühmt waren im 15. Jahrhundert die ›Cokwe‹, die in Westangola ansässig waren, aber auch für Häuptlinge in weiten Bereichen Zentralafrikas Elefanten jagten. In Ostafrika, in den Savannen Kenias, beherrschten die ›Kamba‹ zeitweilig die Jagdszene.

Fallgruben, Giftpfeile, Schlingen

Gejagt wurde nach den altüberkommenen, grausamen Methoden, nach denen bei der Großwildjagd alle Naturvölker verfuhren und noch verfahren:

Von Bäumen herab wurden Speere mit langen Eisenspitzen in den Rücken eines passierenden Elefanten geschleudert. Während der Flucht des Tieres wirkten die langen Schäfte wie Hebel, die die Klingen immer tiefer in den Körper trieben. Von Jägergruppen in den Leib eines von der Herde abgetriebenen Rüsselriesen gerammte Speere taten die gleiche Wirkung. Es dauerte oft Tage, bis die verletzten Kolosse starben.

Häufig jagte man mit vergifteten Pfeilen, die in den Riesenkörpern nur langsam wirkten. Die Jäger folgten der Blutspur der schwer verletzten Tiere. Es dauerte oft Tage, bis sie zusammenbrachen und ihre Lebenskraft erlosch.

Allgemein praktiziert wurde – und wird bis heute – der Fang mit Schlingen, die über getarnten kleinen Trittgruben ausgelegt und an Baumstämmen verankert sind. Der in die Falle geratene Elefant, dem die Schlinge bei verzweifelten Befreiungsversuchen grausame Wunden bis auf die Knochen schneidet, wird schließlich mit Pfeilen und Speeren getötet.

Die kühnsten Elefantenjäger Afrikas waren die Hamran-Araber, ein dunkelhäutiges Mischvolk, das in den Gebieten der Nilzuflüsse westlich von Äthiopien siedelte. Gejagt wurde zu Pferd. Wenn ein Elefant von der Herde abgedrängt und müde gehetzt war, sprang der hinter dem Reiter sitzende Schwertträger ab, um die Fußsehnen des Rüsselriesen oberhalb der Ferse mit der messerscharf geschliffenen Handwaffe zu durchschlagen. Man jagte auch in Gruppen zu Fuß, eine tollkühne Methode, die viele Todesopfer forderte.

Elefantenjagd
5. Jahrtausend v. Chr.
Nachzeichnung einer Felsmalerei
Mazowe, Simbabwe

Ein verwundeter Elefant wird von einer Gruppe Buschmänner zu Tode gehetzt.

Ein Berufsjäger der Pionierzeit: J. A. Hunter, von 1908 bis zu seinem Tod 1963 in Kenias Savannen zu Hause. Er war ein hervorragender Schütze und einer der besten Kenner der afrikanischen Fauna. Er ging mit Filmstars und Maharajas auf Safari, mit Denys Finch-Hatten und Karen Blixen.

Elefantenjagd in Afrikas Savannen

Die Tierparadiese im Südosten Afrikas waren im 19. Jahrhundert Traumziel der passionierten Jäger Europas. In den offenen Savannen und Steppen verschwanden die Tiere nicht in grünen Dschungeln wie in Ostasien oder in der äquatorialen Regenwaldzone Westafrikas. Die Bestände an exotischen Tieren schienen unerschöpflich. Millionen von Elefanten bevölkerten die Weiten des Schwarzen Kontinents. Es lockte das Abenteuer der Großwildjagd in noch jungfräulicher Wildnis.

Ein Jagddorado waren vor allem die Savannen und Steppen nördlich und südlich des Kilimandscharo, die sich Engländer und Deutsche teilten: die Gebiete der heutigen Staaten Kenia und Tansania. Jäger, Entdecker und Abenteurer kamen aus aller Welt; und viele ließ der Zauber der Wildnis und der ziehenden riesigen Herden nicht mehr los. Es waren robuste, mutige Männer, die mit einigen Boys oder ganz allein wochenlange Streifzüge unternahmen, unbekümmert um Beschwernisse und Gefahr. In den Anfangszeiten blieben entdeckungsfreudige Abenteurer, die von den Küstenplätzen über weite, weglose Strecken in noch unerforschte Wildreviere aufbrachen, oft monatelang im Busch. Tausend Geschichten rankten sich um diese Männer.

Es bildete sich eine Zunft von ›white hunters‹, die zu gesuchten und wohlbezahlten Führern und sichernden Begleitern prominenter oder zahlungskräftiger Afrika-Besucher wurden, die eine Großwildjagd erleben und eine stolze Trophäe nach Hause bringen wollten. Eingeborene Trägerkolonnen schleppten Gewehre, Zelte und Proviant. Es war auch in der Wildnis für einen gewissen Komfort gesorgt.

Als 1909 Theodor Roosevelt, der 26. Präsident der USA (1901–1909) als Führer einer wissenschaftlichen Expedition nach Ostafrika kam, fuhr man vom Küstenplatz Mombasa schon mit dem Zug zu den Tierparadiesen Kenias. Im Jahr 1901 war die 582 Meilen lange und über 162 Brücken führende Eisenbahnlinie Mombasa – Nairobi – Uganda eröffnet worden, deren Trasse 36 000 indische Kulis

Theodor Roosevelt, Präsident der USA von 1901 bis 1909, ging 1909 nach Ende seiner Amtszeit auf Großwildjagd in Südostafrika.

Der weiße Jäger hat den gefährlichen Einzelgänger niedergestreckt. Der Fleischberg wird den ganzen wartenden Clan ernähren.

In den 30er Jahren versuchte sich auch der amerikanische Schriftsteller Ernest Hemingway (1899–1961) als Jäger in den ostafrikanischen Großwildparadiesen.

durch den Busch gezogen hatten. Mit der Bahnerschließung des klimatisch gesegneten keniatischen Hochlandes begann auch die weiße Besiedlung, für deren kolonisatorische Ausweitung in Afrika der prominente amerikanische Besucher nachdrücklich warb. Mit 250 eingeborenen Trägern und wehendem Sternenbanner zog Theodor Roosevelt als erster amerikanischer Großwildjäger in den Busch.

In den dreißiger Jahren kam ein anderer berühmter Amerikaner, der Schriftsteller Ernest Hemingway, in die noch immer üppigen Tierparadiese Kenias und beschrieb in herber Männlichkeitsromantik den Zauber afrikanischer Wildnis und kühl vollzogene Abschüsse.

Nach Meinung der Berufsjäger zählt der Elefant mit dem Nashorn, Löwen, Leoparden und Büffel zum gefährlichsten Großwild. Wenn er erschreckt oder verwundet wird, oder wenn eine Kuh ihr Kalb in Gefahr glaubt, kann blitzschneller Angriff erfolgen. Viele Menschen sind schon von wütenden Kolossen mit Stoßzähnen durchbohrt, zertrampelt oder mit dem Rüssel zerschmettert worden – primitiv bewaffnete Eingeborene vor allem.

Die Rüsselriesen haben ihre bösen Erfahrungen mit den Menschen gemacht, dem einzigen ›Raubwesen‹, das sie fürchten. Sie sind auf der Hut. Ihre überaus feine Rüsselwitterung kündigt ihnen schon auf Entfernungen von einigen Kilometern menschliche Annäherung, wenn sie mit dem Wind erfolgt. Es ist erstes Jägergebot, stets gegen den Wind anzupirschen, durch Tests mit rieselndem Staub die Richtung zu bestimmen.

Wenn das sichernde Leittier einer arglos und geräuschvoll äsenden Gruppe von Elefantenfamilien in plötzlichem Argwohn erstarrt und prüfend den Rüssel hebt, ist sofort die ganze Herde alarmiert, vielleicht durch ein Warnsignal in tiefen, vom Menschen nicht mehr wahrzunehmenden Frequenzen. Mit einem Schlag endet das lärmende Brechen und Pusten, das Rumpeln der Verdauungsorgane. Die Herde rückt näher zusammen, verharrt und verschwindet bei akuter Gefahr auf leisen Sohlen geräuschlos im Busch, wo sich die Kolosse mit hochentwickeltem Tarninstinkt so geschickt zu verstecken wissen, daß ein folgender Jäger oft ganz unvermittelt vor einem Elefanten steht.

Der erfolgreiche Herrenjäger in stolzgeschwellter Siegerpose auf dem Körper des hingestreckten Riesen. Eine typische Souvenir-Szene für den Schreibtisch im Herrenzimmer zu Hause.

Nur wenige Zielpunkte für einen ›humanen‹ Fangschuß

Annäherung auf eine Entfernung von 20–30 m ist geboten, um mit dem Gewehr die wenigen kleinen Zielpunkte für einen genauen Todesschuß sicher anvisieren zu können. Der sofort tödliche Schuß ins Gehirn ist besonders schwierig anzubringen. Der mächtige Elefantenschädel ist mit einem Netzwerk von Hohlräumen durchsetzt, die mit den Kieferknochen und den Stoßzahnfassungen das Gehirn schützen. Ein ungenauer Schuß in diese Hohlräume führt nur zu einer kurzfristigen Schockbetäubung des Tieres, das mit der grausamen Verletzung in den Busch entweichen kann.

Zielpunkte für tödliche Gehirnschüsse sind nur handtellergroße Stellen zwischen den Augen und seitlich zwischen Auge und Ohr. Frontale Gehirnschüsse sind kaum zu plazieren, wenn ein afrikanischer Koloß seinen ohnehin sehr flachen Kopf sichernd oder in Abwehrbereitschaft hochwirft. Am einfachsten anzubringen ist der seitlich anvisierte Herzschuß. Zielpunkt ist die hintere Ansatzstelle des linken Vorderfußes.

Schüsse in den gewaltigen Rumpf, in Lunge, Milz oder andere lebenswichtige Organe sind schlechthin barbarische Quälerei, die sich leider bis in jüngste Zeit jährlich tausendfach wiederholt. Wenn einem so getroffenen Tier noch die Flucht gelingt, ist es zu elendem Hinsiechen im Busch verurteilt. In rührender Weise stehen ihm oft Gefährten bei, stützen es und helfen bei Aufstehversuchen, wenn es in einem Schwächeanfall zusammenbricht. Ein Jäger, der einem waidwunden Elefanten in den Busch folgt, tut gut daran, äußerste Vorsicht walten zu lassen.

Einzelgänger sind in der freien Wildbahn zuweilen besonders gefährlich und tückisch, aber keineswegs immer. Es kann sich um bösartige Bullen handeln, die von stärkeren Rivalen verdrängt wurden, oder um harmlos-ruhige, der Einsamkeit zuneigende Temperamente, die es auch unter Elefanten gibt. Wenn angriffslustige Einzelgänger, ›Rogues‹ genannt, eine Gegend verunsichern, ist stets der erfahrene Großwildjäger gefordert. Es ist eine riskante Aufgabe, einen Koloß, der tückisch aus dem Hinterhalt zuschlagen kann und der meist Narben schwerer Verletzungen durch Menschenhand trägt, in unwegsamem, unübersichtlichem Busch- und Dschungelgelände aufzuspüren und mit präzisem Fangschuß zu töten.

Die Zielstellen für den tödlichen Schuß

Rechts:
Die Ohren sind weit gebreitet, der Schwanz peitscht – Warngebärde einer Leitkuh, die Gefahr für die Herde wittert. Sie greift nicht blindlings an; ihr warnender Anlauf stoppt, wenn sie keine Bedrohung wahrnimmt.

Wenn zu viele Elefanten die Vegetation in einem Schutzgebiet gefährden, werden in einigen Ländern die Bestände planmäßig reduziert. Bei sogenannten ›Kontrollabschüssen‹ werden ganze Kuheinheiten getötet, damit nicht hilflose Jungtiere im Busch verkommen.

Die Safaribranche

Nach dem zweiten Weltkrieg, als die heutigen afrikanischen Staaten die Unabhängigkeit erlangten, ist die Großwildjagd in Ostafrika in schlimmer Weise kommerzialisiert und korrumpiert worden. Safariunternehmen organisierten für betuchte Trophäentouristen komfortables Abschußvergnügen aus dem Jeep, das mit waidgerechter Pirsch nichts mehr zu tun hatte. Viele Jagdprofis im Khaki-Dress, die nach dem Abgesang der Kolonialmächte in den labilen neuen Staaten blieben, wurden zu Agenten der einträglichen Safaribranche, die über gute Verbindungen zu den neuen Machthabern verfügte.

Die Jagd, eine Urtätigkeit des Menschen im Daseinskampf, war als Sport stets gepaart mit Aufschneiderei und Trophäensucht. Aber die europäischen ›Herrenjäger‹, die in alten Zeiten mit sachkundiger Begleitung entdeckungsfreudig der Wildspur in den Busch folgten, hielten sich – von Ausnahmen abgesehen – an ihre heimatlichen Jagdsitten, und die Kolonialverwaltungen achteten auf

Die ›stolze‹ Trophäe: ein Elefantenfuß-Papierkorb für das Herrenzimmer! Bei genehmigten, 15 000–20 000 Dollar teuren Jeepsafaris sind die Abhäuter gleich mit von der Partie.

Einhaltung der Jagdgesetze und der erteilten Abschußlizenzen. Die Zahl der bei regulärer Jagd abgeschossenen Elefanten war in Afrika eher begrenzt. Das alarmierende Wegschmelzen der Bestände hatte andere Ursachen.

Heute ist in Kenia und den meisten anderen afrikanischen Staaten die Elefantenjagd verboten. Hunderte von ›white hunters‹ wurden arbeitslos oder zu Begleitern auf Fotosafaris. Durch ihr Verschwinden aus der Wildbahn haben nun die afrikanischen Wilderer, gegen die die Jagdprofis stets rigoros vorgingen, ziemlich freie Hand. Den wenigen, schlecht bezahlten einheimischen Wildhütern ist die wirksame Abschirmung der Schutzgebiete kaum möglich. Manch armer Wildhüter mit großer

Wegen zweier Stoßzähne ausgelöscht. Der gewaltige Bulle ist zusammengebrochen; Blut fließt aus dem Maul; ein offenes Auge klagt an.

Ein tristes ›Jagdstilleben‹: Gewehr, Elfenbeinbeute und fließendes Blut

Familie erliegt zudem selbst der Versuchung, den eigenen Lebensunterhalt ein wenig aufzubessern.

Die Ära der Elefantenjagd ist in Afrika zu Ende. Es muß zwar weiter abgeschossen werden, wenn sich Elefantenherden in räumlich beschränkten Schutzgebieten zu sehr vermehren. Die Natur reguliert sich dort nicht mehr selbst. Doch diese schmerzlichen Prozeduren sind nicht Jagd. Passionierte Jäger oder Trophäensammler müssen sehr viel Geld auf den Tisch legen, um mehr oder minder legal eine Lizenz für den Abschuß eines Elefanten zu bekommen: etwa in Simbabwe oder in den Okawango-Sümpfen Botswanas, im Tschad, wo Frankreichs ehemaliger Präsident Giscard d'Estaing noch jagte, und in einigen anderen armen Staaten.

Das Elefantenbild Schwarzafrikas

Die Regenwälder West- und Zentralafrikas prägten Aussehen und Lebensweise der Waldelefanten. Kleiner als die mächtigen Vettern in den heißen Trockensteppen haben sie die undurchdringlichen, feuchtheißen Gebiete der äquatorialen Zonen gelichtet und für den Menschen erschlossen. Ihre festen Wanderwege sind wie meisterlich geplante Wegsysteme – die heute noch benutzt werden – in den Dschungel gekerbt. Die west- und zentralafrikanischen Stämme bezogen den hochrespektierten Waldelefanten ein in ihre Mythen, ihre Natur- und Ahnenkulte. Sein Bild wurde in ursprünglicher Abstraktion vielfach abgewandelt gestaltet. Die moderne Kunst hat sich immer wieder von afrikanischen Ausdrucksformen inspirieren lassen. Selbst die Wüste hat sich der Elefant in beispielloser Anpassungsfähigkeit erschlossen. Kleine Gruppen hochgewachsener Rüsselriesen leben in kargen ›Nischen‹ der lebensfeindlichen, glühend heißen Wüste an der Nordküste Namibias, die mittelalterliche Seefahrer ›Skelettküste‹ nannten.

Detail eines bemalten Schiffsschnabels aus Holz
Kamerun, 19. Jh.
Staatliches Museum für Völkerkunde, München

Die Schnitzarbeit, die einen Kanubug zierte, zählt zu den interessantesten Zeugnissen alter Duala-Kunst. Die Dualas leben in den Mangrovensümpfen um die nach ihnen benannte Hafenstadt Duala. Die Bugverzierung, ›tange‹ genannt, wurde 1884 von Max Buchner erworben, der im Auftrag Bismarcks Deutschlands Anspruch auf Kamerun vertrat.

Das Reich der Waldelefanten

Die dichten Regenwälder und sumpfigen Dschungel Äquatorialafrikas, vor allem des Kongobeckens, sind das Reich der Waldelefanten (Loxodonta africana cyclotis). Es sind scheue Tiere, schwer zu Gesicht zu bekommen in den wuchernden Dickichten, im ewigen Dämmerlicht unter Blätterdächern. An die 200 000 Tiere sollen die mörderischen Gemetzel in den siebziger und achtziger Jahren überlebt haben. Sie sind weiterhin bedrängt in schrumpfenden Lebensräumen, in ihrer Existenz bedroht wie die Urbevölkerung der Waldozeane, die Pygmäen.

Nach jüngsten Forschungen sollen sich die Waldelefanten vor rund 3,5 Millionen Jahren von den mächtigen Steppenloxodonten entwickelt haben. Wie schon im Kapitel über die »Anatomie des Urzeitriesen« erläutert, sind sie mit etwa 2,40 m Schulterhöhe erheblich kleiner als die Steppenriesen; sie haben dünnere, aber härtere Stoßzähne, kleine gerundete Ohren und eine dunklere, stärker behaarte Haut.

Das Sozialverhalten der Waldelefanten unterscheidet sich nicht von der Verwandtschaft in der Steppe. Sie sind Herdentiere, die Gemeinschaft brauchen, und sie pflegen den gleichen solidarischen Zusammenhalt. Die Dickichte der Regenwälder erlauben aber nicht wie offenes Grasland die Entfaltung großer Herden. Waldelefanten wandern in kleinen Gruppen von etwa fünf bis acht Tieren, die aber eingebunden sind in größere Verbände. Sie verständigen sich über weite Entfernungen in Tieftonbereichen von 14–16 Hertz, unhörbar für den Menschen. Ähnlich den Verwandten in der Steppe verweilen sie wie in stiller Trauer, wenn sie auf ihrem Weg auf Gebeine von Artgenossen stoßen.

Waldelefanten haben immer einen reichgedeckten Tisch, was ihnen erlaubt, wählerisch zu sein. Sie bevorzugen Blätter und Zweige von Gewächsen, die besonders reich an Kalzium und Eiweißstoffen sind. Über alles lieben sie Früchte. Wenn die riesigen Samenkugeln der Strynos-Liane, die im Blätterdach der Baumriesen wächst, auf den Boden donnern, nehmen die Dickhäuter über weite Entfernungen Witterung auf und steuern zielsicher die Beute an. Nur Elefanten sind imstande, die gut 1 cm dicke Schale der Frucht aufzubrechen, deren Kern ein stark riechender, seifenartiger Schleim umhüllt. Afrikanische Fischer nutzen die Masse, um Fische zu betäuben; Medizinmännern ist sie Heilmittel und den Dickhäutern Festschmaus. Aus den Küstenbereichen um den Golf von Guinea sind Waldelefanten seit langem verschwunden, ins Hinterland abgedrängt und teilweise bis auf kleine Gruppen ausgelöscht. In Kamerun und am Kongo schnürt verheerender Waldkahlschlag den restlichen Lebensraum immer weiter ein. Die Nachzucht von Waldelefanten wurde bisher erst einmal erfolgreich in Abidjan (Elfenbeinküste) unternommen.

Waldelefanten sind scheue Tiere, die in kleinen Gruppen zusammenleben. In Dschungeldickichten und im Dämmer der Urwälder sind sie schwer auszumachen. Leitkühe greifen blitzschnell an, wenn sie ihre Gruppe bedroht glauben.

Gärtner im Tropendschungel

Im Verlauf von Hunderttausenden von Jahren haben sich zwischen gewissen Pflanzen und Tieren wechselseitige Anpassungen ergeben: Symbiosen. So gibt es in westafrikanischen Regenwäldern eine Reihe von hartschaligen Früchten, die nur von Elefanten aufgebrochen und im Verdauungstrakt aufgeschlossen werden können und deren Samenkerne in den Kotballen ideale Keimbedingungen haben. Ein Beispiel ist der gewaltige Makoré-Baum, dessen Holz begehrte Exportware ist. Seine großen, knochenharten Fruchtnüsse ziehen Elefanten auf große Distanz magisch an.

Mit der Dezimierung und weithin schon erfolgten Ausrottung der Waldelefanten am Golf von Guinea ist auch der wertvolle Makoré-Baum dort schon zu einer Seltenheit geworden. Fachleute des ›Worldwide Fund for Nature‹ (Internationale Vereinigung für Natur- und Artenschutz) befürchten, daß an die 40 Prozent der Baumriesen, die das Blätterdach der Regenwälder bilden, verschwinden werden, wenn die Waldelefanten aussterben.

Elefanten fressen Früchte aller Art. Sie sind ›Gärtner im Regenwald‹; sie sorgen für artenreiche, den äquatorialen Gegebenheiten gemäße Aussaat. Bei wissenschaftlichen Untersuchungen wurden in 9 von 10 Kotballen Samen gefunden. Die Dickhäuter, die im dichten Dschungel fressen und brechen, sind auch nützliche Umweltgestalter. Sie sorgen für Durchlichtung im Unterwuchs, und ihre breit ausgetretenen, festen Wanderwege waren seit Jahrtausenden den autochthonen Völkerschaften Straßennetz – und werden heute noch genutzt. Die Planer mancher afrikanischen Straße oder Bahnstrecke konnten daher Wanderwege von Elefanten nutzen, deren Instinkt die Berechnungen für eine ausgleichende Trassenführung vorwegnahm.

Doch bei aller Nützlichkeit der Waldelefanten: es steht nicht gut um ihre Zukunft. In den schon bedrohlich geschrumpften Regenwäldern dauert der ruinöse Kahlschlag der internationalen Holzgesellschaften an, frißt die Bodenerosion weiter. Wegschneisen für den Schwerlaster-Abtransport der Stämme zerschneiden Rückzugsgebiete der Dickhäuter. Wilderei im Umfeld der Holzplätze ist schwer zu verhindern. Bodenschätze warten auf gewinnbringende Erschließung, und eine rapide wachsende Bevölkerung – Afrika verzeichnet eine jährliche Zuwachsrate von rund 3 Prozent – verlangt Lebensraum.

Der ›Worldwide Fund for Nature‹ und andere Organisationen, die sich um die Rettung des Regenwaldes und um Schutzzonen für den Waldelefanten bemühen, führen einen schwierigen Kampf mit unterschiedlichen, einflußreichen Interessengruppen.

Nur Elefanten können die knochenharten Fruchtnüsse gewisser Urwaldbäume sprengen. Die mit dem Fruchtfleisch verspeisten Samen werden in den Kotballen ausgepflanzt.

Der aufgewühlte Boden der Urwaldlichtung, in dem die Waldelefanten wühlen, enthält lebenswichtige Mineralstoffe. Die Dickhäuter suchen regelmäßig solche Plätze auf, um Erde aufzunehmen.

›Wasser‹- und Zwergelefanten

In unzugänglichen Sumpfgebieten am mittleren Kongo wollen Jäger und Eingeborene vor einiger Zeit ›Wasserelefanten‹ gesichtet haben, die als hervorragende Schwimmer und Taucher ein verborgenes Wasserleben führen sollen. Nachweise wurden bisher nicht erbracht.

Alle Elefanten lieben Wasser, und alle sind gute Schwimmer und Taucher. Das mit Flußläufen und Sumpftümpeln durchsetzte Kongobecken ist ein sehr artgemäßer Lebensraum für Dickhäuter, deren Urahnen noch ein amphibisches Leben am und im Wasser führten. Im Kongogebiet kosten die Waldelefanten das große Badeangebot gewiß reichlich aus.

Es gibt auch Berichte von Jägern und afrikanischen Stämmen über Zwergformen des Waldelefanten. Pygmäen haben sogar eine besondere Bezeichnung für Zwergdickhäuter, die sie von Waldelefanten unterscheiden. Ausgewachsene Bullen sollen Schulterhöhen von höchstens 1,90 m erreichen und bis zum Boden reichende Stoßzähne tragen.

Die Lebensbedingungen unter den Laubdächern des Urwalds begünstigen Kleinwuchs. Aber handelt es sich um eine Sonderentwicklung des Waldelefanten, der in Anpassung an seine Umwelt schon von kleinerer Statur ist als der Vetter in der Steppe? Nach Meinung mancher Experten kann es sich aber auch um kranke oder verkümmerte Tiere handeln.

Namibias Wüstenelefanten

Vorherige Doppelseite: Waldelefanten sind im ewigen Dämmerlicht des Urwalds nur selten vor die Kamera zu bekommen. Ihre Leitkühe sind äußerst wachsam und greifen blitzschnell an, wenn sie ihre Gruppe bedroht glauben.

Der Elefant, der Wasser über alles liebt, hat sich auch einen Lebensraum erschlossen, der seinen Bedürfnissen, seiner Natur völlig zuwider scheint: die glutheiße, unwirtliche Wüste entlang der Nordküste Namibias. Die Seefahrer des Mittelalters haben dem lebensfeindlichen, abweisenden Küstenstreifen den bezeichnenden Namen ›Skelettküste‹ gegeben. Die kalte Meeresströmung entlang der Küste schickt nur Nebel und nächtlichen Tau, der vielen kleinen Wüstentieren als Tränke genügt.

Nur ganz selten fällt Regen, der die Grundwasserspeicher füllt und für eine kurze Zeit wieder Wasser in den wenigen, ausgetrockneten Flußbetten fließen läßt. Es reicht für spärlichen Bewuchs an den Uferrändern und für den Erhalt einiger Wasserplätze und Tümpel, die manchmal brackig sind und nur für ein Bad taugen. Die Blätter der Akazienbäume, die die Rüsselfinger von den Dornenästen pflücken, sind neben herben Kräutern und Gräsern die Hauptnahrung der Dickhäuter, die auch mit bitteren Tamarisken vorlieb nehmen, wenn sie Hunger haben.

Zoologen und Tierfotografen haben oft monatelang gesucht und gewartet, bis sie Wüstenelefanten zu Gesicht bekamen. Bei ihrem großen Futterbedarf und dem schmalen Angebot der Wüste sind die zähen Kolosse immer auf der Wanderung. Tagesmärsche von 20–50 km müssen sie durch Sand und über Schotterwüsteneien bis zu einem anderen Futterplatz oder einer Tränke bewältigen. Mit sicherem Orientierungssinn ziehen sie durch Dünenlandschaften, die sich ständig verändern und in denen der Wind schnell jede Spur löscht. Ein Glücksfall, wenn Tierfotografen eine Aufnahme wie die hier gezeigte gelingt: dem ersehnten Wasserloch in aller Hast zustrebende Wüstenelefanten.

Es sind scheue Tiere, hochgewachsen und von hagerer Gestalt. Die Säulenbeine scheinen schlanker als die der Elefanten in Savannen; die Fußsohlen wirken breit, der Fortbewegung in weichem Sand angemessen. Nach einem Bericht des amerikanischen ›National Geographic Magazine‹ können die zähen Rüsselriesen 2–4 Tage ohne Wasser auskommen.

Die Witterung der nahen Wasserstelle im Rüssel, beschleunigen die beiden Elefanten nach stundenlangem Marsch durch glühende Sandwüste das Tempo. Halb gleitend eilen sie den Steilhang der Düne herab. Bis zu 70/80 km können Wüstenelefanten am Tag zurücklegen, und sie kommen 3–4 Tage ohne Wasser aus.

Zeichnung des englischen Naturwissenschaftlers Sir James Emerson Tennent aus dessen Buch ›The Wild Elephant‹, 1867

Der Elefant schafft beim Abstieg Neigungswinkel um 45 Grad. Zunächst kniet er am Rand des Steilhangs nieder, die Brust auf den Boden gestützt. Dann schiebt er einen Vorderfuß vor und schürft notfalls eine Stufe. Der zweite Fuß folgt ...

Nationalpark Skelettküste

Ein etwa 500 km langer und 30–50 km breiter Streifen des unwirtlichen Kaokoveld zwischen der Wüste und einer Bergzone ist heute streng gehütetes Schutzgebiet der Wüstenelefanten: der Nationalpark Skelettküste. Die Wanderwege der Dickhäuter führen natürlich über die künstlichen Schutzabgrenzungen hinweg in Regionen, in denen es auch einige Oasenansiedlungen gibt, was Probleme schafft.

In der Namib-Wüste entdeckte steinzeitliche Felsgravuren zeigen schon Elefanten inmitten anderer Tiere. Ob die Wüstenregion seither Lebensraum von Elefanten war oder ob es Besiedlungsunterbrechungen gab, ist unbekannt. Europäische Forscher berichteten erstmals 1793 von Elefanten in der Namib-Wüste. Bei dem sehr beschränkten Nahrungsangebot kann es nie eine große Zahl von Dickhäutern in der glutheißen Öde gegeben haben.

1970 wurde die Zahl der Wüstenelefanten, die meist im Norden des Schutzgebiets im Bereich der Trockenflußbetten des Hoanib und des Hoarusib leben, auf etwa 300 geschätzt. Auch an die 250 Nashörner teilten sich mit den Rüsselriesen das dürftige Futter in den eingekerbten Flußrinnen, in denen die Elefanten mit Stoßzähnen, Rüsseln und Vorderbeinen auch für andere Tiere Löcher zum Grundwasser baggern. 1980/82 haben Wilderer ein barbarisches Gemetzel unter den Elefanten und Nashörnern angerichtet, die auch noch eine extreme Trockenperiode durchzustehen hatten. 152 Elefantenkadaver wurden gefunden. Die Zahl der Wüstenelefanten schrumpfte auf etwa 80. Nur etwa 60 Nashörner überlebten.

Die Zahl der anspruchslosen Wüstenelefanten hat sich heute wieder auf etwa 120 Tiere erhöht. Vor allem ziehen ein paar Dutzend junge Kälber in den kleinen Herden, was hoffen läßt. Der Wüstenelefant Namibias steht aber weiterhin ganz oben auf der Liste der vom Aussterben bedrohten Tiere.

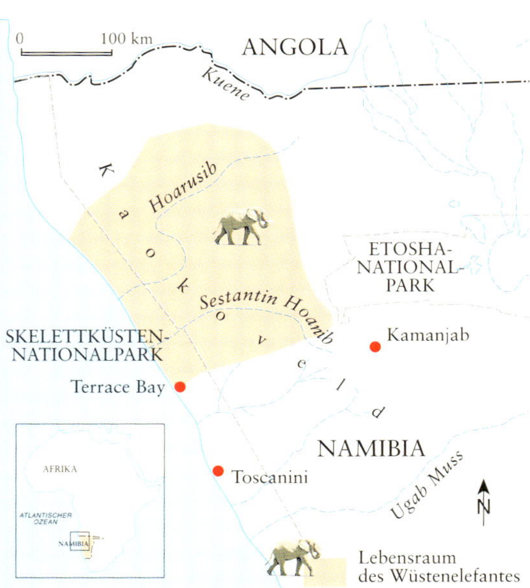

Kartenskizze des ›Skelettküsten Nationalparks‹, der lebensfeindlichen Welt der Wüstenelefanten inmitten der Sanddünen und Steinwüsteneien der Namib.

Der Elefant in Sahara-Felsbildern

Nach dem Ende der Eiszeit vor rund 10 000 Jahren wurde die Sahara, die während der Kaltphase eine Wüste von extremer Trockenheit war, zum begrünten Lebensraum mit flachen Seen, Buschbewuchs, Bäumen und Wadis, die monatelang Wasser führten. Es bestanden wohl Umweltverhältnisse wie in der heutigen Sahelzone. Vom Süden her bevölkerten mit anderen Tieren auch Elefanten die weiten Gebiete.

Negroide Jägerstämme, die den Tieren folgten, hatten schon vor 10 000 Jahren das Bild des grauen Riesen im Fels verewigt. Die Ausdrucksformen der steinzeitlichen Künstler wandelten sich im Verlauf der Jahrtausende. Es ist nur eine ungefähre Terminierung der Entwicklungsphasen möglich. Die Sahara-Forschung ist nicht abgeschlossen.

Die ältesten Bilder von Elefanten sind Felsgravuren der sogenannten ›Wildtier‹- oder ›Jägerperiode‹, der Zeit von etwa 10 000–6000. Eine Fülle von sehr lebensecht empfundenen, mit überraschend sicherer Hand in den Fels gekerbten Großbildern von Tieren, darunter immer wieder Elefanten, wurden im Südwesten Libyens gefunden, im zerklüfteten, damals üppig begrünten Messak. Umrißskizzen von Krokodilen und Flußpferden lassen auf ein reiches Wasservorkommen, auf

Elefant, Jägerperiode
7.–6. Jahrtausend v. Chr.
Nachzeichnung einer Felsgravierung
Wadi Arrechin, Fezzan, Libyen

Die steinzeitlichen Jäger der Sahara, die noch weithin begrünte Savanne war, lebten in engem Lebensverbund mit den Wildtieren. Ihre in harten Fels gekerbten Umrißskizzen von Elefanten sind überraschend lebensecht.

Elefant, Jägerperiode
7.–6. Jahrtausend v. Chr.
Felsgravierung
Gonoa, Tibesti-Gebirge, Tschad

Seen und Flüsse schließen. Während der ausklingenden Jägerzeit gab es im Bergland von Tassili N'Ajjer, Südalgerien, eine Sonderentwicklung, wissenschaftlich als ›Rundkopfperiode‹ ausgewiesen – benannt nach einem Stilelement in der Menschendarstellung: nach den direkt auf stilisierten Körpern sitzenden profillosen Rundköpfen. Die Unterkünfte unter Felsüberhängen und in Felshöhlen wurden bemalt. Nach den dargestellten, schwer deutbaren Szenen scheinen die Menschen animistischen Kulten gehuldigt zu haben. Abbildungen von Wildtieren oder von Elefanten sind selten.

Nach einer von etwa 6000–5000 dauernden Trockenzeit, während der wohl Wildtiere und Jäger verschwanden, folgte in der wieder begrünten Sahara die Periode der ›Rinderhirten‹, die bis ungefähr 2400 v. Chr. zu datieren ist. Die eingewanderten, schon fortschrittlicheren Stämme bildeten vor allem Haustiere und Alltagsszenen ab; sie bemalten Felswände und ritzten auch Umrisse in den Stein.

Nach einer abermaligen, um 2000 einsetzenden Trockenperiode folgte von etwa 1500 v. Chr. – zur Zeitenwende die sogenannte ›Pferdezeit‹ mit stilisierten, stäbchenförmigen Menschendarstellungen. Es handelte sich wohl um erobernde Seevölker, die Waffen aus Metall, Pferd und Wagen mitbrachten. Die um die Zeitenwende beginnende ›Kamelzeit‹ wurde von Berberstämmen geprägt. Elefanten bevölkerten noch bis in die klassische Zeit der Römer die Wälder des Atlasgebirges.

Elefanten mit einem Menschen
Jägerperiode
7.–6. Jahrtausend v. Chr.
Kopie nach einer Felsgravierung
Tassili N'Ajjer, Algerien
Collection Henri Lhote
Musée de l'Homme, Paris

Während der angeführten Kulturphasen ist das Bild des Elefanten auch in vielen anderen Regionen Nordafrikas in Felsgravuren und Felsmalereien verewigt worden, zum Beispiel in Tibesti (Tschad) und in Enndi (Niger). In Fels eingeritzte Umrißskizzen von Elefanten – gröber ausgeführt und weniger lebendig als die Sahara-Bilder – entstanden in dieser steinzeitlichen Periode auch in Nubien, dem heutigen Sudan. Erhalten sind unter anderem Felsskizzen bei Akba nahe dem zweiten Nil-Katarakt.

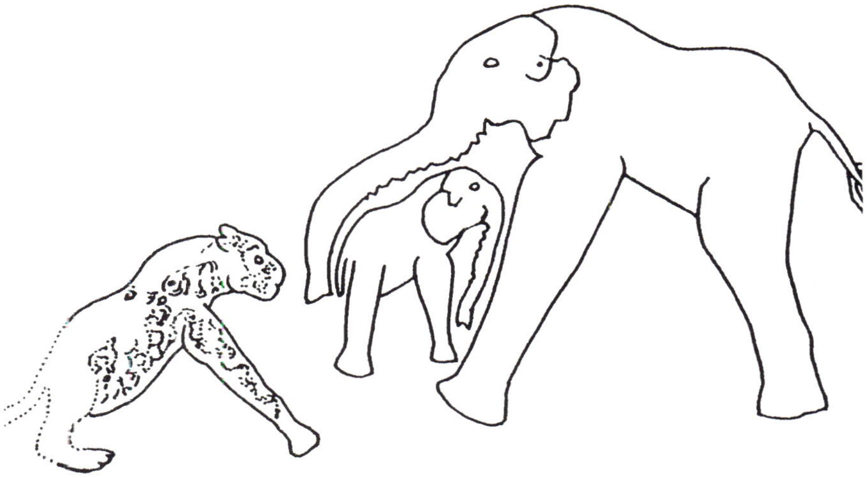

Elefantenkuh schützt ihr Kalb vor angreifendem Löwen
Jägerperiode
7.–6. Jahrtausend v. Chr.
Nachzeichnung einer Felsgravierung
Ain-Sfasafa, Algerien

Elefant mit kleinem Menschen
Jägerperiode
7.–6. Jahrtausend v. Chr.
Felsgravierung
Gonoa, Tibesti-Gebirge, Tschad

Szenen einer Elefantenjagd
6. Jahrtausend v. Chr.
Nachzeichnung einer Felsmalerei
Domoshawa, Simbabwe

Der Elefant ist von der Horde schon müde gehetzt und von Speeren getroffen. Der bald gefällte Riese wird einen ganzen Clan ernähren.

Elefant und Menschen
9. Jahrtausend v. Chr.
Felsmalerei
Mutoko, Simbabwe

Ausschnitt aus einer unfertigen Wandmalerei, die in einer großen Felsenhöhle entdeckt wurde. Der Rüsselriese ist schon von Pfeilen getroffen.

Nachzeichnung einer Felsmalerei
7. Jahrtausend v. Chr.
Inanke, Simbabwe

Menschliche Gestalten, teilweise in Familiengruppen, mit einem Elefantenumriß überzeichnet.

Steinzeitkunst der Buschmänner

Elefantenjagd
6. Jahrtausend v. Chr.
Felsmalerei
Zombepata, Simbabwe

Elefantenjagd einer Horde. In voller Aktion umzingeln die Männer die beiden Dickhäuter; sie reizen die Tiere, fliehen und schießen. Der Steinzeitkünstler beherrschte Bewegungsdarstellung.

Im Süden Schwarzafrikas, wo die Erforschung der vorgeschichtlichen Zeit noch voll im Gange ist, zeugen Felsgravuren und Felsmalereien in zahlreichen Fundorten von steinzeitlicher Elefantenjagd. Besonders dicht gestreut sind die Funde in Simbabwe sowie in dem weitergespannten Hochplateau zwischen dem Limpopo-Fluß und dem Sambesi, das von Graniteinlagerungen mit Höhlen und Felsüberhängen durchsetzt ist.

Jäger und Felskünstler waren kleinwüchsige Buschmänner. Nach Radiokarbondatierung entstanden die Felsbilder vor etwa 5000–13 000 Jahren. Verwendet wurden zerriebene Eisenoxyde, die Farbtönungen von Tiefrot bis Rotbraun erbrachten. Weiß wurde aus Kaolin (Porzellanerde) gewonnen. Als Bindemittel dienten Tierfette und Blut. Die Künstler des Jungpaläolithikums improvisierten die Jagdszenen mit Fingern, Stöcken und Schwanzstücken von Tieren, unbekümmert um Struktur und Unebenheiten der Felswände.

Die Rüsselriesen wurden in Horden gejagt, wie das Mammut im kalten Europa. Als Waffen dienten während einer frühen Phase Lanzen mit feuergehärteter Spitze. Pfeil und Bogen kamen etwas später; als sicher gilt, daß damit schon vor mindestens 14 000 Jahren gejagt wurde.

Die ältesten Zeugnisse von den ersten menschlichen Fertigkeiten fanden sich in Ostafrika. Im Jungpaläolithikum steht das südliche Europa für künstlerischen und allgemeinen Fortschritt, wie die großartigen Höhlenmalereien in Nordspanien und Südwestfrankreich belegen (siehe auch »Der Elefant in der Steinzeitkunst«).

Rechts: Elefant mit Kalb
7. Jahrtausend v. Chr.
Nachzeichnung einer Felsmalerei
Bindura, Simbabwe

Nicht ausgemalte Umrißskizzen einer Elefantenkuh, die ihr Junges beschützt. Die Handzeichen unter der Tiergruppe können magische oder kultische Bedeutung haben.

Silberelefant, Benin, Fon, 19. Jh.
Länge 1,58 cm
Privatsammlung

Die ›Fon‹, auch ›Dahomeans‹ benannt (daher die Staatsbezeichnung Dahomey), sind ein etwa 400 000 Menschen zählender Stamm an der Sklavenküste. Bis Ende des 19. Jahrhunderts bestand ein mächtiges Reich der Fon, bekannt durch die Amazonengarde des Königs. Reichtum brachte der Sklavenhandel.

Elefantenkopf (Fragment) aus Lafogido, Ife-Kultur, 13. Jh.
Terrakotta, Höhe 15,2 cm
National Commission for Museums and Monuments Nigeria

Der Elefant ist reich geschmückt mit einem Kopfputz und einem Kugelhalsband. Solche Halsbänder zeichnen in der Ife-Kultur hochgestellte Persönlichkeiten aus. Der Elefant gilt auch in Ife als Symbol von Einfluß und Macht. Vielleicht gehörte dieses Fragment zu königlichen Regalien.

Fragment eines Elefantenkopfes
Nok-Kultur
500 v. Chr.–200 n. Chr.
Terrakotta, Höhe 19 cm
National Commission for Museums and Monuments, Nigeria

Die in Nordnigeria gefundenen Nok-Terrakotten zählen zu den ältesten Zeugnissen westafrikanischer Kunst. Typisch ist die Durchbohrung der Augenpupillen. Nur gebrannter Ton und Metall hielten über einige Jahrhunderte dem Tropenklima und dem Fraß von Insekten stand, die selbst härteste Hölzer rasch zernagen.

Die Vorläufer der Yoruba-Künstler

Im tropischen Westafrika, wo Klima und Insekten auch harte Materialien schnell zerstören, ist die Geschichte der bildenden Kunst schwer zu ergründen. Nur wenige Holzschnitzereien haben mehr als 100, höchstens 200 Jahre überdauert. Weitere Rückschau ermöglichen nur Funde aus Terrakotta und Metallen.

Die bisher ältesten Zeugnisse westafrikanischer Kunst datieren nach Radiokarbonuntersuchungen aus der Zeit zwischen 500 v. Chr. und 200 n. Chr. Es sind die ›Nok-Terrakotten‹, die nach ihrem Fundort, dem Dorf Nok in Nordnigeria, benannt wurden. Bei dem Fund befanden sich auch Fragmente eines Elefantenkopfes aus dem 3. vorchristlichen Jahrhundert. Der Rüsselriese war durch die Zeiten ein vielgestaltetes Motiv.

Nach der Nok-Periode klafft eine tausendjährige Wissenslücke bis zu den Königskulturen des Yoruba-Volkes am Niger, die sich im 15./16. Jahrhundert entfalteten. Von der heiligen Stadt Ife aus, dem Sitz des ›oni‹, des religiösen Oberhaupts der Yoruba, verbreitete sich die Kunst des Bronzegusses im Königreich Benin und an der Goldküste.

Im einstigen Palast des ›oni‹ wurden Bronzeköpfe, Elefantenfiguren und Terrakottaarbeiten gefunden, die einen hohen Stand des Kunsthandwerks dokumentieren. Stein ist in Westafrika selten künstlerisch bearbeitet worden. An heiligen Plätzen in den Regenwäldern wurden nur einige grob behauene Figuren und geringfügig bearbeitete Monolithen gefunden.

Elefantenmaske ›sama kun‹ der Bamana, Mali, Neuzeit
Holz, Länge 95 cm
Fowler Museum of Cultural History, University of California, Los Angeles

Maskenspiele werden von den Jugendbünden des Bamana-Volkes in Mali zweimal jährlich zu Beginn der Pflanzzeit im Mai und im Oktober bei großen dörflichen Festlichkeiten aufgeführt. Den Bünden gehören junge Männer von 14 bis 35 Jahren an sowie junge Mädchen ab 14 bis zur Heirat. Maskenaufführungen umfassen zehn und mehr Sequenzen, die von Tanz- und Musikeinlagen unterbrochen werden. Bei jedem Auftritt dominiert eine Charaktermaske, der in mimischem Tanz Ausdruck verliehen wird.

Elefantenmaske ›sama kun‹ eines Bamana-Jugendbundes, Mali
Neuzeit
Holz, Länge 80 cm
James A. Monger Collection, New Orleans

Die Bamana, die in Zentralmali siedeln, sind heute Bauern. Früher, als es noch große Wälder und Elefantenherden gab, galten sie als erfahrene Jäger. Heute spielen Jugendbünde Elefantenjagd.

Elefantenmaske ›sama kun‹ der Bamana, Mali, Neuzeit
Holz, Stoff, Länge 73 cm
Dauerleihgabe Jerome L. Joss
Fowler Museum of Cultural History, University of California, Los Angeles

Die Elefantenmasken ›sama kun‹ der Bamana sind häufig mit bunten Streifenmustern bemalt. Die Anfügung von Tierfiguren soll den visuellen Reiz erhöhen.

Drei Elefanten, Goldschmuck aus dem Ashanti-Königtum vor 1874
Gold, Länge 7 cm
British Museum, London

Die drei stilisierten Elefanten, auf denen Vögel sitzen, zierten einst den Finger- oder Zehenring eines Königs oder Häuptlings. Der Ring ist verlorengegangen. Das Schmuckstück wurde im Wachsausschmelzverfahren in einer Holzkohle- und Lehmform gegossen.

Die Goldelefanten der Ashantis

Bei den Akan-Völkern, die in der Küstenregion Ghanas (früher ›Goldküste‹) siedeln, blühte einst das Messinggießer- und Goldschmiedehandwerk. Das Land war reich; Gold wurde in Fülle in Flüssen und Bächen gewaschen. Zum Wiegen des Goldstaubs, der als Zahlungsmittel diente, wurden vergoldete Gewichte aus Messing verwendet, die man in Form zierlicher, kunstvoll gearbeiteter Figuren gestaltete. Verbreitet waren Darstellungen des Elefanten, der im 19. Jahrhundert in der Küstenzone weitgehend ausgerottet wurde. Spätere Kunsthandwerker haben nie einen Elefanten zu Gesicht bekommen.

Das mächtigste der von Häuptlingen regierten Akan-Herrschaftsgebiete war das Ashanti-Königtum, das sich schon im 17. Jahrhundert formierte und erobernd ausgriff. Der Elefant galt den Ashantis als königliches Tier. Zu den Regalien des Königs zählte der von einem Elefanten getragene goldene Staatsstuhl. Elefantenhaut wurde bei der Herstellung königlicher Trommeln verwendet. Nur hohe Würdenträger durften Trompeten aus Stoßzähnen besitzen. Teile des Staatsschatzes waren in Schmuck verarbeitet, den der König zur Unterstreichung seiner Amtswürde überreich trug.

In Tierform gearbeitete Goldgewichte waren Symbole für gängige Sprichwörter oder Parabeln. Man benutzte sie für dezente Andeutungen. So konnte der Hinweis auf eine Elefantenfigur an die Redensart erinnern: »Wer einem Elefanten folgt, wird vom Tau nicht naß«, das heißt wer von einem Mächtigen beschützt wird, hat nichts zu befürchten.

Der vergoldete Staatsstuhl von Aknapem wurde bei einem Odwira-Fest in Akropong präsentiert, 1972
Holz, blattvergoldet, Breite 45 cm

Ein Berater des Häuptlings der Fante mit vergoldetem Zeremonienstab, der an das Sprichwort erinnert: »Nur der Elefant kann eine Palme entwurzeln«. Der Stab wurde von Osei Bonsu um 1950 geschnitzt und gehört zum Staatsschatz des obersten Fante-Häuptlings von Mankesim.

Akan-Goldgewichte, Neuzeit
Messing, 7 cm
Collection of Maurice Bonnefoy

Die Vögel auf dem Rücken des 7 cm langen Elefanten symbolisieren die wechselseitige Abhängigkeit von Herrschenden und Volk.

Akan-Goldgewicht, Neuzeit
Messing, Länge 13,5 cm
Collection of Maurice Bonnefoy

Streng stilisierte Goldgewichte mit reichem ornamentalen Dekor. Goldstaub war bei den Ashantis und den anderen Akan-Völkern Zahlungsmittel. Da Gewichte nicht genormt waren, pflegte man kleine Goldwaagen und Gewichtsätze bei Einkäufen auf dem Markt mitzutragen.

Holzlöffel, Kamerun
links 13,9 cm, rechts 26,6 cm
Sammlung Ernst Winkler

Typische kunsthandwerkliche Schnitzarbeiten aus Werkstätten des Baoulé-Volkes, im Nordwesten Kameruns. Die Griffe zieren Tierköpfe; am Löffel links ein stilisierter, stark verfremdeter Elefantenkopf.

Bemalter helmartiger Maskenaufsatz, kunsthandwerkliche Arbeit der an der Elfenbeinküste siedelnden Baoulé
Musée d'Abidjan

Fliegenwedel, Baoulé
Elfenbeinküste
Holz, vergoldet, Länge des Knaufs ca. 20 cm, Länge insges. 92 cm
Geschenk Judith Timyan, Fowler Museum of Cultural History, University of California, Los Angeles

Kostbar gearbeiteter Fliegenwedel mit Schwanzhaaren des Elefanten (Bild unten): Kroninsignie afrikanischer Könige. Ein zierlicher Elefant mit Netzwerkflanken, ornamentalem Dekor und Minirüssel schmückt den Knauf (Bild links).

Symbol königlicher Macht und Würde

Zu den schönsten Elefantenmasken Westafrikas zählen die Arbeiten des Volkes der Baoulé, das im nordwestlichen Grasland Kameruns lebt. Die in strenger Stilisierung meisterhaft geschnitzten Tanz- und Helmmasken waren Häuptlingen, Männerbünden und geheimen Jägergesellschaften vorbehalten. Der Elefant galt als Symbol überlegener Macht; Elefantenmotive wiesen königliche Würde aus. Die Masken wurden bei Totenfeiern und jährlichen Tanzfesten getragen.

In konventionellen Serien gefertigt, füllen sie heute die Souvenirläden für Touristen. Von großem kunsthandwerklichen Geschick zeugen die originellen, phantasievoll stilisierten Elefanten-Pfeifenköpfe aus Messing oder Ton und das Elefantendekor auf großen Schlitztrommeln.

Elefantenpfeife, Bamun, Kamerun
um 1900
Messing, Höhe 17 cm
Sammlung Eduard von der Heydt
Museum Rietberg, Zürich

Diese Elefantenpfeife aus Messing war wahrscheinlich ein Statussymbol ohne funktionellen Zweck. Dazu gehörten ein Rohrmundstück aus Metall und ein Griff aus Holz oder Elfenbein.

Elefantenmaske ›nkum nsuo‹
Grasland, Kamerun, Neuzeit
Holz, Höhe 79 cm
Privatsammlung

Diese Hölzerne Helmmaske gehörte einem Männerbund oder einer Häuptlingsfamilie aus dem Grasland Kameruns. Bei Maskenprozessionen beschloß der Elefant zu magischer Abwehr von Unheil und bösem Zauber den Festzug.

Elefantenmasken im Grasland Kameruns

Typisch für die Elefantendarstellung der im Grasland von Kamerun siedelnden Stämme waren Masken in verschiedener Ausformung. Es gab mächtige Elefantengebilde, in die zwei Männer schlüpften und sie herumtrugen: von Stoffen und Palmbast überspannte Bambusgerüste, häufig sogar mit echten Stoßzähnen. Am verbreitetsten waren perlenbestickte Helmmasken.

Die Festteilnehmer sahen bei Auftritten, die rituelle Bedeutung hatten, nur zu; sie tanzten nicht mit. Das bunteste Bild boten Tanzgruppen in phantastisch aufgeputzten Elefantengewändern. Es handelte sich oft um exklusive Auftritte geheimer Männerbünde. Die entliehene Elefantengestalt demonstrierte Kraft und Macht.

Die Glasperlenmasken des Elefantenbundes

Die Mitglieder des Elefantenbundes der Bamileke im nordwestlichen Grasland Kameruns gestalten ihre Kult- und Tanzmasken in eigenwilliger, phantastischer Glasperlenstickerei. Glasperlen waren im kolonialen Afrika hochgeschätzte Handelsware und Luxusbesitz. Glasperlenschmuck kündete von Reichtum und brachte Ansehen und Einfluß – Voraussetzung für die Aufnahme in einen exklusiven geheimen Männerbund. Bei Totenfeiern und Maskenfesten, die eine Woche dauern konnten, waren die Auftritte der mit Speeren bewaffneten Gruppen kultische Höhepunkte. Noch heute üben in Schwarzafrika geheime Männerbünde beachtlichen Einfluß aus.

Maskentanz eines geheimen Männerbundes in phantastischen Elefantengewändern, Cheferie Bandjoun

Zwei typische Beispiele der Glasperlenkultur im Grasland Kameruns. Die bestickten Rüssellatze der Elefantenmasken sind 1,5 m lang.

Links:
Elefantenmaske der Bamileke
Kamerun, Neuzeit
Pflanzenfasern, perlenbestickter Stoff, Länge 148,5 cm
Fowler Museum of Cultural History, University of California, Los Angeles

Rechts: Phantastische Elefantenmaske eines angesehenen Mitglieds des ›Aka‹, des Elefantengeheimbundes. Der mächtige Hut ist mit roten Papageienfedern bestückt. Dem Häuptling, dem ›Fon‹, ist ein Hut vorbehalten, der über 1 m Durchmesser hat. Über wallendem Gewand hängt der glasperlenbestickte Rüssellatz; radförmig bestickt sind die Ohrenscheiben.

Elefantenstühle und Glasperlenmasken

Im Grasland von Kamerun thronten Stammeskönige und Häuptlinge auf Elefantenstühlen, die ihnen als Attribute von Würde und Macht vorbehalten waren. Es gab zwei Stilrichtungen:

Im Nordwesten des Graslandes amtierten die Herrscher bei Audienzen und öffentlichen Veranstaltungen auf Stühlen mit geschnitzten, stilisierten Elefantenkaryatiden.

In den südlichen Regionen fertigten die Kunsthandwerker vorwiegend Elefantenstühle mit glasperlenbestickten Stoffüberzügen.

Häuptlingsstuhl, Grasland Kamerun, Anfang 20. Jh.
Holz, Stoff, Glasperlen, Höhe 30 cm, Durchmesser der Sitzplatte 25,5 cm
Dauerleihgabe Jerome I. Joss, Fowler Museum of Cultural History, University of California, Los Angeles

Aus dem Bamileke-Königtum (Grasland Kamerun) stammt der mit glasperlenbesticktem Stoff überzogene Häuptlingsstuhl mit Elefantenkaryatide.

Häuptlingsstuhl, Grasland Kamerun, um 1912
Holz, Stoff, Glasperlen
Höhe 40, 6 cm
Field Museum of Natural History, Chicago

Eine doppelköpfige, stilisierte Elefantenkaryatide trägt den Häuptlingsstuhl. Die Bamileke-Kunsthandwerker arbeiteten mit besonders hochgeschätzten Stäbchen-Glasperlen.

Häuptlingsstuhl, aus Bafoussam, Kamerun, 1905
Holz, Stoff, Glasperlen
Höhe 134,6 cm
Linden-Museum, Stuttgart

Bunte Glasperlen strukturieren die Elefantenkaryatide des Häuptlingsstuhls, dem eine menschliche Figur entwächst, deren Bedeutung ungeklärt ist. Möglicherweise ist mit der Figur, die als Rückenstütze dient, ein königlicher Vorfahr gemeint, vielleicht aber auch ein treuer Lehensmann.

Elefantenmaske, Grasland,
Kamerun, Neuzeit
Holz, Stoff, Glasperlen
M. Zarember, Tambaran Gallery,
New York

Detail eines in Elefantenform
gestalteten Verschlußstoppers
einer Palmwein-Kalebasse
Höhe der Kalebasse mit Stopper
50,8 cm
Field Museum of Natural
History, Chicago

Der Flaschenkürbis und das Holzgerüst des Stoppers haben Stoffummantelung mit Glasperlendekor.

Elefanten-Kopfschmuck
Grasland, Kamerun, Neuzeit
Holz, Stoff, Glasperlen
Höhe 55,88 cm
The Faletti Family Collection

Elefantenmotive schmücken Hauswände

Links: Wandmalerei mit Elefanten an einem Gerichtshaus der im nördlichen Kongobecken siedelnden Mangbettu. Weiße, schwarze und ockerfarbige Ornamentik mit figürlichen Darstellungen ist die typische malerische Ausdrucksform des kunstsinnigen Volkes. Die hochgewachsenen Mangbettu kamen im 18./19. Jahrhundert aus dem Sudan. Am Kongo gründeten sie ein Sultanat.

Rechts: Bemalte Hauswand in einem Dorf des Volkes der Mbere bei Fort Archambault/Tschad. Die Darstellung des Elefanten mit Kind entzieht sich einer Deutung. Magisches Symbol oder allgemeine Warnung vor Gefahren?

Das Geschäft mit dem ›weißen Gold‹

Mit Elfenbein, immer begehrt und oft höher als Gold bewertet, ist seit vorgeschichtlicher Zeit Handel getrieben worden, der Rekordgewinn einbrachte. Erlesene Kunstwerke wurden aus dem edlen Werkstoff geschnitzt. Für den Elefanten jedoch ist die stolze, kostbare Stoßzahnwehr eine mörderische Belastung. Die Gier nach dem ›weißen Gold‹, nach Höchstgewinn, hat immer wieder zu barbarischem Gemetzel unter den Urweltriesen geführt. Solange nur der Werkstoffbedarf eines schmalen, hochqualifizierten Elfenbein-Kunsthandwerks zu decken war und Stoßzahnanfall durch natürliche Abgänge noch sehr ins Gewicht fiel, bestand bei maßvoller Bejagung keine Gefahr für die Art der Rüsselriesen. Tödlich zu werden drohte in jüngster Zeit die Kommerzgier nach Riesenmengen von Rohelfenbein für die lukrative, immer fragwürdiger werdende Serienfertigung von luxuriösem Tand, wofür das edle Material zu kostbar sein sollte. Für vieles, wie Billardkugeln und Klaviertasten, sind heute auch andere geeignete Werkstoffe verfügbar.

Ludwig Walther (1890–1972)
Ritter St. Georg im Kampf mit dem Drachen, Staatsgeschenk für Königin Elizabeth II., 1965
Höhe 22 cm
Deutsches Elfenbeinmuseum, Erbach

Im Jahre 1965, während des Deutschlandbesuchs der englischen Königin Elizabeth II., hat die hessische Landesregierung dem hohen Gast ein Elfenbein-Staatsgeschenk überreicht: eine an den englischen Nationalheiligen erinnernde Statuette des Drachentöters St. Georg, das der renommierte Elfenbeinschnitzer Ludwig Walther des deutschen und europäischen Elfenbeinzentrums Erbach schuf.

Stoßzahnträger im Kongo.
Mit einem internationalen Elfenbein-Handelsverbot, mit Austrocknung des grauen Marktes, ist 1989 der Gier nach dem ›weißen Gold‹ entgegen gesteuert worden, die in den 70er und 80er Jahren zu einem furchtbaren Elefantenschlachten in Afrika führte. Das Verbot darf nicht als pauschale Ächtung des edlen Werkstoffs für qualifiziertes Kunsthandwerk verstanden werden, das seit Jahrtausenden erlesene Elfenbein-Kunstwerke schuf.

Phönizisches Elfenbein für Salomons Tempel

In der Antike kontrollierten die Phönizier, die von ihren städtischen Zentren an der libanesisch-syrischen Küste aus das Mittelmeer und das Rote Meer befuhren, das Geschäft mit Elefantenstoßzähnen. Sie haben schon im 16./15. Jahrhundert v. Chr. den Pharaonen Elfenbein aus Syrien und aus dem legendären Land ›Punt‹ am Roten Meer geliefert. Auch der König von Juda und Israel, Salomon (965–926 v. Chr.), hat für den Tempelbau außer Zedernholz ›weißes Gold‹ von den Phöniziern bezogen, die selbst ausgezeichnete gewerbliche Elfenbeinschnitzer waren. Der ausgeprägte Händlergeist der kühnen Seefahrer strebte nach möglichst hohem Gewinn. Ihre hochkapitalistische Wirtschaftsform – sie nahmen einen Geldzins von 33 ¹/₃ Prozent – vererbten sie der 814 v. Chr. an der Nordküste Afrikas gegründeten Tochterstadt Karthago.

Um 460 v. Chr., während der Blütezeit Karthagos, unternahm der Seefahrer Hanno mit einer Flotte von ›Pentekonteren‹ (Schiffe mit 50 Ruderern) eine Erkundungsfahrt entlang der afrikanischen Westküste. Auf den Schiffen sollen sich auch Siedler für eine zu gründende Niederlassung befunden haben. Die Expedition stieß wahrscheinlich bis zu den Gold- und Elefantengebieten am Golf von Guinea vor. Nach Hannos Rückkehr wurde im Tempel des phönizischen Gottes Melkart, der auch Beschützer der Seefahrer war, eine Tafel mit dem Reisebericht angebracht. Überliefert ist eine griechische Übersetzung davon, die zu den ältesten geographischen Dokumenten der Antike gezählt wird.

Auf den Spuren der Phönizier gründete im 3. vorchristlichen Jahrhundert, in der hellenistischen Zeit, die ägyptische Diadochen-Dynastie der Ptolemäer Handelsniederlassungen an der eritreisch-äthiopischen Küste, von wo Kriegselefanten und Elfenbein bezogen wurden.

Die Karthager, von den Römern Punier genannt, hatten selbst Zugriff auf afrikanische Waldelefanten in den Atlastälern, die sie zur Gewinnung der Handelsware Elfenbein jagten oder von den einheimischen Numidiern jagen ließen. Zähmung und Ausbildung der Elefanten zu Kriegsmaschinen erfolgte erst unter dem Druck des kriegerischen Machtkampfes mit Rom.

Nach der Zerstörung Karthagos im 3. Punischen Krieg 146 v. Chr. kontrollierte die fortan beherrschende römische See- und Handelsmacht den Elfenbeinhandel. Große Nachfrage nach dem Luxuswerkstoff herrschte im reichen Rom der Kaiserzeit. Das meiste Elfenbein bezogen die römischen Reeder und Kaufleute vom großen Handelsplatz Aksum, der heiligen Stadt der Äthiopier und späteren Krönungsstadt der äthiopischen Kaiser. Verschifft wurde der kostbare Rohstoff im Hafen Adulis, den einst die Schiffe der ptolemäischen Könige Ägyptens anliefen. Die Stoßzähne kamen aus dem nahen Hinterland Eritreas, an dessen Rotmeerküste noch im 6. Jahrhundert große Elefantenherden gesichtet wurden, sowie aus Somalia und den äthiopischen Bergwäldern. Auch aus dem Atlasgebiet Nordwestafrikas, wo die letzten Dickhäuter im 5./6. Jahrhundert verschwanden, bezog Rom Elfenbein.

Elefant, Nisaia, graeco-iranisch
2. Jh. v. Chr.
Elfenbein
Staatliche Eremitage, St. Petersburg

Bei dem Fund befand sich auch die aus Elfenbein geschnitzte Halbfigur eines vorwärtsstürmenden Elefanten mit hochgeworfenem Rüssel, die wahrscheinlich als Trinkhornaufsatz diente.

Intarsie, 9. Jh. v. Chr.
Elfenbein, Höhe 7,5 cm
Israel Museum, Jerusalem

Aus Elfenbein geschnitzte Intarsie, die der Zeit König Ahabs zugeschrieben wird, der 100 Jahre nach Salomon, von 871 bis 852 v. Chr. das Teilreich Israel regierte. Das Fundstück gilt als Teil einer Möbelverzierung aus dem Palast, den Ahab nahe seiner Hauptstadt Samaria errichten ließ: dem ›elfenbeinernen Haus‹. Dieser Palast wird sogar in der Bibel erwähnt (1 Könige 23,39). Die gefundenen Intarsien vereinen ägyptische und phönizische Stilelemente. Ägyptische und phönizische Künstler und Bauleute hatten in siebenjähriger Arbeit auch Salomons Tempel und Palast in Jerusalem errichtet.

Die Trinkhörner von Nisaia

Partner im antiken Elfenbeingeschäft waren während der hellenistischen Zeit auch junge, aufstrebende Randvölker der Kulturregion Vorderasien. Eine besondere Rolle spielten die Parther, ein östlich des Kaspischen Meeres siedelnder iranischer Nomadenstamm (Iran/Eran = Arier). Unter König Mithridates I. (171–138 v. Chr.) wurde das Reitervolk die dominierende Macht auf der nahöstlichen Landbrücke. Die Parther kontrollierten die berühmte ›Große Seidenstraße‹, den Handelsweg nach China, das stets großen Bedarf an Elfenbein hatte.

Aus der frühparthischen Zeit stammt ein Fund von 40 großen, aus Stoßzahnteilen zusammengesetzten, schweren Trinkhörnern (Rhyta), die wahrscheinlich kultischen Zwecken dienten. Sie lagerten in einem versiegelten Raum einer quadratischen Innenhofanlage in der befestigten Stadt Nisaia östlich des Kaspischen Meeres. Die am oberen Rand umlaufenden Gravierungen zeigen teils Motive aus der griechischen Götter- und Sagenwelt, teils orientalische Ornamentik. Die olympischen Götter Griechenlands verschmolzen in der hellenistischen Welt Vorderasiens mit den lokalen Gottheiten: die Unterschiede zwischen der iranischen Fruchtbarkeitsgöttin Anahita und Artemis, zwischen Mithras und Apollo, zwischen Zarathustras Lichtgott Ahuramazda und Zeus verschwanden. Unter den am unteren Rand der Trinkhörner aufgesetzten Figuren sind der orientalische Greif, Kentauren und Götterfiguren.

Die Kriegsmacht der Parther beruhte auf schnellen, gepanzerten Reiterverbänden. Die in den eroberten Teilen des Seleukidenreichs übernommenen Kriegselefanten waren nützlicher als Arbeitstiere. Die Parther, Meister gewaltiger Überwölbungen, hatten als große Bauherren stets Bedarf an Arbeitskraft. Da die Prunkanlagen in Ziegelbauweise getürmt wurden, blieben in dem von Erobererwellen immer wieder überspülten Machtbereich der Parther nur Ruinenfelder.

Die Parther, deren Reichsrest Syrien im Jahre 64 v. Chr. zur römischen Provinz gemacht wurde, und vor ihnen schon die Seleukiden, haben die Ostwest-Handelswege großzügig ausgebaut. Die bedeutendste Route der damaligen Zeit war die ›Große Seidenstraße‹, die von Antiochia am Mittelmeer nach Seleukeia am Tigris und dann nordwärts, am Elbursgebirge vorbei, zur Oasenstadt Merw führte. Von dort standen zwei Routen, südlich und nördlich am Altaigebirge vorbei, nach Zentralasien zur Wahl. Zum Schutz des Karawanenplatzes Merw vor Überfällen umgürteten die Parther die ganze Oase mit einer Mauer. Eine Karawanenreise vom Mittelmeer bis China und zurück dauerte 6 bis 8 Jahre. Von China kamen Seide, Gold sowie künstlerische und technische Anregungen. Nach China wurden römisches Glas, Luxusartikel, Elfenbein, arabische Pferde und verschiedene Nutzpflanzen gebracht, unter anderem der Mandel- und Pfirsichbaum. Die Parther zogen großen Gewinn aus dem Durchgangs-Handelsverkehr.

Alle Versuche der Römer, Parthien niederzuzwingen, scheiterten. 56 v. Chr. erlitt Cassius, der sich im Triumvirat mit Caesar und Pompeius die Macht teilte und als Statthalter Syrien verwaltete, eine vernichtende Niederlage. Unbeschadet eines bestehenden Friedensvertrages war er mit sieben Legionen, etwa 40 000 Mann, losmarschiert, um seine Macht bis Indien auszudehnen. Die berittenen leichten Bogenschützen der Parther und ihre gepanzerten Reiter, die gleich den späteren Rittern des europäischen Mittelalters Schuppenpanzer trugen und mit beidhändigen Lanzen kämpften, vernichteten das Heer. An die 20 000 Mann wurden getötet, 10 000 gefangen, der Rest floh. Cassius verlor das Leben. Erst Kaiser Augustus konnte die Rückgabe der verlorenen Feldzeichen aushandeln.

36 v. Chr. scheiterte auch Antonius, Kleopatras nach ptolemäisch-polygamer Art angetrauter Geliebter, bei dem Versuch, die Könige Vorderasiens unter seine Führung zu zwingen. Mit 100 000 Mann ausmarschiert, brachte er nur an die 40 000 Mann zurück nach Syrien.

In der nachchristlichen Zeit ging das Partherreich auf im persischen Königreich der Sassaniden-Dynastie, das um 640/50 dem Ansturm der islamischen Araber erlag.

Zwei Elfenbeinrytha, Nisaia, graeco-iranisch, 2. Jh. v. Chr. Jeweils aus einem Elfenbeinzahn geschnitzt, Höhe 53 und 63 cm Historical Museum, Ashgabath (Turkmenistan)

Die umlaufenden Gravierungen am oberen Rand der Trinkhörner von Nisaia zeigen teils Motive aus der griechischen Götter- und Sagenwelt, teils orientalische Ornamentik.

Die Suaheli-Händler Ostafrikas

In den ersten nachchristlichen Jahrhunderten haben arabische Kaufleute mit ihren seetüchtigen Dhauen ostafrikanische Küstenplätze angelaufen, wo sie neben Gold, Kupfer und Gewürzen auch Stoßzähne von Elefanten verluden. Über den Hafen Maskat an der Südküste der arabischen Halbinsel nahm das ›weiße Gold‹ seinen Weg nach Indien und China. Ostafrika wurde – und blieb bis heute – Asiens Hauptlieferant von Elfenbein. Bis zum 6. Jahrhundert deckten Indiens Elefantenbestände noch den Eigenbedarf an Elfenbein. Aber das afrikanische Elfenbein war die begehrtere, weil hochwertigere Handelsware.

Von Eritrea bis zur Sambesimündung entstanden an der Küste feste Handelsniederlassungen, in denen arabische und indische Kaufleute ihren Geschäften nachgingen. Die stürmische Ausbreitung des Islams gab neue wirtschaftliche Anstöße. In der Zeit um 1000 n. Chr. entstand auf der Insel Sansibar und an dem 30 km entfernten Küstenstrich gegenüber aus islamisch-arabischen, afrikanischen und indischen Elementen eine Mischkultur mit einer Mischsprache: das Suaheli (arab. sahel = Küste), das in Schwarzafrika zur Handels- und Verbindungssprache bis hinüber zur Westküste wurde. 1498 drangen die Portugiesen als erste europäische Konkurrenten mit ihren überlegenen Karavellen in den arabisch-indischen Handelsraum ein, übernahmen die Herrschaft über Sansibar und errichteten weitere befestigte Niederlassungen. Auch in Maskat eröffneten sie ein Handelskontor. Die Portugiesen konzentrierten sich zunächst auf das Goldgeschäft, schalteten sich aber bald in den lohnenden Elfenbeinhandel ein.

Die Kaufleute blieben in den aufblühenden Küstenstädten wie Kilwa, Mosambik und weiter südlich Sofala. Im küstennahen Hinterland erledigten Suaheli-Zwischenhändler die Geschäftsabsprachen mit selbstbewußten Stammeskönigen und Häuptlingen, die über Kriegerscharen geboten, oft zähe Verhandlungspartner waren und meist allein über die Stoßzahnvorräte verfügten. Zum Tauschangebot der Händler, die Konflikte vermieden, zählten unter anderem Stoffe, Messer, Haken,

Mit kleinen, seegängigen Kuttern wurde bis in jüngste Zeit viel Elfenbein-Rohmaterial – meist Schmuggelware – aus den Elefantenländern Afrikas abtransportiert.

Das Elfenbein-›Dorado‹ afrikanische Ostküste. Die arabischen, indischen und (später) die europäischen Geschäftsleute blieben in den Hafenplätzen; Suaheli-Zwischenhändler besorgten die Absprachen mit den afrikanischen Stammeskönigen und Häuptlingen.

Die im Inland gegen Stoffe, Eisengeräte, Schmuck und asiatische Keramik (später auch Gewehre) eingetauschten Stoßzähne wurden von Trägerkolonnen zur Küste gebracht: von gemieteten Männern der Stammeshäuptlinge oder den Handelsherren ›gehörenden‹ Sklavenkolonnen, die an der Küste blieben. Mittler waren Suaheli-Händler.

Ein Berg von riesigen Stoßzähnen wartet im zentralen Umschlag auf Schiffverladung und Abtransport nach Asien und Europa.

Metallzierat, Glasperlen und asiatische Keramik. Zur Küste transportiert wurde mit Trägerkolonnen, die gegen Bezahlung von den Häuptlingen gemietet wurden, oder mit Sklaven, die den Kaufleuten in den Küstenstädten gehörten. Zeitweise beherrschten autochthone Völker den Elfenbein-Zwischenhandel, wie zum Beispiel die östlich des Njassa-(heute Malawi-)Sees siedelnden Yao, die Stoßzähne nach Kilwa und Mosambik lieferten und sogar Verbindung mit dem Lunda-Reich im Zentrum Afrikas unterhielten, wo es riesige Elefantenherden gab.

Mitte des 17. Jahrhunderts mußten die Portugiesen einen Rückschlag hinnehmen. Mit Unterstützung des mächtigen Sultans von Maskat/Oman vertrieben die Araber sie aus Sansibar und von den Küsten Tansanias und Kenias. Der Sultan schloß auch ihr Handelskontor in Maskat. Die Portugiesen wurden zudem im Süden von den Holländern zurückgedrängt, die 1602 in Kapstadt die ›Niederländisch-Ostindische Kompanie‹ gegründet und sich weiter östlich an der Küste der Delagoabucht festgesetzt hatten. Dort lieferte ihnen das Volk der Ronga Stoßzähne aus Natal und Transvaal, den späteren Siedlungsgebieten der Buren, wo bis Ende des 18. Jahrhunderts die Elefanten fast ausgerottet wurden. Schon bald nach Gründung ihrer Niederlassungen konnten die Holländer jährlich rund 20 Tonnen Elfenbein nach Europa liefern.

Im 18. Jahrhundert brach in den portugiesisch kontrollierten Hafenplätzen wie Mosambik und Sofala das Elfenbeingeschäft ein. Wegen massiver Besteuerung durch die portugiesischen Herren wanderten viele arabische Kaufleute und indische Kapitalgeber nach Norden ab, wo das Elfenbeingeschäft an den Küsten Tansanias und Kenias aufblühte. Die Yao belieferten nicht mehr die portugiesischen Küstenplätze, sondern Sansibar, das zur beherrschenden Zentrale des Elfenbein- und Sklavenhandels Ostafrikas wurde. Indische Bankhäuser, die arabische Händler finanzierten, machten Gewinne von bis zu 300 und 400 Prozent.

Im 17. Jh. wurde das Elfenbeingeschäft am Golf von Guinea von Holländern und Engländern systematisch ausgebaut. Hier eine zeitgenössische Darstellung eines holländischen Auslieferungslagers.

Das ›Schwarze Gold‹ Westafrikas

Nach der Ausrottung der Waldelefanten in den Atlastälern Marokkos während des 4./5. Jahrhunderts kam Elfenbein in kleinen Mengen über die klassischen Kamelrouten durch die Sahara nach Tunis, Tripolis und Bengasi, die Handelszentren an der Mittelmeerküste. Ausgangspunkte waren die großen Warenumschlagplätze jenseits der feindlichen Sandbarriere: Timbuktu, der Handels- und Kulturmittelpunkt des islamischen Westafrikas, sowie die Karawansereien am Tschad-See.

Schon die Karthager und Römer hatten Geschäftskontakte mit den Handelsvölkern der Wüste, die neben Gold, Edelsteinen, Gewürzen und Sklaven stets auch Elfenbein zu bieten hatten. Die Stoßzähne der Karawanentransporte kamen aus den Elefantengebieten am Senegal- und Gambia-Fluß, aus den äquatorialen Gebieten Zentralafrikas und aus dem Sudan.

Im 15. Jahrhundert erschlossen die Portugiesen auf den Spuren des karthagischen Entdeckers Hanno den Seeweg entlang der afrikanischen Westküste. Sie gründeten Handelsniederlassungen an der Gambiamündung und an den äquatorialen Küsten des Golfes von Guinea, die sie nach den jeweils typischen Handelsprodukten benannten: Elfenbeinküste, Goldküste, Sklavenküste. In den Tropenwäldern gab es große Populationen von Waldelefanten; Stoßzähne, Sammelgut oder Jagdbeute, waren wohlfeile Ware.

Die portugiesischen Kaufleute blieben in ihren befestigten Küstenplätzen und schlossen Tauschverträge mit den Stammeskönigen und Häuptlingen im nahen Hinterland. Umfangreiche Geschäfte machten sie unter anderem mit dem Königreich Benin, das weite Gebiete der heutigen Republik Nigeria kontrollierte. Der absolut herrschende König, der ›oba‹, hatte neben großen Stoßzahnbeständen auch Skla-

Ausschnitt einer holländischen Guinea-Karte aus dem Jahre 1743. Die Illustration macht deutlich, wie wichtig das Elfenbeingeschäft neben dem Gold-, Sklaven- und Gewürzhandel war.

Maske, Benin, um 1550
Elfenbein, Höhe 23,8 cm
British Museum, London

Eine Maske aus dem Königreich Benin. Über der Stirn eine Krone aus Portugiesen-Köpfen. Die Maske diente wohl Kultzeremonien bei königlichen Ahnenfeiern, und könnte die Mutter des ›oba‹ Esigie darstellen, der zum Zeitpunkt des Eintreffens der Portugiesen in Benin regierte.

ven im Tauschangebot, eingebracht in immer neuen Eroberungszügen. Um Vertrauen zu schaffen, arrangierten die Kaufleute einen Freundschaftsbesuch von Vertretern des ›oba‹ am Königshof in Lissabon.

Die Portugiesen und die ihnen folgenden Engländer, Holländer und Franzosen verbanden das Elfenbeingeschäft mit dem aufkommenden, schnell expandierenden Sklavenhandel. Sklaverei gab es auch in den autochthonen afrikanischen Königstümern. Die von den einheimischen Häuptlingen oder von afroarabischen Suaheli-Händlern erworbene Menschenware schleppte die Stoßzähne kostenfrei zur Küste, um dort mitverladen zu werden: Arbeitssklaven für die frühkapitalistische Plantagenwirtschaft in Brasilien und in den Südstaaten der USA.

Große Elfenbein-Anlieferungen kamen aus dem heutigen Kamerun und aus den Savannen Angolas. Im 18. Jahrhundert versiegte das küstennahe Stoßzahnangebot. Die Elefanten verschwanden aus vielen Regionen. Karawanen mußten für Expeditionen ins weite Hinterland ausgerüstet werden. Der Kampf um Märkte wurde schärfer. Konkurrierende Händler überboten sich mit dem Tauschangebot von Feuerwaffen, die hochbegehrt bei den afrikanischen Völkerschaften waren und deren Verbreitung die Ausrottung der Elefanten in weiten Regionen beschleunigte.

Vom Ende des 17. Jahrhunderts an übertrafen in Westafrika die Erlöse des Sklavenhandels die Gewinne aus dem Elfenbeingeschäft. Nach internationalen Schätzungen sind von 1520 bis zum Verbot des Sklavenhandels im Jahr 1850 rund 8–10 Millionen Sklaven auf portugiesischen, holländischen, britischen, französischen und dänischen Schiffen nach Südamerika und in die Südstaaten der USA gebracht worden. Noch kurz vor Ausbruch des amerikanischen Unabhängigkeitskriegs Ende des 18. Jahrhunderts brachten 162 englische Schiffe in einem Jahr 48 000 Sklaven über den Ozean.

Elfenbeinpektorale, um 1600
Elfenbein, ca. 12 cm
Museum of Mankind, London

Das Elfenbeinpektorale zeigt den auf Diener gestützten ›oba‹ im traditionellen Korallenschmuck. Dem ›oba‹ waren alle erjagten Stoßzähne vorzulegen. Einen behielt er nach alter Gepflogenheit selbst, auf den anderen hatte er Vorkaufsrecht. Einem Jäger, der ihn zu umgehen versuchte, drohte Folter und Hinrichtung. Die in Gilden zusammengeschlossenen Elfenbein- und Bronzehandwerker wohnten in bestimmten Vierteln, wo sie leichter zu bewachen waren.

Das Elfenbeingeschäft in der kolonialen Ära

Nach Erschöpfung der Elfenbeinressourcen in den küstennahen Gebieten wurde im 19. Jahrhundert das tiefe Inland des weithin unerforschten Schwarzen Kontinents Geschäftsfeld der Händler. Von den Kaufherren an der Ostküste ausgerüstete Karawanen stießen in den Jahren 1825/30 zum Tanganjika-See vor. Es entstand die Inlandsversorgungsbasis Tabora, Ausgangspunkt weiterer Vorstöße nach Norden ins elefantenreiche Gebiet am Kilimandscharo und westwärts zu den Königtümern des Zwischenseengebiets, wohin Berichte über besonders reiche Stoßzahnbestände lockten. Mit der Verbreitung der modernen mehrschüssigen Hinterladergewehre beschleunigte sich der Massenabschuß der Rüsselriesen.

Die Sultanate im südlichen Äthiopien bezogen von Suaheli-Händlern Elfenbein aus den Regionen der Nilzuflüsse. Stoßzähne aus diesem Raum und aus den Savannen des Darfur brachten Karawanen nach Kairo, wo die unter formaler türkischer Oberhoheit regierenden Mamelucken-Statthalter selbst nach dem ›weißen Gold‹ griffen. Die Mamelucken waren freigelassene Kaufsklaven (arab. mamluk = in Besitz genommen, Sklave) von tscherkessischer Herkunft, die im 12. Jahrhundert in Ägypten und Syrien Kriegsdienst leisteten, 1252 Kairo okkupierten und auch nach der osmanischen Eroberung Ägyptens 1516/17 bestimmenden Einfluß ausübten. Erst 1811 wurden sie durch Mehmed Ali entmachtet. 1882 errichteten ägyptische Truppen im Sudan einen Stützpunkt, Khartum, der schnell zu einem Vielvölker-Handelsplatz wurde. Hier verfügten die Ägypter ein staatliches Handelsmonopol für Elfenbein.

Kairo entwickelte sich zum bedeutendsten Handelsplatz für Elfenbein und für Menagerie-Elefanten im Mittelmeerraum. Über Kairo bezog auch der Hamburger Tierhändler Hagenbeck seine ersten Schauelefanten. Unter dem Druck der Engländer und Franzosen mußte Ägypten 1850 das Elfenbeinmonopol aufheben. Ungehemmter Elefantenabschuß durch Jagdgesellschaften dünnte aber die Bestände im oberen Sudan und im Darfur so schnell aus, daß das Handelsmonopol wieder eingeführt werden mußte. 1880 schnitt dann der Mahdi-Aufstand im Sudan den Zugang zu den Elefantengründen im Raum der Nilzuflüsse ab.

Auf der afrikanischen Westseite drangen Gesandte des belgischen Königs Leopold II. mit dem Auftrag der ›politischen Erschließung‹ des Landes den Kongo entlang ostwärts vor. Katanga wurde erreicht, wo schon seit Jahrhunderten Kupfer abgebaut wurde. Der Elfenbeinhandel geriet in den Sog des politischen und kommerziellen Wettlaufs der europäischen Mächte um Rohstoffe und kolonialen Besitz. Die überlegene Seemacht England, die Indien kontrollierte und 1806 die Holländer am Kap verdrängte, beherrschte die Szene. 1834 schaffte England im eigenen Einflußbereich den Sklavenhandel ab und gewann damit bei der Verfolgung seiner imperialen Expansionspolitik eine moralische Handhabe gegenüber den Vertretern der Sklavenwirtschaft.

1856 mußte der Sultan von Maskat/Oman auf Sansibar verzichten, den größten Elfenbein- und Sklavenmarkt der afrikanischen Ostküste. Unter englisch-indischer Verwaltung eröffneten dort nun die europäischen Mächte ihre Handelskontore. 1891 kam die Insel unter volle englische Oberhoheit. Zur Kontrolle des 1869 eröffneten Suezkanals und des direkten Seewegs nach Indien wurde 1881 Ägypten besetzt. 1898 mußte auch Frankreich die in Faschoda gesetzte Trikolore wieder einholen und auf den beanspruchten Sudan sowie auf Mitbestimmung in Kairo verzichten.

1885 teilten auf der Berliner Afrika-Konferenz Engländer, Franzosen, Portugiesen und als Nachzügler auch Deutsche mit Lineal und Zirkel den Schwarzen Kontinent auf und benutzten dabei Karten, die noch bedeckt waren mit weißen Flecken unerforschter Regionen. Das riesige Gebiet der heutigen Kongo-Republik wurde als persönliches Eigentum des belgischen Königs Leopold II. festgeschrieben und rücksichtslose Ausbeutung durch Brüsseler Minengesellschaften sanktioniert. Verwirklicht wurde vor allem das große imperiale Konzept des britischen Kolonialstrategen Cecil Rhodes: ein Korridor kolonialen Besitzes von Kairo bis Kapstadt, an dessen Flanken nur späte deutsche Erwerbungen störten.

In Westafrika, wo der Sklavenhandel die Umsätze im Elfenbeingeschäft übertraf, führte Englands Verbot des Menschenhandels im eigenen Einflußbereich, dem 1850 auch ein internationales Verbot (mit Übergangsfristen) folgte, zu tiefgreifenden Umschichtungen auf den Handelsmärkten. Agrarprodukte wurden interessant: Kaffee, Kakao, Sisal usw. In den äquatorialen Küstenzonen entwickelte sich frühkapitalistische Plantagenwirtschaft. Die Rodung riesiger Tropenwaldregionen für den Ackerbau war begleitet von Ausrottungsoperationen gegen Elefanten, die aus dem Küstenhinterland verschwanden. Massenabschuß brachte kurzfristigen Auftrieb für den Elfenbeinhandel an der Westküste, den zeitweise deutsche Handelsherren in Kamerun mitkontrollierten. Es folgten Einbrüche, bis in Angola und am Kongo Expeditionen im tieferen Inland neue Ressourcen erschlossen.

Es war die Zeit der großen, von humanitären Idealen erfüllten Entdecker, deren Spuren auch die Stoßzahnhändler und die Kolonialpioniere folgten.

Der schottische Missionar und Kämpfer gegen den Sklavenhandel, David Livingstone (1813–1873), durchzog die unbekannte Mitte des Kontinents von Meer zu Meer auf der Suche nach den Nilquellen – und entdeckte das Kongo-Quellgebiet.

Der Journalist Henry Morton Stanley zog für den ›New York Herold‹ aus, um nach dem englischen Missionar und Forscher Livingstone zu suchen, der nach einer letzten, 1869 eingegangenen Nachricht in der Wildnis verschollen war. Am 3. November 1871 fand er den Missionar und Forscher in einem Dorf bei Udji am Tanganjika-See.

Thomas Baines
›The Ma Robert‹ und Elefant, 1859
Öl auf Leinwand, 65 x 44 cm
Royal Geographic Society, London

Die Dampfbarkasse ›The Ma Robert‹, mit der der englische Afrikaforscher David Livingstone 1858 den Unterlauf des Sambesi hochfuhr, begegnete einem riesigen Elefanten. Gewehre und eine Kanone für sinnlosen Beschuß waren schnell zur Hand. Das Schiff kam nicht weit. Livingstone ging von Bord und zog zu Fuß mit einer Trägerkolonne weiter.

Seine steife Begrüßungsformel inmitten der Wildnis: »Doctor Livingstone, I presume?« (Doktor Livingstone, nehme ich an?) ging um die Welt. Stanley hatte seine Story – und wurde selbst Forscher. Er erkundete den Kongolauf und war dem belgischen König Leopold II. bei der Erwerbung des Kongogebiets Berater und Helfer.

Als erster Europäer hielt er sich zwischen 1869 und 1871 in den unerforschten Regionen westlich des Tanganjika-Sees auf, wo er ungewöhnlich dichte Elefantenbestände vorfand. Elfenbein sammeln sei dort gleich »gold digging«, notierte er: In den unendlichen Wäldern lägen die Stoßzähne, wo die Elefanten hinsanken ... Wenn Händler in das Gebiet kämen, würden ihnen die Bewohner für wohlfeile Kupferarmbänder Stoßzähne bringen, wenn man sie anständig behandele ... Die Händler ließen nicht auf sich warten.

Der deutsche Arzt und Forscher Heinrich Barth erkundete Nordafrika zwischen Mittelmeer, Niger und Tschad. Der Franzose Savorgnan de Brazza fuhr den Ogowe-Fluß hoch, stieß auf den Kongo und schloß dort einen Freundschaftsvertrag mit dem Häuptling Mukoko, der ihm ein Stück Land am Kongoufer schenkte. Er revanchierte sich mit einer Trikolore. Auf dem geschenkten Landstrich befindet sich heute Brazzaville – ein Musterbeispiel üblicher kolonialer Besitznahme.

Der Umgang der Elfenbeinhändler mit den afrikanischen Stammeskönigen und Häuptlingen wurde im 19. Jahrhundert rüder. Mit bewaffneter Begleitung und Trägerkolonnen anrückende Expeditionen, deren Ausrüstung die Kaufherren viel Geld kostete, machten bei Verhandlungen Druck mit Machtdarstellung und Machtanwendung. Geschlossene Vereinbarungen wurden mißachtet, Konflikte unter den autochthonen Völkerschaften geschürt. Vor allem korrumpierten die Praktiken kolonialer Besitznahme mit Truppeneinsatz die Verhältnisse. In dem Klima rücksichtsloser Rivalität und allgemeiner Gesetzlosigkeit vollzog sich hemmungsloses Gemetzel in den Elefantenregionen, vor allem im Kongogebiet. Nach zeitgenössischen Quellen (›L'Ivoire‹ und ›Le Commerce de l'Ivoire‹) schnellte die aus dieser Region auf dem Weltmarkt angebotene Stoßzahnmenge von 79 000 kg im Jahre 1884 auf 340 000 kg im Jahre 1895 hoch. In den beiden Vergleichsjahren belief sich das Gesamtangebot der Westküste auf 271 000 und 435 000 kg. Von den Ostküstenregionen kamen von 1879 bis 1883 folgende Stoßzahnmengen in kg/Jahr auf den Weltmarkt: aus Sansibar 196 000 kg, Mosambik 142 000 kg, Ägypten/Khartum 171 000 kg, aus Äthiopien/Somalia 26 000 kg und vom Kap 29 000 kg.

Erst nach Abgrenzung der Machtverhältnisse und Festigung der kolonialen Verwaltungen stellte man die Elefantenbestände unter staatliche Kontrolle. Den einheimischen Völkerschaften wurde Waffenbesitz und Jagd verboten. Die Handelsorganisationen der Suaheli-Händler, die bewaffneten Widerstand leisteten, wurden von Truppen des Kongo-Freistaates zerschlagen. Jagdgesetze nach europäischem Muster dämmten wildes Abschießen ein. Es begann die Zeit der ›white hunters‹.

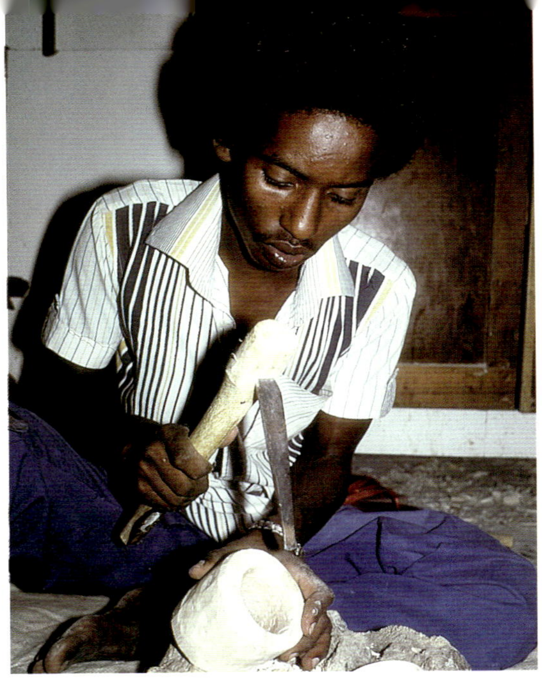

Bearbeitung von Elfenbein in einer Werkstatt in Mogadischu, Somalia: Ein Armreif wird mit dem Hackmesser zubereitet.

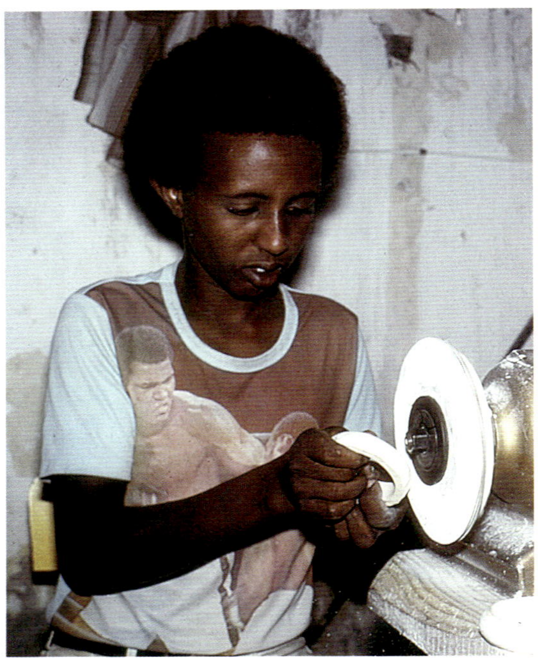

Auf einfachen Drehscheiben werden die bearbeiteten Werkstücke geschliffen.

Der Werkstoff Elfenbein

Unter Elfenbein versteht man die Stoßzahn-Knochenmasse von Elefant und Mammut. Das harte, doch leicht elastische und gut zu bearbeitende Material ist eine Mischung aus Dentin (Zahnbein), Knorpelmasse und Kalziumsalzen. Die Zähne von Mammuts sind durch jahrtausendelange Erdlagerung dunkel verfärbt und oft spröde. Dem Elefantenelfenbein gleicht das Zahnmaterial einiger anderer Tiere: der 2 bis 3 m lange linke gewundene Stoßzahn des Narwals (der rechte ist verkümmert); die 60 bis 70 cm langen Hauer des Walrosses sowie die 40 bis 60 cm langen Hauer des Nilpferdes. Die Unterscheidung von echtem Elefantenelfenbein ist schwierig.

Körnung und Tönung des Elfenbeins variieren nach Herkunft der Stoßzähne. Das asiatische Elfenbein ist spröder als das afrikanische, das zudem in größerer Menge anfällt. Das Stoßzahnmaterial der in den westafrikanischen Regenwäldern lebenden Waldelefanten hat einen leicht bräunlichen Schimmer und ist etwas härter als die weiß-cremige Stoßzahnmasse des gewaltigen Vetters in den trockenheißen Steppen und Savannen Ostafrikas. Das Elfenbein des einst in Chinas Bambuswäldern lebenden Elefanten hat einen rötlichen Schimmer; der einstige China-Dickhäuter wird daher auch als Vertreter einer Unterart ausgewiesen, als ›Elephas maximus rubidens‹ (Rotzähner). Auch altes Elfenbein ceylonesischer und thailändischer Herkunft schimmert oft leicht rötlich. Durch längere Lichteinwirkung bleicht Elfenbein; Lichtabkehr bräunt.

Zu unterscheiden sind zwei Bearbeitungstechniken: das ältere Schnitzverfahren und das Drechseln. Benützt werden die gleichen Werkzeuge wie bei der

Ein gesägter Stoßzahnteil für die Herstellung von Perlenrohlingen.

Elfenbeinwerkstatt, Zaire.
Eine Elfenbeinwerkstatt am Kongo, wo heute alte afrikanische Motive in handwerklicher Serie für das Touristengeschäft gestaltet werden. Beliebt sind ganze Stoßzähne mit Afrodekor.

kunsthandwerklichen Bearbeitung von Holz. Elfenbein ist nur härter; die Werkzeuge müssen öfter nachgeschliffen werden. Einfache Formen der Drehbank gab es schon im alten Ägypten. Aber erst gegen Ende des Mittelalters ermöglichte der Antrieb durch das Rad qualifiziertes Drechseln. Vor der Bearbeitung kann Elfenbein in kochendem Wasser mit der Beigabe von Soda geschmeidig gemacht werden. Wichtiges Kriterium bei der Beurteilung des künstlerischen Wertes ist die ›Fertigung aus einem Stück‹. Wichtig ist aber gleichzeitig auch die Einbeziehung von Struktur und Maserung in die Formgebung.

Die deutsche Bezeichnung ›Elfenbein‹ (altdeutsch helfantbein) ist abgeleitet vom griechischen ›Elephas‹. Das französische ›ivoire‹, das englische ›ivory‹ und das italienische ›avorio‹ wurzeln, wie schon in anderem Zusammenhang erwähnt, im altägyptischen Wort ›abu‹ (siehe »Der ›abu‹ der Pharaonen«).

Eine ›Erbacher Rose‹ wird geschnitzt. Dieses weltweit erfolgreiche Schmuckmotiv haben Elfenbeinschnitzer aus dem Odenwald, dem Zentrum der Elfenbeinverarbeitung in Deutschland, 1873 entwickelt. Es kam der Mode des ausgehenden 19. Jh. besonders entgegen. Auf der Wiener Weltausstellung des Jahres 1873 wurde die ›Erbacher Rose‹ sogar mit einer Medaille ausgezeichnet.

Der Zauber des Elfenbeins

Elfenbein zählt zu den ältesten und edelsten Werkstoffen von Kunst und Kunsthandwerk. Das sanft schimmernde Material, dem zuweilen magische Kraft zugeschrieben wurde, hat seit Jahrtausenden die Menschen fasziniert. Die erlesenen Kunstwerke, die daraus geschnitzt wurden, haben einen besonderen Platz in der Kulturgeschichte.

In Ägypten läßt sich die Entwicklung der Elfenbeinkunst seit der Steinzeit verfolgen. Eine Fülle von Arbeiten, aus Pharaonengräbern wohlkonserviert geborgen, ist erhalten: Statuetten, Tierdarstellungen, Kultgeräte, Grabidole, Möbelzierat sowie Dosen und Kämme für den Toilettentisch der Dame. Elfenbein wurde häufig bemalt oder in Farbbädern behandelt. Die Arbeiten der ägyptischen Meister waren befruchtendes Vorbild für die alten Kulturvölker des Mittelmeerraums, in den seit dem 3. vorchristlichen Jahrtausend auch Stilelemente aus Vorderasien, aus Mesopotamien, einflossen.

Auf Kreta wurde schon während der mittelminoischen Zeit (2100–1580) unter ägyptischem Einfluß Elfenbein bearbeitet. Im Palast von Knossos wurden Statuetten von Schlangengöttinnen und Stierspringern gefunden. Die Kreter überlieferten ihre Techniken den Griechen der Antike, deren Meisterschaft wiederum die Elfenbeinkunst der Etrusker und Römer befruchtete. Die Griechen entwickelten besondere Verarbeitungsverfahren. Erwähnt sei nur das überlebensgroße Goldelfenbein-Standbild der Athene von dem Bildhauer Phidias (geb. um 500 v. Chr.). Die Hautpartien über dem Holzkern wurden mit Elfenbeinplatten gestaltet, die man durch Abschälen – ähnlich der modernen Furniertechnik – gewann. Ein raffiniertes Röhrensystem sorgte für die ständige Befeuchtung der Elfenbeinpartien mit Öl, um einer Ausdörrung, Entfettung und Rißbildung vorzubeugen.

Im Strahlungsbereich ägyptischer Kultur entwickelte sich in den phönizischen Stadtstaaten an der libanesisch-syrischen Küste ein blühendes Elfenbeinhandwerk, das vor allem Luxusartikel fertigte. Die Phönizier tätigten auch, wie schon erwähnt, die Zulieferungen für den Goldelfenbein-Thron Salomons.

Großverbraucher der Luxusware aus Elfenbein war das reiche Rom der Kaiserzeit. Das hochgeschätzte Material wurde im privaten wie im öffentlichen Bereich in verschiedener Form verarbeitet: für Statuetten und Schmuck, für Flachreliefs und Intarsien, für Kosmetikutensilien und für öffentliches Gepränge. So war Caesars Triumphwagen mit Elfenbein ausgeschlagen. Im oströmischen Byzanz wandelten die Elfenbeinkünstler Jagdszenen in fromme religiöse Motive des frühen Christentums (der gute Hirte). Schmuckdosen wurden zu Behältern für Hostien. Es begann die Phase der stilisierten Buchdeckel-Flachreliefs für Evangeliare und die Phase der kostbaren Handschriften mit Miniaturmalerei.

Assyrischer Frauenkopf
8. Jh. v. Chr.
Elfenbein, 15,8 x 13,5 cm
Iraq Museum, Bagdad

Die Elfenbeinplatte war Möbelverzierung im Palast des Königs Sargon II. (721–705 v. Chr.) in Kalchu (Nimrud). Sie wurde wohlerhalten im Schlamm eines 25 m tiefen Brunnenschachts gefunden. Nur die Nase mußte erneuert werden.

Mitte rechts:
Mykenische Schlangengöttin
Knossos, Kreta, um 1500 v. Chr.
in Elfenbein und Gold gearbeitet
Höhe 16,1 cm

Mitte links: Statuette des Cheops
Abydos, 4. Dynastie
um 2590 v. Chr.
Elfenbein
Höhe 7,5 cm, Breite 2,5 cm
Ägyptisches Museum, Kairo

Dieses Miniaturbild des Cheops ist die einzige inschriftlich gesicherte Figur des Erbauers der Großen Pyramide von Gisa. Der König trägt die unterägyptische Krone und einen Kurzschurz. In der rechten Hand hält er das Insignum seiner Macht die Geißel. Auf der rechten Vorderseite des einfachen Thronsitzes ist der Horusname des Cheops verzeichnet.

Porträtkopf
König Philipp II., 4. Jh. v. Chr.
Elfenbein, ca. 3 cm
Archäologisches Museum, Thessaloniki

Der Vater Alexanders des Großen regierte und einigte von 356–336 v. Chr. Makedonien. Drei Jahre vor seiner Ermordung durch einen Leibwächter drang bei einem Kriegszug ein Speer in sein rechtes Auge. Auf dem Elfenbeinporträt ist die Wunde über der Augenbraue eingekerbt.

In der karolingischen Welt wurde die Buchdeckelschnitzerei weitergepflegt. In der Aachener Hofschule Karls des Großen sowie in Metz, Lorsch und Trier arbeiteten auch byzantinische Künstler, die orientalische Stilelemente einbrachten.

Die Romanik war eine Zeit des Stillstands für die Elfenbeinkunst. Elfenbeinschnitzer fertigten vor allem religiöse Devotionalien. Während der Gotik dominierten französische Schnitzkünstler. Die sakrale Elfenbeinkunst gelangte zur Hochblüte. In den berühmten Werkstätten von Dieppe, Paris und Soissons entstanden elegant-geschwungene Madonnenstatuetten, Kruzifixe, mit Reliefs verzierte Reliquienbehälter und Passionsdiptychen. Daneben wurden profane Minnekästchen mit Darstellungen von Liebespaaren und Szenen aus Ritterromanen geschmückt.

Während der Renaissance bevorzugten die großen Meister der Zeit andere Werkstoffe. Zur Hochblüte kam die Elfenbeinkunst wieder im Barock. Deutsche, flämische und niederländische Meister, die nun auch namentlich bekannt und gefeiert wurden, waren führend. Nackte Körper rubensscher Üppigkeit, die sinnenfrohe Lebensfreude ausstrahlten, zierten in Hochreliefs Humpen und Krüge, Tafelaufsätze und Dosen. Statuetten von hohem künstlerischen Rang entstanden. Berühmt waren die Werkstätten in Antwerpen, Augsburg, Nürnberg, Geislingen und Wien.

Das Schnitzen und Drechseln von Elfenbein wurde Mode an Fürstenhöfen. So ließ sich der Habsburger Kaiser Rudolf II. vom Nürnberger Peter Zick in die Kunst des Elfenbeindrechselns einführen. Auch Kaiser Ferdinand III., Peter der Große, König Karl II. von Schweden, König Georg II. von England und andere Fürsten versuchten sich in Elfenbeinkunst.

Im 19. Jahrhundert war in Frankreich die 1808 in Dieppe gegründete Schule tonangebend. Sie präsentierte auf der Pariser Weltausstellung 1834 vielgerühmte Arbeiten.

Um die gleiche Zeit entwickelte sich im Deutschland des Biedermeier in Erbach/Odenwald ein neues Zentrum der Elfenbeinkunst unter dem Grafen Erbach, der selbst ein qualifizierter Meister in der Elfenbeinschnitzerei war. Im 19. Jahrhundert blühte die Elfenbeinkunst auch in England, das große Stoßzahnmengen aus dem Kolonialreich importierte.

Ende des 19. Jahrhunderts erlosch in Dieppe die jahrhundertealte Schnitztradition. Im 20. Jahrhundert war Erbach, wo 1892 eine Fachschule für Elefantenbeinschnitzerei gegründet worden war, Mittelpunkt der europäischen Elfenbeinkunst. Die allgemeine Entwicklung ging in Richtung Serienproduktion, die auch individuelles künstlerisches Schaffen mittragen mußte. Ein Teil der Erbacher Betriebe konnte sich aus wirtschaftlichen Gründen dem Souvenirgeschäft nicht verschließen.

Das 1989 verfügte zeitweilige Verbot jeglichen Elfenbeinhandels und die weiterhin geltenden, den Handel stark einschränkenden Bestimmungen, haben das Elfenbein-Kunsthandwerk in der westlichen Welt hart getroffen.

Christus als ›Guter Hirte‹ (Detail)
Goa, Indien, um 1700
Elfenbein, Größe 43,5 cm
Victoria & Albert Museum, London

Diese Darstellung vermischt europäische mit indischen Stilelementen. Sie wurde in der ehemaligen portugiesischen Kolonie Goa an der indischen Westküste gefertigt. Eine ganze Reihe ähnlicher Figuren läßt auf eine Art Serienproduktion für den Export schließen.

Mitte: Sitzmadonna, Paris
um 1325
Gearbeitet aus einem Elfenbeinblock, Höhe 25,3 cm
Kirchenschatz von San Francesco, Assisi

Rechts: Barocke Venusstatuette
um 1700
Flämische Elfenbeinarbeit
Höhe 17,5 cm
Privatbesitz

Ein mittelalterliches Elfenbein-Horn mit eingearbeiteten christlichen Symbolen und umlaufenden Ornamenten.

Die Olifanten

›Olifant‹ bedeutete im Altfranzösischen zuerst Elfenbein, dann das ›Horn aus Elfenbein‹. Berühmt ist der weithin schallende Olifant des Helden Roland aus dem Sagenkreis um Kaiser Karl den Großen (768–814), der 778 nach einem Feldzug gegen die spanischen Mauren mit dem Heer durch die Pyrenäen zurückmarschierte. Nach dem französischen Nationalepos »Chanson de Roland« wurde die Nachhut im Tal von Roncesvalle von Basken angegriffen und abgeschnitten. Da soll Roland in Todesnot zum Olifant gegriffen haben, um das Heer zurückzurufen. Der Schall, heißt es, sei so gewaltig gewesen, daß die Heiden erschraken und keiner mehr den anderen hören konnte ... Olifante waren fortan Signalhörner, später auch Pulverhörner.

Der historische Hintergrund: Nach einem Hinweis in Einhards »Vita Caroli magni« soll bei Kaiser Karls Rückzug aus Spanien der Markgraf der Bretagne, Roland (britanici limitis praefectus), mit anderen Edlen das Leben verloren haben.

Aus dem frühen Mittelalter sind an die 75 Elfenbein-Hörner erhalten. Die meisten stammen aus dem islamischen Kulturbereich Siziliens, das 940–1040 unter arabischer Herrschaft eine Blütezeit erlebte.

Pulverhorn aus der Waffenkammer des Maharajas Madhu Singh II., die 1720 eingerichtet wurde, Jaipur, Indien, 18. Jh. Elfenbein

Schalltrichter eines Olifanten mit umlaufenden Tiergravierungen Süditalien, 11. Jh. Elfenbein, Länge ca. 70 cm Herzog Anton Ulrich-Museum, Braunschweig

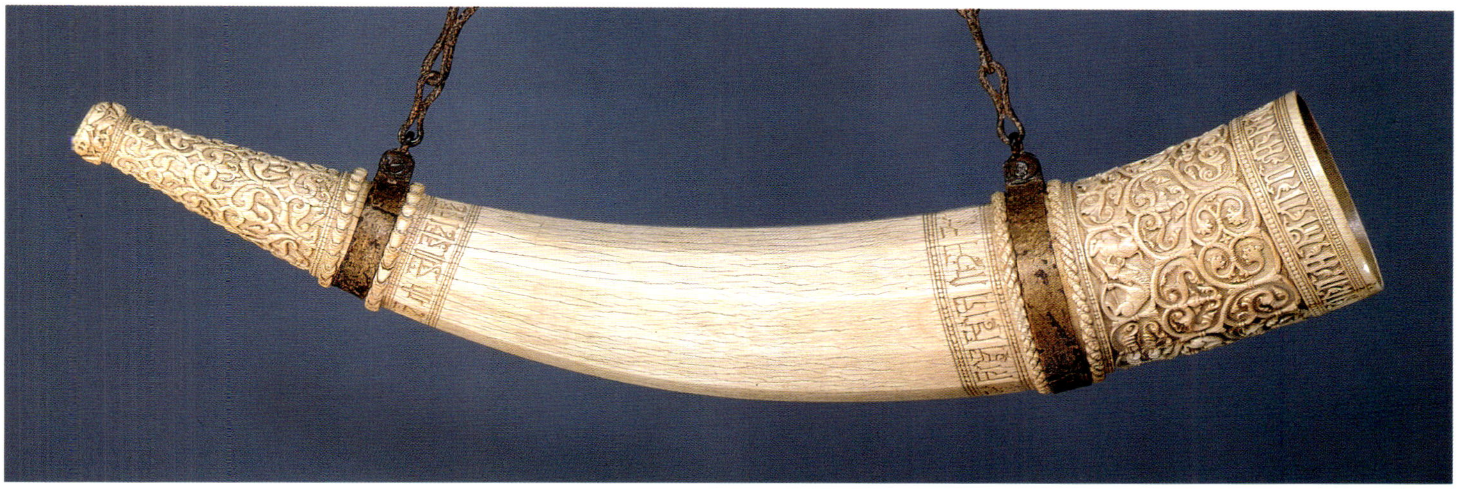

Olifant, Sizilien, sarazenisch
13. Jh.
Elfenbein, Länge 72 cm
Kunstgewerbemuseum, Staatliche Museen Preußischer Kulturbesitz, Berlin

Dieses Signalhorn besitzt einen schmucklosen Mittelteil und kräftig reliefierte Borten am Schall- und Blasende. Es ist eine Arbeit arabischer Elfenbeinschnitzer, die Stileinflüsse ihrer Heimat mit süditalienischen Formen vermischt haben.

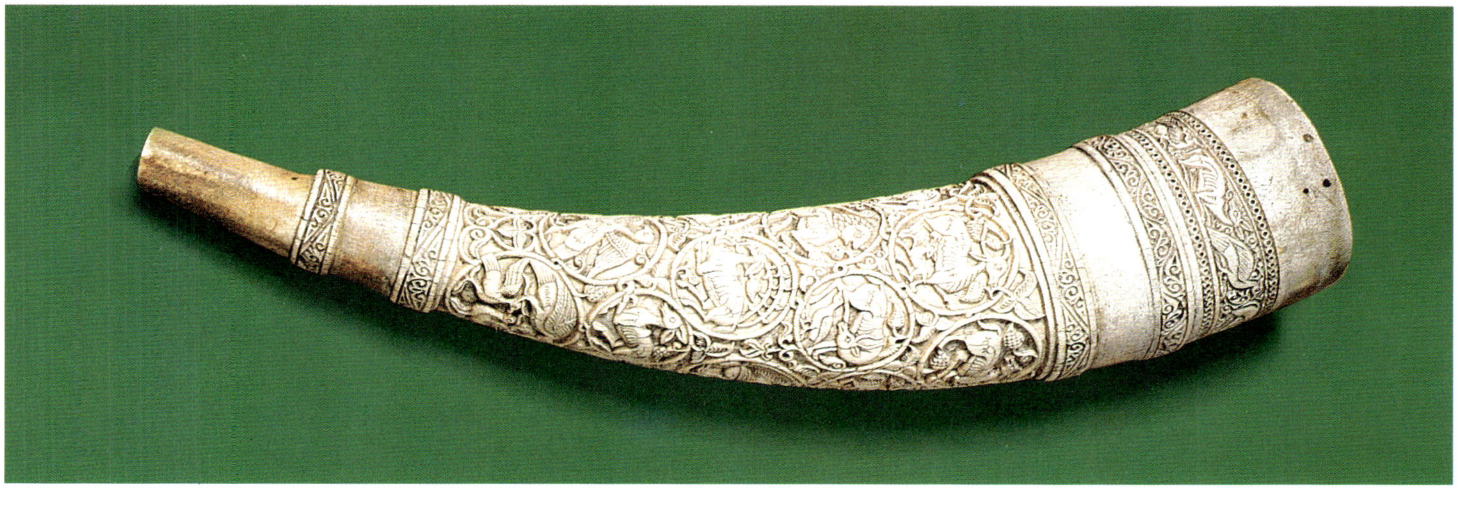

Olifant, Süditalien, Ende 11. Jh.
Elfenbein, Länge 69 cm
The Royal Scottish Museum, Edinbourgh

Elfenbeinkunst in Asien und Afrika

Alter Mann mit Tragholz, Japan
19. Jh.
Elfenbein, Höhe 15 cm
Privatbesitz

In China begannen Kunsthandwerker während der Shang-Dynastie (16.–11. Jahrhundert v. Chr.), Elfenbein zu verarbeiten. Erhalten sind Sattelknäufe sowie kleine Menschen- und Tierfigurinen. Hohe künstlerische Qualität bekam die Schnitzkunst während der Ming-Periode (1368–1644). Es entstanden Statuetten von Göttinnen (Kuan Yin), Mönchen und Sagengestalten in nobler Schlichtheit. Während der Ch'ing-Zeit (1646–1912) wurden plastische Figuren verspielter gestaltet. Geschnitten wurden viele Luxusgegenstände wie Fächer, Dosen mit Flachreliefs, Spiele usw.

In Indien blühte die Elfenbeinkunst vor allem im 16./17. Jahrhundert während der Glanzzeit der moslemischen Mogul-Herrscher. Elfenbeinwerkstätten fertigten viel ornamentales Schnitzwerk, das unter anderem Götterfiguren des hinduistischen Olymps einhüllte. Indische und chinesische Stilelemente flossen in die Elfenbeinkunst der südostasiatischen Länder von Burma bis Vietnam ein.

Stark chinesisch geprägt waren die Anfänge der Elfenbeinkunst in Japan. Später entwickelte sich eine typische Sonderform: die Netsukes. Es sind dies griffige, zum Durchziehen von Schnüren gelochte Kleinplastiken, die zur Befestigung von Beuteln für Tabak, Stempeln, Medizin usw. am Gürtel dienten (altjapanische Kleider hatten keine Taschen). Heute sind die meisterlichen Miniaturfiguren (Durchschnittsgröße 4–5 cm) weltweit gesuchte Sammelstücke. Zierzwecken dienten die etwas größeren, ähnlich phantasievoll gestalteten Okimonos, die nicht gelocht sind. Im 19. Jahrhundert arbeiteten berühmte Elfenbein-Schnitzschulen in Kyoto, Edo (Tokio) und Osaka.

Führend in originärer afrikanischer Elfenbeinkunst war im Mittelalter das Königreich Benin. Viel exportiert wurden ganze, rund bearbeitete Stoßzähne mit eingeschnittenem Dekor aus stilisierten Menschen- und Tierfiguren. Mit säurehaltigen Pflanzensäften erzielte man Weißfärbung. Die Kunsthandwerker verstanden sich vor allem auf die Verarbeitung von Elfenbein mit Bronze und anderen Materialien, was hohes technisches Geschick erfordert.

Pulverhorn, Indien, 19. Jh.
Nautilusschale, Elfenbeineinlagen
Höhe ca. 23 cm
Victoria & Albert Museum, London

Dieses Pulverhorn wurde aus dem irisierenden Gehäuse einer Nautilus-Schnecke mit Blätter- und Blütenintarsien aus Elfenbein gearbeitet. Der aus Elfenbeinplättchen zusammengesetzte Deckel zeigt verschlüsselte Zeichen und Symbole.

Links:
Elfenbeinplakette von einem altindischen Thron, Südindien

Rechts:
Prächtig aufgezäumter Elefant mit höfischer Begleitung
Bengalen, 19. Jh.

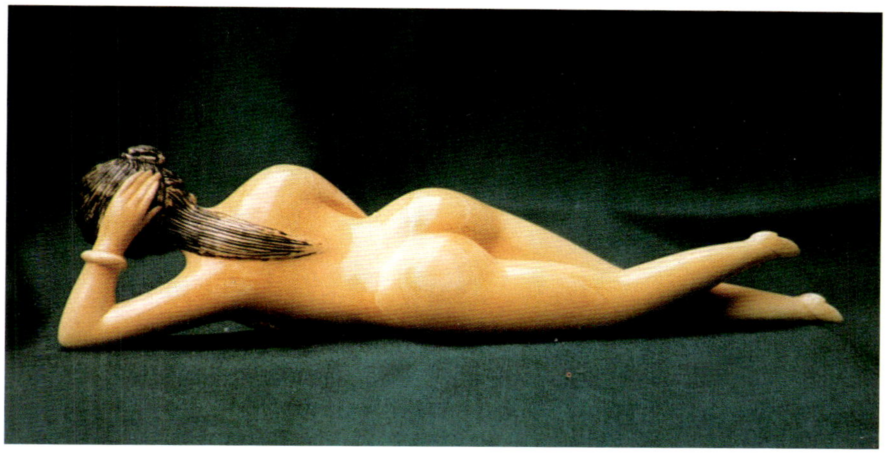

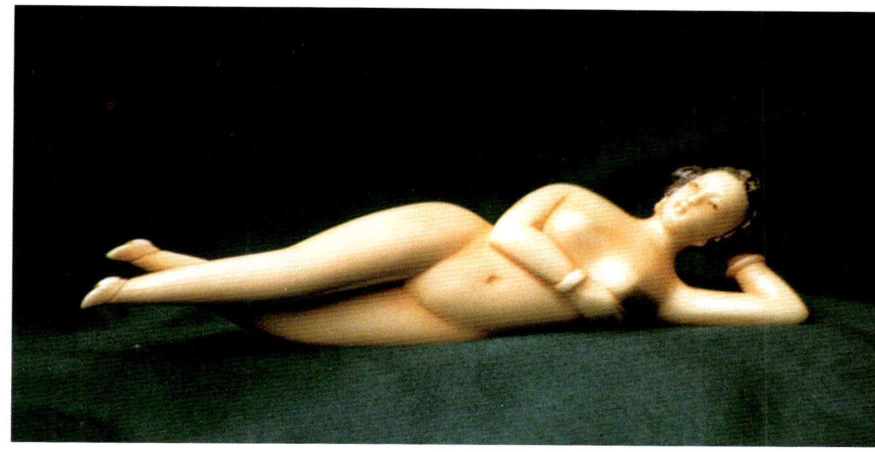

Doctor's Lady, China
Länge 17,5 cm
Privatbesitz

Eine chinesische Elfenbeinbesonderheit sind die sogenannten ›Doctor's Ladies‹ oder ›Medical Figures‹: liegende weibliche Akte. Nach üblicher Deutung dienten sie Frauen beim Arztbesuch zur Beschreibung ihrer Beschwerden, da körperliche Untersuchung tabu war. Neuerdings hält man die ›Doctor's Ladies‹ eher für diskret etikettierte Erotika.

Elefantenfigur mit kostbaren Juwelen- und Perlendekor
Thailand, 20. Jh.

Elfenbeinstatuette einer chinesischen Hofdame
China, 20. Jh.
Höhe 20 cm
Privatbesitz

Pferd, China, 19. Jh.
eingefärbtes Elfenbein mit Türkissteinen, Länge 18 cm
Privatbesitz

Der Elefant im Reich der Phantasie

Johann Joachim Kändler (1706–1775)
Sultan auf einem Elefanten reitend, Meißen, um 1743–1750
Meißner Porzellan, Höhe 25,8 cm, Länge ca. 28 cm
Schloß Ricklingen

Der Elefant beflügelt seit Jahrtausenden die Phantasie der Menschen. In der westlichen Welt, wo er nicht beheimatet und nur im Zoo zu sehen ist, wirkt er wie ein Fabelwesen aus dem Wundergarten der Natur. Die Menschen mögen den behäbigen Exoten. Sein anrührendes Erscheinungsbild ist in vielfachen Abwandlungen verbreitet. Der Elefant ist Bilderbuchfigur und Knuddeltier im Kinderzimmer; er ist Modell großer Maler und Schachbrettfigur. Goldschmiede wandelten seine Gestalt in kostbare Preziosen. Er dient als wuchtiges Werbesymbol, und er trägt in Witzblättern die Narrenkappe. Alle Welt freut sich an dem gutmütigen Rüsselriesen. Man schätzt und liebt die Symbolfigur so sehr, daß der leibhaftige, hochgefährdete Elefant dabei oft dem Blick entschwindet.

Trompeter auf einem geschmückten Elefanten reitend, um 1700 gefertigt unter der Leitung von Philipp Behagie, nach Entwürfen von Jean Berain, Manufaktur Beauvais, Nordfrankreich
Bildteppich, Wolle und Seide gewirkt
Badisches Landesmuseum, Schloß Bruchsal

Elefanten-Skizzen und Bilder großer Meister

Rembrandt Harmensz van Rijn
(1606–1669)
Der Elefant Hansken, 1637
Schwarze Kreide, 23 x 34 cm
Graphische Sammlung Albertina, Wien

Bei dem dargestellten Elefanten handelt es sich um Hansken, einen jungen ceylonesischen Dickhäuter, den der Großmeister der niederländischen Malerei des 17. Jh. im Jahr 1657 in Amsterdam sah. Das Tier wurde während einiger Jahre auf holländischen und deutschen Jahrmärkten vorgeführt.

Salnave Philippe-Auguste
(geb. 1908)
Tiere im Dschungel, 1963
Öl auf Karton, 61 x 91 cm
Sammlung Kurt Beckmann, New York

Wie zahlreiche ehemalige Sklaven auf Haiti nahmen auch Salnave Philippe-Augustes Vorfahren einen französischen Sklavennamen als Familiennamen an. Die Malereien des Haitianers atmen noch ganz die Erinnerung an seine afrikanischen Wurzeln. Elefanten gibt es auf Haiti nämlich nicht. Philippe-Augustes Arbeiten gehören zu den meist geschätzten Werken naiver Kunst in Haiti.

Johann Elias Riedinger
(1698–1767)
Ein Elefant in höchstem aufbutz von vorne anzusehn, Augsburg nach 1741
Kupferstich, 27,8 x 19,2 cm
Graphische Sammlung, Staatsgalerie Stuttgart

Franz Marc (1880–1916)
Elefant, 1907
Kreide auf Papier, 41,5 x 32,8 cm
Kunsthalle Hamburg

Kraftvolle, lebensnahe Skizze von Franz Marc, dem Mitbegründer der Münchner Künstlergemeinschaft ›Blauer Reiter‹.

Francisco Goya (1746–1828)
Disparate de Bestia (Torheit des Tieres), um 1815–1824
Radierung und Aquatinta
24,5 x 35 cm
Graphische Sammlung der ETH, Zürich

Diese Graphik des großen spanischen Künstlers stammt aus der Reihe ›Los disparates‹ (Die Torheiten), denen Sprichwörter zugrunde liegen. Auf diesem Blatt macht der riesige Elefant fast einen Katzenbuckel. Er beschaut ängstlich und neugierig zugleich, was ihm die Figuren auf der linken Seite zeigen: einer ein Buch, ein anderer ein Halsband mit Schellen. »Einer Katze die Schellen umhängen« (Pondra el cascabel al gato) ist eine spanische Redewendung für eine sehr gefährliche Sache. Der Elefant steht für die Masse des Volkes, plump, vorsichtig und gefährlich zugleich, den die Machthungrigen erst einmal bezwingen müssen.

Moderne Maler sehen Elefanten

Andy Warhol (1928–1987)
African Elephant, 1983
Siebdruck, 96,5 x 96,5 cm
Courtesy Ronald Feldman Fine Arts, New York

Bedrohten Tieren hat Andy Warhol, der wohl bedeutendste Künstler der Pop-Art, die Serie ›Endangered Species‹ gewidmet. Als Grundlage dient dabei stets eine Photographie, die Warhol dann koloriert und noch einmal nachzeichnet. Doch die Pop-Kultur fordert auch ihren Preis: der Elefant verliert durch die Doppelung der Kontur deutlich an Standfestigkeit. Oberflächlich und hintergründig zugleich setzt Warhol so die Bedrohung der Natur ins Bild. Zehn Exemplare dieser Serie hat der Künstler verschiedenen Tierschutz-Organisationen zur Verfügung gestellt.

Walasse Ting (geb. 1929)
Elefanten
87,5 x 156,6 cm
Yves Rivière

Die chinesische Herkunft des Malers und Graphikers Walasse Ting verrät sich auch durch seine Vorliebe für leuchtende, poppige Farben. Hier durchstreift ein naiv gezeichnetes Elefantenpaar den friedlichen Urwald – ein Bild wie aus der schönen neuen Welt der Einkaufsparadiese.

Der weidende Elefant
Darstellung von einem behinderten Kind, MhB Menschen helfen Behinderten e.V.

David Hockney (geb. 1937)
Der grausame Elefant, 1962
Öl auf Leinwand
121,9 x 152,4 cm
Privatsammlung Lady D'Avigdor-Goldsmith

Der als Zeichner ausgebildete Hockney reduziert in seinem Gemälde alles Bildhafte auf kindlich anmutende Formen. Der Elefant unserer Kindheit enttäuscht die Kunsterwartungen der Erwachsenenwelt: ›grausam‹, wie der Titel besagt, und ironisch zugleich. Denn weniger ›wahr‹ ist gerade dieser kindliche Elefant nicht.

Der surrealistische Elefant

Salvador Dali (1904–1989)
Die Versuchung des heiligen Antonius, 1946
Öl auf Leinwand, 89,7 x 119,5 cm
Musée Royaux des Beaux-Arts de Belgique, Brüssel

Der erste Elefant lockt mit dem Kelch der Wollust. Die folgenden tragen Sinnbilder von Reichtum, Macht und Völlerei.

Max Ernst (1891–1976)
Der Elefant von Celebes, 1921
Öl auf Leinwand, 125 x 108 cm
Tate Gallery, London

Verschiedenste Elemente, die rational gar nicht zusammenpassen wollen, werden hier überraschend kombiniert: Der riesige Elefant ist zusammengesetzt aus technisch anmutenden Teilen, sein Körper scheint wie ein Gasometer, der Schwanz wirkt zugleich als Rüssel und als Ofenrohr, dem unerklärlicherweise eine Art Stierkopf mit Manschette erwächst. Ganz am Rand sind zwei Stoßzähne zu sehen. Max Ernst strebt kein

Boyd Webb
Subkontinent, 1963
Wandmalerei, Säge, Fahrrad
112 x 152 cm

Mit viel Humor setzt der Neuseeländer Webb eine kleine Geschichte in Szene. Der in eine Raumecke gemalte Elefant vermag den Sattel eines wirklichen Fahrrades zu ›mopsen‹. Die Grenzen von Kunst und Wirklichkeit schei-

Im Park der Monster und auf den Sockel gehoben

Emmanuel Frémist (1824–1910)
Elefant
Sandstein, 1878
Jardin du Trocadero, Paris

Im Pariser Jardin du Trocadero bäumt sich lebensnah ein afrikanischer Steppenriese in den Fangfesseln: ein in Stein geronnener Schrei nach Freiheit, gestaltet von dem französischen Bildhauer Emmanuel Frémist.

Kriegselefant, nach 1550
Sandstein
Parco dei Mostri, Bomarzo bei Viterbo

Im ›Park der Monster‹, den der Fürst Vicino Orsini ab 1550 um sein 400-Zimmer-Palais bei Viterbo anlegen ließ, wacht neben Riesen, Drachen und anderen Ungeheuern der aus dem Fels gehauene Kriegselefant. Er ist turmbewehrt und aufgezäumt wie für eine anti-

Ercole Ferrata nach Giovanni Lorenzo Bernini (1598–1680)
Elefantenobelisk
Obelisk, Ägypten, 6. Jh. v. Chr.
Granit
Elefant, 1667
Marmor, Höhe ca. 8 m
Piazza della Minerva, Rom

Mit dem Rüssel spöttisch auf den geschulterten Obelisken weisend, thront in Rom vor der Kirche ›Santa Maria sopra Minerva‹ auf pompösem Sockel der Elefant, den Ercole Ferrata nach den Plänen Giovanni Lorenzo Berninis, des Großmeisters des italienischen Barocks, angefertigt hat. Der Obelisk, der Jahrtausenden trotzte, wurde von den Römern aus Ägypten entführt und zu Ehren der Göttin Minerva in Rom aufgestellt. Als der später verschüttete Monolith auf dem Marsfeld wiederentdeckt wurde, verfügte Papst Alexander VII. 1667 die Wiedererrichtung zum Ruhme der Kirche: nun – inmitten urbaner Alltagsszenerie – ein Symbol der Beständigkeit geistlicher Macht, die der Elefant zu stützen hat. Eine Inschrift besagt, man müsse Kraft haben, wenn man die Weisheit tragen wolle.

Elefantenskulpturen über Toren und an Fassaden

Jochen Ihle (1919–1996)
Elefantenportal
Sandstein, Höhe 12,7 m
An der Budapester Straße, Berlin

Das vielfotografierte Elefantentor des Zoologischen Gartens in Berlin. Die zwei im Krieg zerstörten Sandsteinelefanten des Tierbildhauers Ihle wurden 1985 nach alten Plänen wiederhergestellt.

Oben links: Elefantenkopf als Türklopfer, Birmingham, England

Unten links: Elefantenskulptur an einem Hauseck der Neue-Welt-Gasse in Graz, Österreich

Oben rechts:
Josef Pallenberg (1882–1946)
Elefantenkopf, 1907
Sandstein
Haupttor zu Hagenbecks Tierpark, Hamburg

Elefantenskulptur am berühmten Eingangstor von Hagenbecks Tierpark in Hamburg, wo seit 100 Jahren Pionierarbeit in Elefantenhaltung geleistet wird.

Unten rechts: Bronzeplastik am Gewerkschaftshaus gegenüber der Musikhalle in Hamburg, um 1930.

Horst Rellecke, (geb. 1951)
Gläserner Elefant, 1981/84
Glas, Beton, Höhe 39 m
Maximilianpark, Hamm-Werries, Westfalen

In Hamm/Westfalen hat der Architekt Horst Rellecke 1981/84 in postmoderner Pop-art-Manier in die seit 1914 stillgelegte Brache der Zeche ›Maximilian‹ einen riesenhaften gläsernen Elefanten gestellt. Über dem Betonbauch (der ausgedienten Kohlenwaschanlage) in Glas der kubistische Kopf, der Rücken, Schwanz und Rüssel, der einen Aufzug birgt. Das 50 m² große Innere des Elefanten wird als Ausstellungshalle genutzt, die durch Anbauten ergänzt wird. Horst Rellecke war Schüler des berühmten amerikanischen Architekten Charles Moore (geb. 1925), der die Spiegelfassade des Best-Buildings in San Francisco mit einem Dutzend gläserner Elefanten belebte.

Elefanten-Architektur

Charles-François Ribart
Entwurf eines Elefantenmonuments zum Ruhme des Königs, 1758
Kupferstich
Musée du Louvre, Paris

Im Jahre 1758 unterbreitete Charles-François Ribart, Mitglied der Akademie der Wissenschaften, einen Entwurf für ein riesenhaftes Elefantenmonument zum Ruhme Ludwigs XV., das auf der Place de l'Etoile in Bronze errichtet werden sollte. Im Leib des Kolosses war unter anderem ein Festsaal mit Thron vorgesehen; aus dem Rüssel sollte sich Wasser in ein Bassin ergießen und ein Turmaufbau eine pompöse Figur des Königs tragen. Ribart erntete jedoch nur Hohn. Das Blatt ›L'Année littéraire‹ schrieb, das Projekt tauge allenfalls, zur Ausschmückung eines Bäckerladens in Zucker gegossen zu werden.

Lucy, 1884
Holzkonstruktion, in Blech verkleidet, Höhe 37 m
Atlantic City, Coney Island, USA

Der Koloß von Coney Island. Der zärtlich ›Lucy‹ genannte, 122 Fuß (etwa 37 m) hohe Riesenelefant, in Holzkonstruktion errichtet und blechverkleidet, diente als 37-Zimmer-Hotel. Die Howdah auf dem Rücken des Giganten war eine vielbesuchte Aussichtsplattform. Es gab einen Einkaufsbasar und eine Kaffeestube. Die Leute drängten sich, um eine Nacht in einem Säulenbein oder im Bauch des Elefanten zu schlafen. Der Unternehmer James V. Lafferty hatte den Architekturkoloß auf eigenem Ödland errichten lassen, wo er einen Anstoß zur wirtschaftlichen Entwicklung geben sollte. Das 1884 eröffnete Elefantenhotel wurde 12 Jahre später durch Feuer zerstört.

Entwürfe für den Bau des Hotelelefanten von Coney Island. Der Koloß taucht den Rüssel in eine Wassertonne.

Auf Wänden und Paneelen

François Mansart (1598–1666)
Vergoldete Wanddekoration
1635–1638
Hôtel de la Vrillière, Paris

Vergoldete Wanddekoration im ›Hôtel de La Vrillière‹, heute Sitz der Banque de France, das der berühmte Schloßbaumeister François Mansart (1598–1666) errichtete, dem die ›Erfindung‹ der Mansarde zugeschrieben wird. Er förderte jedoch nur den Dachstuhlausbau mit Gauben. Sein Großneffe Jules Hardouin Mansart war Hofbaumeister des Sonnenkönigs Ludwig XIV.

Gipserne Tierreliefs, 17. Jh.
Rittersaal des mittelalterlichen Schlosses Weikersheim, Taubertal, Württemberg

Skurriles Wandbild eines Elefanten im Rittersaal des mittelalterlichen Schlosses Weikersheim im württembergischen Taubertal, einst Wohnsitz der Fürsten und Grafen Hohenlohe. Lebensgroße Tierskulpturen an den Wänden und Jagddarstellungen in den Feldern der Kassettendecke atmen noch die deftige Atmosphäre feudaler Jagdgesellschaften. Der mächtige Elefant, der ein Wandsegment beherrscht, ist exotischer Blickfang inmitten der heimischen Jägerszenerie. Der Rittersaal zählt zu den wenigen noch stilgerecht erhaltenen Festsälen aus der großen Zeit des deutschen Schloßbaus um 1600.

Ausritt eines Würdenträgers mit Bediensteten auf einem prächtig aufgezäumten Elefanten, Ausschnitt aus dem Tapeten-Panorama ›L'Hindoustan‹, ein Handdruck aus dem Elsaß in 85 Farben, 1806
Deutsches Tapeten-Museum, Kassel

Ein Elefant aus Dresdens Wundergarten

Johann Melchior Dinglinger
(1664–1731)
Würdenträger mit Elefant
1701–1708
Gold, Email, Diamanten
Grünes Gewölbe, Staatliche
Kunstsammlungen, Dresden

Mit zwei Würdenträgern verneigt sich der prunkvoll aufgezäumte Elefant vor dem Großmogul Aurangzeb (1658–1707). Die Kostbarkeit aus dem ›Grünen Gewölbe‹ Dresdens, das die größte historische Preziosensammlung Europas birgt, ist Teilstück einer Miniaturszenerie, die der Hofjuwelier Dinglinger für August den Starken (1694–1733), Kurfürst von Sachsen und König von Polen, schuf. Aus Silber, Gold und Edelsteinen ist ein Miniaturpalast gestaltet, in dem der Hofstaat zu Delhi den Geburtstag des Großmoguls begeht. Mit 133 Figürchen zaubert Dinglinger eine Szene aus ›Tausendundeine Nacht‹. In der Howdah auf dem Elefantenrücken streiten sich Mohren, die Sonnenschirm und Papageienstange halten. In Email auf Gold sind die Gewänder gestaltet, wie auch die diamantenbesetzte Schabracke, auf der sich Affen tummeln.

Peter Carl Fabergé (1846–1920)
Kieferzapfen-Ei, Ostern 1900
Goldschmiedearbeit, Höhe (Ei) 9,5 cm, Länge (Elefant) 5 cm

Die österliche Kostbarkeit aus Zarenzeiten strahlt in königsblauem Email. Bögen aus Gold und Silber, mit Diamanten besetzt, erinnern an die Struktur eines Kieferzapfens. Im Innern des 9,5 cm hohen Eis steckt ein 5 cm langer Elefant, auf dem über einer grünen und einer mit Diamanten besetzten roten Satteldecke ein Mahut mit Turban thront. Ein Diamant verbirgt ein Schlüsselloch. Vorsichtiges Drehen eines winzigen Schlüssels setzt eine Miniaturmechanik in Gang: der Elefant stampft vorwärts, bewegt Kopf und Schwanz.
Der Hofjuwelier des Zaren, Peter Carl Fabergé, hat das kostbare Spielzeug für den russischen Goldminenbesitzer Alexander Kelch gestaltet, der es zum Osterfest seiner Frau Petrowna schenkte. An einem Ende des Eis, mit Diamanten gerahmt, die Jahreszahl ›1900‹. Der Wert der Miniatur wird auf 3 bis 4 Millionen Dollar geschätzt.
Für die Zarenfamilie hat Fabergé in der Zeit von 1885 bis 1917 50 österliche Geschenkpreziosen ähnlicher Art gestaltet. Bei Ausbruch der bolschewistischen Revolution floh Fabergé in die Schweiz, wo er 1920 starb.

Hans Reimer (zugeschrieben)
Goldanhänger mit Diamantrosen, Rubinspinell und Barockperle, in Form eines Elefanten gestaltet
um 1555
Höhe 0,56 cm
Schatzkammer der Münchner Residenz

Tafelaufsätze und Trinkgefäße

Tafelgeräte in Tiergestalt erfreuten sich im 16./17. Jahrhundert großer Beliebtheit. Jedes Tier hatte eine symbolische Bedeutung, die der vornehmen Gesellschaft geläufig war. Besonders beliebt war die Gestalt des Hirsches, des Lieblingstiers Dianas, der Göttin der Jagd. Von den Goldschmieden gern dargestellt wurde auch der in exotische Träume entführende Elefant. Für fürstliche und allerhöchste Tafeldekoration wurde hoher Aufwand an Edelmetallen und Edelsteinen getrieben.

Michael Perchin
Elefant mit zinnenbewehrtem Turm, St. Petersburg, vor 1896
Aus einem Edelstein geschliffen
Höhe 22,5 cm
Privatsammlung

Links: Ein russisches Trinkgefäß, Kovsch genannt. Den monumentalen Tafelaufsatz – Länge 88,2 cm – schenkte der russische Zar Alexander III. dem dänischen Königspaar, Christian IX. und Königin Louise, zur goldenen Hochzeit. Der in Silber gefertigte teilweise vergoldete Kovsch ist mit einem königlich-dänischen und einem hessischen Wappen mit den Daten 26. Mai 1842–1892 verziert und gekrönt vom dänischen Ordens-Elefanten mit weiß und rot emailliertem Turm und blauer Satteltasche.

Unten links: Vergoldete Flasche mit Elefantendekor, Indien, 18. Jh.
Museum für Kunsthandwerk, Frankfurt/ Main

Unten rechts: Max Esser
Leuchterelefant, 1924
Meißner Porzellan, Höhe 68,5 cm
Schauhalle Staatliche Porzellanmanufaktur, Meissen

Rechts:
Christoph Jamnitzer (1563–1618)
Elefantengießgefäß, um 1600
Silber, vergoldet und teilweise bemalt, Höhe 43 cm, Länge 29 cm
Kunstgewerbemuseum, Staatliche Museen Preußischer Kulturbesitz, Berlin

Chinoiserien und Elefantenuhren

Im 17./18. Jahrhundert rollte über Europa eine Welle der Begeisterung für die Hochkulturen Asiens. Vor allem in Frankreich, wo 1686 eine prunkvolle siamesische Gesandtschaft am Hofe Ludwigs XIV. Aufsehen erregte, geriet die dekorative Kunst in den Sog orientalischer Modetrends. Ludwig XIV. beorderte sechs französische Jesuiten über Siam nach China, um dem Einfluß der portugiesischen Jesuiten am dortigen Kaiserhof entgegenzuwirken. Als jedoch der Kaiser gewahr wurde, daß die hochgeschätzten Gelehrten aus dem Westen auch Missionare waren, die die moralischen Grundlagen des Reiches in Frage stellten, und Gewährsleute politischer Interessen, wies er 1718 alle Jesuiten aus dem Lande.

Mit den Chinoiserien und der Seidenweberei, die in Lyon aufblühte, hielt auch der in der Menagerie des Sonnenkönigs schon leibhaftig zu bestaunende Elefant in vielfältiger Gestaltung Einzug in die Salons. Goldschmiede und Porzellanmanufakturen schufen im Verein mit dem Uhrmacherhandwerk, das schon hohe mechanische Perfektion bot, erlesene Kostbarkeiten.

Georg Jungmeier (1563–1634)
Elefantenuhr, Augsburg, 17. Jh.
Bronze, Kupfer vergoldet
Höhe 31 cm (ohne Sockel)
Bayrisches Nationalmuseum, München

Das mechanische Wunderwerk schuf ein Uhrmacher der freien Reichsstadt Augsburg, wo die Fugger und Welser weltweite Handelsbeziehungen unterhielten. In den durchbrochenen Sockel ist eine Spieldose eingebaut. Der Aufbau birgt den Bewegungsmechanismus.

Oben links:
Barockuhr, Paris, um 1770
Vergoldete und patinierte Bronze

In diese Elefantenuhr der Stilrichtung Louis XV. ist ein Halbstunden- und Stundenschlag eingebaut.

Oben rechts:
Uhrenautomat, Atelier James Cox (1740–1788), London, um 1810
Vergoldetes Messing, Email
93 x 39 x 33,5 cm
Musée de l'Horlogerie, Genf

Der kostbare Uhrenautomat verflechtet kunstvoll dekorative Elemente Europas und Asiens. Das Prunkstück wurde von Genfer Uhrmachern im Atelier des berühmten Uhrmachers James Cox in London für einen asiatischen Prinzen gefertigt.

Unten links:
Schmucktruhe, 17. Jh.
Topkapi-Museum, Instanbul

Die Schmucktruhe, auf der der goldene Elefant thront, ist ein Geschenk an einen ottomanischen Sultan.

Unten rechts:
Nikolaus Schmidt
Figurenuhr Elefant, Augsburg um 1580
Bronze, Kupfer vergoldet
Höhe 43 cm
Privatsammlung, München

Elefant unter der Last der Zeit: Die ›Unruhe‹ bewegte auch die Augen des Elefanten.

Orden, Wappen und Wirtshausschilder

Elefantenorden, 1617
Gold, Diamanten, Email
Höhe des Elefanten 5,6 cm, Höhe des bewaffneten Arms 6,8 cm
Schloß Rosenborg, Kopenhagen

Der dänische Elefantenorden und – mit einer Kette verbunden – der ›Orden vom bewaffneten Arm‹. Das Kleinod aus Schloß Rosenborg/Kopenhagen ist in Gold und Emailtechnik gefertigt und mit Diamanten verziert. Am Elefantenturm befindet sich ein Miniaturportrait des Königs Christian IV.; auf dem Arm das Monogramm des Königs und die Jahreszahl 1617. Der Elefantenorden ist Dänemarks höchste Auszeichnung. Gestiftet wurde er 1462 von König Christian I.; erneuert und mit Statuten versehen durch König Christian V. im Jahre 1693. Verliehen wird der Orden nur protestantischen Potentaten, Mitgliedern des Geheimen Rates in Dänemark, Ministern, Generälen und Rittern des Danebrog-Ordens.

Helfenstein (Altgrafengeschlecht Schwabens, 1627 erloschen)
Farbdruck nach Zeichnung von Otto Hupp (geb. 1859), aus: ›Münchener Kalender‹, 14. Folge
München und Regensburg, 1908

Mitte: Das Staatswappen der jungen Republik Elfenbeinküste. Die aufgehende Sonne ist Symbol gewonnener Freiheit. Der Kopf des Elefanten erinnert – wie die Staatsbezeichnung – an das so begehrte Stoßzahnelfenbein einstiger großer Elefantenherden.

Links: Das Staatswappen des Königreichs Swasiland, einer Enklave in der Südafrikanischen Republik. Der Löwe steht für den König; der Elefant für die Königinmutter. Über dem Wappenschild, das traditionelle Waffen zeigt, der Kopfschmuck eines Swasikriegers mit Federbüscheln des einheimischen Witwenvogels. 1968 erhielt Swasiland formelle Unabhängigkeit.

Oben (beide Abbildungen): Königsstandarte und Flagge von Laos. Der legendäre Gründer des ehemaligen Königreichs Laos, Khoun Borom, soll auf einem weißen Elefanten und mit weißem Sonnenschirm ins Land gekommen sein. So wurden der weiße Elefant und der Sonnenschirm Staatssymbol. Laos war früher als ›Lane Xang‹ – das Land der Millionen Elefanten – bekannt. Der dreiköpfige Elefant erinnert an die drei Fürstentümer des Königreichs.

In Münster/Westfalen lädt das Wirtshausschild ›Zum Elefanten‹ zu gemütlichem Verweilen ein.

Oben: Ein Elefant mit Turm, in England meist einladendes Symbol auf Wirtshausschildern, ziert hier das Zunfthaus der Londoner Messerschmiede.

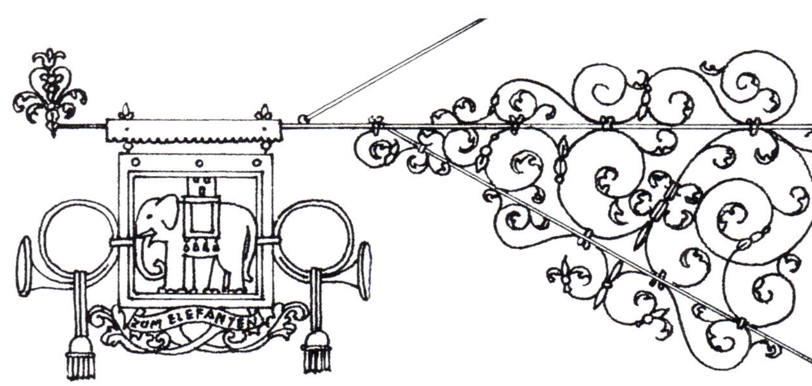

Ein Elefantenschild über der Tür eines englischen Gasthauses, eines ›Inn‹.

Das Gasthofschild ›Zum Elefanten‹ in Brixen/Südtirol – Erinnerung an den Durchzug des Elefanten ›Suleiman‹, den der portugiesische König Johann III. dem österreichischen Thronfolger und späteren Kaiser Maximilian II. schenkte.

Auf dem Schachbrett

Altindisches Schachbrett
Jodhpur, 19. Jh.

Spielszene auf einem altindischen Schachbrett. Das Spiel versinnbildlichte den Aufmarsch zweier gleichstarker Armeen mit dem Ziel, den feindlichen König matt zu setzen. Für Schach galt die gleiche Bezeichnung wie für die Armee: Chaturanga, die ›Viergeteilte‹ (Fußvolk, Elefanten, Reiterei und Streitwagen). Spielfiguren in Elefantenform entsprachen militärischen Gegebenheiten.

Schach, das königliche Spiel mit 16 weißen und 16 schwarzen Figuren, hat rings um den Erdball Millionen passionierter Anhänger. Überall werden Meisterschaften ausgetragen, die jeweils in letzten Zweikämpfen um die Krone (und Börse) der Weltmeisterschaft gipfeln. Künstlerhände haben die verschiedenen Schachfiguren zu kleinen Kunstwerken in Elefantenform gestaltet, vielfältige Abwandlungen in Holz und in Elfenbein geschnitzt.

Das anspruchsvolle Spiel hat sich im 6. Jahrhundert n.Chr. in Indien aus taktischen Kriegsspielen entwickelt. Die Bezeichnung ›Schach‹ entstand später in Persien (pers. Schah = König). Im frühen Mittelalter brachten die Araber das Spiel über Nordafrika in ihr Herrschaftsgebiet in Spanien, von wo es sich um 1000 n. Chr. bis Mitteleuropa verbreitete, aber noch jahrhundertelang in Adelshäusern und Bürgerstuben wenig gepflegt wurde. 1283 brachte der Spanier Alfonso el Sabio das erste Schachlehrbuch mit 97 Bildtafeln heraus. 1467 erwähnt eine niederländische Chronik zum ersten Mal ein Schachturnier in Deutschland.

Die erste inoffizielle Weltmeisterschaft wurde 1868 in den USA zwischen dem in der Neuen Welt lebenden Russen Zuckertort und dem Deutschen Steinitz ausgetragen, die letzterer gewann. In jüngster Zeit beherrschten russische Spieler die Schachszene.

Königsfigur, Emailarbeit mit Perlen unter dem Schirm aus Jaipur, Rajasthan, 20. Jh.

Königsfigur
Nordindien, 19./20. Jh.
Elfenbein
Museum für Völkerkunde, München

Turmfiguren des ›Münchner Schachspiels‹
Nordindien
Ende 19./Anfang 20. Jh.
Elfenbeinschnitzerei
Museum für Völkerkunde, München

Häufig benutzter Elfenbein-Elefant.
Schachfigur aus der Sammlung
Dr. Jaeger, Neu-Ulm.

Indisches Schachspiel aus Elfenbein um 1820.
Der Elefant mit Baldachin ist der König. Als Dame dient der mit drei, als Turm der mit zwei Figuren besetzte Dickhäuter.
Die Elefanten als Sinnbild der Kraft stellen im indischen Schachspiel meist die ›Offiziere‹ dar.

Links: Altindische Spielkarten hatten meist Scheibenform. In einem Spiel aus der Mogul-Zeit (16./17. Jh) zeigte die erste Figurenkarte einen Fürsten, der auf einem Elefanten reitet.

Auf Bierdeckeln, Streichholzschachteln und Briefmarken

Der Bierdeckel, das zu einer Pappscheibe verkümmerte ›Tischtuch‹ des Kneipengängers, ist geschätztes Sammelobjekt. Manche Brauereien wenden viel Mühe darauf, die Untersätze für das überschäumende Glas werbend für ihren besonderen Gerstensaft zu gestalten und damit den tiefsinnig ins Metaphysische dümpelnden Geist des stillen Genießers zu beschäftigen. Das behäbige Mammut ermuntert gern zu einem weiteren Griff zum Glas. Nietzsche, der vielleicht schlechte Erfahrung mit dem Gebräu gemacht hat, meinte freilich, der Geist der Deutschen werde durch ihr Bier und ihre Zeitungen niedergehalten; er empfahl ihnen zur Kur Tee und Pamphlete ...

In tausendfacher Abwandlung ziert das Bild des Elefanten Briefmarken – in Tropenländern zumal, wo der Riese beheimatet ist.

In Japan, wo feinsinnige Verpackungskultur waltet, überrascht der Allerweltsgegenstand Streichholzschachtel mit reizvoller graphischer Gestaltung, die ständig wechselt und sich in tausend spielerischen Abwandlungen entfaltet. Bis zum ersten Weltkrieg wurden die Schachteldekorationen für den Druck in Kupferplatten geschnitten. Für den Export wurden Motive der Bezugsländer gewählt. Bei Streichholzlieferungen nach Südostasien bot sich das freundliche Bild des Elefanten an. Japanische Streichholzschachteln sind geschätzte Sammelobjekte.

Der Elefant tummelt sich auf ganzen Briefmarkenserien der Länder Schwarzafrikas und Asiens, in denen Dickhäuter leben oder bis in jüngere Zeit noch lebten. Er ist auch freundlich-ansprechendes Briefmarkenmotiv von Nationen, die den Rüsselriesen nur im Zirkus und Zoo erleben.

Huldigung der Heiligen Drei Könige
Zwei Krippenszenen aus Bayern um 1800.
Der exotischen Erscheinung der ›Weisen aus dem Morgenland‹ entspricht ihr Auftitt auf Elefanten.
Drahtfiguren mit Wachsköpfen und Stoffkleidung
Bayerisches Nationalmuseum, München

An der Weihnachtskrippe

Im Jahre 1223 soll der hl. Franz von Assisi im Wald von Greccio einen Futtertrog, eine ›Krippe‹, aufgestellt und zur Weihnachtsfeier in freier Natur Ochs und Esel mitgebracht haben. Tiere gehörten für Franziskus, der in seinem ›Sonnengesang‹ allem Lebendigen huldigte, zur ›Bruderschaft der Lebewesen‹.

Die lebensnahe Ausgestaltung der Weihnachtsliturgie, die im Franziskanerorden weitergepflegt wurde, befruchtete im 15./16. Jahrhundert das entstehende Brauchtum, Figurengruppen aus dem Bethlehemer Geschehen aufzustellen. 1567 besaß die Herzogin von Amalfi schon eine Sammlung von 167 Figuren, die die Geburt Christi, die Anbetung der Hirten und den Zug der Heiligen Drei Könige darstellten. Zentrum der Krippenkunst war Neapel. Ganz im Sinne des hl. Franziskus kamen mit Ochs und Esel auch Elefant, Kamel und Pferd zur Krippe. Ab dem 16. Jahrhundert wurden vereinzelt – unter anderem in Augsburg – Automatenkrippen mit bewegten Figuren gefertigt.

Im 17./18. Jahrhundert breitete sich das Krippen-Brauchtum in ganz Europa aus. Kleine Krippen wurden vor allem in Frauenklöstern, den Mittelpunkten mystischer Jesus-Minne, aufgestellt und – nicht nur zur Weihnachtszeit – tief verehrt. Die Verweltlichung während der Renaissance- und Barockzeit ließ die bunten, figurenreichen Kunstwerke entstehen. Das Heilsgeschehen wurde inmitten prallen Volkslebens oder höfischen Prunks inszeniert.

Die Titelvignette gezeichnet von Rudyard Kipling für ›The Elephant's Child‹.

Wie der Elefant zu seinem Rüssel kam

Unter dem Sammeltitel »Just so Stories« schrieb Rudyard Kipling (1865–1936) auch Geschichten für Kinder, in denen er mit viel Phantasie über allerlei Besonderheiten im Tierreich erzählt. So erläutert er unter anderem, wie der Elefant zu seinem Rüssel kam. Es soll so geschehen sein:

In fernen, lang verflossenen Zeiten, als die Tiere noch in einer Sprache sprachen, hatte der Elefant noch keinen Rüssel; er hatte nur eine wulstige Nase so groß wie ein Schuh, die sich nur seitlich winden, aber nichts aufnehmen konnte. Es begab sich nun, daß ein Elefantenkind die Tiere ganz Afrikas mit seiner unersättlichen Neugierde plagte. Es fragte die Tante Strauß, warum ihr denn solche Schwanzfedern wüchsen, und die Tante Strauß verhaute es mit ihrem harten Klauenfuß; es fragte das Flußpferd, warum es so rote Augen habe, und es bekam Schläge mit dem harten, harten Huf. Der kleine Elefant wollte auch wissen, was das Krokodil, von dem er hatte reden hören, zu Mittag esse. Aber alle Tiere, die er danach fragte, erschraken und verhauten ihn.

Schließlich kam das Elefantenkind zum Kolokolo-Vogel und sagte zu ihm: »Mein Vater und meine Mutter, meine Onkel und Tanten verhauten mich wegen meiner unersättlichen Neugier. Ich will aber dennoch wissen, was das Krokodil zu Mittag ißt!« Da sagte der Kolokolo-Vogel mit ängstlichem Aufschrei: »Geh zum Ufer des graugrünen, schmutzigen Limpopo-Flusses und finde es selbst heraus!«

Das Elefantenkind machte sich also auf den Weg zum Limpopo-Fluß. Dort lag das Krokodil und zwinkerte ihm mit einem Auge zu. Höflich fragte es der kleine Elefant, ob er mit dem Krokodil spreche, von dem er habe reden hören und nach dem er schon solange suche. Das Krokodil sagte ja und wischte sich die Krokodilstränen aus dem Gesicht, um zu zeigen, daß es so sei. Erfreut, endlich zu erfahren, was er wissen wollte, fragte der kleine Elefant sogleich: »Was ißt Du denn zu Mittag?« Er

»Das Krokodil packte ihn an seiner kleinen Nase ...«, Originalzeichnung von Rudyard Kipling.

Gustave Doré (1832–1883)
Der Elefant und die Ratte, 1868
Illustration aus: ›Les fables‹ von Jean de la Fontaine, Fabel XV 8. Buch, Paris, 1868
Kolorierter Holzstich, 24 x 19 cm

Den Zeitgenossen, die gern Herren höheren Standes spielen und doch kleine Leute sind, hält La Fontaine (1621–1695) in der Fabel ›Der Elefant und die Ratte‹ den Spiegel vor. Hochmütig bespöttelt die Ratte die Massigkeit des Elefanten, bis die Katze kommt und beweist ›'ne Ratte sei kein Elefant‹.

Ignace-Isidore Gérard Grandville (1803–1847)
Der Elefant, 1842
Illustration aus: ›Scènes de la vie privée et publique des animaux‹ Paris, 1842
Holzschnitt, 18,3 x 1,32 cm

»Für einen Verschwörer sind Sie zu dick, mein Herr!« Zeitkritische Illustration des französischen Tierzeichners Grandville aus dem 1842 erschienenen Werk ›Staats- und Familienleben der Tiere‹. Die Sammlung boshafter Parabeln geißelt die verrotteten gesellschaftlich-politischen Zustände, die das Frankreich des Bürgerkönigs Louis Philipp von Orleans in die Februar-Revolution von 1848 schlittern ließen.

ging aber im selben Augenblick vorsichtig etwas zurück, um nicht wieder Schläge zu bekommen.

»Komm nur ganz nahe«, sagte das Krokodil listig, »ich will es Dir zuflüstern!«

Das Elefantenkind ließ sich am Ufer auf die Knie nieder und schob den Kopf weit vor. Da packte es das Krokodil bei seiner kurzen Nase. »Laß los! Du tust mir weh«, schrie das Elefantenkind. Aber das Krokodil ließ nicht los. Es zog und zog.

Auf den Rat der zweifarbigen Pythonschlange, die von den Felsen herabkam, setzte sich der kleine Elefant auf sein kleines Hinterteil und stemmte sich mit aller Kraft dagegen. Und das Krokodil zog und zog, und die Nase des kleinen Elefanten wurde länger und länger. Als er gar in den Fluß zu fallen drohte, den das an der Nase ziehende Krokodil mit dem Schwanz peitschte, schlang sich die Pythonschlange um den kleinen Elefanten und hielt ihn fest. So mußte das Krokodil schließlich loslassen.

Das Elefantenkind wartete drei Tage lang vergeblich, daß sich die langgezogene Nase wieder zurückbilde, und es war sehr traurig. Die Pythonschlange aber sagte ihm, daß es bald erfahren werde, wie nützlich ihm die lange Nase sei und daß es damit auch selbst Schläge austeilen könne.

Da setzte sich eine Stechmücke auf den Hals des Elefantenkindes, das ganz unbewußt mit dem Rüssel zuschlug und den Quälgeist tötete. Nach dieser ersten Probe der Nützlichkeit der neuen Nase rupfte der kleine Elefant stehend saftiges Gras, das er bisher nur auf den Knien hatte erreichen können, und er holte sich süße Früchte von den Bäumen, ohne warten zu müssen, bis sie herabfielen. Und er freute sich sehr.

Als er aber nach Hause kam, lachte ihn die ganze Elefantenfamilie wegen seiner langen Nase aus. Da schwang er seinen Rüssel und verhaute Onkel und Tanten. Dann erzählte er, wie er zu seiner neuen Nase gekommen war, und führte vor, was er mit ihr alles machen konnte. Nun staunten seine Onkel und Tanten und machten sich eilends auf den Weg zum Limpopo, um sich auch vom Krokodil ihre kleinen, Nasen langziehen zu lassen. Und so kamen die Elefanten zu ihrem Rüssel.

Kipling, in Indien geboren und aufgewachsen, hat in Essays und autobiografischen Arbeiten ein anschauliches Bild der anglo-indischen Kolonialgesellschaft, des Landes und der Tierwelt gezeichnet. Weltbekannt sind seine Dschungelbücher. 1907 erhielt er den Nobel-Preis für Literatur.

Ein Steiff-Elefant auf Rädern um 1920.

Rechts oben:
Kinderbuchtitel von Walter Trier, dem großen Zeichner der zwanziger Jahre.

Rechts Mitte:
Indischer Spielzeugelefant um 1910.

Elefanten für Groß und Klein: Zusammen mit ihrem Spielgefährten beobachtet die 2jährige Jane den Einzug der ›Zirkus-Jumbos‹ des ›Bertram Mills Circus‹ am 11.12.63 in London

Afrikanisches Elefantenkalb, ein Lernspielzeug aus Plastik.

Rechts: Blechelefant auf Dreirad. Das Zirkusdressuren nachempfundene Spielzeug ist, nach altem Muster gefertigt, noch im Handel.

Der Elefant im Kinderzimmer

Es heißt, daß kein Elefant einem Menschenkind Leid zufüge. Es gibt viele Geschichten, die von rührender Behutsamkeit des Riesen gegenüber Kindern erzählen, die ihrerseits den gutmütig-tolpatschigen Koloß lieben, der sie in die Märchenwelt entrückt.

Der Rüsselriese, der sich mit Zeichenstift und Pinsel so liebenswert verniedlichen läßt, ist der Held zahlloser Kindergeschichten. Der Franzose Jean de Brunhoff hat einen besonders liebenswerten Dickhäuter in die Kinderstuben vieler Länder gezaubert: den verwaisten kleinen Elefanten ›Babar‹, der in die Stadt der Menschen kommt und sich dort unter der Obhut einer guten alten Dame brav einfügt in den Kreis der Familie, stets adrett gekleidet, fleißig und mit ordentlichen Manieren.

Am Ende der in viele Sprachen übersetzten Geschichte wird Babar, ins Tierreich heimgekehrt, sogar König – woraus die Kleinen ersehen können, wieweit es mit Artigkeit selbst ein Elefantenkind bringen kann.

Der vermenschlichte Elefant: Babar im Stresemann und im Sportwagen.

Zinn-Kriegselefanten werden nach Mustern aus dem 19. Jh. heute noch gefertigt.

Akteure in Film und Theater

Rechts: Elefantenszene in Johann Kresniks (geb. 1939) Theaterinszenierung *Rosa Luxemburg – Rote Rosen für Dich*, nach einem Libretto von George Tabori, Volksbühne am Rosa Luxemburg Platz, 29.10.1993, Szenenfoto mit Susanne Ibanez (Rosa) und René Steinke (Elefant).

Der Hang des breiten Publikums zum Spektakulären macht den exotischen Rüsselriesen für Film, Oper und Theater, für das Musical zumal, zu einem gesuchten Statisten. Der Elefant dient überdies als intelligenter Akteur, der mit seinen ungewöhnlichen Zirkusfertigkeiten auch dürftige Drehbücher beleben kann. Der Koloß trägt die Partnerin mit dem Rüssel sanft aus der Bühnengefahr, er trompetet zum rechten Augenblick, und er erduldet mit Würde jeden Schabernack. Die Grenze, die seine Riesenhaftigkeit Bühnenauftritten setzt, entfällt im Film. Vor allem in exotischen Abenteuerer-Geschichten können ›Elefanten-Akteure‹ wirksam Akzente setzen.

Mahabharata
Ein Film von Peter Brook
Joinville Studios, Frankreich, 1988

Der Film erzählt aus dem großen Nationalepos der Hindus, der in nahezu 100 000 Doppelversen eine Vielzahl von Geschichten und Episoden enthält. – Das Foto, entstanden während der Dreharbeiten, zeigt Vyasa, den Dichter, der einem Kind seine Geschichte – die Geschichte der Menschheit – erzählt; Ganesha bietet seine Hilfe als Schreiber an. Und da das Kind nach seinem Schicksal fragt, findet auch die Legende, wie der Gott zum Elefantenkopf kam, Eingang in das große Poem.

Als schwergewichtige Statisten wirkten Elefanten 1987 bei der Mammut-Inszenierung von Verdis Oper ›Aida‹ im Tempelbereich von Luxor mit. Unter der Direktion von Giuseppe Raffa wurden für das Riesen-Ensemble des ›Operama‹ 120 Musiker, 150 Sängerinnen und Sänger, 50 Tänzerinnen und Tänzer sowie 1000 Statisten aufgeboten.

In der Filmkomödie ›Operation Dumbo‹ müssen US-Soldaten während des Vietnamkriegs einem Dorf einen verlorengegangenen heiligen Elefanten ersetzen. Das tonnenschwere Tier muß schließlich mit dem Fallschirm über dem Dorf abgeworfen werden.

Im Zeichentrickfilm »Dschungelbuch« nehmen die Elefanten den kleinen Helden Mogli in die Mitte, um den Knirps vor wilden Tieren zu schützen.

Der Inderjunge Sabu in der Rolle des Elefantenboys Tumai mit seinem getreuen Freund Kala Nag.

Der Elefantenboy

Der in Indien aufgewachsene englische Kolonial-Schriftsteller Rudyard Kipling hat in seinem weltberühmten, immer wieder aufgelegten Roman »Dschungelbuch« der Treue und Verläßlichkeit des Elefanten gehuldigt. Seine Geschichte vom Inderjungen Tumai, der auf dem Rücken seines grauen Freundes Kala Nag den legendären nächtlichen Tanz der wilden Elefanten auf einer Urwaldlichtung erlebt, ist in Hollywood unter dem Titel »Der Elefantenboy« mit Welterfolg verfilmt worden.

Als der Regisseur Robert Flaherty (1884–1951) 1936 im Dschungel nach einem geeigneten Elefanten Ausschau hielt, stieß er auf einen Dickhäuter, der nur auf sein kleines Herrchen, den Inderjungen Sabu, hörte. Er engagierte das ideale Gespann, und Sabu wurde als ›Tumai, der Liebling der Elefanten‹ ein Hollywood-Star. Er starb 1963, erst 39 Jahre alt, an Herzschlag.

Unten rechts: Auf einem Zauberbesen fliegt der rotbemützte Elefant Benjamin Blümchen mit seiner kleinen Hexen-Kumpanin Bibi Blocksberg zurück in die Steinzeit, um ein Mammutbaby zu retten.
In 100 000 Einzelbildern belebt der Zeichentrickfilm, der Millionen Kinder entzückte, die lustige Abenteuergeschichte der Autorin Elfi Donelly.

Der Elefant und der Esel

Die politischen Parteien bedienen sich der Symbolkraft des Elefanten, um unwiderstehliches Durchsetzungsvermögen und besonders intelligentes Handeln anzudeuten. In den USA ist der Rüsselriese das Wappentier der Republikaner, der ›Grand Old Party‹, die 1834 in den industrialisierten nördlichen Staaten als politische Bewegung gegen die Sklaverei und gegen die konkurrierenden englischen Importe (und politischen Einflüsse) in den südlichen Baumwollstaaten entstand. Die neue politische Kraft trug 1861 (bis 1865) Abraham Lincoln, den Verfechter von Liberalität und amerikanischer Einheit, ins Präsidentenamt.

Nach dem Sieg des Nordens über den agrarischen Süden entstand eine machtvolle republikanische Parteiorganisation, die sich kraftbewußt das gewaltigste aller Landtiere als Wappentier wählte. Gegen den Elefanten war das Maskottchen der Südstaaten-Demokraten, der Esel, lange im Hintertreffen. Aber nach zahlreichen Triumphen verlor der Elefant schließlich Boden an den Esel der reformerischen Demokraten, die vor und während des zweiten Weltkriegs unter Führung des Präsidenten Franklin D. Roosevelt (1933–1945) auf dem Höhepunkt der Macht waren.

In neuerer Zeit haben sich die Programme der beiden großen alten Parteien angeglichen. Elefant und Esel sind nur Partei-Etiketten; ihre physische Gewichtigkeit symbolisiert keineswegs Macht und Einfluß.

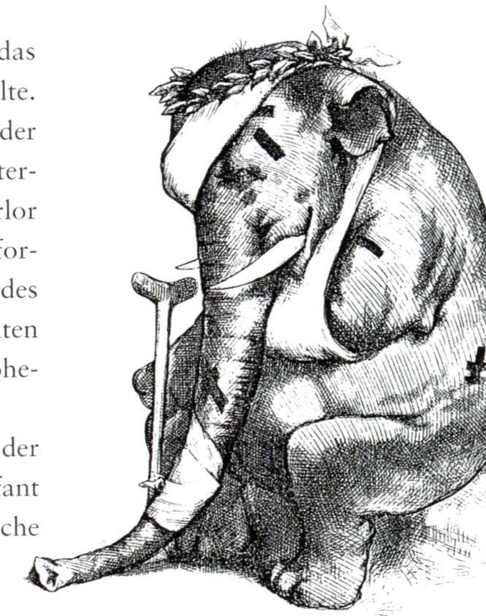

Nach der Wahl 1876 sitzt der siegesbekränzte Elefant schwer angeschlagen. Gerade noch geschafft war eine Mehrheit für den eigenen Kandidaten Hayes gegen den Demokraten Tilden. ›Noch so ein Sieg und ich bin verloren‹, stöhnt er wie einst König Pyrrhus nach gewonnenen Schlachten und verlorenem Krieg.

Beim Wahlkampf im Jahre 1876 trampelt der republikanische Koloß die demokratischen Kandidaten für die Präsidentschaft und das Vizepräsidentenamt, Tilden und Hendricks, nieder. Die Gegner sind als mißgestalteter doppelköpfiger Tiger dargestellt, weil sie als Gespann eine widersprüchliche Politik für ›weiches‹ und für ›hartes‹ Geld vertraten.

Der Elefant, Symbol und Maskottchen der Republikanischen Partei in den Vereinigten Staaten.

Ein junger Elefant als Wahlhelfer der Republikaner. »I like Ike« – der Wahlspruch für Dwight David Eisenhower, der am 4.11.1952 mit bedeutender Mehrheit zum Präsidenten gewählt wurde.

›Stars and Stripes‹ umgeben die Partei-Etikette des Elefanten der Republikanischen Partei.

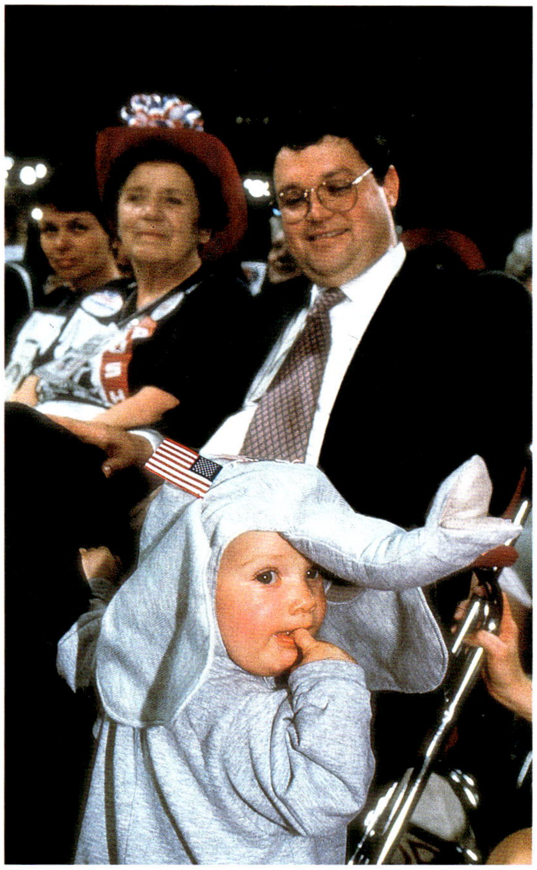

Mit Elefantenköpfen werben die Kinder der Delegierten auf ihrem Kongreß der Republikaner.

Aus dem Skizzenbuch von Heinrich Kley

Heinrich Kley (1863–1945)
Elefanten, 1909
Lithographien nach Federzeichnungen

Das Skizzenbuch des Malers und Zeichners Heinrich Kley ist 1909 in München erschienen. Darin finden sich auch diese zauberhaften Zeichnungen, die den Elefanten in unsere menschlich-allzumenschliche Welt versetzen. Sie sind ein warmherziges Plädoyer für den bedrängten Rüsselriesen.

Asyl im Zoo

Friedliche Urweltkolosse, deren Rüssel über Sperrgräben kleine Leckerbissen greifen, sind stets umlagert; ein Elefantenritt im Park und Dickhäuterauftritte in romantischen ›Dschungelnächten‹ sind ein Erlebnis für groß und klein. Elefanten sind Besucherattraktion und Stolz der Zoos, die finanziellen Erfolg brauchen. Aber müssen in jedem Tierpark Elefanten stehen, wie beschränkt die räumlichen Verhältnisse und Mittel auch sein mögen? In einer Welt, in der das Tier dem Menschen immer mehr entfremdet ist, sind bereits einige Zoologische Gärten darum bemüht, Inseln des Natur- und Artenschutzes zu werden, mag auch in manch anderen Gitterkäfigen an der Kreatur noch sehr gesündigt werden. Es ist gut, wenn dem bedrohten Elefanten freundliches Asyl geboten wird. Die Riesenhaftigkeit seines Körpers, seine Anatomie und Wesensart bedingen jedoch einen außerordentlichen Betreuungsaufwand. In Einzelhaft, in Bewegungsenge und Langeweile verelendet das Herdentier psychisch. Artgemäße Elefantenhaltung ist nur von großen, gut ausgestatteten Tierparks zu bewältigen, die überregional zusammenarbeiten.

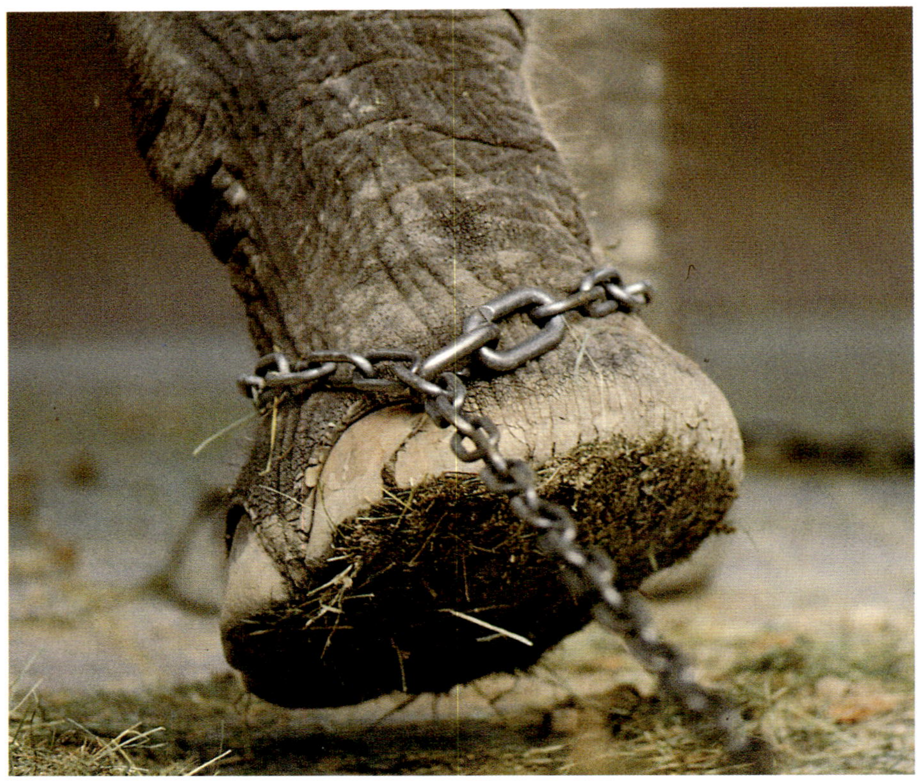

Dauerankettung bei nur stundenweiser Bewegungsmöglichkeit im Freigehege macht Elefanten psychisch krank. Großer Modernisierungsbedarf besteht in den Elefantenhäusern, in denen Kuhgruppen nachts und während der Kälteperioden stehen müssen, meist angekettet oder in Einzelboxen isoliert. Weltweit verfügen nur ganz wenige große Zoos über Elefanten-Gemeinschaftshallen, in denen sich die Kühe kettenfrei bewegen können.

Der Prachtbulle Hussein des Hamburger Tierparks Hagenbeck in friedlicher Gesellschaft. Mit seinen 20 Lebensjahren ist er mehr als ein Beispiel guter Bullenhaltung, Grundvoraussetzung erfolgreicher Elefanten-Nachzucht. Hussein hat sein eigenes Freigehege mit Zugang zum Gemeinschaftsgehege der Kühe, was etwas Herdenklima schafft, und sein eigenes Haus.

Le palais des Pachydermes – eine Szene aus alten Menagerie-Zeiten: Elefanten hinter Gittern im Pariser Jardin des Plantes

Gitterkäfige und Freigehege

Als sich Mitte des 19. Jahrhunderts die ersten Tiergärten aus den Gitterburgen der Menagerien und kommerziellen Tierschauen entwickelten, war es für die Menschen Europas und der Neuen Welt eine Sensation, exotische Tierwunder aus fernen Regionen mit eigenen Augen zu erleben; die gewaltigen Elefanten und die bedrohlichen Raubkatzen, die man gern hinter Gittern wußte. Es war der Ehrgeiz der Tiergärten, dem Publikum eine möglichst große Artenvielfalt zu präsentieren, und sei es in Folterenge. Das Tier war eine Sache; Artenschutz stand nicht zur Diskussion. Es waren bittere Zeiten für die ›Ware‹ Wildtier.

Heute sind die Tierraritäten der Tropen aller Welt geläufig. Der Tourismus hat fernste Erdenwinkel erschlossen. Die Menschen erwarten im Zoo nicht mehr exotische Schausensation. Sie suchen die freundliche Begegnung mit vertrauten, in offenen Gehegen gehaltenen Wildtieren, Freizeiterholung in einer Naturoase.

Motorsägen und Brandrodung haben fast Zweidrittel der Regenwälder vernichtet, aus denen einst beliebiger Ersatz für den Wildtierverbrauch in Zirkussen und Zoos bezogen werden konnte. Täglich verschwinden mehr als 70 Arten für immer von der Erde. Auch die Gattung Elefant steht auf der Liste der bedrohten Tiere. In einer dramatisch veränderten Welt wächst den Tierparks die Aufgabe aktiven Artenschutzes zu.

In den meisten Zoos der Welt hat ein Umdenken und Umrüsten begonnen. Durch den Verzicht auf die eine oder andere Spezies lassen sich auch auf schmalem innerstädtischem Terrain angemessen große Gehege für bedrohte Tierarten einrichten, die in Zwingern verkümmern würden. Für Besucher sind Wildtiere, die sich ausreichend bewegen können und deren Artverhalten und Psyche Rechnung getragen wird, allemal ein freundlicheres Erlebnis als eine hindämmernde Raritätenvielfalt. Das gilt vor allem für Elefanten, deren Haltung in Zwangsenge sich verbieten sollte. Die Einsicht ist da. Wandel ist weltweit festzustellen, wie einige Beispiele zeigen mögen:

Der in Innenstadtenge eingezwängte Berliner Zoo, einst der artenreichste Europas, vereinbarte für den Bereich der Großtierhaltung eine Aufgaben-

Artgemäße Elefantenhaltung in Hagenbecks Tierpark. In den weitläufigen Anlagen mit Badeteichen im Mutter-Kind-Gehege und in der großen Herdenanlage mit unverzichtbaren Schlammsuhlen kann sich gesundes Gemeinschaftsleben entfalten.

Grausame Öde und Einsamkeit in einem Elefantenhaus. Apathisch dösen Kuh und Kalb in ›Einzelhaft‹.

teilung mit dem Zoo Friedrichsfelde, im Ostteil der Stadt, der über weite Freianlagen verfügt. Hagenbecks Hamburger Tierpark hat die Haltung von Nashörnern eingestellt und das freigewordene Gehege den großen Anlagen der Elefantenherde zugeschlagen; der Frankfurter Zoo, wo nur noch ein einsamer Elefant stand, hat wegen unzureichender räumlicher Gegebenheiten die Elefantenhaltung ganz aufgegeben. In den Niederlanden haben die Tierparks großzügig ausgebaut; Basel und Zürich unterhalten hochmoderne Anlagen; in Wien und München, in Vincennes (Paris) sowie in Chester (England) wurde durchgreifend erneuert. Pionierarbeit wird nicht zuletzt in den großen Tierparks der USA geleistet. Die früher in zu vielen, unzureichend ausgestatteten Zoos etwas fahrlässig betriebene Elefantenzucht reduziert sich heute auf große Tiergärten mit erfahrenen Fachkräften.

Großer Modernisierungsbedarf besteht in den Elefantenhäusern, in denen die Tiere nachts und während der Kälteperioden stehen müssen. In den (wenigen) Tierparks, in denen systematische Elefantenzucht betrieben wird, haben meist nur die Bullen eigene, kettenfreie Standbereiche. Große Gemeinschaftshallen für kettenlose Haltung von Kuhgruppen fehlen, von ein paar Ausnahmen abgesehen. Die Kühe stehen im Schnitt 16 bis 18 Stunden täglich angekettet in viel zu kleinen Räumen. Die Aufenthaltsdauer der Tiere in Freigehegen, ihre Bewegung oder Arbeitsbeschäftigung im Park ist begrenzt durch die bemessene Arbeitszeit der mit den Tieren vertrauten Pfleger. Hilfskräfte sind aus Sicherheitsgründen nicht einzusetzen beim Anketten der Tiere zur abendlichen Abfütterung und zur Nacht. Bei der waltenden strammen Hierarchie in Kuhgruppen ist Anketten bei der Abfütterung nötig, damit auch das rangniederste Tier zu seinem Anteil kommt.

In vielen Tierparks der Welt gibt es Tropenhäuser, die Tierarten wie Raubkatzen, Affen usw. angemessenen Lebensraum in Dschungelatmosphäre bieten. Erwähnt seien nur die spektakulären Anlagen in Arnheim, Holland oder im New Yorker Stadtteil Bronx, wo sich der Zoo ›Wildlife Conservations Park‹ nennt. Der Bau von Elefanten-Gemeinschaftshallen, die entsprechend der Riesenhaftigkeit der Tiere dimensioniert sein müssen, ist teuer und sprengt den Finanzrahmen privatwirtschaftlich geführter Tierparks. Erste Musterhallen entstanden im Wiener Tierpark Schönbrunn sowie in Münster, wo der Kuhgruppe mit einem Kostenaufwand von über 6 Millionen DM ein Hallen-Bewegungsraum von rund 500 m² geschaffen wurde.

Münchner Zoos

Der prächtige Bulle Boy des Münchner Tiergartens Hellabrunn, der in den 30er Jahren 5 Kälber zeugte.

Der Münchner Tierpark Hellabrunn hat weltweit zuerst versucht, planmäßig eine Elefantenzucht aufzubauen. Unter Leitung des Zuchtpioniers Heinz Heck entstanden neue, nach damaligen Verhältnissen großzügige Anlagen. Zwischen 1932 und 1935 wurden 3 Kälber geboren, die mit den Müttern in Freigehegen zusammenlebten. Es fehlte aber noch sehr an Erfahrung.

Man kam nicht zurecht mit dem mächtigen Zuchtbullen Boy, der durch die wenig artgemäße Kettenhaltung Verhaltensstörungen zeigte und eines Tages Heck und einen Pfleger schwer verletzte. Als sich Boy später bei einem Sturz in den Sperrgraben beide Stoßzähne brach und die Nerven bloß lagen, wurde er erschossen. Nach einem neuen Zuchtversuch 1951, der zu einer Totgeburt von Zwillingen führte, wurde in München die Zucht eingestellt.

Inzwischen wird im Münchner Tierpark Hellabrunn wieder eigener Nachwuchs angestrebt und vorbereitet. Ein 5jähriger Jungbulle – Gajendra – wächst der Zeugungsreife entgegen. Die Kuhherde zählt 6 Tiere; eine weitere Jungkuh wird dazuerworben. Die Anlagen der Pionierzeit wurden großzügig umgebaut und modernisiert. Die früher nach unten spitz zulaufenden Betonsperrgräben, die einem Elefanten, der hineinfiel, kaum eine Überlebenschance ließen, sind durch breit gehaltene Gräben mit schrägen Rutschwänden ersetzt, in denen sich abgestürzte Tiere wieder leichter aufrichten können. Die Herde lebt auch nachts in einer Gemeinschaftshalle ohne Kettenanbindung zusammen. Aus den bitteren Erfahrungen der ersten Zuchtversuche in den dreißiger Jahren sind die Folgerungen gezogen worden.

Hellabrunn in den 30er Jahren. Der weltweit erste Versuch planmäßiger Zucht scheiterte an den Schwierigkeiten artgemäßer Bullenhaltung.

Schari, der erste Zuchtbulle in Hellabrunn, bereits im hohen Alter, 1942.

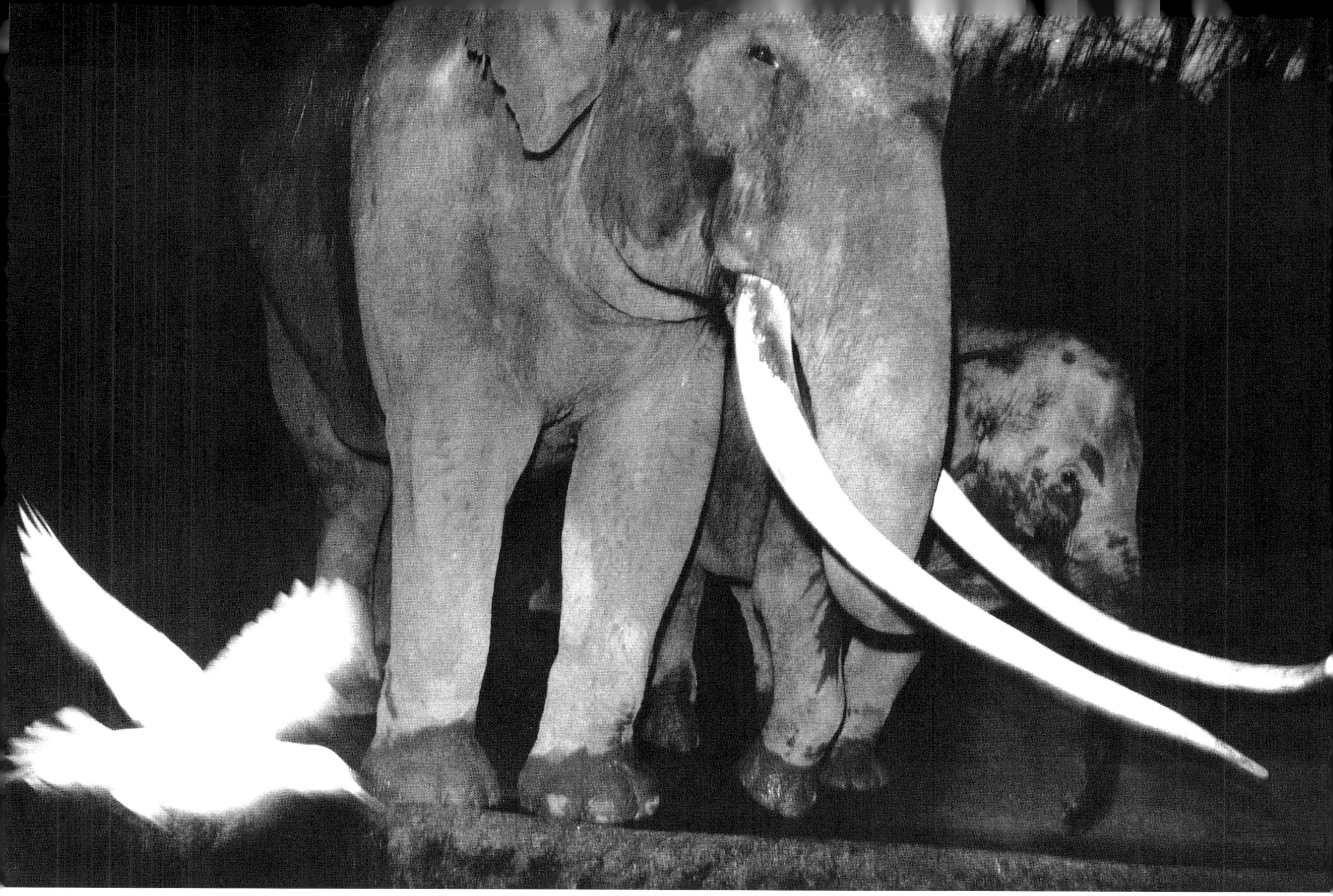

Im Zoologischen Garten von Vincennes, Paris, kam es zu einer sensationellen Frühschwangerschaft der erst viereinhalbjährigen Jungkuh Kaveri. Drei Monate nach diesen im Februar 1988 aufgenommenen Fotos deckte der 41jährige riesige asiatische Bulle Siam die kleine Kaveri, die im März 1990 ein gesundes Bullenkalb zur Welt brachte und mütterlich betreute. Siam ist der bisher erfolgreichste Zuchtbulle asiatischer Elefanten in Europa. 1997 mußte er mit ca. 52 Jahren aufgrund von Fußproblemen eingeschläfert werden.

Partnerwahl im Zoo

Elefantenkühe sollten bei der ersten Geburt jung sein, etwa 10–20 Jahre zählen. Erste Trächtigkeit bei Kühen, die älter sind als 25 Jahre, kann zu Schwierigkeiten führen und zu Totgeburten. Bullen bewahren ihren Paarungsinstinkt und ihr normales Verhalten am besten, wenn sie von Menschen nicht reglementiert werden; wenn sie ganzjährig ihren Sexualtrieb befriedigen können, auch mit Kühen, die nicht aufnehmen. Taucht der Bulle den Rüssel in den Urin einer Kuh und bläst sich den Geruch in den Rachen, so gilt das als Zeichen, daß die Kuh bald in Hitze kommt. Er muß sich ungehindert im Gehege bewegen können; es muß ihm freigestellt sein, die Kuhgruppe aufzusuchen oder in der Ruhe seines Sonderbereichs zu verweilen, was dem Herdenklima dienlich ist.

Den weltbesten Zuchterfolg mit 23 Geburten und nur einer Totgeburt erzielte in den USA Roman Schmitt, der seit 1995 mit seiner Elefantengruppe in der Zuchtstation des Zirkus ›Ringling‹ in Polk-City/Florida arbeitet. Sein Zuchtbulle Vance, der sich stets die Partnerin frei wählen konnte und der auch von Auftritten in der Manege befreit war, ist Vater von 20 Kälbern! Schmitts Vater, der früher als berühmter ›Elefantenmann‹ bei Ringling arbeitete, kam aus Hagenbecks Elefantenschule.

In Hagenbecks Hamburger Tierpark, der Europas größte Zuchtgruppe unterhält, wählt sich der 23 Jahre alte Bulle Hussein ebenfalls die Partnerinnen selbst. Er deckte schon sechsmal mit Erfolg. 4 Kälber sind gesunder Nachwuchs; 2 Totgeburten hatten Kühe, die älter als 30 Jahre waren. Hussein kam bisher nicht in eine längere oder gefährliche Musth-Phase, was Experten auf sein ausgeglichenes Sexualleben zurückführen. Wenn Musth in der Wildnis bewirkt, daß Bullen die Herde dominieren und gegen Konkurrenten abschirmen, so könnte man schließen, daß Hussein einen starken Musth-Impuls nicht nötig hat, da er die Kuhgruppe dauernd und unbedrängt dominiert.

Das Phänomen Musth läßt noch viele Fragen offen. Eine interessante Einsicht erbrachten Blutuntersuchungen. Wenn Husseins Testosteronspiegel anstieg, wurde 1–2 Tage später eine Kuh heiß.

Die schwierige Zucht

Das internationale Artenschutzabkommen verbietet den Fang von wild lebenden Elefanten und den Handel mit den Tieren. Die zoologischen Gärten sollen künftig nicht mehr junge wilde Elefanten ›verbrauchen‹; sie sollen selbst für Nachwuchs sorgen. Elefantenzucht ist indes ein sehr schwieriges und kostspieliges Unterfangen, wie die bisherigen Ergebnisse zeigen.

Nach einer Dokumentation der ›European Elephant Group‹, die sich um Schutz und artgemäße Haltung von Elefanten bemüht, wurden von 120 zwischen 1902 und 1992 in Europa geborenen asiatischen Elefanten 43 entweder tot geboren, von der Mutterkuh gleich getötet, oder sie starben kurz nach der Geburt. Nur 44 erreichten ein fortpflanzungsfähiges Alter von 8 Jahren. Ein trübes Zuchtergebnis, das sich aus schlechter Tierhaltung in der Folterenge kümmerlicher Anlagen und aus Erfahrungsmangel erklärt.

Elefanten sind Herdentiere, die Gemeinschaft brauchen. Grundvoraussetzung für eine erfolgversprechende Zucht sind intakte Sozialgruppen in den Gehegen. Elefanten brauchen Zeit, um sich kennenzulernen und zusammenzufinden. Bei denjenigen Kühen, die in Fällen von Zuchtimprovisation zu fremden Bullen verschickt wurden, blieb die Hitze aus.

Tierpark Hagenbeck, Hamburg
Eine ›Tante‹ mit drei Nachwuchskälbchen, die 1995/96 geboren wurden, im Mutter-Kind-Gehege. Kälber bleiben bis ins dritte Lebensjahr in Mutter- und ›Tanten‹-Betreuung, bevor sie an qualifizierte andere Zuchtgruppen weitergegeben werden.

Tierpark Hagenbeck, Hamburg
Hart am Absperrgraben des Freigeheges drängt ein Kalb zur Milchquelle. Das Seil schützt unerfahrene Jungtiere vor Absturz. Die Mutterkuh ist über das Seil getreten, um den von Kinderhänden gereichten Leckerbissen näher zu kommen.

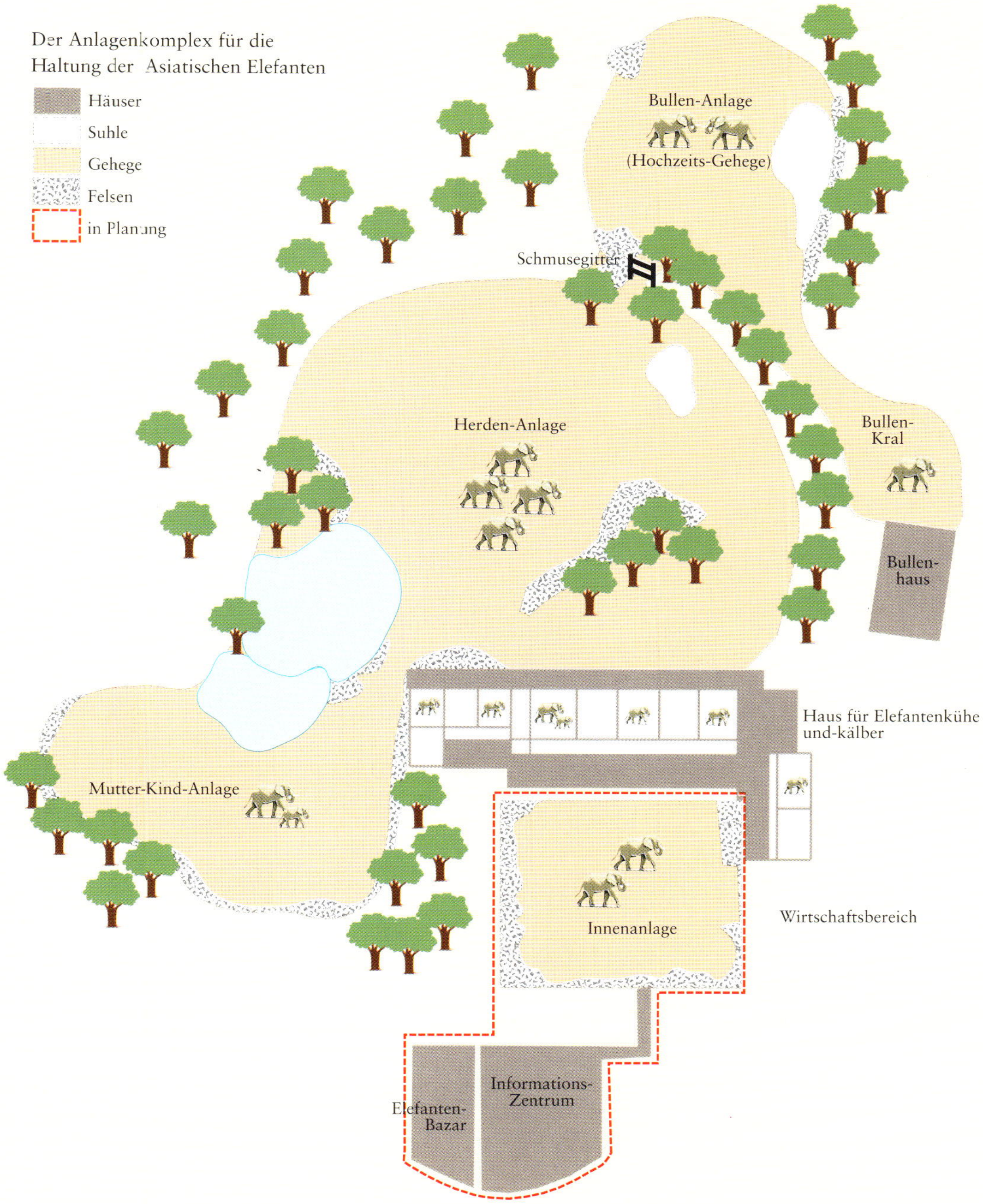

Die erweiterte Elefanten-Musteranlage in Hagenbecks Tierpark.

Eine Zuchtgruppe bedarf großräumiger, sachgemäß gegliederter Freianlagen und aufwendiger baulicher Einrichtungen. Über eine Muster-Freianlage von internationalem Modellcharakter verfügt der Tierpark Hagenbeck in Hamburg, der auch das beste Zuchtergebnis Europas vorweisen kann. Bis zur Erstellung einer geplanten Gemeinschaftshalle stehen die Kühe nachts in kettenfreien Standboxen.

Besondere Einrichtungen erfordert die Haltung eines Bullen. In der freien Wildbahn führt der Bulle ein eigenes Leben abseits der Kuhherde. Im Zoo muß er ein eigenes Haus und Freigehege haben. Der ausgewachsene Bulle kommt einmal im Jahr in Musth: in einen kritischen Erregungszustand, der etwa drei Tage anhält, aber auch viel länger dauern kann. In Gefangenschaft sind Bullen während dieser Phase besonders reizbar und gefährlich. Sie müssen in ungestörter Isolierung gehalten und auf Distanz betreut werden. Im Bullenhaus ist ein Wechselstall erforderlich, das heißt zwei getrennte Standboxen mit von außen zu bedienenden Türen. Der Bulle kann so mit Leckerbissen in die eine oder andere Box gelockt werden, wenn Futter eingebracht oder ausgemistet werden muß. Im Bullenfreigehege ist ein kleiner Kral für Auslauf während der Musth abgegrenzt. Erst wenn der Bulle nach einigen Tagen auf Weisung reagiert, kann wieder normal mit ihm umgegangen werden.

Die Kühe müssen ebenfalls ein eigenes Haus und ein großes Gemeinschaftsgehege haben. Nachts würde sie die Anwesenheit eines Bullen in Dauerstreß halten. Abgetrennt davon ist ein Mutter-Kind-Gehege erforderlich, damit Milchkälber ungestört von Mutter und ›Tante‹ betreut und erzogen werden können. In Gefangenschaft reagieren zusammengekaufte Kühe nicht immer freundlich. Erst wenn Babys etwas herangewachsen sind, werden sie mit den Kühen der Gruppe vertraut gemacht.

Die vietnamesische Jungkuh Lai Sinh kam 1994 als verwaistes, verstörtes Kalb in Hagenbecks Tierpark. In Gruppengemeinschaft und durch gute Behandlung ist sie so umgänglich geworden, daß sie zu Spielchen mit dem vertrauten Betreuer drängt. Die Kuh hat den Rüsselgreiffinger verloren, was sie beim Futteraufnehmen kaum behindert. Kleine Dinge, wie Grashalme oder ein Geldstück, kann sie nicht aufheben.

Oben rechts: Das Schmusegitter zwischen Herden- und Bullenanlage.

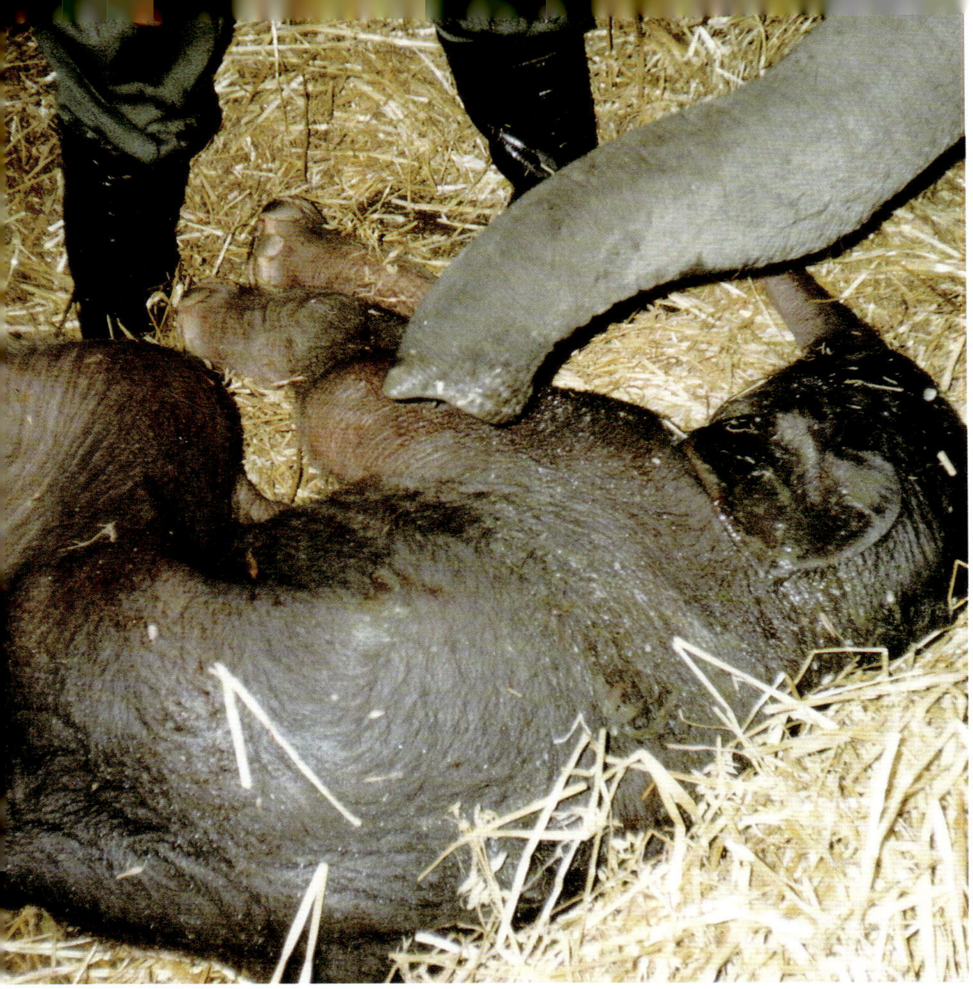

Elefantengeburt im Zoo

8 Minuten alt

8 Minuten nach der Geburt ist Chamundi mit Menschenhilfe von der Fruchtblase befreit. Der Rüssel der Mutter kontrolliert vorsichtig tastend.

20 Minuten alt

Nach 20 Minuten richtet sich das Kälbchen auf, schaut mit großen Augen in die Welt.

Auf freier Wildbahn wird die Geburt eines Elefantenkalbes begleitet von einer betreuenden ›Tante‹, einer erfahrenen älteren Kuh, die selbst ein Baby säugt oder schon Mutter war. Jungkälber eines Kuhverbandes, in dem meist Schwestern zusammenleben, können den Geburtsvorgang und das Bemühen um das Neugeborene miterleben; sie werden mit dem Baby vom ersten Augenblick an vertraut und später auch in Aufsichtspflichten einbezogen. Wenn Jungkühe erstmals trächtig werden, kennen sie schon die Mutterpflichten.

In den nicht gewachsenen Elefantengruppen zoologischer Gärten ist eine Geburtshilfe schwierige Aufgabe des Menschen, der nur eine Ersatzhilfe bieten kann. Kritische Situationen können vor allem bei Erstgeburten junger Kühe entstehen, die nicht von älteren Kühen lernen konnten und die oft nicht wissen, was sie mit ihren Neugeborenen anfangen sollen. Angeborener Instinkt kann nicht alles regeln.

Der Elefantenbetreuer Karl Kock, der während jahrzehntelanger Tätigkeit in Hagenbecks Tierpark reiche Erfahrungen sammeln konnte, schildert in seinem Buch »Elefanten, mein Leben« den Ablauf der schwierigen Erstgeburt der Jungkuh Thura, die eines Abends plötzlich unruhig wurde, viel mistete und Wasser ließ. Sie wurde die ganze Nacht über beobachtet. Gegen Morgen beruhigte sich die Kuh wieder, wurde langsam im Gehege herumgeführt. Nach einer Weile wollte sie wieder in den Stall zurück, wo sie an einem Vorder- und Hinterbein festgebunden wurde – eine Vorsichtsmaßnahme, da erstgebärende Elefantenmütter in Gefangenschaft ihr Kind oft nicht annehmen, es wegstoßen. Schließlich war es soweit. Karl Kock erzählt:

»Um 22 Uhr 40 riß Thura plötzlich den Kopf hoch und stellte die Hinterbeine auseinander. Unter ihrem Schwanz schwoll es dick an, rutschte immer tiefer, dann kam die Fruchtblase zum Vorschein, platzte auf, und das Baby rutschte aus der Scheide auf den Boden. Das alles dauerte kaum zwei Minuten ... Das Baby lag noch nicht richtig in der Box, da versuchte Thura auch schon, nach ihm zu treten«

Das Baby wurde schnell weggezogen und nach einer halben Stunde auf die Beine gestellt. Es war ein 85 kg schweres weibliches Tierchen. Nach einer Stunde wurde das Kälbchen vorsichtig an die Brust Thuras gesetzt, die gehindert werden mußte, nach ihrem Kind zu treten.

Nach einigen Tagen mühsamer Daueraufsicht zum Schutz des Säuglings wurde die erfahrene 59jährige Kuh Kiri in das Mutter-Kind-Gehege gebracht; sie nahm sofort das Baby an, betreute es liebevoll, half mit Rüssel und Fuß, wenn es hinfiel, und beruhigte Thura, wenn die Kleine an die Milchquelle ging. Wurde Thura, die ihr Kind nicht annahm, beim Nuckeln nervös, drohte die ›Tante‹ warnend mit Rüssel und Kopf. In diesem Fall konnte auch unter Zoobedingungen etwas Herdensolidarität und natürliche ›Tanten‹-Fürsorge mobilisiert und genutzt werden.

30 Minuten alt

Nach einer halben Stunde steht Chamundi schon auf eigenen Füßen.

Einen Tag alt

Am ersten Lebenstag steht Chamundi schon fest auf seinen Füßen zwischen den Säulenbeinen der Mutter; der kleine Rüssel beginnt zu spielen.

Das Mischlingskälbchen Motty

Im Juli 1978 wurde im Tierpark Chester (England) ein afroasiatischer Elefantenmischling geboren. Es war eine Weltsensation. Kreuzungen zwischen den artverschiedenen afrikanischen Loxodonten und asiatischen Elefanten konnte es nach allgemeiner Meinung gar nicht geben! Das Tierchen hatte, wie die asiatische Mutterkuh Sheba, nur einen Greiffinger am Rüssel und auch die Zehenzahl der asiatischen Spezies. Die großen Ohren und andere Merkmale waren Erbteil des 15 Jahre alten afrikanischen Bullen Jumbolino.

Es hatte mehrfach Paarungen zwischen Jumbolino und Sheba gegeben. Aber niemand glaubte an die Möglichkeit von Mischlingsnachwuchs. Die Bauchanschwellung der Mutter wurde nicht als Schwangerschaftszeichen gedeutet: So kam es am 11. Juli 1978 im Freigelände zu einer überraschenden Frühgeburt.

Das männliche Kälbchen, das von der Mutter angenommen und von Pflegern umsorgt wurde, starb nach 14 Tagen. Die Hülle wurde präpariert und im Londoner ›Natural History Museum‹ ausgestellt. Ein gelungener Versuch asiatische und afrikanische Elefanten zu kreuzen, steht bis heute aus.

Überalterung

Die Ausgangsbasis für Erhaltungszucht in Zoos ist sehr schmal. Nach der Dokumentation der ›European Elephant Group‹ waren 1992 von 450 in Tierparks gehaltenen asiatischen Kühen nur 19 für Zucht geeignet. Das entspricht einer Zuchtbasis von nur 4 Prozent! Von Zirkussen in Zoos abgeschobene Elefanten scheiden im allgemeinen für die Zucht aus. Bei physischem und psychischem Dauerstreß setzt bei weiblichen und männlichen Tieren der Geschlechtszyklus aus. Daher sind Tiere, die länger als bis zum 15. Lebensjahr in Zirkusarenen gefordert werden und die übrige Zeit in engen Zeltställen an Ketten dösen oder sich hinter elektrisch geladenen Zäunen drängen, kaum noch zuchtgeeignet.

In den USA ist die Überalterung der Elefanten in Zoos, Zirkussen und bei Schaustellern ebenfalls fortgeschritten. Im Tierpark von Portland/Oregon, der in den 20 Jahren zwischen 1962 und 1981 mit 20 Geburten das weltbeste Ergebnis erzielen konnte, gab es zwischen 1982 und 1996 nur noch 5 Geburten! Ungünstig auf die natürliche Fortpflanzung haben sich in Portland Versuche mit künstlicher Besamung ausgewirkt: die Nötigung des Zuchtbullen zur Samenabgabe führte zur Abstumpfung des Paarungsinstinkts.

Los Angeles Zoo, Kalifornien
Akrobatischer Versuch, an grünes Gezweig außerhalb der Umfriedung zu kommen. Elefanten sind schwer einzuzäunen; sie sind gute Kletterer und bleiben nicht wie Nashörner mit den vier Füßen auf dem Boden.

Afrikanischer Elefant
Zoologischer Garten von Vincennes, Paris
Nicht zu entschuldigen sind die barbarischen Trittsperren: in Beton eingelassene Eisenspitzen, die oft zu schweren Fußverletzungen führen.

Füttern durch Besucher mindert Langeweile, die Elefanten schwer ertragen; es schafft auch freundlichen Kontakt zwischen Mensch und Tier. Extremes Strecken nach einem Leckerbissen aus Kinderhand kann aber zum Absturz führen.

Die gefährlichen Sperrgräben

Problematisch sind die Sperrgräben um die Elefantengehege, in die immer wieder ein Dickhäuter fällt, sich dabei schwer verletzt oder zu Tode kommt. Bessere Lösungen sind jedoch nicht in Sicht. Schwere Eisengitter würden den Eindruck freier Haltung zerstören, eine Trennwand zwischen Mensch und Tier schaffen. Solche Lösung würde auch nicht der Sache der Elefanten dienen, die sich in freundlicher Parkszenerie als liebenswertere Botschafter ihrer bedrohten Artgefährten in freier Wildbahn präsentieren.

Besonders gefährlich sind die vielfach noch anzutreffenden, nach unten spitz zulaufenden Betongräben, die einem Elefanten kaum eine Überlebenschance lassen. Wenn die Gräben unten breit gehalten werden und eine weiche Erdsohle haben, kann sich ein Elefant eher wieder aufrichten und herausgeholt werden. Tückische, zu schweren Fußverletzungen führende Sperren aus im Boden verankerten Eisenspitzen sind Barbarei.

Die Elefantengehege des israelischen Muster-Tierparks Ramat Gan in Tel Aviv sind mauerumfriedet. Es gibt keine Sperrgräben. Freier Besucherblick von oben ist mittels Terrassen gegeben. Bei solcher Lösung ist das beliebte Elefantenfüttern durch Zoobesucher, das die Tiere beschäftigt und der Langeweile entgegenwirkt, nicht möglich.

Im Sperrgraben der Freianlage des Londoner Zoos starb nach Absturz die afrikanische Elefantenkuh Dicksy. Alle Rettungsversuche waren vergeblich.

Wenn Elefanten weinen ...

Es heißt, daß Elefanten in Qual und Verzweiflung manchmal weinen. Erfahrene Zoologen berichten davon. So erzählt Ivan T. Sanderson in seinem Buch ›The Dynasty of Abu‹ von einem anrührenden Vorfall, der sich in der amerikanischen Stadt Lancaster (Missouri) zugetragen haben soll:

Zwei erfahrene Dresseure versuchten, der jungen Elefantenkuh Sadie eine Zirkusübung beizubringen. Sadie konnte nicht begreifen, was man von ihr wollte, und versuchte, aus der Manege zu laufen. Sie wurde zurückgeholt und wegen der Verweigerung maßvoll, ohne Grausamkeit, bestraft. Da sei Sadie auf die Knie gesunken, habe sich auf die Seite gelegt und geweint wie ein Kind.

Ein halbes Jahrhundert lang habe er sich mit Elefanten befaßt, schreibt Sanderson, aber nie habe ihn etwas so tief berührt. Wer ein Tier anschieße, erwarte vielleicht, daß es winsele – und sei das auch nur ein mechanischer Reflex. Etwas ganz anderes sei es, wenn ein Tier – besonders eines, das 3 Tonnen wiege – sich hinlege und weine. »Sollten wir Menschen, die wir uns so vielerlei einbilden, doch nicht die einzigen Wesen sein, die über Gemütsbewegungen und höhere Gefühle verfügen?«

Nach Sylvia K. Sikes weinen wilde Elefanten selten, während es bei gefangenen häufiger vorkomme.

Charles Darwin zitiert in »The Expression of the Emotions in Men and Animals« den Engländer E. Tennant, der über Fang und Fesselung von Elefanten auf Ceylon berichtete: »Einige lagen bewegungslos auf der Erde; daß sie litten, sah man lediglich an den Tränen, die ihre Wangen netzten.« Über einen Elefanten heißt es: »Als er überwältigt und gebunden war, wirkte er in seinem Kummer ergreifend. Aus seinem Widerstand wurde völlige Unterwerfung. Auf dem Boden liegend gab er erstickte Schreie von sich, während ihm Tränen über die Wangen liefen.«

Von einem bewegenden Erlebnis erzählt auch der bereits erwähnte Elefantenfachmann Karl Kock in seinem Buch ›Elefanten, mein Leben‹. In den achtziger Jahren sollte er für den Augsburger Zoo auf Mallorca den einzigen Elefanten eines aufgegebenen Mini-Tiergartens kaufen, der nun bei einem Privatmann stand. Er fand das Tier in einem engen, mauerumfriedeten Pferch vor. Eine Frau brachte täglich Küchenabfälle, alle drei Tage wurde von einem Mann ausgemistet. Kock: »Der Elefant streckte uns den Rüssel entgegen und zirpte wie ein Kanarienvogel. Ich hatte solche Töne noch nie von einem Elefanten gehört.«

Kock versuchte alles, um den Besitzer zum Verkauf des Tieres zu bewegen, den Elefanten aus seinem Elend zu befreien. Doch dieser lehnte ab; der Elefant sei sein Hobby! Kock: »Als wir nach Stunden wieder gehen mußten, reckte er uns seinen Rüssel nach und zirpte wieder. Ich war seit dem Tag überzeugt, daß Elefanten weinen können.«

In grausamer Öde, Langeweile und im Zwang der Fußfesseln dösen die Elefantenkühe, von Natur Wandertiere, in endloser Stallhaft.

Körperpflege im Zoo

In Freiheit, in Steppe, Busch und Wald, erledigt sich für Elefanten die gebotene Körperpflege im Tagesrhythmus. Sie suhlen sich in Schlammtümpeln; sie machen an Bäumen und Felsen Scheuer-Hautpflege; sie genießen Bäder und Staubduschen; und das Hinbummeln während stetigen Fressens ist natürliche Bewegungstherapie und Fußpflege. In Gefangenschaft muß menschliche Improvisation die natürliche Gesundheitspflege ersetzen. Die Betreuung der Kolosse erfordert großen Aufwand und viel Sorgfalt erfahrener Fachkräfte.

Elefanten sind nicht von beliebig wechselnden Hilfskräften zu betreuen. Wichtig ist der Kontakt und das Vertrauen zu den Menschen, an die sie sich gewöhnt haben. »Der Mensch sucht sich nicht die Elefanten aus«, heißt es im ›Hagenbeck-Buch‹, »die Elefanten suchen sich die Menschen aus ... [Es ist] wichtig, so zu denken wie ein Elefant ...«

Elefanten in Freiheit legen um die 20 km täglich zurück. In Gefangenschaft ist der Auslauf in Freigehegen nicht ausreichend. Die Dickhäuter müssen bewegt werden, ausgeführt im Park oder geritten von ihren Betreuern. Abwechslung für die Tiere, die an Langeweile leiden, ist das beliebte Kinder-Elefantenreiten. Aber nicht jeder Zooelefant ist dafür geeignet; leicht scheuende Tiere dürfen lautem Treiben nicht ausgesetzt werden. Es ist gut für die Kolosse, wenn Arbeit im Park anfällt, wenn schwere Lasten zu bewegen sind.

Wichtig ist die stete Kontrolle und regelmäßige Pflege der Füße, die täglich 20 Stunden lang ein Tonnengewicht zu tragen haben.

Links: Frühmorgens müssen die Elefanten, die nachts bei ihrem Kurzschlaf in Seitenlage in eigenen Mist geraten, mit warmen Wasser- und Dampfduschen gereinigt werden. Zum Abscheuern von Hautschuppen darf es im Freigehege an einer möglichst überhängenden Betonwand und einem Block für die Behandlung der Bauchpartien nicht fehlen. In Asien schmirgeln Mahouts ihre Arbeitstiere beim täglichen Bad ab – eine mühselige Arbeit, die in Europa nicht zu bezahlen wäre.

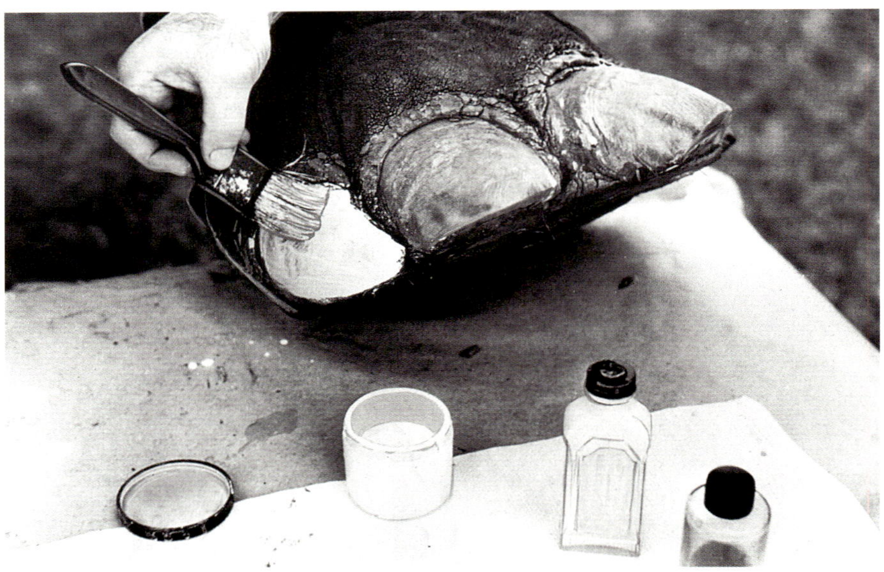

Links: Der letzte Lack kommt mit einem gewöhnlichen Malerpinsel: nach der halbjährlichen Pediküre bekommt die 29jährige Anna May noch eine letzte Pflegeschicht aufgetragen.

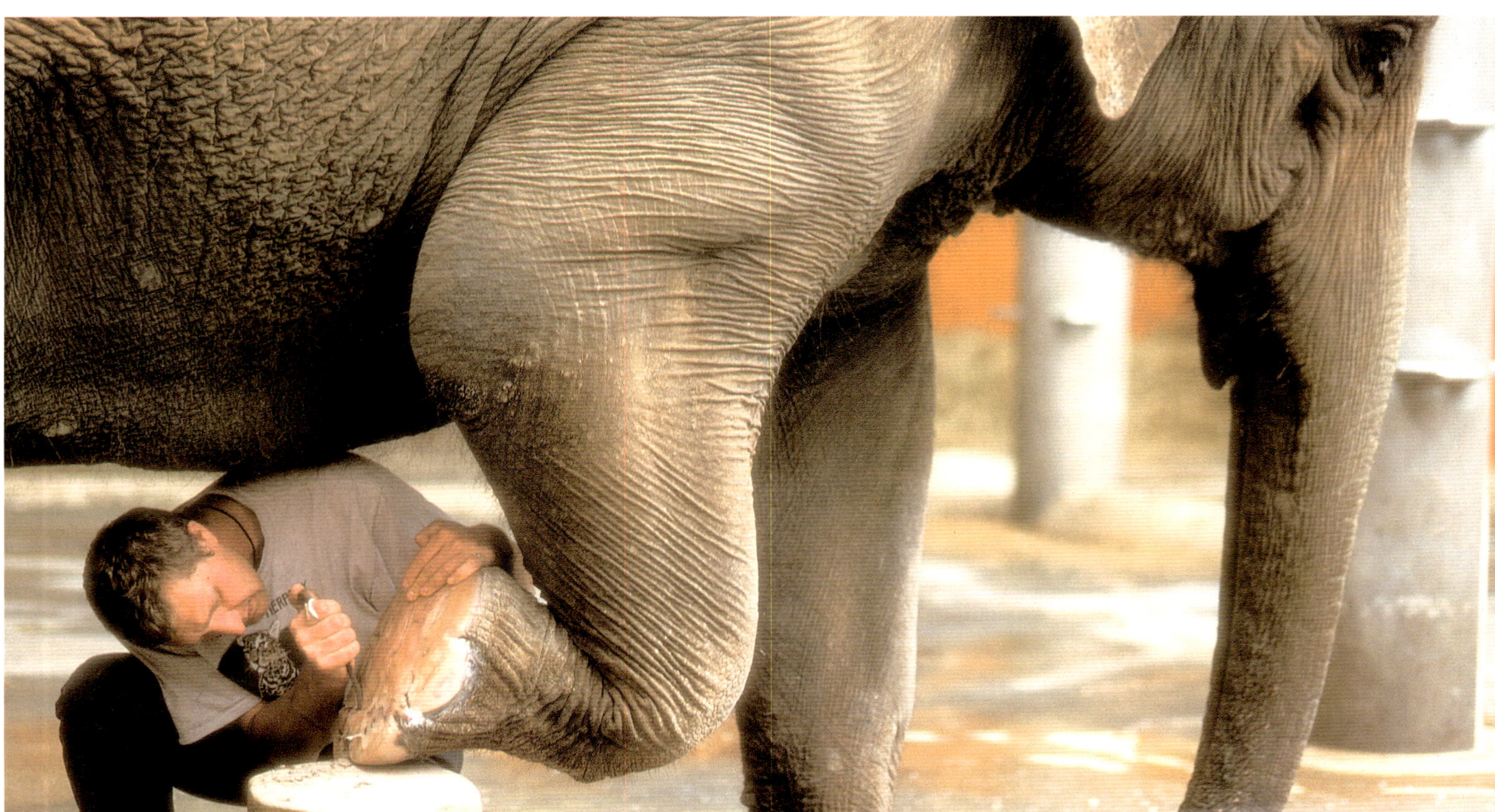

Der starke Wasserstrahl dient nicht nur der Hygiene – er bereitet sichtlich Vergnügen.

Ärztliche Betreuung

Unerläßlich ist im Elefantenstall regelmäßige medizinische Kontrolle und Betreuung. In Gefangenschaft sind Elefanten, die oft mehrfach den Besitzer gewechselt haben, anfälliger für Krankheiten als in Freiheit – und nicht selten verhaltensgestört. Die verschiedenen Krankheiten, an denen auch Menschen leiden, können die Tiere quälen (siehe dazu ›Der Elefant in freier Wildbahn‹). Besonders gefürchtet sind die Elefantenpocken, gegen die es neuerdings einen wirksamen Impfstoff gibt.

Bei leichten, nicht zu schmerzhaften Behandlungen werden in den USA ›Crush-Cages‹ benützt, auch ›Elephant Restraint Chute‹ oder abgekürzt ERC genannt (Einsperrsystem für Elefanten). Die Anlage, deren Pflichteinführung in den USA erwogen wird, besteht aus verschiebbaren schweren Eisengittern, die – geöffnet – den Weg ins Freigehege säumen. Argwohn bei Dickhäutern ist so vorgebeugt. Ist der Elefant hineingeführt, werden die Ausgänge geschlossen und die Seitengitter an den Körper geschoben. Eisenstäbe des Gitters können je nach Behandlungsstelle ausgezogen werden.

›Elefantenmänner‹ und Ärzte beurteilen die Crush-Cages positiv, da sie gewaltsame Fesselung vermeiden helfen. Die Elefanten sind sich im Zwinger aus Erfahrung schnell ihrer Hilflosigkeit bewußt und pflegen still zu resignieren. Die Anlage bewährte sich auch bei schwieriger Fußpflege.

Links: Vom 5./6. Lebensjahr an sollte im Vierteljahresrhythmus Nagelpflege betrieben werden. Die Fußnägel dürfen nur bei voller Belastung Bodenkontakt haben. Bei zu großer Belastung droht Nagelspaltung. Dann muß die Unterseite mit der Hufraspel zurückgefeilt werden. Nagelrisse schließen sich wieder. Zwischen den Nägeln muß ein fingerbreiter Spalt freigehalten bzw. freigefeilt werden; sonst droht Nagelfäule. Faulstellen sind fachmännisch auszuschneiden, medizinisch nachzubehandeln und täglich mit Desinfektionslösungen zu spülen. Trockene, lose Nagelhaut wird mit dem Hufmesser entfernt, unebene Nageloberfläche glattgefeilt. Besondere Pflege des Sohlenbelags der Fußpolster ist nicht nötig, wenn Elefanten ausreichend Bewegung haben. Bei zu wenig Bewegung muß die Sohle einmal jährlich geschält werden. Wichtig ist tägliche Fußwäsche der Elefanten mit warmem Wasser.

Viel Futter – viel Mist

Die Ernährung der Elefanten in Gefangenschaft muß ausgewogen sein. Die Dickhäuter sind nicht wählerisch; sie stopfen alles in sich hinein, und der Verdauungsapparat stößt das Verschlungene halbverdaut wieder aus. Doch die Regelernährung erfordert Auswahl und Dosierung. Zu berücksichtigen sind die sehr nahrhaften Leckerbissen, die Zoobesucher den Kolossen zustecken. Zuviel Kraftfutter, zuviel hochwertiges Heu wäre abträglich, könnte gesundheitsgefährdend werden.

Elefanten, deren massive Backenzähne in freier Wildbahn Baumrinden, Äste und Gestrüpp mahlen, benötigen Rauhfutter, Ballaststoffe. In Hagenbecks Tierpark wird unter anderem Schilfheu verfüttert, das an Fluß- und Seeufern wächst, von Bauern als minderwertig eingestuft wird und daher schwierig zu bekommen ist. An die 100 Tonnen im Jahr werden an die ein Dutzend Tiere zählende Herde verfüttert.

Es erfordert großen Arbeits- und Kostenaufwand, einige Kolosse zu versorgen – und zu ›entsorgen‹. Bis zu 150 kg Grünfutter und Heu stopft jeder Elefant täglich in sich hinein – und hinterläßt rund 100 kg Mist. Mit viel Idealismus verrichten ›Elefantenmänner‹ in Zuneigung zu ihren Tieren schwere Arbeit. Nicht wenigen ist die Betreuung der sanften, treuen Riesen in freundschaftlicher Zuwendung nicht Beruf, sondern Lebensaufgabe.

Abwechslung für die Elefanten

Nachmittagsvergnügen in den Anlagen der Londoner Zoologischen Gesellschaft. Skizze aus einem Bildbericht der ›Illustrated London News‹ vom 23. September 1871.

Die Buben schleppten im Londoner Zoo Trinkwasser für die Dickhäuter in den Stall. Zur Belohnung gab es einen Freiritt.

Elefantenreiten in Hagenbecks Tierpark.

Schlittenfahrt mit Elefanten. Der ehemalige Elefantenmann Karl Kock führt die freundliche Kuh.

Bild unten: Winter in Hagenbecks Zoo. Wälzen im Schnee ist auch Elefantenvergnügen.

Den Riesen anfassen dürfen und auf ihm reiten – ein unvergeßliches Erlebnis für Kinder.

Im Sommer werden in Hagenbecks Tierpark abendliche Elefantenfeste mit indischem Märchenzauber veranstaltet, die großen Zulauf haben und der Sache des Natur- und Tierschutzes werbewirksam dienen. Die Feste sind auch für die Dickhäuter, die kleine Kunststücke zeigen, spielerische Abwechslung.

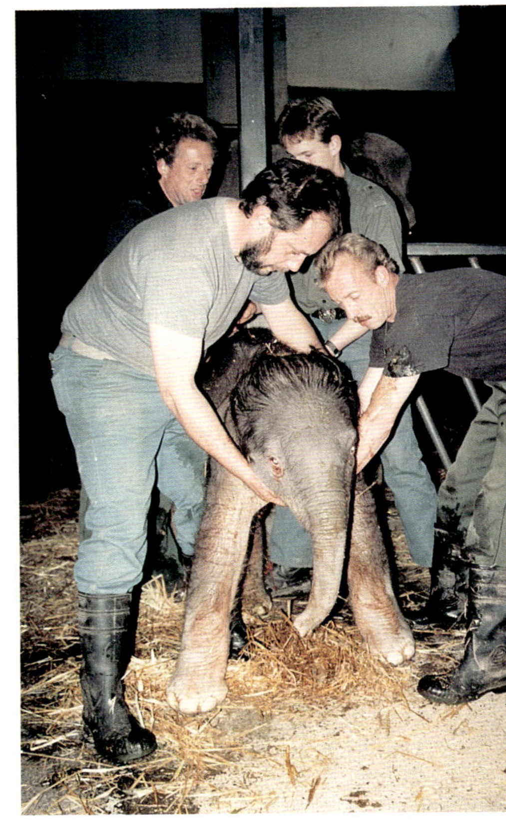

Die Zoogeneration

Das am 23. März 1992 bei Hagenbeck geborene Kälbchen Ratna in harmonischer Menschen- und Elefantenobhut. Links die Mutter Thura und rechts die 36 Jahre alte Leitkuh Mala.

Im Rotterdamer Tierpark, wo man sich nach großzügigem Ausbau der Elefantenanlagen um kontinuierliche Zucht bemüht, kamen Europas erste Elefantenkälber der zweiten in Gefangenschaft lebenden Generation zur Welt: Bernhardini und Jasmin, geboren 1984 und 1990. Von der älteren der beiden schon herangewachsenen Kühe, die dieselben Eltern haben, kann schon Nachwuchs in der dritten Zoogeneration erhofft werden.

Das Bemühen fortschrittlicher Tierparks um ›Herdenklima‹ in angemessen weitläufigen Gehegen hat in jüngster Zeit zu erfolgreichem Aufbau intakter Kuhgruppen und zu erfreulichen Zuchtergebnissen geführt. Die bisher alarmierend hohe Todesrate bei Geburten ist drastisch reduziert; in vielen modernen Zoos der Welt wachsen gesunde Kälber in artgemäßer Obhut von Mutter und ›Tante‹ heran. Einige Beispiele verdeutlichen den erfreulichen Trend:

In Hagenbecks Hamburger Tierpark wurden seit 1992 5 gesunde Kälber geboren, 3 davon 1995/96. Im niederländischen Muster-Tierpark Emmen, der 1988 in Burma eine Zuchtgruppe von 11–13jährigen Kühen und einen Bullen kaufte, spielen schon die ersten Kälbchen. Auch im modernen Basler Zoo, der afrikanische Elefanten züchtet, stehen Kälber. Einen stolzen Erfolg erzielte mit 12 Geburten bei afrikanischen Elefanten bis 1992 der israelische Tierpark Ramat Gan, der auf zwei großen Freianlagen afrikanische und asiatische Zuchtgruppen unterhält. Den international höchsten Geburtenstand bis 1996 erreichte der amerikanische Tierpark Portland/Oregon mit 25 Kälbern.

Der im Zoo geborene und in Menschenobhut heranwachsende Elefant ist nicht mehr gezähmtes ›Wildtier‹, durch ›Einbrechen‹ dem Menschen unterworfen und dienstbar gemacht, wie seit Jahrtausenden praktiziert. Wie ein Haustier wird er nach den Regeln menschlicher Zuchtwahl gezeugt; als Milchkalb wächst er in spielerischem Umgang mit Betreuern hinein in die Menschenwelt. Der Mensch ernährt, pflegt und führt wie ein Ober-Leittier den Elefanten der Zoogeneration. Und der Elefant braucht die Nähe und die Zuwendung des Menschen, in dessen Welt er eingebunden ist.

Die Elefantenzucht im Zoo zielt nicht auf den Aufbau von neuen Wildbeständen. Der Zoo ist keine Arche Noah.

Der Elefant wächst in Gefangenschaft wie ein Haustier heran; wegen seiner Riesenhaftigkeit kann er aber nicht ein Nutztier werden wie Rind und Pferd. Bei all seiner Kraft vermag er nicht zu konkurrieren mit der Maschine. Das gewaltigste Landtier der Erde muß um seiner selbst willen und zur Freude der Menschen auch fernab der angestammten Tropenwelt eine kleine Überlebensnische haben. Es ist möglich, länderübergreifend eine kleine Population von Zooelefanten aufzubauen, die sich bei artgemäßer Haltung selbst ergänzt. Der Mensch muß es nur wollen. Der Elefant hat in Jahrmillionen seine beispiellose Anpassungsfähigkeit bewiesen.

Alle Welt mag die sanften Dickhäuter. Wenn Schätzungen zutreffen, die besagen, daß jährlich weltweit an die 500 Millionen Menschen Tiergärten besuchen, dann erweist der Elefant als Publikumsmagnet auch seine ökonomische Nützlichkeit.

Betreuer helfen dem am 4. Juni 1996 in Hagenbecks Tierpark geborenen Kälbchen Corny auf die Beine.

Weidlich tummeln und genüßlich plantschen können die Elefanten in den weiten Parkanlagen des Zoos Hagenbeck.

Rückzug in Reservate

J. M. Bernatz
Elefantenherde am Tsad
25. September 1851
Farblithographie
Staatliches Museum für Völkerkunde, München

Eine romantische Szene einstiger heiler Elefantenwelt. Noch vor 100 Jahren bevölkerten an die 10 Millionen Rüsselriesen den schwarzen Kontinent.

An der Schwelle des 2. Jahrtausends sind Elefanten, die zu Beginn des Jahrhunderts in Millionenzahl die Tropenwälder und Savannen Afrikas und Südostasiens bevölkerten, in ihrer Existenz gefährdet. Die Gier nach Elfenbein hat die Elefantenbestände dezimiert. Immer mehr landsuchende Menschen schnüren die Lebensräume der grauen Riesen ein; hemmungsloser Raubbau zerstört die Umwelt für Mensch und Tier. Überall haben die Elefanten und die anderen nicht unmittelbar nutzbaren Wildtiere vor dem Menschen zurückzuweichen. Relative Sicherheit finden die Tiere nur in den großzügig improvisierten Reservaten und Nationalparks. Diese Schutzzonen in lohnender Landnutzung als dauerhafte Lebensräume der Rüsselriesen zu sichern ist Ziel der internationalen Bemühungen um Artenschutz.

In verglühendem Abendlicht steht am Ufer des Chobe-Flusses ein einsamer Elefant, spätes Schnappschußziel eines Touristenbootes. Die melancholische Szene erinnert an den trüben Zustand der ostafrikanischen Nationalparks nach dem verheerenden Elefantenschlachten der 70er und 80er Jahre. Herden- und Familienverbände waren zerschlagen; Savannen und Galeriewälder durch Panik-Massenwanderungen und Dürre verwüstet.

Aus Savannen werden Wüsteneien

Ein Netz von staatlichen und privaten Reservaten überzieht die Länder Ost- und Südafrikas. Rund 5–10 Prozent der nationalen Territorien hat man dafür zur Verfügung gestellt. Mit diesen Reservaten wurde mehr für den Erhalt der bedrohten Wildtierarten getan, als den reichen Industrieländern in ihren Breiten je in den Sinn kam. Jedes Stück Natur ist in Europa vermarktet; in Nutzholzrevieren werden nur noch einige, für sportlichen Abschuß geeignete Wildtiere gehegt.

Den Völkern in Ostafrika wurden bei der Einrichtung der oft riesigen, dem Fototourismus offenen Tierschutzanlagen viele Beschränkungen und Opfer abverlangt. Man führte Umsiedlungen durch, so bei der Abgrenzung des 19 500 km^2 großen Krüger-Nationalparks in Südafrika, der berühmten 14 760 km^2 umfassenden Serengeti in Tansania oder des Tsavo-Nationalparks in Kenia, der mit 20 860 km^2 fast so groß ist wie Sizilien – ein Hauptziel des Safaritourismus 150 km nordwestlich der Strandhotels von Mombasa. Ein weitgefächertes Touristengeschäft, das den finanzschwachen Ländern einen wesentlichen Teil der Staatseinnahmen erbringt, vermittelt in jedem Jahr Millionen von Besuchern das Erlebnis des einmaligen afrikanischen Reichtums an Wildtieren. Artenschutz in den Nationalparks dient auch ökonomischen Interessen, was Tiere wirksamer schützt als Verträge.

Die Tierreservate sind künstlich abgegrenzte Teilstücke weitergreifender Ökosysteme mit gleicher Fauna und Flora; es sind Inseln relativer Sicherheit, in denen jedoch das ökologische Gleichgewicht, die natürliche Regulation der Tierbestände gestört ist. In Krisensituationen erweisen sie sich daher als recht anfällig.

Das zeigte sich in den sechziger Jahren, als die Kolonialländer unvorbereitet und ohne eigene Verwaltungsstrukturen in eine labile Unabhängigkeit entlassen wurden und weite Teile Schwarzafrikas in

Wenn sich durch Flucht- oder Hungerzuwanderung in Schutzgebieten zu viele Elefantenherden drängen, können verheerende Vegetationsschäden entstehen. Der Hunger der Kolosse, die auch Holz zerkauen, ist gewaltig. Die Natur kann sich nicht mehr erholen. So geschah es in den 70er Jahren, als ganze Nationalparks zu Wüsteneien wurden.

die Turbulenzen innerer Unruhen, in eine Interimsphase allgemeiner Gesetzlosigkeit gerieten. Vielerorts begann ein ungezügeltes Abschießen von Elefanten durch Wilderer und marodierende Soldaten. Elefantenherden flüchteten aus der Gefahrenzone der freien Wildbahn, in die größere Sicherheit bietenden Reservate. Die dort heimischen Elefanten ertrugen die Masseninvasion. Elefanten verteidigen angestammtes Territorium nicht.

In den Nationalparks konnte die Natur die Massierung der Herden nicht mehr verkraften. Wenn Elefanten überhand nehmen, wenn sie nicht mehr den erforderlichen Lebensraum von etwa 1 km² pro Tier haben, richten sie verheerende Zerstörungen an. In den siebziger Jahren führte eine mehrjährige Dürreperiode vollends in die Katastrophe. Zehntausende von Elefanten verdursteten und verhungerten in den ausgebrannten Steppen, den niedergebrochenen Wäldern und verwüsteten Savannen Afrikas.

Im Tsavo-Nationalpark schwoll durch Zuwanderung die Zahl der Elefanten auf über 30 000 an; die von Galeriewäldchen durchsetzten Savannen verwandelten sich in öde Wüsteneien. Im kleinen, landschaftlich besonders reizvollen Amboseli-Park am Fuße des Kilimandscharo wurden aus Wald- und Buschland Steppen. Auf das Hochplateau der Serengeti flüchteten Herden aus dem Tiefland, wo Siedlungen angelegt wurden. Die Zahl der Elefanten stieg von etwa 450 auf über 3000 im Jahre 1977 an. Der Baumbestand wurde von den hungernden Riesen durch Abschälen der Rinden und Umstoßen weitgehend vernichtet. In Mosambik, wo der Gorongoza-Nationalpark (3770 km²) mit seinen Galeriewäldern, Seen und Sümpfen ideale Lebensbedingungen für Elefanten bot, brach die Parkverwaltung im aufflammenden Bürgerkrieg zusammen.

Als dann der Elfenbeinpreis auf ungeahnte Höhen kletterte, begann das größte Elefantenschlachten des Jahrhunderts.

Das große Elefantenschlachten im Elfenbeinrausch

Auf Anordnung des kenianischen Präsidenten Arap Moi wurden 1989 bei Nairobi an die 1400 beschlagnahmte Stoßzähne öffentlich verbrannt. Die spektakuläre Aktion sollte die Entschlossenheit der Regierung demonstrieren, gegen die Elfenbeinwilderei vorzugehen – eine fragwürdige Vernichtung von Werten in einem armen Land, wo sich das illegale Elfenbeingeschäft höchst prominenter Abschirmung und Förderung erfreuen konnte.

Im Jahrzehnt von 1979–1989 steigerte sich in Afrikas Savannen und Regenwäldern die gewinnsüchtige Elfenbeinwilderei zu einem barbarischen Elefantenschlachten. 50 000 bis 100 000 friedliche Dickhäuter fielen Jahr für Jahr den hochgerüsteten und von einflußreichen Hintermännern gedeckten Wildererbanden zum Opfer. Wahllos wurde mit Maschinengewehren niedergemäht. Das Washingtoner Artenschutzübereinkommen von 1973, das strikte Kontrollen für die Ein- und Ausfuhr von Elfenbein vorschrieb, erwies sich als wirkungslos.

Gegen Ende des 19. Jahrhunderts soll es in Afrika noch an die 10 Millionen Elefanten gegeben haben; 1979 wurde ihre Zahl auf rund 1,3 Millionen geschätzt, und 1989 waren es noch etwa 600 000. Die Zahl mag immer noch beachtlich erscheinen. Aber dahinter verbirgt sich eine bedrohliche Zerrüttung der Existenzgrundlagen der Rüsselriesen. So haben pessimistische Hochrechnungen schon für die Zeit um 2020 den drohenden Artentod signalisiert.

Der Zoologe Douglas-Hamilton, der Ende der achtziger Jahre im Auftrag des ›Worldwide Fund of Nature‹ in Afrika Bestandsaufnahme machte und im Tiefflug einen Nationalpark beobachtete, wurde Augenzeuge eines Elefantenmassakers. Er sah, wie Wilderer aus dem Hinterhalt mit Schnellfeuergewehren in eine friedlich hinziehende Elefantenherde feuerten: wie tonnenschwere, 4 m große Kolosse zusammenbrachen und Blut in Fontänen aus Rüsseln spritzte, wenn Lungen durchschossen wurden; wie waidwunde Riesen im Todeskampf noch einige Meter in Buschwerk schwankten, bevor sie hinsanken. Mit Beilen und Kettensägen wurden dann die Stoßzähne ausgebrochen und auf einen bereitstehenden Lastwagen geladen ... Douglas-Hamilton sprach von »der größten Säugetier-Tragödie dieses Jahrhunderts«.

Die hemmungslose Jagd nach dem ›weißen Gold‹ wurde in den siebziger und achtziger Jahren angeheizt durch eine phantastische Steigerung des Elfenbeinpreises, ausgelöst von Währungsturbulenzen in der Folge weltpolitischer Spannungen. Lag der Kilopreis in den sechziger Jahren noch bei 5,50 Dollar, so wurden 1978 schon 52 Dollar und 1988 rund 200 Dollar bezahlt, oft sogar 300 Dollar. Von den 600–1000 Tonnen Elfenbein, die jährlich umgesetzt wurden, stammten nach Erkenntnissen der internationalen Artenschutzorganisationen rund 94 Prozent von Wilderei. Diese Zahlen offenbarten: Die Tierreservate schützten nicht mehr.

Gewilderte Stoßzähne, die man beschlagnahmte, wogen 1960 im Schnitt noch etwa 25 kg; im Jahre 1979 nur noch ca. 10–15 kg, was auf bedrohliche Ausdünnung der 25–45 Jahre alten Elefanten schließen läßt, der für die Fortpflanzung wichtigen Jahrgänge. Um die 80 Elefanten mußten nun für eine Tonne Elfenbein das Leben lassen. Gewaltige Fleischberge, die ganze Dörfer hätten ernähren können, verrotteten in der Steppe.

Das Ausmaß der Gemetzel, die bis 1989 andauerten, verdeutlichen einige Zahlen, die auf Erhebungen und Schätzungen internationaler Beobachter beruhen. Genaue Statistiken gibt es nicht.

Im Safariland Tansania, wo 1970 etwa 300 000 Elefanten gelebt haben sollen, waren es 1989 nur noch rund 30 000. In Kenia, das 1970 eine Elefantenpopulation von 130 000 Tieren auswies, schrumpfte die Zahl auf 18 000. Im Tsavo-Nationalpark blieben von 30 000 Tieren nur rund 7000. In Sambia ging die Elefantenzahl von rund 150 000 auf 40 000 zurück. In Uganda rotteten die marodierenden Soldaten des gestürzten Diktators Idi Amin und tansanische Befriedungstruppen die reichen Elefantenbestände bis auf 10 Prozent aus. Beobachter fanden die Tierparks übersät mit Kadavern.

Gut erhalten blieben die Elefantenbestände in Südafrika, wo 90 Prozent der etwa 8000 Dickhäuter des Landes den Krüger-Nationalpark bevölkern, sowie in Simbabwe, wo die Wilderei rigoros bekämpft wurde. An die 150 Wilderer sollen dort in der kritischen Phase erschossen worden sein. Die kontrollierte, teuer zu bezahlende Trophäenjagd unter Begleitung behördlicher Jagdaufseher, die Simbabwe in Umgehung zu pauschaler internationaler Jagdverbote zuließ und die dem Staat hohe Einnahmen brachte (und weiterhin bringt), beeinträchtigte den Erhalt der Bestände nicht. Ebenso verfuhr auch Botswana, wo das Elefanten-Paradies Okavango-Delta intakt blieb.

Ähnliche Gemetzel wie in Ostafrikas Steppen fanden in Westafrika statt, vor allem in den Regenwaldregionen des Kongobeckens. Dezimiert wurden dort die Bestände der Waldelefanten. Im ehemaligen Zaire schrumpfte die Elefantenzahl von rund 300 000 im Jahr 1977 auf etwa 85 000 10 Jahre später. In der Zentralafrikanischen Republik blieben von etwa 700 00 Tieren nur 19 000. In Kamerun soll es nur noch an die 5000 Elefanten geben.

Die wichtigsten Safariländer Ostafrikas, Kenia und Tansania, wo Wilderergangs im Zusammenspiel mit einflußreichen Hintermännern die verheerendsten Stoßzahnschlächtereien veranstalteten, verlangten schließlich internationales Eingreifen und ein Handelsembargo für Elfenbein. Die Verwüstungen in den Nationalparks gefährdeten das Touristengeschäft, das unentbehrliche Einnahmen für die Staatskassen bringt! So wurde endlich gehandelt.

Mit Speerschneiden wird ein Elefant ausgeschlachtet – eine Szene afrikanischer Armutswilderei. Die internationalen Elfenbeinbanden töteten mit Maschinengewehren, lösten die Stoßzähne mit Kettensägen und transportierten sie mit Lastwagen ab.

Eine ostafrikanische ›Schädelstätte‹ aus der Zeit des großen Elefantenschlachtens der internationalen Elfenbeinbanden.

Auf Liste I: vom Aussterben bedroht

Am 15. Oktober 1989 vereinbarten die Unterzeichnerstaaten des Washingtoner ›Internationalen Handelsabkommens zum Schutz gefährdeter Arten‹ (Convention on International Trade in Endangered Species, abgekürzt CITES), den Elefanten auf die ›Liste I‹ zu setzen: auf die Liste der vom Aussterben bedrohten Arten. Die Aus- und Einfuhrländer von Elfenbein und lebenden Elefanten hatten nun nachzuweisen, daß durch das Geschäft die Art der Rüsseltiere nicht gefährdet wird.

Da sich einige Unterzeichnerstaaten nicht mit der Ratifizierung des Abkommens beeilten, vereinbarten die USA, die EU-Länder und die Schweiz den sofortigen völligen Importstop von Elfenbein. Nun mußten auch die zögernden Hauptimporteure, Japan und Hongkong, wenigstens zusagen, nur noch ›legales Elfenbein‹ einzuführen, wie immer man das auch kontrollieren wollte. 1984/85 ging über die Hälfte des weltweit gehandelten Elfenbeins nach Japan, wo jährlich unter anderem etwa 1 Million ›Hankos‹, ›persönliche Siegel‹, mit denen man im Inselreich Dokumente zu bestätigen pflegt, gefertigt wurden, meist aus kostbarem Elfenbein.

Der rigide Importstop und die weltweite Ächtung des wilden Elfenbeingeschäfts zeigten Wirkung. Die Preise für Stoßzähne fielen ins Bodenlose, und es kehrte eine gewisse Ruhe an den ›Wildererfronten‹ Afrikas ein. Das Schlachten in großem Stil, manchmal mit Einsatz von Hubschraubern zum Aufspüren wandernder Herden, lohnte nicht mehr. Wilderei war von den wenigen schlechtbezahlten Wildhütern jedoch nicht völlig zu verhindern. Selbst kleinste Gewinne mit dem ›weißen Gold‹ verlocken weiterhin. Immerhin konnten sich die Elefantenbestände wieder etwas erholen.

›Ökokolonialismus‹?

Aber schon 8 Jahre später, im Juni 1997, wurde das strikte Elfenbein-Handelsverbot auf der Artenschutzkonferenz in Harare, der Hauptstadt Simbabwes, mit Vorbehalten wieder aufgehoben. Der afrikanische Elefant wurde von Liste I (»vom Aussterben bedroht«) wieder auf Liste II (»in seiner Existenz gefährdet«) zurückgestuft. Ab 1999 dürfen Stoßzahn-Lagerbestände, die von natürlichen Elefantenabgängen und von behördlich genehmigten Abschüssen zur Reduzierung übergroßer Bestände stammen, wieder verkauft und gehandelt werden. Falls sich abermals Wilderei ausbreitet, soll erneut striktes Handelsverbot gelten.

Die Elefantenländer Simbabwe, Botswana, Namibia und Malawi setzten sich durch. Sie gewannen bei der Abstimmung der 136 Delegatio-

Das New Yorker ›Museum of Natural History‹ zeigt ›die lebendigsten toten Elefanten‹. Ein besonderes dermoplastisches Verfahren ermöglichte es, sogar das Muskelspiel der Kolosse nachzugestalten.

Drei Schädel: Mensch, Affe und Elefant – ein mahnendes Symbol. Bei dem Bemühen um Artenschutz geht es auch um das Geschick der Gattung Mensch.

In der Eingangsrotunde des Washingtoner ›National Museum of Natural History‹ begrüßt die Besucher ein riesiger afrikanischer Steppenloxodont.

nen im Bunde mit Japan, Kanada und Norwegen – Länder, die selbst ›Artenschutzware‹ wie Wale vermarkten. Die EU-Staaten, die früher gegen die Lockerung des strikten Handelsverbots waren, halfen durch Stimmenthaltung.

Das Drängen verschiedener CITES-Länder auf totales Verbot des Handels mit Elfenbein traf bei den afrikanischen Delegationen auf Unverständnis. Von ›Ökokolonialismus‹ wurde gesprochen. Der Umweltminister Simbabwes äußerte sarkastisch, der Westen wünsche sich Afrika als unterentwickelten Zoo für Urlaubsreisen.

Eine gewisse Korrektur des strikten Handelsverbots war kaum zu vermeiden. In den Hauptausfuhrländern hatten sich Stoßzahnmengen angesammelt, die auf weit über 600 Tonnen geschätzt werden. Es sind Ressourcen armer Länder, die dringend Kapital brauchen. Handel in beschränktem Umfang ist möglich, ohne die Elefantenbestände zu gefährden, wenn die kodifizierten Regeln streng eingehalten werden.

Die jungen afrikanischen Staaten sind ohne Hilfe nicht imstande, durchgreifend zu kontrollieren. Internationale Verbrechersyndikate, gedeckt durch eine mitverdienende Regierungsprominenz, haben sich schon immer über Artenschutzbestimmungen hinweggesetzt. Auch die japanischen Handelskontore, die 3000 bis 4000 Handwerker der Elfenbeinverarbeitung und die vielen Händler haben das strikte Handelsverbot nie akzeptiert.

Wie es um Kontrollen und Statistiken bestellt ist, zeigen einige Beispiele. Das Zwergland Burundi, in dem es seit langem Elefanten nicht mehr gibt, exportierte bis 1989 mit offiziellen Herkunftsausweisen und Exportlizenzen jährlich 20 000 bis 30 000 Stoßzähne! 1976 wies Kenias offizielle Exportstatistik die Ausfuhr von 55 Tonnen Elfenbein nach dem Zwischenhandelsplatz Hongkong aus; dessen Importstatistik verzeichnete die Einfuhr von 235 Tonnen aus Kenia! Im Spätsommer 1996, während des strikten Handelsverbots mit Produkten gefährdeter Arten, beschlagnahmte die Londoner Polizei 127 Nashornhörner aus Südafrika.

Um Falschdeklarierung von Elfenbeinexporten auszuschließen, wird an den Universitäten von Kapstadt und Saarbrücken an der Entwicklung eines Verfahrens gearbeitet, die Herkunft von Stoßzähnen nach ihrer chemischen Zusammensetzung zu bestimmen. Gemessen werden die in Proben enthaltenen Mengen von Natrium, Magnesium, Silizium, Phosphor, Strontium und Schwefel. Aus den Mengen der Elemente und ihrem Verhältnis zueinander ergeben sich recht genaue Datenmuster für Elfenbein der Hauptexportländer.

Der Kompromiß von Harare hat die Lage des afrikanischen Elefanten nicht verbessert. Mag es auch gelingen, einem Wiederaufleben der organisierten Wilderei effektiv entgegenzuwirken: die illegale Elfenbeinjagd ist nur eine der tödlichen Gefahren für die Rüsselriesen.

Es sind schockierende Szenen, wenn ganze Elefantenherden bei verordnetem Kontrollabschuß ausgelöscht werden. Aber wenn Elefanten im beschränkten Lebensraum eines Nationalparks zu zahlreich werden und dadurch ihre Lebensgrundlage zu zerstören drohen, muß der Mensch korrigierend eingreifen.

Die Kontrollabschüsse

In Nationalparks, die gut gegen Wilderer abgesichert werden, entstehen Probleme durch zu große natürliche Vermehrung der Elefantenbestände. In den abgesteckten Gebieten wird die Nahrungsdecke zu dünn; die überforderte Natur kann nicht mehr regenerieren. Die Rüsselriesen zerstören ihre eigene Lebensgrundlage. Die natürliche Regulation der Wildtierdichte funktioniert in abgegrenzten, durch Zersiedlung eingeengten Räumen nicht mehr. Wenn das ökologische Gleichgewicht gestört ist, sind korrigierende Eingriffe des Menschen unvermeidlich.

Im Krüger-Nationalpark Südafrikas, wo Biologen und Zoologen einen von der Vegetation noch zu verkraftenden Höchstbestand von etwa 7000–8000 Elefanten unterstellen, werden bei kritischer Überschreitung der Zahl von Zeit zu Zeit ›Kontrollabschüsse‹ zur Reduzierung der Bestände durchgeführt.

Bei dem sogenannten ›culling‹ (Auslese) schießt man jeweils ganze Kuheinheiten ab, damit nicht hilflose Kälber oder Einzeltiere einem elenden Sterben in Busch und Steppe ausgeliefert werden. Elefantenüberbevölkerung gibt es sonst nur in 3 der 32 afrikanischen Elefantenländer, in Simbabwe, Botswana und Namibia. In Simbabwe, wo rigoros gegen Wilderer vorgegangen wird und wo sich die Elefantenbestände in der Phase des großen Schlachtens sogar vermehrt haben, sowie in Botswana ist auch kontrollierte Trophäenjagd erlaubt, die einer zu großen Vermehrung des Rüsselriesen entgegenwirkt und darüber hinaus den Staatskassen beträchtliche Einnahmen sichert.

An die 15 000–20 000 Dollar muß ein betuchter Amerikaner oder Europäer aufwenden, um auf Jeepsafari in den Besitz einer Elefantentrophäe zu kommen. Der Fangschuß wird nicht selten dem kontrollierend-begleitenden Jagdaufseher überlassen. Wichtig ist die Trophäe für zu Hause, der Elefantenfuß als Papierkorb für das Herrenzimmer. Ein Präparator zum Auslösen und zur Vorbehandlung der legalen Trophäen – Stoßzahn und Fuß – ist von Beginn an bei der Jagd dabei. Das Fleisch ist für die Bevölkerung.

In von Unruhen zerrütteten Ländern Ost- und Westafrikas, im Sudan etwa oder im weiteren Kongobecken, entzieht sich die Elefantenjagd wirksamer Kontrolle und internationalen Vorschriften.

Mit Kränen werden die Riesenkörper verladen und zu Fleischfabriken gebracht.

Verwaiste Jungbullen, denen die Lebensschulung durch Mütter und ›Tanten‹ in intakten Kuhgruppen fehlt, zeigen auf freier Wildbahn oft abnormes Verhalten. So schlossen sich im südafrikanischen Tierpark Pilanesberg vereinsamte Jungbullen Breitmaul-Nashörnern an; sie versuchten, die Nashornkühe zu besteigen. Es wurden außerdem zahlreiche Nashornkadaver gefunden, die offensichtlich von den Stoßzähnen eines ›Killerelefanten‹ zerfetzt worden waren.

Die Nachwirkungen der Gemetzel

Die Elefantenbestände in den afrikanischen Nationalparks und Schutzgebieten haben sich wieder etwas erholt. Nachwirkungen der Gemetzel und der Dürrekatastrophe sind jedoch unübersehbar.

Die Altersstruktur der Herden ist aus dem Lot geraten. Der großen Stoßzähne wegen schoß man vor allem ältere Bullen; die für die Fortpflanzung und einen kräftigen Nachwuchs besonders wichtigen Jahrgänge wurden entweder stark ausgedünnt oder ganz ausgerottet.

In den Kuheinheiten wurden ebenfalls zuerst die älteren Tiere abgeschossen, die ein wenig mehr Elfenbein brachten. Zudem starben während der Dürrekatastrophe die alten Kühe mit schon abgenutzten Stoßzähnen, die nicht mehr für harte Holz- und Rinden-Notnahrung taugten, zuerst – zusammen mit den Milchkälbern. Der Ausfall der alten Tiere unterbrach die Weitergabe von Lebenserfahrung an den Nachwuchs; es fehlte an erzieherischer Führung. So irrten viele vereinsamte Jungtiergruppen ziel- und richtungslos durch die Steppe. Verhaltensstörungen waren nicht zu übersehen.

Im südafrikanischen Tierpark Pilanesberg in Transvaal (nordwestlich von Johannesburg) kam es zu abnormen Tötungsexzessen von jungen Bullen, denen die Lebensschulung durch Mütter und ›Tanten‹ fehlte. Es handelte sich um Waisen, die bei ›Kontrollabschüssen‹ im Krüger-Nationalpark

überlebt hatten, eingefangen und später in Pilanesberg ausgewildert worden waren.

Die Jungbullen, die sich Breitmaul-Nashörnern angeschlossen hatten, wurden mehrfach bei dem Versuch beobachtet, Nashornweibchen zu besteigen. Man fand dann offensichtlich von Elefantenstoßzähnen völlig zerfleischte Nashornkadaver. Es ereigneten sich auch Angriffe auf Menschen. Und wieder lagen zerfleischte Nashörner in der Steppe, 19 waren es schließlich. Als ein Berufsjäger den wildesten der Amokläufer stellte und einen Fangschuß anbrachte, riß ihn das sterbende Tier mit in den Tod.

Ein einsamer Elefant zieht durch ein verwüstetes Galeriewäldchen, das einst in einer Parklandschaft grünte.

Die Wälder sterben weiter

Der ursprünglich die Erde bedeckende Urwald ist zu 80 Prozent zerstört. Der verbleibende Rest wird in ein paar Jahrzehnten auch gerodet und niedergebrannt sein, wenn weiter so gewirtschaftet wird wie heute. In Asien waren noch um die Jahrhundertwende riesige, geschlossene Regenwaldzonen Lebensraum für Hunderttausende von Elefanten. In Thailand und Kambodscha ist der Waldanteil an der Gesamtfläche in kurzer Zeit von 70 auf 20 Prozent zurückgegangen. In Malaysia und auf Sumatra, wo die letzten Rückzugsgebiete der noch 2000–3000 Elefanten durch Brandrodung großen Stils gefährdet sind, sieht es noch weit schlimmer aus.

In Westafrikas Ländern am Golf von Guinea gibt es nur noch tief im Hinterland Tropenwaldreste. Von den einstigen großen Elefantenpopulationen sind kleine Splittergruppen geblieben. In Kamerun und in den (noch) riesigen Waldgebieten im Kongobecken praktizieren europäische Holzkonzerne verheerenden Kahlschlag.

In jüngster Zeit wird versucht, die mächtigen Gesellschaften zu schonenderen Einschlagpraktiken zu bewegen: zu ›nachhaltiger Nutzung‹ der Ressourcen, wie das neue Schlagwort lautet. Gemeint ist selektiver Einschlag, das heißt, es sollen nur so viele ausgewählte Bäume geschlagen werden, wie im Wald wieder nachwachsen.

Käme es dazu, so böte sich dem Elefanten die dem Überleben seiner Art förderliche Chance, seine Kraft zum Schleppen geschlagener Stämme aus stehendem Wald zur Verfügung zu stellen. Eine schonende Holzpolitik bringt freilich keinen kurzfristigen Höchstgewinn. Die bei industriellem Kahlschlag angerichteten Dauerschäden schlagen in den Konzernbilanzen nicht zu Buche: die Erosion der Böden, die Versteppung weiter Gebiete, der Vormarsch der Wüsten und die Folgen für das Klima.

Auf der Artenschutzkonferenz in Harare ist ein Antrag auf Beschränkung des Handels mit Mahagoniholz gestellt worden. Der Mahagonibaum, der 50 m hoch und 800 Jahre alt werden kann, ist nach Ansicht von Fachleuten vom Aussterben bedroht. Der Antrag scheiterte am Widerstand der Holzindustrie und der Haupterzeugerländer wie Brasilien, Malaysia, Singapur, Indonesien ...

Im Innenhof des ›Palast-Hotels der in die Wildnis gebauten Glücksspielstadt ›Sun City‹ nordwestlich von Johannesburg steht auf einem Marmorsockel, in Bronze gegossen, ein imposanter Steppenriese besonderer Provenienz. In dem wuchtigen Monument hat der südafrikanische Bildhauer Danie de Jager den Bullen Shawu wiedererstehen lassen, einen der größten Rüsselriesen, die je in Südafrika lebten. Shawu starb 1982 im Krüger-Nationalpark eines natürlichen Todes. 3,40 m betrug seine Schulterhöhe, 4,50 m die Gesamtgröße von den Ohrenspizen bis zur Fußsohle; die Stoßzähne, die im pompösen ›Olifants Camp‹ im Park ausgestellt sind, waren über 3 m lang und wogen je rund 50 kg. Die Herstellung der Gipsform, der Stahlgerüste und der Fiberglasabdeckungen dauerte über ein Jahr. Gegossen wurde das akribisch-naturgetreue Bildwerk in Pisa, Italien. Zyniker sprachen von einer vorweg erstellten Totenmaske des letzten Elefanten, die – vervielfältigt – an Regierungen und Konzerne mit besonders schlechtem Gewissen in puncto Umwelt verkauft werden könnte.

Selektiver Holzeinschlag in Regenwäldern ist auf weite Sicht ökonomischer als zerstörerischer Kahlschlag; er bewahrt lebenswichtige Ressourcen und bietet dem Elefanten die Chance, seine Nützlichkeit beim Schleppen geschlagener Stämme aus gesundem, stehendem Wald zu beweisen.

Safari-Autos halten an, Touristen bestaunen den Urweltgiganten, der im ›Großunternehmen Tier- und Artenschutz‹ sehr wohl seine Nützlichkeit für die Völker Afrikas beweisen könnte.

Von Menschenlawinen bedroht

Die größte Gefahr erwächst dem Elefanten, dem afrikanischen Loxodonta und dem asiatischen Elephas, aus dem alarmierenden Wegschmelzen ihrer Lebensräume durch die explosive Bevölkerungsvermehrung. Um rund 3 Prozent nimmt die Zahl der Menschen in den Ländern Südostasiens und Afrikas jährlich zu. Das bedeutet Verdoppelung in jeweils 3–4 Jahrzehnten!

Schon im 18. Jahrhundert, als von Überbevölkerung noch nicht die Rede sein konnte, hat der englische Sozialforscher Th. Robert Malthus (1766–1834) auf die Problematik der Bevölkerungsvermehrung verwiesen, der die Tendenz innewohne, über den gegebenen Nahrungsspielraum hinauszuwachsen. 1968, nach einer Vervielfachung der Weltbevölkerung in der Folge der industriellen

Revolution, hat der ›Club of Rome‹ mit harten Zahlen nachgerechnet, in welch lebensbedrohende Krise sich die ganze Menschheit manövriert, wenn die Bevölkerungsvermehrung und Umweltzerstörung ungebremst andauern. Man hat es zur Kenntnis genommen.

In Südostasien sind vom einstigen riesigen Verbreitungsgebiet des Elefanten nur kleine verstreute Nischen geblieben. Freie Wildbahn in naturbelassenen Wäldern gibt es nur noch in abgelegenen, schwer zugänglichen Bergwinkeln Burmas (heute Myanmar), Thailands und Ostindiens. Die Nationalparks, in denen die grauen Riesen ihre Nützlichkeit im Touristengeschäft beweisen können, sind umgeben von Bauern, deren Rinderherden in die Reservate drängen.

Auf etwa 30 000–40 000 Elefanten ist die einstige Millionenzahl geschrumpft. Etwa 10 000 weitere Dickhäuter dienen in Gefangenschaft, meist als Schwerarbeiter in abgelegenen Teakholz-Bergregionen, wo Traktoren und Großlaster noch keinen Zugang haben. Mancherorts teilen altgediente Arbeitselefanten auch schon das Los der Arbeitslosigkeit mit den Menschen und verzehren ihr ›Gnadenbrot‹.

Überall schieben sich Siedlungen in die eng gewordenen Rückzugsgebiete der Rüsselriesen. Der Konflikt zwischen Mensch und Tier ist dann unvermeidlich. Abgedrängte Elefanten kommen immer wieder in ihre alten Lebensräume zurück, wo sie in den angelegten Pflanzungen verheerende Schäden anrichten. Abschirmung mit Sperranlagen hat wenig Erfolg gebracht. Selbst Elektrozäune halfen nur bedingt. Bullen lernten schnell, die bedrohlichen Sperren durch Umtreten der Leitungspfähle zu entschärfen.

Hoffnung in Afrika

In Afrika gibt es noch umfangreiche Lebensräume für Wildtiere: schwer zugängliche Sumpf- und Dschungelgebiete oder abseitige zerklüftete Bergregionen und dürftige Steppengebiete, die zu landwirtschaftlicher Nutzung kaum taugen. Eine Anbindung schon vorhandener, großräumig improvisierter Nationalparks an solche Zonen ist möglich. Internationale Artenschutzorganisationen bemühen sich in Zusammenarbeit mit afrikanischen Regierungen um solide Dauerlösungen, die auch den erbbiologischen Notwendigkeiten Rechnung tragen, das heißt, Gentausch zwischen Populationen erlauben. Wenn dem gewaltigen Elefanten ausreichender Lebensraum gesichert wird, können in seinem Schatten auch die anderen bedrohten Großsäuger der Menschheit erhalten bleiben, neben zahllosen kleinen Lebensformen in Fauna und Flora.

Die Menschen in Afrikas Dörfern haben wenig Verständnis für das Bemühen um Wildtierschutz und Reservate. Wo Armut und Mangel herrschen, zählen zuerst die Anliegen des eigenen Lebenskreises und der eigene Acker, den Elefanten vielleicht sogar bedrohen. Die Menschen haben keinen Anteil an dem Nutzen, den Afrikas großes Kapital, die einmalige Tierwelt, bringt. Die Einnahmen aus dem Safaritourismus und der kontrollierten Trophäenjagd fließen in ferne Staatskassen oder versickern in dunklen Kanälen.

Erfolg oder Mißerfolg der internationalen Bemühungen um den Elefanten hängt davon ab, ob es gelingt, breitere Bevölkerungsteile einzubeziehen in die Aktivitäten des ›Großunternehmens Tier- und Artenschutz‹. Gefordert ist dabei substantielle Hilfe der reichen Länder. Artenschutz ist Weltaufgabe.

Auf dem schwarzen Kontinent gibt es viele Gebiete, die landwirtschaftlich nicht zu nutzen sind: zerklüftete Bergregionen, Sümpfe und zu trockenes Ödland. Diese Nischen könnten dem Elefanten und vielen anderen gefährdeten Tierarten rettende Zuflucht und Überlebenschance auf weite Sicht sein.

Vorige Doppelseite: Eine traumhafte Szene von heute, nicht ferne Erinnerung: friedlich weidende Elefanten vor der Bergkulisse des Kilimandscharo.

Überleben in Menschenobhut

Für Elefanten gehen die Zeiten freien Wanderns in offener Wildbahn zu Ende. Zuflucht werden ihnen Reservate und Nationalparks bieten, in denen ihnen menschliche Hege und Bestandskontrolle ein halbwegs normales Leben in intakten Sozialgemeinschaften sichern kann – wenn der Mensch einsieht, daß er nicht das Maß aller Dinge ist und daß dieser Planet nicht seiner Spezies allein gehört.

Die Naturwissenschaften haben längst das anthropozentrische Weltbild berichtigt. Auch der Mensch ist aus dem Tierreich hervorgegangen, und ohne Tiere kann auch er nicht existieren. Es wäre Selbstzerstörung, wollten wir das Existenzrecht der anderen Lebensformen nur danach bemessen, ob es uns Nutzen bringt. Es ist auch eine Frage der Ethik, wie wir mit dem Tier umgehen. Der Philosoph Arthur Schopenhauer meinte dazu in einer Betrachtung über das Mitleid mit Lebewesen: »Die vermeinte Rechtlosigkeit der Thiere, der Wahn, daß unser Handeln gegen sie ohne moralische Bedeutung sei ... daß es gegen Thiere keine Pflichten gebe, ist geradezu eine empörende Roheit und Barbarei ... Mitleid mit Thieren hängt mit der Güte des Charakters so genau zusammen, daß man zuversichtlich behaupten darf, wer gegen Thiere grausam ist, könne kein guter Mensch seyn...«

Der Lebensraum unseres Planeten ist begrenzt; die Reserven, die wir vergeuden, sind nicht unerschöpflich. Dabei drängen sich immer mehr Menschen mit immer größeren Ansprüchen auf immer enger werdendem Raum. Nach Meyers Konversationslexikon von 1895 betrug die Erdbevölkerung vor 100 Jahren etwa 1480 Millionen Menschen. 1964 waren es 3 220 Millionen; 1991 schon 5 384 Millionen! Mit einer Verdoppelung ist nach Vorausberechnungen in 40/50 Jahren zu rechnen. Eine weitere Fortschreibung der Bevölkerungsentwicklung erübrigt sich.

In einem Essay über das Elend der Tiere schrieb der kritische katholische Theologe Eugen Drewermann: »Was wir derzeit anrichten, kommt einer Querschnittlähmung des gesamten Motors der Evolution gleich; es besteht darin, eine einzige Spezies auf dieser Erde zu favorisieren und alle anderen Formen des Lebens einzig darin zu befragen, inwieweit sie den Überlebensinteressen des ›homo sapiens sapiens‹ dienlich sind ... Wir stehen heute vor der Frage, ob wir weiter das exponentielle Wachstum der menschlichen Spezies befürworten wollen, oder ob wir weniger Menschen zum Ziele nehmen.«

Der Elefant kann sich einfügen in die beengten Lebensverhältnisse auf unserem Planeten. Durch Jahrtausende hat er eine beispiellose Anpassungsfähigkeit bewiesen und schwierigste Verhältnisse bewältigt. So werden die grauen Riesen den Abschied von der großen Freiheit der Wildnis verkraften, wenn ihnen gesicherte Nischen in Menschenobhut bleiben.

Wie vor Jahrmillionen zieht der graue Koloß hin, begleitet von Kuhreihern, die ihm Linderung bei Parasitenplage bringen. Seine Zukunft liegt heute in Menschenhand.

Anhang

Elefanten in Afrika

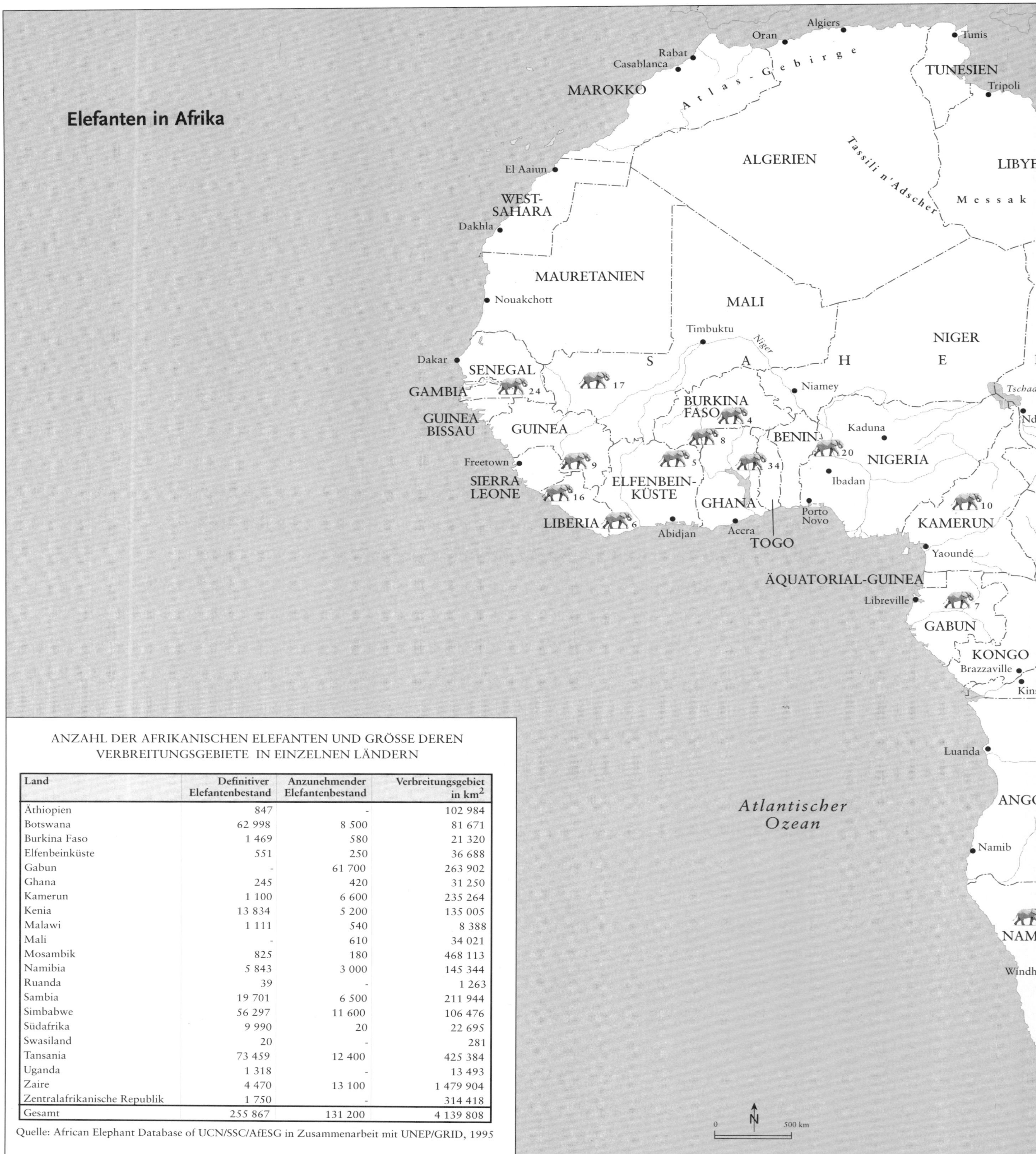

ANZAHL DER AFRIKANISCHEN ELEFANTEN UND GRÖSSE DEREN VERBREITUNGSGEBIETE IN EINZELNEN LÄNDERN

Land	Definitiver Elefantenbestand	Anzunehmender Elefantenbestand	Verbreitungsgebiet in km^2
Äthiopien	847	-	102 984
Botswana	62 998	8 500	81 671
Burkina Faso	1 469	580	21 320
Elfenbeinküste	551	250	36 688
Gabun	-	61 700	263 902
Ghana	245	420	31 250
Kamerun	1 100	6 600	235 264
Kenia	13 834	5 200	135 005
Malawi	1 111	540	8 388
Mali	-	610	34 021
Mosambik	825	180	468 113
Namibia	5 843	3 000	145 344
Ruanda	39	-	1 263
Sambia	19 701	6 500	211 944
Simbabwe	56 297	11 600	106 476
Südafrika	9 990	20	22 695
Swasiland	20	-	281
Tansania	73 459	12 400	425 384
Uganda	1 318	-	13 493
Zaire	4 470	13 100	1 479 904
Zentralafrikanische Republik	1 750	-	314 418
Gesamt	255 867	131 200	4 139 808

Quelle: African Elephant Database of UCN/SSC/AfESG in Zusammenarbeit mit UNEP/GRID, 1995

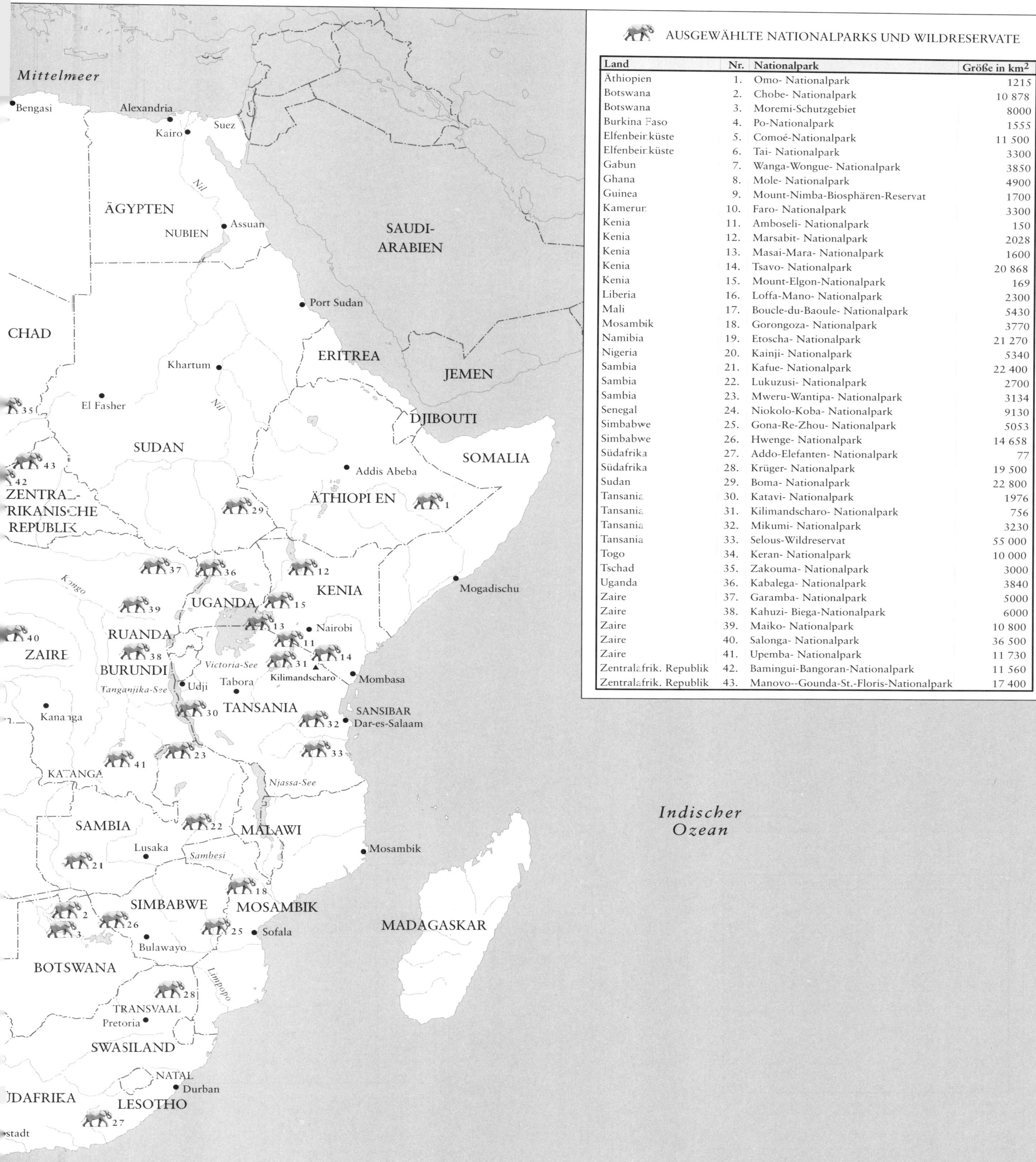

AUSGEWÄHLTE NATIONALPARKS UND WILDRESERVATE

Land	Nr.	Nationalpark	Größe in km²
Äthiopien	1.	Omo- Nationalpark	1215
Botswana	2.	Chobe- Nationalpark	10 878
Botswana	3.	Moremi-Schutzgebiet	8000
Burkina Faso	4.	Po-Nationalpark	1555
Elfenbeinküste	5.	Comoé-Nationalpark	11 500
Elfenbeinküste	6.	Tai- Nationalpark	3300
Gabun	7.	Wanga-Wongue- Nationalpark	3850
Ghana	8.	Mole- Nationalpark	4900
Guinea	9.	Mount-Nimba-Biosphären-Reservat	1700
Kamerun	10.	Faro- Nationalpark	3300
Kenia	11.	Amboseli- Nationalpark	150
Kenia	12.	Marsabit- Nationalpark	2028
Kenia	13.	Masai-Mara- Nationalpark	1600
Kenia	14.	Tsavo- Nationalpark	20 868
Kenia	15.	Mount-Elgon-Nationalpark	169
Liberia	16.	Loffa-Mano- Nationalpark	2300
Mali	17.	Boucle-du-Baoule- Nationalpark	5430
Mosambik	18.	Gorongoza- Nationalpark	3770
Namibia	19.	Etoscha- Nationalpark	21 270
Nigeria	20.	Kainji- Nationalpark	5340
Sambia	21.	Kafue- Nationalpark	22 400
Sambia	22.	Lukuzusi- Nationalpark	2700
Sambia	23.	Mweru-Wantipa- Nationalpark	3134
Senegal	24.	Niokolo-Koba- Nationalpark	9130
Simbabwe	25.	Gona-Re-Zhou- Nationalpark	5053
Simbabwe	26.	Hwenge- Nationalpark	14 658
Südafrika	27.	Addo-Elefanten- Nationalpark	77
Südafrika	28.	Krüger- Nationalpark	19 500
Sudan	29.	Boma- Nationalpark	22 800
Tansania	30.	Katavi- Nationalpark	1976
Tansania	31.	Kilimandscharo- Nationalpark	756
Tansania	32.	Mikumi- Nationalpark	3230
Tansania	33.	Selous-Wildreservat	55 000
Togo	34.	Keran- Nationalpark	10 000
Tschad	35.	Zakouma- Nationalpark	3000
Uganda	36.	Kabalega- Nationalpark	3840
Zaire	37.	Garamba- Nationalpark	5000
Zaire	38.	Kahuzi- Biega-Nationalpark	6000
Zaire	39.	Maiko- Nationalpark	10 800
Zaire	40.	Salonga- Nationalpark	36 500
Zaire	41.	Upemba- Nationalpark	11 730
Zentralafrik. Republik	42.	Bamingui-Bangoran-Nationalpark	11 560
Zentralafrik. Republik	43.	Manovo--Gounda-St.-Floris-Nationalpark	17 400

Elefanten in Asien

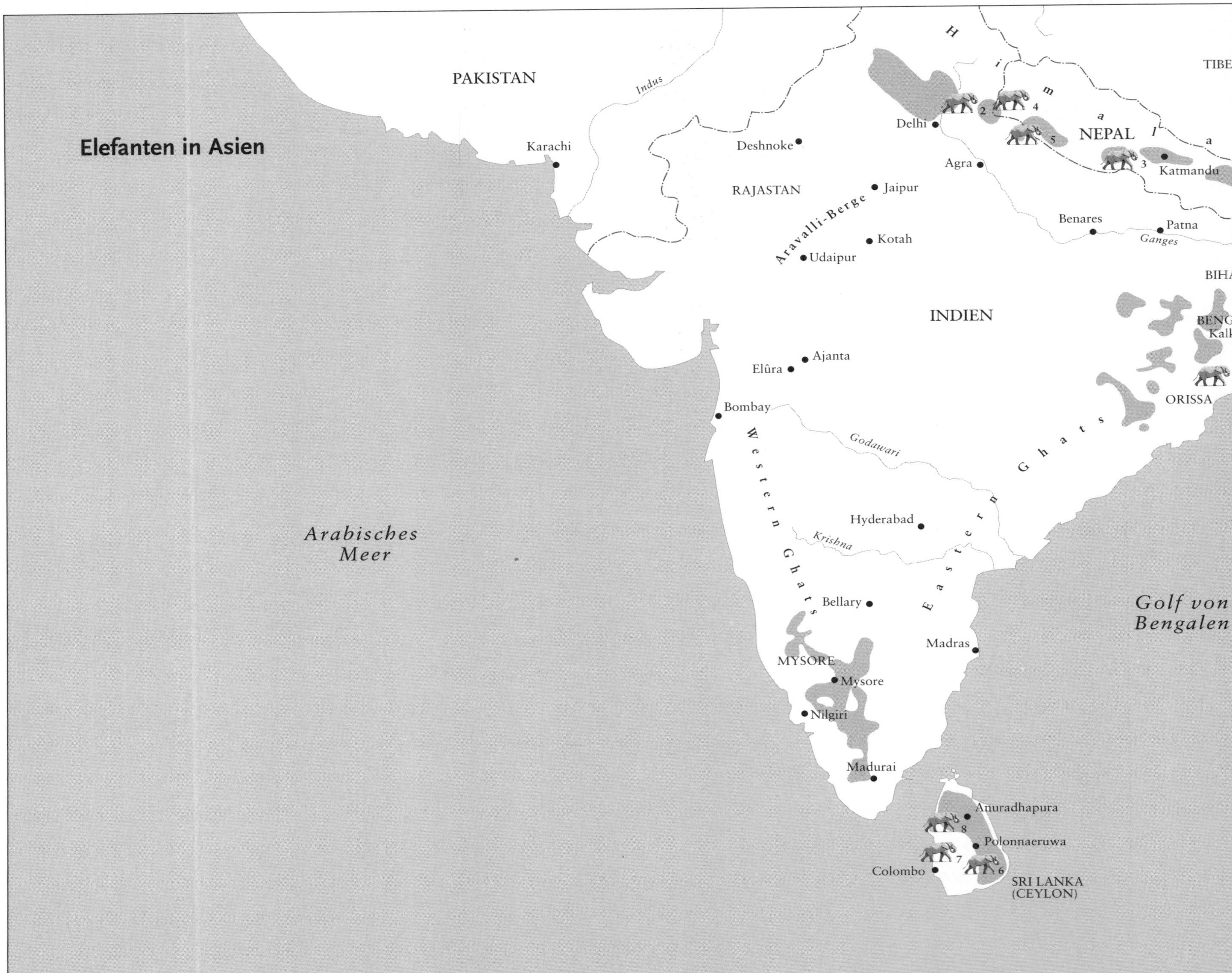

GESCHÄTZTER BESTAND
ASIATISCHER ELEFANTEN

Land	Minimum	Maximun
Bangladesch	280	350
Bhutan	60	150
Burma	5000	6000
Kambodscha	2000	2000
China	250	350
Indien	20000	24000
Indonesien (Sumatra)	2500	4500
Laos	2000	4000
Malaysia	800	1000
Bornea (Sabah & Kalimantan)	500	2000
Nepal	50	85
Sri Lanka	2500	3000
Thailand	1500	3000
Vietnam	300	400

Quelle: IUCN's Species Survival Comission's Asian Elephant Specialist Group, WWF Offices in Bhutan, Nepal, Vietnam and India, 1995

Alle Angaben beruhen auf Schätzungen.

6 AUSGEWÄHLTE NATIONALPARKS

Land	Nr.	Nationalpark
Indien	1.	Simlipal-Reservat
Indien	2.	Rajani-Corbett-NP
Nepal	3.	Royal Chitwan NP
Nepal	4.	Shukla Phanta Reservat
Nepal	5.	Royal Bardia
Sri Lanka	6.	Yala NP
Sri Lanka	7.	Elefanten Waisenhaus von Pinnawella
Sri Lanka	8.	Wilpattu-NP
Sumatra	9.	Kerinci Soblat Reservat
Sumatra	10.	Way Kambas NP
Sumatra	11.	Leuser Reservat
Thailand	12.	Khao Yai NP
Thailand	13.	Petchabum Range
Thailand	14.	Thung Yai/Naresuan Huai/Kha Khaeng Wildlife Sanctuary

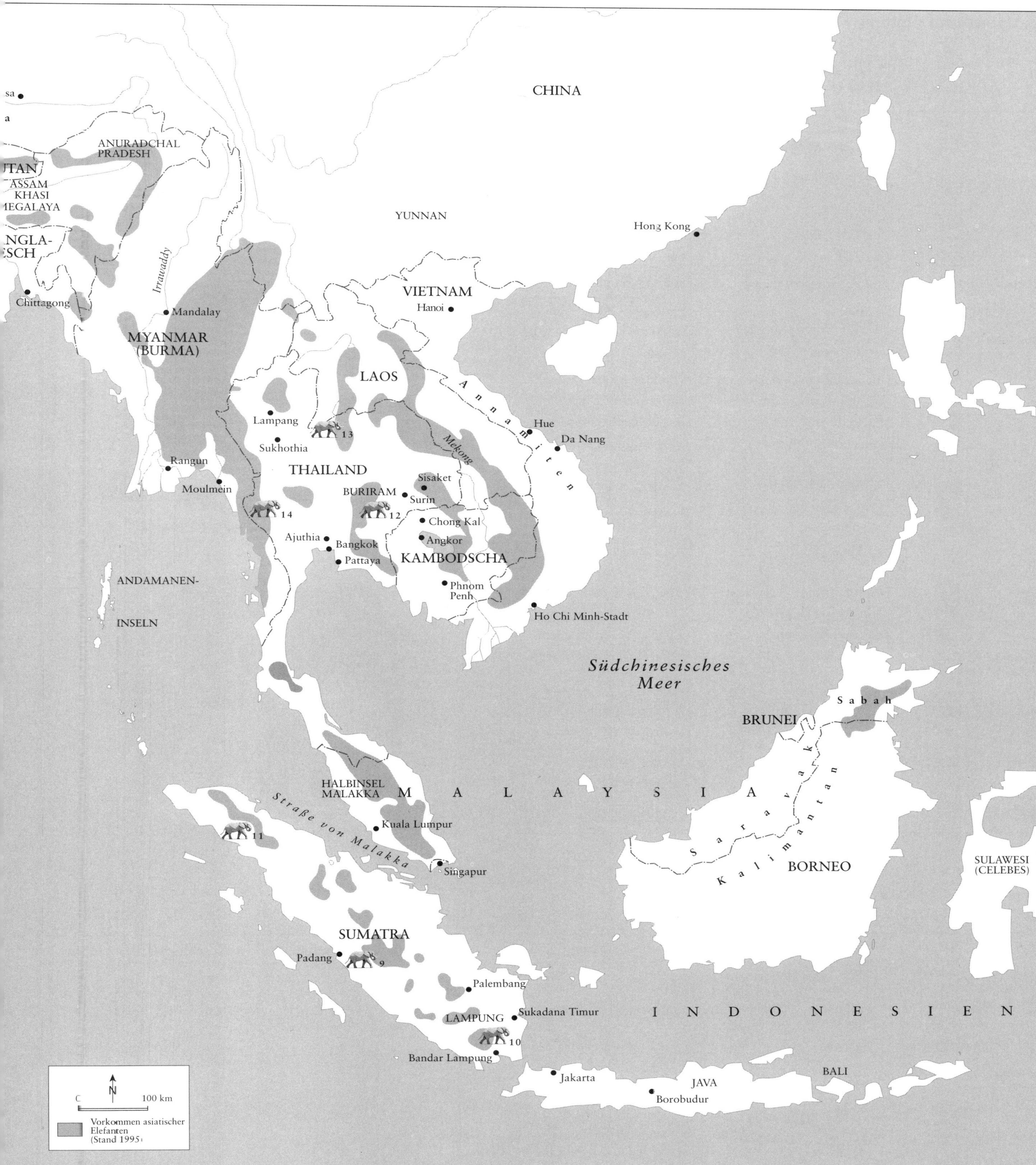
CHINA
ANURADCHAL PRADESH
TAN
ASSAM
KHASI
EGALAYA
NGLA-
SCH
Chittagong
Irrawaddy
Mandalay
MYANMAR (BURMA)
YUNNAN
Hong Kong
VIETNAM
Hanoi
LAOS
Annamiten
Lampang
Sukhothia
13
Hue
Da Nang
Mekong
Rangun
Moulmein
THAILAND
Sisaket
BURIRAM
Surin
14
12
Chong Kal
Angkor
Ajuthia
Bangkok
Pattaya
KAMBODSCHA
ANDAMANEN-
INSELN
Phnom Penh
Ho Chi Minh-Stadt
Südchinesisches Meer
Sabah
BRUNEI
HALBINSEL MALAKKA
M A L A Y S I A
Straße von Malakka
11
Kuala Lumpur
Singapur
Sarawak
Kalimantan
BORNEO
SULAWESI (CELEBES)
SUMATRA
Padang
9
Palembang
LAMPUNG
Sukadana Timur
I N D O N E S I E N
10
Bandar Lampung
Jakarta
JAVA
Borobudur
BALI
N
100 km
Vorkommen asiatischer Elefanten (Stand 1995)

UNTERSCHIEDE ZWISCHEN AFRIKANISCHEN UND ASIATISCHEN ELEFANTEN

	Afrikanischer Elefant (Loxodonta africana)	Asiatischer Elefant (Elephas maximus)
Gewicht	4000 bis 7000 kg	3000 bis 5000 kg
Haut	runzliger	glatter
Schulterhöhe	3 bis 4 Meter	2 bis 3,5 Meter
Zahl der Rippen	bis 21 Paar	bis 20 Paar
Höchster Punkt	auf der Schulter	auf dem Kopf
Rückenlinie	konkav	konvex oder gerade
Bauchlinie	verläuft in Richtung der Hinterbeine schräg nach unten	entweder fast gerade oder in der Mitte durchhängend
Gestalt des Kopfes	nicht von vorne nach hinten zusammengedrückt, keine buckelförmigen Strukturen, keine Einsenkung	von vorne nach hinten zusammengedrückt, mit buckelförmigen Strukturen oben auf dem Kopf, Stirn eingesenkt
Ohrgröße	größer, reichen über den Hals nach oben	kleiner, reichen nicht über den Hals
Oberer Rand der Ohrmuschel bei Erwachsenen	zu Mitte gefaltet	nach außen gefaltet
Zähne	rautenförmiger Lamellen-querschnitt der Backenzähne	stark zusammemgedrückter Lamellenquerschnitt
Stoßzähne	bei beiden Geschlechtern vorhanden, größer bei Männchen	zumeist bei Männchen, bei Weibchen rudimentär oder nicht vorhanden
Rüssel	mehr Ringe, weniger steif	geringe Ringelung, steifer
Rüsselspitze	mit zwei "Fingern"	mit einem "Finger"
Zahl der nagelähnlichen Strukturen	Vorderfuß 4 oder 5 Hinterfuß 3, 4 oder 5	Vorderfuß 5 Hinterfuß 4 oder 5
Ernährung	hauptsächlich Blattnahrung	hauptsächlich Grasnahrung

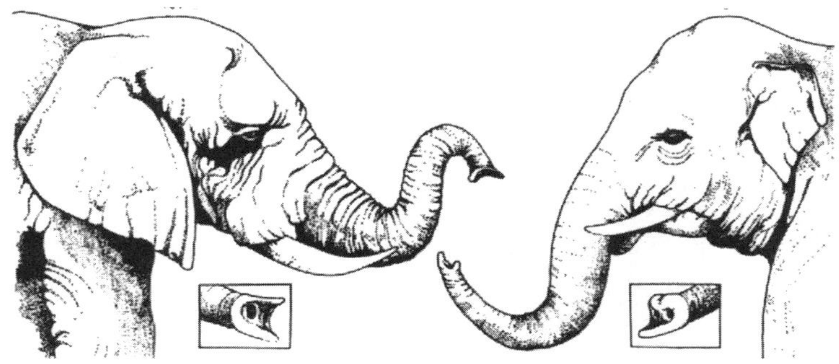

AFRIKANISCHER ELEFANT INDISCHER ELEFANT

AFRIKANISCHER ELEFANT

INDISCHER ELEFANT

ENTWICKLUNG DES LOXODONTEN

	Kleinkalb	Kleinkalb	Jungtier	Halbwüchsiges Jungtier	Geschlechsreifes Jungtier
Alter in Jahren	1	2 bis 3	3 bis 8	5 bis 15	10 bis 25
Charakteristikum	zahnlos	Entwöhnung	Kalb mit sichtbaren Stoßzähnen	noch nicht geschlechtsreif	Kühe oft schon mit Kalb
Schulterhöhe männlich	100 cm	100 cm bis 125 cm	125 cm bis 225 cm	250 cm	300 cm
Schulterhöhe weiblich	100 cm	100 cm bis 125 cm	125 cm bis 200 cm	200 cm	225 cm
Gewicht männlich	120 kg	120 kg bis 300 kg	500 kg bis 1000 kg	1000 kg bis 1500 kg	1500 kg bis 3000 kg
Gewicht weiblich	120 kg	120 kg bis 300 kg	500 kg bis 1000 kg	1000 kg bis 1500 kg	1500 kg bis 2000 kg
Stoßzahn-Gewicht	hat keine Stoßzähne			2,5 bis 10 kg	5 bis 20 kg

DIE EIS- UND WARMZEITEN DES EISZEITALTERS EUROPAS

Mitteleuropa	Nordwesteuropa	Jahre vor heute
Holozän	Holozän	10 000
Würmeiszeit	Weichsel-Eiszeit	75 000
Eem-Warmzeit	Eem-Eiszeit	125 000
Riss-Eiszeit	Saale-Eiszeit	250 000
Holstein-Warmzeit	Holstein-Warmzeit	385 000
Mindel-Eiszeit	Elster-Eiszeit	480 000
Cromer-Warmzeit	Cromer-Warmzeit	800 000
Günz-Eiszeit	Menap-Kaltzeit	900 000
	Waal-Warmzeit	1 300 000
Donau-Eiszeiten	Eburon-Kaltzeit	1 600 000
	Tegelen-Warmzeit	2 000 000
Biber-Eiszeiten	Prätegelen-Kaltzeit	2 300 000

ERDZEITALTER

Zeitalter			Mio. Jahren	System	
Erdneuzeit	Känozoikum	Känophytikum		Quartär	Holozän Pleistozän
			1,8	Tertiär	Pliozän Miozän Oligozän Eozän Paleozän
Erdmittelalter	Mesozoikum	Mesophytikum	65	Kreide	obere untere
			140	Jura	Malm Dogger Lias
			210	Trias	Keuper Muschelkalk Buntsandstein
Erdaltertum	Paläozoikum	Paläophytikum	250	Perm	Zechstein Rotliegendes
			285	Karbon	oberes unteres
			360	Devon	oberes mittleres unteres
			410	Silur	oberes mittleres unteres
			440	Ordovizium	oberes unteres
			505	Kambrium	oberes mittleres unteres
Erdfrühzeit	Präkambrium	Eophytikum	570	Proterozoikum	
			2500	Archaikum	
			4500	Bildung der Erdkruste	

	Junger Loxodont	Ausgewachsener Loxodont	Altes Tier	Seniles Tier
Alter in Jahren	20 bis 35	30 bis 45	40-55	über 55
Charakteristikum	noch wachsend		noch in leitender Rolle	zieht häufig allein
Schulterhöhe männlich	325 cm	325 cm bis 350 cm	350 cm bis 375 cm	
Schulterhöhe weiblich	250 cm	250 cm bis 300 cm	über 300 cm	
Gewicht männlich	3500 kg	4500 kg	5000 kg bis 6000 kg	5000 kg
Gewicht weiblich	2500 kg	2750 kg	3000 kg	
Stoßzahn-Gewicht	10 bis 40 kg	20 bis 60 kg	30 bis 80 kg	40 bis 100 kg

Der Elefant in der Tiermedizin

Elefantenzucht in Menschenobhut, unter den besonderen Bedingungen von Zoos und Tierreservaten erfordert begleitende Betreuung durch Tierärzte mit Fachschulung in Wildtiermedizin und viel praktischer Erfahrung. Die Ausbildung an den tierärztlichen Hochschulen beschränkte sich bis vor wenigen Jahrzehnten auf Krankheiten und Behandlungsmethoden von landwirtschaftlichen Nutztieren und von Heimtieren. Der zootierärztliche Wissenschaftszweig verfügt heute zwar schon über eine breite Fachliteratur und zahlreiche Behandlungsprotokolle; noch ist aber viel Forschungsarbeit zu leisten.

Fruchtbarer internationaler Austausch von praktischen Erfahrungen und wissenschaftlichen Forschungsergebnissen hat sich zwischen dem Berliner »Institut für Zoo- und Wildtierforschung«, Hagenbecks Hamburger Tierpark, dem »National Zoological Park« der Smithsonian Institution in Washington, dem Züricher und Rotterdamer Zoo, dem »Krüger Nationalpark« in Südafrika und dem Arbeitselefanten-Zuchtprojekt in Myanmar (Burma) entwickelt.

Die Pille für Elefanten

Die Verwaltung des Krüger-Nationalparks in Südafrika sucht nach Möglichkeiten der Geburtenkontrolle bei Elefanten, um bei zu starker Vermehrung den üblichen korrigierenden Massenabschuß, das sogenannte »culling« (Auslese) vermeiden zu können, das internationale Tierschutzverbände scharf kritisieren. 1986 wurde Wissenschaftlern des Berliner Instituts für Zoo- und Wildtierforschung und einer amerikanischen, von Tierschutzverbänden gesponserten Wissenschaftlergruppe um Jay Kirkpatrick vom Zoo Montana die Möglichkeit zu praktischer Erprobung antikonzeptioneller Verfahren an Wildelefanten geboten. In enger Zusammenarbeit testeten die beiden Gruppen verschiedene Konzepte: die Deutschen führten Hormon-Behandlungen durch; die Amerikaner testeten immunologische Empfängnisverhütung.

52 Tiere wurden ausgewählt: 21 für das US-Projekt, 10 für die deutsche Gruppe. Weitere 21 Tiere wurden mit einem Sender-Halsband versehen und gleich wieder ausgewildert. Alle 52 Tiere wurden vor Beginn der Untersuchung (unter gleicher Leitung der Berliner Wissenschaftler) mit dem neuartigen Ultraschall-Diagnosegerät untersucht.

Die Berliner Wissenschaftler pflanzten jedem Tier das Hormon-Präparat Östradiol in jeweils fünf, nur wenige Millimeter großen Kapseln hinter den Ohren ein, von wo der Wirkstoff allmählich in die Blutbahn gelangte. Nach Mitteilung des Direktors des Berliner Instituts, Prof. Dr. R.R. Hofmann wurde im Verlauf der nächsten acht Monate keine der behandelten Kühe trächtig.

Das amerikanische Experiment sollte zu völliger Sterilität führen. Dazu wurde ein von Schweinen gewonnener Impfstoff gespritzt. Die darin enthaltenen Proteine, gewonnen aus einer dünnen Schicht um die Eizellen, der »zona pellucida«, lösen heftige Immun-Reaktionen aus. Bei vorheriger Erprobung des Verfahrens an Pferden und Zoo-Elefanten war die Immun-Reaktion so stark, daß sogar Teile des Genitaltrakts angegeriffen wurden. Bei dem Experiment im Krüger Nationalpark blieb teilweise die antikonzeptionelle Wirkung aus. Von 18 der 21 geimpften und wieder gefundenen Tiere waren acht trächtig! Von den unbehandelten, mit Sendern versehenen Kühen wurden knapp 90 Prozent wieder trächtig. Das Berliner Institut setzt nach seinem erfolgreichen Versuch die Forschungsarbeit fort. Die ideale Hormon-Dosierung der Elefantenpille muß noch gefunden werden. Angestrebt wird die Verlängerung der Empfängnis verhütenden Wirksamkeit einer Kapsel-Implantation von bisher etwa acht Monaten auf zwei Jahre. Auch die Dosis Östradiol soll durch Kombination mit anderen Wirkstoffen verringert werden.

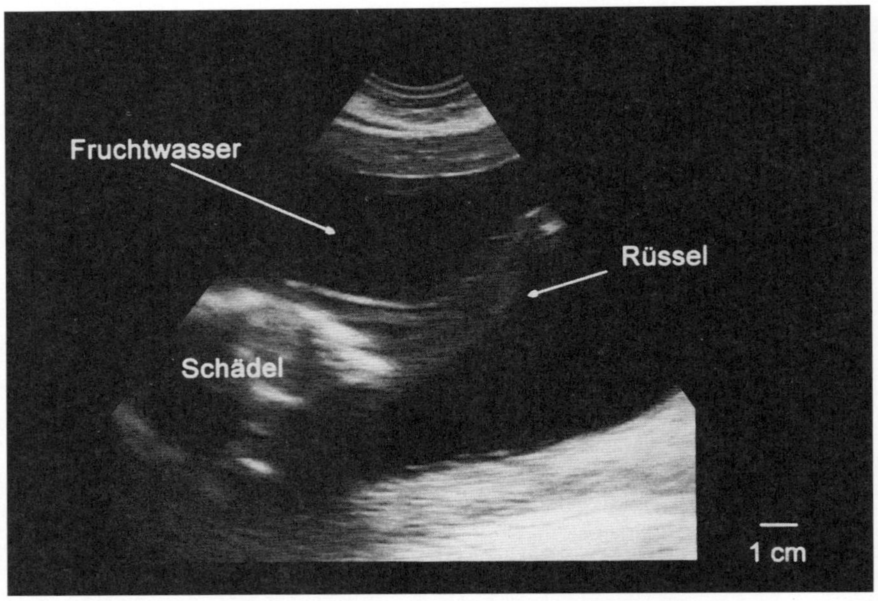

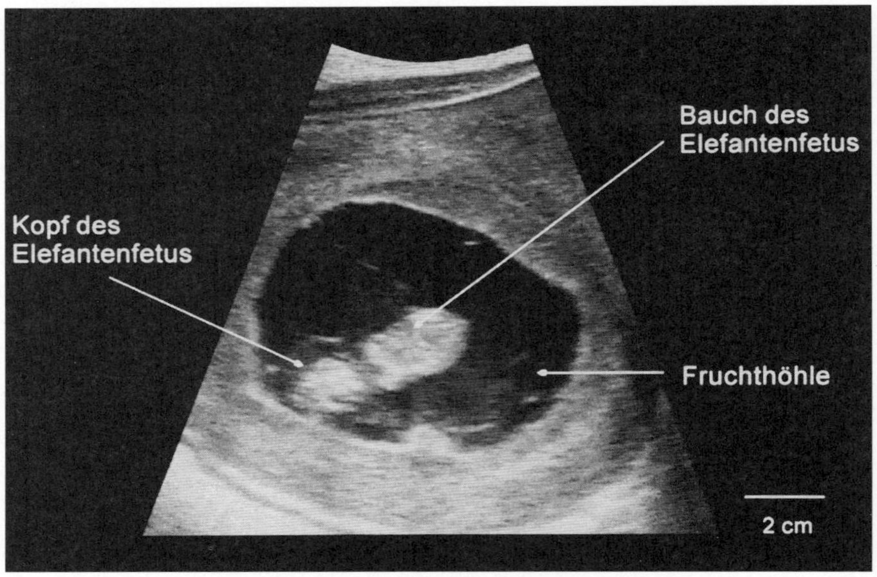

Trächtigkeitstest bei einer Elefantenkuh mit dem im ›Berliner Institut für Zoo- und Wildtierforschung‹ entwickelten Ultraschall-Diagnosegerät (siehe auch Bild unten)

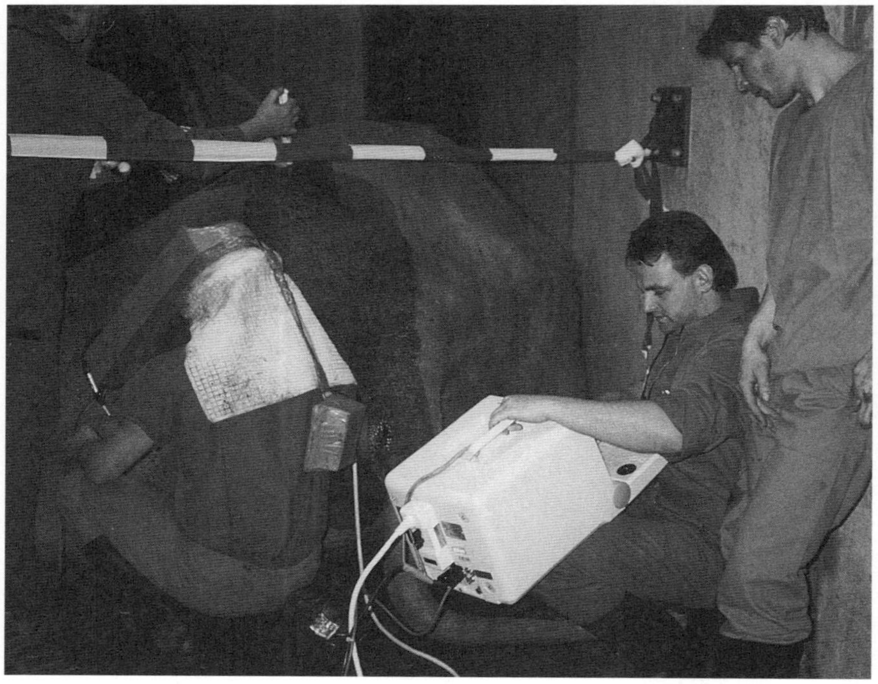

Ultraschall-Diagnostik bei Elefanten

In Hagenbecks Zoo wurde eine im Berliner Institut für Wildtierforschung entwickelte, technisch adaptierte Ultraschall-Diagnostik bei Elefanten erfolgreich erprobt. Die herkömmlichen Geräte durchdringen das Elefanten-Gewebe nicht ausreichend. Die Wissenschaftler Dr. Hildebrandt und Dr. Göritz konnten 1994 weltweit erstmalig einen Elefanten-Foetus auf dem Ultraschallbild zeigen und einen defintiven Trächtigkeitsnachweis erbringen. Früher erwiesen sich Tätigkeitsnachweise durch Blut- und Urin-Untersuchungen oft als unsicher und führten zu folgenschweren Behandlungsirrtümern. Die Tests mit dem neuentwickelten Gerät, das genaue Untersuchung des Genitaltrakts vom Darm aus ermöglicht, konnten großteils ohne medikamentöse Ruhigstellung der Tiere durchgeführt werden.

Das neue Ultraschall-Gerät ermöglicht auch schon früh den Nachweis, ob eine Elefantenkuh bei der Paarung mit einem Bullen aufnehmen konnte. Elefantenhalter wunderten sich oft, daß Kühe trotz wiederholter Paarungen nicht trächtig wurden. Die Berliner Wissenschaftler wiesen nun nach, daß gutartige Wucherungen in der Gebärmutter bei manchen Kühen, vor allem älteren Tieren, den Samenfluß verhinderten. Die Erkrankungen können nun mit Medikamenten behandelt werden. Die neuen Erkenntnisse sind von großer Bedeutung bei der Zusammenstellung von Zuchtgruppen, die zum Erhalt und zur Ergänzung der Zoo-Bestände dringend benötigt werden.

Zum Vorkommen des Arcus scleralis beim Elefanten

Von Henning Wiesner, München

Der besondere Reiz am faszinierenden »Lebensraum Zoo« (Dittrich 1977) liegt für den Tiergärtner sicherlich im täglichen Direktkontakt mit den ihm anvertrauten Tieren. Dabei erschließen ihm Artenvielfalt und Formenfülle einen universellen Arbeitsbereich, der an Lebendigkeit und Abwechslungsreichtum kaum zu übertreffen sein dürfte. Den engen Intensivkontakten von Mensch und Tier im Zoo verdankt die Tiergartenbiologie als moderner Zweig der Wissenschaft eine Fülle von Erkenntnissen auf vielen Gebieten (Anatomie, Pathologie, Physiologie, Ethologie etc.).

Manchen dieser Erkenntnisse liegen zum Teil Zufallsbeobachtungen zugrunde, die insofern um so mehr verblüffen, als sie im täglichen Umgang mit dem uns so vertrauten Tier bisher nicht aufgefallen sind. Eine solche Beobachtung sei hier skizziert.

Arcus scleralis

Im Rahmen einer ophthalmologischen Untersuchung eines 19jährigen Afrikanischen Elefantenbullen, der aufgrund einer Infektionserkrankung erblindete (Iridocyclitis, Hypopyon, Panophthalmie bds.), fiel ein weiß opalisierender Ring auf, der die Iris kreisförmig umschließt (siehe Fotos). Wenn uns diese an sich auffällige Farbbildung im Auge des Afrikanischen Elefanten bisher nicht aufgefallen war, so mag das daran gelegen haben, daß die langschattenden Wimpern die Beobachtung erschweren und zudem die ständig in Bewegung befindlichen Augenlider immer einen Teil des Bulbus bedecken, so daß dieser Ring in seiner Gesamtheit nur beim immobilisierten Tier gut darstellbar wird. Eine ähnliche Ringbildung ist beim alternden Menschen als Arcus lipoides oder auch als Greisenbogen (Arcus senilis) bekannt und besteht aus Fett- und Cholesterineinlagerungen. Die Augenfunktion wird durch ihn nicht beeinträchtigt.

Von dem zur klinischen Untersuchung hinzugezogenen Humanophthalmologen Dr. Merck, München wurde der helle Ring des Elefantenauges analog als Arcus lipoides angesprochen.

Über sein Vorkommen beim Tier ist nur wenig bekannt. Bei einigen Haushunderassen (Schäferhund, Beagle, Husky, Airdaile und Collie) kann es bei adulten Tieren auftreten. Eine als primäre Lipid-Keratopathie bezeichnete Augenveränderung des Kaninchens kann durch eine künstliche Hypercholesterinämie hervorgerufen werden. Allerdings liegen die Veränderungen vorwiegend zentral im oberflächlichen Corneastroma und nicht ringförmig in der Peripherie, womit sie mit dem Arcus lipoides nur bedingt vergleichbar sind. Beim Foxterrier gilt der Arcus lipoides als pathognostisch für eine Lipidspeicherkrankheit, die dem Wolman-Syndrom des Menschen ähnelt (Schäfer 1988).

Die histologische Untersuchung eines vollständigen Augapfels einer Afrikanischen Elefantenkuh im Jahre 1992 durch Dr. E. Schäfer, Institut für Pathologie der Gesellschaft für Strahlen- und Umweltforschung mbH München ergab, daß es sich bei dem klinisch als Arcus lipoides imponierenden Augenring um die limbal in die periphere Hornhaut einmündende helle, derbe Sklera anterior handelt. Fett- oder Cholesterineinlagerungen konnten hingegen nicht nachgewiesen werden. Somit haben wir als morphologisches Äquivalent zum Arcus lipoides des Menschen beim Afrikanischen Elefanten einen Arcus scleralis vorliegen, wie wir ihn auch vom Vogelauge her kennen. Klinisch sind diese unterschiedlichen Ringbildungen täuschend ähnlich und nicht zu unterscheiden.

Inwieweit dieser Arcus scleralis beim Säuger je nach Art, Unterart, Alter oder individuell vorkommt, ist nicht bekannt und bedarf weiterer Untersuchungen. So fehlte er bei den von uns stochastisch untersuchten Beuteltieren, Bären, Wölfen, Mähnenwölfen, Flußpferden, Alpakas und Wiederkäuern. Bei den Katzen konnten wir ihn in sehr schmaler Form nur beim Sumatra-Tiger und Löwen nachweisen. Beim Schabrackentapir bleibt er fragmentisch und ist beim Panzer- und Breitmaulnashorn sowie beim Przewalski-Urwildpferd und Kiang in sehr schmaler Form unauffällig vorhanden. Deutlich sichtbar bei den Primaten ist er beim Guereza jeder Altersstufe sowie bei adulten Mandrills, Siamangs und Silbergibbons, nicht aber bei juvenilen Tieren dieser Arten (A. lipoides ?). Meist hängt die Sichtbarkeit des Ringes vom Einfallswinkel des Lichtes ab, doch nie ist er so leuchtend klar wie im Auge des Afrikanischen Elefanten.

Da bei allen unseren sechs Indischen Elefanten dieser Arcus scleralis fehlte, wurden insgesamt 43 Asiatische Elefantenhaltungen sowohl persönlich, als auch mit Hilfe einer Umfrage daraufhin überprüft. Diese Untersuchungen ergaben, daß beim Asiatischen Elefanten der Arcus scleralis nur bei ca. 20 % der untersuchten Tiere vorkommt und zudem deutlich schwächer, verschwommener und fragmentarischer als beim Afrikanischen Elefanten ausgebildet ist.

Interessanterweise war dieser Arcus scleralis in keiner der befragten Elefantenhaltungen, auch aus dem indischen und hinterindischen Raum, bisher aufgefallen.

Heilige Elefanten

Ein Blick in die Geschichte der Indischen Elefantenhaltung dagegen zeigt, daß früheren Generationen der Arcus scleralis sehr wohl bekannt war und sich Tiere mit dem für diese Gattung relativ seltenen Merkmal besonderer Wertschätzung erfreuten. So bevorzugten die Moghulkaiser im 16. Jahrhundert Elefanten »mit hellen Augen« (Zimmer 1979). Auf den meisten bildlichen Darstellungen aus dieser Zeit wird der weiße Augenring beim Reitelefant des Herrschers betont dargestellt (Kurt 1992).

Dies ist zweifellos kein Zufall, sondern zeugt von der genauen Beobachtungsgabe aus einer Zeit, in der die Elefantenhaltung im indischen Kulturraum in Hochblüte stand. So wurden der heilige Elefant »Airavata« und andere Götterelefanten weiß dargestellt und die weiße Darstellung des Augenringes muß in diesem Zusammenhang gesehen werden, gilt doch der göttliche weiße Elefant als Verkörperung Indras. Dies ist auch der Grund, warum die Tempelelefanten bei den rituellen Festumzügen in Indien mit Reismehl weiß eingepudert werden.

Wie sehr die Vorstellung vom »heiligen Elefanten« noch heute im Volk lebendig ist, zeigen eindrücklich zwei steinerne Elefanten in Changu Narayan, die eine Tempelanlage aus dem Jahre 1634 in der Nähe von Kathmandu/Nepal bewachen. Bei beiden Statuen ist der konzentrische Ring um die Iris durch den Steinmetz bewußt hervorgehoben und durch in jüngster Zeit frisch aufgetragene weiße Farbe zusätzlich betont (s. Abb. 3).

An diesen als Tempelwächter idealisierten Elefanten fällt ferner auf, daß sie vorne wie hinten fünf Zehen tragen, also ein atavistisches Relikt aufweisen, da Asiatische Elefanten in der Regel hinten nur vier Zehennägel tragen. Dieser Atavismus ist extrem selten und deutet auch hier auf die Sonderstellung des heiligen Elefanten hin, die der Künstler auf diese Weise betonen wollte. In dem alten Trivandrum Sanskrit Nr. X, 1910, findet sich unter dem Kapitel »Glückbringende Zeichen« der Hinweis: »Der Elefant hat zwanzig Zehen an den Füßen« (Zimmer 1979).

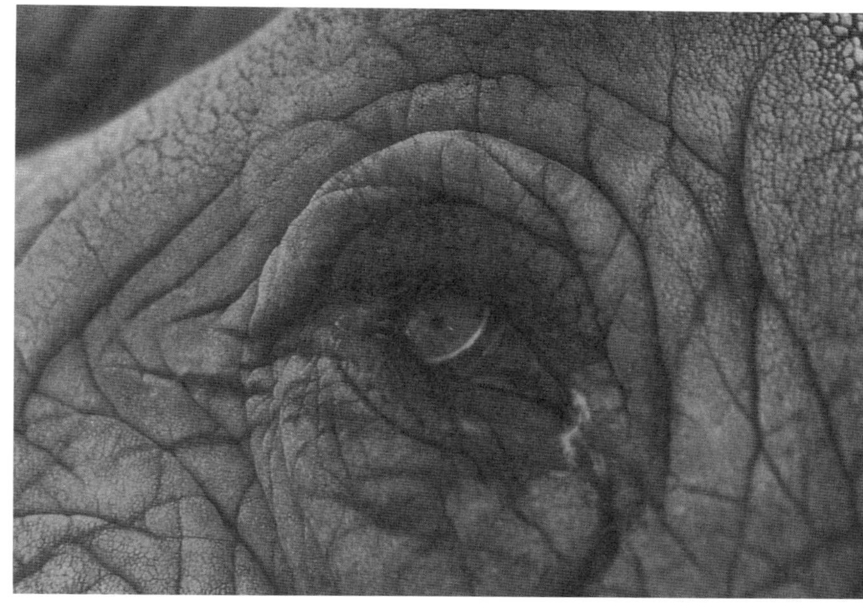

Der opalisierende weiße Ring um die Iris: entgegen früherer Vermutung beeinträchtigt er beim Elefanten nicht die Sehkraft. Die Inder sahen ihn sogar als Schönheitsmerkmal an (siehe auch Foto unten)

Als intimer Kenner des asiatischen Elefanten berichtet Fred Kurt (pers. Mitt. 1991), daß auf indischen Elefantenmärkten der Wert eines zum Verkauf stehenden Elefanten durch betrügerische Manipulationen gesteigert werden sollte, indem der Verkäufer in naiver Weise den fünften Zehennagel durch Ankleben von Muschelschalen an den Hinterbeinen vortäuschte.

Schwarzer Ring und »Böser Blick«

In vielen europäischen Elefantenhaltungen ist es üblich die Augen der Elefanten ringförmig mit Öl zu umstreichen. Dadurch entsteht je nach Geschicklichkeit des Tierpflegers ein schwarzer Ring, der in seiner optischen Wirkung das Auge deutlich vergrößert. Eine Befragung des Tierpflegepersonals ergab sowohl bei uns wie auch in anderen Zoos und Zirkussen keine hinreichende Erklärung für diese Maßnahme. Häufig wurde behauptet, die Augen der Elefanten seien besonders windempfindlich.

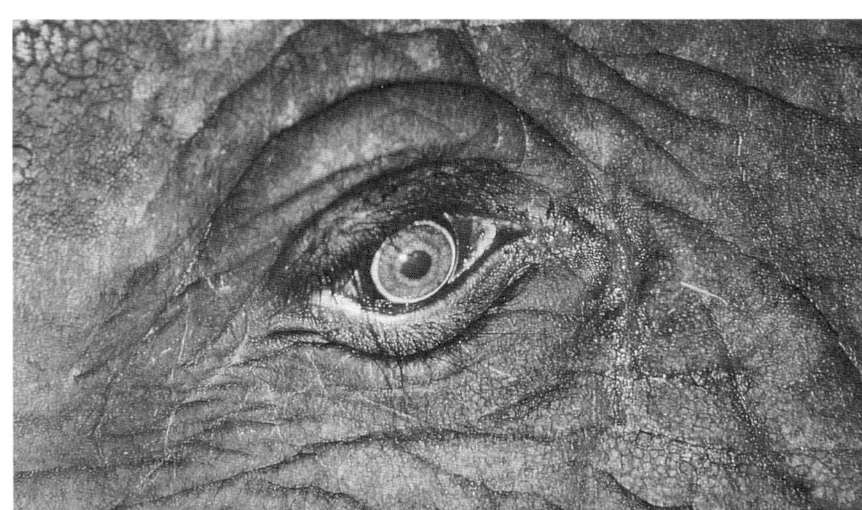

Der Elefant im Zoo

Das Bürgertum gründet zoologische Gärten

Die mit der französischen Revolution 1789 erkämpften Freiheiten der Bürger sollten – in übertragener Form – auch den Tieren der Menagerie von Versailles zuteil werden. Tatsächlich wurden einige der Tiere freigelassen, doch die meisten brachte man als Verlegenheitslösung in den Botanischen Garten (Jardin des Plantes). Das war die Geburtsstunde des ältesten noch existierenden bürgerlichen Zoologischen Gartens. Fast wäre den Schweizern dieser Ruhm zugefallen: Die Idee, einen Pflanzengarten in Verbindung mit lebenden Tieren als öffentlichen Park einzurichten, hatte der größte Naturforscher seiner Zeit, der Zürcher Stadtarzt Conrad Gesner (1516– 1965). Die Stadtbehörden lehnten jedoch sein durchaus verlockendes Angebot ab. So erhielt Zürich seinen »bürgerlichen« Zoo erst 1929.

Die Gründung des Zoologischen Gartens »Jardin des Plantes« ist in der Geschichte der Zoos von großer Bedeutung. Der Direktor de Saint Pierre machte die Nationalversammlung nicht nur auf die in Versailles verkommenden Tiere aufmerksam, er wies auch auf die Möglichkeit naturkundlicher Bildung der Bevölkerung in diesem Garten hin. Dem Volk wurden Tiere bislang nur in Wandermanagerien gezeigt, wo sie als Kuriositäten und Abnormitäten angepriesen wurden. Nach der Gründung des »Jardin des Plantes« erließen die Pariser Bürgermeister eine Verordnung, nach der das Herumziehen mit Wandermenagerien verboten wurde. Es war dies die erste Bestandsgarantie für einen Zoo.

Im 19. Jahrhundert dann reihen sich die Gründungen von Zoos wie die Perlen einer Kette aneinander:

1828 London	1831 Dublin
1835 Bristol	1836 Manchester
1838 Amterdam	1843 Antwerpen
1844 Berlin	1857 Rotterdam
1858 Frankfurt/M.	1859 Kopenhagen
1859 Philadelphia	1860 Köln
1861 Dresden	1862 Melbourne
1864 Moskau	1864 New York (Central P.)
1865 St. Petersburg	1865 Hannover
1865 Karlsruhe	1865 Breslau
1868 Mulhouse	1869 Charkow
1870 Buffalo	1874 Basel
1874 Posten	1874 Chicago
1874 St. Louis	1875 Münster
1875 Cincinnati	1875 Kalkutta
1878 Leipzig	1881 Wuppertal
1882 Cleveland	1882 Tokio (Ueno)
1882 Adelaide	1899 New York (Bronx)

Ende des 19. Jahrhunderts verbreiteten sich in Europa die Gedanken und Lehren Darwins, die zur Grundlage der modernen Biologie wurden. Das Wissen, daß auch der Mensch ein Produkt der Entwicklung des Lebens auf der Erde ist, hat so entscheidend die Zoogründungen dieser Zeit beeinflußt.

Zoos mit Elefantenhaltung in Deutschland

Zoos heute

Der Zweite Weltkrieg hat vielen zoologischen Gärten in Europa schwere Schäden zugefügt, manche erloschen in dieser Zeit ganz. Die Nachkriegszeit brachte Menschen hervor, die unter abenteuerlichen und widrigen Umständen »ihren« Zoo und »ihre« Tiere über die Runden brachten. Die meisten Zoos in dieser Zeit glichen Trümmerfeldern, blieben aber für die verhärmten Großstadtbesucher grüne Oasen in der Steinwüste ihrer zerstörten Städte.

Die Zeit nach dem I. Weltkrieg

1922 Djakarta	1926 Chicago
1928 Bremerhaven	1928 Detroit
1930 Chester	1931 Prag
1932 Saarbrücken	1933 Bochum
1933 Belfast	1934 Duisburg
1934 Heidelberg	1936 Glasgow
1936 Osnabrück	1937 Augsburg
1937 Straubing	1937 Emmen
1939 Lodz	1938 Krefeld

Die Zeit nach dem II. Weltkrieg

1949 Gelsenkirchen	1949 Caracas
1950 Magdeburg	1950 Eskilstuna
1953 Dortmund	1954 Tokio (Tama)
1954 Cottbus	1955 Tierpark Berlin
1956 Rostock	1957 Sao Paulo
1957 Delhi	1957 Kattowitz
1958 Portland	1958 Erfurt
1959 Jersey	1961 Salzburg
1961 Darmstadt	1962 Innsbruck
1962 Louisville	

Für die zoologischen Gärten begann eine neue, eine selbstbewußte Periode. Die Ergebnisse der Tierpsychologie und Verhaltensforschung, teilweise im Zoo erarbeitet (wie z.B. von Oskar Heinroth), fanden Eingang in alle Zoobereiche. Heini Hediger, nacheinander Zoodirektor von Bern, Basel und Zürich, postulierte noch vor der Mitte unseres Jahrhunderts die vier hauptsächlichen Aufgaben eines zoologischen Garten:

1. Die erste und vornehmste Aufgabe eines zoologischen Gartens besteht darin, für ein breites Großstadtpublikum als Erholungsraum zu dienen.
2. Den Zoobesuchern muß ein optimales Maß an volkstümlicher Naturkunde vermittelt werden, wobei das Hauptziel die Einsicht in das verhängnisvolle Wirken des Menschen auf die Natur ist.
3. Zoologische Gärten haben dem Naturschutz im weitesten Sinne zu dienen, nicht nur durch Aufklärung und naturkundliche Belehrung. Auch die Werbung für das Tier in einem intakten Lebensraum und die Bereitstellung zoogezüchteter Tiere für Neuansiedlung verwaister Lebensräume oder für die Stärkung bedrohter Populationen gehören dazu.
4. Um Natur- und Artenschutz betreiben zu können, bedarf es eines präzisen Wissens. Die Zoos müssen sich der Forschung am lebenden Tier verschreiben, wobei Zoologie, Ökologie, Psychologie, Physiologie, Parasitologie, Veterinärmedizin usw. Gegenstand der Tiergartenbiologie sind.

Elefantenbestand Europa Übersicht 1.1.1992

Staaten	Asiatische Elefanten *Elephas maximus* (EM) m (männlich)/w (weiblich)	Afrikanische Elefanten *Loxodonta africana* (LA) m (männlich)/w (weiblich)
Baltische Staaten (Estland + Lettland)	1/1	1/2
Belgien	0/6	2/6
Britische Inseln (Vereinigtes Königreich + Republik Irland)	6/62	5/40
Bulgarien	0/2	–
Dänemark	2/17	1/3
Deutschland	7/143	14/102
Finnland	–	0/1
Frankreich	7/26	4/10
Gemeinschaft unabhängiger Staaten (GUS) (ehemalige Sowjetunion)	11/13	1/6
Italien	0/73	1/4
Jugoslawien (ehem.)	1/1	–
Niederlande	4/31	0/13
Österreich	1/10	0/4
Polen	1/19	0/5
Portugal	–	2/2
Rumänien	1/5	–
Schweden	0/6	1/5
Schweiz	1/17	1/12
Spanien	0/8	2/29
Tschechoslowakei	1/6	1/9
Ungarn	1/6	–
	45/452	36/253

Veränderungen im Elefantenbestand in Europa 1992

	Asiatische Elefanten *Elephas maximus* (EM)	Afrikanische Elefanten *Loxodonta africana* (LA)
Zugang durch Geburt	4/2 + 1	1/0
durch Import	–	3/11 (1/9 aus Südafrika, (2/2 aus dem Zoo Ramat-Gan, Israel)
Abgang durch Tod	0/5	1/4

Übersicht

Asiatische Elefanten und Afrikanische Elefanten in Haltungsstätten Nordamerikas 31.12.1996

	m (männlich)/w (weiblich) Asiatische Elefanten (Elephas maximus) 1,0/0,1	m (männlich)/w (weiblich) Afrikanische Elefanten (Loxodonta africana) 1,0/0,1
1. Zoos, Wild- und Safariparks		
a) USA	18.122	14.128
b) Canada	6.14	3.17
Total	24.136 (160)	17.145 (162))
2. Privathalter, Zirkusse und »Performing Elephants«*		
a) Privathalter	1.10	7.16
b) Circusse	15.113	1.20
c) »Performing Elephants«*	6.45	5.39
Total	22.168 (190)	13,75 (88)

Der Gesamtbestand von 600 registrierten Tieren verteilt sich wie folgt:

Asiatische Elefanten:	350 (46.304) Tiere
Afrikanische Elefanten:	250 (30.220) Tiere

* »Performing Elephants« sind Elefanten, die
- in Zirkusengagements arbeiten,
- für (Film-)Studioarbeiten eingesetzt werden,
- als Reittiere in Zoos und Parks sowie für Veranstaltungen unterschiedlichster Art engagiert werden.

Elefantenbestand in Nordamerika Zusammenfassung und Ausblick:

Die relativ hohe Zahl von 600 Elefanten in Nordamerika erscheint ausreichend für eine sich selbst erhaltende Population. Wie bereits dargelegt ist die Struktur der Elefantenpopulation hinsichtlich Altersaufbau, Bullenanzahl und -verbreitung sowie der Verteilung gerade der herangewachsenen und für die Zucht so wichtigen Jungkühe jedoch problematisch.

Der Bestand von 322 Elefanten in Zoos, Wild- und Safariparks verteilt sich auf insgesamt 92 Institutionen. Aber alleine 52 Tiere leben in nur 5 Einrichtungen (Jackson-GAP, San Diego WAP, Tampa-Busch Gardens, Vallejo-Marine World, Rockton). Dies bedeutet, daß 270 Elefanten sich auf 87 Institutionen verteilen – im Durchschnitt somit ca. 3 Tiere –, wovon in 11 Haltungsstätten nur ein Einzeltier lebt und an 31 Orten je 2 Tiere. In nahezu der Hälfte der erfaßten Zoos, Wild- und Safariparks (42 von 92) leben somit nur ein bzw. zwei Elefanten!

Betrachtet man die Elefantenpopulation bei Privathaltern, Circussen und die sogen. »Performing Elephants«, so sind von den 278 Tieren alleine 149 (d.h. mehr als 50 v.H.) bei acht Unternehmen (Riddle, Beatty-Cole, Carden, Carson & Barnes, King Royal, Ringling, Cuneo, Steele) registriert. Die übrigen 129 Tiere verteilen sich auf insgesamt 58 Halter, d.h. im Durchschnitt ca. 2 Tiere und davon sind bei 19 Haltern nur Einzeltiere.

Sollte es in den nächsten Jahren nicht gelingen, durch ein sinnvolles Zuchtmanagement eine wesentlich höhere Nachzuchtquote zu erzielen, ist die Erhaltung des nordamerikanischen Elefantenbestandes ohne die Ergänzung durch fremde Tiere nicht zu erreichen. Die heute vielfach propagierte und gelegentlich durchgeführte künstliche Besamung hat bei Elefanten bislang zu keinem Erfolg geführt. Allein der riesige Aufwand im technischen, finanziellen und personellen Bereich würde bei positivem Ergebnis eine Anwendung im größeren Stil verhindern.

Bereits in 10 Jahren wird die Elefantenpopulation beider Arten – insbesondere bei den Asiaten – merklich zurückgegangen sein, in 20 Jahren wird es sowohl bei Afrikanern wie Asiaten einen drastischen Bestandsrückgang geben. Noch sind genügend geeignete Tiere vorhanden, diese Entwicklung aufzuhalten – hierzu ist jedoch eine intensive Kommunikation und Zusammenarbeit aller Beteiligten, von interessierten Einzelpersonen und von Haltern notwendig zum Nutzen der Elefanten!

... oder wie es Heidi Riddle, Director of Operations der Riddle's Elephant Farm in Arkansas und Vorstandsmitglied der Elephant Managers Association, auf der Tagung dieser Organisation im Januar 1997 in Jacksonville, FL, formulierte:

»Opening up the lines of communication between facilities and interested individuals is the best way to help all elephants worldwide.«

DEUTSCHLANDS ELEFANTEN IN ZOOS UND SAFARIPARKS

ZOO	AFRIKANISCHE ELEFANTEN weiblich	AFRIKANISCHE ELEFANTEN männlich	ASIATISCHE ELEFANTEN weiblich	ASIATISCHE ELEFANTEN männlich
Zoo Augsburg	Sabi, 13 Jahre Franzi, 8 Jahre		Targa, 43 Jahre Burma, 27 Jahre	
Zoo Berlin			Tanja, 32 Jahre Svea, 30 Jahre Ayesha, 28 Jahre Drumbo, 28 Jahre Carla, 25 Jahre Iyoti, 24 Jahre Pang Pha, 11 Jahre	Kiba, 10 Jahre
Tierpark Berlin Friedrichsfelde	Dashi, 29 Jahre Lilak, 27 Jahre Bibi, 12 Jahre Sabah, 12 Jahre	Tembo, 12 Jahre	Louise, 24 Jahre Astra, 17 Jahre Frosja, 17 Jahre Kewa, 14 Jahre	Ankhor, 14 Jahre
Zoo Cottbus			Karla, 31 Jahre Sundali, 29 Jahre	
Zoo Dresden	Drumbo, 7 Jahre Gusti/ Mali, 7 Jahre		Schoepfi, 38 Jahre	
Zoo Duisburg	Khari, 24 Jahre Etosha, 6 Jahre Saiwa, 6 Jahre	Chaka, 6 Jahre		
Zoo Erfurt	Marina, 40 Jahre Mondula, 27 Jahre Safari, 26 Jahre Aja, 25 Jahre			
Zoo Gelsenkichen			Mapalay, 43 Jahre Artaida, 35 Jahre	
Zoo Halle/ Saale			Cyntia, 4 Jahre	Nova, 4 Jahre
Hagenbeck/ Hamburg			Benga, 32 Jahre Mogli, 30 Jahre Shandra, 30 Jahre Saida, 27 Jahre Mala, 26 Jahre Tura, 25 Jahre Tima, 22 Jahre Yashoda, 19 Jahre Sandai, 12 Jahre Lai Sinh, 8 Jahre Corny/ Erna, 1 1/2 Jahre Jette/ Sulvana, 1 1/2 Jahre	Hussein, 22 Jahre Tarun, 2 Jahre
Zoo Hannover			Jenny, 37 Jahre Ilona, 30 Jahre Indra, 25 Jahre Khaing Hnin Hnin, 15 Jahre	Siporex 31, Jahre
Zoo Heidelberg		Lakshmi, 40 Jahre	Rani, 45 Jahre	
Safaripark Hodenhagen	Duna, 15 Jahre Maus, 15 Jahre Veri, 11 Jahre			
Zoo Karlsruhe			Rani, 42 Jahre Shanti, 42 Jahre Nepal, 40 Jahre Trulli, 40 Jahre	
Zoo Krefeld			Mumtas Mahal, 28 Jahre Rhena, 28 Jahre Zita, 26 Jahre Yhetoo, 20 Jahre	
Zoo Köln	Pretty, 30 Jahre		Savani, 47 Jahre	
Zoo Kronberg	Dumbo, 20 Jahre Wankie, 15 Jahre Zimba, 15 Jahre	Ali, 16 Jahre		
Zoo Leipzig			Rhani, 44 Jahre Don Chung, 17 Jahre Trinh, 15 Jahre Hoa, 13 Jahre	Mekong, 17 Jahre
Zoo Magdeburg	Arusha, 30 Jahre Mafuta, 17 Jahre Pori, 17 Jahre Mwana Mashona, 15 Jahre		Birma, 29 Jahre	
Zoo München			Tina, 37 Jahre Dirndl, 31 Jahre Steffi, 30 Jahre Kathi, 29 Jahre Panang, 9 Jahre Mangala, 5 Jahre	Gajendra, 5 Jahre
Zoo Münster			Tefi, 31 Jahre Kanaudi, 30 Jahre Rada, 30 Jahre Preya, 21 Jahre Bernhardini, 13 1/2 Jahre Thong Thai, 8 Jahre Ratna, 6 Jahre	Alexander, 20 Jahre Chamundi, 5 ½ Jahre
Zoo Neunkirchen/ Saar			Chiana, 35 Jahre Samba, 33 Jahre	
Zoo Nürnberg	Yvonne, 30 Jahre		Buka, 52 Jahre (ältester Zoo-Elefant Deutschlands) Amba, 42 Jahre Kiri, 35 Jahre	
Zoo Osnabrück	Toto, 28 Jahre Sabi, 11 Jahre Umtali, 11 Jahre			
Zoo Rostock	Sara, 35 Jahre Dzomba, 4 Jahre Goni, 4 Jahre		Kira, 28 Jahre	
Zoo Stuttgart			Vilja, 48 Jahre Molly, 30 Jahre Pama, 30 Jahre Zella, 29 Jahre	
Zoo Ströhnen/ Niedersachsen	Macombe, 13 Jahre Maschibi, 13 Jahre Zambesi, 10 Jahre			
Safaripark Stukenbrock	Didi, 27 Jahre Diuty, 27 Jahre Jenny, 27 Jahre Kongo, 27 Jahre Rita, 27 Jahre		Baby, 30 Jahre	
Zoo Wuppertal	Wankie, 18 Jahre Sabie, 7 Jahre Numbi, 6 Jahre Punda, 6 Jahre	Tusker, 7 Jahre Kooboo, 6 Jahre		Siwa, 45 Jahre
INSGESAMT:	46	5	77	9

Zusammengestellt von: European Elephant Group. Georg Schweiger.
Stand: Januar 1998.

ELEFANTEN IN ZIRKUSUNTERNEHMEN – DEUTSCHLAND

AFRIKANISCHE ELEFANTEN	ASIATISCHE ELEFANTEN
55 weibliche 9 männliche	56 weibliche 1 männliche

Stand: Januar 1998. Geringe Abweichungen der Zahlen sind möglich.

Index

Verweise auf Bildlegenden oder Abbildungen sind kursiv gesetzt.

Orte, Flüsse, Gebirge und Regionen sind dem jeweiligen Land oder – falls grenzüberschreitend – dem Kontinent zugeordnet.

Auswahlbibliographie

Allgemein

Blond, G.: Schicksal der Elefanten, Memmingen 1960

Buffon: Naturgeschichte der Elephanten nach Büffon von A., Nürnberg 1799

Carrington, R.: Elefanten, Zürich 1962

Dietz, G.: Elefanten, Elefanten, Berlin 1997

Edwards, D. L.: All about Elephants, New York 1941

Fenner, P. R.: Elephants, Elephants, Elephants; stories of rogues and workers, tuskers and trekkers, jungle trails and circus tanbark, New York 1952

Fragment einer Schrift über den Elefanten, vornehmlich nach Aristoteles, Plinius, Varro, Aelian und Pausanias, bei Gelegenheit der Ankunft des Elefanten Maximilians I. (Innsbruck 1552, Universitätsbibliothek, Fragm. 81)

Freeman, D.: Elephants, The Vanishing Giants, London 1980

Herbert, A.: The Elephant, London 1916

Holder, C. F.: The Ivory King; a popular history of the elephant and its allies, New York 1888

Johann, A. E.: Elefanten, Elefanten, Gütersloh 1974

Lockhart, G. and Bosworth, W. G.: Grey Titan. The book of elephants, London 1938

Minding, J.: Naturgeschichte des Elephanten, Wien 1776

Murray, N.: Elefanten, München 1975

Murray, N.: The Love of Elephants, London 1976

Museum für Völkerkunde (Hrsg.), München: Mensch und Elefant, Frankfurt a. M. 1994

Oettermann, S.: Die Schaulust am Elefanten, Frankfurt a. M. 1982

Petri von Hartenfelss, G. C.: Elephantographia curiosa, Erfurt 1715

Robinson, W. W.: Elephants, New York 1935

Sanderson, I. T.: Dynastie der Abu, Geschichte und Entwicklung der Elefanten und ihrer Verwandten, Bern, Stuttgart 1966

Schlegel, A. W. von: Zur Geschichte des Elephanten, in: Indische Bibliothek, 1, 1820, S. 129–229

Shoshani, I.: Elefanten, Enzyklopädie der Tierwelt, Hamburg 1992

Sunamoto, E.: The Elephant, Osaka 1931–1932

Tennant, T. O.: The Natural History of the Elephant, with a minute description of that animal, London 1771

Time-Life, Elephants and Other Land Giants, Amsterdam 1977

Tournier, G.: Les éléphants, Paris 1909

Williams, H.: Elefanten, Frankfurt a. M. 1889

Afrika

Allen, G. M.: Zoological Results of the George Vanderbilt African Expedition of 1934. Pt. 2, The forest elephant of Africa, in: Proc. Acad. nat. Sci. Phila., 1937, Bd. 88, S. 15–44

Aubreville, A.: À la recherche de la forêt en Côte d'Ivoire, in: Bois Fôret Trop. 57, 1958, S. 12–27

Caldwell, K.: Elephant Domestication in the Belgian Congo. Reprinted from Report of Game Warden, Kenya, to the Uganda Government, 1925, in: J. Soc. Pres. Fauna Emp., N. S., Teil 7, S. 71–82, London 1927

Davidson, B.: Afrikanische Königreiche, Time-Life-International (Nederland) N.V., 1967

Douglas-Hamilton, J. und O.: Unter Elefanten. Abenteuerliche Forschungen in der Wildnis Zentralafrikas, München 1980, (Among the Elephants, London 1975)

Dröscher, V. B. (Hrsg.): Rettet die Elefanten Afrikas, Hamburg 1990

Eisenberg, J. F., McKay, G. M. und Jainudeen, M. R.: Reproductive Behavior of the Asiatic Elephant (Elephas maximus maximus L.), in: Behaviour 37, 1971, S. 193–225

Fischer, R.: Die schwarzen Pharaonen, Herrsching 1986

Gavron, J.: Dämmerung im Reich der Elefanten, München 1994

Grzimek, B.: Kein Platz für wilde Tiere, Stuttgart 1954

Hall-Martin, A.: Ein Tag im Leben eines Afrikanischen Elefanten, Erlangen 1994

Hanks, J.: A Struggle for Survival – The Elephant Problem, Johannesburg 1979

Hendrichs, H. und Hendrichs, U.: Dikdik und Elefanten, Ökologie und Soziologie zweier afrikanischer Huftiere, München 1971

Jeannin, A.: L'êléphant d'Afrique: zoologie, histoire, folklore, chasse, protection, Paris 1947

Krumbiegel, I.: Der afrikanische Elefant, Leipzig 1943

Künkel, R.: Elefanten. Afrikas freundliche Riesen, Hamburg 1981

Laws, R. M.: Aspects of Reproduction in the African Elephant, Loxodonta africana, in: E. Afr. Wildl., 5, 1969, S. 46–52

Martin, C.: Die Regenwälder Westafrikas, Basel, Berlin 1989

Melland, F. H.: Elephants in Africa, London, New York 1938

Meyn, N.: Tembo. Die Geschichte eines afrikanischen Elefanten, Stuttgart 1949

Moss, C. und Colbeck, M.: Das Jahr der Elefanten, München 1997

Oberjohann, H.: Meine Tschadsee-Elefanten, Grenchen 1950

Payne, K. B., Poole, J. H. und Langbauer, W. R.: Infrasonic Calls in Free-ranging African Elephants, in: Elephant Memories, Hrsg. von Moss, C., o.O. 1989

Poole, J. H. und Moss, C. J.: Musth in the African Desert (Loxodonta africana), in: Nature 292 (5826), 1981, S. 830–831

Poole, J. H.: Kenya's Elephants – A Very Different Story to Tell, in: Swara, Jan.–Feb. 15, 1992, Nr. 1, S. 29–31

Ricciardi, M.: Vanishing Africa, London 1971

Ross, D. H.: Elephant, The Animal and its Ivory in Africa Culture, Los Angeles 1992

Rushby, G. G.: The elephant in Tanganyika, London 1953

Shoshani, J., Hillmann, J. C. und Walcek, J. M.: »Ahmed«, the Logo of the Elephant Interest Group: Encounters in Marsabit and Notes on his Model and Skeleton, in: Elephant 2, 1987, Nr. 3, S. 7–32

Sikes, S. K.: The Natural History of the African Elephant, London 1971

Smith, J. A., Hanks, J. und Short, R. V.: Biochemical Observations on the Corpora Lutea of the African Elephant, Loxodonta africana, in: J. Reprod. Fert. 20, 1969, S. 111–117

Smuts, G. C.: Reproduction and Population Characteristics of Elephants in the Krüger National Park, in: J. South African Wildlife Management Ass. 5, 1975, Nr. 1, S. 1–10

Stockley, C. H.: The Elephant in Kenya, London 1953

Ward, R.: The Elephant in East Central Africa, London

1953 Auswärtiges Amt. Kolonial Abteilung. Reichs Kolonialamt 10.1., (ZSP/RKA): Geschenke an Häuptlinge in Kamerun, Bd. I, 4102:17,72, Zentrales Staatsarchiv Potsdam o.J.

Altertum – Griechenland – Rom

de Beer, G. R.: Alps and Elephants. Hannibal's march, London 1955

Beschaouch, A.: Karthago, Ravensburg 1994

Curtius, Q.: The History of the Wars of Alexander the Great, London 1747

Friedlaender, L.: Darstellungen der Sittengeschichte Roms, Leipzig 1910

Grillandi, M.: Alexander der Grosse und seine Zeit, Klagenfurt 1987

Grimal, P.: Römische Kulturgeschichte, München, Zürich 1961

Huß, W. (Hrsg.): Karthago, Darmstadt 1992

Niemeyer, H.-G.: Karthago. Stadt der Phönizier am Mittelmeer, in: Antike Welt, 21, 1990

Sueton-Kaiserbiographien, Berlin, Weimar 1965

Vardiman, E. E.: Die grosse Zeitwende zwischen Hellenismus und Urchristentum, Wien 1978

Whitaker, J.: The Course of Hannibal over the Alps Ascertained, London 1794

China – Japan

Beurdeley, M.: China-Chinesische Sammler durch die Jahrhunderte, München 1964

Bishop, C. W.: The Elephant and its Ivory in Ancient China, in: JAOS, 1935, Nr. 41, S. 290–306

Chang, H. T.: On the Question of the Existence of Elephants and Rhinoceros in North China in Historical Times, in: Bull. Geol. Soc. China, 1926, Bd. 5, S. 99–105

Christie, A.: Chinesische Mythologie, Wiesbaden 1968

Gascoigne, B.: Das kaiserliche China und seine Kunstschätze, Wien, München, Zürich 1980

Mody, N. H. N.: A Collection of Nagasaki Colour Prints and Paintings, Tokyo 1969

Elfenbein

Alpers, E. A.: Ivory and Slaves. Changing Pattern of International Trade in East Central Africa to the Later Nineteenth Century, Berkeley, Los Angeles 1975

Beigbeder, O.: Elfenbein, Frankfurt a. M. 1965

Hahner-Herzog, I.: Tippu Tip und der Elfenbeinhandel in Ost- und Zentralafrika im 19. Jahrhundert, München 1990

Hegemann, H. W.: Elfenbein in Plastik, Schmuck und Gerät, Hanau o.J.

Kühnel, E.: Die Islamischen Elfenbeinskulpturen, Berlin 1971

Kunz, G. F.: Ivory and the Elephant in Art, Archaeology, and in Science, New York 1916

»Les Ivoires«. Évolution décorative du Ier siècle à nos jours, Paris 1972

Natanson, J.: Early Christian Ivories, London 1953

Natanson, J.: Ivory. A History and Collector's Guide, London 1987

Philippowich, E. von: Elfenbein, München 1982

Randall, R. H., Jr., (Hrsg.): Masterpieces of Ivory, New York 1985

Reichard, P.: Das afrikanische Elfenbein und sein Handel, in: Deutsche Geographische Blätter, 12, 1889, S. 132–168

Spinage, C. A.: A Review of Ivory Exploitation and Elephant Population Trends in Africa, in: East African Wildlife Journal 11, 1973, S. 281–289
Williamson, G. C.: The Book of Ivory, London 1938
Wilson, D. und Ayerst, P.: White Gold. The Story of African Ivory, London 1976

Fang – Zähmung
Brown, G. C.: Elephant Catching in Mysore, London 1890
Hediger, H.: 50 Jahre Zähmung afrikanischer Elefanten, in: Umschau 1950, Heft 10
Macphail, J. G. S.: The Bandala Method of Hunting Elephant on Foot, in: Sudan Notes, 1930, Bd. 13, S. 279–283
Mayer, C.: Trapping Wild Animals in Malay Jungels, New York 1921
Ruhe, H.: Wilde Tiere frei Haus, München 1960
Ryhner, P. R.: Auf Tierfang durch die Welt, Herrenalb 1961
Schmidt, M. J.: Breeding Strategies for Domesticated Elephants, in: Proceedings of the Asian Elephant Specialist Group Meeting, Hrsg. von Santiapillai, C., Chiangmai 1980
Schulz, Chr.: Auf Großtierfang für Hagenbeck, Leipzig 1926
Tennent, Sir J. E.: The Wild Elephant, and the method of capturing and taming it in Ceylon, London 1867

Indien. Himalaya. Ceylon (Sri Lanka)
Allen, Ch. und Dwivedi, S.: Livre of the Indian princes, London 1984
Behr, H.-G.: Die Moguln, Basel 1990
Chaturvedi, M. D.: The Elephant and I, in: Nat. geogr. Mag., 1957, Nr. 4, Bd. CXII, S. 489–506
Deraniyagala, P. E. P.: Elephas Maximus, the elephant of Ceylon, Bd. 1, Colombo 1951
Fitz-Gerald, W. G.: The Working Elephants of India, in: St. Nickolas Mag., Dez. 1907, S. 149–153
Frembgen, J. W.: Rosenduft und Säbelglanz, München 1996
Gascoigne, B.: Die Grossmoguln, München 1973
Gupta, S. K.: Elephant in Indian Art and Mythology, New Delhi 1983
Ions, V.: Indische Mythologie, Wiesbaden 1968
Kurt, F.: Remarks on the Social Structure and Ecology of the Ceylon Elephant in the Yala Nationalpark, in: IUCN: The Behaviour of Ungulates and its Relation to Management, Calgary 1974, S. 618–634
Kurt, F.: Zoologische Exkursionen in den Kanha-Nationalpark, Zürich 1973
Kurt, F.: Indiens Tierwelt in Gefahr, in: Freunde des Kölner Zoos, 13, 1970, Nr. 2, S. 43–46
Miall, L. C.: Anatomy of the Indian Elephant, London 1878
Mode, H.: Das frühe Indien, Essen 1984
Naravane, V. S.: The Elephant and the Lotus, London 1965
Nawrath, A.: Unsterbliches Indien, Wien, München 1956
Nila-kantha, of Raja-mangalam: The Elephant Lore of the Hindus; the elephant sport (Matanga-lila) of Nila-kantha, London 1931
Praetorius, J.: Horti Indiae Orientalis sive Physiologiae de Elephante, Hamburg 1607
Rensch, B. und Altevogt, R.: Visuelles Lernvermögen eines Indischen Elefanten, in: Zeitschrift für Tierpsychologie, 10, 1953, Nr. 1, S. 119–134
Sanderson, G. P.: Thirteen Years among the Wild Beasts of India, Edinburgh 1907
Shahi, S. P.: Elephants in Central India, in: WWF Monthly Report, Jan. 1986
Singh, M.: Himalayische Kunst, (UNESCO-Kunstbücher), Madanjeet und UNESCO, 1968
Tennent, Sir. J. E.: Sketches of the Natural History of Ceylon; with narratives and anecdotes, illustrations of the habits and instincts of the mammalia, birds, reptiles, fishes, insects, etc. including a monograph of the elephant, London 1868
Ward, G. C.: Die Maharadschas, (Schatzkammern und Herrscherhäuser der Welt), München 1984
Watson, M.: Anatomy of the Indian elephant, in: J. Anat., Land., Second Ser. V, 1871, Bd. 6, S. 82–94
Zimmer, H.: Spiel um den Elefanten. Ein Buch von indischer Natur, Köln, Düsseldorf, München 1976

Jagd
Akeley, C. E.: Elephant Hunting in Equatorial Africa with Rifle and Camera, in: Nat. geogr. Mag., 1912, Bd. 23, S. 779–810
Bell, W. D. M.: The Wanderings of an Elephant Hunter, London 1958
Blunt, D. E.: Elephant, London 1933
Cooper, R. D.: Hunting and Hunted in the Belgian Congo, London 1914
Cumming, R. G.: Five Years of a Hunter's Life in the Interior of South Africa, London 1850
Daniell, W.: Elephant Hunting. A panoramic view of the capture and taming of wild elephants on the islands of Ceylon, London 1835
Finaughty, W.: The Recollections of William Finaughty, Elephant Hunter, 1864–1875, Philadelphia 1916
Hardwick, A. A.: An Ivory Hunter in North Kenia: The record of an expedition through Kikuyu to Galla-land in East equatorial Africa; with an account of the Rendili and Burkeneji tribes, London 1903
Hubback, T. R.: Elephant Hunting in the Federated Malay States, London 1905
Hunter, J. A.: African Hunter, New York 1954
Lake, J. A.: Killers in Africa, New York 1953
Langsdorff, Baron de: Une chasse à l'éléphant en Ouganda, in: Tour du Monde, N.S., 15, 1909, S. 517–28
Ligers, Z.: La chasse à l'éléphant chez les Bozo, in: Journal de la Société des Africanistes 30, 1960, S. 95–99
Lyell, D. D.: The African Elephant and its Hunters, London 1924
Moffett, C.: Hunting on Elephant, in: McClure's Mag., 1898, Bd. 12, S. 136–146
Muirhead, J. T.: Ivory Poaching and Cannibals in Africa, London 1933
Neumann, A. H.: Elephant-hunting in East Equatorial Africa, being an account of three years ivory-hunting under Mount Kenia and among the Ndorobo savages of the Lorogi Mountains, including a trip to the north end of Lake Rudolph, London 1898
Selous, F. C.: A Hunter's Wanderings in Africa; a narrative of nine years spent amongst the game of the far interior of South Africa, containing accounts of explorations beyond the Zambesi, London 1890
Seyffert, C.: Die Ausrüstung eines Elefantenjägers der Baia nebst einigen Bemerkungen über die Elefantenjagd in Kamerun, in: Zeitschrift für Ethnologie 43, 1911, S. 91–113
Stanley, W. B. and Hodgson, C.: Elephant Hunting, London 1929
Stigand, C. H.: Hunting the Elephant in Africa, and other recollections of thirteen years' wanderings, New York 1913
Swann, A. J.: Fighting the Slave-Hunters in Central Africa, London 1969
Taylor, J.: Pondoro; last of the ivory hunters, New York 1955

Krieg
Armandi, P.: Histoire militaire des éléphants, depuis les temps les plus reculés jusqu'à l'introduction des armes à feu, Paris, London, Frankfurt 1843
Bolau, H.: Der Elephant in Krieg und Frieden und seine Verwendung in unsern afrikanischen Kolonien, (Samml. gemeinverst. wiss. Vortr., N. F. Ser. 2, Heft 6), Hamburg 1887
Breloer, B.: Alexanders Kampf gegen Poros. Ein Beitrag zur indischen Geschichte, in: Bonner orientalistische Studien, 1933, Heft 3
Digby, S.: War-horse and Elephant in the Delhi Sultanate. A Study of Military Supplies, Oxford 1971
Gaidoz, H.: Les éléphants à la Guerre, in: Revue des deux Mondes, 1874, S. 481–513
Krebs, W.: Elefanten in den Heeren der Antike, in: Wissenschaftliche Zeitschrift der Universität Rostock, (ges. sprachwiss. Reihe 2/3), 13, 1964, S. 205–220
Lauffer, S.: Alexander der Große, München 1978
Pilkington, C.: Elephant over the Alps, London, New York 1961
Scullard, H. H.: The Elephant in the Greek and Roman World, Cambridge 1974
Seibert, J.: Hannibal, Darmstadt 1993
Williams, J. H.: Elephant Bill, London 1965

Kunst
Abbott, G. H.: The Elephant on Coins, Sydney 1919
Arnold, B.: Kamerun: Die höfische Kunst des Graslandes, (Die Schatzkammer 33), Dresden 1980
Barret, D. und Gray, B.: Die Indische Malerei, Genf 1980
Baum, J. und Arndt, K.: Elefant, in: Reallexikon der deutschen Kunstgeschichte, Stuttgart 1959, Bd. 4, Sp. 1221–1254
Ben-Amos, P.: Men and Animals in Benin Art, in: Man 2, 1976, Nr. 2, S. 243–252
Ben-Amos, P.: The Art of Benin, New York 1980
Coomaraswamy, A. K.: History of Indian and Indonesian art, New York 1927
Coppin, G. (Hrsg.): Der Elefant, München 1989
Dark, P.: Benin Art. London, 1960
Dark, P.: The Art of Benin. Chicago1962, Chicago Natural History Museum
Deneck, M.-M.: Indische Kunst, Wiesbaden o.J.
Druce, G. C.: The Elephant in Medieval Art and Legend, in: Archaeological Journal, 76, 1919, S. 1–73
Ehnbom, D. J.: Indische Minaturen, Die Sammlung Ehrenfeld, Stuttgart 1988
Ettinghausen, R.: Die arabische Malerei, Lausanne 1969

Filippi, G. G.: India, Miniature e Dipinti Dal XVI al XIX secolo. La collezione di Howard Hodgkin, Mailand 1997
Fischer, E. und Himmelheber, H.: Das Gold in der Kunst Westafrikas, Zürich 1975, Museum Rietberg
Fischer, E. und Himmelheber, H.: The Arts of the Dan in West Africa, Zürich 1984, Museum Rietberg
Fischer, E. und Himmelheber, H.: Die Kunst der Guro, Zürich 1985, Museum Rietberg
Fischer, E. und Homberger, L.: Masks in Guro Culture, Ivory Coast, New York 1986, Center for African Art
Frobenius, L.: Der Kameruner Schiffsschnabel und seine Motive, in: Abhandlungen der Kaiserlichen Leopoldinisch-Carolinischen Deutschen Akademie der Naturforscher, 1897, Nr. 1, Bd. 70
Garrad, T. F.: Akan Weights and the Gold Trade, London 1980
Germann, P.: Das plastisch – figurliche Kunstgewerbe im Grasland von Kamerun, in: Jahrbuch des Städtischen Museums für Völkerkunde zu Leipzig, 1910, Nr. 4, S. 1–35
Heckscher, W.: Bernini's Elephant and Obelisk, in: Art Bulletin, 1949, 29, S. 155–182
Kecskési, M.: African Masterpieces and Selected Works from Munich: The Staatliches Museum für Völkerkunde, New York 1987, Center for African Art
Knoerzer, H.: Jumbos Passion. Elefanten in Kunst und Kommerz, Lübeck 1996
Kunz, G. F.: Ivory, and the Elephant in Art, in Archaeology and in Science, Garden City, New York 1916
Lévêque, J.-J. und Ménant, N.: Die islamische und indische Malerei, Lausanne 1968
Luz, Chr.: Das exotische Tier in der Kunst, Stuttgart 1987
Mann, S.: Der Elefant als Träger von [indischen] Bauwerken, in: Wissenschaftliche Zeitschrift der Universität Leipzig, (ges. sprachwiss. Reihe 12/2), Leipzig 1963
Meyer, E.: Mittelalterliche Elefantenleuchter, in: Weltkunst, 19, 1949, Nr. 1
Niangoran-Bouah, G.: The Akan World of Gold Weights: The Weights and Society, Paris 1987
Pal, P.: Elephants and Ivories in South Asia, Los Angeles 1981
Seckel, D.: Kunst des Buddhismus, 1980 o. O.
Slatkes, L. J.: Rembrandt's Elephant, in: Simiolus, 11, 1980, Nr. 1, S. 7–13
Snead, S.: Animals in four Worlds, Sculptures from India, Chicago 1989
Thibout, M.: L'éléphant dans la sculpture romane franáaise, in: Bulletin Monumental, 1947, Bd. 105, S. 183–195
Topsfield, A.: Indian Paintings and Drawings from the Collection of Howard Hodgin, London 1991
Welch, C.: Gods, Kings and Tigers, The Art of Kotah, München 1997

Ostasien

Bock, C.: Temples and Elephants: Travels in Siam in 1881–1882, Reprint Singapore 1986
Evans, G. H.: Notes on Elephants in Burma, Simla 1894
Gale, U. T.: Burmese Timber Elephants, Rangoon 1974
Gallot, J.: The Elephant of Siam, Philadelphia 1931
Gee, E. P.: Wild Elephants in Assam, in: Ceylon Game and Fauna Protection Society, Bd. 5, Colombo 1949, S. 98–104
Gee, E. P.: How Clever is an Elephant?, in: Ceylon Game and Fauna Protection Society, Bd. 5, Colombo 1950, S. 150–154
Gee, E. P.: Wild Elephants Dying in Assam, in: Ceylon Game and Fauna Protection Society, Bd. 5, Colombo 1950, S. 170
Giles, F. H.: Adversaria of Elephant Hunting (Phya Indramontri Srichandrakumara), in: Journal of the Siam Society, 23, 1930, Nr. 2, S. 61–70
Giles, F. H.: Elephant Hunting in the Korat Table-land, in: Journal of the Siam Society, 23, 1930, Nr. 2, S. 71–95
Hagenbeck, J.: Im Reich des weissen Elefanten: Macht und Reichtum Siams verstricken in gefährliche Abenteuer, Frankfurt a. M. 1954
Hallett, H. S.: A Thousand Miles on an Elephant in the Shan States, London 1890, Reprint Bangkok 1988
Heurn, F. C. van: De olifanten van Sumatra, Den Haag 1929
Köstler; G.: Großer Freund Elefant, Graz 1970
Kurt, F.: Das Elefantenbuch. Wie Asiens letzte Riesen leben, Hamburg 1992
Kurt, F.: Asiatischer Elefant, in: Grzimeks Enzyklopädie, Hrsg. von Grzimek, B., Bd. 4, München 1987, S. 529–532
Mazzeo, D. und Antonini Ch. S.: Angkor-Monumente grosser Kulturen, Luxemburg 1979
McKay, G.M.: Behaviour and Ecology of the Asiatic Elephant in Southeastern Ceylon, in: Smithsonian contribution to zoology, 1973, Nr. 125
Mury, F.: Les éléphants au Siam et au Cambodge, in: Nature, 28, 1900, Nr. 1, S. 159–162
Oliver, R. C. D.: On the Ecology of the Asian Elephant, Diss. Oxford 1978
Oliver, R. C. D.: Asian Elephant, in: Evolution of Domesticated Animals, Hrsg. von Mason, I. L., London, New York 1984, S. 185–193
Payne, K. B. u.a.: Infrasonic Calls of the Asian Elephant (Elephas maximus), in: Behavioral Ecology and Sociobiology, 1986, Nr. 18, S. 297–301
Santiapillai, C. und Jackson, P.: The Asian Elephants. An Action Plan for its Conservation, Gland 1990
Santiapillai, C. und Suprahman, H.: Elephants in Indonesia (Sumatra), in: WWF Monthly Report, Dez. 1985
Scheuermann, E. und Jainudeen, M. R.: »Musth« beim Asiatischen Elefanten (Elephas maximus), in: Der Zoologische Garten (NF), 1972, Nr. 42, S. 131–142
Smith, A. W.: Working Teak in the Burma Forests, in: Nat. geogr. Mag., Aug. 1930
Sukumar, R.: The Asian Elephant. Ecology and Management, Cambridge 1989
Sukumar, R.: Ecology of the Asian Elephant in Southern India. II. Feeding Habits and Cropt Raiding Pattern, in: Journ. Trop. Ecology, 1990, Nr. 6, S. 33–53
Temple, Sir R. C.: The Thirty-seven Nats. A Phase of Spirit-Worship prevailing in Burma, London 1906–1991
Toke, G. U.: Burmese Timber Elephant, Rangoon 1974
Western, D. und Lindsay, W. K.: Aufmarsch indischer Arbeitselefanten. Assam. Ende 19. Jh. (Seasonal Herd Dynamics of a Savanna Elephant Population), in: Afr. J. Ecology, 1984, Nr. 22, S. 229-244
Williams, J. H.: Elefanten in Birmas Dschungel (Elephant Bill, London 1950), Wien 1953

Steinzeitzeichnungen – Felsbilder Sahara

Brodrick, A. H.: Prehistoric Painting, London 1948
Butzer, K. W.: Landschaftswandel der Sahara im Klimageschehen der Erde, in: Sahara – 10 000 Jahre zwischen Weide und Wüste, Köln 1978, S. 170–172
Frobenius, L.: Ekade Ektab. Die Felsbilder Fezzans, Leipzig 1978
Garlake, P.: The Hunter's Vision. The Prehistoric Art of Zimbabwe, London 1995
Jelinek, J.: Mathrndush, In Galgien, Two Important Fezzanese Rock Art Sites, in: Anthropologie, 22, 1984, Nr. 2, S. 117–170
Jelinek, J.: Mathrndush, In Galgien. Two Important Fezzanese Rock Art Sites, in: Anthropologie, 22, 1984, Nr. 3, S. 237–275
Jelinek, J.: Tilizahren, the Key Site of Fezzanese Rock Art, in: Anthropologie, 23, 1985, Nr. 2, S. 125–165
Jelinek, J.: Tilizahren, the Key Site of Fezzanese Rock Art, in: Anthropologie 23, 1985, Nr. 3, S. 223–275
Le Quellec, J. L.: Chronologies, Symbolisme et art rupestre au Sahara, Paris 1993, S. 28–44
Lewis-Williams, J. D.: The World of Man and the World of Spirit: An Interpretation of the Linton Rock Paintings, in: Margaret Shaw Lecture 2, Kapstadt 1988, The South African Museum
Lhote, H.: Die Felsbilder der Sahara, in: Sahara – 10 000 Jahre zwischen Weide und Wüste, Köln 1978, S. 70–80
Lhote, H.: Les gravures rupestres de l'oued Djerat, Tassili-n-Ajjer. Mémoires du centre de recherches anthropologiques préhistoriques et éthnographiques, Alger 1975
Lhote, H.: The Search for the Tassili Frescoes, London 1973
Lutz, R. und G.: Grotte e ripari nell'Amsach Sattafet, in: Sahara, 4, 1992, S. 130–135
Lutz, R. und G.: Rock Engravings in the SW-Fezzan, Libya, in: Memorie della Società Italiana di Scienze Naturali e del Museo Civico di Storia Naturale di Milano, Bd. XXVI-Fasc. II. L'arte e l'ambiente del Sahara preistorico, dati e interpretazioni, Mailand 1993, S. 333–358
Lutz, R. und G.: Wadi Tiliziaghen A. Sahara 6, Mailand 1994
Mori, F.: Zur Chronologie der Sahara-Felsbilder, in: Sahara – 10 000 Jahre zwischen Weide und Wüste, Köln 1978, S. 253–260
Mori, F.: L'arte preistorica Sahariana. Arte culture del Sahara preistorico, Rom 1992, S. 21–30
Mori, F.: La cronologia assoluta, in: Tadrart Acacus, Turin 1964, S. 223–240
Muzzolini, A.: L'évolution des Climats au Sahara, in: L'art rupestre préhistorique des massifs centraux sahariens, (International Séries 318), 1986, S. 47–52
Muzzolini, A.: Chronologie raisonnée des diverses écoles d'art rupestre du Sahara central 1993. Memorie della Società Italiana di Scienze Naturali e del Museo Civico di Storia Naturale di Milano Bd. XXVI-Fasc. II. L'arte e l'ambiente del Sahara preistorico, dati e interpretazioni, Mailand 1993
Pachur, H. J.: Vergessene Flüsse und Seen der Ostsahara, in: Geowissenschaften in unserer Zeit, 5, 1987, Nr. 2, S. 55–64
Striedter, K. H.: Felsbilder der Sahara, München 1984

Vorderer Orient und Ägypten

Breadsted, J. H.: Geschichte Ägyptens, Wien 1936, (dt. von H. Ranke)

Esin, E.: Mekka und Medina, Frankfurt a. M. 1964

Gerster, G.: Nubien – Goldland am Nil, Zürich 1964

Henning, H.: Die Welt der Perser, Essen 1984

Schmökel, H.: Ur, Assur und Babylon, Essen 1984

Shinnie, P. L.: Meroe: A Civilization of the Sudan, New York 1967

Vacquié, P.: Les éléphants du cercle de Nioro (Soudan), in: Notes Africaines 47, 1950, S. 98–99

Vorzeit – Urzeit

Buckland, W.: Über den Bau und die mechanische Kraft des Unterkiefers des Dinotherium, Heidelberg, Stuttgart 1835

Carrington, R.: A Guide to Earth History, London 1956

Carrington, R.: Mermaids and Mastodons, London 1957

Cohen, C.: Le destin du mammouth, Paris 1994

Cuvier, Baron G. L. C. F. D.: Sur les éléphants vivants et fossiles, in: Annales du musée d'Histoire Naturelle, 1806, Bd. 8, S. 1–58, 93-155, 249–269

Cuvier, Baron G. L. C. F. D.: Sur le Grand Mastodonte, in: Annales du musée d'Histoire Naturelle, 1806, Bd. 8, S. 270–310

Cuvier, Baron G. L. C. F. D.: Le Règne Animal, Paris 1817

Cuvier, Baron G. L. C. F. D.: Recherches sur les Ossements Fossiles, Paris 1834

Darwin, Ch.: Die Abstammung des Menschen und die geschlechtliche Zuchtwahl, Halle a. d. S. o.J.

Engesser, B.: Fejtar, O. und Major, P.: Das Mammut und seine ausgestorbenen Verwandten, Basel 1996

Garutt, W. E.: Das Mammut, Wittenberg 1964

Gayrard-Valy, Y.: Zeugen der Eiszeit, Ravensburg o.J.

Goodwin, G. G.: The First Living Elephant in America, in: J. Mammal., 1925, Bd. 6, S. 256-263

Haynes, G.: Mammoths, Mastodonts, and Elephants, New York 1991

Kahlke, H.-D.: Die Eiszeit, Leipzig, Jena, Berlin o. J.

Kahlke, R.-D.: Die Entstehungs-, Entwicklungs- und Verbreitungsgeschichte des ober-pleistozänen Mammuthus-Coelodonta-Faunenkomplexes in Eurasien (Grossäuger), (Abhandlungen der Senckenbergischen Naturforschenden Gesellschaft, Bd. 546), Frankfurt a. M. 1994

Maglio, V. J.: Origin and Evolution of the Elephantidae, (Transactions of the American Philosophical Society, New Series), Bd. 68, Teil 3, o.O. 1973

Osborn, H. F.: The Angulation of the Limbs of Proboscidia, Dinocerata, and other quadrupeds in adaption of weight, Boston 1900

Osborn, H. F.: A Mounted Skeleton of the Columbian Mammoth (Elephas columbi), New York 1907

Osborn, H. F.: Hunting the Ancestral Elephant in the Fayum Desert, in: Century Mag., 1907, Bd. 74, S. 815–835

Osborn, H. F.: The Elephants and Mastodonts Arrive in America, in: Nat. Hist. N. Y., 1925, Bd. 25, S. 3–23

Osborn, H. F.: The Romance of the Woolly Mammoth, in: Nat. Hist. N. Y., 1930, Bd. 30, S. 227–241

Osborn, H. F.: Evolution and Geographic Distribution of the Proboscidea, in: J. Mammal., 1934, Bd. 15, S. 177–184

Osborn, H. F.: Proboscidea, New York 1936–1942

Pfizenmayer, E. W.: Mammutleichen und Urwaldmenschen in Nordost-Sibirien, Leipzig 1926

Schaub, S.: Das Gebiss der Elephanten, in: Verhandlungen der Naturforschenden Gesellschaft Basel, 1948, Bd. 59, S. 89–112

Smith, G. E.: Pre-Columbian Representations of the Elephant in America, in: Nature Lond., Nov. 1915, Bd. 15, S. 340–341

Smith, G. E.: Pre-Columbian Representations of the Elephant in America, in: Nature, Lond., Dez. 1915, Bd. 16, S. 425

Sutcliffe, A. J.: On the Track of Ice Age Mammals, London 1985

Tobien, H.: Die paläontologische Geschichte der Proboscidier (Mammalia) im Mainzer Becken (BRD), in: Mainzer Naturwissenschaftliches Archiv, 1986, Bd. 24, S. 155–261

Zirkus

Bannerman, J.: The tragic Death of the great Jumbo, in: Maclean's Mag., Montreal, 12. Nov. 1955

Barnum, P. T.: Die große Trommel. Seinen Memoiren nacherzählt von Surter, O. E., Leipzig 1924

Büsing, E.: Mit 20 Zirkuselefanten um die Welt, München 1938

Erni, F. X.: Rolf Knie, Elefanten und Artisten, Bern o.J.

Fox, C. P.: Old Time Circus Cuts, New York 1979

Fox, C. P. und Parkinson, T.: The Circus in America, Waukesha 1969

Hagenbeck, C.: Von Tieren und Menschen, Berlin 1907

Hagenbeck, L.: Den Tieren gehört mein Herz, Hamburg 1955

Halperson, J.: Das Buch vom Zirkus, Düsseldorf 1926

Haufellner, A.; Kurt, F.; Schilfarth, J. und Schweiger, G.: Elefanten in Zoo und Zirkus, München 1993

Jennison, G.: Animals for Show and Pleasure in Ancient Rome, Manchester 1937

Kurt, F. und Knie, L.: Elefanten und Tiger im Circus Knie, Zürich, München 1980

Lewis, G.: Elephant Tramp, Boston 1955

Malhotra, R.: Manege frei, Artisten und Zirkusplakate von Adolph Friedländer, Dortmund 1979

Manning-Sanders, R.: The English Circus, London 1952

Murray, M.: Circus! From Rome to Ringling, New York 1956

Philipp, W.: Alpha-Tier. Verhalten und Rangordnung im Circus, Berlin 1979

Rankin, J.: Historical Researches on the Wars and Sports of the Mongols and Romans in which Elephants and wild Beasts were employed or slain, London 1826

Renevey, M. I.: Le Grand Livre du Cirque, Genf 1977

Richards, R.: Life with Alice; 40 years of elephant adventures, New York 1944

Sembach-Krone, F.: Circus Krone, München 1969

Tyrwhitt-Drake, G.: Beasts and Circuses, Bristol 1936

Tyrwhitt-Drake, Sir G.: The English Circus and Fair Ground, London 1946

Zapff, G.: Jumbo auf dem Drahtseil, Berlin 1987

Zoo

Althaus, T.: Knie Zoo, Rapperswil 1991

Brachetka, J.: Schönbrunn und sein Tiergarten, Wien 1947

Dittrich, L.: Beitrag zur Fortpflanzung und Jugendentwicklung des Indischen Elefanten, Elephas maximus, in Gefangenschaft mit einer Übersicht über die Elefantengeburten in europäischen Zoos und Zirkussen, in: Zoologischer Garten (NF) 34, 1967, Nr. 1–3, S. 56–93

Dittrich, L.: Säugetiere im Zoo, in: Grzimeks Enzyklopädie – Säugetiere, Hrsg. von Grzimek, B., Bd. 5, München, 1988, S. 602–639

Dittrich L.: Über die Nachzucht des Asiatischen Elefanten (Elephas maximus) in europäischen Tiergärten, in: Zoologischer Garten (NF), 47, 1977, Nr. 3–4, S. 296–302

Dittrich, L.: Lebensraum Zoo, Freiburg 1977

Edwards, J.: London Zoo from old Photographs 1852–1914, London 1996

Frädrich, H. und Klös, H.: Bongo, in: Sitzungsberichte der Tagung über Elefanten in Zoo und Zirkus im Institut für Zoo- und Wildtierforschung (Sonderband), Berlin, 2.–4. Juli 1993

Hagenbeck, C.: Von Tieren und Menschen, Leipzig 1928

Haufellner, A.: Notizen zu der gefährlichen Elefantenbullenhaltung in Zoo und Zirkus und die Geschichte von »Shenka«, dem friedlichen Riesen im Circus Alberti, Baldham 1990

Haufellner, A.: European Elephant Group, Elefanten in Zoo und Zirkus, Dokumentation Teil I, o.J. und o.O.

Heoliger, H.: Skizzen zu einer Tierpsychologie in Zoo und Zirkus, Zürich 1954

Heoliger, H.: Gefährliche Väter. Elefantenbullen verursachen in Europa fast regelmäßig tödliche Unfälle, in: Das Tier, 3, 1963, Nr. 8, S. 32–34

Heoliger, H.: Mensch und Tier im Zoo, Stuttgart, Wien 1965

Heoliger, H.: Häuser und Elefanten, in: Neue Züricher Zeitung, 1969, Nr. 17, S. 22–24

Howard, A. L.: »Motty« – Birth of an African/Asian Elephant at Chester Zoo, in: Elephant, 1, 1979, Nr.3, S. 36–41

Keller, R. und Schmidt, C. R. (Hrsg.): Das Buch vom Zoo, Luzern, Frankfurt a. M. 1978

Klös, H.-G.: Die Arche Noah an der Spree, Berlin 1994

Kock, K.: Elefanten – Mein Leben, Hamburg 1994

Niemeyer, G. H.: Hagenbeck, Hamburg 1972

Poley, D. (Hrsg.): »Berichte aus der Arche.« Natur und Artenschutz im Zoo, Stuttgart 1993

Schlawe, L.: Die für die Zeit vom 1. August 1844 bis 31. Mai 1988 nachweisbaren Tiere im zoologischen Garten zu Berlin, Berlin 1969

Schlawe, L.: Zur Geschichte der Zoologischen Gärten, in: Das Buch vom Zoo, Hrsg. von Keller R. und Schmidt C. R., Luzern, Frankfurt a. M. 1978, S. 17–33

Shoshani, S. L., Shoshani, J. und Dalinger, F., Jr.: Jumbo: Origin of the World and History of the Elephant, in: Elephant, 2, 1986, Nr. 2, S. 86–122

Bildnachweis

Herausgeber und Verlag haben sich bis Produktionsschluß intensiv bemüht, alle Inhaber von Abbildungs- und Textrechten ausfindig zu machen. Personen und Institutionen, die möglicherweise nicht erreicht wurden und Rechte an verwendeten Abbildungen oder Texten beanspruchen, werden gebeten, sich nachträglich mit dem Verlag in Verbindung zu setzen. (o=oben, u=unten, re=rechts, li=links, mi=mitte)

A.B.P.L., Sandton (Republik Südafrika), 68, u, © Beverly Joubert, 92, o, Foto: Tim Liverbedge, 92, u, Foto: Peter Chadwick, 95, Foto: Daryl Balfour, 339, Foto: Gavin Thompson, 2/3, © Peter Lille, 10, © Lorna Stanton
Agence Rapho, Paris, 365, ©Lennart Nilsson
Agentur Anne Hamann, München, 395, re, u, re, o, Foto: Thomas Höpker
Alain Anthony, 375, o
©Archaeological Receipts Fund, Athen, 376, u
Archiv Carl Hagenbeck, Hamburg, 234, o, 270, u, 270, re, o, 270, li, o, 271, o, 271, re, u, 271, li, u, 271, mi, u, 279, re, u, 281, o, 292, re, u
Archiv European Elephant Group, 262, li, o, 275, re, 275, li, 426, o, mi, u, aus:»Das Tier und wir«, 1940, Tierpark Hellabrunn AG, München, 433, u
Archiv für Kunst und Geschichte, Berlin, 26, 33, 37, o, 38, re, o, 39, li, u, 115, o, 119, li, 178, u, 203, 217, 218, li, Foto: Erich Lessing, 219, 222, 223, 224, u, 237, 239, u, 243, u, Foto: Erich Lessing, 254/255, 257, re, o, 269, u, 269, o, 332, u, 349, o, 400, re, o, 404, li, u
Archiv John Edwards, 263, European Elephant Group
Archiv Karl Gröning, Hamburg, 6 (Inhalt), 9 (Inhalt), aus: Peter Garlake »The Hunters Vision. The Prehistoric Art of Zimbabwe«, Zimbabwe, o.J., 18, u, 21, li, 23, o, aus: Richard Carrington »Elefanten«, Diana Verlag Zürich, 1962, 28, li, Foto: Michael A. Vaccard, 29, re, u, 30, Foto: Michael A. Vaccard, 32, 35, u, aus: Andrew Leith Adams »Notes of a Naturalist in the Nile Valley and Malta«, 1870, 38, li, u, Illustration nach: Klippstein und Kaup 1836, 39, re, o, 43, li, u, 44, re, 54, li, u, 54, li, o, nach einem Foto von J. Vertut, 60/61, 66/67, 69, re, u, 77, li, u, 110, re, o, Foto: Gisela Floto, 116, o, 116, li, u, 116, re, u, nach einem Foto von Werner Forman, 117, u, aus:»Schatzkammern und Herrscherhäuser der Welt. Die Kaiser von China.« Verlag Manfred Pawlack, Herrsching, o.J., 118, 125, re, u sowie Backcover, 2. von li, 128, re, Foto: Francois Bertin Grandvaux, 128, li, u, aus: Kuypert »De elephantis in nummis obviis« Hagae Comitum, 1719, 130, Foto: Department of Archeology, Hyderabad, 132, o, 137, re, 137, li, o, aus: Ghulam Yazdani »Ajanta«, Oxford University, London, o.J., 137, li, u, 138, re, o, 138, li, o, 148, li, u, Foto: Federico Patellani, 158, re, 158, li, nach: »Himalayische Kunst«, UNESCO 1968, 159, li, nach: Heinz Mode »Fabeltiere und Dämonen«, Edition Leipzig, 1973, 166, u, 177, o, Foto: Dirk Bakker, 180/181 sowie Backcover, 1. von re, ©Nihonhoso Shuppank Yokai Tokyo-to, Tokyo, 184, u, Foto: Gisela Köstler, 185, o, 186, 188, li, u, ©The Chinese University of Hong Kong/Simon Kwan Collection, 190, o, 191, li, 193, li, nach: John Ranking 1826, 198, re, o, 199, re, 205, 211, re, o, Foto: Henry B. Beville, Washington, 230, re, 231, re, u, 238, o, 240, li, o, 240, re, o, 256, li, 257, li, o, 258, li, u, 258, re, u, 258, o, 259, u, 260, 261, u, 262, re, o, 265, 266, re, o, aus: Charles Philip Fox/Tom Parkinson, »The Circus in America«, Wisconsin, o.J., 266, li, o, aus: Charles Philip Fox/Tom Parkinson, »The Circus in America«, Wisconsin, o.J., 266, u, aus: Charles Philip Fox/Tom Parkinson, »The Circus in America«, Wisconsin, o.J., 267, o, aus: Charles Philip Fox/Tom Parkinson, »The Circus in America«, Wisconsin, o.J., 267, u, aus: Charles Philip Fox/Tom Parkinson, »The Circus in America«, Wisconsin, o.J., 276, re, u, 276, li, o, 278, re, Archiv Zirkus Knie, Rapperswill, 279, li, Foto: Anthony Barboza, 279, re, o, Foto: Anthony Barboza, 280, 282, li, o, Foto: Fred Lindinger, 284, o, aus: Charles Philip Fox/Tom Parkinson, »The Circus in America«, Wisconsin, o.J., 285, u, aus: Charles Philip Fox/Tom Parkinson, »The Circus in America«, Wisconsin, o.J., 286, u, 288, re, u, 288, li, u, 289, u, 293, re, u, 293, li, u, 294, li, u, 294/295, 298, re, o, 308, re, aus: Hugo Adolf Bernatzik »Der dunkle Erdteil Afrika«, 1930, 316, 318, 325, u, 327, 330/331, 331, o, aus: Peter Garlake »The Hunters Vision. The Prehistoric Art of Zimbabwe«, Zimbabwe, o.J., 333, u, 334, o, 350, re, aus: Peter Garlake »The Hunters Vision. The Prehistoric Art of Zimbabwe«, Zimbabwe, o.J., 350, li, u, aus: Peter Garlake »The Hunters Vision. The Prehistoric Art of Zimbabwe«, Zimbabwe, o.J., 351, o, aus: Peter Garlake »The Hunters Vision. The Prehistoric Art of Zimbabwe«, Zimbabwe, o.J., 351, re, u, aus: Peter Garlake »The Hunters Vision. The Prehistoric Art of Zimbabwe«, Zimbabwe, o.J., 351,re, mi, aus: Peter Garlake »The Hunters Vision. The Prehistoric Art of Zimbabwe«, Zimbabwe, o.J., 352, re, o, Foto: Dirk Bakker, 366/367, 371, re, 376, o, 376, re, mi, 377, mi, © Sacro Convento Di San Francesco, Assisi, Foto: Gerhard Ruf, 377, li, © Victoria & Albert Museum, London, 380, li, u, 385, re, o, 395, li, u, 395, li, o, 400, li, o, 403, re, u, Foto: Ernst Gasser, 403, li, o, 404, mi, u, 404, mi, 404, re, o, 404, re, u, 408, o, 408, u, 409, o, 409, u, 412, o, 412, u, 413, re, 414, re, mi, aus: Fritz Rumpf/Oswald A. Erick »Spielzeug der Völker«, Berlin 1922, 414, re, u, 414, re, o, 417, mi, 418, li, u, aus: »Punch«, 418, re, u, 418, re, o, aus: »Punch«, 420/421, aus: »Heinrich Kley«, Verlag Albert Langen, München 1925, 438, li, u, aus: »De Telegraaf« 18.12.1929, 447, o, alle folgenden © The Illustrated London News Picture Library, 139, u, 167, u, 232, re, u, 232, li, u, 232, re, o, 233, u, 234, u, 262, u, 296, o, 296, u, 296/297, 297, o, 299, re, u, 299, li, u, 314, 320/321, 321, re, o, 368, li, u, 438, li, o
Ardea London Ltd., 49, re, Foto: P. Morris
Astrid Fischer-Leitl, München, 17, re, 21, re, 51, u, 53, u, nach: DER SPIEGEL 5/1979, 54, re, 110, re, u, 192, u, 198, u, 201, 208, 218, re, 220, re, o, 429, li; sowie Karten und Tabellen im Anhang.
aus: »Tiere der Welt. Enzyklopädie in Farbe«. Gondrom Verlag, Bayreuth 1977, 466, o, Zeichnungen: Andrzej Bielich
aus: Peter Lasko: »Ivory. A History and Collectors Guide« , Words & Vision Ltd./Phoebe Philips Editions, London 1987, 378/379, o, 193, re, 195, re, o
aus: »Die Tiere der Welt«. Mosaik-Verlag, Gütersloh 1987, 466, u, Zeichnungen: ©Priscilla Barrett 1986
AV- Bilderbank, München, Foto: Lothar Schiffler, 374, o, 374, mi, 374, u, 393, li, o, 393, li, u, 404, li, u, 414, li, o
Wilfried Bauer, Hamburg, 396, o und u, 425, 427, 434/435
Bayrisches Nationalmuseum, München, 410, o, 410/411, u
Peter Hill Beard, 332, li, o
Raffaello Bencini, Florenz, 390, li
Bildarchiv Foto-Marburg, Marburg, 242, o,
Bildarchiv Preußischer Kulturbesitz, Berlin, 159, re, 233, o, 249, Foto: Jörg P. Anders, 379, mi, Foto: Bartsch, 401, Foto: Bartsch
Bilderberg, Hamburg, 136, re, Foto: Klaus D. Francke
Bodleian Library, Oxford, 210, o
Daniel Boschung, Zürich, 422
©Brinkhoff/Mögenburg, Phantom der Oper, Hamburg 416, u
Bulloz, Paris, 242, li
Wilhelm M. Busch-Archiv e.V., Hamburg, 276, li, u, 282, re, o,
Camera Press/Picture Press Life, Hamburg, 235, Foto: Francois Chalais
Christie´s Images, London, 399, re, u, 399, re, o, 399, li, o
Cinetext, Frankfurt, 28/29, o, 417, u
Cinetext, Frankfurt © The Walt Disney Company, 417, li, o, 417, re, o,
Cliché Bibliotheque Nationale de France, Paris, 166, re, o, 192, o, 196, 202, u, 206, li, 207
Collection Maurice Bonnefoy, 355, li, u, Foto: John Meek, 355, re, u, Foto: John Meek
Collection of Ernst Winizki, 356, li, o,
Collection of Howard Hodgkin, London, 134, 135, 144, 152, u, 314/315, 319, o
County Museum of Art, Los Angeles,124, 152, li, mi, 169, u, 266, re, o,1997 Museum Associates
Courtesy of the Dipartimento di Scienze Antropologiche, Archeologiche e Storico-territoriali of the University of Turin, 367, re, o, Foto: Riccardo Gonella
Courtesy Ronald Feldman Fine Arts, New York, © The Andy Warhol Foundation for the Visual Arts/VG Bild-Kunst, Bonn 1998, 386, Foto: D. James Dee
©G. Dagli Orti, Paris, 37, u, 255, o
Glyn Daniel, Cambridge, 213, u
Dembinski Photo Associates, 60, Foto: Stan Osolinski
Deutsches Elfenbeinmuseum, Erbach, 364,
Deutsches Textilmuseum, Krefeld, 226, u, Katholische Pfarrgemeinde St. Servatius, Siegburg
Ulrich Döring, Tansania, 61
Domkapitel, Aachen, 246, re, o, Foto: Jeitner
Doris Wiener Gallery, New York, 176, re, o
Field Museum of Natural History, Chicago, 360, li, u
Eberhard Fischer, Zürich, 325, o
©Paul Flora, Innsbruck, 250, li
FOCUS, Hamburg, 344/345, Foto: Michael Nichols, 53, o, Foto: Peter Menzel
Fratelli Alinari, Florenz, 257, li, u
Mitchell Funk, New York, 64
Gamma, Paris, 182, Foto: Olivier Blaise, 183, u, Foto: Olivier Blaise, 334, u, Foto: Louise Gubb, 336/337, Foto: Mae Cam
Georg Gerster, Zürich, 177, li, u, 191, re, 212, u
Giraudon, Paris, 220, li, o
Graphische Sammlung der Eidgenössischen Technischen Hochschule, Zürich, 385, u
Graphische Sammlung der Staatsgalerie Stuttgart, 385, li, o
Dörte Gröning, München, 78, 79, 173, o, 226, o, 368, o, 415, u, 436, o, 436, u, 437, 448
©Hachette, Paris,415,re, o ,415,li, o, aus: Jean de Brunhoff »Histoire de Babar«,Paris, 1939
Halliday Photographs, Sonia Primrose, Weston Turville, 230, li
Claus Hansmann, München, 108, 109, 113, 126, 127, o, 127,u, 131, 140, 149, 151, 153, u, 162 sowie Cover, 1. von re, 178, o, 179, u, 215, 236, 238, u, 251, 253, 256, re, 259, o, 264, 31 9, u, 383, 397, 398, 399, li, u, 402, 404, li, o, 413, li, 442, 384, u, Liselotte Hansmann
Franz Hartmann, 105, u
Georg Helmes, Aachen, 110, li, o
Kurt Henseler, Tübingen-Bühl, 375, u
Herbert M. Cole, Santa Barbara, 354,u
Herzog- Anton-Ulrich-Museum, Braunschweig, 378, re, u, Museumsfoto: B.P.Keiser
Karin Heßmann Foto-Design, Dortmund, 394
Hoa Qui/Bildagentur Schuster, Oberursel, 358, li, o, Foto: C. Pavard, 358, li, u, Foto: C. Pavard
©Jiri Hochman und Martin Hochmann,16,17, li, Foto: Moravské Zemské Muzeum, Brno, 22, li, 22, re, Foto: Moravské Zemské Muzeum, Brno, 24, Foto: Moravské Zemské Muzeum, Brno, 25, 34, 40, Foto: Moravské Zemské Muzeum, Brno, 44, Foto: Moravské Zemské Muzeum, Brno, 49, li, 48, 50, o
Illinois State Museum, Springfield, 23, u, Illustration und Foto: Robert Larson
Institut für Zoo- und Wildtierforschung, Berlin, 62, o, Foto: IZW/Göritz, 468, o und mi, Foto: Hildebrandt/Göritz
James A. Mounger Collection, New Orleans, 353, re, o
Keystone Pressedienst, Hamburg, 225, u, 70, li, u, 285, o, 284, u, 287, u, 432, o
Hans-Günther Kiesel, Norderstedt, 433, o, 438, re, u, 438, re, mi, 439, o, 439, u
©Kiscadale Publications,174/175, aus: Paul Strachan »The thirty-seven Nats«. A phase of spirit-Worship prevailing in Burma, (Facsimile) London, 1991
©Könemann Verlagsgesellschaft mbH, Köln, 115, u, Foto: Andrea Jemolo, 391, Foto: Achim Bednorz, 288, o, Foto: Robert Polidori, 289, o, Foto: Robert Polidori, 376, li, mi, Foto: Andrea Jemolo
König Postkarten Verlag, Köln, 389, u, © Boyd Webb
Hansjörg Künzi, Neuhausen, 132, u
Fred Kurt, Aichach, 298, li
Kunsthalle der Hypo-Kulturstiftung, München, 212, re, o, Foto: Jürgen Liepe
Kunstverlag Hofstetter, Ried , 250/251
Lane Picture Agency Frank, Stowmarket (Suffolk), 308, li, Foto: Frank Lane, 309, o, Foto: Frank Lane
Lincoln State Museum, 51,o, Foto: Peter Menzel, 1992
Linden Museum, Stuttgart, 360, re, u
Magnum, London, 119, re, Foto: Brian Brake
Mary Evans Picture Library, London, 46/47
MhB Menschen helfen Behinderten e.V., Tübingen, 387, mi, Foto: Hermann Schwartz
Wolfgang Müller, Oberried, 146, re, o, 160, 161, 163, 170, o, 170, 171, o, 172, 173, li, u, 173, re, mi,173, re, u, 189, re, o, 190, re, u, 228, 229
Horst Munzig, Mindelheim, 449, o, 450, 106, 107
Musée de l´horlogerie, Genf, 403, re, o, Foto: Yves Siza
©Musée Nationale d´Histoire Naturelle, 36, Foto: D. Serrette
Musées Royaux des Beaux Arts de Belgique, Brüssel © Salvador Dalí, Fundación Gala Salvador Dalí/ VG Bild-Kunst, Bonn 1998, 389, o
Museum für Kunst und Gewerbe, Hamburg, 188, o, Sammlung Reemtsma, 268, 278, li
Museum für Kunsthandwerk, Frankfurt a.M., 400, li, u
Museum Rietberg , Zürich, 152/153, 133, o, 145, 189, u, 357, o
National Geographic Image Collection, Washington, 20, Karel Havlicek, National Geographic Society, Washington, 41, Foto: Jonathan Blair, 50, u, Foto: Dave Arnold, 199, li,Tom Lovell, 247, André Durenceau, 300, Foto: James P. Blair, National Geographic Society Image Collection, Washington, 346/347, Foto: Des & Jen Bartlett, 449, u, Foto: Maria Stenzel
Nationalmuseum, Kopenhagen, 240, u
Natural Science Photos, Watford, 458/459, Foto: R. Kemp
Natur-Museum Senckenberg, Frankfurt a. M., 35, o
©Newton, Tokyo, 44/45 sowie Cover, 1. von li, Foto: Takumi Yamamoto
Okapia, Frankfurt a. M., 29, li, u, Foto: F. Pölking, 68, o, Foto: OSF/Martyn Colbeck, 76, Foto: OSF/Steve Turner, 77, o, Foto: OSF/Martyn Colbeck, 80, o, Foto: OSF/Martyn Colbeck, 82/83, Foto: Martyn Colbeck, 89, u sowie Backcover, 1. von li, Foto: Berndt Fischer, 90, o, Foto: OSF/Martyn Colbeck, 93 sowie Cover 2. von re, Foto: OSF/Martyn Colbeck, 96, Foto: OSF/Martyn Colbeck, 96–97, Foto: OSF/Martyn Colbeck, 97, Foto: OSF/Martyn Colbeck, 98, Foto: OSF/Martyn Colbeck, 99, o, u, Foto: OSF/Martyn Colbeck, 102–103 sowie Backcover, 2. von re (Ausschnitt), Foto: OSF/Martyn Colbeck, 104, o, Foto: OSF/Martyn Colbeck, 105, o, Foto: Joan Root, 299, o, Foto: OSF/Dieter and Mary Plage, 301, Foto: OSF/Dieter and Mary Plage, 302–303, li, re , Foto: OSF/Dieter and Mary Plage, 309, u, © Prof.B.Grzimek, 337, re, Foto: OSF/ Safari, , 446, Foto: OSF/Steve Turner, 447, u, © NAS/S.O. Lindblad, 455, Foto: OSF/Martyn Colbeck
Jim Olive, Houston, 43, li, o
Luciano Pedicini/Archivio dell' Arte, Neapel, 242, re, u

©Ann & Bury Peerless Picture Library, Birchington-on-Sea,184, o
Gisela Pferdmenges, Hamburg, 54, re, u, 179, o, 405, li, o, 405, re, u, 405, li, u
Photoarchiv Emil Schulthess Erben, Zürich, 148, re, u, 348, re, 362–363
R.E.A. e.V./Barbara Voigt, Hamburg, 56, 88, re, u, 101, li, u
Rapho/FOCUS, Hamburg, 129, Foto: Emile Luider
Dirk Reinartz, Buxtehude, 273, 74, o
Rex Features Ltd., London, 328/329
Yves Rivière, Paris, 387, o
©RMN, Paris,15, u, Foto: Gérard Blot, 197, Foto: R.G. Ojeda, 200/201, Foto: R.G. Ojeda, 227, Foto: Hervé Lewandowski, 312
Robert Estall Photo Library, Boxford Sudbury, 359, Foto: Angela Fisher, 358, re, u, Foto: Angela Fisher
Roger Viollet, Paris, 168, o, 168, u, 169, li, o, 169, u, 176, li, u, 177, re, u, 190, li, u, 245, 244, 246. li, u, 248, o, 255, re, u, 276, re, o, 277, u, 287, mi, 292, li, 323, u, 326, 356, li, u, 390, re, 424, o, 432, u
Rosenwald Collection, © 1998, Board of Trustees, National Gallery of Art, Washington, 198, li, o
Doran H. Ross, Los Angeles, 355, o
Royal Geographical Society, London, 373, o
Jens Rüchel, Hamburg, 58, o, 209, 286, o, 424, u, 429, re, o, 430/431, li, re, 438, re, o, 440, re, li, 441
Barbara Saller, Hamburg, 66, li, u, 69, li, u, 70, li, o, 70, re, u, 77, re, u, 194, u, mi, 194, re, u, 211, u, 377, re, 381, re, o, 381, li, o, 381, u, 381, re, mi, 380, li, o, 414, li, u, 423, 428, o, 429, re, u, 428, u
Save Bild /Auscape, Augsburg, 13, Foto: Frans Lanting, 18, o, Foto: Ferrero/Labat, 19, o, Foto: D.Parer & E.Parer, 19, u, Foto: Maywald, 30–31, Foto: Frans Lanting, 57, Foto: Frans Lanting, 58, u, Foto: C. Frederiksson, 59, Foto: Frans Lanting, 63, Foto: P.Arnold, © Nicole Duplaix, 66, o, Foto: J.S. Flannery,Save Bild/Minden Pictures, Augsburg, 67, Foto: Ferrero-Labat, Save Bild /Minden Pictures, Augsburg, 69, o, Foto: Frans Lanting, 71. Foto: F. Krahmer, 72–73, Foto: Frans Lanting, 74, Foto: Frans Lanting, 75, Foto: Frans Lanting, 81, Foto: J.P.Ferrero, 84–85, Foto: Dianne Blell, 86–87, Foto: Frans Lanting, 88. li, o, Foto: F. Krahmer, 89, o, Foto: Gavriel Jecan, 90, u, Foto: Frans Lanting, 91. o, Foto: J.P.Ferrero, 91, u, Foto: Jim Brandenburg, Save Bild, Augsburg, 94–95, Foto: Frans Lanting, 100, Foto: Ferrero-Labat, 101, o, Foto: Frans Lanting, 101, re, u, Foto: Ferrero-Labat, Save Bild/Coleman Inc., Augsburg, 104, u, Foto: A. Sycholt, 183, o, Foto: Frans Lanting, 311, Foto: Frans Lanting, 335, Foto: Jim Brandenburg, 340/341, Foto: P. Weimann, 342/343, Foto: P. Weimann, 343, o, Foto: C.Kaiser, 443, Foto: Frans Lanting, 444/445, Foto: Frans Lanting, 451, o, Foto: A. Sycholt, 452, Foto: Frans Lanting, 454, Foto: Frans Lanting, 456/457, Foto: Ferrero/Labat, Save Bild/Auscape, Augsburg, 460, Foto: Frans Lanting, Save Bild/P.Arnold, Augsburg
Scala S.p.A., Antella (Florenz), 14, 15, o, 111, 210, li, u, 211, li, o, 210, re, u, 220, re, u, 221, 224/225, 231, li, o, 294/295
Walter Schollmayer, Hamburg,128, o, sowie Cover 2. von li, 146, li, o, 146, u, 147, 148, o, 150, 156, li, o,157
Balthasar Schrott, Brixen, 214
P.L. Shinnie, Calgary, 213, li, mi, aus: »Meroe«, 1967, fig. 27
Sipa Press, Paris, 419, re, u, Foto: Sobol, 419, li, u, Foto: Sams, 419, o, Foto: Sobol
Sotheby´s London, 381, li, mi, 195, li, 387, u
Staatliche Antikensammlung, München, 204, o
Staatliche Porzellanmanufaktur, Meissen, 400, re, u, 382, Foto: J.Kaendler und P. Reinicke
Staatliche Schlösser und Gärten Baden-Württemberg /Staatliches Vermögens- und Hochbauamt Heilbronn, 396, u
Staatliches Museum für Völkerkunde, München,121. Foto: S. Autrum-Mulzer, 138, u, 139, o, 164, Archiv, 188, re, u, Foto: S. Autrum-Mulzer, 189, li, o, Foto: S. Autrum-Mulzer, 194, li, u, Foto: S. Autrum-Mulzer, 338, 406, re, u, Foto: S. Autrum-Mulzer, 407, li, o, Foto: S. Autrum-Mulzer
Stadtmuseum, Berlin, 416, re, o, Foto: Ludwig Binder
Stephen P. Huyler, Camden, 156, re, 156, u
Stonehenge Press Inc., London, 128, li, mi, Foto: Seth Joel, 378, li, u, Foto: Seth Joel, 380, re, u, Foto: Seth Joel, 380, re, o, Foto: Seth Joel
St. Petersburg Zoological Museum, 43, re, o, ©Nikolai Ignatiev/Network »Mammoths«
Karl-Heinz Striedter, Frankfurt a.M., 348, li, Zeichnung: Gisela Wittner, 349, li, u, Zeichnung: Gisela Wittner
S.S. Sukhy, Nairobi, Kenia, 451, u
SWT Bild/Das Fotoarchiv, Essen, 252, 185, u, 283, o, 323, o, 414, li, mi, 436, mi
SYGMA/Pandis Media, München, 55, © Jean Clottes/Ministere de la Culture, 416, li, o, Foto: G.Abegg
Tambaran Gallery, New York, 361, li, o, Foto: M.Zarember
Tate Gallery Publications, London © VG Bild-Kunst, Bonn 1998, 388, Foto: John Webb
©1998, The Art Institute of Chicago, 4 (Frontispiz)
The British Library, London,166, li, o, 216, 241, o
The British Museum, London,112, 371, li, 133, o, 202, o, 352, li, u, 354, o, 384, o,
The Faletti Family Collection, Phoenix, 361, re, Foto: Denis J. Nervig
The Field Museum of Natural History, Chicago, 361, li, u, Foto: Denis J. Nervig
The Fowler Museum of Cultural History, Los Angeles, 62, u, Zeichnung: Jill Ball, 114, re, u, Zeichnung: Sylvia Kennedy, after Sillar and Meylar (1968), 70, re, o, Foto: Denis J. Nervig, 353, u, Foto: Denis J. Nervig, 353, li, o, Foto: Denis J. Nervig, 356, re, u, Foto: Denis J. Nervig, 357, u, Foto: Denis J. Nervig, 356, re, o, Foto: Denis J. Nervig, 360, li, o, Foto: Denis J. Nervig
The Israel Museum, Jerusalem, 366, u, Collection of Israel Antiquities Authority
The Master And Fellows Of Corpus Christi College, Cambridge, 248, u
© The Metropolitan Museum of Art, New York, 117, o, 154
The Palace of Lost City, Sun City, Südafrika, 453, o
The Pierport Morgan Library/Art Resource, New York, 241, u
The Royal Scottish Museum, Edinburgh, 379, u
The Walters Art Gallery, Baltimore, 257, re, u
Julian Thomann, Hamburg, 392, 393, re, u, 393, re, o
Thomas Stephan , Munderkingen, 52, o, © Eberhard-Karls-Universität Tübingen, Institut für Ur- und Frühgeschichte und Archäologie des Mittelalters, 165, 167, o, 187, li, u, 187, re, u, 282, u, 291, 304/305, 306, o, 307, re, o, 307, u, 453, u
Peter Thomann, Hamburg, 65, Fotografische Sammlung Peter Thomann, 187, o, 405, re, o, 407, u, ©Lothar Schmid, 407, mi, ©Sammlung Dr. Jaeger, Neu-Ulm
Time-Life, Washington, 12, 322, o, 322, u
Tom Stack & Associates, Key Largo, 27
Tony Stone Images, München/Hulton Getty, 317, o, 317, u, 332, re, o
Topkapi Museum, Istanbul, 231, re, mi, 231, re, o
Trustees of the Chester Beatty Library, Dublin, 140, reproduced by kind permission
Wilhelm Turda, Bad Schönborn, 406, li, 406, re, o
Ullstein Bilderdienst, Berlin, 274, re, u, 274, mi, 277,o, 283, u, 287,o
Uni-Dia, Großhesselohe, 114, li
Victoria & Albert Museum, London, 120, 125, re, o, 125, li, u, 139, mi, 143, 155, 206, re, 239, o, 293, o, 313, 324
Visum, Hamburg, 290, Foto: Jörg Modrow, 306, u, Foto: Jörg Modrow, 307, li, o, Foto: Jörg Modrow, 336, li, Foto: Georg Fischer
C.H.Walker, Bedfordview (Republik Südafrika), 310
Warshaw Collection of Business Americana, Archives Center, NMAH, Smithsonian Institution, Washington, 369
©Ernst Wasmuth Verlag GmbH & Co., Tübingen, 194, o
Henning Wiesner, München, 469, o und u
Yalla, Paris, 272
Ylla/Rapho, Paris, 136, li
Xavier Zimbardo, Gonesse, 122/123
Zodiaque, St.Leger-Vauban, 243, o
Zoological Society of London, London, 261, o
Zoologisches Institut/Akademie der Wissenschaft, St. Petersburg, 42, o, u

Textnachweis

S. 12: Schopenhauer, A.: Sämtliche Werke, Suhrkamp, Frankfurt a. M. 1994
S. 14: Die Bibel oder die ganze heilige Schrift des Alten und des Neuen Testaments nach der deutschen Übersetzung d. Martin Luther. Privileg. Württ. Bibelanstalt, Stuttgart 1947. (Veröffentlicht unter der ZulassungsNr. US-W-1111 der Nachrichtenkontrolle der Militärregierung)
S. 30: Das Gilgamesch-Epos, Reclam Verlag, Stuttgart 1958, Verse 36, 83, 85, 160
S. 36: Wendt, H.: Im Tiefkühlschrank der Natur, in: Grzimeks Tierleben. Entwicklungsgeschichte der Lebewesen (Ergänzungsband), hrsg. von Herberer, G. und Wendt, H., Kindler Verlag, Zürich 1972, S. 486f.
S. 44: Pfizenmayer, E. W.: Mammutleichen und Urwaldmenschen in Nordost-Sibirien, F. A. Brockhaus, Leipzig 1926, S. 19f.
S. 96: Moss, C. und Colbeck, M.: Das Jahr der Elefanten. Frederking & Thaler, München 1997, S. 180
S. 110: Mode, H.: Das ferne Indien, Gustav Kilpper Verlag, Stuttgart 1959, S. 97
S. 112: Schmöckel, H.: Ur, Assur und Babylon, Gustav Kilpper Verlag, Stuttgart 1955, S. 117
S. 118: Zimmer, H.: Spiel um den Elefanten. Eugen Diederichs Verlag, Köln, Düsseldorf, München 1976, S. 44–48, 87, 23
S. 122: Die Bibel nach der Übersetzung Martin Luthers. Deutsche Bibelgesellschaft, Stuttgart 1985
S. 142–144: Blochmann, H.: The Ain I Akibari by Abul Fazl ´Allami, Kalkutta 1873, S. 117, 131. (Übersetzung durch den Autor)
S. 166: Leonowens, A. H.: The English Governess at the Siamese Court. Beeing Recollections of six years in the Royal Palace at Bangkok, Boston 1873, S.116–120. (Übersetzung durch den Autor)
S. 188; S 192–193: Marco Polo: Von Venedig nach China. Die größte Reise des 13. Jahrhunderts, hrsg. von Kunst, Th. A. Edition Erdmann im K., Thienemanns Verlag, Stuttgart, Wien, Bern 1984, S. 156, 202–205, 132
S. 201: Quintus Curtius Rufus: Geschichte Alexanders des Großen, Verlag Heimeran, München 1954, S. 581f.
S. 201–202: Arrian: Der Alexanderzug. Indische Geschichte, Sammlung Tusculum, hrsg. und übers. von Wirth, G. und Hinnber, O. von, Artemis & Winkler Verlag, Düsseldorf, Zürich 1985, S. 411f.
S. 209: Fischer, R.: Die schwarzen Pharaonen. Tausend Jahre Geschichte und Kunst der ersten innerafrikanischen Hochkultur, Gustav Lübbe Verlag, Bergisch Gladbach 1980, S. 130
S. 210: Polybios: Geschichte. Gesamtausgabe in zwei Bänden. Bibliothek der Alten Welt, übers. von Drexler, H., Artemis & Winkler Verlag, Düsseldorf, Zürich 1961, Bd. 1, S. 497f.
S. 214: Makkabäer 6, Verse 28–40, 42–48, in: Die Apokryphen, nach der deutschen Übersetzung Martin Luthers, Cansteinsche Bibelanstalt, Württembergische Bibelanstalt, Stuttgart 1971, S. 251f.
S. 226: Ammianus Marcellinus: Res gestae, übers. von Rolfe, J. C., Heinemann, London 1963, Bd. 1 (Bücher XIV – XIX), Buch XIX, Kap. 1, S. 471, Verse 2, 3a; Bd. 2 (Bücher XX – XXVI), Buch XXIV, Kap. 6, S. 461, Vers 8. (Übersetzung durch den Autor)
S. 230: Koran, 105. Sure, Übertragen von Max Henning, Reclam Verlag, Stuttgart 1991
S. 240: Physiologus. Frühchristliche Tiersymbolik, hrsg. und übers. von Treu, U., Verlag Werner Dausien, Hanau 1981, S. 80–84
S. 248: Matthaeus Parisiensis: Chronica Majora, hrsg. von Luard, H. R., London 1880, Bd. 5, S. 489
S. 250: König Johann III: Brief zu dem Geschenk an Maximilian (III) (Mitte 16. Jhd.), in: Damals, 1996, Nr. 12
S. 288: Rilke, R. M.: Die Gedichte, Insel Verlag, Frankfurt a. M. 1992, S. 476
S. 300–301: Kurt, F.: Das Elefantenbuch, Rasch und Röhring Verlag, Hamburg 1992, S. 59, 60, 62, 63, 65
S. 316: LIFE Magazin, 1967, Jg. 62, Heft 18. (Übersetzung durch den Autor)
S. 326: Zur Erinnerung an die Reise des Prinzen Waldemar von Preussen nach Indien 1844–1846, Berlin 1853, Bd. 1, S. 16
S. 327: Orwell, G.: Einen Elefanten erschießen, in: Im Innern des Wals. Erzählungen und Essays, übers. von Gasbarra, F., Copyright - 1975 by Diogenes Verlag AG, Zürich 1975
S. 426, 430, 435: Kock, K.: Elefanten – mein Leben, Rasch und Röhring Verlag, Hamburg 1994, S. 211, 157
S. 436: Das Hagenbeck-Buch, hrsg. von Mordiek, Weidlich, Wiese, Hamburg 1995, S.112
S. 435: Sanderson, I. T.: Dynastie der Abu, Verlag Hallweg, Bern, Stuttgart 1966, S. 195
S. 435: Sikes, S. K.: The natural History of the African Elephant, Weidenfeld und Nicolson, London 1971. (Übersetzung durch den Autor)
S. 435: Darwin, Ch.: The Expression of the Emotions in Man and Animals, hrsg. von Darwin, F., Fellow of Christ's College, Camebridge, London 1904, S. 170. (Übersetzung durch den Autor)
S. 458: Schopenhauer, A.: Preisschrift über die Grundlage der Moral, hrsg. von Ebeling, H., Felix Meiner Verlag, Hamburg 1979, S. 136, 139
S. 458: Drewermann, E.: Denn es fühlt wie Du den Schmerz, in: Spiegel special 1, 1997, S. 122–124

Anhang:

Berichte aus der Arche. Nachzucht statt Wildfang. Natur- und Artenschutz im Zoo. Menschen und Tiere. Die Zukunft der Zoos, hrsg. von Poley, D., Georg Thieme Verlag, Stuttgart 1993
Wiesner, H.: Zum Vorkommen des Arcus scleralis beim Elefanten, in: Der Zoologische Garten, Stuttgart 1992, S. 287–293
Hauptunterschiede zwischen dem Afrikanischen und dem Asiatischen Elefanten, in: Elefanten. Enzyklopädie der Tierwelt, Jahr Verlag, Hamburg 1992, S. 39 (mit freundlicher Genehmigung der Weldon Owen Publishing Pty Ltd., Sydney)

Danksagung

Die Zeit von der Idee und Konzeption eines Buches bis zur Drucklegung ist lang und oft schon eine eigene Geschichte wert. Auf dem Wege waren viele Menschen, die an das Buch glaubten. Dank an Frau Dr. Ruth Liepman, Zürich, Herrn J. Fischer von H. Roger-Viollet, Paris sowie zuletzt Dr. Andreas Pöllinger, München.
Der Freund Martin Saller erarbeitete mit unendlicher Geduld die verschiedenen Textfassungen, denn oft veränderte die geklebte Buchmaquette, die durch die Welt ging, ihr Gesicht. Der große Dank gebührt daher dem Verleger Ludwig Könemann, der die Odyssee beendete und das Buch in sein Verlagsprogramm aufnahm.
Viele Autoren haben sich mit dem Thema »Elefanten« in den letzten zweihundert Jahren beschäftigt. Ich darf den Engländer Richard Carrington nennen und den Amerikaner Ivan T. Sanderson.
Zwei Tierpfleger waren eine große Hilfe: Herr Robert Müller vom Tierpark Hellabrunn in München und Jens Rüchel vom Tierpark Hagenbeck in Hamburg.
Die Leiter der beiden Tierparks, Herr Henning Wiesner von Hellabrunn sowie Herr Dr. Claus von Hagenbeck, haben oft geholfen.
Alexander Haufellner von der European Elephant Group mit seinen Dokumentationen »Elefanten in Zoo und Zirkus« in Europa und Nordamerika gab viele Hinweise und stellte Unterlagen zur Verfügung.
Damen und Herren von Museen und Sammlungen gaben Anregungen und Hilfe:
Frau Dr. Ursula Göhlich vom Paläontologischen Museum, München;
Herr Dr. Stefan Bursche vom Museum für Kunst und Gewerbe, Berlin;
Frau Dr. Regina Hickmann und Frau Dr. Lore Sander vom Museum für Indische Kunst, Berlin;
Frau Dr. Dorothea Schäfer und Herr Dr. Wolfgang Stein vom Museum für Völkerkunde, München;
Frau Dr. Doran H. Ross vom H. Fowler Museum of Cultural History, University of California, Los Angeles.

Den vielen Agenturen und Institutionen, die Fotos lieferten, darf ich stellvertretend Dank sagen an:
Frau Heidrun Klein vom Bildarchiv Preußischer Kulturbesitz, Berlin;
Frau Silke Opitz vom Bildarchiv Foto Marburg;
Herr Dieter Weber von der Save-Bildagentur, Augsburg.

Großer Dank gebührt den Fotografen, die dem Buch ihre Fotos zur Verfügung stellten; es sei erlaubt die beiden großen Tierfotografen Martyn Colbeck und Frans Lanting stellvertretend zu nennen.
Claus Hansmann und Matthias Holzapfel waren eine große Hilfe mit Aufnahmen aus dem Kunstgeschichtlichen Bildarchiv Claus Hansmann, München.

Karl Gröning

Der Verlag dankt für unermüdliche Unterstützung bei der vielfältigen Recherche Dr. Heike Patzschke für Übersetzungen aus dem Japanischen; Astrid Roth für Quellenrecherche, Claudia Hammer für Einholung der Abdruckrechte; Frau Hahn vom Worldwide Fund for Nature, Frankfurt, für die Beschaffung von Statistiken; Kirsten Skacel und Thomas Ristow für Textkorrekturen; Daniel Spanke M.A. für kunsthistorische Recherchen; Dr. Matthias Seidel vom Pelizaeus-Museum Hildesheim für wertvolle Hinweise aus der Ägyptologie.

Bonner Straße 126, D – 50968 Köln

Art Direction und Design: Peter Feierabend
Projektleitung: Kirsten E. Lehmann, Franziska Sörgel – Assistenz: Aicha Becker
Lektorat: Hilke Gerdes
Bildredaktion: Barbara Linz – Assistenz: Fenja Wittneven; Recherche: Barbara Köthe-Löhausen
Layout: Birgit Beyer
Karten: Astrid Fischer-Leitl
Register: Regine Ermert

Herstellungsleitung: Detlev Schaper – Assistenz: Nicola Leurs
Herstellung: Mark Voges
Reproduktionen: CDN Pressing Verona, Italien
Druck und Bindung: Neue Stalling, Oldenburg

Printed in Germany
ISBN: 3- 8290-0448-6
10 9 8 7 6 5 4 3 2 1

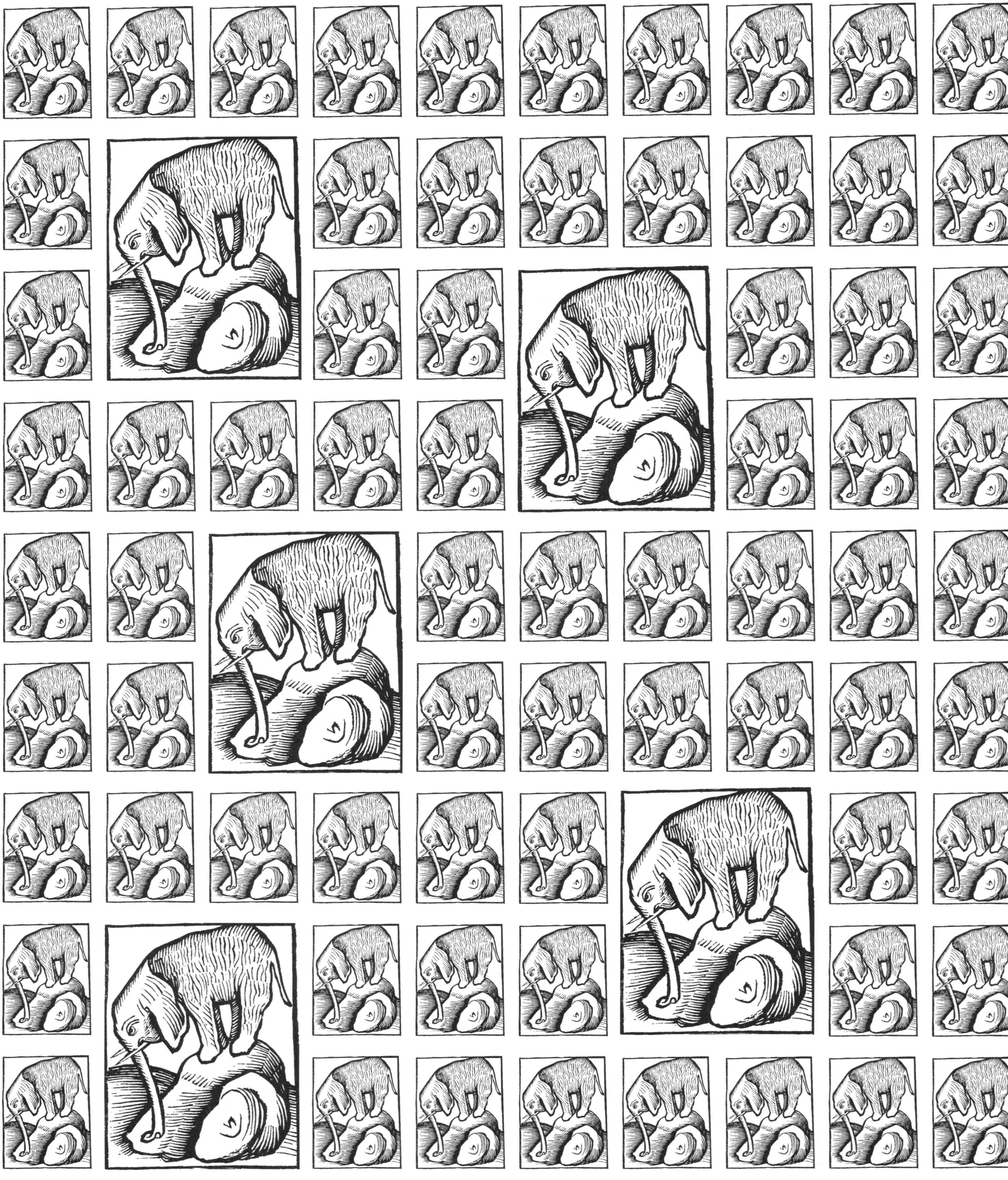